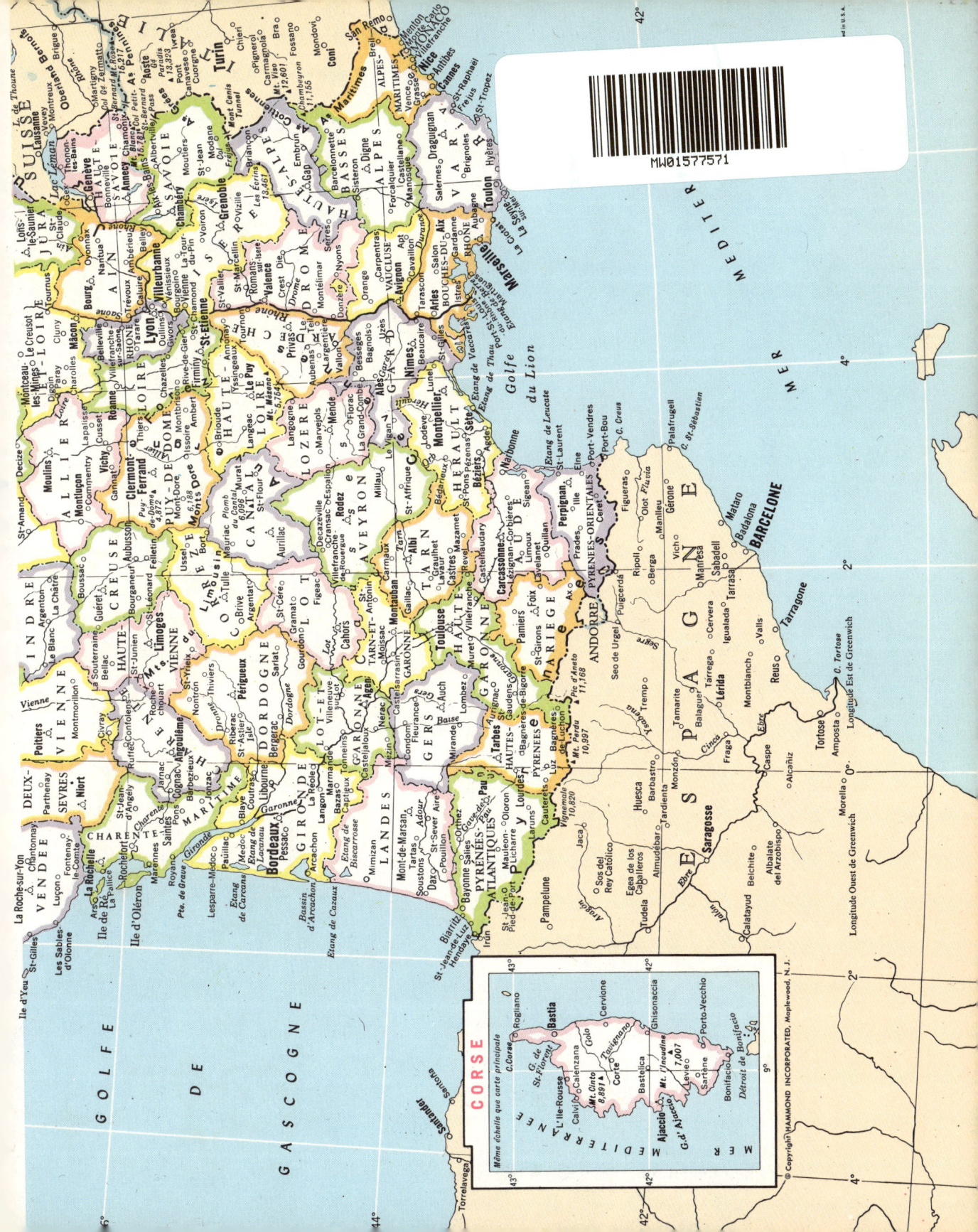

Conversational French One
THIRD EDITION

RUDOLPH J. MONDELLI
Pace University

PIERRE FRANÇOIS
State University College, New Paltz

D. VAN NOSTRAND COMPANY
New York Cincinnati Toronto London Melbourne

Tapes and Cassettes

NUMBER OF REELS: 25 (seven-inch, full-track)
NUMBER OF CASSETTES: 13 (dual-track)
SPEED: 3¾ IPS
RUNNING TIME: 13 hours (approximate)

TAPED CONTENT IN EACH LESSON (Taped materials are identified in the book):

Conversation: First at normal speed; conversations in Lessons 1–15 are repeated by phrases with pauses for student repetition.

Questions sur le texte: In four-phased sequences: cue — pause for student response — correct response by native speaker — pause for student repetition.

Prononciation: Pronunciation exercises with pauses. In addition, pronunciation practice in the Leçon Préliminaire is included on Reel 25 and Cassette 13.

Exercices: All exercises designed for audiolingual practice in four-phased sequences.

Tapes and Cassettes are available from the publisher. For information and orders, please write to D. VAN NOSTRAND COMPANY, AUDIOVISUAL DEPARTMENT, 135 West 50th Street, New York, New York 10020.

D. Van Nostrand Company Regional Offices:
New York   Cincinnati

D. Van Nostrand Company International Offices:
London   Toronto   Melbourne

Copyright © 1978 by Litton Educational Publishing, Inc.

Library of Congress Catalog Card Number: 77-88333

ISBN: 0-442-23768-5

All rights reserved. Certain portions of this work copyright © 1970, 1963 by Litton Educational Publishing, Inc.

No part of this work covered by the copyrights hereon may be reproduced or used in any form or by any means—graphic, electronic, or mechanical, including photocopying, recording, taping, or information storage and retrieval systems—without written permission of the publisher. Manufactured in the United States of America.

Published by D. Van Nostrand Company
135 West 50th Street, New York, N.Y. 10020

10 9 8 7 6 5 4 3

Préface

The Third Edition of *Conversational French One* has a new format and extensive reorganization to bring the text up to date, while retaining the original objectives of the earlier editions:

1. In a beginning course, a student should learn to understand spoken French, to speak French with reasonable fluency and accurate pronunciation, and to read and write French at the level of his speaking ability.
2. Along the way he should acquire some insight into the structure of what he is able to say, read, and write.
3. To progress in French and gradually to acquire a series of skills, it is necessary for the student to have much audio-lingual practice.

In the Third Edition, the conversation-directed phase of each lesson is grouped into a unit called *Présentation,* consisting of *Conversation, Situation, Questionnaire, Dialogue.* Most of the conversations are new or substantially revised and are designed to have immediate appeal to students. English equivalents have been moved to a *Supplément* in the back of the book to remove this visual "crutch" but keep it available so that meanings can be checked quickly.

Each *Conversation* has an expository *Situation* which extends the student's experience in learning constructions and vocabulary. In addition, expanded conversational apparatus accompanies this initial phase. Questions are provided not only on the *Conversation* contents but also on general points suggested by the topic. These questions permit freer responses and the opportunity to depart from fixed answers. Finally, directed dialog extends the conversational experience.

The structural materials and exercises *(Grammaire et Exercices)* have been reorganized so that practice directly follows the applicable explanations. Exercises designed primarily for audiolingual practice are included in the tape program and identified in the book. A number of high-frequency points (such as the subjunctive and key tenses) have been moved to earlier lessons in the book.

The readings in the Third Edition have been expanded to include a selection after each lesson starting with Lesson 3. These materials offer a variety of topics to appeal to today's student and afford opportunity for serious study as well as fun by means of an original "game," a crossword puzzle, and extracts from a famous comic strip. Practice materials supplement the readings.

A number of useful lesson features have been retained in revised form in the Third Edition:

The *Expressions à retenir* include useful terms and expressions from the lesson conversations for application and practice in subsequent exercises.

In *Prononciation,* emphasis is on practice of individual sounds and sound patterns. Words are drawn from previously learned material and are accompanied by phonetic transcriptions.

Composition includes two types of exercises: (1) recasting English sentences into French with constructions, idioms, and vocabulary learned orally; (2) starting with Lesson 6, detailed topics for guided writing practice through the assimilation and increasingly freer application of structure and vocabulary already within the student's oral control.

Provision for a *Dictée* is made in each lesson as further reinforcement of the listening-comprehension and writing skills.

Each *Révision* provides review practice of materials learned in the preceding five lessons.

The *Leçon Préliminaire* introduces the student to basic principles of French pronunciation, stress, intonation, *liaison,* and punctuation.

A comprehensive *Appendice* includes a discussion of the *passé simple* and other literary tenses, a section dealing with prepositions preceding infinitives, and other useful reference information. Complete conjugations of all important verbs are presented in a visually clear, more readable arrangement.

A separate *Workbook* provides additional writing practice for each lesson in the text.

The following procedures are recommended to cover one lesson per week in most class situations:

First day: All units of *Présentation,* the *Expressions à retenir* and *Prononciation.*

Second day: *Grammaire et Exercices.*

Third day: Completion of *Grammaire et Exercices, Composition* and *Dictée,* along with review of the *Conversation* and *Situation.*

For each *Lecture,* with practice, we suggest one or two class meetings; for each *Révision,* one meeting.

The authors wish to thank their many friends who have given generously of their knowledge and time in reviewing portions of the manuscript. They are especially grateful to Mrs. Jacqueline François and Mrs. Raffaella Mondelli for their invaluable help and patience at all stages of the writing.

R.J.M.
P.F.

Table des matières

Leçon Préliminaire — 1

Première Leçon   Rencontre — 6
1. Genre des noms. 2. Pluriel des noms. 3. Article défini. 4. Article indéfini. 5. Contraction. 6. Présent de l'indicatif du verbe «être». 7. Ordre des mots dans une question.

Deuxième Leçon   Chambre à louer — 16
8. Possession. 9. Adjectifs numéraux cardinaux. 10. Emploi de «voilà; il y a». 11. Présent de l'indicatif du verbe «avoir». 12. Forme négative.

Troisième Leçon   Au téléphone — 25
13. Emplois de l'article défini. 14. Accord des adjectifs. 15. Place des adjectifs. 16. Ordre des mots dans une question. 17. Conjugaisons régulières. 18. Présent de l'indicatif des verbes en **-er**.

Première Lecture   Un jeu — 35

Quatrième Leçon   Au restaurant — 40
19. Emplois de l'article défini. 20. Adjectif possessif. 21. Pluriel irrégulier des noms et des adjectifs. 22. Adjectifs numéraux cardinaux. 23. Présent de l'indicatif des verbes en **-ir**.

Deuxième Lecture   A la découverte de Paris — 49

Cinquième Leçon   L'heure, c'est l'heure — 52
24. L'heure du jour. 25. Article partitif. 26. Pluriel irrégulier des noms et des adjectifs. 27. Présent de l'indicatif des verbes en **-re**.

Troisième Lecture   L'Enfant lit l'almanach — 62

Première Révision — 66

Sixième Leçon   Jour de marché — 76
28. Emplois de l'article défini. 29. Pronoms personnels: compléments directs. 30. Pluriel irrégulier des noms et des adjectifs. 31. Présent de l'indicatif du verbe «aller».

v

Quatrième Lecture   La vie quotidienne des Français   86

Septième Leçon   Déscends a la prochaine   89

32. Pronoms personnels: compléments indirects.   33. Impératif.   34. Place des pronoms compléments à l'impératif.   35. Féminin irrégulier des adjectifs.   36. Verbe irrégulier «venir».

Cinquième Lecture   Chanson d'automne   101

Huitième Leçon   Où les avez-vous achetés?   103

37. Participe passé des verbes réguliers.   38. Passé composé.   39. Emploi du passé composé.   40. Accord du participe passé.   41. Féminin irrégulier des adjectifs.   42. Verbe irrégulier «mettre».

Sixième Lecture   Les lignes de nos mains   114

Neuvième Leçon   Comment ça va?   117

43. Place des pronoms personnels compléments d'objet direct et indirect.   44. Féminin irrégulier des adjectifs.   45. Adjectifs numéraux cardinaux.   46. Verbe irrégulier «vouloir».

Septième Lecture   Le Ciel est par-dessus le toit   130

Dixième Leçon   Comment écrit-on une lettre?   132

47. Verbes conjugués avec «être» aux temps composés.   48. Verbes pronominaux.   49. Féminin irrégulier des adjectifs.   50. Le pronom indéfini «on».   51. Verbe irrégulier «écrire».

Huitième Lecture   Paris s'éveille   146

Deuxième Révision   152

Onzième Leçon   Si nous faisions une promenade?   162

52. Participe présent.   53. Imparfait.   54. Emplois de l'imparfait.   55. Emplois particuliers du présent et de l'imparfait.   56. Verbe irrégulier «faire».

Neuvième Lecture   Des quais de la Seine à Versailles   175

Douzième Leçon   Dans la cuisine   178

57. Formation des adverbes.   58. Place des adverbes.   59. Place des adjectifs.   60. Verbe irrégulier «croire».

Dixième Lecture La bande dessinée I 189

Treizième Leçon Demain, c'est dimanche. . . 192
61. Futur. 62. Emplois du futur. 63. Verbes en **-cer** et **-ger**. 64. Verbe irrégulier «pouvoir».

Onzième Lecture La bande dessinée II 203

Douzième Lecture La bande dessinée III 207

Quatorzième Leçon Confidences. . . 211
65. Comparaison des adjectifs et des adverbes. 66. Verbe irrégulier «devoir». 67. Emplois du verbe «devoir». 68. Présent du subjonctif. 69. Emplois du subjonctif.

Quinzième Leçon Projet de voyage 226
70. Emplois du subjonctif. 71. Verbe irrégulier «craindre».

Treizième Lecture Le printemps 238

Troisième Révision 242

Seizième Leçon Une interview 250
72. Emplois du subjonctif. 73. Passé du subjonctif. 74. Concordance des temps du subjonctif. 75. Verbe irrégulier «connaître».

Quatorzième Lecture Qui aime la France aime Paris 264

Dix-septième Leçon A la gare 267
76. Omission de l'article défini devant un nom au sens partitif. 77. Y, en. 78. Pronoms relatifs. 79. Verbe irrégulier «prendre».

Quinzième Lecture La salle à manger 283

Dix-huitième Leçon Au spectacle 286
80. Conditionnel. 81. Emplois du conditionnel. 82. Verbes en **-er** avec un **e** muet. 83. Verbe irrégulier «savoir».

Seizième Lecture La France et ses musées 298

Dix-neuvième Leçon   Quel temps fait-il?   301

84. Pronoms relatifs. 85. Adjectif démonstratif. 86. Adjectif interrogatif «quel». 87. Expressions de temps. 88. Noms des mois et des saisons de l'année. 89. Verbe irrégulier «lire».

Dix-septième Lecture   L'Invitation au voyage   314

Vingtième Leçon   Qu'est-ce qui vous arrive?   317

90. Pronoms relatifs. 91. Pronoms démonstratifs. 92. Verbe irrégulier «recevoir».

Dix-huitième Lecture   Familiale   329

Quatrième Révision   334

Vingt et unième Leçon   Que disent les jeunes de l'avenir?   342

93. Pronoms démonstratifs «ceci, cela, ça». 94. Négations. 95. Prépositions précédant les noms géographiques. 96. Verbe irrégulier «dire».

Dix-neuvième Lecture   Mots croisés   355

Vingt-deuxième Leçon   En lisant «Le Figaro»   357

97. Pronom démonstratif neutre «ce». 98. Pronoms personnels toniques. 99. Adjectifs numéraux ordinaux. 100. Fractions. 101. Dates; Noms de souverains. 102. Verbe irrégulier «mourir».

Vingtième Lecture   Plaisirs des sens   371

Vingt-troisième Leçon   Bon Anniversaire!   374

103. Plus-que-parfait. 104. Conditionnel passé. 105. Emplois du conditionnel passé. 106. Pronom possessif. 107. Verbe irrégulier «ouvrir».

Vingt et unième Lecture   «Il n'y a que la prose ou les vers?»   385

Vingt-quatrième Leçon   Fêtes et traditions   388

108. Voix passive. 109. Pronoms interrogatifs. 110. Verbes en **-yer**. 111. Verbe irrégulier «voir».

Vingt-deuxième Lecture   Qu'est-ce qu'un Français?   402

Vingt-cinquième Leçon   Départ de Charles-de-Gaulle   405

112. Pronoms interrogatifs. 113. Verbe factitif. 114. Verbe irrégulier «partir».

Vingt-troisième Lecture   Les origines du peuple français   415

Cinquième Révision   420

Appendice   428

115. Expressions de temps. 116. Votre taille. 117. Poids et mesures. 118. Comment élargir votre vocabulaire. 119. Passé simple. 120. Passé antérieur. 121. Futur antérieur. 122. Imparfait du subjonctif. 123. Plus-que-parfait du subjonctif. 124. Expressions idiomatiques au subjonctif. 125. Verbes qui sont suivis d'un infinitif sans préposition ou des préposition «à» ou «de» devant un infinitif.

Conjugaisons des verbes   443

Supplément   462

Vocabulaires   479

Glossaire   529

Index   531

Leçon Préliminaire

PRONONCIATION (Bande 1)

The letters of the French alphabet are generally the same as those in English; the sounds these letters represent are, of course, different. Correct pronunciation of French sounds is necessary if you want to make yourself understood. Listen closely, therefore, to your instructor or the tape, imitate carefully what you hear, and repeat aloud as often as possible French words, phrases, and sentences.

There are many French words and expressions with which you may already be familiar. Repeat after your instructor or the tape:

à la carte	**début**	**naïve**
béret	**débutante**	**négligé**
bouillon	**entrée**	**protégé**
buffet	**fiancée**	**rendez-vous**
chargé d'affaires	**gourmet**	**soirée**
clientèle	**hors-d'œuvre**	**tête-à-tête**
cuisine	**lingerie**	**toupet**

Strictly speaking, there is not a single letter of the French alphabet that is pronounced like its English counterpart. When we compare a French sound with its English equivalent, the comparison is, at best, only an approximation. Keep in mind the following differences in articulation between French and English:

1. In general, French sounds are articulated more clearly and energetically than those in English. Each sounded syllable in a French word is pronounced distinctly. While English vowels tend to be slurred, diphthongized, or prolonged, French vowels are crisp, sharp, and tense. Repeat after your instructor or the tape:

    animal [animal]   **important** [ɛ̃pɔRtɑ̃]
    automatique [otɔmatik]   **téléphone** [telefɔn]
    général [ʒeneRal]   **village** [vilaʒ]

2. French words are pronounced by syllables. In general, a French syllable begins with a consonant and ends with a vowel. Repeat after your instructor or the tape:

    a-ni-mal [a|ni|mal]   **im-por-tant** [ɛ̃|pɔR|tɑ̃]
    au-to-ma-ti-que [o|tɔ|ma|ti|k]   **té-lé-pho-ne** [te|le|fɔ|n]
    gé-né-ral [ʒe|ne|Ral]   **vi-lla-ge** [vi|laʒ]

3. In English, there is usually a strong stress on one or more syllables of a word; in French there is practically no stress. Each French syllable is pronounced with almost equal intensity, except that the last syllable of a word or sense group is held slightly longer. If the last syllable ends in unaccented **e**, the next-to-last syllable is held slightly longer. Repeat after your instructor or the tape:

im-por-TANT [ɛ̃|pɔʀ|tɑ̃]   **ma-DA-me** [ma|da|m]
in-to-na-TION [ɛ̃|tɔ|na|sjɔ̃]   **po-SSI-ble** [pɔ|si|bl]

madame DuVAL [madam dyval]
Madame Duval est joLIE. [madam dyvalɛ ʒɔli]

4. French intonation is related to sense groups, in which words closely connected in meaning are pronounced as a group. Pauses usually occur between groups and at punctuation marks. In French, the voice rises toward the end of each sense group and falls with the final syllable to indicate the end of the statement. Repeat after your instructor or the tape:

Je cherche une bonne auberge.↘
L'auberge Dujardin est excellente.↘
Elle est près de mon studio.↘

5. There are three written accents in French:

(´) the acute accent **(l'accent aigu)** may occur over the letter **e**: **donné, été, parlé, spécialité.**

(`) the grave accent **(l'accent grave)** may occur over the vowels **a, e, u**: **à, là; mère, père; où.**

(ˆ) the circumflex accent **(l'accent circonflexe)** may occur over any vowel: **âge, château; être, tête; dîner, plaît; hôtel, bientôt; goût, sûr.**

Accents do not indicate emphasis or stress.

The following are other orthographic signs:

(ç) the cedilla **(la cédille)** occurs only under **c** to indicate the sound [s]: **garçon, commençons, reçu.**

(¨) the diaeresis **(le tréma)** may occur over a vowel to show that it has its own pronunciation separate from the preceding vowel: **Noël, Citroën.**

(-) the hyphen **(le trait d'union)** may be used to form compound words: **dix-neuf, celles-ci, a-t-elle.**

(') the apostrophe **(l'apostrophe)** may be used to replace **e, a, i** when dropped before a vowel sound.

LIAISON

Liaison (Linking) is the sounding of a final consonant that is usually silent before a word beginning with a vowel sound. Linking occurs only between words which are closely connected within a sense group.

When linked, a few consonants change their sound: **s** and **x** become [z]; **d** becomes (t); **f** becomes (v):

mes‿amis comprend‿il? neuf‿heures
aux‿étudiants un grand‿homme.

Linking normally occurs:

(a) between an article and a following noun or adjective:

les‿Italiens
les‿autres restaurants

(b) between an adjective and a following noun:

de beaux‿articles
de bons‿hôtels

(c) between a pronoun and verb or between a verb and pronoun:

ils‿ont je les‿ai vus
vous‿êtes ont-ils

(d) after a preposition of one syllable:

chez‿eux
dans‿une ville

(e) after an adverb of one syllable:

pas‿encore
très‿heureux

Linking often (but not always) occurs:

(f) between an auxiliary verb and a past participle:

nous‿avons‿été or nous‿avons été
sont-ils‿allés? or sont-ils allés?

Linking never occurs:

(g) after **et**:

lui et elle
un et un font deux

(h) before **oui** and the numerals **un, huit, onze:**

    mais oui   mes huit livres
    cent un   il est onze heures

PONCTUATION

The following punctuation marks will be of use for the dictation exercises:

. le point   ! le point d'exclamation
, la virgule   . . .les points de suspension
: les deux-points   ( ) les parenthèses
; le point-virgule   « »les guillemets
? le point d'interrogation   — le tiret

EXPRESSIONS A RETENIR

Entrez!	Enter! Come in!
Asseyez-vous!	Sit down! Be seated!
Faire l'appel. Je vais faire l'appel.	To call (take) the roll. I'm going to call (take) the roll.
Répondez «présent» à l'appel de votre nom.	Answer "present" when your name is called.
Qui est absent?	Who is absent?
Ouvrez vos livres à la page cinq.	Open your books to page five.
Fermez vos livres.	Close your books.
Écoutez-moi.	Listen to me.
Commencez à lire.	Begin to read. Start reading.
Répondez à ma question.	Answer my question.
Allez au tableau.	Go to the blackboard.
Prenez un morceau de craie.	Take a piece of chalk.
Écrivez les mots suivants.	Write the following words.
Effacez le tableau.	Erase the blackboard.
C'est bien! Allez à votre place.	That's fine! Go to your seat.
Épelez le mot suivant: «français».	Spell the following word: "français."
Répétez après moi — F, R, A, N, C cédille, A, I, S.	Repeat after me . . .
Allez tailler votre crayon!	Go sharpen your pencil!
Écrivez à l'encre, s'il vous plaît!	Write in ink, please!
Répétez à haute voix!	Repeat aloud!
Répétez tous ensemble!	Repeat all together!

EXPRESSIONS A RETENIR

Pour demain — vos devoirs.
Étudiez la deuxième leçon . . . de la page . . . à la page . . .
Faites les exercices 1, 2, 3, — A, B, C.
Recopiez la leçon dans votre cahier.
Apprenez par cœur le vocabulaire et les expressions idiomatiques de la leçon.
Sortez — en silence, s'il vous plaît!

For tomorrow — your assignment.
Study the second lesson . . . from page . . . to page . . .
Do exercises 1, 2, 3 — A, B, C.
Recopy the lesson in your notebook.
Memorize the vocabulary and the idiomatic expressions of the lesson.

Go out — silently, please!

Rencontre

1 PREMIÈRE LEÇON

I. PRÉSENTATION

Conversation   *(Bande 1)*

NICOLE: Bonjour, monsieur.
PAUL: Bonjour, mademoiselle.
NICOLE: Je m'appelle Nicole. Et vous, comment vous appelez-vous?
PAUL: Je m'appelle Paul. Comment allez-vous, Nicole?
NICOLE: Très bien, Paul. Et vous?
PAUL: Pas mal, merci. Vous êtes étudiante?
NICOLE: Oui. Je suis étudiante aux Beaux-Arts. Et vous?
PAUL: Je suis à la Fac de Lettres.[1]
NICOLE: Où ça?
PAUL: A Paris, à la Sorbonne.
NICOLE: Comment sont les cours?
PAUL: Les cours et les professeurs sont excellents.
NICOLE: Au fait, vous avez mon adresse, Paul?
PAUL: Non, Nicole.

1. Colloquial for **Faculté des Lettres.**

NICOLE: J'habite dans la rue Cassette . . . près du Jardin du Luxembourg. Et vous, Paul?
PAUL: Je suis à l'hôtel pour l'instant.
NICOLE: Je suis pressée. Rendez-vous demain? A la même heure?
PAUL: D'accord. A demain. Au revoir, Nicole.
NICOLE: Salut, Paul.

Situation

Nicole est une jeune fille. Elle est étudiante. Paul est un jeune homme. Il est étudiant. Nicole et Paul sont des jeunes gens. Nicole est étudiante aux Beaux-Arts. Paul est à la Fac de Lettres. Nicole habite dans la rue Cassette. La rue Cassette est près du Jardin du Luxembourg au centre de Paris. Paul est à l'hôtel pour l'instant.

VOCABULAIRE FONDAMENTAL

étudiant *m.* student
fille *f.* daughter, girl; **jeune fille** *f.* girl, young lady
gens *m. pl.* people; **jeunes gens** *m. pl.* young people, young folk; young men
homme *m.* man; **jeune homme** *m.* young man, youth, lad
jeune young

Questionnaire

Répondez aux questions suivantes (Answer the following questions):

A. Questions sur la Conversation *(Bande 1)*

1. Comment va *(is)* Nicole?
2. Comment va Paul?
3. Où Nicole est-elle étudiante?
4. Où Paul est-il étudiant?
5. Où est la Fac de Lettres de Paul?
6. Comment sont les cours?
7. Comment sont les professeurs?
8. Où habite Nicole?
9. Où est la rue Cassette?
10. Où habite Paul?

B. Questions générales

1. Comment vous appelez-vous?
2. Êtes-vous étudiant(e)?
3. Où êtes-vous étudiant(e)?
4. Comment sont les cours?
5. Comment sont les professeurs?
6. Où habitez-vous?

Dialogue

Demandez à un(e) étudiant(e):

1. comment il (elle) s'appelle.
2. s'il (si elle) est étudiant(e). [**si** = *if*]

3. où il (elle) habite.
4. comment sont les cours à la Fac.
5. comment sont les professeurs.
6. comment sont les jeunes gens à l'université.

II. EXPRESSIONS A RETENIR

à demain	I'll see you tomorrow
au centre de	in (at) the center of
au fait	by the way, incidentally; as a matter of fact, in fact, after all
au revoir	good-by
bonjour	good morning, good afternoon, hello
comment allez-vous?	how are you?
comment vous appelez-vous?	what's your name?
d'accord!	sure! fine! O.K.!
être pressé(e)	to be in a hurry
je m'appelle	my name is
pas mal, merci	fine, thank you; pretty well, thank you; not bad, thank you
pour l'instant	for the time being; for the moment
très bien	fine, very well

III. PRONONCIATION   (Bande 1)

[a] as in **art, Paris** is pronounced with lips drawn apart and with tongue arched toward the front of the mouth. Repeat after your instructor (or the speaker):

à [a]   **d'**accord [dakɔʀ]
adresse [adʀɛs]   j**a**rdin [ʒaʀdɛ̃]
allez [ale]   l**a** [la]
appelez [aple]   m**a**l [mal]
ça [sa]   s**a**lut [saly]

Note: [ɑ] as in **pas, château,** and some other words is pronounced farther back in the mouth and with mouth more open: [pɑ], [ʃɑto].

oi as in **mademoiselle, revoir** is pronounced [wa]: [madmwazɛl], [ʀəvwaʀ]

IV. GRAMMAIRE ET EXERCICES

1. Genre des noms (Gender of Nouns)

MASCULIN:	**le** centre	*the center*
	le jeune homme	*the young man*
FÉMININ:	**la** rue	*the street*
	la fille	*the daughter*

French nouns are either masculine or feminine. To fix the correct gender of a noun in your mind, learn the definite article with each noun you encounter.

2. Pluriel des noms (Plural of Nouns)

le jardin	*the garden*	**les jardins**	*the gardens*
la leçon	*the lesson*	**les leçons**	*the lessons*
l'étudiant	*the student*	**les étudiants**	*the students*

The plural of most French nouns is formed by adding **s** to the singular.

3. Article défini (Definite Article)

le   before a masculine singular noun beginning with a consonant: **le restaurant** *(the restaurant)*.

la   before a feminine singular noun beginning with a consonant: **la lettre** *(the letter)*.

l'   before any singular noun beginning with a vowel or a mute **h**: **l'adresse** *(the address)*, **l'homme** *(the man)*.

les   before all plural nouns: **les restaurants** *(the restaurants)*, **les lettres** *(the letters)*, **les adresses** *(the addresses)*.

EXERCICE A   *(Bande 1)*

Formez des phrases en employant les noms indiqués, d'abord au singulier, puis au pluriel (Form sentences using the nouns indicated first in the singular, then in the plural):

MODÈLES: université
                 Où est **l'université?**
                 Où sont **les universités?**

1. professeur
2. lettre
3. adresse
4. leçon
5. étudiant
6. jardin
7. fille
8. hôtel
9. restaurant
10. homme

4. Article indéfini (Indefinite Article)

un   before a masculine singular noun: **un professeur** *(a professor)*, **un appartement** *(an apartment)*.

une   before a feminine singular noun: **une conversation** *(a conversation)*, **une étudiante** *(a [female] student)*.

des   before all plural nouns: **des professeurs** *(professors)*, **des appartements** *(apartments)*, **des conversations** *(conversations)*, **des étudiantes** *(students)*.

Note: In French, the definite and indefinite articles are repeated before each noun in a series:

le professeur et l'étudiant	*the professor and student*
un garçon et une jeune fille	*a boy and girl*

EXERCICE B   *(Bande 1)*

Formez des phrases en employant chaque nom avec l'article indéfini convenable:

MODÈLES: professeur   étudiants
              C'est un professeur   **Ce sont des étudiants**

1. appartement
2. rue
3. garçons
4. jeune homme
5. étudiante
6. lettres
7. rencontre
8. jeunes gens
9. restaurant
10. fille

EXERCICE C   *(Bande 1)*

Mettez les noms suivants au singulier (Change the following nouns to singular):

MODÈLES: les situations   **la situation**
               des cours   **un cours**

1. les arts
2. les jardins
3. les conversations
4. les hôtels
5. les leçons
6. des heures
7. des instants
8. des rencontres
9. des professeurs
10. des étudiantes

5. Contraction (Contraction)

Mon hôtel est **au** centre de Paris.
My hotel is in the center of Paris.
Nicole est étudiante **aux** Beaux-Arts.
Nicole is a student at the School of Fine Arts.
J'habite près **du** Jardin du Luxembourg.
I live near the Luxembourg Gardens.

L'adresse **des** étudiants est 2, rue Cassette.
The address of the students is 2 Cassette Street.

The prepositions **à** *(at, in, to)* and **de** *(from, of)* contract with the definite articles **le** and **les** as follows:

à + le = au   (au restaurant)   de + le = du   (du restaurant)
à + les = aux (aux restaurants)   de + les = des (des restaurants)

Note: The prepositions **à** and **de** never contract with the definite articles **la** or **l'**:

à + la = à la (à la Sorbonne)   de + la = de la (de la Sorbonne)
à + l' = à l' (à l'hôtel)   de + l' = de l' (de l'hôtel)

EXERCICE D

Répétez les phrases suivantes selon les modèles (attention aux contractions):

MODÈLES: Allez-vous à (restaurant)?
          Allez-vous **au restaurant?**

          Ce sont les exercices de (leçon).
          Ce sont les exercices **de la leçon.**

1. Comment sont les cours à (Fac de Lettres)?
                              (université)
                              (Beaux-Arts)
2. Vous êtes à (hôtel)?
               (centre de Paris)
               (rue Cassette)
3. C'est l'appartement de (professeur)
                          (jeune fille)
                          (jeunes gens)
4. Avez-vous l'adresse de (jeune homme)?
                          (garçons)
                          (étudiante)
5. J'habite près de (Sorbonne).
                    (Jardin du Luxembourg)
                    (restaurant Saint-Michel)

6. Présent de l'indicatif du verbe «être» (Present Indicative of «être» "to be")

je suis	*I am*		nous sommes	*we are*
tu es	*you are*		vous êtes	*you are*
il est	*he (it) is*		ils sont	*they are*
elle est	*she (it) is*		elles sont	*they are*

12 PREMIÈRE LEÇON

Note:

(1) The English subject pronoun *you* is usually expressed by **vous,** referring either to one or more persons; **tu** is the familiar singular form used to address a relative, an intimate friend, a child, or an animal.

(2) The subject pronouns **il, elle, ils, elles** may refer to persons or things. They have the following meanings:

il	*he* or *it* (m.)		**ils**	*they* (m.)
elle	*she* or *it* (f.)		**elles**	*they* (f.)

Où est **Paul?** — **Il** est à l'hôtel.
Where's Paul? — He's at the hotel.
Où est **la rue Cassette?** — **Elle** est près du Jardin du Luxembourg.
Where's Cassette Street? — It's near the Luxembourg Gardens.

EXERCICE E *(Bande 1)*

Répétez les phrases suivantes en employant les pronoms indiqués (attention aux verbes):

1. Où êtes-vous étudiant?   (tu)
2. Il est à l'hôtel pour l'instant.   (je)
3. Elles sont près de la rue Vaugirard.   (il)
4. Tu es étudiante aux Beaux-Arts?   (vous)
5. Nous sommes professeurs à la Sorbonne.   (ils)
6. Je suis à la Fac de Lettres.   (nous)

EXERCICE F *(Bande 1)*

Changez les phrases suivantes en substituant des pronoms personnels aux mots indiqués (Change the following sentences by substituting personal pronouns for the words indicated):

MODÈLE: Nous sommes pressés. (Et Pierre?)
          Il est pressé.

1. Ils sont à l'appartement de Paul. (Et Robert?)
2. Tu es de Paris. (Et Marie?)
3. Nous sommes étudiants à l'université. (Et Michel et Georges?)
4. Je suis près du Jardin du Luxembourg. (Et Nicole et vous?)
5. Il est au centre de Paris. (Et vous?)
6. Les jeunes gens sont au restaurant Saint-Michel. (Et Anne et Thérèse?)

7. Ordre des mots dans une question (Word Order in a Question)

(a) **Vous êtes étudiante?**   **Tu es pressé, Paul?**
    You're a student?   *You're in a hurry, Paul?*

Any statement in normal word order may be made interrogative by rising inflection.

(b) Où est la rue Cassette?   **Comment va Nicole?**
Where's Cassette Street?   *How is Nicole?*

Questions beginning with a question word normally have a word order similar to English.

(c) STATEMENT: **Vous avez** mon adresse.
You have my address.

QUESTION: **Avez-vous** mon adresse?
Do you have my address?

STATEMENT: **Ils sont** professeurs.
They are professors.

QUESTION: **Sont-ils** professeurs?
Are they professors?

Questions calling for a yes-or-no answer are formed by inverting subject and verb, if the subject is a personal pronoun. A hyphen connects verb and subject.

Note: If the verb in the third-person singular ends in a vowel, insert **-t-** between the verb and the pronoun:

Habite-t-elle près du Jardin du Luxembourg?
Does she live near the Luxembourg Gardens?

(d) STATEMENT: **Ils sont étudiants** à la Sorbonne.
They're students at the Sorbonne.

QUESTION: **Est-ce qu'ils sont étudiants** à la Sorbonne?
Are they students at the Sorbonne?

STATEMENT: **Vous allez** à l'hôtel.
You're going to the hotel.

QUESTION: **Est-ce que vous allez** à l'hôtel?
Are you going to the hotel?

A statement in normal word order may be made interrogative by placing **est-ce que**[1] (literally *is it that*) in front of it.

Note: With the subject pronoun **je, est-ce que** is generally used in place of inversion to facilitate pronunciation:

1. Before a vowel sound, the form becomes **est-ce qu'**.

Est-ce que je suis près de la rue Verdun?
Am I near Verdun Street?

EXERCICE G

Formez des questions selon le modèle:

MODÈLE: **Ils sont** à l'hôtel.
          Sont-ils à l'hôtel?

1. Vous avez mon adresse.
2. Elles sont à Paris.
3. Il s'appelle Paul.
4. Tu es étudiant à la Sorbonne.
5. Vous répétez les phrases de la leçon.
6. Elle habite près de l'université.
7. Vous allez au restaurant Saint-Michel.
8. Elle est pressée.
9. Vous répondez aux questions des étudiants.

EXERCICE H   (Bande 1)

Formez des questions en employant **est-ce que:**

MODÈLE: **Paul est** à la Fac de Lettres.
          Est-ce que Paul est à la Fac de Lettres?

1. Nicole est étudiante aux Beaux-Arts.
2. Elle s'appelle Monique.
3. L'hôtel de Robert est au centre de Paris.
4. Vous avez la lettre de Marie.
5. Les cours sont excellents.
6. Michel va bien.
7. Ce sont les exercices de la leçon.
8. Ils sont près du Jardin du Luxembourg.
9. Il habite dans la rue La Fayette.
10. Les jeunes gens sont à l'université.

V. COMPOSITION

Dites, puis écrivez en français (Say, then write in French):

1. Good morning, Nicole. How are you?
2. Fine, thank you. Where are you, Paul? At the hotel?
3. I'm at the Luxembourg Gardens with (avec) some students.
4. You're near my apartment. By the way, do you have my address, Paul?

5. Yes, you live on Cassette Street; it's in the center of Paris.
6. How are the courses at the university?
7. The courses and the professors are excellent. And you, Nicole, where are you a student?
8. I'm at the School of Fine Arts.
9. I'm in a hurry, Nicole. Shall we meet tomorrow?
10. O.K.! Tomorrow at the same time at the School of Fine Arts.
11. Good-by, Nicole. I'll see you tomorrow.

VI. DICTÉE

A tirer de la première situation.

Chambre à louer

DEUXIÈME LEÇON

I. PRÉSENTATION

Conversation   *(Bande 2)*

PAUL: Madame Sauvin?
MME SAUVIN: Oui, monsieur. C'est pour quoi?
PAUL: Bonjour, madame. Je viens de la part du CROUS . . . [1]
MME SAUVIN: Ah, oui! C'est pour une chambre? Entrez, je vous en prie.
PAUL: Je vais passer un an à Paris.
MME SAUVIN: Oui. Eh bien! . . . J'ai une chambre au premier étage[2] et une autre au troisième.

1. **CROUS:** Centre Régional des Œuvres Universitaires et Sociales, the financial aid, student activity, and housing office on a French university campus.
2. **Premier étage** (*second floor*) is the floor above the **rez-de-chaussée** (*groundfloor*); **troisième étage** corresponds to *fourth floor*.

SEIZE

Paul:	Est-ce qu'il y a une salle de bains?
Mme Sauvin:	Non, il n'y a pas de salle de bains. Venez, suivez-moi . . . Attention à la marche . . .
	(Une clé tourne dans la serrure de la porte . . . la porte grince . . . c'est la chambre du premier.)
Paul:	Hum! . . . Pas mal! Où est le lavabo?
Mme Sauvin:	Voici le lavabo . . . et vous avez trois grands placards et un beau bureau.
Paul:	C'est parfait. Combien est-ce par mois?
Mme Sauvin:	Trois cents francs. Vous payez au début de chaque mois.
Paul:	Très bien. Est-ce que je peux déménager demain?
Mme Sauvin:	Bien sûr! . . . quand vous voulez . . .
Paul:	Merci beaucoup. A demain . . . au revoir, madame.
Mme Sauvin:	Au revoir, monsieur.

Situation

Paul va passer un an à Paris. Il cherche une chambre. Il va chez Madame Sauvin de la part du CROUS. Madame Sauvin a deux chambres: une au premier étage et une autre au troisième. Les deux chambres n'ont pas de salle de bains. La clé tourne dans la serrure de la porte, la porte grince. . . Paul est dans la chambre du premier. C'est une belle chambre avec un lavabo, un beau bureau et trois grands placards.

VOCABULAIRE FONDAMENTAL

avec with
beau, bel, belle fine, beautiful, handsome, nice
chez at, in, to the house (office, store) of
il cherche he looks for, he is looking for, he does look for
il va he goes, he is going, he does go

Questionnaire

Répondez aux questions suivantes:

A. Questions sur les textes *(Bande 2)*

1. Où est Paul?
2. Que cherche-t-il?
3. Où va-t-il?
4. Que dit *(says)* Paul à Madame Sauvin?
5. Combien de chambres a Madame Sauvin?
6. Où sont les deux chambres de Madame Sauvin?
7. Est-ce que la chambre du premier étage a une salle de bains?

8. Les deux chambres ont-elles une salle de bains?
9. Décrivez *(describe)* la chambre du premier étage.
10. Combien est-ce par mois?
11. Quand est-ce que Paul va déménager?
12. Que dit Madame Sauvin?

B. Questions générales

1. Avez-vous une chambre en ville ou à l'université?
2. Comment sont les chambres à l'université?
3. Avez-vous une salle de bains?
4. Décrivez la chambre où vous habitez.
5. Combien est-ce par mois?
6. Quand payez-vous?

Dialogue

Demandez à un(e) étudiant(e):

1. si elle (s'il) a une chambre à l'université.
2. s'il y a une salle de bains.
3. de décrire la chambre où elle (il) habite.
4. combien c'est par mois.
5. où il y a des chambres à louer.
6. si elle (s'il) préfère avoir une chambre en ville ou à l'université.

II. EXPRESSIONS A RETENIR

à la fin de	at the end of
attention!	careful! look out!
au début de	at the beginning of
bien sûr	surely, certainly, of course, yes indeed
c'est parfait	that's fine, that's perfect
c'est pour quoi?	can I help you? what can I do for you?
de la part de	from, on the part of
eh bien!	very well! well!
en ville	in town, downtown
je vous en prie	please, I beg you; you're welcome, don't mention it
par mois (jour, an)	a month (day, year), per month (day, year)
(une) chambre à louer	(a) room for rent

III. PRONONCIATION (Bande 2)

[e] as in **étage**, **passer** is pronounced with the corners of the lips drawn wide apart and with the tongue arched toward the front of the mouth, the tip firmly against the lower teeth.

Répétez:

clé [kle]
début [deby]
déménager [demenaʒe]
étage [etaʒ]
louer [lwe]
premier [pRəmje]
des [de]

les [le]
vous avez [vuzave]
vous payez [vu pɛje]
vous voulez [vu vule]
j'**ai** [ʒe]
chez [ʃe]
et [e]

[ɛ] as in **très**, **avec** is pronounced with the mouth more open and the corners of the lips drawn aside a little less than for [e].

Répétez:

adresse [adRɛs]
être [ɛtR]
près [pRɛ]
troisième [tRwazjɛm]
vous êtes [vuzɛt]

chercher [ʃɛRʃe]
merci [mɛRsi]
parfait [paRfɛ]
pressé [pRɛse]
serrure [sɛRyR]

IV. GRAMMAIRE ET EXERCICES

8. Possession (Possession)

l'appartement **de Nicole**
le bureau **du professeur**
la serrure **de la porte**
l'adresse **de l'université**
les chambres **des garçons**

In French, possession is expressed by the preposition **de** (*of*) plus a noun.

EXERCICE A (Bande 2)

Formez des phrases complètes, selon les modèles, en employant les noms indiqués:

MODÈLES: la clé / la chambre
C'est la clé de la chambre.

les filles / Madame Sauvin
Ce sont les filles de Madame Sauvin.

20 DEUXIÈME LEÇON

1. l'adresse / le restaurant
2. le lavabo / la salle de bains
3. les placards / l'appartement
4. les cours / les étudiants
5. le professeur / Paul
6. les exercices / la leçon
7. le premier étage / l'hôtel
8. le bureau / le garçon
9. les questions / les jeunes gens
10. la lettre / Nicole

9. Adjectifs numéraux cardinaux (Cardinal Numbers) 1-10

1 **un (une)** [œ̃, yn]
2 **deux** [dø]
3 **trois** [trwa]
4 **quatre** [katʀ]
5 **cinq** [sɛ̃k]

6 **six** [sis]
7 **sept** [sɛt]
8 **huit** [ɥit]
9 **neuf** [nœf]
10 **dix** [dis]

Note:

(1) With the exception of **un, une,** cardinal numbers are invariable in French.

(2) The final consonant of **cinq, six, huit,** and **dix** normally is not pronounced before words beginning with a consonant: cinq francs, dix mois.

(3) The **x** of **deux, six,** and **dix,** and the **s** of **trois** are pronounced [z] before a word beginning with a vowel or a mute **h**: deux étages, dix étudiants, trois hôtels.

(4) The **f** of **neuf** is pronounced [v] before a few words beginning with a vowel or mute **h**: neuf ans, neuf heures, neuf hommes, neuf autres.

EXERCICE B *(Bande 2)*

Additionnez. Combien font:

4 et 4?   5 et 1?
1 et 2?   2 et 2?
7 et 3?   3 et 5?
6 et 1?   4 et 3?
3 et 2?   6 et 3?
5 et 4?   8 et 2?

10. L'emploi de « voilà; il y a ». (Use of « voilà; il y a »)

Où est le professeur? — **Voilà** le professeur.
Où sont les placards? — **Voilà** les placards.

Il y a un autre étudiant au troisième étage.
Il y a des chambres à louer chez Mme Sauvin.

Voilà and **il y a** both mean *there is, there are* and refer to persons or things. **Voilà** *points out* someone or something; **il y a** *states the existence of* someone or something.

Note: **Voici** *(here is)* points out someone or something in close proximity to the speaker; **voilà** points to someone or something more distant.

EXERCICE C

Complétez les phrases suivantes en employant **voilà** *ou* **il y a**:

Où est Nicole? _Voilà_ Nicole. Elle habite rue Cassette. Près de la rue Cassette, _il y a_ un beau jardin. C'est le Jardin du Luxembourg. _Voilà_ le Jardin du Luxembourg.

Paul est étudiant. Il habite chez Madame Sauvin. _Voilà_ la chambre de Paul. Est-ce que _il y a_ une salle de bains? Non, mais _il y a_ un lavabo. _Voilà_ la chambre: _il y a_ un bureau et _il y a_ aussi trois grands placards. C'est une belle chambre.

11. Présent de l'indicatif du verbe «avoir» (Present Indicative of «avoir» "to have")

j'	ai	*I have*	**nous**	avons	*we have*
tu	as	*you have*	**vous**	avez	*you have*
il	a	*he (it) has*	**ils**	ont	*they have*
elle	a	*she (it) has*	**elles**	ont	*they have*

Note: **je** becomes **j'** before a vowel or mute **h**.

EXERCICE D (Bande 2)

Répétez les phrases suivantes en employant les pronoms indiqués (attention aux verbes):

1. Il a une chambre en ville.   (je)
2. Ont-ils mon adresse?   (elle)
3. Elle a un appartement à louer.   (nous)
4. Avez-vous une salle de bains?   (tu)
5. J'ai un beau bureau.   (il)
6. Tu as trois grands placards?   (vous)
7. Nous avons un lavabo dans la chambre.   (ils)

EXERCICE E

Mettez le sujet et le verbe au pluriel:

MODÈLE: **As-tu** un franc?
             Avez-vous un franc?

1. Il a une chambre à l'université.
2. Est-ce que tu as la clé de la porte?
3. Elle a un bel appartement.
4. J'ai l'adresse de Nicole.
5. Elle est étudiante aux Beaux-Arts.
6. Tu es à l'hôtel pour l'instant?
7. Il est dans la chambre du premier.
8. Je suis chez Mme Sauvin.

12. Forme négative (Negative)

(a)   FORME AFFIRMATIVE: Je peux déménager demain.
      FORME NÉGATIVE: Je **ne** peux **pas** déménager demain.

      FORME AFFIRMATIVE: Il va chez Mme Sauvin.
      FORME NÉGATIVE: Il **ne** va **pas** chez Mme Sauvin.

A verb is made negative by placing **ne** before the verb and **pas** after it (**ne** becomes **n'** before a vowel or mute **h**).

Note: In the negative interrogative, **pas** is placed after the subject pronoun:

Ne payez-vous **pas** au début de chaque mois?

(b)   FORME AFFIRMATIVE: Il cherche un appartement à louer.
      FORME NÉGATIVE: Il **ne** cherche **pas d'**appartement à louer.

      FORME AFFIRMATIVE: La chambre a une salle de bains.
      FORME NÉGATIVE: La chambre **n'a pas de** salle de bains.

      FORME AFFIRMATIVE: Il y a un lavabo.
      FORME NÉGATIVE: Il **n'**y a **pas de** lavabo.

In a negative statement, **un, une** is normally replaced by **de.**

EXERCICE F   (Bande 2)

Mettez les phrases suivantes à la forme négative:

MODÈLE: Elle est chez Mme Sauvin.
             Elle **n'est pas** chez Mme Sauvin.

1. Je peux déménager demain.
2. Elle habite près de l'université.
3. Il cherche la clé de l'appartement.
4. Vous payez au début de chaque mois.
5. Nous sommes au centre de la ville.
6. Elle préfère louer aux étudiants.
7. Il s'appelle Paul.
8. Les deux chambres sont au premier étage.
9. Voulez-vous mon adresse?
10. Je vais passer le mois à Paris.

EXERCICE G   *(Bande 2)*

Répondez négativement aux questions suivantes:

MODÈLES: Avez-vous un bureau?
           Non, je **n'**ai **pas de** bureau.

           Est-ce que Mme Sauvin a une lettre?
           Non, Mme Sauvin **n'**a **pas de** lettre.

1. As-tu une chambre à louer?
2. A-t-elle une composition à écrire?
3. Est-ce que la salle de bains a un lavabo?
4. Est-ce qu'il y a un placard dans la chambre?
5. Cherche-t-il un appartement en ville?
6. Est-ce qu'il y a un restaurant près de l'hôtel?
7. Est-ce que la porte a une serrure?

EXERCICE H   *(Bande 2)*

Mettez les phrases suivantes à la forme interrogative négative:

MODÈLE: Tu as une chambre à louer.
          N'as-tu pas de chambre à louer?

1. Vous allez déménager demain.
2. Il va passer un an à New York.
3. Ils sont professeurs aux Beaux-Arts.
4. Tu as l'adresse de l'appartement.
5. Elle habite dans la rue Vaugirard.
6. Vous payez à la fin du mois.
7. Elles sont à la Fac de Lettres.
8. Il y a une salle de bains dans la chambre.

V. COMPOSITION

Dites, puis écrivez en français:

1. I'm going to spend six months in Paris.
2. Do you have an apartment for rent?
3. I don't have an apartment, but **(mais)** I have a nice room on the second floor.
4. Three other students also have rooms on the same **(même)** floor.
5. Is there a bathroom in the room?
6. No, there isn't a bathroom but there is a big washbasin.
7. Here's the room; you have two large closets and a beautiful desk.
8. There's the bathroom. It's near the other students' rooms.
9. How much a month is the room? — Three hundred francs.
10. You don't pay at the end of the month; you pay at the beginning.
11. Fine! Can I have the key? I'm going to move (in) tomorrow.

VI. DICTÉE

A tirer de la deuxième situation.

Au téléphone

TROISIÈME LEÇON

I. PRÉSENTATION

Conversation   *(Bande 3)*

MICHEL:	Allô, Élysée 10-15?
MME SAUVIN:	Oui, j'écoute . . . Qui est à l'appareil?
MICHEL:	Michel . . . Je suis un ami de Paul, votre nouvel étudiant.
MME SAUVIN:	Un moment, s'il vous plaît. Je pense qu'il est dans sa chambre.
	(Mme Sauvin frappe à la porte.)
	Monsieur Paul! Quelqu'un est au téléphone . . . c'est pour vous.
PAUL:	Merci, madame. J'arrive tout de suite.
MICHEL:	Allô, Paul?
PAUL:	Oui, Michel. Comment allez-vous ce matin?
MICHEL:	Très bien. Au fait . . . êtes-vous content de votre chambre?
PAUL:	Très. J'ai une petite chambre, mais elle est très belle. C'est dans un vieil immeuble.

Michel:	Ah! . . . Dites-moi, qu'est-ce que vous avez l'intention de faire demain soir?
Paul:	Rien de spécial. Pourquoi?
Michel:	Aimez-vous les escargots?
Paul:	J'adore les escargots . . .
Michel:	Bon . . . eh bien, demain soir, je vous invite à dîner dans une bonne petite auberge avec Jackie, une jeune étudiante américaine.
Paul:	Ça c'est une excellente idée. Merci. Mais . . . votre amie parle-t-elle français?
Michel:	Oui, elle parle très bien le français et aussi l'espagnol.
Paul:	A demain alors et merci de votre coup de téléphone.

Situation

Michel compose les numéros 3, 5, 9, 1, 0, 1, et 5. C'est Élysée 10-15, le numéro de téléphone de Mme Sauvin, la concierge de Paul. Le téléphone sonne. Mme Sauvin répond au téléphone. Ce n'est pas pour elle. C'est pour Paul. Mme Sauvin frappe à sa porte. Il est dans sa chambre. C'est une petite chambre dans un vieil immeuble, mais elle est belle et propre. Paul descend les escaliers quatre à quatre. Bonne nouvelle! C'est Michel. Il invite Paul à dîner dans une jolie petite auberge avec Jackie, une jeune étudiante américaine.

VOCABULAIRE FONDAMENTAL

composer to compose; to dial
concierge *m. & f.* concierge, janitor, janitress, doorkeeper, caretaker
elle répond she answers, she replies, she responds
escalier *m.* stairs, staircase, stairway
il descend he goes down, he goes downstairs, he gets off
joli, jolie pretty
nouvelle *f.* (*often in pl.*) news, tidings
numéro *m.* number, size
propre clean, own
sonner to strike; to sound; to ring

Questionnaire

Répondez aux questions suivantes:

A. Questions sur les textes (*Bande 3*)
 1. Quel (*what*) est le numéro de téléphone de Madame Sauvin?
 2. Quels numéros Michel compose-t-il?
 3. Qui est à l'appareil?
 4. Qui est Michel?
 5. Qui est Madame Sauvin?

6. Que dit Madame Sauvin à Paul?
7. Où est Paul?
8. Comment va Michel ce matin?
9. Est-ce que Paul est content de sa chambre?
10. Qu'est-ce que Paul a l'intention de faire demain soir?
11. Est-ce qu'il aime les escargots?
12. Où Michel invite-t-il Paul à dîner?
13. Avec qui Michel invite-t-il Paul à dîner?
14. Est-ce que Jackie parle français?

B. Questions générales
1. Quel est votre numéro de téléphone?
2. Quels numéros composez-vous?
3. Comment allez-vous ce matin?
4. Êtes-vous content (e) de votre chambre?
5. Qu'est-ce que vous avez l'intention de faire demain soir?
6. Aimez-vous les escargots?
7. Est-ce que votre ami(e) parle français?
8. Parlez-vous espagnol?
9. Parlez-vous français?
10. Quelle(s) langue(s) (*languages*) parlez-vous?

Dialogue

Demandez à un(e) étudiant(e):

1. s'il (si elle) a le téléphone dans sa chambre.
2. s'il (si elle) aime téléphoner à des amis.
3. son numéro de téléphone.
4. ce qu'il (elle) a l'intention de faire demain soir.
5. s'il (si elle) parle espagnol.
6. s'il (si elle) parle très bien le français.
7. s'il (si elle) aime dîner en ville.
8. ce qu'il (elle) dit à la fin d'une conversation téléphonique.

II. EXPRESSIONS A RETENIR

avoir le téléphone	to have a telephone
avoir l'intention de	to have the intention of, intend to
composer le (un) numéro	to dial the (a) number
dites-moi!	say!
être au téléphone	to be on the phone

être content de	to be pleased (satisfied) with, be pleased to
frapper à la porte	to knock (at the door)
quatre à quatre	two by two
qui est à l'appareil?	who's calling? who's speaking?
répondre au téléphone	to answer the phone
s'il vous plaît	please, if you please
tout de suite	immediately, right away
donner un coup de téléphone	to make a telephone call

III. PRONONCIATION *(Bande 3)*

[i] as in **idée, style** is pronounced with lips drawn apart and with the tongue arched toward the front of the mouth, the tip pressed firmly against the lower teeth.

Répétez:

am**i** [ami]	Par**i**s [paʀi]
arr**i**ver [aʀive]	pet**i**t [pəti]
auss**i** [osi]	pr**i**e [pʀi]
dîner [dine]	qu**i** [ki]
ils [il]	su**i**te [sɥit]
inv**i**ter [ɛ̃vite]	su**i**vez [sɥive]
jol**i** [ʒɔli]	un**i**vers**i**té [ynivɛʀsite]
merc**i** [mɛʀsi]	v**i**lle [vil]
ou**i** [wi]	vo**i**c**i** [vwasi]

IV. GRAMMAIRE ET EXERCICES

13. Emplois de l'article défini (Uses of the Definite Article)

Le français et **l'italien** sont deux belles langues.
Avez-vous l'intention d'étudier **le latin**?
Je vais étudier aussi **l'allemand** *(German)*.

The definite article is used in French before the names of languages but is generally omitted following the prepositions **en** or **de**, or the verb **parler** directly:

Il va écrire une composition **en espagnol**.
Nous avons un bon professeur **d'anglais** *(English)*.
Votre amie **parle**-t-elle **français**?
But
Elle **parle** très bien **le français**.

EXERCICE A

Complétez les phrases suivantes en employant les mots indiqués:

MODÈLES: Est-ce que vous aimez parler _____? (italien)
Est-ce que vous aimez parler **italien?**
_____ est une très belle langue. (français)
Le français est une très belle langue.

1. Je vais étudier _____ à l'université. (allemand)
2. Elle répond à la question en _____. (espagnol)
3. C'est un bon professeur _____. (français)
4. Votre amie parle-t-elle bien _____? (italien)
5. Est-ce que vous avez aussi un cours _____? (anglais)
6. Elle va écrire sa composition en _____. (allemand)
7. J'ai aussi l'intention d'étudier _____. (latin)
8. Les étudiants parlent _____ en classe. (français)
9. Écrivez les phrases en _____. (espagnol)
10. Est-ce que vous étudiez _____ ? (italien)

14. Accord des adjectifs (Agreement of Adjectives)

(a) un professeur **américain**   des professeurs **américains**
une étudiante **américaine**   des étudiantes **américaines**

French adjectives normally agree in gender and number with the noun they modify.

The feminine singular of a regular adjective is formed by adding **e** to the masculine form.[1]

The plural of an adjective is formed by adding **s** to the singular form.

(b) Paul et Nicole sont **intelligents.**
Mon appartement et sa chambre sont **petits.**
M. et Mme Sauvin sont **Français.**[2]

An adjective modifying two or more nouns of different genders is masculine plural.

---

1. If the masculine singular of the adjective already ends in **e**, the masculine and feminine forms are the same:

   un **autre** restaurant
   une **autre** auberge

2. Predicate adjectives of nationality referring to persons function like nouns and are capitalized. Compare:

   un professeur **américain**   un livre **français**
   il est **Américain**   il est **français**

15. Place des adjectifs (Position of Adjectives)

(a) une auberge **française**
une dîner **spécial**
une chambre **propre**
des questions **générales**

Since most adjectives are descriptive, the normal position for adjectives in French is *after* the noun. Many common adjectives, however, regularly precede the noun they modify:

autre	*other*
beau, bel,[1] **belle** (f.)	*beautiful, fine, handsome, nice*
bon, bonne (f.)	*good*
gentil, gentille (f.)	*nice*
grand	*large, big, great, tall*
gros, grosse (f.)	*big*
jeune	*young*
joli	*pretty*
long, longue (f.)	*long*
mauvais	*bad*
nouveau, nouvel,[1] **nouvelle** (f.)	*new*
petit	*small, little*
vieux, vieil,[1] **vieille** (f.)	*old*

(b) une **jeune** étudiante **américaine**
un **bon** restaurant **français**
une **autre** leçon **difficile** (*difficult*)

When two adjectives modify the same noun, each keeps its normal position.

EXERCICE B (Bande 3)

Répétez les phrases suivantes en substituant les adjectifs indiqués (attention à l'accord des adjectifs):

MODÈLE: La concierge est très **jeune**. (aimable)
La concierge est très **aimable**.

---

1. Alternate masculine form, used before masculine singular nouns beginning with a vowel or mute **h**:

   un **bel** hôtel
   un **nouvel** immeuble
   un **vieil** ami

1. La jeune fille est très intelligente.   (gentil)
2. Il a un nouvel appartement.   (beau)
3. C'est une petite auberge. (bon)
4. Ce sont des étudiantes françaises.   (américain)
5. Les deux chambres sont grandes. (petit)
6. Est-ce un vieil hôtel? (nouveau)
7. Les exercices ne sont pas difficiles. (long)
8. C'est dans un autre immeuble. (vieux)

EXERCICE C   (*Bande 3*)

Répétez chaque phrase avec la forme correcte de l'adjectif indiqué:

MODÈLE: Y a-t-il un restaurant par ici? (bon)
          Y a-t-il **un bon restaurant** par ici?

1. Nous avons une composition à écrire.   (long)
2. Quelle est votre adresse?   (nouveau)
3. Je vous invite à dîner dans une auberge.   (petit)
4. Jackie est une jeune étudiante.   (américain)
5. Il y a deux placards dans votre chambre.   (grand)
6. Nous habitons un immeuble au centre de la ville.   (beau)
7. Il cherche un appartement à louer.   (nouveau)
8. Je suis un ami de Paul.   (vieux)
9. Les chambres n'ont pas de salle de bains.   (autre)
10. Elle a des leçons à étudier.   (difficile)
11. C'est une bonne université.   (français)

16. Ordre des mots dans une question (Word Order in a Question — continued)

STATEMENT: **Votre amie parle** français.
QUESTION: **Votre amie parle-t-elle** français?

STATEMENT: **Paul est** content de sa chambre.
QUESTION: **Paul est-il** content de sa chambre?

With a noun subject, a question may be formed by using the following word order: Noun + verb + pronoun + rest of sentence.

Note: The **est-ce que** construction may also be used:

Est-ce que votre amie parle français?
Est-ce que Paul est content de sa chambre?

TROISIÈME LEÇON

EXERCICE D   (Bande 3)

Formez des questions selon le modèle:

MODÈLE: Henri a une belle chambre.
          Henri a-t-il une belle chambre?

1. Paul va déménager demain.
2. Les deux chambres ont une salle de bains.
3. Jackie est une jeune étudiante américaine.
4. Les cours sont difficiles.
5. Michel va passer un an à Paris.
6. Les jeunes gens ont un appartement en ville.
7. Robert aime les escargots.
8. Nicole et Marie sont étudiantes aux Beaux-Arts.
9. Votre amie parle bien l'espagnol.
10. La concierge frappe à la porte.
11. Son numéro de téléphone est Élysée 10-15.
12. Mme Sauvin préfère louer aux professeurs.
13. Votre immeuble est près d'un jardin.
14. Colette est contente de sa nouvelle chambre.

17. Conjugaisons régulières (Regular Conjugations)

Regular verbs in French are divided into three conjugations according to the ending of the infinitive:

FIRST CONJUGATION:	verbs ending in **-er**:	**parler** *to speak*
SECOND CONJUGATION:	verbs ending in **-ir**:	**finir** *to finish*
THIRD CONJUGATION:	verbs ending in **-re**:	**vendre** *to sell*

The stem of a verb is obtained by dropping the infinitive ending:

parl*er*	**parl**
fin*ir*	**fin**
vend*re*	**vend**

18. Présent de l'indicatif des verbes en -er (Present Indicative of –er Verbs)

MODÈLE: **parler**

FORME AFFIRMATIVE

je parl**e**	*I speak, am speaking, do speak*
tu parl**es**	*you speak, are speaking, do speak*
il (elle) parl**e**	*he (she, it) speaks, is speaking, does speak*
nous parl**ons**	*we speak, are speaking, do speak*

vous par**lez**	*you speak, are speaking, do speak*
ils (elles) parl**ent**	*they speak, are speaking, do speak*

FORME NÉGATIVE

je ne parle pas	*I am not speaking, I do not speak*
tu ne parles pas	
il (elle) ne parle pas, etc.	

FORME AFFIRMATIVE ET INTERROGATIVE

est-ce que je parle?	*am I speaking? do I speak?*
parles-tu?	
parle-t-il (elle)? etc.	

FORME NÉGATIVE ET INTERROGATIVE

est-ce que je ne parle pas?	*am I not speaking? do I not speak?*
ne parles-tu pas?	
ne parle-t-il (elle) pas? etc.	

EXERCICE E *(Bande 3)*

Répétez les phrases suivantes en employant les pronoms indiqués:

1. Il aime dîner en ville. (nous)
2. Je cherche la clé de l'appartement. (il)
3. Téléphones-tu à des amis? (vous)
4. Ils arrivent tout de suite. (je)
5. Elle loue une chambre chez Mme Sauvin. (ils)
6. Déménagez-vous demain? (tu)
7. Nous passons un mois à Paris. (elles)
8. Quels numéros compose-t-il? (vous)
9. Je n'étudie pas l'espagnol. (elle)
10. Elle adore ce restaurant. (je)

EXERCICE F

Mettez le sujet et le verbe au pluriel:

1. Je vous invite à dîner dans un restaurant français.
2. Elle parle très bien l'italien.
3. Que penses-tu faire demain soir?
4. Il n'écoute pas la radio.
5. Je frappe à la porte.
6. Entre-t-il dans la chambre?
7. Habites-tu dans la rue Vaugirard?
8. Elle n'aime pas les escargots.
9. Cherches-tu un appartement à louer?
10. Je dîne en ville avec des amis.

V. COMPOSITION

Dites, puis écrivez en français:

1. Are you pleased with your new room at **(chez)** Mrs. Sauvin's?
2. Yes, it's small but very nice.
3. There are two other American students on the same floor.
4. They are studying French at the Sorbonne.
5. Do you want to have dinner at a French inn tomorrow night?
6. I'm also going to invite a good friend, Michel.
7. He's young, handsome, and very intelligent.
8. That's an excellent idea. Does your friend speak English?
9. He doesn't speak English very well but he likes the language.
10. He's going to spend a year in New York where he intends to study English and Spanish at a university.

VI. DICTÉE

A tirer de la troisième situation.

Un jeu

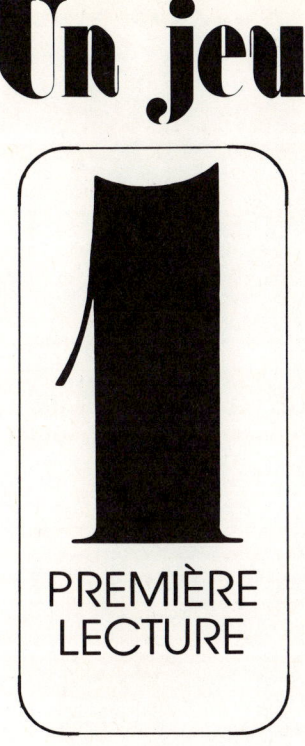

PREMIÈRE LECTURE

DE LA MARGUERITE À L'ORDINATEUR
OU
LE JEU DE L'AMOUR ET DU HASARD

En effeuillant la marguerite. . . .

    Tu m'aimes?

. . .

    Je t'aime, un peu, beaucoup, passionnément, à la folie, pas du tout.

Préférez-vous confier le choix de votre partenaire à la marguerite ou à l'ordinateur?   5

    la marguerite daisy
    l'ordinateur *m*. computer
    le jeu game
    le hasard chance
 1 **en effeuillant** while stripping off (the petals)
 2 **Tu m'aimes?** Do you love me?
 4 **Je t'aime** I love you
    un peu a little

    beaucoup a lot
    passionnément passionately
    à la folie madly
    pas du tout not at all
 5 **confier** to entrust
    le choix choice
    votre your
    le partenaire partner

TRENTE-CINQ

36 PREMIÈRE LECTURE

Cochez et répondez aux questions posées:

Personnalité

1. Sexe:

    ☐ masculin
    ☐ féminin

2. Age: ☐

3. Où êtes-vous né(e)? ☐

4. Religion:

    ☐ catholique
    ☐ protestant(e)
    ☐ juif, juive
    ☐ autre
    ☐ sans religion

5. Éducation:

    ☐ primaire
    ☐ secondaire
    ☐ supérieure

6. Profession:

    ☐ ouvrier, ouvrière
    ☐ paysan(ne)
    ☐ employé(e)
    ☐ cadre
    ☐ étudiant(e)

7. Situation personnelle:
    ☐ célibataire
    ☐ divorcé(e)
    ☐ veuf (veuve)

---

7 **cochez** check off
  posées asked
13 **Où êtes-vous né(e)?** Where were you born?
17 **juif, juive** Jewish
18 **autre** other
19 **sans** without (no)
25 **ouvrier, ouvrière** worker, laborer

26 **paysan(ne)** farmer
28 **cadre** executive
30 **situation** status
  personnelle personal
31 **célibataire** single
33 **veuf, veuve** widower, widow

8. Aimez-vous les enfants?
   ☐ oui
   ☐ non

9. Voulez-vous vous marier?
   ☐ oui
   ☐ non
   ☐ dans quelques années
   ☐ bientôt

10. Comment êtes-vous, à votre avis?
    ☐ beau, belle
    ☐ agréable
    ☐ laid(e)

11. Aimez-vous lire?
    ☐ oui
    ☐ beaucoup
    ☐ pas du tout

12. Aimez-vous la télévision?
    ☐ énormément
    ☐ pas du tout
    ☐ de temps en temps

13. Aimez-vous danser?
    ☐ beaucoup
    ☐ un peu
    ☐ pas du tout

14. Allez-vous souvent au cinéma?
    ☐ de temps en temps
    ☐ souvent
    ☐ jamais

34 **Aimez-vous . . . ?** Do you like (love) . . . ?
   les enfants *m.* children
37 **Voulez-vous . . . ?** Do you want (wish) . . . ?
40 **dans quelques années** in a few years
41 **bientôt** soon
42 **Comment êtes-vous?** How are you? (*in looks*)
   à votre avis in your opinion
43 **beau, belle** handsome, beautiful
44 **agréable** pleasing, attractive
45 **laid(e)** ugly
46 **lire** to read
51 **énormément: beaucoup**
53 **de temps en temps** from time to time
58 **souvent** often
61 **jamais** never

PREMIÈRE LECTURE

15. Allez-vous au théâtre?
    - ☐ parfois
    - ☐ souvent
    - ☐ jamais

Attitudes

16. Qu'aimez-vous faire?

    - ☐ voyager
    - ☐ skier
    - ☐ faire du patin à glace
    - ☐ jouer au football
    - ☐   au basket
    - ☐   au tennis
    - ☐   aux cartes
    - ☐ chasser
    - ☐ écouter de la musique
    - ☐ camper
    - ☐ pêcher
    - ☐ étudier
    - ☐ lire
    - ☐ danser
    - ☐ nager

17. Quel est votre but dans la vie?
    - ☐ la richesse
    - ☐ le bonheur
    - ☐ la réussite professionnelle

18. Quels sont les problèmes personnels les plus importants?
    - ☐ les problèmes du corps (la santé)
    - ☐ les problèmes du cœur (le mariage, les sentiments)
    - ☐ les problèmes de l'âme (la religion, la paix intérieure)

---

62 **Allez-vous . . . ?** Do you go . . . ?
63 **parfois:** de temps en temps
67 **que** what
70 **faire du patin à glace** to go ice skating
71 **jouer** to play
75 **chasser** to hunt
76 **écouter** to listen to
78 **pêcher** to fish
79 **étudier** to study
82 **nager** to swim
83 **Quel est . . . ?** What is . . . ?

le but goal
dans la vie in life
85 **le bonheur** happiness
86 **la réussite** success
87 **les plus** the most
88 **le corps** body
    la santé health
89 **le cœur** heart
    les sentiments *m*. feelings
90 **l'âme** *f*. soul
    la paix intérieure inner peace

19. Est-ce qu'il est important de suivre la mode?
    ☐ oui
    ☐ non

20. Aimez-vous la peinture moderne?
    ☐ oui
    ☐ non

21. Où préférez-vous vivre?
    ☐ en ville
    ☐ à la campagne

22. Êtes-vous pour ou contre l'avortement?
    ☐ pour
    ☐ contre

23. Est-ce que l'homme est né bon?
    ☐ oui
    ☐ non

24. Est-ce qu'il est important d'avoir de l'argent?
    ☐ un peu
    ☐ très
    ☐ énormément
    ☐ assez
    ☐ non

91 **suivre** to follow
   la mode fashion
94 **la peinture** painting
97 **vivre** to live
99 **à la campagne** in the country
100 **l'avortement** *m.* abortion

101 **pour** for
102 **contre** against
103 **l'homme** *m.* man
   bon good
106 **l'argent** *m.* money
110 **assez** enough, sufficiently

Au restaurant

QUATRIÈME LEÇON

I. PRÉSENTATION

Conversation *(Bande 4)*

MICHEL: Où est notre table, s'il vous plaît?

LE GARÇON: Par ici, madame et messieurs. Voici votre table, près de la cheminée.

MICHEL: C'est parfait, merci. Un petit apéritif avant de dîner?

PAUL: C'est une idée. Que désirez-vous, Jackie?

JACKIE: Un Byrrh avec des glaçons. Et vous, Michel?

MICHEL: Comme d'habitude, mon Dubonnet nature.

PAUL: Je vais prendre la même chose avec des chips.

LE GARÇON: Et pour le dîner? Désirez-vous commander votre repas immédiatement?

MICHEL: Oui. Le menu ou la carte, Paul?

Paul:	Le menu, peut-être. Tout semble délicieux.
Michel:	D'accord. Vous aimez les escargots, Jackie?
Jackie:	Pas trop. Mais comme il n'y a pas de choix, j'obéis à la loi: en France, comme les Français.
Michel:	Et avec cela? Préférez-vous le poulet ou le gigot d'agneau?
Jackie:	Le gigot d'agneau avec des haricots verts.
Michel:	La même chose pour moi, mais saignant. Et vous, Paul?
Paul:	La spécialité de la maison, le bœuf bourguignon.
Le garçon:	Il est savoureux. Et comme boisson? C'est compris dans le menu.
Michel:	Eh bien . . . une carafe de vin rouge et une de vin blanc, sec.
Le garçon:	Qu'est-ce que vous choisissez comme dessert? Fruits ou pâtisseries?
Michel:	Des fruits, s'il vous plaît, avec trois filtres.

Situation

Paul, Michel et Jackie, une jeune étudiante américaine, viennent d'arriver devant la porte du restaurant. Michel a réservé une table près de la cheminée. Avant de dîner, les trois prennent l'apéritif: Jackie, un Byrrh avec des glaçons; Michel, son Dubonnet nature, comme d'habitude; Paul commande la même chose avec des chips. Ensuite ils dînent. Ce soir, au menu, il y a escargots, poulet, gigot d'agneau, bœuf bourguignon, légumes du jardin et comme dessert, fruits ou pâtisseries. Comme boisson, une carafe de vin rouge ou de vin blanc.

VOCABULAIRE FONDAMENTAL

arriver to arrive, to happen
ce soir tonight
devant in front of, before
ensuite after, afterwards, then
il a réservé he reserved, he has reserved, he did reserve
ils prennent they take, they are taking, they do take
ils viennent they come, they are coming, they do come
légume *m.* vegetable

Questionnaire

Répondez aux questions suivantes:

A. Questions sur les textes *(Bande 4)*

1. Que dit le garçon à Michel?
2. Qu'est-ce que Michel commande avant de dîner?
3. Que désire Jackie comme apéritif?
4. Que commande Michel?

5. Qu'est-ce que Paul va prendre?
6. Qu'y a-t-il ce soir au menu?
7. Que commande Jackie?
8. Que commande Michel?
9. Que choisit Paul?
10. Qu'est-ce que Michel commande comme boisson?
11. Que choisissent-ils comme dessert?
12. Que commande Michel avec les fruits?

B. Questions générales

1. Aimez-vous dîner dans des restaurants?
2. Quel est votre restaurant préféré?
3. Que prenez-vous avant de dîner?
4. Préférez-vous dîner au menu ou à la carte?
5. Quel est votre menu préféré?
6. Comment aimez-vous votre viande (*meat*)?
7. Que choisissez-vous comme dessert?
8. Quelle est votre boisson préférée?

Dialogue

Demandez à un(e) étudiant(e):

1. si elle (s'il) aime prendre l'apéritif avant de dîner.
2. quelle sorte de boisson elle (il) aime.
3. si elle (s'il) dîne souvent dans des restaurants.
4. quel est son restaurant préféré.
5. comment elle (il) aime sa viande.
6. si elle (s'il) préfère le poulet au gigot d'agneau.
7. quel est son dessert préféré.

II. EXPRESSIONS A RETENIR

à point	medium
bien cuit(e)	well done
saignant(e)	rare
avec des glaçons	on the rocks
comme d'habitude	as usual
dîner (manger) au menu, prendre le menu	to have the (complete) dinner
et avec cela?	and what else?
par ici	over here, this way

prendre quelque chose to have something (to eat or drink)
venir de + *inf.* to have just (done something)
  je viens de finir I have just finished

III. PRONONCIATION *(Bande 4)*

[o] as in **aussi, beau, chose** is pronounced with lips rounded tensely and with tongue arched toward the back of the mouth.

Répétez:

agn**eau** [aɲo]
all**ô** [alo]
au [o]
auberge [obɛrʒ]
autre [otʀ]
bur**eau** [byʀo]
escarg**o**t [ɛskaʀgo]

gig**o**t [ʒigo]
haric**o**t [aʀiko]
h**ô**tel [otɛl]
lavab**o** [lavabo]
nouv**eau** [nuvo]
num**é**ro [nymeʀo]
tr**o**p [tʀo]

[ɔ] as in **adorer, mauvais, propre** is pronounced like [o] but with mouth more open.

Répétez:

al**o**rs [alɔʀ]
c**o**mmander [kɔmɑ̃de]
c**o**mme [kɔm]
c**o**mment [kɔmɑ̃]
espagn**o**l [ɛspaɲɔl]
j**o**li [ʒɔli]
m**o**ment [mɔmɑ̃]

n**o**tre [nɔtʀ]
p**o**rte [pɔʀt]
pr**o**fesseur [pʀɔfɛsœʀ]
rest**au**rant [ʀɛstɔʀɑ̃]
téléph**o**ne [telefɔn]
v**o**tre [vɔtʀ]

IV. GRAMMAIRE ET EXERCICES

19. Emplois de l'article défini (Uses of the Definite Article — continued)

Aimez-vous **la bière**?
J'adore **les escargots**.
Préférez-vous **les fruits** ou **les pâtisseries**?
Les Américains aiment **les desserts**.

The definite article is used in French, contrary to English, before nouns used in a generic or general sense.

EXERCICE A

Complétez les phrases suivantes selon le modèle:

MODÈLE: J'aime / poulet mais je préfère / gigot d'agneau.
J'aime **le poulet** mais je préfère **le gigot d'agneau**.

1. J'aime / viande mais je n'aime pas / légumes.
2. / Américains aiment / sports.
3. Sa spécialité est / bœuf bourguignon.
4. / bière est la boisson préférée de mes amis.
5. / dessert est compris dans / menu.
6. / Français adorent / escargots.
7. Aimes-tu / vin rouge ou / vin blanc?
8. / Dubonnet est un apéritif français.
9. Préférez-vous / fruits ou / pâtisseries?
10. Mes légumes préférés sont / haricots verts.

20. Adjectif possessif (Possessive Adjective)

(a) The possessive adjective has the following forms:

MASCULIN SINGULIER	FÉMININ SINGULIER	MASCULIN ET FÉMININ PLURIEL	
mon	ma	mes	*my*
ton	ta	tes	*your*
son	sa	ses	*his, her, its*
notre	notre	nos	*our*
votre	votre	vos	*your*
leur	leur	leurs	*their*

(b) Nicole est très contente de **son appartement**.
Ma chambre n'a pas de salle de bains.
Allez-vous téléphoner à **vos amies**?
Notre table est près de la cheminée.
Paul aime **sa viande** saignante.
Les étudiants étudient **leurs leçons.**

A possessive adjective agrees in gender and number with what is possessed (the noun that follows).

(c) **mes** professeurs et **mes** cours
sa maison et **son** jardin

The possessive adjective is repeated before each noun in a series.

(d) mon adresse; ton idée; son histoire (*story*)

The forms **mon, ton, son** are used instead of **ma, ta, sa** before a feminine singular noun beginning with a vowel or mute **h.**

EXERCICE B (*Bande 4*)

Remplacez l'article défini par l'adjectif possessif indiqué:

1. (his)   Où va-t-il prendre **les** repas?
2. (our)   La table est près de **la** cheminée.
3. (their) **Les** appartements sont au premier étage.
4. (her)   Quel est **le** numéro de téléphone.
5. (your) Aimes-tu **la** viande saignante ou à point?
6. (our)   Nous étudions **la** leçon de français.
7. (their) Comme d'habitude, elles préfèrent **le** Dubonnet nature.
8. (his)   Il me parle souvent **des** cours.
9. (my)   J'obéis **aux** professeurs.
10. (their) Ils dînent en ville avec **les** amis.
11. (her)   Que commande-t-elle avec **les** escargots?
12. (my)   **L'**adresse est 5, rue de la Huchette.
13. (your) Quand voulez-vous **l'**apéritif?
14. (my)   Je ne peux pas finir **le** dessert.

EXERCICE C (*Bande 4*)

Transformez les phrases suivantes selon le modèle (attention aux adjectifs possessifs.):

MODÈLE: Elles téléphonent à leurs amies. (Et Jeannette et vous?)
         Nous téléphonons à nos amies.

1. Je vais écrire ma composition.   (Et Jacqueline?)
2. Elle habite près de son université.   (Et vous?)
3. Il entre dans sa maison.   (Et Nicole et Marie?)
4. Je suis dans ma chambre. (Et Paul?)
5. Il cherche sa lettre.   (Et vous?)
6. Je préfère commander mon repas immédiatement.   (Et Robert?)
7. Ils sont contents de leur immeuble.   (Et Madeleine et vous?)
8. J'aime mon apéritif avec des glaçons.   (Et Michel?)
9. Nous avons le téléphone dans notre appartement.   (Et les Sauvin?)
10. Elles parlent de leurs professeurs.   (Et Jackie et vous?)

21. Pluriel irrégulier des noms et des adjectifs (Irregular Plural of Nouns and Adjectives)

le mois	les mois
le choix	les choix
le nez (*nose*)	les nez

le restaurant français   **les restaurants français**
un étudiant studieux *(studious)*   **des étudiants studieux**

Nouns ending in **s**, **x**, or **z** in the singular, and adjectives ending in **s** or **x** in the masculine singular, remain unchanged in the plural.

EXERCICE D

Mettez les phrases suivantes au pluriel:

MODÈLE: C'est un restaurant français.
                Ce sont des restaurants français.

1. C'est un étudiant studieux.
2. C'est un sport dangereux.
3. C'est un cours difficile.
4. C'est un dessert délicieux.
5. C'est un repas savoureux.
6. C'est un homme sérieux.
7. C'est un apéritif français.

22. Adjectifs numéraux cardinaux (Cardinal Numbers) 11–20

11   **onze** [ɔ̃z]   16   **seize** [sɛz]
12   **douze** [duz]   17   **dix-sept** [dissɛt]
13   **treize** [tRɛz]   18   **dix-huit** [dizɥit]
14   **quatorze** [katɔRz]   19   **dix-neuf** [diznœf]
15   **quinze** [kɛ̃z]   20   **vingt** [vɛ̃]

EXERCICE E   *(Bande 4)*

Additionnez. Combien font:

14 et 2?   11 et 6?
11 et 7?   15 et 4?
 8 et 12?   7 et 7?
 3 et 9?   8 et 7?
10 et 3?   6 et 5?

EXERCICE F   *(Bande 4)*

Multipliez. Combien font:

4 fois 3?   2 fois 9?
8 fois 2?   4 fois 4?
3 fois 5?   7 fois 2?
6 fois 3?   2 fois 6?
5 fois 4?   10 fois 2?

23. Présent de l'indicatif des verbes en-ir (Present Indicative of –ir Verbs)

MODÈLE: **finir**

FORME AFFIRMATIVE

    je fin**is**   *I finish, am finishing, do finish*
    tu fin**is**
    il (elle) fin**it**
    nous fin**issons**
    vous fin**issez**
    ils (elles) fin**issent**

FORME NÉGATIVE

    je ne finis pas   *I'm not finishing, do not finish*
    tu ne finis pas
    il (elle) ne finit pas, etc.

FORME AFFIRMATIVE ET INTERROGATIVE

est-ce que je finis?   *am I finishing? do I finish?*
finis-tu?
finit-il (elle)?, etc.

FORME NÉGATIVE ET INTERROGATIVE

est-ce que je ne finis pas?   *am I not finishing? do I not finish?*
ne finis-tu pas?
ne finit-il (elle) pas?, etc.

EXERCICE G   (Bande 4)

Répétez les phrases suivantes en employant les pronoms indiqués (attention aux verbes):

1. **J'obéis** à la loi.. (nous)
2. Que **choisis-tu** comme dessert? (vous)
3. **Ils** finissent d'étudier. (elle)
4. **Elle** aime dîner en ville. (je)
5. **Nous** commandons un apéritif. (il)
6. Êtes-**vous** content de votre chambre? (tu)
7. As-**tu** un beau bureau? (vous)

EXERCICE H

Mettez le sujet et le verbe au singulier:

1. Ils choisissent une table près de la cheminée.
2. Désirez-vous dîner à la carte?

3. Nous obéissons à la loi.
4. Elles n'aiment pas le vin blanc.
5. Nous avons une belle chambre à louer.
6. Quand finissez-vous vos cours?
7. Ils m'invitent à dîner dans une petite auberge.
8. Nous téléphonons à des amis.
9. Elles commandent un Byrrh avec des glaçons.
10. Vous êtes étudiantes aux Beaux-Arts?

V. COMPOSITION

Dites, puis écrivez en français:

1. How are the meals at Mrs. Sauvin's?
2. They're excellent, but I also like to dine in French restaurants with my friends.
3. What is her specialty? — Leg of lamb, it's delicious.
4. Do you want an aperitif before dinner?
5. As usual, I'm going to have my Dubonnet on the rocks.
6. Are we dining à la carte or do you prefer the complete dinner?
7. A la carte. There are excellent choices.
8. Don't you like snails, Jackie? They're very tasty!
9. I prefer beef and I like my meat rare.
10. Are you choosing the same thing, Paul?
11. Yes, and wine is also included.

VI. DICTÉE

A tirer de la quatrième situation.

A la découverte de Paris

DEUXIÈME LECTURE

Paul, jeune étudiant américain, est à Paris depuis deux jours. Nous sommes au début d'octobre. Paris est gris et froid l'hiver, trop chaud l'été, mais son charme est indescriptible au printemps et à l'automne: le ciel est bleu-clair et les feuilles des arbres sont jaunes, rouges et brunes.

Il est huit heures du matin. Paul descend le boulevard Saint-Michel, puis il traverse un bras de la Seine. Le fleuve, entre ses quais de pierre, semble immobile. A droite, se dresse la cathédrale de Notre-Dame.

L'air est frais ce matin et Paul appelle un taxi car il a rendez-vous avec son ami

2 **gris** gray
  l'hiver *m*.: la saison la plus froide de l'année
  trop too
  l'été *m*.: la saison la plus chaude
3 **le printemps:** la saison qui précède l'été
4 **la feuille** leaf
  jaune yellow

5 **puis** then
6 **le bras** arm (la partie d'un fleuve)
  le fleuve river
  entre between, among
  la pierre stone
  semble seems
7 **à droite** to the right
  se dresser to rise

QUARANTE-NEUF

DEUXIÈME LECTURE

Michel: — Hé! Taxi! . . . Conduisez-moi, Avenue de l'Opéra, au Café de la Paix. Passez par la rue de Rivoli!

Là, il retrouve son ami qui vient juste d'arriver et qui l'accueille en lui disant: — Ça gaze? . . . Premier contact avec le langage étudiant, Paul répond timidement: — Oui, ça gaze!

Ensemble, ils prennent leur petit déjeuner, un petit déjeuner typiquement français: un café noir et des croissants.

Ils n'ont pas le temps de parler longuement. Paul doit aller s'inscrire à la Faculté des Lettres et des Sciences humaines: cette année, il va suivre quatre cours — un cours de grammaire et de philologie — un cours d'histoire contemporaine et deux cours de littérature française.

Le soir même, Paul téléphone à Michel: il vient de trouver une chambre. Ensemble, ils vont prendre l'apéritif à une terrasse sur les Champs-Élysées.

L'apéritif? C'est à Paris une chose essentielle. D'abord, ce sont deux moments distincts de la journée: il y a «l'apéro» de midi et «l'apéro» de sept heures. Là, autour de tables rondes ou rectangulaires, on entend des appellations aussi diverses que colorées: un Vittel-cassis, un Byrrh, un Martini. . . . Là, on échange des idées sur le sport, la politique, le cinéma, le potin du jour . . . et les femmes. En France, l'apéritif est toujours une affaire d'hommes. Les femmes, elles, prennent le cocktail ou le thé.

Questionnaire

1. Qui est Paul?
2. Depuis combien de temps est-il à Paris?
3. Comment est Paris l'hiver? Et l'été?
4. Quand Paris est-il le plus agréable?
5. Comment est le ciel de Paris en automne?
6. De quelles couleurs sont les feuilles des arbres?
7. Que fait Paul à huit heures du matin?
8. Que traverse-t-il?
9. Comment est le fleuve?
10. Pourquoi Paul appelle-t-il un taxi?
11. Que dit-il au chauffeur de taxi?

9 **conduisez-moi** drive me
11 **retrouve** meets again
   accueille greets; **qui l'accueille** who greets him
   en lui disant by saying to him
12 **ça gaze:** ça va bien
14 **ensemble** together
16 **longuement:** longtemps
   doit must

s'inscrire to register
17 **suivre** *here:* to take
20 **le soir même** that very evening
   il vient de trouver he has just found
22 **d'abord** first of all
24 **autour de** around
   on entend one hears
   aussi . . . que as . . . as
26 **le potin** gossip

12. Comment Michel accueille-t-il son ami?
13. Que prennent-ils pour leur petit déjeuner?
14. Pourquoi n'ont-ils pas le temps de bavarder longuement?
15. Combien de cours Paul va-t-il suivre? Lesquels *(which ones)*?
16. Pourquoi Paul téléphone-t-il à son ami?
17. Où vont-ils prendre l'apéritif?
18. A quelle heure prend-on l'apéritif en France?
19. De quoi *(of what)* parle-t-on en prenant «l'apéro»?
20. Que prennent les femmes?

L'heure, c'est l'heure...

CINQUIÈME LEÇON

I. PRÉSENTATION

Conversation *(Bande 5)*

PAUL:	Bonjour, facteur! Quelle heure est-il?
LE FACTEUR:	Trois heures moins dix . . . Non, trois heures. L'heure c'est l'heure . . .
PAUL:	Avez-vous du courrier pour moi?
LE FACTEUR:	Un moment, je descends de mon vélomoteur . . .
	(Le facteur descend de son vélomoteur, gare son Solex[1] près du feu rouge, ouvre sa sacoche et cherche . . .)
LE FACTEUR:	Vous attendez des nouvelles de chez vous?
PAUL:	Eh oui! J'attends une lettre de mes parents . . .

1. Trade name for a motorbike.

Le facteur:	Au fait, quelle heure est-il en ce moment en Amérique?
Paul:	Trois heures de l'après-midi en France . . . Il est neuf heures du matin en Amérique.
Le facteur:	Ça fait six heures de différence . . .
Paul:	Oui, exactement.
Le facteur:	Bon, voyons . . . Eh bien! Je n'ai pas de lettre pour vous. Mais j'ai quatre lettres pour votre concierge . . .
Paul:	Oh! les beaux timbres!
Le facteur:	Ce sont les nouveaux timbres qui viennent de sortir.
Paul:	Ils sont vraiment beaux . . .
Le facteur:	Vous collectionnez les timbres?
Paul:	Non, mais j'ai deux petits neveux qui collectionnent les timbres français.

Situation

Il est trois heures de l'après-midi. Le facteur descend de son vélomoteur. Paul attend des nouvelles de ses parents. A-t-il une lettre? Hélas, non! En France, en province, les bureaux de poste sont ouverts de 9 à 12 heures et de 14 à 17 ou 18 heures. A la poste, on vend des timbres, au détail, en gros et pour les collections. On vend aussi les timbres séparément ou en carnets dans tous les bureaux de tabac.

VOCABULAIRE FONDAMENTAL

bureau de poste *m.* post office
bureau de tabac *m.* tobacco shop
carnet *m.* notebook, booklet (of stamps, of tickets)
collection *f.* collection
détail *m.* detail; retail
gros *m.* bulk, main part; wholesale (trade)
hélas! alas!
il attend he is waiting for, he is expecting
on vend one sells, they sell
ouvert open, opened
poste *f.* post office, mail
province *f.* province, country (rural area)
séparément separately
tous all, everything

Questionnaire

Répondez aux questions suivantes:

A. Questions sur les textes *(Bande 5)*

1. Que dit Paul au facteur?
2. Quelle heure est-il?

3. Où le facteur gare-t-il son vélomoteur?
4. Que fait-il *(does he do)* ensuite?
5. Est-ce que Paul attend des nouvelles?
6. Quelle heure est-il en Amérique lorsqu'il *(when)* est trois heures de l'après-midi en France?
7. Combien d'heures de différence y a-t-il entre la France et l'Amérique?
8. Le facteur a-t-il une lettre pour Paul?
9. A-t-il des lettres pour la concierge?
10. Comment sont les timbres français?
11. Paul collectionne-t-il les timbres?
12. Qui collectionne les timbres dans la famille de Paul?
13. Où vend-on les timbres en France?
14. A quelle heure sont ouverts les bureaux de poste?

B. Questions générales

1. Quelle heure est-il?
2. Quelle heure est-il en France?
3. Combien d'heures de différence y a-t-il?
4. Attendez-vous des nouvelles de chez vous?
5. A quelle heure le facteur livre-t-il *(delivers)* le courrier?
6. Collectionnez-vous les timbres?
7. Que collectionnez-vous?
8. Avez-vous des neveux et des nièces?
9. Comment s'appellent-ils ou comment s'appellent-elles?
10. Quel âge *(how old)* ont-ils (elles)?

Dialogue

Demandez à un(e) étudiant(e):

1. s'il (si elle) a un vélomoteur.
2. s'il (si elle) attend des nouvelles de sa famille.
3. où il (elle) gare sa voiture *(car)*.
4. quelle heure il est.
5. s'il (si elle) collectionne les timbres.
6. où est la poste.

II. EXPRESSIONS A RETENIR

collectionner les timbres	to collect stamps
en carnets	in books (booklets)
en ce moment	at this moment, right now
garer un vélomoteur (une voiture)	to park (garage) a motorbike (a car)

l'heure c'est l'heure time is money
livrer le courrier to deliver (the) mail
quel âge ont-ils? how old are they?
vendre (acheter) au détail to sell (buy) retail
vendre (acheter) en gros to sell (buy) wholesale (in bulk)

III. PRONONCIATION *(Bande 5)*

[u] as in **bonjour, pour** is pronounced with lips rounded tensely and with the tongue arched toward the back of the mouth.

Répétez:

c**ou**p [ku] **où** [u]
c**ou**rrier [kuʀje] **ou**vert [uvɛʀ]
d**ou**ze [duz] p**ou**let [pulɛ]
éc**ou**ter [ekute] r**ou**ge [ʀuʒ]
j**ou**r [ʒuʀ] sav**ou**reux [savuʀø]
n**ou**veau [nuvo] t**ou**t [tu]
n**ou**velles [nuvɛl] **vou**s [vu]

Note: **ou** before a vowel is pronounced [w]: **oui** [wi].

IV. GRAMMAIRE ET EXERCICES

24. L'heure du jour (Time of Day)

Quelle heure est-il? What time is it?
Il est une heure. It's one o'clock.
Il est deux heures. It's two o'clock.
Il est midi (minuit). It's noon (midnight).

Il est une heure et demie.[1] It's half past one.
Il est deux heures et demie. It's half past two.
Il est midi (minuit) et demi.[2] It's half past twelve.

Il est une heure et quart. It's a quarter after one.
Il est deux heures et quart. It's a quarter after two.
Il est midi (minuit) et quart. It's a quarter after twelve.

Il est une heure moins le quart. It's a quarter to one.

1. **demie** is feminine here because it follows a feminine noun.

2. **demi** is masculine here because it follows a masculine noun.

Il est deux heures moins le quart.	It's a quarter to two.
Il est midi (minuit) moins le quart.	It's a quarter to twelve.
Il est une heure dix.	It's ten after one.
Il est deux heures vingt.	It's twenty after two.
Il est une heure moins cinq.	It's five minutes to one.
Il est deux heures moins sept.	It's seven minutes to two.

Note:

(1) Except for **il est midi** and **il est minuit**, the word **heure(s)** is always expressed in French.
(2) **et** occurs only before **demi(e)** and **quart**.
(3) The word **minutes** is not usually expressed.
(4) The equivalent of A.M. is **du matin** *(in the morning)*; of P.M., **de l'après-midi** *(in the afternoon)* or **du soir** *(in the evening)*:

six heures du matin	6 A.M.
quatre heures de l'après-midi	4 P.M.
dix heures et demie du soir	10:30 P.M.

(5) The French also use the 24-hour clock, especially in communications media:

5h 20	(cinq heures vingt)	5:20 A.M.
14h 35	(quatorze heures trente-cinq)	2:35 P.M.
18h 50	(dix-huit heures cinquante)	6:50 P.M.
22h 45	(vingt-deux heures quarante-cinq)	10:45 P.M.

EXERCICE A

Répondez aux questions suivantes en employant les équivalents en français des mots indiqués:

MODÈLE: A quelle heure allez-vous en ville?   (2 o'clock)
          Je vais en ville à deux heures.

1. A quelle heure descendez-vous le matin?   (7:15)
2. A quelle heure dînez-vous?   (6:30)
3. A quelle heure arrivez-vous à l'université?   (8:40 A.M.)
4. Quelle heure est-il?   (2:50 P.M.)
5. A quelle heure finissez-vous d'étudier le soir?   (midnight)
6. A quelle heure avez-vous une classe de français?   (3:10)

7. A quelle heure le facteur livre-t-il le courrier? (10:45 A.M.)
8. A quelle heure avez-vous l'intention de sortir ce soir? (8:30)
9. Pour quelle heure avez-vous réservé la table? (7:45)
10. A quelle heure allez-vous téléphoner à votre ami(e)? (1:20)
11. Jusqu'à quelle heure le bureau de poste est-il ouvert? (5 P.M.)
12. A quelle heure allez-vous au restaurant? (noon)
13. A quelle heure pensez-vous aller à la poste? (12:45 P.M.)
14. A quelle heure allez-vous déménager demain? (10:30)
15. Quelle heure est-il en Amérique lorsqu'il est trois heures de l'après-midi en France? (9 A.M.)

25. Article partitif (Partitive Article)

Avez-vous **du** courrier pour moi?
Je vais acheter **de la** bière.
Vend-on **de l'**eau *(water)* minérale ici?
Paul attend **des** nouvelles de ses parents.

"Partitive" denotes an indefinite quantity or part of a whole (English "some" or "any"). Before a noun, the partitive is generally expressed in French by **de** + definite article. The partitive must always be expressed in French even when "some" or "any" is merely implied in English.

Note: The definite article is generally omitted (a) when the partitive noun follows a negative verb and (b) when a plural partitive noun is preceded by an adjective:

(a) Il n'y a pas **de** vin sur la table.
Elle n'a pas **d'**argent *(money)* français.
Je ne commande pas **d'**escargots.
(b) Ce sont **de** petites auberges.
Avez-vous **d'**autres chambres?

EXERCICE B

Complétez les phrases suivantes selon le modèle:

MODÈLE: J'attends (nouvelles) de chez moi.
J'attends **des** nouvelles de chez moi.

1. Je vais acheter (bière).
    (vin)
    (eau minérale)
2. Voulez-vous (fruits)?
    (pâtisserie)
    (dessert)
3. Vend-on (légumes) ici?
    (viande)
    (chips)

4. Avez-vous (timbres)?
      (argent français)
      (tabac)
5. Il y a (poulet) au menu.
      (escargots)
      (bœuf)

EXERCICE C   *(Bande 5)*

Répondez aux questions suivantes en mettant soit (either) l'article défini soit (or) l'article partitif devant les noms indiqués:

MODÈLES: Qu'est-ce que vous allez prendre?   (fruits)
           Je vais prendre des fruits.

           Qu'est-ce que vous aimez?   (bœuf)
           J'aime le bœuf.

1. Qu'est-ce que vous commandez?   (poulet)
2. Qu'est-ce que vous avez l'intention d'étudier?   (français)
3. Qu'est-ce que vous allez acheter?   (viande)
4. Qu'est-ce qu'on vend ici?   (tabac)
5. Qu'est-ce que vous choisissez comme dessert?   (pâtisserie)
6. Qu'est-ce que vous collectionnez?   (timbres)
7. Qu'est-ce que le facteur a pour vous?   (lettres)
8. Qu'est-ce que vous allez chercher?   (eau minérale)
9. Qu'est-ce que vous attendez de vos parents?   (nouvelles)
10. Qu'est-ce que les Français adorent?   (escargots)
11. Qu'est-ce que vous avez à écrire?   (exercices)
12. Qu'est-ce que vous cherchez?   (argent)
13. Qu'est-ce que les Américains aiment?   (sports)
14. Qu'est-ce que vous préférez comme boisson?   (vin rouge)
15. Qu'est-ce qu'il y a sur la table?   (bière)

EXERCICE D   *(Bande 5)*

Répondez négativement aux questions suivantes:

MODÈLE: As-tu des leçons à étudier?
          Non, je n'ai pas de leçons à étudier.

1. Le facteur a-t-il du courrier pour moi?
2. Vend-on de la bière ici?
3. Attendez-vous des lettres de vos amis?
4. Vos neveux ont-ils de l'argent francais?
5. Mme Sauvin loue-t-elle des chambres aux étudiants?
6. Vas-tu commander de l'eau minérale?

7. Allez-vous prendre du poulet?
8. Y a-t-il des tables près de la cheminée?
9. A-t-elle des timbres pour les lettres?
10. Désires-tu de la pâtisserie?
11. Va-t-il chercher du vin?
12. Avez-vous des cours le matin?

26. Pluriel irrégulier des noms et des adjectifs (Irregular Plural of Nouns and Adjectives — continued)

le bureau	les bureaux
le cadeau *(gift)*	les cadeaux
le gâteau *(cake)*	les gâteaux
le feu	les feux
le neveu	les neveux
beau	beaux
nouveau	nouveaux

Nouns and adjectives ending in **au** or **eau,** and nouns ending in **eu,** form the plural by adding **x** to the singular.

EXERCICE E

Mettez les phrases suivantes au pluriel:

MODÈLE: C'est un jeune agneau.
　　　　 Ce sont de jeunes agneaux.

1. C'est un beau bureau.
2. C'est un gâteau délicieux.
3. C'est un neveu de ma mère.
4. C'est un vieux château.
5. C'est un feu rouge.
6. C'est un nouveau timbre.
7. C'est un joli cadeau.

27. Présent de l'indicatif des verbes en -re (Present Indicative of -re Verbs)

MODÈLE: **vendre**

FORME AFFIRMATIVE

je vend**s**　　　　　*I sell, am selling, do sell*
tu vend**s**
il (elle) vend

nous vend**ons**
vous vend**ez**
ils (elles) vend**ent**

FORME NÉGATIVE

je ne vends pas   *I'm not selling, I do not sell*
tu ne vends pas
il (elle) ne vend pas, etc.

FORME AFFIRMATIVE ET INTERROGATIVE

est-ce que je vends?   *am I selling? do I sell?*
vends-tu?
vend-il (elle)?, etc.

FORME NÉGATIVE ET INTERROGATIVE

est-ce que je ne vends pas?   *am I not selling? do I not sell?*
ne vends-tu pas?
ne vend-il (elle) pas?, etc.

Note: The third person singular of **-re** verbs with stem ending in **p** has **t** as its ending: **rompre** *to break:* **il (elle) rompt.**

EXERCICE F *(Bande 5)*

Répétez les phrases suivantes en employant les pronoms indiqués (attention aux verbes):

1. A quelle heure descendez-vous le matin?   (tu)
2. J'attends une lettre de mes parents.   (nous)
3. Nous répondons à toutes les questions de l'exercice.   (elle)
4. Vend-on des timbres ici?   (vous)
5. Est-ce qu'elles rompent le silence?   (il)
6. Il obéit à la loi.   (je)
7. Elle finit ses cours à trois heures.   (ils)
8. Où gares-tu ta voiture?   (elles)

EXERCICE G *(Bande 5)*

Mettez le sujet et le verbe au singulier:

1. **Elles descendent** les escaliers quatre à quatre.
2. **Nous attendons** de beaux cadeaux.
3. **Ils répondent** qu'il n'y a pas de choix.
4. **Vendez-vous** du tabac américain?
5. **Ils choisissent** un bon vin sec.
6. **Nous finissons** de le faire.
7. **Elles** collectionnent les timbres.
8. A quelle heure **livrez-vous** le courrier?

V. COMPOSITION

Dites, puis écrivez en français:

1. What time do you come down in the morning, Paul?
2. At 8:45, I wait for the mail before going to the university.
3. Ah, there's the mailman. Does he have any letters for me?
4. Good morning, postman. Do you have any mail for me?
5. The postman opens his mailbag, looks and says: no, there aren't any letters for you.
6. Are you expecting news from home?
7. Yes, I'm waiting for some letters from my parents.
8. By the way mailman, where are they (**on**) selling the new stamps which have just come out?
9. They're selling these (**ces**) beautiful stamps retail, in bulk, or for collections at the post office.
10. In France, the post offices are open from 9 A.M. to noon and from 2 to 5 or 6 P.M.
11. They also sell stamps separately or in booklets in tobacco shops.
12. Incidentally, Paul, what do you plan to do tonight?—Nothing special, Mrs. Sauvin, why?
13. I'm waiting for my nephews. They're going to spend three or four days in Paris.
14. If you haven't any lessons to study, I invite you to dinner tonight at 6:30.

VI. DICTÉE

A tirer de la cinquième situation.

L'Enfant lit l'almanach

3 TROISIÈME LECTURE

    Toute la simplicité poétique de Francis Jammes se trouve dans ce poème où le poète sait jouer délicatement avec l'imagination.

L'enfant lit l'almanach près de son panier d'œufs.
Et, en dehors des Saints et du temps qu'il fera,
elle peut contempler les beaux signes des cieux:
Chèvre, Taureau, Bélier, Poissons, et caetera.

	lit reads	
	l'almanach *m.* almanac	
	sait knows how to	
1	**près de** near	
	son her	
	le panier basket	
	les œufs eggs	
2	**en dehors** outside	
	le temps weather	
	le temps qu'il fera what the weather will be	
3	**peut** can	
	les signes *m.* signs	
	les cieux *m.* heavens	
4	**Chèvre** Capricorn (goat)	
	Taureau Taurus (bull)	
	Bélier Aries (ram)	
	Poissons Pisces (fish)	

L'ENFANT LIT L'ALMANACH

Ainsi peut-elle croire, petite paysanne,   5
qu'au-dessus d'elle, dans les constellations,
il y a des marchés pareils avec des ânes,
des taureaux, des béliers, des chèvres, des poissons.

C'est le marché du ciel sans doute qu'elle lit.
Et, quand la page tourne au signe des *Balances*,   10
elle se dit qu'au ciel comme à l'épicerie
on pèse le café, le sel et les consciences.

Francis Jammes (1868–1938)
Clairières dans le Ciel (1906)
(By permission of Mercure de France)

Questionnaire

1. Que fait l'enfant?
2. Qu'est-ce qu'un almanach?
3. Qu'est-ce que l'enfant peut contempler dans cet almanach?
4. Quels sont les «beaux signes des cieux»?
5. Que peut croire ainsi l'enfant?
6. Qui est l'enfant?
7. A quoi le poète compare-t-il le ciel?
8. Que pèse-t-on à l'épicerie? Et au ciel?
9. Comment le poète joue-t-il avec l'imagination de l'enfant?

5 **ainsi** thus
  croire to believe
6 **au-dessus** above
7 **le marché** market, fair
  pareil similar
  l'âne *m.* donkey
9 **le doute** doubt
10 **tourne** turns

le signe sign
Balances Libra (scales)
11 **elle se dit** she says to herself
  comme as
  l'épicerie *f.* grocery store
12 **pèse** weigh
  le sel salt

L'école primaire

L'école secondaire

ÉTUDIANTS FRANÇAIS

«Je suis étudiante aux Beaux-Arts.»

«Je suis à la Fac de Lettres. . .à la Sorbonne.»

PREMIÈRE RÉVISION

I. EXERCICES DE RÉEMPLOI

A. *Répondez aux questions suivantes en employant un article défini ou partitif devant les mots indiqués:*

MODÈLES: Qu'est-ce que vous aimez? (français)
J'aime **le** français.

Qu'attend-il? (nouvelles)
Il attend **des** nouvelles.

1. Qu'est-ce que vous avez à faire? (exercices)
2. Qu'est-ce que vous préférez? (vin rouge)
3. Que vend-on ici? (cigarettes)
4. Qu'aimez-vous? (gâteaux)
5. Que collectionnez-vous? (timbres)
6. Que choisissez-vous comme dessert? (fruits)
7. Qu'est-ce que vous préférez? (spécialité de la maison)
8. Que voulez-vous avec votre gigot? (haricots verts)
9. Quelle langue parlez-vous? (anglais)
10. Qu'est-ce que vous allez commander? (escargots)
11. Quel apéritif préférez-vous? (Dubonnet)
12. Qu'est-ce que les Anglais aiment? (vieux châteaux)
13. Qu'allez-vous chercher? (cadeaux)
14. Quel sport pratiquez-vous? (football)

EXERCICES DE RÉEMPLOI

B. *Répétez chaque phrase en employant les mots indiqués (attention aux contractions):*

1. Je suis à la Fac de Lettres.
   (université, Beaux-Arts, CROUS, hôtel)
2. Elle habite près de la Fac.
   (Jardin du Luxembourg, CROUS, restaurant universitaire, auberge, rue Cassette)
3. A quelle heure allez-vous à la poste?
   (bureau de tabac, cours, cinéma)
4. Mon amie répond toujours aux questions du professeur.
   (étudiants, Mme Sauvin, facteur)

C. *Mettez au pluriel et transformez:*

MODÈLE: **Il est étudiant** à la Fac.
          Ils sont étudiants à la Fac.

1. Elle est étudiante aux Beaux-Arts.
2. Le professeur est excellent.
3. Le menu du restaurant universitaire est varié.
4. L'Anglais aime habiter dans un vieux château.
5. Le bureau de tabac est ouvert de 9 à 12 heures et de 14 à 18 heures.
6. Elle habite dans un vieil immeuble.
7. L'exercice de la leçon est difficile.
8. J'ai une belle salle de bains.
9. Le jeune homme a un appartement en ville.
10. J'attends une lettre de France.

D. *Répondez négativement aux questions suivantes:*

MODÈLE: Avez-vous un appartement?
          Non, **je n'ai pas d'appartement.**

1. Cherchez-vous une chambre à louer?
2. Habitez-vous à l'université?
3. Y a-t-il une salle de bains dans votre chambre?
4. Préfère-t-elle avoir un appartement en ville?
5. As-tu de grands placards dans ta chambre?
6. Avez-vous des lettres dans le courrier d'aujourd'hui?
7. Attendez-vous du courrier de vos parents?
8. Aimez-vous prendre un apéritif avant de dîner?

E. *Formulez, selon les modèles, les questions correspondant aux réponses indiquées:*

MODÈLE 1:   Elle a une chambre à l'université.
            Est-ce qu'elle a une chambre à l'université?
            A-t-elle une chambre à l'université?

1. Mon amie est étudiante aux Beaux-Arts.
2. Ils sont étudiants à la Fac.
3. Je vais passer un an à Paris.
4. Il y a une salle de bains dans ma chambre.
5. Quelqu'un est au téléphone.
6. Je suis contente de ma chambre.
7. Nous préférons le poulet au gigot d'agneau.
8. Je n'ai pas de nouvelles de chez moi.

MODÈLE 2:   Mes professeurs sont excellents.
            Comment sont vos professeurs?

1. Les leçons ne sont pas difficiles.
2. Les étudiants français sont studieux.
3. Les cours à la Fac sont excellents.
4. Michel va bien ce matin.
5. Mon amie s'appelle Nicole.
6. Les timbres français sont magnifiques.
7. Je m'appelle Michel.

MODÈLE 3:   J'habite dans la rue Cassette.
            Où habitez-vous?

1. Le CROUS est près de la Fac de Lettres.
2. Nicole est étudiante aux Beaux-Arts.
3. Paul est à l'hôtel.
4. Les deux chambres sont au troisième.
5. Michel invite Paul à dîner dans une petite auberge.
6. On vend les timbres à la poste et dans les bureaux de tabac.

F. *Mettez les phrases suivantes à la forme négative:*

1. Je m'appelle Nicole.
2. Il y a un lavabo dans ma chambre.
3. La clé tourne dans la serrure de ma porte.
4. J'ai la chambre du premier.
5. Nous sommes contents de nos chambres.
6. Elle aime les escargots.
7. La boisson est comprise dans le menu.
8. Le facteur gare son Solex près du feu rouge.
9. Ce sont les nouveaux timbres qui viennent de sortir.
10. Il collectionne les timbres français.

G. *Répétez chaque phrase avec la forme correcte de l'adjectif indiqué:*

1. (beau)   Elle habite dans un appartement.
2. (nouveau)   Voici mon adresse.

EXERCICES DE RÉEMPLOI 69

   3. (petit)   J'ai une belle chambre à l'université.
   4. (bon)   Je commande toujours une carafe de vin rouge à chaque repas.
   5. (grand)   Il y a trois placards dans ma chambre.
   6. (nouveau)   Ce sont les timbres qui viennent de sortir.
   7. (français)   Mes parents aiment aller dans les restaurants.
   8. (excellent)   Voici les spécialités de la maison.
   9. (vieux)   Mon studio est dans un immeuble, au centre de Paris.
10. (américain)   Il y a beaucoup d'étudiants en France.
11. (autre)   Préférez-vous rencontrer des étudiants?
12. (vieux)   Je suis un ami de Nicole.
13. (long)   Elle va écrire une lettre à ses parents.
14. (mauvais)   J'ai des nouvelles de ma petite amie.

H. *Répondez aux questions suivantes en indiquant l'heure en français:*

1. Quelle heure est-il?
   (15:00, 4 o'clock, 12:15, 8 o'clock)
2. De quelle heure à quelle heure sont ouverts les bureaux de poste en France?
   (from 9 o'clock to noon and from 14:00 to 17:00 or 18:00)
3. A quelle heure livre-t-on le courrier?
   (8:30 and 14:00)
4. A quelle heure allez-vous à l'université?
   (9:00, 7:45, 10:05, 16:30)
5. A quelle heure finissez-vous d'étudier?
   (midnight, 11:30, 10:45)
6. A quelle heure préférez-vous étudier?
   (in the morning, in the afternoon, in the evening)

I. *Répondez aux questions suivantes en employant, selon le modèle, les éléments indiqués:*

MODÈLE: Êtes-vous à l'université? (pour l'instant)
               Je suis à l'université pour l'instant.

1. Rendez-vous demain?   (à la même heure)
2. C'est deux cents francs?   (par mois)
3. Vous descendez?   (tout de suite)
4. Est-ce qu'elle arrive?   (demain)
5. Désirez-vous commander votre repas?   (immédiatement)
6. Comment aimez-vous votre viande?   (à point)
7. Comment aime-t-elle son gigot?   (saignant)
8. Comment préfère-t-il sa viande?   (bien cuit)
9. Allez-vous prendre le menu?   (comme d'habitude)

PREMIÈRE RÉVISION

10. Comment vendez-vous vos timbres?   (en gros)
11. Comment vend-elle les fruits?   (au détail)
12. Êtes-vous pressé(e)?   (en ce moment)

II. CONTRÔLE DES ACQUISITIONS

A. Un jeu

Exercice de calcul rapide. Additionnez:

MODÈLES 1: 1 et 2? Ça fait combien?
   Ça fait trois?
   C'est juste.

   Et 4 et 5? Ça fait combien?
   Ça fait dix?
   Non, c'est faux. Ça fait neuf.

1. 6 et 7? Ça fait combien?
   Ça fait treize. C'est _____ .
2. 10 et 2?
   (quatorze)
3. 14 et 6?
   (vingt)
4. 15 et 4?
   (dix-neuf)
5. 6 et 2
   (sept)
6. 4 et 11
   (quinze)
7. 5 et 3
   (huit)
8. 12 et 5
   (dix-huit)

MODÈLE 2:   *Multipliez:*
   Combien font 2 fois 2?
   2 fois 2 font 4.

Combien font:

2 fois 6?	2 fois 8?
3 fois 4?	4 fois 5?
5 fois 3?	9 fois 2?
6 fois 3?	3 fois 3?
4 fois 2?	7 fois 2?

SOIXANTE-DIX

CONTRÔLE DES ACQUISITIONS

B. Des sketches

Construisez des phrases, selon les modèles, avec les éléments indiqués:

MODÈLES: C'est la clé de Nicole?
Oui c'est sa clé.

C'est votre clé, Nicole?
Oui, c'est ma clé.

Ce sont les lettres des étudiants?
Oui, ce sont leurs lettres.

Ce sont vos lettres?
Oui, ce sont nos lettres.

1. C'est le professeur de Michel?
2. C'est la chambre de Jacqueline?
3. Ce sont les idées de Paul?
4. Ce sont les timbres d'Isabelle?
5. C'est le poulet de monsieur?
6. C'est le vélomoteur du facteur?

C. Exercice dialogué

Formez des phrases complètes avec les mots indiqués en effectuant les changements nécessaires:

MODÈLE: Je / aller / à / restaurant.
Je vais au restaurant.

NICOLE: Bonjour / Paul. / Comment / aller / vous / aujourd'hui?
PAUL: Je / aller / bien, merci. / Et vous?
NICOLE: Très bien, je / vous / remercier.
Je / avoir / quelque chose / pour vous. / Tenez, voici / ma / nouveau / adresse / et / mon / nouveau / numéro / de / téléphone.
PAUL: Où / habiter / vous?
NICOLE: Je / habiter / dans / rue Cassette . . . près de / le Jardin du Luxembourg.
PAUL: Splendide! Quelle heure / être / il?
NICOLE: 11 / heure / et / demi /.
PAUL: Je / vous / inviter / déjeuner / dans / petit / restaurant.
NICOLE: Excellent / idée!
LE GARÇON: Mademoiselle, Monsieur? Vous / désirer / petit / apéritif?
NICOLE: Non, merci.
LE GARÇON: / Menu / ou / carte?
NICOLE: / Menu / s'il vous plaît. D'accord Paul?

SOIXANTE ET ONZE

72 PREMIÈRE RÉVISION

PAUL: Oui, bien sûr.
NICOLE: / Poulet / pour moi avec / haricot / vert /.
PAUL: / escargot / et / gigot d'agneau.
LE GARÇON: Qu'est-ce que / vous / choisir / comme / dessert?
NICOLE. / fruit / avec / filtre.
PAUL: / même chose / pour moi.

D. Initiation à l'expression écrite

Écrivez en francais:

Nicole is a young student at the School of Fine Arts. She lives near the Luxembourg Gardens in the center of Paris. Paul is an American student. He is going to spend a year in Paris. He has a nice little room in an old building. With his friends Michel and Jackie, a pretty little American student, they are going to have dinner in an inn. They have just arrived at the door of the inn:

"Where is our table, please?"

"This way, madam, gentlemen."

Their table is near the fireplace. Before dinner the three have a drink. Tonight they are going to have snails, chicken, leg of lamb, beef Burgundy, vegetables, and for dessert, fruit and pastry. It is already 10 p.m. Good night! Good-by! See you tomorrow.

Boucherie

«Chez le charcutier, on trouve de la charcuterie et des plats préparés.»

JOUR DE MARCHÉ

«Chez le libraire, on peut acheter des livres reliés ou brochés, des revues, des magazines. . .»

«La cremière vend des œufs, du lait, du beurre, de la crème et des fromages de toutes sortes.»

Jour de marché

SIXIÈME LEÇON

I. PRÉSENTATION

Conversation *(Bande 6)*

(A la boulangerie.)

LE BOULANGER: Comment allez-vous, mademoiselle? Belle journée, n'est-ce pas?

NICOLE: Splendide, en effet . . . Sauf en Amérique latine, où, selon les journaux, il y a un nouveau coup d'État des généraux. . .

LE BOULANGER: Encore? Bah . . . ! C'est la vie, il faut être philosophe. Que désirez-vous? Du pain? Des croissants. . . ?

NICOLE: Une baguette bien cuite, s'il vous plaît.

(A la charcuterie.)

LE CHARCUTIER: Quatre tranches de jambon blanc pour mademoiselle . . . Les voilà . . . Et avec ça?

NICOLE: C'est tout.

(A la crémerie.)

LA CRÉMIÈRE: On vous sert, monsieur? . . . Camembert, Munster ou Roquefort . . . Nous avons des prix spéciaux.
PAUL: Je voudrais un demi-litre de lait et un Camembert pas trop fait. Vos fromages ont l'air si bons . . .
LA CRÉMIÈRE: Monsieur . . . Vous êtes dans le pays: La France est le pays des fromages. Voici un petit Camembert comme vous l'aimez. Le voilà . . . touchez-le . . . Il est trop fait?
PAUL: Non, il est parfait. Je vais le prendre.
LA CRÉMIÈRE: Vous avez un filet pour vos provisions? Passez-le, nous allons vous les mettre dedans.
PAUL: Je vous remercie.

(Au kiosque à journaux.)

PAUL: Vous avez la dernière édition du «Monde»?
LA MARCHANDE DE JOURNAUX: Le voilà devant vous . . .
PAUL: Merci, M'dame.

Situation

C'est vendredi. Nicole et Paul vont faire leur marché. D'abord ils vont à la boulangerie. Comme Nicole n'aime pas le pain rassis, elle va chez le boulanger tous les jours. Lorsque le pain est frais, il est croustillant et la mie est tendre. A la charcuterie, Nicole achète quatre tranches de jambon blanc de Paris. Chez le charcutier, on trouve de la charcuterie et des plats préparés. A la crémerie, Paul achète un demi-litre de lait et un fromage. La crémière vend des œufs, du lait, du beurre, de la crème et des fromages de toutes sortes. La France, la Suisse, la Hollande, l'Italie, le Danemark et la Grèce sont des pays réputés pour leurs fromages. Au kiosque à journaux, Paul demande *Le Monde* à la marchande de journaux.

VOCABULAIRE FONDAMENTAL

abord: d'abord first, at first, first of all
beurre *m.* butter
crème *f.* cream
croustillant (e) crisp, crusty
Danemark *m.* Denmark
frais, fraîche cool, fresh
Grèce *f.* Greece
Hollande *f.* Holland
Italie *f.* Italy
mie *f.* soft inner part of bread

œuf *m.* egg
on trouve one finds; is (are) found
préparé prepared
plat *m.* dish, plate, platter
rassis: pain rassis stale bread
réputé(e) well known
Suisse *f.* Switzerland
tendre tender, soft; delicate
vendredi *m.* Friday

Questionnaire

Répondez aux questions suivantes:

A. Questions sur les textes (*Bande 6*)

1. Où Nicole entre-t-elle?
2. Que disent les journaux?
3. Que désire Nicole?
4. Où va-t-elle ensuite?
5. Quelle sorte de jambon demande-t-elle au charcutier?
6. Combien de tranches?
7. Où va Paul?
8. Que va prendre Paul?
9. Comment Paul aime-t-il le Camembert?
10. Comment Paul va-t-il porter ses provisions?
11. Que demande Paul à la marchande de journaux?
12. Pourquoi Nicole va-t-elle chez le boulanger tous les jours?
13. Comment est le pain lorsqu'il est frais?
14. Que trouve-t-on chez un charcutier?
15. Que vend la crémière?
16. Quels sont les pays réputés pour leurs fromages?

B. Questions générales

1. Où allez-vous faire votre marché?
2. Quelle sorte de pain préférez-vous?
3. A quel rayon (*department*) trouve-t-on du jambon dans un supermarché?
4. A quel rayon trouve-t-on le lait, le beurre, les œufs, la crème et les fromages?
5. Quels fromages préférez-vous?
6. Quels sont les principaux rayons d'un supermarché?

Dialogue

Demandez à un(e) étudiant(e):

1. à quelle heure elle (il) va faire son marché.
2. où elle (il) va faire son marché.

3. ce qu'on trouve dans une charcuterie.
4. ce qu'on trouve dans une crémerie.
5. si elle (s'il) aime le pain frais. Et pourquoi.
6. quels sont les pays réputés pour leurs fromages.
7. quels sont les principaux fromages américains.
8. si elle (s'il) aime les plats préparés. Pourquoi.

II. EXPRESSIONS A RETENIR

avoir l'air	to look, seem, appear
c'est la vie	that's life
c'est tout	that's all
de toutes sortes	all kinds of
en effet	in fact, indeed, yes indeed
faire son marché, faire ses provisions	to do one's (food) shopping, to do one's marketing
on vous sert?	is someone waiting on (serving) you? is anyone helping you?
passer quelque chose à quelqu'un	to hand something to someone
tous les jours	every day

III. PRONONCIATION   (Bande 6)

[y] as in **du, nature** and [ø] as in **deux, peux** are pronounced with lips rounded tensely. The tongue is arched toward the front of the mouth.

Répétez:

bureau [byʀo]	plus [ply]
charcuterie [ʃaʀkytʀi]	réputé [ʀepyte]
début [deby]	rue [ʀy]
étudiant [etydjɑ̃]	serrure [sɛʀyʀ]
étudier [etydje]	sur [syʀ]
légume [legym]	une [yn]
menu [məny]	université [ynivɛʀsite]
	voiture [vwatyʀ]

Note: **u** before a vowel is pronounced more quickly [ɥ]: fruit [frɥi], huit [ɥit], suis [sɥi].

Répétez:

délicieux [delisjø]	peu [pø]
feu [fø]	peut-être [pøtɛtʀ]

messieurs [mesjø] savoureux [savuRø]
neveu [nəvø] vieux [vjø]

[œ] as in je**u**ne, l**eu**r is pronounced with rounded lips, but with lowered jaw.

Répétez:

beurre [bœR] neuf [nœf]
bœuf [bœf] œuf [œf]
facteur [faktœR] professeur [pRɔfɛsœR]
heure [œR] vélomoteur [velomɔtœR]
immeuble [immœbl]

IV. GRAMMAIRE ET EXERCICES

28. Emplois de l'article défini (Uses of Definite Article — continued)

L'Amérique et **l'Europe** sont des continents.
La France est le pays des fromages.
La Provence et **la Normandie** sont de vieilles provinces françaises.

The definite article is used in French before the names of continents, countries, and provinces. Note, however, that the definite article is always omitted after **en** (*in* or *to*):

Je vais passer un an **en Afrique** (*Africa*).
Nous avons l'intention d'aller **en Italie** et **en Suisse**.

EXERCICE A *(Bande 6)*

Répondez aux questions suivantes en employant les mots indiqués:

1. Quel est un des plus grands continents?   (Amérique)
2. Quels pays préférez-vous?   (France — Suisse)
3. Où allez-vous passer un mois?   (Italie)
4. Quelle est une des plus vieilles provinces françaises?   (Provence)
5. Où est Rouen?   (Normandie)
6. Quel pays voudriez-vous visiter?   (Grèce)
7. Quels sont deux pays réputés pour leur fromages? (Hollande — Danemark)
8. Où avez-vous l'intention d'aller cette année?   (Afrique)
9. Quel est le pays des fromages?   (France)
10. Où se trouvent *(are)* les Alpes?   (Europe)

29. Pronoms personnels: compléments directs (Personal Pronouns: Direct Objects)

SINGULIER		PLURIEL	
me	*me*	**nous**	*us*
te	*you* (familiar)	**vous**	*you*
le	*him, it* (m.)	**les**	*them*
la	*her, it* (f.)		

Nicole **m'**attend à la boulangerie.
Il **nous** invite à dîner.
Vos amis **vous** cherchent à la Fac de Lettres.

Je ne **le** touche pas.
Où **la** gare-t-elle?
Ne **les** avez-vous pas?

The direct personal-pronoun objects are normally placed immediately before the verb.[1]

Note:

(1) **me, te, le, la** become **m', t', l', l'** respectively, before a word beginning with a vowel or mute **h**.

(2) Pronoun objects precede **voici** and **voilà**:

Où sont les timbres? — **Les voici.**
Où est notre table? — **La voilà.**

EXERCICE B *(Bande 6)*

Répétez les phrases suivantes en remplaçant les noms par des pronoms personnels:

MODÈLES: J'attends **mon ami.**   Il aime **les desserts français.**
          Je **l'**attends.   Il **les** aime.

1. J'adore **les escargots.**
2. N'avez-vous pas **votre clé?**
3. Voilà **les journaux français.**
4. Voulez-vous commander **votre repas** immédiatement?
5. Elle loue **la chambre** à Paul.
6. Il descend **les escaliers** quatre à quatre.
7. Tu parles très bien **le français.**

---

1. In a verb+infinitive phrase, the personal pronoun objects stand immediately before the infinitive:

   Je vais **le** prendre.
   Voulez-vous **les** mettre dans le filet?

8. Je ne peux pas trouver **son adresse.**
9. Comment allez-vous porter **vos provisions?**
10. Voici **votre baguette de pain.**
11. A quelle heure livre-t-il **le courrier?**
12. Où gare-t-elle **sa voiture?**
13. On vend aussi **les timbres** en carnets.
14. N'aimez-vous pas **le vin rouge?**
15. Je ne vais pas écouter **la radio.**

EXERCICE C (Bande 6)

Répondez aux questions suivantes en remplaçant les noms par des pronouns personnels:

MODÈLE: Préférez-vous **les plats préparés?**
          Oui, je **les** préfère.

1. Aimez-vous **les fromages français?**
2. Avez-vous **le téléphone** dans votre chambre?
3. Cherchez-vous **la concierge?**
4. Collectionnez-vous **les timbres?**
5. Désirez-vous commander **votre dîner** immédiatement?
6. Choisissez-vous **la spécialité de la maison?**
7. Allez-vous prendre **le menu?**
8. Trouvez-vous **cette chambre** plus petite que l'autre?
9. Étudiez-vous **les leçons** de demain?
10. Aimez-vous prendre **l'apéritif** avant de dîner?
11. Invitez-vous souvent **votre neveu** chez vous?
12. Avez-vous l'intention d'écrire **votre composition** ce soir?

30. Pluriel irrégulier des noms et des adjectifs (Irregular Plural of Nouns and Adjectives — continued)

le général	les généraux
le journal	les journaux
le minéral	les minéraux
le travail *(work)*	les travaux
oral	oraux
principal	principaux
spécial	spéciaux

Nouns and masculine adjectives ending in **al**, and a few nouns ending in **ail**, form the plural by changing **al** and **ail** to **aux**.[1]

Exceptions:	le bal *(dance)*	les bals
	le détail	les détails

[1] Feminine plurals of adjectives in -al do not undergo this change but remain regular: **orales, principales, spéciales:**

8. Yes, four nice slices. In America w...
   morning. And you, what are you...
9. A pint of cream, some butter a...
   when it is fresh and crusty.
10. Let's see! Where's the camembert?
11. Don't you want to feel it? It's not too...

B. Il est neuf heures du matin. Vous allez faire...
   ... ... au quartier ...
   pouvez raconter sous la forme d'un dialogue vo...
   ...

   (1) D'abord, vous demandez à l'épicier ce que vous de...
   (2) Ce que l'épicier vous offre.
   (3) Ce que vous prenez. Vous nommez les différents prod...

VI. DICTÉE

A tirer de la sixième situation.

La Vie quotidienne des Français

QUATRIÈME LECTURE

Midi sonne à l'horloge de l'église Saint-Séverin. Paul regarde sa montre: elle est à l'heure. Avant d'aller déjeuner, il flâne dans les rues de Paris. «Une rue de Paris, c'est un monde . . . !» disait Balzac. C'est vrai: les cafés, les kiosques à journaux, les camelots, les plates-formes des autobus. . . . Quelle différence avec les grandes villes américaines! On s'amuse à meilleur marché à Paris car les rues offrent un spectacle perpétuel! 5

1 **sonne** strikes
  l'horloge *f.* clock
  regarde looks at
2 **à l'heure** on time
  flâne strolls

3 **disait** used to say
  le kiosque à journaux newsstand
4 **le camelot:** marchand d'objets de peu de valeur (peddler)
5 **à meilleur marché** more cheaply

LA VIE QUOTIDIENNE DES FRANÇAIS

Le boulevard Saint-Michel est comme une ruche bourdonnante. C'est midi, l'heure du déjeuner . . . le repas principal des Français.

Le petit déjeuner est en effet très simple en France: une tasse de café ou un bol de café au lait avec des tartines. Comme elles sont bonnes ces longues tranches de pain recouvertes de beurre ou de confiture! Les ouvriers ont généralement de la soupe le matin, du fromage et un bon verre de vin.

Le repas principal est le déjeuner. On déjeune entre midi et midi et demi. Comme hors-d'œuvre, on a souvent du pâté, du saucisson sec ou des crudités (des radis, des concombres à la vinaigrette; de la salade de pommes de terre, de betteraves rouges ou de carottes); ensuite on a les légumes verts et la viande. Pour dessert, un morceau de fromage, des fruits ou une tarte.

En général, les Français rentrent chez eux pour déjeuner, sauf les banlieusards et tous ceux qui doivent faire la navette pour se rendre à leur lieu de travail.

Après le déjeuner, on fait la sieste jusqu'à une heure et demie ou deux heures. On fait un petit somme ou on lit le journal tout en regardant la télévision.

La plupart des Français travaillent de huit heures à midi et de deux heures à six heures, dans les bureaux comme dans les magasins. Entre midi et deux heures, la vie semble s'arrêter: on le remarque surtout en province. La plupart des magasins (épiceries, boulangeries, charcuteries, boucheries, pharmacies et blanchisseries) sont fermés. Beaucoup n'ouvrent pas le lundi. Les banques, par exemple, sont toujours fermées le lundi.

Le soir, le repas est très léger: un potage aux légumes, du jambon et une bonne laitue à la vinaigrette. On dîne entre sept heures et sept heures et demie.

A chaque repas, on mange beaucoup de pain. La plupart des gens boivent du vin à table ou de la bière. Les enfants mettent un peu de vin dans leur eau. . .elle a meilleur goût comme cela!

Aux trois repas s'ajoutent les deux goûters du matin et de l'après-midi: c'est le casse-croûte pour les ouvriers et le petit pain au chocolat pour les enfants.

---

7 **la ruche** beehive
  bourdonnante buzzing
10 **la tartine** slice of bread with butter or jam
11 **la confiture** jam
  l'ouvrier *m.* worker
14 **le saucisson sec** salami
  les crudités *f. pl.* raw vegetables
15 **la vinaigrette** salad dressing
16 **la betterave** beet
  le légume vegetable
  vert green
18 **chez eux** home
  sauf except
  le banlieusard (*literally,* suburbanite) resident of a working-class district
19 **doivent** must

faire la navette to go back and forth, commute
21 **le somme:** une petite sieste
  tout en regardant while looking at
23 **le bureau** office: lieu où on travaille
  le magasin store
24 **la plupart des** most of the
25 **l'épicerie** *f.* grocery store
  la boucherie butcher shop
26 **la blanchisserie** laundry
30 **les gens** *m. or f. pl.* people
32 **elle a meilleur goût** it tastes better
33 **s'ajoutent** are added
  le goûter afternoon snack
34 **le casse-croûte** snack
  le petit pain roll

Questionnaire

1. Quelle heure est-il?
2. Que fait Paul avant d'aller déjeuner?
3. Quelle différence y a-t-il entre une rue de Paris et une rue de votre ville?
4. Comment est le boulevard Saint-Michel à midi? Pourquoi?
5. Que prennent les Français pour leur petit déjeuner?
6. Quel est le repas principal des Français?
7. A quelle heure déjeune-t-on généralement?
8. A quelle heure déjeunez-vous généralement?
9. Qu'est-ce qu' on a pour le déjeuner? (Qu'est-ce que?=*What?*)
10. Les Français rentrent-ils chez eux pour déjeuner? Pourquoi?
11. Après le déjeuner, que font-ils?
12. De quelle heure à quelle heure travaille-t-on en France?
13. Les magasins sont-ils ouverts entre midi et deux heures? Et les bureaux?
14. Quel jour les banques sont-elles fermées?
15. A quelle heure dîne-t-on en France?
16. A quelle heure dînez-vous?
17. De quoi se compose le repas du soir?
18. Que boit-on généralement à table?
19. Les enfants boivent-ils du lait à table?

Descends à la prochaine

SEPTIÈME
LEÇON

I. PRÉSENTATION

Conversation   *(Bande 7)*

(Nicole et Paul sont à la station Opéra. Le portillon vient de se fermer. Ils sont en queue.)

NICOLE: Ouf! Venez, Paul . . . Montons dans cette voiture.
PAUL: Mais je viens de prendre des billets de première et nous sommes en seconde.
NICOLE: Nous n'avons pas le temps d'aller au milieu du train.

(Attention! La fermeture des portes est automatique. Le train démarre. Deux amoureux: elle le regarde. Il la regarde. Soyons indiscrets. . . écoutons leur conversation!)

SEPTIÈME LEÇON

LUI: Tu m'aimes?
ELLE: Oui, je t'aime . . . Est-ce que tu aimes ma robe? Elle est neuve, tu sais . . . ! Je viens de l'acheter . . .
LUI: Ah oui? Elle te va bien . . . je l'aime beaucoup!
ELLE: Tu es heureux?
LUI: Oui, parce que tu es heureuse et je te trouve très belle. . .
ELLE: Sois un chou . . . porte mes livres!
LUI: Bien sûr, donne-les . . . je vais les porter.
ELLE: Tu me téléphones ce soir?
LUI: Oui, je te téléphone après mon boulot.
ELLE: Embrasse-moi, mon chéri . . . je descends ici.
LUI: Non, descends à la prochaine . . . !

Situation

Nicole et Paul sont à la station de métro Opéra. Le Métro de Paris a 16 lignes. Chaque ligne a un numéro, mais on les appelle par le nom des stations de chaque extrémité ou terminus. Pour la ligne numéro 1, par exemple, on dit Vincennes-Neuilly. Il y a des plans de métro à l'extérieur des stations, à l'intérieur et sur les quais. Dans chaque voiture il y a un dessin de la ligne. Les trains s'arrêtent à toutes les stations qui figurent sur le plan *(map)*. On change de train dans les stations de «correspondance». Les voitures de seconde classe sont en tête et en queue. La voiture de première classe est toujours au milieu du train. Les premiers trains partent du terminus à 5 heures 30. Les derniers arrivent à 1 heure 15. Attention! La fermeture des portes est automatique.

VOCABULAIRE FONDAMENTAL

arrêter to stop; **s'arrêter** to stop
changer to change; to alter
correspondance *f.* correspondance, connection *(between trains)*, transfer point, station *(where one changes trains)*
dessin *m.* sketch, drawing, cartoon
exemple *m.* example; **par exemple** for example
extérieur *m.* exterior, outside
extrémité *f.* extremity, end
figurer to figure; to appear
intérieur *m.* interior, inside
ligne *f.* line
métro *m.* subway; **station de métro** *f.* subway station, subway stop
partir to leave, to depart, to go away
plan *m.* plan, scheme, map
quai *m.* platform, quay, pier, wharf, track, street along a river
terminus *m.* terminus (of a railroad), end of the line
tête *f.* head; **en tête** in front, ahead
toujours always, still

Questionnaire

Répondez aux questions suivantes:

A. Questions sur les textes *(Bande 7)*

1. Où sont Nicole et Paul?
2. Quelle sorte de billets Paul vient-il de prendre?
3. Comment est la fermeture des portes du métro?
4. Quelle conversation Nicole et Paul écoutent-ils?
5. Que dit l'amoureux à la jeune amoureuse?
6. Quelle question lui pose-t-elle?
7. Pourquoi aime-t-il sa robe?
8. Pourquoi l'amoureux est-il heureux?
9. Comment trouve-t-il la jeune fille?
10. Combien y a-t-il de lignes de métro à Paris?
11. Où y a-t-il des plans de métro?
12. Qu'y a-t-il dans chaque voiture?
13. Où change-t-on de train?
14. Où sont les voitures de seconde classe?
15. Où est la voiture de première classe?
16. A quelle heure partent les premiers trains du terminus?
17. A quelle heure arrivent les derniers trains?

B. Questions générales

1. Y a-t-il un métro dans votre ville?
2. Comment est le métro de New York?
3. Y a-t-il des voitures de première et de seconde classes dans les métros américains?
4. A quelle heure partent les premiers trains aux États-Unis?
5. A quelle heure arrivent les derniers trains?
6. La fermeture des portes est-elle automatique dans les métros américains?

Dialogue

Demandez à un(e) étudiant(e):

1. pourquoi Nicole et Paul n'ont pas le temps d'aller au milieu du train.
2. quelle sorte de billets Paul vient-il de prendre.
3. comment est la robe de la jeune amoureuse.
4. comment la robe lui va.
5. à quelle heure le jeune homme va téléphoner à la jeune fille.
6. ce qu'elle lui dit avant de le quitter.

QUATRE-VINGT-ONZE

II. EXPRESSIONS A RETENIR

à l'extérieur	outside, on the outside, out of doors; abroad
à l'intérieur	inside, on the inside, indoors
au milieu de	in (to) the middle of, in the midst of
avoir le temps de	to have time to
changer de train	to change trains
être en queue	to be at the (tail) end, to be in the rear
être en seconde (classe)	to be in (the) second class
être en tête	to be in the front, to be ahead
être un chou	to be a darling, to be a honey
poser une question	to ask a question
prendre un billet	to buy a ticket
un billet de première (classe)	(a) first-class ticket
voiture de tête	first car, front car, head car

III. PRONONCIATION   *(Bande 7)*

[ɑ̃] as in **quand, chambre, vendredi, temps,** is a nasal sound. In nasal combinations, **n** and **m** are silent when final or between the vowel and a following consonant.

Répétez:

an [ɑ̃]
anglais [ɑ̃glɛ]
av**an**t [avɑ̃]
ch**am**bre [ʃɑ̃bʀ]
d**an**s [dɑ̃]
étudi**an**t [etydjɑ̃]
Fr**an**ce [fʀɑ̃s]
inst**an**t [ɛ̃stɑ̃]
j**am**bon [ʒɑ̃bɔ̃]
l**an**gue [lɑ̃g]

apparte**men**t [apartəmɑ̃]
ca**mem**bert [kamɑ̃bɛʀ]
co**mm**ent [kɔmɑ̃]
contin**en**t [kɔ̃tinɑ̃]
en [ɑ̃]
ex**em**ple [ɛgzɑ̃pl]
entrez [ɑ̃tʀe]
mom**en**t [mɔmɑ̃]
pr**en**dre [pʀɑ̃dʀ]
s**em**bler [sɑ̃ble]
v**en**dre [vɑ̃dʀ]

[ɔ̃] as in **nom, garçon** is also a nasal sound.

Répétez:

attenti**on** [atɑ̃sjɔ̃]
boiss**on** [bwasɔ̃]
b**on** [bɔ̃]

mais**on** [mɛzɔ̃]
m**on** [mɔ̃]
m**on**de [mɔ̃d]

combien [kɔ̃bjɛ̃]
composer [kɔ̃poze]
concierge [kɔ̃sjɛʀʒ]
glaçon [glasɔ̃]
intention [ɛ̃tɑ̃sjɔ̃]

monter [mɔ̃te]
on [ɔ̃]
onze [ɔ̃z]
rayon [ʀɛjɔ̃]
selon [səlɔ̃]

Note: **m** and **n** are never nasalized between vowels; **mm** and **nn** are nasalized in a few words; examples: **emmener** [ɑ̃mne] *(to take away)*; **ennui** [ɑ̃nɥi] *(boredom).*

IV. GRAMMAIRE ET EXERCICES

32. Pronoms personnels: compléments indirects (Personal Pronouns: Indirect Object)

SINGULIER		PLURIEL	
me	*(to) me*	**nous**	*(to) us*
te	*(to) you*	**vous**	*(to) you*
lui	*(to) him, (to) her*	**leur**	*(to) them*

Il demande du jambon blanc **au charcutier.**
Il **lui** demande du jambon blanc.

Elle dit **à Nicole** de prendre les billets.
Elle **lui** dit de prendre les billets.

Mme Sauvin loue des chambres **aux étudiants.**
Mme Sauvin **leur** loue des chambres.

Le boulanger **me** vend des croissants.
Je **vous** téléphone ce soir.

The indirect personal-pronoun objects are normally placed immediately before the verb.[1]

Note:

(1) The first and second persons singular and plural of the indirect objects **(me, te, nous, vous)** have the same forms as the direct objects.

(2) The indirect object **lui** may mean *to him* or *to her.*

(3) Before a verb, **leur** *(to them)* is an indirect object pronoun.
Before a noun, **leur** *(their)* is a possessive adjective.

---

1. In a verb+infinitive phrase, the personal pronoun objects stand immediately before the infinitive:
On vient de **me** donner votre adresse.
Elle va **leur** écrire une lettre.

SEPTIÈME LEÇON

EXERCICE A *(Bande 7)*

Répétez les phrases suivantes en remplaçant les noms par des pronoms personnels:

MODÈLE: Il ne répond pas **à Mme Sauvin.**
          Il ne **lui** répond pas.

 1. Nous obéissons toujours **à nos parents.**
 2. Que raconte-t-il **à Jeannette?**
 3. Je voudrais téléphoner **à mon ami.**
 4. Parlez-vous français **à vos neveux?**
 5. Il dit **à Michel** de descendre immédiatement.
 6. La robe va bien **à Nicole.**
 7. Elle demande **à Paul** de les porter.
 8. Que donnes-tu **aux garçons?**
 9. Nous allons dire cela **à Colette.**
10. Je viens d'écrire **à Robert.**

EXERCICE B *(Bande 7)*

Répondez aux questions suivantes selon les modèles (Employez d'abord les noms indiqués, puis remplacez ces noms par des pronoms personnels):

MODÈLES: Qu'est-ce que tu aimes?   (les escargots)
           J'aime **les escargots.**
           Je **les** aime.

           A qui parle-t-il?   (à la jeune fille)
           Il parle **à la jeune fille.**
           Il **lui** parle.

 1. Qu'est-ce que tu collectionnes?   (les timbres)
 2. A qui demandez-vous l'adresse?   (à Jacqueline)
 3. Qu'est-ce qu'il ouvre?   (sa sacoche)
 4. A qui le facteur livre-t-il du courrier?   (à Paul)
 5. Qu'est-ce qu'elle touche?   (le Camembert)
 6. Qu'est-ce qu'il vient de prendre?   (les billets)
 7. A qui passes-tu ton filet?   (à la crémière)
 8. A qui va-t-elle écrire?   (à ses parents)
 9. Qu'est-ce que vous écoutez?   (la radio)
10. A qui dit-il cela?   (à la concierge)
11. Qui regardez-vous?   (les deux amoureux)
12. A qui donne-t-elle les livres?   (à ses amies)
13. Qu'est-ce que tu trouves difficile?   (le cours)
14. Qu'est-ce qu'elle choisit?   (la robe rouge)
15. A qui le charcutier vend-il du jambon?   (à Nicole)

33. Impératif (Imperative)

Porte mes livres.

Finissez votre travail.
N'allez pas à la poste.
Ayez de la patience.

Montons dans cette voiture.
Ne soyons pas indiscrets.

The imperative is the form of command. The imperatives of nearly all verbs are identical with the second person singular and the second and first persons plural of the present indicative, without subject pronouns:

parler:	**parle**[1]	*speak* (familiar)
	parlez	*speak*
	parlons	*let us speak*
finir:	**finis**	*finish* (familiar)
	finissez	*finish*
	finissons	*let us finish*
vendre:	**vends**	*sell* (familiar)
	vendez	*sell*
	vendons	*let us sell*

Irregular imperatives of verbs studied thus far:

aller: va, allez, allons
avoir: aie, ayez, ayons
être: sois, soyez, soyons

EXERCICE C

Mettez les phrases suivantes à l'impératif affirmatif et à l'impératif négatif:

MODÈLE: Vous déménagez demain.
          Déménagez demain.
          Ne déménagez pas demain.

1. Nous écoutons leur conversation.
2. Tu descends à la prochaine.
3. Vous finissez de le faire.
4. Nous sommes prudents.
5. Tu portes mes livres.
6. Vous dites à Paul de venir.
7. Nous allons faire notre marché.

---

1. The familiar imperative of **-er** verbs drops final **s**.

SEPTIÈME LEÇON

8. Tu choisis la robe rouge.
9. Vous attendez le facteur.
10. Nous prenons des billets.
11. Vous téléphonez à Nicole.
12. Nous changeons de train.
13. Tu réponds à leurs questions.
14. Vous achetez du pain tous les jours.

34. Place des pronoms compléments à l'impératif (Position of Personal Pronoun Objects in the Imperative)

Finis **ta leçon.**
Finis-**la**

Attendons **le train** ici.
Attendons-**le** ici.

Répétez **les phrases** en français.
Répétez-**les** en français.

Donne du vin **à Paul.**
Donne-**lui** du vin.

Dites **à Nicole** de le faire.
Dites-**lui** de le faire.

Écrivons **à nos amis.**
Écrivons-**leur.**

In the affirmative imperative, the pronoun objects, both direct and indirect, follow the verb and are attached to it by a hyphen. In the negative imperative, however, the pronoun objects assume their regular position - before the verb:

Ne **la** finis pas.
Ne **l'**attendons pas ici.
Ne **les** répétez pas en français.
Ne **lui** donne pas de vin.
Ne **lui** dites pas de le faire.
Ne **leur** écrivons pas.

Note: **Me** and **te** become **moi** and **toi,** respectively, when placed after the verb:

Parlez-**moi.**	But	Ne **me** parlez pas.
Embrasse-**moi.**		Ne **m'**embrasse pas.

EXERCICE D (Bande 7)

Répétez les phrases suivantes en remplaçant les noms par des pronoms personnels:

MODÈLES: Mettez **les provisions** dans le filet.
           Mettez-**les** dans le filet.

           Ne réponds pas **à ce monsieur.**
           Ne **lui** réponds pas.

1. Invitons **Paulette** à dîner chez nous.
2. Ne demande pas **à Michel** de le faire.
3. Fermez **la porte,** s'il vous plaît.
4. Dites **à Madeleine** de descendre.
5. Ne prenons pas **le menu.**
6. Mettez **les croissants** sur la table.
7. Téléphonons **à Nicole.**
8. N'achète pas **les timbres** en carnets.
9. N'écrivez pas **votre nom** ici.
10. Parle toujours en français **à ces jeunes gens.**
11. Ne touchez pas **le fromage.**

35. Féminin irrégulier des adjectifs (Irregular Feminine of Adjectives)

(a) délicieu**x** *m.*   délicieu**se** *f.*
     fastidieu**x** *m.*   fastidieu**se** *f.*
     heureu**x** *m.*   heureu**se** *f.*
     savoureu**x** *m.*   savoureu**se** *f.*

Most adjectives ending in **x** in the masculine singular change **x** to **se** in the feminine. Note this variation: **faux** *m. (false)*, **fausse** *f.*

(b) acti**f** *m.*   acti**ve** *f.*
     instructi**f** *m.*   instructi**ve** *f.*
     neu**f** *m.*   neu**ve** *f.*

Adjectives ending in **f** in the masculine singular change **f** to **ve** in the feminine.

EXERCICE E

Répétez les phrases suivantes en substituant les mots indiqués:

MODÈLE: Ce voyage est **dangereux.**   (Et cette aventure?)
          Cette aventure est **dangereuse.**

1. Ce jeune homme est sérieux.   (Et cette jeune fille?)
2. Ce livre est instructif.   (Et cette brochure?)

3. Ce restaurant est fameux.   (Et cette auberge?)
4. Ce vélomoteur est neuf.   (Et cette voiture?)
5. Ce dessert est délicieux.   (Et cette pâtisserie?)
6. Cet étudiant est studieux.   (Et cette étudiante?)
7. Ce pays est primitif.   (Et cette civilisation?)
8. Ce poulet est savoureux.   (Et cette viande?)
9. Ce marchand est actif.   (Et cette concierge?)
10. Ce travail est fastidieux à faire.   (Et cette chose?)
11. Cet homme est heureux.   (Et sa fille?)

36. Verbe irrégulier «venir» (Irregular Verb «venir» "to come")

PRÉSENT DE L'INDICATIF

je viens	nous venons
tu viens	vous venez
il (elle) vient	ils (elles) viennent

IMPÉRATIF

viens   venez   venons

Note: The present tense of **venir** followed by **de** + infinitive expresses an immediate past action, corresponding to English "have (has) just (done something)":

Je **viens de prendre** les billets.
I have just bought the tickets.
Le portillon **vient de se fermer.**
The platform gate has just closed.
Les nouveaux timbres **viennent de sortir.**
The new stamps have just come out.

EXERCICE F

Répétez les phrases suivantes en employant les pronoms indiqués (attention aux verbes):

1. **Nous** venons de lui parler.   (je)
2. Viens-**tu** de la part du CROUS?   (vous)
3. **On** vient de me dire cela.   (elles)
4. **Je** viens de l'acheter.   (il)
5. Est-ce qu'**elles** viennent ce soir?   (tu)
6. **Elle** vient d'arriver à Paris.   (nous)
7. Venez-**vous** en ville avec nous?   (ils)
8. **Ils** viennent de monter dans cette voiture.   (elle)
9. **Je** viens de lui écrire.   (elles)
10. **Il** vient de prendre son courrier.   (je)

EXERCICE G (Bande 7)

Mettez le sujet et le verbe au singulier:

1. D'où venez-vous?
2. Ils vont me téléphoner ce soir.
3. Elles viennent de sortir.
4. Nous n'allons pas au marché aujourd'hui.
5. Avec qui allez-vous à l'université?
6. Nous descendons à la prochaine.
7. Ne viennent-ils pas ce matin?
8. Elles finissent de les écrire.
9. Nous venons de passer un an en France.
10. Attendent-elles des lettres de leurs amies?
11. Est-ce que vous aimez ma robe?
12. Quand vont-elles en Amérique?
13. Vous revenez de la poste?
14. Quelle sorte de billets viennent-ils de prendre?
15. Nous venons vous chercher à midi.

V. COMPOSITION

A. *Dites, puis écrivez en français:*

1. Give me my ticket, Paul. The train has just arrived in the station.
2. Here it is, but we have time. Let's not get on this train, Nicole, let's wait for the next one.
3. Tell me, does it stop at my station?
4. It's the Vincennes-Neuilly train; it stops at your station and at all the other stations on the line.
5. Fine, but let's go to the middle of the platform because the tickets you have just bought are for (the) first class.
6. O.K., but look at the two sweethearts over there **(là-bas)!** Look at how he's talking to her and kissing her!
7. She is so happy. Let's be indiscreet! Let's listen in on their conversation! By the way, Paul, do you like my dress?
8. I like it a lot. It's very pretty and it's very becoming to you. It's brand new, isn't it?
9. Yes, I've just bought it. Look, the train is coming.
10. Give me your books, Nicole, I'll carry them with my books.
11. Come, let's get in this car. Be careful, the doors close automatically.
12. Be a darling, Nicole, phone me tonight.
13. I'll call you at 8 o'clock. I get off here.
14. Don't get off here, get off at the next stop.

B. *Consultez le plan du métro qui se trouve dans votre livre et expliquez en détail l'organisation du Métro de Paris. Suivez le plan indiqué:*

1. Combien le Métro de Paris a-t-il de lignes?

    (a) Deux lignes au centre suivent les Grands Boulevards et forment un cercle. Quels numéros portent-elles?
    (b) Trois lignes (4, 7, 12) traversent Paris. Dans quelles directions?
    (c) Quatre lignes (1, 3, 8, 9) traversent Paris d'est en ouest. Comment s'appellent-elles?

2. Maintenant «en voiture» *(All aboard)*. Bon voyage! Que faites-vous pour aller de la Place de la Concorde au Quartier Latin, près du Théâtre National de l'Odéon?

    (a) A quelle station êtes-vous?
    (b) Quelle direction prenez-vous?
    (c) Où faut-il changer?
    (d) Quelle correspondance prenez-vous?
    (e) Quelle direction?
    (f) Où descendez-vous?

VI. DICTÉE

A tirer de la septième situation.

Chanson d'automne

CINQUIÈME LECTURE

La nature en automne n'est pour le poète qu'une occasion d'exprimer un état d'âme (mind). Par la magie de la langue, ses vers (lines) nous font ressentir la douleur et la tristesse (sadness) profondes qui paralysent toute action. L'évolution rapide de la nature en automne symbolise toute la souffrance du poète.

> Les sanglots longs
> Des violons
>   De l'automne
> Blessent mon cœur
> D'une langueur
>   Monotone.

1 **les sanglots longs** the long sobs
4 **blessent** wound
   cœur heart

Tout suffocant
Et blême, quand
　　Sonne l'heure,
Je me souviens
Des jours anciens
　　Et je pleure;

Et je m'en vais
Au vent mauvais
　　Qui m'emporte
Deçà, delà
Pareil à la
　　Feuille morte.

Paul Verlaine (1844–1896)
Poèmes Saturniens (1866)

Questionnaire

1. Quel est l'auteur de ce poème?
2. Dans quel recueil ce poème a-t-il paru?
3. Combien de strophes *(stanzas)* a ce poème?
4. Combien y a-t-il de vers dans chaque strophe?
5. Quelle sorte de vers le poète emploie-t-il?
6. Quelle est la disposition des rimes?
7. Qu'est-ce qui blesse le cœur du poète?
8. Expliquez «les sanglots longs des violons de l'automne».
9. Comment est le poète «quand sonne l'heure»?
10. De quoi le poète se souvient-il «quand sonne l'heure»?
11. Que fait alors le poète?
12. Emporté par le vent, à quoi le poète se compare-t-il?

7 **tout suffocant** choking
8 **blême** pale
10 **je me souviens** I remember
11 **anciens** past
12 **je pleure** I cry

14 **au vent mauvais** with the ill wind
15 **m'emporte** carries me away
16 **deça, delà** here, there
17 **pareil à** like
18 **la feuille morte** dead leaf

Où les avez-vous achetés?

HUITIÈME LEÇON

I. PRÉSENTATION

Conversation *(Bande 8)*

(A la bijouterie.)

NICOLE: Vous avez réparé ma montre, Monsieur?
LE BIJOUTIER: Oui, je l'ai réglée, car parfois elle avance et d'autres fois elle retarde.

(A la librairie-papeterie.)

LE LIBRAIRE: Vous avez trouvé ce que vous désirez?
PAUL: Oui, je vous ai pris un paquet d'enveloppes blanches, un bloc de papier à lettres et des recharges d'encre bleue pour mon stylo.

HUITIÈME LEÇON

Le libraire:	Je vous mets le tout dans un sachet?
Paul:	Oui, si vous voulez. Vous avez le dernier *Lucky Luke*?[1]
Le libraire:	Non, mais allez à la librairie sur la place publique.

(Au bazar.)

La marchande:	Quelle lessive avez-vous choisie, mademoiselle?
Nicole:	Un paquet de Paic.[2] Mettez-moi aussi deux piles de 9 volts pour mon transistor et une petite savonnette Palmolive.

(A la pharmacie.)

Paul:	Je voudrais des comprimés d'aspirine, une brosse à dents pas trop dure, de la crème à raser pour peau sèche et un tube de dentifrice.
Le pharmacien:	Voici, monsieur. Je vous ai mis un échantillon d'*Eau Sauvage* de chez Dior.

Situation

Nicole entre dans une bijouterie. Chez un bijoutier, on trouve des bijoux: des bracelets, des colliers, des boucles d'oreilles, des bagues, des montres et des réveils de toutes sortes. De la bijouterie, elle va à la librairie-papeterie. Chez le libraire, on peut acheter des livres reliés ou brochés, des revues, des magazines, du papier à lettres et des enveloppes, des stylos et toutes sortes de crayons. Pour les articles ménagers, on va dans un bazar. Dans sa pharmacie, le pharmacien ou la pharmacienne vendent des médicaments et des produits de beauté: de l'eau de Cologne, des parfums et des crèmes pour hommes et dames.

VOCABULAIRE FONDAMENTAL

bague *f.* ring
bijou *m. (pl.* **bijoux***)* jewel, gem
boucle *f.* buckle, brooch, lock of hair; **des boucles d'oreilles** *f.*   earrings
bracelet *m.* bracelet
collier *m.* necklace
crayon *m.* pencil
dame *f.* lady
livre broché *m.* paperbound book, paperback
livre relié *m.* hardcover book
magazine *m.* (illustrated) magazine
médicament *m.* medicine
ménager, ménagère *adj.* household, pertaining to the house(hold); **articles ménagers** *m.* household items (articles), housewares

---

1. A series of famous French comic strips named after its cowboy hero.

2. Mild laundry soap for fine washables.

oreille *f.* ear
parfum *m.* perfume, scent, fragrance
pharmacien *m.*, **pharmacienne** *f.* pharmacist, druggist
produit *m.* product, produce; **produits de beauté** *m. pl.* cosmetics, beauty products
réveil *m.* alarm clock
revue *f.* magazine, review

Questionnaire

Répondez aux questions suivantes:

A. Questions sur les textes *(Bande 8)*

1. Où Nicole entre-t-elle?
2. Que demande Nicole au bijoutier?
3. Pourquoi le bijoutier a-t-il réglé la montre de Nicole?
4. Où est Paul?
5. Qu'a-t-il pris à la librairie-papeterie?
6. Dans quoi le libraire lui met-il ces articles?
7. Où Paul va-t-il aller acheter le dernier *Lucky Luke*?
8. Où Nicole va-t-elle acheter sa lessive?
9. Quel paquet de lessive a-t-elle choisi?
10. Qu'est-ce que Nicole achète au bazar?
11. Qu'est-ce que Paul achète à la pharmacie?
12. Qu'est-ce que le pharmacien lui a mis avec ses différents articles?

B. Questions générales

1. Que trouve-t-on chez un bijoutier?
2. Avez-vous une montre? Quelle marque?
3. Que trouve-t-on chez un libraire?
4. Quelles sont les revues que vous aimez?
5. Que vend le pharmacien?
6. Où achète-t-on les articles ménagers courants?

Dialogue

Demandez à un(e) étudiant(e):

1. si sa montre est bien réglée ou, si elle avance ou si elle retarde.
2. ce qu'elle (il) achète à la librairie-papeterie.
3. ce qu'on trouve généralement dans les bazars.
4. quel est son magazine préféré.
5. les produits de beauté qu'elle (il) préfère.
6. de nommer les grandes marques de parfums français.
7. quel est son parfum préféré.

II. EXPRESSIONS A RETENIR

je règle ma montre	I set my watch
la montre avance	the watch is (runs) fast
la montre retarde	the watch is (runs) slow
mettre quelque chose dans un sachet	to put something in a bag
régler	to set, to fix; to regulate; to adjust
réparer une montre	to repair a watch
toutes sortes de (choses)	all kinds of (things)
votre montre a dix minutes de retard (d'avance)	your watch is ten minutes slow (fast)
votre montre retarde (est en retard) de dix minutes	your watch is ten minutes slow
votre montre avance (est en avance) de dix minutes	your watch is ten minutes fast

III. PRONONCIATION *(Bande 8)*

[ɛ̃] as in **vin, timbre, pain, faim** is a nasal sound. In nasal combinations, **n** and **m** are silent when final or between a vowel and a consonant.

Répétez:

dess**in** [desɛ̃]	lat**in** [latɛ̃]
important [ɛ̃pɔRtɑ̃]	mat**in** [matɛ̃]
impression [ɛ̃pRɛsjɔ̃]	princ**i**pal [pRɛ̃sipal]
indiscret [ɛ̃diskRɛ]	t**im**bre [tɛ̃bR]
instant [ɛ̃stɑ̃]	améric**ain** [ameRikɛ̃]
instructif [ɛ̃stRyktif]	b**ain** [bɛ̃]
intelligent [ɛ̃teliʒɑ̃]	dem**ain** [dəmɛ̃]
intérieur [ɛ̃teRjœR]	f**aim** *(hunger)* [fɛ̃]
inviter [ɛ̃vite]	proch**ain** [pRɔʃɛ̃]
jard**in** [ʒaRdɛ̃]	tr**ain** [tRɛ̃]

Note: The combination **oin** is pronounced [wɛ̃]: **moins** [mwɛ̃].
      The combination **uin** is pronounced [ɥɛ̃]: **juin** *(June)* [ʒɥɛ̃].

[œ̃] as in **un, lundi, humble** is also a nasal sound:

Répétez:

humble [œ̃bl]	quelqu'**un** [kɛlkœ̃]
lundi (Monday) [lœ̃di]	**un** [œ̃]
parf**um** [paRfœ̃]	

IV. GRAMMAIRE ET EXERCICES

37. Participe passé des verbes réguliers (Past Participle of Regular Verbs)

(a) To form the past participle of regular verbs, add the appropriate ending (**é, i, u**) to the infinitive stem:

First conjugation:	parl~~er~~	**parlé**
Second conjugation:	fin~~ir~~	**fini**
Third conjugation:	vend~~re~~	**vendu**

(b) The following are the irregular past participles of verbs studied thus far:

avoir	**eu** [y]
être	**été**
venir	**venu**

(c) The past participle may be used as an adjective, either after a noun or as a predicate after the verb **être**. When so used, it agrees in gender and number with the noun it modifies:

une langue parlée
des plats préparés
des tables réservées
Sa montre est bien **réglée.**
Les portes sont **fermées.**

38. Passé composé (Compound Past)

The compound past of most verbs consists of the present tense of the auxiliary verb **avoir** plus the past participle of the main verb:

j' **ai parlé**	*I spoke, have spoken, did speak*
tu **as parlé**	*you spoke, have spoken, did speak*
il (elle) **a parlé**	*he (she) spoke, has spoken, did speak*
nous **avons parlé**	*we spoke, have spoken, did speak*
vous **avez parlé**	*you spoke, have spoken, did speak*
ils (elles) **ont parlé**	*they spoke, have spoken, did speak*

j' **ai fini**	j' **ai vendu**
tu **as fini**	tu **as vendu**
il (elle) **a fini**	il (elle) **a vendu**
nous **avons fini**	nous **avons vendu**
vous **avez fini**	vous **avez vendu**
ils (elles) **ont fini**	ils (elles) **ont vendu**

j'	ai eu	j'	ai été
tu	as eu	tu	as été
il (elle)	a eu	il (elle)	a été
nous	avons eu	nous	avons été
vous	avez eu	vous	avez été
ils (elles)	ont eu	ils (elles)	ont été

Note: The compound past may have three equivalents in English. **j'ai parlé** may mean *I spoke, I have spoken,* or *I did speak;* **j'ai eu,** *I had, I have had, I did have;* **j'ai été,** *I was, I have been.*

EXERCICE A   *(Bande 8)*

Remplacez le présent par le passé composé:

MODÈLE: Paul **passe** un an à Paris.
          Paul **a passé** un an à Paris.

1. J'**achète** un tube de dentifrice.
2. Le bijoutier **répare** ma montre.
3. Elles **finissent** leurs exercices.
4. Nous **avons** le temps de le faire.
5. Elle **répond** au téléphone.
6. Nous **écoutons** leur conversation.
7. Ils **choisissent** un bon vin sec.
8. Vous **attendez** des nouvelles de chez vous?
9. Il lui **vend** des livres brochés.
10. Elle **loue** une chambre chez Mme Sauvin.
11. Ils **sont** indiscrets.
12. Je lui **téléphone** de mon appartement.

39. Emploi du passé composé (Use of the Compound Past)

Le facteur **a** déjà **livré** le courrier.
Elles **ont déménagé** vendredi dernier.
Il **a fini** ses cours à deux heures.
J'**ai choisi** ces boucles d'oreilles.
Nous **avons dîné** dans un restaurant français.
Ils **ont pris** un apéritif avant de dîner.

The compound past is normally used in conversation, in correspondence, and in informal writing to express a completed past action or to report a fact.

Note:

(1) When the compound past is used negatively, **ne** precedes the auxiliary verb and **pas** follows it:

Ils **n'ont pas changé** de train.
N'avez-vous pas acheté de comprimés d'aspirine?

(2) In the compound past, the direct and indirect object pronouns precede the auxiliary verb:

Je l'ai réglé.
Où l'avez-vous trouvé?
Elle m'a vendu des produits de beauté.
Il ne lui a pas parlé.

EXERCICE B *(Bande 8)*

Transformez les phrases suivantes selon le modèle (attention aux verbes):

MODÈLES: Il m'**a parlé** de ses cours.   (Et ses amis?)
Ils m'**ont parlé** de leurs cours.

Il **a acheté** des timbres à la poste.   (Et Charles et vous?)
Nous avons acheté des timbres à la poste.

1. J'ai garé ma voiture.   (Et Michèle?)
2. Nous avons fini notre travail.   (Et Robert?)
3. Elle a téléphoné à ses parents.   (Et Paul et Michel?)
4. Vous avez étudié vos leçons.   (Et Madeleine?)
5. Nous avons choisi la spécialité de la maison.   (Et vous?)
6. J'ai donné ma composition au professeur.   (Et les étudiants?)
7. Elle a mis ses provisions dans son filet.   (Et vous?)
8. Je lui ai posé une question.   (Et Nicole?)
9. Nous avons cherché une maison à louer.   (Et les Sauvin?)
10. Ils ont trouvé ce qu'ils désirent.   (Et Jeannette et vous?)
11. Tu lui as vendu toutes sortes de choses.   (Et la marchande?)
12. Elles ont payé tous leurs achats.   (Et M. Duval?)

40. Accord du participe passé (Agreement of the Past Participle)

Avez-vous réparé **ma montre?**—Oui, je **l'**ai répar**ée**.
A-t-il porté **vos livres?**—Oui, il **les** a port**és**.
Nous avons fermé **les portes.** Nous **les** avons ferm**ées**.
Elle n'a pas fini **sa composition.** Elle ne **l'**a pas fin**ie**.
Ils ont collectionné **les timbres.** Ils **les** ont collectionn**és**.

HUITIÈME LEÇON

Quelle lessive a-t-elle chois**ie**?
Quels magazines avez-vous trouv**és**?
Quelles chambres vous a-t-il lou**ées**?

The past participle of a verb conjugated with **avoir** agrees in gender and number with the preceding direct object, noun or pronoun.[1] This agreement is in most past participles merely a matter of spelling and does not affect pronunciation.

EXERCICE C (Bande 8)

Répondez affirmativement aux questions suivantes en remplaçant les compléments directs par des pronoms (attention à l'accord du participe passé):

MODÈLE: As-tu payé **ta robe**?
          Oui, je **l'ai** pay**ée**.

1. Avez-vous cherché **la clé**?
2. As-tu trouvé **les cours** difficiles?
3. A-t-il livré **les provisions**?
4. Ont-ils invité **Monique**?
5. Avez-vous étudié **les verbes**?
6. As-tu regardé **la télévision**?
7. Ont-elles choisi **les bijoux**?
8. A-t-il ouvert **sa sacoche**?
9. A-t-elle mis **les pâtisseries** sur la table?
10. Avez-vous réservé **la table** pour ce soir?
11. As-tu vendu **ta collection de timbres**?
12. A-t-elle acheté **les médicaments**?
13. Ont-ils pris **leurs revues préférées**?

EXERCICE D (Bande 8)

Répondez aux questions suivantes selon le modèle:

MODÈLE: Finissez-vous **votre composition**?
          Je **l'**ai déjà fin**ie**.

1. Demandes-tu les prix?
2. Prépare-t-elle sa leçon?
3. Appelez-vous vos amies?

---

1. Note that the past participle also agrees with the relative object pronoun **que** referring back to a feminine or plural noun in the main clause and functioning as a preceding direct object in the relative clause:

   Voici **les enveloppes qu'**elle m'a donn**ées**.
   Où sont **les livres que** vous avez achet**és**?
   Voilà **la crème à raser qu'**il m'a vend**ue**.

4. Vendent-ils leur maison?
5. Étudie-t-il les nouveaux mots?
6. Racontez-vous votre histoire?
7. Invites-tu les jeunes filles de ta classe?
8. Ouvre-t-on la porte?
9. Choisissent-elles leurs parfums?
10. Achète-t-elle la robe rouge?
11. Regardent-ils les articles ménagers?
12. Réserves-tu ma chambre?
13. Prenez-vous vos cartes?

41. Féminin irrégulier des adjectifs (Irregular Feminine of Adjectives — continued)

(a) **blanc** [blɑ̃]   **blanche** [blɑ̃ʃ]
    sec [sɛk]   **sèche** [sɛʃ]
    public [pyblik]   **publique** [pyblik]
    turc (*Turkish*) [tyʀk]   **turque** [tyʀk]

Adjectives ending in **c** in the masculine singular change **c** to **che** or **que** in the feminine.

But:

grec [gʀɛk]   **grecque** [gʀɛk]

(b) **long** [lɔ̃]   **longue** [lɔ̃g]

Adjectives ending in **g** in the masculine singular change **g** to **gue** in the feminine.

EXERCICE E

Répétez chaque phrase avec la forme correcte de l'adjectif indiqué:

MODÈLE: J'ai trouvé une petite brochure. (instructif)
         J'ai trouvé une petite brochure instructive.

1. Je vous ai pris un paquet d'enveloppes. (blanc)
2. Le professeur nous a parlé d'une vieille civilisation. (primitif)
3. Il nous a raconté une histoire. (long)
4. Nous avons beaucoup de choses à faire. (fastidieux)
5. La robe lui va bien. (neuf)
6. Aimez-vous ces cigarettes? (turc)
7. Michèle est une bonne étudiante. (attentif)
8. Il vient de parler à une réunion. (public)
9. Elle nous offre toujours des pâtisseries. (délicieux)
10. Athènes est une belle ville. (grec)

42. Verbe irrégulier «mettre» (Irregular Verb «mettre» "to place; to put")

PRÉSENT DE L'INDICATIF

je mets	nous mettons
tu mets	vous mettez
il (elle) met	ils (elles) mettent

IMPÉRATIF   PASSÉ COMPOSÉ

mets	j' ai mis
mettez	tu as mis
mettons	il (elle) a mis
	etc.

Note: The following verbs are conjugated like mettre: **admettre** *(to admit)*, **commettre** *(to commit)*, **omettre** *(to omit)*, **permettre** *(to permit)*, **promettre** *(to promise)*, **soumettre** *(to submit)*.

EXERCICE F
Répétez les phrases suivantes en employant les pronoms indiqués (attention aux verbes):

1. Elle ne met pas de parfum.   (je)
2. Pourquoi n'admettez-vous pas cela?   (tu)
3. Je vous promets de le faire demain.   (nous)
4. Il me permet d'y aller.   (ils)
5. Elles commettent toujours des erreurs.   (vous)
6. Où as-tu mis les recharges d'encre?   (elle)
7. Qu'est-ce qu'ils ont omis?   (tu)
8. Il lui a soumis sa composition.   (je)
9. Elle nous a permis de les porter.   (ils)
10. Je vous ai promis un bon dîner.   (nous)

EXERCICE G   *(Bande 8)*
Mettez le sujet et le verbe au singulier:

1. Où les avez-vous achetés?
2. Ils n'ont pas eu le temps d'y aller.
3. Nous avons fini de faire nos provisions.
4. Elles m'ont promis de me téléphoner ce soir.
5. Ils ont traversé Paris d'est en ouest.
6. Vous avez trouvé ce que vous désirez.
7. Nous les avons mis avec les autres articles.
8. Ils n'ont pas encore changé de train.
9. Avez-vous regardé un film à la télévision?
10. Elles me l'ont vendu à un prix spécial.

11. Nous n'avons pas pris de papier à lettres.
12. Ils les ont attendus près de la porte.

V. COMPOSITION

A. *Dites, puis écrivez en français:*

1. I phoned you this morning, Nicole, but you did not answer.
2. I spent the morning downtown where I bought many things.
3. At the jewelry shop I looked at some earrings and I asked the jeweler if he repaired the watch which I left **(laisser)**.
4. He answered that he repaired it and that he adjusted it because it ran slow.
5. At the book and stationery store I looked for the new paperbacks (which) you asked me to buy, but I did not find them.
6. But the book dealer showed **(montrer)** me some fine stationery and I bought it.
7. I also took a package of white envelopes for you and some refills for your fountain pen.
8. The book dealer placed all of the articles which he sold me in a (small) bag.
9. I also found batteries for your radio at the supermarket, and I bought four small bars of Ivory soap.
10. I paid for the household items and the laundry detergent, and I put them in my shopping bag.
11. Before taking the subway, I had time to buy a pack of Turkish cigarettes at the tobacco shop on the public square and some aspirin tablets and a tube of toothpaste at the pharmacy.
12. The pharmacist took a sample of a new brand of perfume from a long table and he put it with the things (which) I bought.

B. *Vous allez faire des achats (to go shopping) dans plusieurs magasins. Écrivez une composition dans laquelle vous raconterez (will tell):*

1. les différents magasins où vous allez (leurs noms, l'endroit où ils se trouvent, leur réputation);
2. les articles ou marchandises que vous voulez acheter et ce que *(what)* vous achetez en réalité.
3. Dites pourquoi vous aimez ou n'aimez pas tel ou tel *(such)* magasin où vous êtes allé(e).

VI. DICTÉE

A tirer de la huitième situation.

Les Lignes de nos mains

SIXIÈME LECTURE

L'Ivoirien Bernard Dadié (né en 1916) a écrit des poèmes, des pièces de théâtre, des légendes et des romans.

Dans ce poème, le poète, dans une vision optimiste, offre sa contribution à un humanisme universel.

      Les lignes de nos mains
      Ne sont point des parallèles
      des chemins en montagne . . .

      Les lignes de nos mains
         ni Jaunes

les lignes *f.* lines
L'Ivoirien *m.* native or citizen of Ivory Coast
2 **point:** **pas**

3 **les chemins** *m.* paths
la montagne mountain
5 **ni** neither
jaunes yellow

　　　　　　ni Noires
　　　　　　ni Blanches,
　　　Ne sont point des frontières
　　　des fossés entre nos villages
　　　des filins pour lier des faisceaux de rancœurs.　　　　　10

　　　Les lignes de nos mains
　　　sont des lignes de vie,
　　　　　de Destin
　　　　　de Cœur
　　　　　　d'Amour,　　　　　　　　　　　　　　　　　15
　　　de douces chaînes
　　　qui nous lient
　　　les uns aux autres
　　　les vivants aux morts.

　　　Les lignes de nos mains　　　　　　　　　　　　20
　　　　ni blanches
　　　　ni noires
　　　　ni jaunes,
　　　Les lignes de nos mains
　　　Unissent les bouquets de nos rêves.　　　　　　　25

　　　　　　　　　Bernard Dadié: *La Ronde des Jours* (1956)
　　　　　　　　　　　　(By permission of Éditions Seghers)

Questionnaire

1. Combien y a-t-il de strophes dans ce poème?
2. Par quel vers commence chaque strophe?
3. En combien de parties pouvez-vous diviser le poème?
4. Qu'expriment les deux premières strophes?

6 **noires** black
7 **blanches** white
9 **les fossés** *m.* ditches, trenches
　entre between
10 **les filins** *m.* ropes
　lier bind
　les faisceaux *m.* bundles

les rancœurs *f.* rancor, bitterness
16 **douce** gentle
18 **les uns aux autres** one to another
19 **les vivants** *m.* the living
　les morts *m.* the dead
25 **unissent** unite
　les rêves *m.* dreams

116 SIXIÈME LECTURE

5. Qu'expriment les deux dernières strophes?
6. Dans la deuxième partie, qu'est-ce que le poète oppose à la discrimination raciale?
7. Qu'est-ce qui lie les hommes d'après le poète?
8. Partagez-vous l'optimisme du poète? Pourquoi?
9. Qui est Bernard Dadié?
10. Quelle vision et quelle contribution le poète offre-t-il dans le poème que vous venez de lire?

Comment ça va?

NEUVIÈME LEÇON

I. PRÉSENTATION

Conversation   *(Bande 9)*

LE MÉDECIN: Comment ça va, mademoiselle?
NICOLE: Je ne suis pas dans mon assiette aujourd'hui.
LE MÉDECIN: Où avez-vous mal?
NICOLE: Un peu partout. J'ai mal à la tête. . . J'ai mal au ventre et au dos.
LE MÉDECIN: Veuillez-vous déshabiller. Gardez votre soutien-gorge. Vous avez pris votre température?
NICOLE: Je l'ai prise ce matin. J'ai 38,2.
LE MÉDECIN: Ce n'est pas une grosse température mais vous avez tout de même de la fièvre.

(Le médecin écoute le cœur et les poumons avec son stéthoscope, puis palpe le pouls de Nicole.)

LE MÉDECIN: Je veux regarder votre gorge à présent. Ouvrez la bouche. Faites A, A. . . .

NEUVIÈME LEÇON

NICOLE: A. . . A. . . ! Atchoum! Atchoum!
LE MÉDECIN: A vos souhaits! Vous avez une bonne angine!
NICOLE: J'ai voulu me baigner avant-hier. . . .
LE MÉDECIN: Quelle idée! Quelle imprudence avec l'épidémie de grippe que nous avons en ce moment. Quelqu'un vous l'a donnée!
NICOLE: C'est grave? Ne me le dites pas. . . .
LE MÉDECIN: Non, ce n'est pas sérieux. Restez au lit pendant vingt-quatre heures. Je vais vous faire une ordonnance. Allez chez le pharmacien et donnez-la-lui.

Situation

Les Allemands disent «Prosit»; les Américains «Here's to you», mais les Français disent «A votre santé!» Les Français parlent beaucoup de la leur, un peu trop, parfois. Ne les imitez pas! «Comment allez-vous, ce matin? / Très bien, merci. / Comment vous sentez-vous? / Pas bien du tout. / Ah oui? / Où avez-vous mal? / J'ai mal au foie. Mon foie me taquine. . . . / Prenez des petites pilules.» Conversation courante en France. Si vous avez mal à la tête, prenez un ou deux comprimés d'aspirine avec un verre d'eau. Si c'est plus sérieux, le pharmacien ou la pharmacienne peut vous conseiller utilement. Si c'est grave, allez consulter un généraliste: il soigne toutes les maladies. Pour toute urgence, on vous emmène dans un C.H.U., un Centre Hospitalier Universitaire.

VOCABULAIRE FONDAMENTAL

Allemand *m.* German
conseiller to advise, cousel; to recommend
consulter to consult; to take the advice of
foie *m.* liver
généraliste *m.* general practitioner
hospitalier, hospitalière *adj.* hospital, pertaining to a hospital; hospitable
il (elle) peut he (she) can; he (she) is able to; he (she) may
imiter to imitate, to copy
leur: la leur, le leur, les leurs theirs
maladie *f.* illness, sickness
pas du tout not at all
pilule *f.* pill
se sentir to feel
soigner to take care of, care for, look after, nurse (treat), attend to
taquiner to tease

universitaire *adj.* university, of or belong
  ing to the university
urgence *f.* urgency, emergency
utilement usefully
verre *m.* glass; lens

Questionnaire

Répondez aux questions suivantes:

A. Questions sur les textes *(Bande 9)*

1. Comment va Nicole aujourd'hui?
2. Où a-t-elle mal?
3. Que lui dit le médecin?
4. A-t-elle pris sa température?
5. Combien a-t-elle?
6. Est-ce que Nicole a de la fièvre?
7. Avec quoi le médecin écoute-t-il le cœur et les poumons de Nicole?
8. Que palpe-t-il ensuite?
9. Que dit-il à Nicole afin de *(in order to)* regarder sa gorge?
10. Quel est le diagnostic du médecin?
11. Quelle épidémie y a-t-il en ce moment?
12. Qu'est-ce que Nicole va faire pendant 24 heures?

B. Questions générales

1. Quelle est la température normale du corps *(body)*?
2. Que disent les Français lorsqu'ils portent un toast?
3. Que disent-ils à propos de leur foie?
4. Que prenez-vous quand vous avez mal à la tête?
5. Qui *(whom)* allez-vous consulter si c'est grave?
6. Qu'est-ce qu'un généraliste?

Dialogue

Demandez à un(e) étudiant(e):

1. comment il (elle) va.
2. ce qu'il (elle) prend quand il (elle) a mal à la tête.
3. ce que c'est qu'une angine.
4. ce qu'il (elle) fait lorsqu'il (elle) a de la fièvre.
5. ce que c'est qu'une ordonnance.
6. ce que c'est qu'un C.H.U.

II. EXPRESSIONS A RETENIR

à présent	at present, just now, now
à propos de	with respect to, in connection with, about
avoir de la fièvre, avoir de la température	to have (run) a fever (temperature)
avoir la grippe	to have the flu (influenza)
avoir mal à la tête (au ventre, au dos)	to have a headache (stomachache, backache)
à vos souhaits!	God bless you!
à votre santé!	(here's) to your health! good health!
comment ça va?	how are you? how are things? how goes it?
comment vous sentez-vous?	how do you feel?
faire une ordonnance à quelqu'un	to make out a prescription for someone
ne pas être dans son assiette	to be out of sorts, not to be oneself
où avez-vous mal?	where does it hurt?
palper (tâter) le pouls de quelqu'un	to take (feel) someone's pulse
pas bien du tout	not well at all
prendre sa température	to take one's temperature
porter un toast	to propose a toast
rester au lit	to stay (remain) in bed
tout de même	anyhow, just the same, all the same

III. PRONONCIATION   (Bande 9)

Unstable **e** is so called because it is sometimes silent **(appeler)** and sometimes pronounced [ə].

1. Unstable **e** is generally silent after a single consonant sound.

   Répétez:

   appeler [aple]   crémerie [kRɛmRi]
   acheter [aʃte]   emmener [ãmne]
   bracelet [bRaslɛ]   enveloppe [ãvlɔp]
   cela [sla]   mademoiselle [madmwazɛl]
   charcuterie [ʃaRkytRi]   médecin [medsɛ̃]

Unstable e is generally silent at the end of a word of more than one syllable and when the final syllable ends in **es** or **ent**.

Répétez:

Amériqu*e* [ameʀik]
chambr*e* [ʃɑ̃bʀ]
difficil*e* [difisil]
Franc*e* [fʀɑ̃s]
humbl*e* [œ̃bl]

jeun*e* [ʒœn]
madam*e* [madam]
donn*es* [dɔn]
parl*ent* [paʀl]
vend*ent* [vɑ̃d]

2. Unstable **e** is generally pronounced [ə] after two consonant sounds so as to prevent three or more consonant sounds from coming together.

Répétez:

app**a**rt**e**ment [apaʀtəmɑ̃]
ex**a**ct**e**ment [ɛgzaktəmɑ̃]

premier [pʀəmje]
vendredi [vɑ̃dʀədi]

Unstable **e** is generally pronounced [ə] in monosyllabic words standing alone and in the first syllable of a word standing alone.

Répétez:

de [də]
le [lə]
me [mə]
ne [nə]
se [sə]
te [tə]

demain [dəmɛ̃]
leçon [ləsɔ̃]
menu [məny]
neveu [nəvø]
petit [pəti]
venir [vəniʀ]

3. Note the following examples of unstable **e** in context:

Répétez:

Est-c*e* que j*e* peux déménager d*e*main?
[ɛskəʒpø demenaʒe dmɛ̃?]

J*e* vous achèt*e* un*e* caraf*e* de vin rouge.
[ʒvuzaʃtyn kaʀaf də vɛ̃ ʀuʒ]

Je n*e* rest*e* pas longtemps.
[ʒən ʀɛst pɑ lɔ̃tɑ̃]

Vous prenez du vin ou d*e* la bièr*e*?
[vupʀəne dy vɛ̃ udla bjɛʀ?]

IV. GRAMMAIRE ET EXERCICES

43. Place des pronoms personnels compléments d'objet direct et indirect (Position of Personal Pronouns; Direct and Indirect Objects)

(a) Elle **me le** donne.
Il **te les** a livrés.
Elles **nous les** apportent *(bring).*

Je **la lui** loue.
Elle ne **le lui** a pas vendu.
Nous ne **les leur** montrons pas.

Personal pronoun objects precede the conjugated verb in the following order:

me te se nous vous	BEFORE	le la les	BEFORE	lui leur	BEFORE	VERB

Note: Personal pronoun objects precede an infinitive in the same order as above:

On vient de **me le** donner.
Je voudrais **vous les** montrer.
Dites à Paul de **le lui** envoyer *(send).*
Nous allons **les leur** écrire.

(b) Passe-**le-moi.**
Donnez-**les-nous.**
Dites-**la-lui.**

Montrons-**les-leur.**
Envoyez-**les-lui.**

Personal pronoun objects follow the verb in the affirmative imperative in the following order:

VERB—DIRECT OBJECT—INDIRECT OBJECT

Note:

(1) **me** and **te** become **moi** and **toi,** respectively, in the affirmative imperative.

(2) In the negative imperative, the pronouns stand before the conjugated verb and have the same order as in **(a)** above:

Ne **me le** passe pas.
Ne **nous les** donnez pas.
Ne **la lui** dites pas.

Ne **les leur** montrons pas.
Ne **les lui** envoyez pas.

(3) A hyphen is required in the affirmative imperative when pronouns are placed after the verb. Compare:

Donne-le-moi. but Ne **me le** donne pas.
Apportons-les-leur. Ne **les leur** apportons pas.

EXERCICE A   (Bande 9)

Répétez les phrases suivantes en remplaçant les noms par des pronoms personnels:

MODÈLE: Il raconte **l'histoire à Nicole.**
          Il **la lui** raconte.

1. Le médecin donne **l'ordonnance à Paul.**
2. Vous payez **les médicaments au pharmacien.**
3. Je vous apporte **ma montre** à réparer.
4. Elle demande **l'adresse à Michèle.**
5. Nous venons d'écrire **ces lettres à nos parents.**
6. Le facteur a livré **ces paquets à Brigitte.**
7. Elle montre **sa robe neuve à ses amies.**
8. Je voudrais te laisser **ma voiture.**
9. Il soumet **son projet au professeur.**
10. On ne vend pas **la maison à ces gens.**
11. Nous allons envoyer **ces billets à nos neveux.**
12. Elle passe **son filet à la crémière.**

EXERCICE B   (Bande 9)

Répondez aux questions suivantes en remplaçant les noms par des pronoms personnels:

MODÈLE: A-t-on livré **les provisions à Mme Sauvin?**
          Oui, on **les lui** a livrées.

1. As-tu récité le dialogue au professeur?
2. Avez-vous montré votre voiture à Paul?
3. Vous a-t-il réglé votre montre?
4. A-t-elle laissé la clé à la concierge?
5. M'as-tu acheté les enveloppes?
6. A-t-il donné les médicaments à Nicole?
7. Vous ont-ils indiqué le plan de leur projet?
8. A-t-elle loué la chambre à Robert?
9. Avez-vous répété les questions aux étudiants?
10. M'as-tu soumis ta composition?
11. Ont-elles envoyé les cadeaux à leurs nièces?
12. A-t-il vendu son vélomoteur à son ami?

EXERCICE C

Répondez aux questions suivantes selon le modèle en remplaçant les noms par des pronoms personnels:

MODÈLE: Je lui offre ces gâteaux?
   Oui, offrez-les-lui.
   Non, ne les lui offrez pas.

1. Je lui donne l'ordonnance?
2. Je vous achète la lessive?
3. Je t'apporte les provisions?
4. Je leur raconte mes impressions?
5. Je lui demande le menu?
6. Je te passe le journal?
7. Je lui laisse ces robes?
8. Je leur montre ces lettres?
9. Je vous dis mon secret?
10. Je lui vends ma voiture?
11. Je te récite les poèmes?

EXERCICE D   *(Bande 9)*

Mettez les phrases suivantes à la forme affirmative:

MODÈLE: Ne me le répétez pas.
   Répétez-le-moi.

1. Ne la leur payez pas.
2. Ne nous les donne pas.
3. Ne le lui dites pas.
4. Ne me la montrez pas.
5. Ne les leur vends pas.
6. Ne me les livrez pas.
7. Ne les lui apportons pas.
8. Ne nous la laissez pas.
9. Ne la lui écrivez pas.
10. Ne me le raconte pas.
11. Ne nous le récitez pas.
12. Ne les leur louons pas.

44. Féminin irrégulier des adjectifs (Irregular Feminine of Adjectives — continued)

naturel	naturelle
quel	quelle
bon [bɔ̃]	**bonne** [bɔn]
italien [italjɛ̃]	**italienne** [italjɛn]
épais *(thick)* [epɛ]	**épaisse** [epɛs]
gros [gʀo]	**grosse** [gʀos]

But:

français [fʀɑ̃sɛ]	**française** [fʀɑ̃sɛz]
gris *(gray)* [gʀi]	**grise** [gʀiz]

Most adjectives ending in **el, on, ien,** or **s** in the masculine singular double the consonant and add **e** in the feminine.

EXERCICE E (Bande 9)

Répétez chaque phrase avec la forme correcte de l'adjectif indiqué:

MODÈLE: C'est une jeune fille américaine.   (gentil)
          C'est une gentille jeune fille américaine.

1. Je suis très content de cette voiture.   (italien)
2. Il m'a vendu quatre tranches de jambon.   (épais)
3. Vous avez une angine!   (bon)
4. On porte beaucoup ces robes en ce moment.   (gris)
5. Mon professeur m'a conseillé d'étudier les sciences.   (naturel)
6. Nous avons dîné dans une petite auberge.   (français)
7. Habitez-vous dans la région?   (parisien)
8. Il lui dit que ce n'est pas une température.   (gros)

45. Adjectifs numéraux cardinaux (Cardinal Numbers — continued)

21	vingt et un	80	quatre-vingts
22	vingt-deux	81	quatre-vingt-un
23	vingt-trois	82	quatre-vingt-deux
24	vingt-quatre	90	quatre-vingt-dix
25	vingt-cinq	91	quatre-vingt-onze
26	vingt-six	92	quatre-vingt-douze
27	vingt-sept	100	cent
28	vingt-huit	101	cent un
29	vingt-neuf	200	deux cents
30	trente	201	deux cent un
31	trente et un	202	deux cent deux
32	trente-deux	300	trois cents
40	quarante	1 000	mille
50	cinquante	1 001	mille un
60	soixante	2 000	deux mille
70	soixante-dix	3 000	trois mille
71	soixante et onze	1 000 000	un million
72	soixante-douze		

Note:

(1) In French, a decimal is set off by a comma (not a period, as in English); numbers of more than three digits are spaced: **2,5** (deux, virgule cinq) = *2.5;* **85 000** = *85,000.*

(2) The **t** in **vingt** is pronounced in the numbers 21 to 29 but not in those from 81 to 99.

(3) **et** is not used in 81, 91, 101, 201, and similar numbers.

(4) In 100, 1000, English "a" or "one" is not expressed in French.
(5) **million** is a noun and is followed by **de: un million de francs.**
(6) 80 and multiples of a 100 take **s** when not followed by another number:

> quatre-vingts étudiants
> deux cents dollars

> But

> quatre-vingt-deux étudiants
> deux cent dix francs

EXERCICE F

Additionnez. Combien font:

21 et 13?	35 et 11?	43 et 15?
57 et 8?	49 et 37?	72 et 17?
81 et 12?	60 et 20?	19 et 25?
47 et 39?	86 et 14?	26 et 105?

46. Verbe irrégulier «vouloir» (Irregular Verb «vouloir» "to wish, to want")

PRÉSENT DE L'INDICATIF

> je veux   nous voulons
> tu veux   vous voulez
> il (elle) veut   ils (elles) veulent

IMPÉRATIF   PASSÉ COMPOSÉ

veuillez[1]   j'ai voulu
                   tu as voulu
                   il (elle) a voulu,
                   etc.

EXERCICE G

Répétez les phrases suivantes en employant les pronoms indiqués (attention aux verbes):

1. Il veut déménager demain.   (ils)
2. Veux-tu faire tes provisions pour le week-end?   (vous)
3. Nous ne voulons pas changer de train.   (je)
4. Il veut consulter un bon médecin.   (nous)

---

[1] **Veuillez** (+ infinitive) has the meaning of *please* or *have the kindness to*:

> **Veuillez** vous déshabiller.
> **Veuillez** ouvrir la bouche.

5. Voulez-vous regarder la télévision maintenant?   (tu)
6. Elle ne veut pas rester ici.   (elles)
7. Veux-tu lui téléphoner?   (vous)
8. Il veut aller à la poste.   (nous)
9. Je veux vous faire une ordonnance.   (il)
10. Elle a voulu entrer chez le bijoutier.   (elles)
11. Je n'ai pas voulu prendre ma température.   (il)
12. Ils ont voulu se baigner avant-hier.   (je)
13. Dans quoi as-tu voulu les mettre?   (ils)
14. Il n'a pas voulu prendre de billets.   (nous)

EXERCICE H

Répétez les phrases suivantes en substituant des pronoms personnels aux mots indiqués (attention aux verbes):

MODÈLE: Je veux vous le donner.   (Et Michel?)
          Il veut aussi vous le donner.

1. Nous voulons vous les montrer.   (Et Paul?)
2. Je ne veux pas les imiter.   (Et Nicole et vous?)
3. Elle veut prendre l'apéritif.   (Et vous?)
4. Il veut louer un appartement.   (Et les Sauvin?)
5. Je veux acheter une nouvelle voiture.   (Et ton amie?)
6. Elles veulent de la bière.   (Et Robert et vous?)
7. Tu veux des gâteaux.   (Et les garçons?)
8. Ils ont voulu me la vendre.   (Et Jeannette?)
9. Nous avons voulu vous le dire.   (Et Monique et Marie?)
10. Vous avez voulu y aller.   (Et Madeleine?)
11. Il a voulu porter un toast.   (Et vous?)
12. Elle a voulu lui expliquer ça.   (Et ses parents?)
13. J'ai voulu sortir ce soir.   (Et Paulette et vous?)

EXERCICE I   *(Bande 9)*

Remplacez le présent de l'indicatif par le passé composé:

1. Le médecin veut palper le pouls de Nicole.
2. Quelle lessive choisissez-vous?
3. Je le lui vends à un prix spécial.
4. Elle met du vin sur la table.
5. As-tu le temps de le faire?
6. Je ne suis pas très pressé.
7. Elles ne veulent pas y aller.
8. Il nous raconte les détails de son accident.
9. Elle ne répond pas à mes lettres.

10. Voulez-vous consulter un généraliste?
11. Soigne-t-il toutes les maladies?
12. Elle prend deux comprimés d'aspirine.

V. COMPOSITION

A. *Dites, puis écrivez en français:*

1. I wanted to come yesterday **(hier),** doctor, but I was out of sorts.
2. And how do you feel today? — Not well at all. I think I have the flu.
3. Yes, we're having a flu epidemic right now. Where does it hurt (you)? A little everywhere, you say? You have a headache and your stomach and back also ache?
4. Let's see! I'm going to examine **(examiner)** you immediately, and I want to take your temperature.
5. You don't have a high temperature, but you do have a fever just the same.
6. Now, I'd like to listen to your heart and lungs, and I also want to look at your throat.
7. If it's serious, doctor, don't tell (it to) me.
8. It's not too serious. You have a good sore throat. Someone gave it to you.
9. Stay in bed for thirty-six hours and take two aspirin tablets four times a day.
10. But, I wanted to go out tomorrow. I wanted to go to the university.
11. What an idea with the fever you have!
12. Here's a prescription. Before going home, go to the druggist and bring it to him.
13. Tell him to give you the pills. Ask him if he can give them to you right away.
14. By the way, do you still want to sell your car? I'd like to buy it for my daughter.
15. Paul wanted to buy it but I didn't sell it to him.
16. Don't sell it to him; sell it to me.
17. O.K., I sell it to you for 850 dollars.

B. *Vous êtes malade. Vous allez chez un médecin ou au Centre Hospitalier universitaire. Vous entrez dans le cabinet de consultation. Écrivez sous la forme d'un dialogue la conversation que vous avez avec le médecin.*

1. La consultation: les questions que le médecin vous pose. Vos réponses.
2. Le diagnostic du médecin.
3. Le traitement qu'il vous prescrit et l'ordonnance qu'il vous donne. Conclusion: vos réactions après la visite médicale.

VI. DICTÉE

A tirer de la neuvième situation.

Le Ciel est par-dessus le toit

SEPTIÈME LECTURE

Paul Verlaine (1844–1896) est le troubadour du dix-neuvième siècle. Il chante ses joies et ses peines. Il a écrit ces vers en prison. Une grande musicalité règne, artistique et morale: le poète, arrivé à l'âge mûr, se retourne vers son enfance parce que, pour lui, elle est l'époque du bonheur.

> Le ciel est, par-dessus le toit,
>   Si bleu, si calme!
> Un arbre, par-dessus le toit,
>   Berce sa palme.

par-dessus above, over
le toit roof

mûr mature
4 **berce** rocks, lulls

LE CIEL EST PAR-DESSUS LE TOIT

La cloche, dans le ciel qu'on voit
    Doucement tinte.
Un oiseau sur l'arbre qu'on voit
    Chante sa plainte.

Mon Dieu, mon Dieu, la vie est là,
    Simple et tranquille.
Cette paisible rumeur-là
    Vient de la ville.

—Qu'as-tu fait, ô toi que voilà
    Pleurant sans cesse,
Dis, qu'as-tu fait, toi que voilà,
    De ta jeunesse?

Paul Verlaine: Sagesse (1881)

Questionnaire

1. Dans quel recueil ce poème a-t-il paru?
2. Combien de strophes a ce poème?
3. Combien y a-t-il de vers dans chaque strophe?
4. Comment appelle-t-on une strophe de quatre vers?
5. Où se trouve le poète? Que regarde-t-il?
6. Quels sont les éléments sonores et visuels dans la deuxième strophe?
7. Quelle vérité est révélée au premier vers de la troisième strophe?
8. D'où vient cette paisible rumeur-là?
9. Vers quoi se retourne le poète dans la dernière strophe?
10. Pour lui, que représente la jeunesse?
11. Quel est l'état d'âme de Verlaine?
12. Relevez, dans cette poésie, l'alternance de vers de huit syllabes et de vers de quatre syllabes.

5 **la cloche** bell
  voit sees
6 **doucement** softly
  tinte rings, tolls
7 **l'oiseau** *m.* bird
  sur on
8 **chante** sings

  la plainte complaint, lament
9 **Dieu** God
10 **paisible** peaceful
11 **la rumeur** clamor, murmur
14 **pleurant** crying, weeping
  cesse cease, end
16 **la jeunesse** youth

Comment écrit-on une lettre?

DIXIÈME LEÇON

I. PRÉSENTATION

Conversation *(Bande 10)*

NICOLE: Avez-vous fini la lettre que vous avez commencée hier?
PAUL: Non. C'est ma première lettre en français et peut-être la dernière. Je ne sais pas comment commencer et comment finir. . .
NICOLE: Asseyons-nous et écrivez. Si vous écrivez à vos parents ou à des parents, vous commencez par:

    Mon cher papa . . . Ma chère maman;
    Mon cher oncle; ma chère tante;
    Ma chère grand-mère; mon cher grand-père;

PRÉSENTATION

et vous finissez par:

Je t'embrasse bien affectueusement, ou
Je vous embrasse tous les deux bien tendrement.

PAUL: Et à des amis qu'on connaît peu?
NICOLE: On commence par:

Monsieur; Madame; Mademoiselle.

Quand vous êtes arrivé à la fin de la lettre, vous écrivez:

Je vous prie d'accepter l'expression de mes sentiments distingués.

PAUL: Et à un ou une camarade? Nous nous écrivons toutes les semaines...
NICOLE: Si vous vous connaissez depuis longtemps:

Cher Jean ou Ma chère Jacqueline; et vous finissez par:

Amicalement; Avec toute mon amitié.

Les filles s'embrassent généralement et écrivent:

Je t'embrasse bien affectueusement.

Situation

Les lettres qu'on écrit sont différentes si on les adresse à un parent, une amie, un(e) camarade; à des parents, une personne importante ou des amis. Les parents de Paul habitent aux États-Unis. Ils écrivent en France à leur fils: ils sont les expéditeurs. Paul va recevoir la lettre de ses parents: il est le destinataire. Quand on écrit en France, il faut mettre le numéro de la rue, le nom de la rue, le code postal du département (la France est divisée en 95 départements) et le nom de la ville (les grandes villes sont divisées en arrondissements).
Voici, par exemple, une adresse pour Paris:

Mademoiselle Jacqueline Borel
10, rue Érard
75012 Paris
France

VOCABULAIRE FONDAMENTAL

adresser to address, to direct
arrondissement *m.* arrondissement *(the largest administrative division of a French city. Each arrondissement is divided into cantons.)*
avion *m.* airplane

chiffre *m.* number, numeral
code *m.* code; **code postal** zip code
département *m.* department
destinataire *m. or f.* addressee
divisé(e) divided
expéditeur *m.*, **expéditrice** *f.* sender
fils *m.* son
grands-parents *m. pl.* grandparents
important important
personne *f.* person
postal (*pl.* **postaux**) postal
recevoir to receive

Questionnaire

Répondez aux questions suivantes:

A. Questions sur les textes *(Bande 10)*

1. Pourquoi Paul n'a-t-il pas fini la lettre qu'il a commencée hier?
2. Comment commence-t-on une lettre à ses parents?
3. Par quoi commencez-vous si vous écrivez à un oncle ou à une tante?
4. Comment commencer si vous écrivez à vos grands-parents?
5. Comment finissez-vous une lettre à vos parents ou à des parents?
6. Comment commencer une lettre à des amis qu'on connaît peu?
7. Qu'écrivez-vous quand vous êtes arrivé(e) à la fin de la lettre?
8. Comment commencez-vous et comment finissez-vous une lettre à un(e) camarade?
9. Que font les jeunes filles généralement?

B. Questions générales

1. Combien de lettres écrivez-vous par semaine?
2. A qui préférez-vous écrire?
3. Qu'est-ce qu'un expéditeur?
4. Qu'est-ce que c'est que le destinataire d'une lettre?
5. Combien y a-t-il de chiffres dans le code postal français? Dans le code postal américain?
6. Où place-t-on le code postal en France? En Amérique?
7. Combien y a-t-il de départements en France? D'États aux États-Unis?
8. En quoi sont divisées les grandes villes en France?

Dialogue

Demandez à un(e) étudiant(e):

1. où elle (il) habite.
2. quel est le numéro et le nom de sa rue.
3. quel est le code postal de sa ville.

4. où on place le code postal aux États-Unis, avant ou après le nom de la ville.
5. de comparer la façon (*way*) d'écrire une adresse en France et aux États-Unis.

II. EXPRESSIONS A RETENIR

adresser une lettre (un paquet) à quelqu'un	to address (send, direct) a letter (a package) to someone
amicalement; avec toute mon amitié	amicably; with all my love (friendship), best regards
commencer par	to begin with
commencer par faire quelque chose	to begin by doing something
finir par	to finish by, end up by (with); finally
finir par faire quelque chose	to end in (by) doing something
je t'embrasse bien affectueusement	[I kiss you very affectionately], love and kisses
je vous embrasse tous les deux bien tendrement	[I kiss you both affectionately], love and kisses to both of you
je vous prie d'accepter l'expression de mes sentiments distingués	sincerely yours, yours truly, very truly yours
par avion	(by) airmail
par semaine	a week, per week
tous les deux	both, both of you (of them)

III. PRONONCIATION   (*Bande 10*)

[j] is the sound for **i** or **y** in the following combinations:
i before a vowel, as in **viande** [vjɑ̃d]
i, as in **bien** [bjɛ̃]
y, as in **payer** [pɛje]
y, as in **voyons** [vwajɔ̃]
y, as in **ennuyeux** (*boring*) [ɑ̃nɥijø]

Répétez:

attention [atɑ̃sjɔ̃]
avion [avjɔ̃]
combien [kɔ̃bjɛ̃]
crayon [kRɛjɔ̃]
dernière [dɛRnjɛR]
deuxième [døzjɛm]
édition [edisjɔ̃]
ennuyer [ɑ̃nɥije]

italien [italjɛ̃]
papier [papje]
payer [pɛje]
pharmacien [faRmasjɛ̃]
première [pRəmjɛR]
rayon [Rɛjɔ̃]
rien [Rjɛ̃]
spécial [spesjal]

envoyer [ɑ̃vwaje]
étudiant [etydjɑ̃]
expression [ɛkspʀɛsjɔ̃]

vient [vjɛ̃]
voyage [vwajaʒ]
voyons [vwajɔ̃]

IV. GRAMMAIRE ET EXERCICES

47. Verbes conjugués avec «être» aux temps composés (Verbs Conjugated with «être» in Compound Tenses)

(a)   je **suis allé(e)**   *I went, have gone, did go*
       tu **es allé(e)**
il (elle) **est allé(e)**
    nous **sommes allé(e)s**
    vous **êtes allé(e) (s) (es)**
ils (elles) **sont allé(e)s**

       je **suis parti(e);**   **descendu(e)**
       tu **es parti(e);**   **descendu(e)**
il (elle) **est parti(e);**   **descendu(e)**
    nous **sommes parti(e)s;**   **descendu(e)s**
    vous **êtes parti(e) (s) (es);** **descendu(e) (s) (es)**
ils (elles) **sont parti(e)s;**   **descendu(e)s**

Some intransitive verbs (usually verbs of motion indicating change of place or change of state or condition) are conjugated with the auxiliary verb **être** in the compound past and the other compound tenses. The past participle of these verbs agrees in gender and number with the subject noun or pronoun:

je suis all**é** (masculin)
je suis all**ée** (féminin)

tu es all**é** (masculin)
tu es all**ée** (féminin)

nous sommes all**és** (masculin)
nous sommes all**ées** (féminin)

vous êtes all**é** (masculin singulier)
vous êtes all**ée** (féminin singulier)
vous êtes all**és** (masculin pluriel)
vous êtes all**ées** (féminin pluriel)

(b) The following are the most important intransitive verbs conjugated with **être** in the compound tenses:

INFINITIF	PARTICIPE PASSÉ
aller *(to go)*	allé
arriver *(to arrive, to happen)*	arrivé
descendre *(to go down; to get off)*	descendu
devenir *(to become)*	devenu
entrer *(to enter)*	entré
monter *(to go up; to get into)*	monté
mourir *(to die)*	mort
naître *(to be born)*	né
partir *(to leave, depart, go away)*	parti
rentrer *(to reenter; to go back home)*	rentré
rester *(to remain)*	resté
retourner *(to return)*	retourné
revenir *(to come back)*	revenu
sortir *(to go out; to leave)*	sorti
tomber *(to fall)*	tombé
venir *(to come)*	venu

Note: **Descendre, monter,** and **sortir** may be used transitively (that is, with a direct object) and mean *to take down, to carry up,* and *to take out,* respectively. When used transitively, these verbs are conjugated with **avoir:**

Michèle **a descendu sa valise.**
Paul **a monté le courrier.**
M. Sauvin **a sorti une carafe de vin.**

EXERCICE A

Répondez aux phrases suivantes à la forme négative, puis à la forme affirmative en employant les éléments indiqués (attention aux verbes!):

MODÈLES: Tu es rentré tard?
　　　　　Non, je ne suis pas rentré tard.
　　　　　(Et tes fils?)
　　　　　Ils sont rentrés tard.

1. Vous êtes né à Paris?　(Et vos parents?)
2. Il est sorti hier soir?　(Et Paul et vous?)
3. Tu es descendu tout de suite?　(Et Michèle?)
4. Elle est allée faire son marché?　(Et Mme Sauvin et sa fille?)
5. Vous êtes resté à la maison?　(Et Jeannette?)

138 DIXIÈME LEÇON

6. Elles sont entrées dans une librairie?   (Et vous?)
7. Il est tombé malade?   (Et Pierre et vous?)
8. Elle est revenue d'un voyage en Europe?   (Et les Charpentier?)
9. Ils sont montés dans le train?   (Et vous *pl.*?)
10. Elle est partie pour la France?   (Et Monique et Nicole?)
11. Nous sommes venus par ici?   (Et vous?)
12. Tu es devenu furieux?   (Et tes amis?)

EXERCICE B

Répétez les phrases suivantes en employant les pronoms indiqués:

1. Elles sont rentrées à la même heure.   (nous)
2. Je suis arrivé avant hier.   (elles)
3. Il est tombé de son vélomoteur.   (je)
4. Est-elle allée faire ses provisions?   (ils)
5. Je suis entré dans le cabinet de consultation.   (elle)
6. Nous sommes revenus tout de suite.   (elles)
7. A quelle heure es-tu sorti?   (vous)
8. Ses grands-parents sont nés en Italie. (nous)
9. Êtes-vous resté longtemps à Paris?   (tu)
10. Nous sommes descendus devant la poste.   (ils)
11. Il est parti la semaine dernière.   (elles)

EXERCICE C   *(Bande 10)*

Répétez les phrases suivantes en remplaçant le présent de l'indicatif par le passé composé:

MODÈLE: A quelle heure **rentres-tu**?
          A quelle heure **es-tu rentré**?

1. Il va prendre son courrier à la poste.
2. Nous ne retournons pas voir le film.
3. Ne sortez-vous pas ce matin?
4. Quand reviennent-elles de France?
5. Je ne reste pas chez moi ces deux jours-là.
6. Elle monte dans la voiture de Nicole.
7. Nous entrons dans le restaurant avec des amis.
8. Elles partent pour l'Europe.
9. A quel hôtel descendent-ils?
10. Nous arrivons à l'université à neuf heures.
11. Vont-ils aux États-Unis en avion?

48. Verbes pronominaux (Reflexive Verbs)

(a) A reflexive verb expresses an action in which the subject and the recipient of the action are the same; that is, it has a pronoun object, direct or indirect, which refers back to the subject (*I wash myself, they say to themselves*). A French reflexive verb consists of two parts, the verb itself and a reflexive pronoun. The reflexive pronoun has the following forms:

me	*myself, to myself*	**nous**	*ourselves, to ourselves*
te	*yourself, to yourself*	**vous**	*yourself, to yourself*
se	*himself, to himself*		*yourselves, to yourselves*
	herself, to herself	**se**	*themselves, to themselves*

Reflexive verbs are conjugated like the following model verb:

se laver *(to wash oneself, get washed)*

PRÉSENT DE L'INDICATIF   IMPÉRATIF

    je me lave   lave-toi¹
    tu te laves   lavez-vous
  il (elle) se lave   lavons-nous
  nous nous lavons
  vous vous lavez
 ils (elles) se lavent

Note:

(1) The reflexive pronoun always precedes the verb, except in the affirmative imperative:

Nous **nous** arrêtons devant la maison.
Se lève-t-elle tard le matin? *(Does she get up late in the morning?)*
Ne **vous** sentez-vous pas bien?

But

Dépêchons-**nous**. *(Let's hurry.)*
Déshabillez-**vous**.
Couche-**toi**. *(Go to bed.)*

(2) The reflexive pronoun is usually a direct object, but it may also be indirect:

COMPLÉMENT DIRECT: Il **se** rase.
          He is shaving himself.
          Est-ce qu'ils s'amusent à Paris?
          Are they enjoying themselves in Paris?

---

1. The reflexive pronoun **te** becomes **toi** in the affirmative imperative.

DIXIÈME LEÇON

COMPLÉMENT INDIRECT: Nous **nous** écrivons toutes les semaines.
We write to each other every week.
Ils **se** disent même plusieurs fois «au revoir».
They even say good-by to each other several times.

(b) Reflexive verbs are conjugated with **être** in the compound tenses; the past participle agrees with the preceding direct object — that is, with the reflexive pronoun when it is a direct object:

je **me** suis lavé(e)   nous **nous** sommes lavé(e)s
tu **t'**es lavé(e)   vous **vous** êtes lavé(e), lavé(e)s
il **s'**est lavé   ils **se** sont lavés
elle **s'**est lavée   elles **se** sont lavées

But (indirect object):

Elles **se** sont écrit. *They wrote to one another.*
Nous **nous** sommes parlé. *We spoke to each other.*
Ne **vous** êtes-vous pas téléphoné? *Didn't you phone one another?*
Elles **se** sont peigné les cheveux.[1] *They combed their hair.*
Nous **nous** sommes lavé les mains. *We washed our hands.*
S'est-elle brossé les dents? *Did she brush her teeth?*

EXERCICE D *(Bande 10)*

Répétez les phrases suivantes en remplaçant le présent de l'indicatif par le passé composé:

MODÈLE: Comment vous sentez-vous?
          Comment vous êtes-vous senti(e)?

1. Elle se couche avant minuit.
2. Ne vous rasez-vous pas ce matin?
3. Ils se lavent avant de sortir.
4. Nous nous baignons parfois dans l'océan.
5. Elles se disent plusieurs fois au revoir.
6. Te lèves-tu très tôt?

---

1. The reflexive pronoun (indirect object) is used to indicate possession when the direct object in the sentence is a noun denoting a part of the body. In this construction, French uses a definite article where English uses a possessive adjective.

7. Elles se téléphonent tous les jours?
8. Ne s'amuse-t-il pas à le faire?
9. Les deux amoureux s'embrassent tendrement.
10. Je m'arrête à un garage.

EXERCICE E (Bande 10)

Mettez les phrases infinitives aux différentes formes de l'impératif:

(a) *Employez la forme* **vous** *et dites à quelqu'un:*

1. de se laver les mains.
2. de ne pas se déshabiller immédiatement.
3. de bien s'amuser toute la journée.
4. de ne pas s'arrêter à la pharmacie.
5. de se peigner les cheveux.

(b) *Employez la forme* **tu** *et dites à quelqu'un:*

1. de se brosser les dents.
2. de ne pas se baigner.
3. de se raser tous les matins.
4. de ne pas se coucher tard.
5. de s'habiller tout de suite.

(c) *Employez la forme* **nous** *et dites à vos amis:*

1. de s'asseoir dans le jardin.
2. de ne pas se lever trop tôt.
3. de se dépêcher de le faire.
4. de ne pas se parler au téléphone ce soir.
5. de s'écrire de longues lettres chaque semaine.

49. Féminin irrégulier des adjectifs (Irregular Feminine of Adjectives — continued)

cher	**chère**
dernier	**dernière**
léger *(light)*	**légère**
premier	**première**
complet	**complète**
indiscret	**indiscrète**
secret	**secrète**

Adjectives ending in **er** or **et** in the masculine singular change **er** to **ère** and **et** to **ète** in the feminine.

EXERCICE F (Bande 10)

Répétez chaque phrase avec la forme correcte de l'adjectif indiqué:

MODÈLE: Elle a acheté une belle robe.   (blanc)
Elle a acheté une belle robe blanche.

1. Mon amie Nicole vient d'arriver.   (cher)
2. As-tu écrit l'adresse sur la carte?   (complet)
3. J'ai loué la chambre qu'elle m'a montrée.   (premier)
4. Il nous a fait des remarques.   (indiscret)
5. Voilà les lettres qu'ils m'ont écrites.   (dernier)
6. La Citroën est une petite voiture.   (léger)
7. Vous a-t-il indiqué où est la porte du château?   (secret)
8. Étudiez la leçon pour demain.   (entier)

50. Le pronom indéfini «on» (Indefinite Pronoun «on»)

Comment **écrit-on** une lettre à des parents?
On vient de me donner votre adresse.
On dit que la France est le pays des fromages.
On change de train dans les stations de correspondance.
Si **on est** malade, **on va** consulter un médecin.
Chez le libraire **on peut** acheter des livres reliés ou brochés.
Est-ce qu'**on paie** au début ou à la fin de chaque mois?

The indefinite pronoun **on** may mean *one, we, you, they, people*. It is always the subject of the verb in the third person singular.

Note:

(1) In inverted order, **-t-** is inserted if the verb ends in a vowel: **cherche-t-on?, va-t-on?**

(2) **On** with an active verb is often equivalent to an English passive, especially when the agent is not mentioned:

Ici **on parle** français.
French is spoken here.
On les **porte** beaucoup en ce moment.
They are worn a great deal now.
On vend aussi les timbres en carnets.
Stamps are also sold in booklets.

EXERCICE G (Bande 10)

Refaites les phrases suivantes en employant **on**:

MODÈLE: En France, **les gens ne fument pas** au cinéma.
En France, **on ne fume pas** au cinéma.

1. Les gens parlent français dans cette région.
2. Quelqu'un m'a dit que tu vas partir demain.
3. Nous ne sommes pas toujours heureux.
4. D'ici, tu as une belle vue.
5. Ont-ils apporté les paquets à la poste?
6. Écoutez, quelqu'un frappe à la porte.
7. Allons-nous au cinéma ou chez Nicole?
8. Les gens dînent à sept heures en France.
9. Vous trouvez de tout ici.
10. Quelqu'un a pris sa température ce matin.
11. Vous pouvez aussi acheter des timbres en carnets.
12. Quelqu'un l'a appelé hier soir au téléphone.

51. Verbe irrégulier «écrire» (Irregular Verb «écrire» "to write")

PRÉSENT DE L'INDICATIF

j' écris   nous écrivons
tu écris   vous écrivez
il (elle) écrit ils (elles) écrivent

IMPÉRATIF   PASSÉ COMPOSÉ

écris   j' ai écrit
écrivez   tu as écrit
écrivons   il (elle) a écrit
                 etc.

EXERCICE H

Répétez les phrases suivantes en employant les pronoms indiqués (attention aux verbes!):

1. Elle ne m'écrit jamais de longues lettres.   (ils)
2. Ils s'écrivent tous les mois.   (nous)
3. Combien de fois par an écrivez-vous à vos parents?   (tu)
4. A qui écrit-il? (vous)
5. Nous écrivons notre adresse sur la carte.   (je)
6. Elles lui écrivent toujours tout de suite.   (il)
7. J'ai écrit à l'hôtel pour réserver une chambre.   (nous)
8. Elle ne nous a pas écrit la semaine dernière.   (ils)
9. As-tu écrit ta composition pour demain?   (vous)
10. Il a écrit une lettre en français.   (je)
11. Avez-vous écrit votre code postal sur l'enveloppe?   (tu)
12. Nous avons écrit tous les exercices de la leçon.   (elle)

V. COMPOSITION

A. *Dites, puis écrivez en français·*

1. Have your parents already left for France? — They left last month. They're going to spend six months in Europe; they are now in Paris.
2. Do you write to each other often? — We write to one another once a week.
3. I'd like to write to them in French. You know, my mother was born in Paris. I started to write them a letter yesterday but I didn't finish it.
4. It's my first letter in French. I don't know how to begin it and how to end it.
5. Hurry, sit down, let's write the letter together (**ensemble**).
6. Letters which one writes are different if they are addressed to a friend, a relative or an important person.
7. If you're writing to your parents you begin with "(My) dear Mom and Dad." When you arrive at the end of the letter you write "Love and kisses to both of you."
8. The person who writes the letter is called the sender and the person who is going to receive it is called the addressee.
9. When one writes a letter in France, one always puts the complete address on the envelope. One puts the number and the name of the street, the zip code of the department, and the name of the city.
10. Are your parents enjoying themselves in France? — Very much!
11. In their last letter they told me that they got up very early one morning, they washed (themselves), got dressed, had breakfast and left immediately for Versailles.
12. They went by (**en**) car to the castle where they spent the entire day.
13. When they arrived at Versailles, they parked their car and entered the castle.
14. On the way back (**au retour**), they stopped at a little French inn where they dined. They returned home at 8:30 P.M., and they went to bed early.

B. *Vous écrivez à un(e) ami(e) ou à vos parents. Avant de commencer à rédiger (synonyme pour écrire) la lettre, écrivez sur une enveloppe les noms et les adresses complètes de l'expéditeur (expéditrice) et du (des) destinataire(s). Écrivez ensuite votre lettre en vous efforçant de suivre le plan suivant. Vous pouvez parler:*

1. des cours que vous suivez;
2. des professeurs que vous avez;
3. des étudiant(e)s qui sont devenu(e)s vos ami(e)s;
4. des repas au restaurant universitaire.

En conclusion, vos impressions sur la vie universitaire, vos joies et peut-être aussi votre tristesse provoquée par le manque (*lack*) de lettres ou la séparation. Puis vous finissez votre lettre. Que mettez-vous?

VI. DICTÉE

A tirer de la dixième situation.

Paris s'éveille

HUITIÈME LECTURE

Paul s'est levé de bonne heure ce matin, réveillé par le premier métro. Le ciel est gris et vague, encore tout plein de la grande odeur rauque de la brume. Mais à Paris, il y a toujours des éclaircies.

Paul descend quatre à quatre les escaliers. La concierge est déjà debout. Elle est déjà là dans sa loge . . . à dévisager chacun par-dessus ses lunettes.

— Bonjour, m'dame! . . . Avez-vous bien dormi? . . . lui crie Paul.

New York a ses portiers. Ici ou là, à Londres ou à Rio, on trouve des portiers

1 **s'est levé** got up
  réveillé awakened
  le métro subway (*Paris subway trains do not run after midnight*)
2 **rauque** harsh
  la brume mist
3 **il y a toujours des éclaircies** it always clears up

4 **quatre à quatre** two by two
  la concierge combination superintendent, doorkeeper, and manager
5 **à dévisager chacun** rudely staring at everyone
  par-dessus over
  les lunettes *f.* glasses
7 **le portier** doorman

ou des gardiens. La concierge, elle, ne se rencontre qu'à Paris. Personnage utile autant que redoutable, c'est elle qui garde la maison, qui nettoie l'escalier et le couloir. C'est elle qui reçoit les paquets. Parfois elle monte le courrier à minuit et avec un ou deux jours de retard, mais si on lui en fait la remarque, elle ne le montera plus du tout.

Paul a vite appris tout cela. La concierge est un personnage sacré. Il faut «être bien» avec sa concierge.

—Bonjour, m'sieur Paul! . . . lui répond la concierge.

Paris s'éveille et fait déjà sa toilette. Un balayeur ramasse les ordures et les poubelles. L'eau coule dans les caniveaux. D'un seul coup, tout s'anime. Là-bas, l'agent de police règle la circulation — le sifflet à la bouche, un bâton blanc à la main. Sur le trottoir, une petite fille souffle sur ses doigts en ramenant son grand pain. Il a gelé cette nuit. Le thermomètre est descendu au-dessous de zéro.

Un peu plus loin, sur le trottoir: c'est la fleuriste. Il faut la voir arranger ses fleurs, ses roses, ses œillets, ses violettes et ses mimosas. Sur une pancarte noire accrochée à la cabane, on peut lire écrit à la craie blanche: «Aujourd'hui Saint-Michel».

—Un petit bouquet pour cinq francs. . . . Voilà, monsieur!

Encore plus loin, c'est la marchande de billets de la Loterie nationale.

— Choisissez, mesdames et messieurs . . . tentez votre chance! Demain le tirage! Quel numéro voulez-vous, monsieur?

Un petit homme s'avance et dit:

— Donnez-moi un dixième . . . je voudrais un billet dont le numéro se termine par sept!

Là-bas, c'est un camelot qui hurle:

— Ce stylo à bille, je vous le vends dix francs? — Non! — cinq francs? — Non!

10 **le couloir** corridor, lobby
reçoit receives
le paquet package
parfois: de temps en temps, quelquefois
le courrier mail
11 **de retard** late
13 **Paul a vite appris** Paul learned fast
sacré sacred, inviolable
il faut «être bien» avec you have to be on good terms ("in good") with
16 **le balayeur** (street) sweeper
les ordures f. garbage
17 **la poubelle** trash can
coule runs
le caniveau gutter
d'un seul coup all at once
18 **la circulation** traffic
le sifflet whistle
19 **le trottoir** sidewalk
souffle blows

le doigt finger
en ramenant while carrying off
20 **il a gelé cette nuit** it froze last night
au-dessous de below
zéro 0° centigrade = 32° Fahrenheit
22 **l'œillet** m. carnation
la pancarte slate
noire black
23 **accrochée à** hooked on to
la craie chalk
26 **plus loin** farther on
la marchande seller, peddler
le billet ticket, chance
27 **tentez votre chance** try your luck
demain le tirage the drawing is tomorrow
30 **un dixième** a tenth (lot)
dont whose, of which
32 **le camelot** peddler
hurle shouts
33 **le stylo à bille** ballpoint pen

148 HUITIÈME LECTURE

— deux francs? — Non, non et non! — je vous le donne — oui — je vous le donne pour un franc! Approchez, approchez, mesdames et messieurs!

Un petit garçon, les yeux grands ouverts, s'approche:

— Ôte-toi de là, petit, tu devrais être à l'école!

Puis voici la marchande des quatre saisons avec ses fruits et ses légumes:

— Un kilo d'oranges pour dix francs . . . et un teint comme Catherine Deneuve! Le tout pour le même prix!

Comment résister à de pareilles tentations!

Questionnaire

1. A quelle heure Paul s'est-il levé ce matin?
2. Par quoi est-il réveillé?
3. Comment est le ciel ce matin?
4. Où est la concierge?
5. Que fait-elle?
6. Pourquoi la concierge est-elle un personnage utile?
7. A quelle heure monte-t-elle parfois le courrier?
8. Comment faut-il être avec sa concierge?
9. Que fait le balayeur?
10. Que fait l'agent de police?
11. Pourquoi la petite fille souffle-t-elle sur ses doigts?
12. Où est la fleuriste?
13. Que fait-elle?
14. Que peut-on lire sur la pancarte noire accrochée à la cabane?
15. Combien coûte un petit bouquet de fleurs?
16. Que dit la marchande de billets de la Loterie nationale?
17. Quelle sorte de billet prend le petit homme?
18. Que vend le camelot?
19. Que dit-il au petit garçon?
20. Que vend la marchande des quatre saisons? En hiver? Au printemps? En été? En automne?
21. Combien coûte un kilo d'oranges?

36 **le garçon** boy
  les yeux grands ouverts his eyes wide open
37 **ôte-toi de là** get out of there, "beat it"
  tu devrais être à l'école you should be in school
38 **la marchande des quatre saisons** fresh fruit and vegetable vendor
39 **le teint** complexion
41 **pareilles** such

«Au kiosque à journaux...»

OUVRIERS DE TOUS LES JOURS

«Un peu plus loin, sur le trottoir: c'est la fleuriste.»

«Là-bas, l'agent de police régle la circulation.»

« . . .c'est la marchande de billets de la Loterie nationale. »

« . . .voici la marchande des quatre saisons avec ses fruits et ses légumes. »

DEUXIÈME RÉVISION

I. EXERCICES DE RÉEMPLOI

A. *Répondez affirmativement aux questions suivantes en remplaçant les noms compléments par des pronoms:*

MODÈLE: Aimez-vous le pain français?
          Oui, je l'aime.

1. Écoutez-vous la radio tous les jours?
2. Allez-vous chercher le journal?
3. Venez-vous de finir vos exercices?
4. Regardez-vous la télévision le soir?
5. Parlez-vous très bien le français?
6. Collectionnez-vous les timbres?
7. Écrivez-vous vos lettres en français?
8. Avez-vous la clé de ma chambre?
9. Trouvez-vous Nicole très belle?
10. Allez-vous prendre les billets?

B. *Répondez aux phrases infinitives en employant l'impératif affirmatif et négatif (attention à l'intonation):*

MODÈLE 1:   Elle te dit de prendre des billets.
            Prends des billets!

EXERCICES DE RÉEMPLOI

> Elle te dit de ne pas prendre de billets.
> Ne prends pas de billets!

1. Elle te dit d'aller chercher le courrier.
   Elle te dit de ne pas aller chercher le courrier.
2. Elle te dit de téléphoner à Michel.
   Elle te dit de ne pas téléphoner à Michel.
3. Elle te dit de répondre à sa question.
   Elle te dit de ne pas répondre à sa question.
4. Elle te dit d'écouter la radio demain soir.
   Elle te dit de ne pas écouter la radio demain soir.
5. Elle te dit d'être à l'heure.
   Elle te dit de ne pas être à l'heure.

MODÈLE 2: Ils nous téléphonent pour nous dire d'acheter du vin.
> Achetons du vin!
> Ils nous téléphonent pour nous dire de ne pas acheter de vin.
> N'achetons pas de vin!

1. Ils nous téléphonent pour nous dire d'aller acheter des croissants.
   Ils nous téléphonent pour nous dire de ne pas aller acheter de croissants.
2. Ils nous téléphonent pour nous dire de parler français avec nos amis.
   Ils nous téléphonent pour nous dire de ne pas parler français avec nos amis.
3. Ils nous téléphonent pour nous dire d'avoir de la patience.
   Ils nous téléphonent pour nous dire de ne pas avoir de patience.
4. Ils nous téléphonent pour nous dire de venir ensemble.
   Ils nous téléphonent pour nous dire de ne pas venir ensemble.
5. Ils nous téléphonent pour nous dire de descendre à la prochaine station.
   Ils nous téléphonent pour nous dire de ne pas descendre à la prochaine station.

MODÈLE 3: Elle m'a dit de l'embrasser.
> Embrassez-moi!
> Elle m'a dit de ne pas l'embrasser.
> Ne m'embrassez pas!

1. Elle m'a dit de lui donner un comprimé d'aspirine.
   Elle m'a dit de ne pas lui donner de comprimé d'aspirine.
2. Elle m'a dit de lui choisir une robe.
   Elle m'a dit de ne pas lui choisir de robe.
3. Elle m'a dit de lui écrire toutes les semaines.
   Elle m'a dit de ne pas lui écrire toutes les semaines.

4. Elle m'a dit de lui mettre des piles dans son transistor.
   Elle m'a dit de ne pas lui mettre de piles dans son transistor.
5. Elle m'a dit de lui vendre ma voiture.
   Elle m'a dit de ne pas lui vendre ma voiture.
6. Elle m'a dit de l'attendre.
   Elle m'a dit de ne pas l'attendre.

C. *Répétez les phrases suivantes en remplaçant les noms compléments par des pronoms:*

   MODÈLE: Michel vend sa voiture à Nicole.
             Michel la lui vend.

   1. Le pharmacien donne les médicaments à Jacqueline.
   2. La concierge remet le courrier aux étudiants.
   3. Brigitte demande les prix à la vendeuse.
   4. Sophie commande sa charcuterie au charcutier.
   5. Jeannette vend son beurre et son lait aux étudiants.
   6. Carole apporte sa montre à réparer au bijoutier.

D. *Transformez les phrases suivantes, selon le modèle, en employant des pronoms personnels à la forme affirmative puis à la forme négative:*

   MODÈLE: Donne le télégramme à ma mère.
             Donne-le-lui.
             Ne le lui donne pas.

   1. Demandez l'adresse à vos amis.
   2. Racontons l'histoire à nos parents.
   3. Apporte la bouteille de vin à ton amie.
   4. Donnez les bijoux à Michèle.
   5. Écrivons la lettre à nos parents.
   6. Portez les journaux à Nicole.

E. *Répétez les phrases suivantes en employant les pronoms indiqués:*

   1. J'ai voulu me baigner.
      (nous, ils, elle)
   2. Combien de temps es-tu resté à Paris?
      (il, vous, elles)
   3. Avez-vous trouvé ce que vous voulez?
      (ils, tu, elle)
   4. Où es-tu allée hier soir?
      (vous, elles, elle)
   5. Je suis venu te voir.
      (nous, elle, ils)
   6. Je t'ai écrit la semaine dernière.
      (nous, elle, ils)

7. Elle a mis la lettre à la poste.
   (je, nous, elles)
8. Êtes-vous sortie en ville?
   (elles, il, elle)

F. *Transformez les phrases suivantes en remplaçant les noms compléments par des pronoms:*

MODÈLE: Elle a rencontré ses amies dans la rue.
          Elle les a rencontrées dans la rue.

1. Elle a écrit ses poèmes dans son cahier.
2. Ils ont passé leurs examens la semaine dernière.
3. Il a réparé sa montre.
4. Elles ont admiré les collections de printemps.
5. Il a embrassé Michèle tendrement.
6. J'ai consulté le généraliste de l'hôpital pour mon mal de gorge.
7. Ils ont choisi les spécialités de la maison.
8. Nicole a mis son pyjama.

II. CONTRÔLE DES ACQUISITIONS

A. Un jeu

Exercice de calcul rapide: Additionnez:

MODÈLES 1:   12 et 24? Ça fait combien?
             Ça fait trente-six?
             C'est juste.

             Et 10 et 15? Ça fait combien?
             Ça fait vingt-trois?
             Non, c'est faux. Ça fait vingt-cinq.

1. 17 et 5? Ça fait combien?
   Ça fait vingt-deux. C'est_____.
2. 36 et 14?
   (cinquante-deux)
3. 80 et 32?
   (cent douze)
4. 43 et 15?
   (cinquante et un)
5. 75 et 22?
   (quatre-vingt-dix-neuf)
6. 85 et 16?
   (cent un)
7. 51 et 29?
   (quatre-vingts)
8. 192 et 18?
   (deux cent dix)
9. 306 et 30?
   (trois cent trente-huit)

156 DEUXIÈME RÉVISION

MODÈLE 2: *Multipliez:*

Combien font 2 fois 25?
2 fois 25 font 50.

Combien font:

8 fois 9? 3 fois 50?
6 fois 10? 2 fois 100?
11 fois 11? 5 fois 200?
5 fois 15? 7 fois 12?

B. Des sketches

1. *Avec les verbes commençant par une voyelle, le pluriel est marqué uniquement par la liaison entre le pronom* **ils** *et le verbe. Vous allez entendre des phrases. Répondez convenablement:*

   MODÈLES: Nicole arrive?
   Oui, elle arrive!
   Et ses amies?
   Elles arrivent.

   1. Paul attend?
      Et ses parents?
   2. Jacqueline aime les bijoux?
      Et ses cousines?
   3. Michel écoute?
      Et Paul et Jean?
   4. Elle entend bien?
      Et ses grand-mères?
   5. Elle appelle au secours *(for help)*?
      Et Brigitte et Jeannette?
   6. Il achète encore des cigarettes?
      Et ses camarades?
   7. Nicole emmène Michel à la Fac?
      Et les autres?

2. *Passage rapide — d'abord du présent au futur proche* **(je vais),** *ensuite du passé composé au passé immédiat* **(je viens de)**. *Construisez des phrases, selon les modèles, en employant les éléments indiqués:*

   MODÈLES: J'écris une lettre.
   Je vais écrire une lettre.

CONTRÔLE DES ACQUISITIONS

J'ai écrit une lettre.
Je viens d'écrire une lettre.

1. Elle entre dans la pharmacie.
2. Tu te laves les cheveux?
3. Nous vendons des billets de cinéma.
4. Vous louez un appartement?
5. Ils descendent à l'hôtel.
6. Il sort faire son marché.

C. *Mettez le passage suivant au passé composé en commençant par* **Hier, Nicole et Paul** . . . . *Répétez ensuite le même texte en commençant par* **Hier, nous** . . . *et en effectuant les changements nécessaires:*

MODÈLES: Aujourd'hui, c'est vendredi. Nicole et Paul se lèvent de bonne heure.
Hier, Nicole et Paul se sont levés de bonne heure.
Hier, nous nous sommes levés de bonne heure.

Aujourd'hui, c'est vendredi. Nicole et Paul se lèvent de bonne heure. Ils partent tôt car ils vont faire leur marché. D'abord, Nicole va à la boulangerie. A la charcuterie, elle achète quelques tranches de jambon. A la crémerie où va Paul, il achète un demi-litre de lait, des œufs et du fromage. A la librairie-papeterie, le libraire demande à Paul et à Nicole: «Vous trouvez ce que vous voulez?.» Paul lui prend un paquet d'enveloppes et un bloc de papier à lettres. De la librairie, Nicole va à la pharmacie où la pharmacienne lui vend des médicaments et des produits de beauté. Nicole et Paul rentrent tard dans l'après-midi. Ils meurent de fatigue. Dans la soirée, Nicole écrit une lettre à sa mère. Avant de se coucher, elle se lave, elle se brosse les cheveux, elle met son pyjama puis elle ferme la lumière et elle se met vite à rêver.

D. Exercice dialogué

Formez des phrases complètes avec les mots indiqués en effectuant les changements nécessaires:

MODÈLE: France / être / pays / de / fromages.
La France est le pays des fromages.

NICOLE: Bonjour / Paul. Comment / aller / vous / aujourd'hui?
PAUL: Très bien.
NICOLE: Qu'est-ce que / vous / faire / hier?
PAUL: Je / aller / dans / différent / magasins: à / bijouterie, /à / librairie-papeterie et je / aller / faire / son marché / .
NICOLE: Qu'est-ce que / vous / acheter /à /boulangerie?

PAUL: / pain et /croissants.
NICOLE: Et à / crémerie / ?
PAUL: / œufs / lait / et / fromage / . . . Et vous, Nicole / ? Comment ça / aller / ?
NICOLE: Je / ne pas être dans son assiette / .
PAUL: Où / vous / avoir mal / ?
NICOLE: Je / avoir mal /à / gorge / .
PAUL: Vous / aller / se baigner / hier?
NICOLE: Oui. Je / aller / rester / au lit / pendant / 24 / heure / .
PAUL: Pauvre chou!
NICOLE: Vous / me / téléphoner / ce soir, Paul?
PAUL: Oui, bien sûr! Je / vous / téléphoner / après / mon / cours.

E. Initiation à l'expression écrite

Écrivez en français:

Did you ever take the subway? The Paris subway is beautiful and practical. It has sixteen lines. They are named for the stops at both ends of the line. For example, the first line is called Vincennes-Neuilly. There are two kinds of cars: the first-class cars and the second-class cars. The first-class cars are always in the center of the train. The trains stop at all the stations that are on the map. The first trains usually leave the terminal at 5:03 a.m. and the last trains arrive at 1:15 a.m.

«D'ici, vous pouvez voir la Place de la Concorde...»

«...au loin, l'Arc de Triomphe de l'Étoile.»

A LA DÉCOUVERTE DE PARIS

" . .ce qui a le plus enthousiasmé Paul,
c'est le château de Versailles.»

«La nuit, la Tour Eiffel est splendide. . .»

«A droite. . .se trouve le Palais de l'Élysée,
la résidence du Président de la République. . .»

Si nous faisions une promenade?

ONZIÈME LEÇON

I. PRÉSENTATION

Conversation   *(Bande 11)*

NICOLE: Ouf! Il fait tellement chaud aujourd'hui et j'avais si peur d'être en retard.
PAUL: Pas du tout. Bonjour, Nicole.
NICOLE: Paul, permettez-moi de vous présenter mon amie Michèle.
PAUL: Bonjour, mademoiselle. Je suis enchanté de faire votre connaissance.
MICHÈLE: Très heureuse de faire votre connaissance. Nicole m'a beaucoup parlé de vous. En marchant, nous pouvons bavarder.
PAUL: Que fait-on?
NICOLE: Si nous faisions une promenade au jardin des Tuileries?
PAUL: Pourquoi pas! Avec plaisir.
MICHÈLE: Parlez-moi de vous, Paul. Depuis combien de temps êtes-vous en France?

PAUL: Depuis deux mois.
MICHÈLE: Que faisiez-vous en Amérique?
PAUL: J'étais étudiant à l'université.
MICHÈLE: Et comment avez-vous rencontré Nicole?
PAUL: Grâce à Michel.
MICHÈLE: Où vous êtes-vous connus?
PAUL: Nous nous sommes connus à l'université. Il faisait une licence d'anglais et nous jouions ensemble au football.
MICHÈLE: Vous vous connaissez donc depuis longtemps?
PAUL: Oui, depuis plus de deux ans.
MICHÈLE: Regardez. Voici l'Arc du Carrousel. D'ici, vous pouvez voir la Place de la Concorde et l'avenue des Champs-Élysées avec, au loin, l'Arc de Triomphe de l'Étoile.
NICOLE: Quelle perspective étonnante!

Situation

Du Louvre à la place Charles de Gaulle

Nicole arrive tout essoufflée. Elle avait peur d'être en retard. Il fait chaud aujourd'hui. Elle a couru. Elle présente son amie Michèle à Paul. Ensemble, bras dessus bras dessous, ils vont faire une promenade. Suivons-les. Du Louvre, ils se dirigent vers l'Arc du Carrousel. Ils traversent ensuite le Jardin des Tuileries pour arriver à la Place de la Concorde et au Rond-Point des Champs-Élysées. A droite, entre la Place de la Concorde et le Rond-Point se trouvent l'Ambassade des États-Unis et le Palais de l'Élysée, la résidence du Président de la République est à l'extrémité des Champs-Élysées, la place Charles de Gaulle (l'ancienne place de l'Étoile) et l'Arc de Triomphe.

VOCABULAIRE FONDAMENTAL

ambassade *f.* embassy
ancien, ancienne ancient, former, old
bras *m.* arm
dessous *adv.* below, under, beneath; *noun m.* lower part, under side
dessus *adv.* above, over; *noun m.* top, upper part, upper side
droite *f.* right
elle a couru she ran, she did run
essoufflé(e) out of breath, winded
palais *m.* palace
président *m.* president
république *f.* republic
résidence *f.* residence, dwelling
rond-point *m.* traffic circle
suivons let's follow

Questionnaire

Répondez aux questions suivantes:

A. Questions sur les textes *(Bande 11)*

1. Que dit Nicole à Paul?
2. Pourquoi arrive-t-elle tout essoufflée?
3. Qui présente-t-elle à Paul?
4. Que dit Paul à Michèle?
5. Que lui répond Michèle?
6. Que propose Nicole?
7. Depuis combien de temps Paul est-il en France?
8. Que faisait-il en Amérique?
9. Comment a-t-il rencontré Nicole?
10. Où Paul et Michel se sont-ils connus?
11. Que faisait alors Michel?
12. Depuis combien de temps Paul et Michel se connaissent-ils?

B. Questions générales

1. Comment présentez-vous une personne à une autre?
2. Que dites-vous lorsqu'on vous présente à un jeune homme ou à une jeune fille?
3. Comment s'appelle votre meilleur(e) (*best*) ami(e)?
4. Depuis combien de temps vous connaissez-vous?
5. Où vous êtes-vous connus?
6. Que faisiez-vous alors?

Dialogue

Demandez à un(e) étudiant(e):

1. s'il (si elle) aime faire des promenades. Et pourquoi.
2. quelle est sa promenade préférée.
3. quand il (elle) aime se promener.
4. ce que fait son (sa) meilleur(e) ami(e).
5. où il (elle) a fait la connaissance de son ami(e).
6. depuis combien de temps il (elle) le (la) connaît.
7. où se trouve la Place de la Concorde.
8. qu'y a-t-il, à droite, entre la Place de la Concorde et le Rond-Point des Champs-Élysées.
9. qui réside au Palais de l'Élysée.
10. comment s'appelait la Place Charles de Gaulle à Paris.

II. EXPRESSIONS A RETENIR

à droite; à gauche	to the right; to the left
au loin	in the distance
avec plaisir	gladly, with pleasure
avoir peur	to be afraid
bras dessus bras dessous	arm in arm
depuis combien de temps?	how long?
être en retard	to be late
être enchanté(e) de (+ *inf.*)	to be delighted to (+ *inf.*)
faire la connaissance de quelqu'un	to become acquainted with someone, meet someone, make someone's acquaintance
faire une licence	to do (take) a Master of Arts degree
faire une promenade; se promener	to take a walk, to go for a walk
grâce à	thanks to, owing to
il fait chaud	it's warm, it's hot (of weather)
jouer à	to play (a game)
permettez-moi de vous présenter mon ami(e)	permit me to introduce my friend (to you)
se diriger vers	to make one's way toward
très heureux (heureuse) de faire votre connaissance	how do you do, I'm happy to make your acquaintance, I'm glad to meet you

III. PRONONCIATION *(Bande 11)*

[j] is the sound in the following combinations:

il, as in **appareil** [apaʀɛj]
ill, as in **meilleur** [mɛjœʀ]
ille, as in **Versailles** [vɛʀsaj]

Note that **il, ill, ille** are pronounced [j] following a vowel. Following a consonant, **ill** and **ille** are pronounced [i+j]: **billet** [bijɛ].

Répétez:

croustillant [kʀustijɑ̃]
détail [detaj]
échantillon [eʃɑ̃tijɔ̃]
famille [famij]
fille [fij]

habille [abij]
portillon [pɔʀtijɔ̃]
travail [tʀavaj]
veuillez [vœje]
vieille [vjɛj]

Note these exceptions:

mille [mil]
million [miljɔ̃]

ville [vil]
village [vilaʒ]

IV. GRAMMAIRE ET EXERCICES

52. Participe présent (Present Participle)

(a) The ending of the present participle for all French verbs is **-ant** (equivalent to English *-ing*).

The present participle of nearly all French verbs is formed by dropping the ending **-ons** of the first person plural present indicative and adding **-ant** to the stem:[1]

nous parl*ons*	**parlant**
nous finiss*ons*	**finissant**
nous vend*ons*	**vendant**
nous all*ons*	**allant**
nous écriv*ons*	**écrivant**
nous mett*ons*	**mettant**
nous ven*ons*	**venant**
nous voul*ons*	**voulant**
nous nous promen*ons*	**se promenant**

The following are irregular:

avoir	**ayant**
être	**étant**

(b) 1. Quelle perspective **étonnante!**
des brochures **intéressantes**
une histoire **amusante**
une femme **charmante**

The present participle may function as an adjective. When so used, it agrees in gender and number with the noun it modifies.

2. **En marchant,** nous pouvons bavarder.
En rentrant chez moi, j'ai téléphoné à Nicole.
En sortant du magasin, elle a rencontré une de ses amies.

The present participle is used in verbal constructions after the preposition **en** *(while, in, on, upon, by)*. When so used, it is invariable.[2]

1. Verb stems ending in **g** insert **e** before **ant** in order to preserve original [ʒ] sound:

déménag*e*r   déménag**e**ant
mang*e*r   mang**e**ant

2. As in English, the present participle may be used without preposition:

Arrivant à Dijon, il s'est arrêté dans un hôtel.
Étant malade, elle est allée consulter un médecin.

EXERCICE A (Bande 11)

Transformez les phrases suivantes en employant **en** *et le participe présent:*

MODÈLE: Il a répondu immédiatement **quand il a entendu** la question.
Il a répondu immédiatement **en entendant** la question.

1. Nous avons rencontré un de nos amis quand nous nous sommes promenés.
2. Il est tombé quand il est descendu des escaliers.
3. Je lui ai téléphoné quand je suis rentré chez moi.
4. Ma mère ne parle pas quand elle prépare les repas.
5. Nous avons fermé la porte quand nous sommes sortis.
6. Michel a eu un accident quand il a garé sa voiture.
7. Ils se sont arrêtés quand ils sont arrivés devant le Palais.
8. Je ne regarde pas la télévision quand je travaille.
9. Elles n'écoutent pas la radio quand elles étudient.
10. Nous bavardons toujours quand nous marchons.
11. Je fume une cigarette quand j'attends le train.
12. Elle a dit au revoir quand elle est partie.

53. Imparfait (Imperfect)

The imperfect tense of nearly all verbs is formed by adding the imperfect endings to the stem of the first person plural present indicative:

PRÉSENT	IMPARFAIT	
nous parlø̸ns	je parl**ais**	*I was speaking, I used to speak, I spoke*
	tu parl**ais**	
	il (elle) parl**ait**	
	nous parl**ions**	
	vous parl**iez**	
	ils (elles) parl**aient**	
nous finissø̸ns	je finiss**ais**	*I was finishing, I used to finish, I finished*
	tu finiss**ais**	
	il (elle) finiss**ait**	
	nous finiss**ions**	
	vous finiss**iez**	
	ils (elles) finiss**aient**	
nous vendø̸ns	je vend**ais**	*I was selling, I used to sell, I sold*
	tu vend**ais**	
	il (elle) vend**ait**	

nous vend**ions**
vous vend**iez**
ils (elles) vend**aient**

nous all**ø**n**s**	**j'allais, tu allais,** etc.
nous av**ø**n**s**	**j'avais, tu avais,** etc.
nous écriv**ø**n**s**	**j'écrivais, tu écrivais,** etc.
nous mett**ø**n**s**	**je mettais, tu mettais,** etc.
nous ven**ø**n**s**	**je venais, tu venais,** etc.
nous voul**ø**n**s**	**je voulais, tu voulais,** etc.

Note: The imperfect stem of **être is ét: j'étais, tu étais,** etc.

EXERCICE B

Répétez les phrases suivantes en employant les pronoms indiqués:

1. J'avais si peur d'être en retard. (elle)
2. Que faisiez-vous en Amérique? (tu)
3. Nous jouions ensemble au football. (ils)
4. Elles se connaissaient depuis longtemps. (nous)
5. Quels cours suivais-tu? (vous)
6. Ils commettaient toujours des erreurs. (je)
7. Il venait de faire une licence d'anglais. (elles)
8. A quelle université étiez-vous? (tu)
9. Je voulais me baigner avant hier. (il)
10. Nous prenions souvent des billets de première. (elle)
11. Nicole me parlait beaucoup de vous. (ils)
12. En marchant, ils pouvaient bavarder. (nous)
13. Elle lui écrivait chaque semaine. (je)

EXERCICE C *(Bande 11)*

Répétez les phrases suivantes en remplaçant le présent de l'indicatif par l'imparfait:

MODÈLE: Les parents de Paul **habitent** aux États-Unis.
          Les parents de Paul **habitaient** aux États-Unis.

1. Je suis étudiant à l'université.
2. Les premiers trains partent du terminus à 5 heures.
3. Ils choisissent toujours une table près de la cheminée.
4. Nous prenons souvent un petit apéritif avant de dîner.
5. Parfois ma montre avance et d'autres fois elle retarde.
6. Il lui téléphone chaque soir après son boulot.
7. Ils me promettent toujours de le faire.
8. Quand il fait chaud, nous faisons des promenades.
9. Le portillon vient de se fermer.

10. Nous ne voulons pas partir très tôt.
11. Elle va chez le boulanger tous les jours.
12. Nicole n'aime pas le pain rassis.
13. Nous nous écrivons souvent de longues lettres.
14. Paul a une grosse température parce qu'il a la grippe.

54. Emplois de l'imparfait (Uses of the Imperfect)

(a) Quand je suis arrivé, il **garait** sa voiture.
When I arrived, he was parking his car.
Pendant que le bijoutier **réparait** ma montre, je **regardais** les colliers.
While the jeweler was repairing my watch, I was looking at the necklaces.

The imperfect expresses an incomplete past action, an action that was going on in the past without any indication as to when it started or ended.

(b) Chaque fois qu'elle **tombait** malade, elle **restait** quelques jours chez elle.
Each time she got (would get, used to get) sick, she stayed (would stay, used to stay) home a few days.
Nous **allions** souvent ensemble au cinéma.
We often went (would go, used to go) to the movies together.
En France, je **prenais** toujours du vin avec mes repas.
In France, I always drank (would drink, used to drink) wine with my meals.

The imperfect expresses a past action that was habitual, customary, or repeated.

(c) Nicole **portait** une robe blanche.
Nicole was wearing a white dress.
Il **faisait** tellement chaud aujourd'hui.
It was so hot today.
Nous **avions** peur d'être en retard.
We were afraid of being late.
Je **voulais** suivre des cours à la Sorbonne.
I wanted to take courses at the Sorbonne.
Les feuilles des arbres **étaient** jaunes, rouges et brunes.
The leaves of the trees were yellow, red and brown.
Le fleuve **semblait** immobile.
The river seemed motionless.

The imperfect describes a physical or mental state or condition in the past without any indication as to when it started or ended.[1]

---

1. Review and compare the use of the Compound Past: Lesson 8, Section 39. A third French past tense, **le passé simple,** is primarily a literary tense. It is discussed in the Appendix (Section 119) and listed in the Verb Conjugations.

EXERCICE D (Bande 11)

Construisez des phrases complètes avec les éléments indiqués en employant le passé composé et l'imparfait:

MODÈLE: Je prends deux comprimés d'aspirine. J'ai mal à la tête.
  J'**ai pris** deux comprimés d'aspirine parce que j'**avais** mal à la tête.

1. Nous nous dépêchons. Nous avons peur d'être en retard.
2. Michèle ne vient pas aujourd'hui. Elle n'est pas dans son assiette.
3. Il entre dans le cabinet de consultation. Le médecin veut l'examiner.
4. Elles font une promenade. Il fait chaud.
5. Elle se couche très tôt. Elle ne se sent pas bien.
6. Je lui monte le courrier. Il ne peut pas descendre.
7. Il loue une chambre chez Mme Sauvin. Il va passer un an à Paris.
8. Nous regardons la télévision. Il y a un bon film.
9. Elles ne sortent pas. Elles attendent leurs amies.
10. Les étudiants posent des questions. La leçon est difficile.
11. Elle se lève tout de suite. Le téléphone sonne.
12. Nicole reste à la maison. Elle a du travail.
13. Ils commandent le menu. Tout semble délicieux.
14. Je vais au restaurant. Il est midi.

EXERCICE E

Répétez les phrases suivantes en remplaçant le présent de l'indicatif soit par l'imparfait soit par le passé composé:

1. Avant de monter dans le train, je consulte le plan de métro qui se trouve sur le quai.
2. Pendant qu'il m'attend, il bavarde avec mes parents.
3. Pierre vient me chercher aujourd'hui à huit heures et nous allons ensemble à l'université.
4. De temps en temps, en cherchant parmi de vieux livres, je trouve une édition rare.
5. Quand il rentre chez lui, il téléphone à Nicole pour l'inviter à dîner.
6. Chaque fois qu'elles se rencontrent, elles s'embrassent tendrement.
7. Nous arrivons en retard ce matin parce que nous n'avons pas de montre.
8. Lorsqu'il ne fait pas trop chaud, nous faisons de longues promenades.
9. En venant ici, je m'arrête à la poste où je prends mon courrier et où j'achète des timbres.
10. Monique porte toujours de beaux bracelets.
11. Il m'écrit pour me dire qu'il m'aime.

55. Emplois particuliers du présent et de l'imparfait (Idiomatic Present and Imperfect)

(a) **Depuis combien de temps êtes-vous** en France?
Je suis en France **depuis deux mois.**

Depuis combien de temps Paul attend-il une lettre de ses parents?
Paul attend une lettre de ses parents **depuis une semaine.**

Depuis combien de temps étudient-elles le français?
Elles étudient le français **depuis trois ans.**

To express how long an action *has been going on,* French uses the present tense with **depuis** *(for, since)* plus time expression. The English equivalent is usually a progressive-tense form.

Note: In a statement (but not in a question), **depuis** may be replaced by **Il y . . . que** or **Voilà . . . que:**
Il y a (Voilà) deux mois que je suis en France.
Il y a (Voilà) une semaine que Paul attend une lettre de ses parents.
Il y a (Voilà) trois ans qu'elles étudient le français.

(b) **Depuis combien de temps connaissiez-vous** Michel?
Je connaissais Michel **depuis plus de deux ans.**
Il y avait (Voilà) plus de deux ans que je connaissais Michel.

Depuis combien de temps travaillait-il?
Il travaillait depuis une heure.
Il y avait (Voilà) une heure qu'il travaillait.

Depuis combien de temps suivaient-ils des cours à la Sorbonne?
Ils suivaient des cours à la Sorbonne **depuis six mois.**
Il y avait (Voilà) six mois qu'ils suivaient des cours à la Sorbonne.

To express how long a past action *had been going on,* French uses the imperfect tense with **depuis** (or **Il y avait . . . que, Voilà . . . que**) plus time expression.

EXERCICE F

Répétez les phrases suivantes en remplaçant **depuis** *par* **Il y a . . . que:**

MODÈLE: Il fait ce travail **depuis six mois.**
            Il y a six mois qu'il fait ce travail.

1. Ils cherchent un appartement depuis huit jours.
2. Nous sommes en France depuis un mois.
3. Elle écoute la radio depuis une demi-heure.

4. Il fait chaud depuis trois jours.
5. Elles regardent la télévision depuis dix minutes.
6. J'attends le train depuis un quart d'heure.
7. Elle bavarde avec une amie depuis une heure.
8. Ils jouent au football depuis quarante minutes.
9. Nous le connaissons depuis longtemps.
10. Il étudie l'italien depuis deux ans.

EXERCICE G *(Bande 11)*

Répétez les phrases suivantes en remplaçant **Il y avait . . . que** *par* **depuis:**

MODÈLE: **Il y avait vingt minutes qu'**elle jouait du piano.
Elle jouait du piano **depuis vingt minutes.**

1. Il y avait longtemps qu'elle voulait aller en Europe.
2. Il y avait une semaine que Paul était malade.
3. Il y avait quelques années que nous nous connaissions.
4. Il y avait vingt ans que mes parents habitaient cet immeuble.
5. Il y avait six mois qu'elles m'écrivaient.
6. Il y avait une demi-heure que nous marchions.
7. Il y avait un an qu'il faisait une licence d'anglais.
8. Il y avait plus de trois mois que je suivais ce cours.
9. Il y avait six ans qu'elle m'envoyait des cartes de Noël.
10. Il y avait un quart d'heure qu'ils dansaient.
11. Il y avait une heure que nous nous promenions.
12. Il y avait cinq minutes que je parlais avec la concierge.

EXERCICE H *(Bande 11)*

Répondez aux questions suivantes en employant **Voilà . . . que** *et les expressions indiquées:*

MODÈLE: Depuis combien de temps étudiez-vous?   (une heure)
Voilà une heure que j'étudie.

1. Depuis combien de temps préparez-vous cette leçon?   (quarante minutes)
2. Depuis combien de temps vouliez-vous aller à cette université?   (longtemps)
3. Depuis combien de temps fumez-vous?   (quelques semaines)
4. Depuis combien de temps écriviez-vous votre composition?   (une heure)
5. Depuis combien de temps avez-vous le téléphone?   (deux ans)
6. Depuis combien de temps faites-vous votre marché?   (trois quarts d'heure)
7. Depuis combien de temps attendiez-vous le facteur?   (une demi-heure)
8. Depuis combien de temps travaillez-vous dans ce magasin?   (plus de huit mois)
9. Depuis combien de temps parliez-vous à votre professeur?   (dix minutes)
10. Depuis combien de temps collectionnez-vous les timbres?   (cinq ans)

56. Verbe irrégulier «faire» (Irregular Verb «faire» "to make, do")

PRÉSENT DE L'INDICATIF

je fais	nous faisons
tu fais	vous faites
il (elle) fait	ils (elles) font

IMPÉRATIF	IMPARFAIT	PASSÉ COMPOSÉ
fais	je faisais	j' ai fait
faites	tu faisais	tu as fait
faisons	il (elle) faisait	il (elle) a fait
	etc.	etc.

EXERCICE I

Répétez les phrases suivantes en employant les pronoms indiqués:

1. Faites-vous une licence en ce moment?   (tu)
2. Il me fait monter devant.   (elles)
3. Je fais souvent une promenade en voiture.   (nous)
4. Elle fait toujours de son mieux.   (je)
5. Ils n'ont rien fait de bon.   (il)
6. Nous avons fait des achats dans plusieurs magasins.   (vous)
7. As-tu fait la connaissance de Nicole?   (ils)
8. Avez-vous déjà fait vos provisions pour le week-end?   (tu)
9. Nous faisions un peu ce que nous voulions.   (je)
10. Qu'est-ce qu'elle faisait en Amérique?   (elles)
11. Je ne faisais rien de spécial.   (il)
12. Elle faisait toujours ses exercices avant de dîner.   (nous)

V. COMPOSITION

A. *Dites, puis écrivez en français:*

1. I'm all out of breath. I ran because I was so afraid of being late. Have you been here long? — No, I've just arrived.
2. While coming here, it was so hot that I stopped a few minutes at the Tuileries Gardens. What an astonishing view one has from the Tuileries Gardens!
3. And what were you doing while you waited for me?
4. I was chatting with your friend Nicole. She introduced me to her aunt. She's a very charming woman.
5. Tell me, how long had you known Michel before coming to France?

6. For more than two years. I met him when I was a student at the university.
7. While he was doing an M.A. in English, I was taking two courses of French literature at the same university.
8. We would often go for long walks together.
9. During those walks, he used to speak a great deal about you.
10. I had been wanting to meet you since my arrival in Paris.

B. *Écrivez une composition sur une de vos promenades préférées, en employant le plus souvent possible l'imparfait. Vous pouvez parler, par exemple:*

1. des endroits où vous alliez (parc, jardin botanique, zoo, quartier. . .)
2. des ami(e)s que vous rencontriez.
3. des choses que vous aimiez voir particulièrement.

En conclusion, vos impressions après chaque promenade.

VI. DICTÉE

A tirer de la onzième situation.

Des quais de la Seine à Versailles

NEUVIÈME LECTURE

Paris, c'est Notre-Dame pour certains, la Tour Eiffel pour d'autres, mais les quais ont enchanté la plupart des poètes, touristes et flâneurs du monde entier. C'est le royaume des bouquinistes, des libraires d'occasion, des pêcheurs, des amoureux et aussi des sans-logis, des clochards que la Seine hospitalière accueille sur ses berges et sous ses ponts.

Le long des quais, dans les parcs, sur les bancs, partout, toutes les générations viennent faire l'apprentissage de la tendresse. La France est peut-être le seul

3 **le royaume** kingdom
  le bouquiniste bookseller
  le libraire d'occasion second-hand bookseller
  le pêcheur fisherman
4 **le sans-logis** homeless one

  le clochard tramp
  accueille welcomes
5 **la berge** bank
  le pont bridge
6 **le banc** bench

CENT SOIXANTE-QUINZE

pays sur la terre où les amoureux s'embrassent sur les bancs, dans la rue, devant tout le monde. Même les agents vont deux par deux comme les amoureux. Il faut les voir avec leurs longues pèlerines. . . on dirait des hirondelles!

Une autre chose a beaucoup surpris Paul au début de son séjour en France: les Français se serrent toujours la main — à tout moment — quand ils se rencontrent et quand ils se quittent. Ils se disent même plusieurs fois «au revoir», car ils aiment bavarder et, chaque fois, on se serre la main pour la dernière fois.

Mais ce qui a le plus enthousiasmé Paul, c'est le château de Versailles. Il y est allé avec son ami Michel. Ordre, élégance, majesté, toute la France est là! Quelle œuvre d'art! L'intérieur se compose de 4 700 pièces décorées de marbres, de bois sculptés, de peintures et de tapisseries.

Dans la partie centrale du palais, se trouve la fameuse Galerie des Glaces qui donne sur le parc. Dix-sept hautes fenêtres l'éclairent. C'est là que, le 18 janvier 1871, le roi de Prusse, Guillaume Ier, a été proclamé empereur d'Allemagne — c'est là également que, le 28 juin 1919, a été signé le traité de paix entre les Alliés et l'Allemagne.

Quant au parc, c'est le chef-d'œuvre de Le Nôtre. Coupé de quarante-quatre kilomètres de routes, il a une superficie de mille hectares. Mais ce qu'il faut voir, c'est le spectacle «Son et Lumière» que l'on offre pendant la saison. Sortant de l'ombre, le palais du Roi-Soleil apparaît ruisselant de lumière. A la musique de Lulli et de Marc-Antoine Charpentier, les Grandes Eaux jouent dans tous les bassins: le Grand Siècle revit. . .

C'est à la tombée de la nuit que Paul et Michel ont pris le chemin de retour. Déjà les lumières de la ville éclatent comme des bourgeons. La nuit, la Tour Eiffel est splendide, mais Paul ne se lasse pas de contempler la perspective depuis la Place du Carrousel — formée par les deux ailes du Louvre — jusqu'à l'Arc de Triomphe de l'Étoile, en passant par la place de la Concorde et les Champs-Élysées. C'est assurément la plus belle perspective du monde!

8 **la terre** earth
10 **la pèlerine** cape
  on dirait (*lit.,* one would say) they look like
  l'hirondelle *f.* swallow
11 **le séjour** stay
12 **se serrer la main** to shake hands
17 **la pièce** room
19 **la Galerie des Glaces** Hall of Mirrors
20 **donne sur** overlooks
24 **quant au** as for the
  André Le Nôtre *French designer of gardens and parks, 1613–1700*
25 **la superficie** surface, area
  un hectare 2.47 *acres*

26 **Son et Lumière** Sound and Light
27 **l'ombre** *f.* shadow, darkness
  ruisselant streaming, dripping
28 **Jean-Baptiste Lulli** *French composer, 1632–1687*
  Marc-Antoine Charpentier *French composer, 1636?–1704*
29 **le bassin** fountain
  revit lives again
30 **la tombée de la nuit** nightfall
31 **éclatent** burst
  le bourgeon bud
32 **ne se lasse pas** does not tire

Questionnaire

1. Qu'est-ce que la Seine accueille sur ses berges et sous ses ponts?
2. A quoi ressemblent les agents de police?
3. Pourquoi ressemblent-ils à des hirondelles?
4. Qu'est-ce qui a beaucoup surpris Paul au début de son séjour en France?
5. Pourquoi les Français se disent-ils plusieurs fois "au revoir"?
6. Avec qui Paul est-il allé voir le château de Versailles?
7. De quoi se compose l'intérieur du château?
8. Comment les pièces sont-elles décorées?
9. Qu'est-ce qu'il y a dans la partie centrale du palais?
10. Sur quoi donne la Galerie des Glaces?
11. Quand Guillaume Ier a-t-il été proclamé empereur d'Allemagne?
12. Quand a été signé le traité de paix entre les Alliés et l'Allemagne?
13. Qui a dessiné le parc du palais de Versailles?
14. Quelle en est la superficie?
15. Quel spectacle offre-t-on pendant la saison?
16. Comment apparaît alors le palais du Roi-Soleil?
17. Quand Paul et Michel ont-ils pris le chemin du retour?
18. Quelle est la plus belle perspective du monde?

Dans la cuisine

12 DOUZIÈME LEÇON

I. PRÉSENTATION

Conversation *(Bande 12)*

NICOLE: Paul. . . ? Voulez-vous m'aider à préparer le repas?

PAUL: Bien sûr, ma chère Nicole. Qu'est-ce que vous croyez? Qu'évidemment je ne sais pas faire la cuisine?

NICOLE: Mais non. Pas du tout. Aujourd'hui, au menu: comme hors-d'œuvre, des ramequins; ensuite, des filets de sole avec des pommes de terre persillées; une laitue et comme dessert, une mousse au chocolat. Ça vous va?

PAUL: Absolument.

(Nicole ouvre son petit livre de recettes et lit:)

LES RAMEQUINS

Les ustensiles: un bol
Pour remuer, se servir d'une cuillère en bois
4 ramequins (petits récipients creux allant au four)

	Les produits:	3 œufs frais
		3 cuillerées à soupe de gruyère râpé
		4 cuillerées à soupe de crème fraîche
		une pincée de sel
		une noisette de margarine au fond de chaque ramequin
	Durée de cuisson:	25 minutes dans un four chaud

NICOLE: Écoutez-moi attentivement. Mettez les trois œufs, les jaunes et les blancs, dans un bol avec une pincée de sel. Ajoutez trois bonnes cuillerées de gruyère râpé puis quatre cuillerées de crème fraîche.

PAUL: Je mélange le tout énergiquement?

NICOLE: Exactement. C'est une vieille recette que les braves grand-mères se passent de bouche à oreille. On peut y ajouter ses propres ingrédients: des crevettes, du homard, des petits morceaux de poivrons rouges ou verts . . . du jambon haché, etc. . . . A chacun son goût.

PAUL: Je crois que, grâce à vos bonnes recettes, je vais devenir un grand cuisinier.

NICOLE: C'est une recette qui n'est pas chère mais qui assure une victoire certaine.

Situation

Les bonnes recettes, on les trouve naturellement dans les livres de cuisine, mais on se les passe aussi de bouche à oreille. Les Françaises et souvent les Français sont de bons cuisiniers. Savez-vous pourquoi? C'est parce que la marchandise est bonne en France. C'est aussi parce que les Français savent faire leur marché. On ne choisit pas un chou, un poireau, de l'ail, de l'échalote, une viande, un poisson au hasard. C'est tout un art. Chacun a également sa façon de rôtir un poulet (à l'estragon ou farci aux tomates), d'accommoder de cent manières une viande ou un poisson ou de rouler une pâte à tarte. La cuisine, pour les Français, exige toujours un certain savoir-faire . . .

VOCABULAIRE FONDAMENTAL

accommoder to accommodate, adapt; to get ready, prepare; to cook; to dress (food)
ail *m.* garlic
le chou cabbage
demeurer to remain; to dwell, live
échalote *f.* shallot, scallion
également equally, also, too
estragon *m.* tarragon
farci stuffed

hasard *m.* chance, hazard
livre de cuisine *m.* cookbook
manière *f.* manner, way, sort, kind
marchandise *f.* merchandise, commodity, goods, wares
naturellement naturally
pâte *f.* paste, dough, batter
poireau *m.* leek
poisson *m.* fish
rôtir to roast
rouler to roll
savez-vous? do you know?
savoir-faire *m.* know-how

Questionnaire

Répondez aux questions suivantes:

A. Questions sur les textes: *(Bande 12)*

1. Où est Paul?
2. Que va-t-il faire?
3. Qu'y a-t-il aujourd'hui au menu?
4. Qu'est-ce que Nicole ouvre?
5. Quels ustensiles Nicole prépare-t-elle pour faire les ramequins?
6. Quels produits prépare-t-elle?
7. Quelle est la durée de la cuisson?
8. Qu'est-ce que Nicole ajoute aux trois œufs dans le bol?
9. Que peut-on ajouter à cette recette?
10. Est-ce une vieille recette?

B. Questions générales

1. Où trouve-t-on les bonnes recette de cuisine?
2. Pourquoi les Françaises sont-elles de bonnes cuisinières?
3. Êtes-vous un bon cuisinier ou une bonne cuisinière?
4. Quelle est votre recette préférée?
5. Quels sont les aromates et les condiments que vous préférez?

Dialogue

Demandez à un(e) étudiant(e):

1. si elle (s'il) sait faire la cuisine.
2. quelle est sa recette préférée.
3. quels produits utilise-t-elle (il).
4. quel est son menu préféré.
5. de nommer les différents ustensiles que l'on trouve dans une cuisine.
6. de nommer les épices qu'elle (il) préfère.
7. les aromates qu'elle (il) emploie.
8. si elle (s'il) fait la cuisine au beurre ou à la margarine, et pourquoi.

II. EXPRESSIONS A RETENIR

à chacun son goût	each to his own taste, everyone to his taste, to each his own (taste)
au fond de	at the bottom of, in the rear (back) of
au hasard	at random, haphazardly
au menu	on the menu
ça vous va?	does that suit you?
de cent manières	in a hundred ways
être un(e) bon(ne) cuisinier (cuisinière)	to be a good cook
faire la cuisine	to cook
grâce à	thanks to, owing to
rouler une pâte à tarte	to roll out (a) pie dough
se passer (quelque chose) de bouche à oreille	to pass on (something) by word of mouth
se servir de	to make use of, to use
une cuillère en bois	a wooden spoon
une cuillerée à soupe	a tablespoonful

III. PRONONCIATION *(Bande 12)*

[ʒ] as in **auberge** [obɛrʒ], **jeune** [ʒœn].

Répétez:

âge [ɑʒ]
angine [ɑ̃ʒin]
boulangerie [bulɑ̃ʒri]
changer [ʃɑ̃ʒe]
déménager [demenaʒe]
énergiquement [enɛrʒikmɑ̃]
étage [etaʒ]
fromage [frɔmaʒ]
général [ʒeneral]
gigot [ʒigo]
gorge [gɔrʒ]
mélange [melɑ̃ʒ]
rouge [ruʒ]

ajouter [aʒute]
aujourd'hui [oʒurdɥi]
bijou [biʒu]
bonjour [bɔ̃ʒur]
déjà [deʒa]
jamais [ʒamɛ]
jambon [ʒɑ̃bɔ̃]
jardin [ʒardɛ̃]
jaune [ʒon]
jeudi [ʒødi]
joli [ʒɔli]
jour [ʒur]
jouer [ʒwe]
journal [ʒurnal]

Note that the letter **g** in combinations **ge, gi, gy** has the soft [ʒ] sound; in other combinations, **g** is pronounced [g]: **garçon** [garsɔ̃], **margarine** [margarin], **goût** [gu], **escargot** [ɛskargo], **aigu** [egy], **légume** [legym], **grippe** [grip], **gros** [gro], **grand** [grɑ̃].

IV. GRAMMAIRE ET EXERCICES

57. Formation des adverbes (Formation of Adverbs)

ADJECTIF			ADVERBE
absolu			**absolument**
facile			**facilement**
grave			**gravement**
tendre			**tendrement**
vrai			**vraiment**

But

actif	>	active	**activement**
complet	>	complète	**complètement**
égal	>	égale	**également**
exact	>	exacte	**exactement**
heureux	>	heureuse	**heureusement**
léger	>	légère	**légèrement**
naturel	>	naturelle	**naturellement**
parfait	>	parfaite	**parfaitement**

Adverbs are formed regularly by adding **-ment** to the *masculine* singular form of the adjective if it ends in a vowel. If it ends in a consonant, **-ment** is added to the *feminine* form of the adjective.[1]

Adjectives ending in **-ant** or **-ent** form adverbs by dropping **-nt** and adding **-mment:**

constan*t*	**constamment**	*constantly*
couran*t*	**couramment**	*fluently*
éviden*t*	**évidemment**	*evidently*
récen*t*	**récemment**	*recently*

58. Place des adverbes (Position of Adverbs)

(a) Ils arrivent **fréquemment** en retard.
On les vend **séparément** ou en carnets.
Elles nous écoutent **attentivement.**
Il est **constamment** malade.

---

1. A few adverbs change final **e** of the adjective to **é**:

énorme	**énormément**	*enormously*
précis	**précisément**	*precisely*
profond	**profondément**	*profoundly*

Nicole m'aidait **souvent** à faire la cuisine.
Ils prenaient **toujours** l'apéritif avant de dîner.

Adverbs normally follow the verb in simple tenses.[1]

(b) 1. Le bijoutier a **déjà** réparé ma montre.
Ma mère n'a pas **encore** fait son marché.
Michel m'a **souvent** parlé de vous.
Elles ont **toujours** préparé le repas ensemble.

In compound tenses, such adverbs as **souvent, bien, déjà, toujours, encore, mal** stand between the auxiliary verb and the past participle.

2. Un de mes oncles m'a téléphoné **hier.**
Êtes-vous descendu très **tôt** ce matin?
Je suis venu **ici** pour m'amuser.
Elles sont arrivées **récemment** d'Europe.
Elle les a mélangés **énergiquement.**

Certain adverbs of time and place (such as **aujourd'hui, hier, tard, tôt, ici, là, partout**) and most adverbs ending in **-ment** generally follow the past participle in the compound tenses.[2]

Note: Adverbial phrases (such as **tout de suite, de bonne heure**) follow the past participle (or an object):

Ils se sont levés **de bonne heure.**
Il a commandé son dîner **tout de suite.**

EXERCICE A

Répétez les phrases suivantes en mettant les adjectifs indiqués à la forme adverbiale:

MODÈLE: Cette perspective est étonnante. (absolu)
Cette perspective est **absolument** étonnante.

1. Nous passons notre temps à bavarder. (général)
2. Je vais participer à cette discussion. (actif)
3. On peut y ajouter ses propres ingrédients. (égal)
4. Nous avions peur d'être en retard. (tel)

---

1. When an object follows the verb, the adverb may follow the verb or the object:

   Elle prépare **immédiatement** le repas.
   Elle prépare le repas **immédiatement.**

2. With noun objects, these adverbs usually have the same position as in English:

   J'ai écrit la lettre **hier.**
   Il a fait son travail **ici.**

DOUZIEME LEÇON

5. Pierre m'a parlé de vous.   (constant)
6. Les Françaises sont de bonnes cuisinières.   (évident)
7. Ont-ils choisi ce qu'ils voulaient?   (exact)
8. Il faisait chaud hier.   (vrai)
9. On nous les donne avec chaque paquet.   (automatique)
10. C'est ce qu'il m'a dit.   (précis)
11. Elle me faisait attendre.   (fréquent)
12. Les parents de Nicole sont riches.   (énorme)
13. Elles ont regardé le plan de métro.   (attentif)
14. Il est venu des États-Unis.   (récent)
15. Chacun a sa façon de le préparer.   (naturel)
16. Il a répondu à toutes nos questions.   (immédiat)

EXERCICE B   (Bande 12)

Répétez les phrases suivantes en employant les adverbes indiqués:

MODÈLE: Michel me parlait de vous.   (constamment)
          Michel me parlait **constamment** de vous.

1. Je croyais que c'était votre recette.   (également)
2. Nous jouions ensemble au football.   (souvent)
3. Que faisiez-vous pendant ce temps-là?   (généralement)
4. Elle est dans sa cuisine.   (déjà)
5. Nicole se couche très tard.   (toujours)
6. Ces jeunes gens voyagent en avion.   (fréquemment)
7. Dites-le-moi, je vous en prie.   (tout de suite)
8. Vous avez le temps d'y aller!   (sûrement)
9. Ces produits se vendent à New York.   (partout)
10. C'est là que nous nous sommes rencontrés.   (précisément)
11. Mélangez le tout!   (bien)
12. Est-ce qu'on se les passe de bouche à oreille?   (ordinairement)
13. Donnez-nous de vos nouvelles.   (encore)
14. De temps en temps, elles viennent pour regarder un film.   (ici)

EXERCICE C   (Bande 12)

Mettez les phrases suivantes au passé composé:

1. Je pensais toujours à elle et je lui écrivais souvent.
2. Ils m'écoutaient attentivement avant de parler.
3. Paul comprend bien tout cela.
4. Vos grands-parents reviennent-ils directement?
5. Ne remets-tu pas encore ta composition au professeur?
6. Est-elle parfaitement contente de son appartement?
7. Pierre me parlait longuement de son projet.

8. Nous les cherchons partout sans les trouver.
9. Elles marchent lentement vers le parc.
10. Je viens ici pour suivre des cours.
11. Mes parents vont rarement au cinéma.
12. Le médecin l'examine tout de suite.

EXERCICE D

Répondez aux questions suivantes selon le modèle en employant les adverbes indiqués:

MODÈLE: Savez-vous ce qu'il cherchait?   (précisément)
         Oui, je sais précisément ce qu'il cherchait.

1. As-tu trouvé ce que tu voulais?   (exactement)
2. Ce train va-t-il à Lyon?   (directement)
3. Vous êtes-vous amusé à les relire?   (bien)
4. Est-ce que c'était son idée?   (certainement)
5. Vous a-t-elle présenté à son amie?   (déjà)
6. Est-ce que tu avais peur d'être en retard?   (tellement)
7. Écrivez-vous de longues lettres à vos parents?   (souvent)
8. Les banques sont-elles fermées le lundi?   (toujours)
9. Les Français rentrent-ils chez eux pour déjeuner?   (généralement)
10. Avons-nous le temps de tout voir?   (sûrement)
11. Votre sœur parle-t-elle français?   (couramment)
12. Vous reste-t-il de belles chambres à louer?   (encore)

59. Place des adjectifs (Position of Adjectives — continued)

The meaning of some adjectives varies according to position (whether they precede or follow the noun they modify). The most common of these are:[1]

un **ancien** professeur	l'histoire **ancienne**
a former professor	*ancient history*
un **brave** homme	un homme **brave**
a good (kind) man	*a brave man*
une **certaine** chose	une victoire **certaine**
a certain thing	*a sure victory*
ma **chère** amie	une voiture **chère**
my dear friend	*an expensive automobile*
un **grand** cuisinier	une femme **grande**
a great cook	*a tall woman*

---

1. Observe that most of such adjectives follow the noun in their literal meaning.

le **même** jour
the same day
un **pauvre** garçon
a poor boy (unfortunate)
ma **propre** chambre
my own room
la **dernière** semaine du mois
the last week of the month

le jour **même**
the very day
un garçon **pauvre**
a poor boy (financially)
une chambre **propre**
a clean room
la semaine **dernière**
last week

EXERCICE E   (Bande 12)

Répétez les phrases suivantes en employant les adjectifs indiqués:

1. Je suis invité chez mon amie Paulette.   (cher)
2. C'est une recette qui assure une victoire.   (certain)
3. On peut toujours y ajouter ses ingrédients.   (propre)
4. Le semestre prochain je vais suivre un cours d'histoire.   (ancien)
5. Cette femme est malade depuis longtemps.   (pauvre)
6. Le jour où je voulais y aller, il n'y avait plus de places. (même)
7. Nous avons passé la semaine à New York.   (dernier)
8. Verlaine était un poète symboliste.   (grand)
9. Avez-vous des chambres dans votre immeuble?   (propre)
10. Le Louvre était une résidence royale.   (ancien)
11. Donnez quelque chose à manger à cet homme.   (pauvre)
12. Paul et Michel étaient étudiants à l'université.   (même)
13. Nicole a aussi acheté deux robes.   (cher)
14. Il y a un poème dans ce livre que j'aime beaucoup.   (certain)
15. Les grand-mères se les passent de bouche à oreille.   (brave)

60. Verbe irrégulier «croire» (Irregular Verb «croire» "to believe, to think")

PRÉSENT DE L'INDICATIF

je crois	nous croyons
tu crois	vous croyez
il (elle) croit	ils (elles) croient

IMPÉRATIF	IMPARFAIT	PASSÉ COMPOSÉ
crois	je croyais	j' ai cru
croyez	tu croyais	tu as cru
croyons	il (elle) croyait, etc.	il (elle) a cru, etc.

EXERCICE F

Répétez les phrases suivantes en employant les pronoms indiqués:

1. Je crois pouvoir y aller. (nous)
2. Elle croyait que c'était une bonne recette. (je)
3. Tu l'as cru, non? (vous)
4. Il croit que le courrier vient d'arriver. (elles)
5. Nous croyions qu'il faisait chaud. (il)
6. Ils ont cru bien faire. (elle)
7. Ne croyez-vous pas à ces histoires-là? (tu)
8. Elles croyaient que tu étais malade. (nous)
9. Nous avons cru pouvoir le faire. (je)
10. Elle croit que c'est tout un art. (ils)

V. COMPOSITION

A. *Dites, puis écrivez en français:*

1. Cooking has always been an art for the French. It's a thing which they do energetically and with love.
2. They believe that one does not become a good cook easily.
3. Good cooks are persons who really know how to prepare a tasty meal and who do their marketing well.
4. They do not select their meat, fish or vegetables haphazardly. They look everywhere for products that are good, that are fresh and that are not too expensive.
5. When they finally buy them, they have already looked at them attentively and have examined them completely.
6. Good cooks have their own way of roasting a chicken or of preparing meat or fish in a hundred different ways.
7. Their recipes always guarantee a sure victory for their meals.
8. One can find ordinarily good French recipes in newspapers, magazines, or in cookbooks. But the old recipes which mothers pass on by word of mouth to their sons and daughters are generally excellent.
9. The children frequently add their own ingredients and condiments to these family recipes.
10. They believe that by using their mother's recipes and by reading them attentively, they too will become (**deviendront**), one day, great cooks.

B. Écrivez une lettre à un(e) de vos ami(e)s dans laquelle vous lui parlez du déjeuner ou du dîner que vous avez préparé à l'occasion du départ d'un(e) ami(e) commun(e). Vous pouvez adopter le plan suivant et parler:

1. des hors-d'œuvre que vous avez servis.
2. de la viande et des légumes que vous avez préparés.
3. de la laitue et des fromages que vous avez offerts.
4. du délicieux dessert (un gâteau, une mousse, une glace . . .) que vous avez confectionné.

En conclusion, vous profitez de cette lettre pour lui communiquer une de vos recettes préférées.

VI. DICTÉE

A tirer de la douzième situation.

La Bande dessinée (I)

10 DIXIÈME LECTURE

UNE AVENTURE D'ASTÉRIX LE GAULOIS: LE DEVIN[1]

Apprenons à lire une vignette

C'est un dessin limité par un trait noir (facultatif). Ce trait noir s'appelle **un encadré**.

3 **le trait** rule, line   4 **facultatif** optional

1. The illustrations in Lectures 10, 11, and 12 are from *Astérix le Gaulois — Le Devin*, drawings by Uderzo, text by Goscinny, reproduced by permission of Dargaud Éditeur Paris.

Sur le dessin, il y a plusieurs textes:

— Quand le texte est logé dans un rectangle, on l'appelle un **cartouche.** Le cartouche précise le lieu, le moment de l'action:

Le texte dans le cartouche s'appelle un **commentaire.**

Quand le texte est entouré d'un trait au tracé net, on l'appelle un **ballon.**

Le ballon est toujours relié au personnage par un **appendice.**

Quand le texte est entouré d'un tracé flou, c'est une **bulle.** Certaines bandes dessinées n'ont pas de bulles.

— Il y a aussi des **onomatopées** et toutes sortes d'interjections. Une onomatopée est un mot qui suggère par imitation phonétique la chose dénommée. Les onomatopées forment aussi des interjections **(boum! floc! pan! pouf!).**

10 **précise**	pinpoints	15 **relié**	linked
le lieu	place	16 **flou**	blurred
13 **entouré**	surrounded	21 **suggère**	suggests
net	clear, straight		

Liste des principales onomatopées françaises

atchoum!	floc, floc!	patapouf!	tac!
boum!	frou-frou!	patatras!	tam-tam!
brrraomm!	glou-glou!	pouf!	taratata!
chut!	han, hi-han!	poum!	teuf-teuf!
cocorico!	miam-miam!	psst!	tic-tac!
coin coin!	miaou!	rataplan!	toc-toc!
coucou!	ouah!	ronron!	tra la la la la!
cui-cui!	pan!	splatch!	vlan!
ding-din-dong!			

Répondez aux questions suivantes:

1. Qu'est-ce qu'une vignette?
2. Qu'est-ce qu'un encadré?
3. Qu'est-ce qu'un cartouche?
4. Que précise un cartouche?
5. Comment s'appelle le texte d'un cartouche?
6. Qu'est-ce qu'un ballon?
7. Qu'est-ce qu'une bulle?
8. Qu'est-ce que c'est qu'une onomatopée?
9. Donnez les équivalents en anglais des principales onomatopées françaises.

Demain, c'est dimanche

13 TREIZIÈME LEÇON

I. PRÉSENTATION

Conversation   *(Bande 13)*

NICOLE: En général, le dimanche je fais la grasse matinée.
PAUL: Et demain? C'est dimanche. Qu'est-ce que vous ferez?
NICOLE: Je ferai la grasse matinée.
PAUL: A quelle heure vous lèverez-vous?
NICOLE: Je me lèverai à onze heures.
PAUL: Et ensuite?
NICOLE: J'écouterai la radio. . . Je prendrai ma douche. . . Je m'occuperai de ma beauté. . . .
PAUL: Et puis? Je suis curieux. . .
NICOLE: Si j'ai le temps, je rangerai mon petit appartement. Je ferai mon lit, je commencerai à ranger mes affaires, je m'habillerai. . . .
PAUL: Et après?

NICOLE: Dès qu'il sera midi, j'irai à l'église.
PAUL: Puis-je vous demander ce que vous ferez après la messe?
NICOLE: Bien sûr! j'irai chez le pâtissier pour acheter des croissants et un gâteau.
PAUL: Où mangerez-vous?
NICOLE: Si j'ai du travail, je resterai chez moi et je mangerai chez moi. Mais d'habitude, nous mangeons chez mon amie Michèle avec ses parents.
PAUL: Et l'après-midi?
NICOLE: S'il pleut, nous irons au cinéma ou à un concert.
PAUL: Et le soir?
NICOLE: Je me préparerai un bon petit dîner. . . . Oh! simple. . . ! Je ne mange pas beaucoup le soir. Je fais attention à ma ligne!
PAUL: Et dans la soirée?
NICOLE: Je regarderai une pièce et le journal télévisé! Mais pourquoi toutes ces questions, Paul?
PAUL: Pouvons-nous sortir ensemble dimanche prochain?
NICOLE: Pourquoi pas? Vous pouvez toujours me téléphoner dans la semaine. Nous pourrons parler de ce que nous ferons.
PAUL: D'accord!

Situation

Demain, c'est dimanche. Nicole ira chez ses parents. Elle fera la grasse matinée. Son père lavera sa voiture pendant que sa mère préparera le déjeuner. Après le déjeuner, Nicole se coupera une robe et lira les magazines qu'elle n'a pas pu lire pendant la semaine. S'il fait beau, toute la famille ira faire une promenade dans la forêt. Le soir, Nicole préparera un bon petit dîner. Après le dîner, elle aidera sa mère à faire la vaisselle et à l'essuyer. Elle regardera un peu de télévision. Elle se couchera tôt car demain, c'est lundi, le premier jour de la semaine: elle a toujours beaucoup de travail le lundi.

VOCABULAIRE FONDAMENTAL

couper to cut, to cut out
déjeuner *m.* lunch
elle lira she will read
essuyer to wipe, wipe away, wipe up, dry
forêt *f.* forest
il fait beau the weather is nice
lundi *m.* Monday
mère *f.* mother
père *m.* father
vaisselle *f.* plates and dishes, crockery

Questionnaire

Répondez aux questions suivantes:

A. Questions sur les textes *(Bande 13)*
1. Qu'est-ce que Nicole fait le dimanche?
2. Demain, c'est dimanche. . .que fera-t-elle?
3. A quelle heure se lèvera-t-elle?
4. Que fera-t-elle ensuite?
5. Que rangera-t-elle si elle a le temps?
6. Que commencera-t-elle à ranger?
7. A quelle heure ira-t-elle à l'église?
8. Que fera-t-elle après la messe?
9. Qu'est-ce que Nicole fera si elle a du travail?
10. Que fera-t-elle l'après-midi?
11. Et le soir?
12. Qu'est-ce que Nicole fera dans la soirée?
13. Pourquoi Nicole demande-t-elle à Paul de lui téléphoner dans la semaine?

B. Questions générales
1. Que faites-vous le dimanche?
2. Que ferez-vous dimanche prochain?
3. A quelle heure vous levez-vous en général?
4. A quelle heure vous lèverez-vous dimanche prochain?
5. Que faites-vous d'habitude le dimanche après-midi?
6. Que ferez-vous dimanche prochain dans l'après-midi?
7. En général, que faites-vous le dimanche soir?
8. Que ferez-vous dimanche prochain dans la soirée?

Dialogue

Demandez à un(e) étudiant(e):

1. ce qu'il (elle) fait en général le dimanche matin.
2. à quelle heure il (elle) se lève.
3. ce qu'il (elle) fait lorsqu'il (elle) fait la grasse matinée.
4. ce qu'il (elle) fait d'habitude le dimanche soir.
5. s'il (si elle) mange souvent en ville le dimanche soir.
6. pourquoi il (elle) aime ou n'aime pas les dimanches.

II. EXPRESSIONS A RETENIR

avoir de la ligne	to have a good figure
couper une robe	to cut out a dress

d'habitude	ordinarily, usually
en général	in general, generally
faire attention à	to pay attention to, be careful of
faire attention à sa ligne	to watch one's figure
faire la grasse matinée	to stay in bed late (all morning), sleep late, get up late
faire la vaisselle	to wash (do) the dishes
faire le lit	to make the bed
prendre une douche	to take a shower
préparer le déjeuner (le dîner)	to prepare lunch (dinner)
ranger ses affaires	to put one's things away, put one's things back in place
ranger un appartement (une chambre)	to straighten up (tidy up) an apartment (a room)
s'occuper de	to attend to, look after, take care (charge) of

III. PRONONCIATION (Bande 13)

[ʃ] as in **chaque** [ʃak], **chose** [ʃoz], **dimanche** [dimɑ̃ʃ].

Répétez:

acheter [aʃte]
bouche [buʃ]
chambre [ʃɑ̃bʀ]
château [ʃato]
chaud [ʃo]
cheminée [ʃ(ə)mine]
chercher [ʃɛʀʃe]
chère [ʃɛʀ]
chez [ʃe]
chiffre [ʃifʀ]
chocolat [ʃɔkɔla]
choisir [ʃwaziʀ]
choix [ʃwa]

chou [ʃu]
coucher [kuʃe]
douche [duʃ]
échalote [eʃalɔt]
enchanté [ɑ̃ʃɑ̃te]
fraîche [fʀɛʃ]
gauche [goʃ]
haché [aʃe]
marchande [maʀʃɑ̃d]
marcher [maʀʃe]
prochain [pʀɔʃɛ̃]
sèche [sɛʃ]
tranche [tʀɑ̃ʃ]

IV. GRAMMAIRE ET EXERCICES

61. Futur (Future)

To form the future of regular verbs, add the future endings to the infinitive:

GRAMMAIRE ET EXERCICES

parler

je	parler**ai**	*I shall (will) speak*
tu	parler**as**	*you will speak*
il (elle)	parler**a**	*etc.*
nous	parler**ons**	
vous	parler**ez**	
ils (elles)	parler**ont**	

finir

je	finir**ai**	*I shall (will) finish*
tu	finir**as**	*you will finish*
il (elle)	finir**a**	*etc.*
nous	finir**ons**	
vous	finir**ez**	
ils (elles)	finir**ont**	

vendre

je	vendr**ai**	*I shall (will) sell*
tu	vendr**as**	*you will sell*
il (elle)	vendr**a**	*etc.*
nous	vendr**ons**	
vous	vendr**ez**	
ils (elles)	vendr**ont**	

Note: In **-re** verbs, the final **e** of the infinitive is dropped before the endings are added: **vendre — je vendrai.**

Irregular future of verbs studied thus far:

aller:	irai, iras, ira, irons, irez, iront
avoir:	aurai, auras, aura, aurons, aurez, auront
être:	serai, seras, sera, serons, serez, seront
faire:	ferai, feras, fera, ferons, ferez, feront
venir:	viendrai, viendras, viendra, viendrons, viendrez, viendront
vouloir:	voudrai, voudras, voudra, voudrons, voudrez, voudront

EXERCICE A

Refaites les phrases suivantes selon le modèle:

MODÈLE: Je **vais passer** un an à Paris.
　　　　Je **passerai** un an à Paris.

1. On va vous les montrer tout de suite.
2. Demain matin, je vais faire la grasse matinée.
3. Nous allons rester chez nous ces deux jours-là.

4. Elle va s'occuper de sa beauté.
5. Vas-tu prendre une douche ce matin?
6. Je vais commencer à ranger mes affaires.
7. Allez-vous regarder un peu de télévision?
8. Elles vont aider leur mère à faire la vaisselle.
9. Nicole va se couper une nouvelle robe.
10. Elles vont nous préparer un bon petit dîner.
11. Nous allons manger chez nous ce soir.
12. Il va en louer un là-bas.
13. Ils vont sortir ensemble dimanche prochain.
14. Allez-vous être content de le revoir?
15. Je vais les mettre dans le même paquet.
16. Elle va lire les magazines pendant la semaine.

EXERCICE B (Bande 13)
Répétez les phrases suivantes en remplaçant le présent par le futur:

MODÈLE: Il **loue** une chambre chez Mme Sauvin.
          Il **louera** une chambre chez Mme Sauvin.

1. Je vais à l'université de bonne heure.
2. Ils ne veulent pas le faire.
3. A-t-elle encore de la place?
4. Avant de se coucher, il met son pyjama.
5. Grâce à vos bonnes recettes, je deviens un bon cuisinier.
6. Nous jouons ensemble au football.
7. En attendant, je regarde le journal télévisé.
8. Nous sommes bien ici, non?
9. Que faites-vous pendant ce temps-là?
10. Je lui téléphone immédiatement.
11. Ils partent vers onze heures.
12. Viens-tu me voir cet après-midi?
13. Je lui écris de temps en temps.
14. Le médecin l'examine dans le cabinet de consultation.

62. Emplois du futur (Uses of the Future)

(a) Demain je me **lèverai** à onze heures.
Après le dîner, **il aidera** sa mère à faire la vaisselle.
Pourrons-nous y aller la semaine prochaine?
Ils **seront** ici dans une heure.
En t'attendant, je **laverai** ma voiture.
Nous **sortirons** ensemble dimanche prochain.

The future tense is generally used to express or imply an action or state in the future.

198 GRAMMAIRE ET EXERCICES

(b) **Quand je finirai** mon travail, je **regarderai** un peu de télévision.
Lorsque le facteur viendra, il nous **apportera** le courrier.
Aussitôt qu'il fera beau, nous **ferons** une promenade dans la forêt.
Dès qu'il sera midi, j'**irai** à l'église.

The future is used after **quand** and **lorsque** *(when)*, **aussitôt que** and **dès que** *(as soon as)*, whenever futurity is implied.

(c) Si j'ai le temps, je **rangerai** mon petit appartement.
S'il **pleut,** nous **irons** au cinéma.
Si elle **va** chez le pâtissier, elle **achètera** un gâteau.
Ils **arriveront** juste à temps s'ils vous **quittent** maintenant.

When making a conjecture about the future, the future tense is used in the result clause, but the present is used in the **si** clause, when **si** means *if*.

Note: When **si** means *whether,* the future is used in the **si** clause. Such usage corresponds closely to English:

Je ne sais pas si je **pourrai** me baigner.
I don't know whether I shall be able to go bathing.
Je me demande s'ils **viendront.**
I wonder whether they will come.

(d) Nous **partons demain.**
We're leaving tomorrow.
Elle **va** se coucher tôt **ce soir.**
She's going to go to bed early tonight.

Future time may also be expressed by the present tense (when future is clearly indicated) or by **aller** + infinitive.

EXERCICE C   *(Bande 13)*

Refaites les phrases suivantes en employant les mots indiqués:

MODÈLE: Je suis grand. J'achète une voiture.   (Lorsque)
          Lorsque je serai grand, j'achèterai une voiture.

1. On a de bons produits. On peut préparer un bon repas.   (Quand)
2. Je rentre chez moi. Je vous téléphone.   (Dès que)
3. Il est malade. Il consulte un médecin.   (Lorsque)
4. Vous sortez la voiture. Je ferme la porte.   (Aussitôt que)
5. Tu viens nous chercher. Nous te la montrons.   (Quand)
6. Elle trouve son adresse. Elle vous la donne.   (Dès que)
7. Il me la demande. Je la lui apporte.   (Lorsque)

TREIZIÈME LEÇON

8. Il fait chaud. Nous allons nous baigner.   (Dès que)
9. Elles vont en ville. Elles font des achats.   (Quand)
10. Vous revenez. Nous commençons à travailler.   (Aussitôt que)
11. Elle m'écrit. Je réponds à sa lettre.   (Lorsque)
12. Leurs amis arrivent. Ils partent en voiture. (Dès que)
13. Elle se lève. Elle range ses affaires.   (Quand)

EXERCICE D   *(Bande 13)*

Transformez les phrases suivantes selon le modèle:

MODÈLE: Elle a des chambres. Elle vous en loue une.
          Si elle **a** des chambres, elle vous en **louera** une.

1. Tu m'aides à faire le marché. Je te prépare un bon petit déjeuner.
2. Nous partons maintenant. Nous arrivons à l'heure.
3. Elle ne rentre pas trop tard. Elle vient vous voir.
4. Il pleut ce soir. Je reste chez moi.
5. Vous me téléphonez dans la semaine. Nous pouvons parler.
6. Tu me donnes tes provisions. Je les mets dans le filet.
7. Elle a le temps. Elle range son petit appartement.
8. Il fait chaud. Nous allons nous baigner.
9. Il vend sa maison. Il en achète une autre.
10. Nous ne sortons pas. Nous regardons la télévision.
11. Tu te lèves tôt. Nous sortons ensemble.
12. Elle ne va pas chez ses parents. Je l'invite à dîner chez moi.
13. Nous commençons à bavarder. Nous ne finissons pas notre travail.
14. Vous avez des enveloppes. Je vous en prends une douzaine.
15. Elles vous écrivent. Répondez-vous à leurs lettres?

EXERCICE E

Répondez aux questions suivantes:

1. Qu'achèterez-vous si on vous donne cent dollars?
2. Que lirez-vous si vous avez le temps?
3. Que ferez-vous s'il fait beau demain?
4. Que direz-vous à votre amie si elle vous appelle au téléphone?
5. Que répondrez-vous si on vous invite à aller à un concert?
6. A quel magasin irez-vous si vous voulez un gâteau?
7. Quelles cigarettes prendrez-vous si vous allez dans un bureau de tabac?
8. Que ferez-vous si vous restez chez vous?

63. Verbes en «-cer» et «-ger» (Verbs Ending in «-cer» and «-ger»)

(a) Verbs ending in **-cer** (**commencer** *to begin*) change **c** to **ç** before **a** or **o** in order to retain the [s] sound in all their forms:

commençant	*beginning*
nous commençons	*we begin*
je commençais	*I was beginning*
il commençait	*he began*
elles commençaient	*they used to begin*

But

elle commence	*she begins*
vous commenciez	*you used to begin*

(b) Verbs ending in **-ger** (**manger** *to eat*) change **g** to **ge** before **a** or **o** in order to retain the soft [ʒ] sound in all their forms:

mangeant	*eating*
nous mangeons	*we're eating*
je mangeais	*I was eating*
il mangeait	*he ate*
elles mangeaient	*they used to eat*

But

elle mange	*she eats*
vous mangiez	*you used to eat*

EXERCICE F

Répétez les phrases suivantes en remplaçant le présent par l'imparfait:

MODÈLE: Elle lui **annonce** mon arrivée.
          Elle lui **annonçait** mon arrivée.

1. Il s'efforce de suivre votre plan.
2. De temps en temps elle rédige un article pour son journal.
3. Ces étudiants ne prononcent pas bien.
4. D'habitude nous ne mangeons pas beaucoup le soir.
5. Nicole commence à préparer le déjeuner.
6. Ils se dirigent vers l'Arc du Carrousel.
7. Parfois ma montre avance et d'autres fois elle retarde.
8. Je range toujours mon appartement avant de sortir.
9. Elles renoncent entièrement à ce projet.
10. Où change-t-on de train?
11. Jeannette me force à danser.
12. Songes-tu à y aller?
13. Il les mélange énergiquement.

64. Verbe irrégulier «pouvoir» (Irregular Verb «pouvoir» "to be able")

PRÉSENT DE L'INDICATIF

je peux (puis)[1]	nous pouvons
tu peux	vous pouvez
il (elle) peut	ils (elles) peuvent

IMPARFAIT	FUTUR	PASSÉ COMPOSÉ
je pouvais	je pourrai	j' ai pu
tu pouvais	tu pourras	tu as pu
il (elle) pouvait	il (elle) pourra	il (elle) a pu
etc.	etc.	etc.

EXERCICE G (Bande 13)

Répétez les phrases suivantes en employant les pronoms indiqués:

1. Pouvez-vous m'aider à préparer le repas?   (tu)
2. Elle ne pouvait pas se lever ce matin.   (je)
3. S'il pleut, nous pourrons aller au cinéma.   (ils)
4. Il n'a pas pu les lire pendant la semaine.   (nous)
5. Nous ne pouvons pas y aller.   (elles)
6. En marchant, elles pouvaient bavarder.   (nous)
7. Je n'ai pas pu ranger mes affaires.   (il)
8. Tu pourras parler de ce que tu feras.   (vous)
9. Ils peuvent en louer une chez Mme Sauvin.   (elle)
10. Nous ne pouvions pas croire cela.   (je)
11. Elle n'a pas pu déménager hier.   (ils)

V. COMPOSITION

A. *Dites, puis écrivez en français:*

1. What will you do tomorrow Nicole, if you don't have any work?
2. I'll stay in bed late; I won't get up before eleven o'clock.
3. As soon as I get up, I'll take my shower and get dressed.
4. If I have time, I'll straighten up my room.
5. I'll put my things away, and then I'll phone my friend Michèle.
6. While my mother prepares lunch, Michèle and I will talk about what we'll do in the afternoon.

---

1. **puis** is used in the interrogative: **Puis-je?**

7. Michèle does not know whether she will be able to come to my house before two o'clock.
8. When Michèle arrives, we'll go out together. Where will we go?
9. If the weather is nice, we'll go for a long walk or we'll go bathing.
10. If it rains, we'll go to the movies or we'll stay home and watch a little television.
11. In the evening, we'll prepare a good dinner for ourselves. But we will not eat too much **(trop)** because we're beginning to watch our figure.
12. After dinner, Michèle will help me [to] wash the dishes.
13. As soon as she leaves, I'll go to bed.

B. *Le week-end approche. Vous raconterez ce que vous ferez dimanche et ce que feront vos parents ou vos ami(e)s. Vous pourrez parler, par exemple:*

1. de ce que vous ferez le dimanche matin.
2. des occupations de vos parents ou de vos ami(e)s dans la matinée.
3. de ce que vous ferez dans l'après-midi s'il fait beau.
4. de la façon dont vous passerez la soirée.

En conclusion, vous parlerez, d'une façon générale, des joies que vous éprouvez pendant les week-ends.

VI. DICTÉE

A tirer de la treizième situation.

La Bande dessinée (II)

ONZIÈME LECTURE

UNE AVENTURE D'ASTÉRIX LE GAULOIS: LE DEVIN

A. Présentation

Répondez aux questions suivantes:

1. Quelle carte avez-vous à la page suivante?
2. Comment s'appellent les différents fleuves?
3. Comment s'appelle Lutèce de nos jours?
4. Comment le U romain est-il formé?
5. En quelle année sommes-nous?
6. Comment est la Gaule?
7. Qu'est-ce qui résiste encore et toujours à l'envahisseur?
8. Comment s'appellent les camps des légionnaires romains?
9. Qu'est-ce qu'un aquarium?

NOTE TO INSTRUCTORS: Lectures 11 and 12 (*La Bande dessinée*) appear in consecutive order in the book. These two units may, however, be presented as separate readings after Lessons 13 and 14.

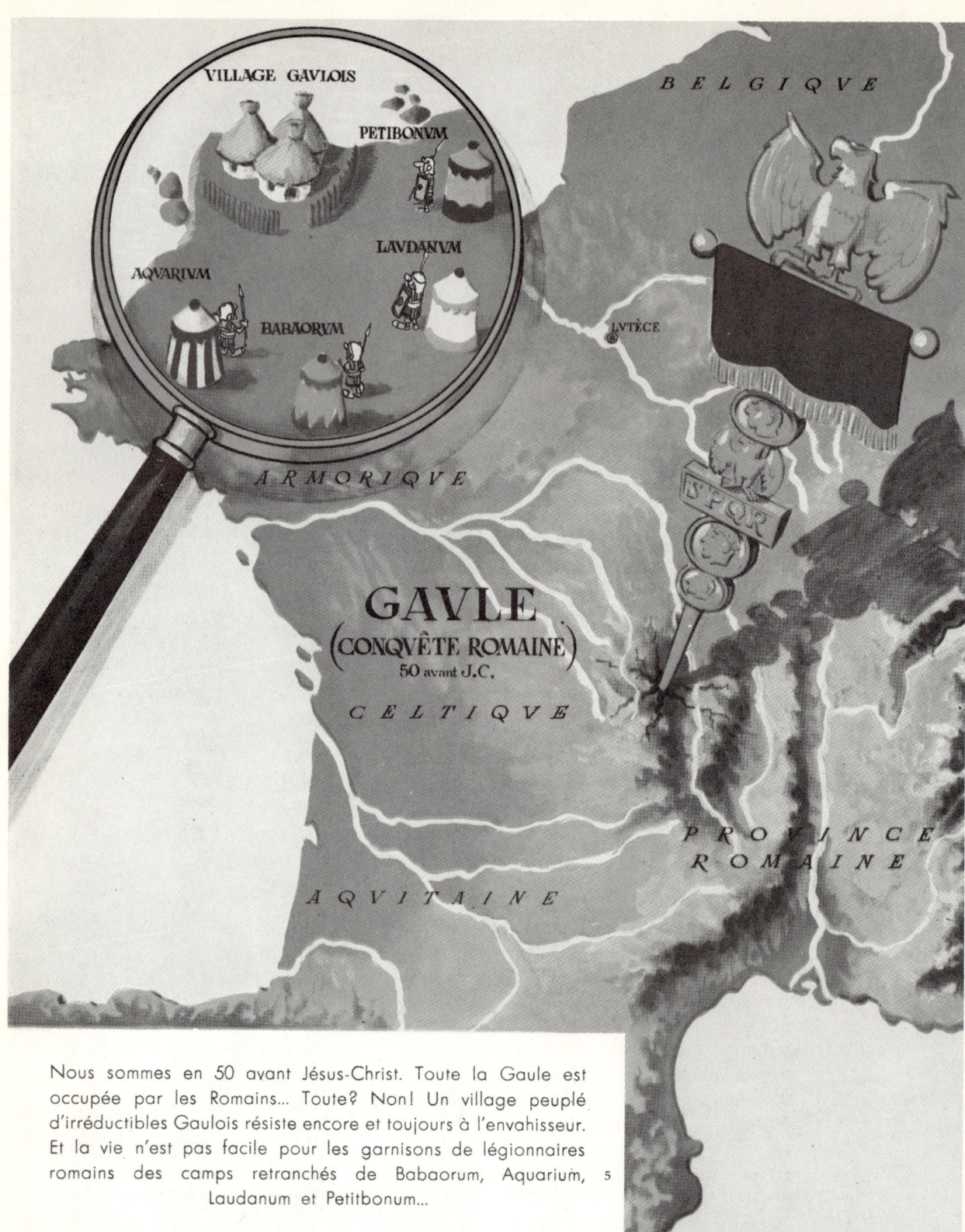

Nous sommes en 50 avant Jésus-Christ. Toute la Gaule est occupée par les Romains... Toute? Non! Un village peuplé d'irréductibles Gaulois résiste encore et toujours à l'envahisseur. Et la vie n'est pas facile pour les garnisons de légionnaires romains des camps retranchés de Babaorum, Aquarium, Laudanum et Petitbonum...

UNE AVENTURE D'ASTÉRIX LE GAULOIS: LE DEVIN

10. Comment s'appelle la mer qui se trouve au sud de la carte?
11. Comment s'appelle l'océan qui se trouve à l'ouest de la carte?
12. Qu'est-ce qui vous permet de voir distinctement le village gaulois et les camps romains sur la carte?

B. Quelques Gaulois

Répondez aux questions suivantes selon le devin à la page suivante:

1. Comment s'appellent les principaux chefs gaulois?
2. Comment s'appelle le héros de ces aventures?
3. Décrivez-le physiquement et intellectuellement.
4. Qu'est-ce qui lui a donné sa force surhumaine?
5. Qui est Obélix?
6. Que livre-t-il?
7. Que porte-t-il sur son dos?
8. Qu'aime-t-il particulièrement?
9. Qui est Panoramix?
10. Que cueille-t-il?
11. Que prépare-t-il?
12. Quelle est sa plus grande réussite?
13. Qui est Assurancetourix?
14. Qu'est-ce qu'un barde?
15. Quelles sont les opinions sur son talent?
16. Comment est-il quand il ne dit rien?
17. Qui est Abraracourcix?
18. Quelles sont ses qualités?
19. Que craint-il?
20. Quelle est sa remarque favorite?

---

3 **l'envahisseur** *m.* invader
4 **les garnisons** *m.* garrisons
5 **retranchés** entrenched

QUELQUES GAULOIS...

Astérix, le héros de ces aventures. Petit guerrier à l'esprit malin, à l'intelligence vive, toutes les missions périlleuses lui sont confiées sans hésitation. Astérix tire sa force surhumaine de la potion magique du druide Panoramix...

Obélix, est l'inséparable ami d'Astérix. Livreur de menhirs de son état, grand amateur de sangliers. Obélix est toujours prêt à tout abandonner pour suivre Astérix dans une nouvelle aventure. Pourvu qu'il y ait des sangliers et de belles bagarres.

Panoramix, le druide vénérable du village, cueille le gui et prépare des potions magiques. Sa plus grande réussite est la potion qui donne une force surhumaine au consommateur. Mais Panoramix a d'autres recettes en réserve...

Abraracourcix, enfin, est le chef de la tribu. Majestueux, courageux, ombrageux, le vieux guerrier est respecté par ses hommes, craint par ses ennemis. Abraracourcix ne craint qu'une chose : c'est que le ciel lui tombe sur la tête, mais comme il le dit lui-même : « C'est pas demain la veille ! »

Assurancetourix, c'est le barde. Les opinions sur son talent sont partagées : lui, il trouve qu'il est génial, tous les autres pensent qu'il est innommable. Mais quand il ne dit rien, c'est un gai compagnon, fort apprécié...

La Bande dessinée (III)

DOUZIÈME LECTURE

EXPLOITATION DES VIGNETTES D'UNE PAGE D'ASTÉRIX

Questionnaire

A. Exploitation technique

1. Combien y a-t-il de vignettes dans la page suivante?
2. Combien y a-t-il de cartouches? Dans quelles vignettes?
3. Combien y a-t-il de ballons?

---

1 **le guerrier** warrior
2 **malin** cunning
3 **confiées** entrusted
5 **le livreur** delivery man
  le menhir monolith
8 **le sanglier** wild boar
  pourvu que provided that
  les bagarres *m.* brawls
9 **cueille** (*v.* **cueillir**) gathers

9 **le gui** mistletoe
10 **la réussite** success
14 **la tribu** tribe
  ombrageux suspicious
16 **craint** (*v.* **craindre**) feared
19 **partagés** divided
20 **innommable** vile
  la veille the day before

EXPLOITATION DES VIGNETTES D'UNE PAGE D'ASTÉRIX

4. Pourquoi la vignette 1 est-elle plus grande que les autres?
5. Quelle est la qualité principale des cinq vignettes?
6. Qu'est-ce qui vous frappe le plus dans les vignettes 1 et 5? Qu'est-ce que cette onomatopée essaie d'imiter?
7. Quel est le personnage qui est mis en relief dans la vignette 2? Pourquoi?
8. Pourquoi n'y a-t-il qu'un seul personnage dans la vignette 3?
9. Combien y a-t-il de personnages en tout?
10. Quels sont les principaux personnages que vous pouvez identifier?

B. Exploitation du texte

Vignette 1

1. De quoi ont peur les Gaulois?
2. Par quoi ce petit village est-il écrasé?
3. Combien y a-t-il de huttes dans le petit village?
4. A quel moment de la journée éclate l'orage?
5. Qu'est-ce qui indique que l'orage est violent? Y a-t-il du vent, des éclairs, du tonnerre, de la pluie?
6. Résumez en quelques mots le cartouche de la vignette.

Vignette 2

1. Où sont réunis les notables?
2. Où se trouve le chef de la tribu dans la vignette?
3. Où est le druide des Gaulois?
4. Quel est l'état d'esprit de tous les notables?
5. Pourquoi Obélix est-il le seul à ne pas avoir peur? Pourquoi ce contentement?
6. Quelle est l'attitude d'Astérix? Est-il perplexe? A quoi pense-t-il?

Vignette 3

1. Quelle est l'argumentation qu'offre notre héros aux notables assemblés?
2. Par qui est-il interrompu dans sa harangue?

Vignette 4

1. Que suggère Assurancetourix?
2. Est-ce véritablement le moment de chanter? Pourquoi? Pourquoi pas?
3. Quelle est la réaction d'Astérix devant la suggestion du barde?

---

6 **écrasé** flattened
  effroyable frightening
  l'orage *m.* storm
10 **s'abat** swoops down

15 **fou** crazy
18 **le dieu** god
19 **le tonnerre** *m.* thunder

210 DOUZIÈME LECTURE

Vignette 5

1. Par quoi est interrompue la question du barde?
2. Décrivez la scène.

Vignette 6

1. Que dit le plus vieux des notables?
2. Que fait la belle Gauloise?
3. Qu'ajoute l'autre Gaulois?

Confidences

QUATORZIÈME LEÇON

I. PRÉSENTATION

Conversation *(Bande 14)*

MICHÈLE: Nicole, je dois te faire une confidence. . . je suis amoureuse. . . .

NICOLE: Je suis heureuse que tu me fasses cette confidence. Je suis ta meilleure amie. C'est merveilleux! C'est la plus belle chose qui puisse t'arriver!

MICHÈLE: Comme je suis folle de joie que tu sois là, que tu me comprennes, que tu saches les sentiments que j'éprouve pour. . .

NICOLE: Je suis si contente que tu sois heureuse. Je souhaite que ça marche. Comment est-il?

MICHÈLE: Il est grand, un peu plus grand que Belmondo, aussi beau que Louis Jourdan, moins riche que Charles Aznavour. . .

NICOLE: Quand as-tu rencontré ce bel oiseau rare?

MICHÈLE: Il y a un peu plus de quinze jours. . .

NICOLE: Vous vous voyez souvent?

MICHÈLE: Le plus souvent possible. C'est le premier, le seul, l'unique homme que j'aime! Je m'étonne qu'il ne me téléphone pas encore. . .

NICOLE: Il te téléphone tous les jours?

MICHÈLE: Non, mais, par contre, il exige que je lui téléphone tous les jours. . .
Il veut que nous nous mariions au printemps. . . Tu te rends compte?
NICOLE: Je suis surprise que tu veuilles te marier si jeune. Et tes études? Et ton avenir? Et ta carrière?
MICHÈLE: Je ne veux pas que tu me parles comme cela, Nicole. Je l'aime, . . . aujourd'hui plus qu'hier et bien moins que demain. . .
NICOLE: Nous ne devons pas nous disputer. Comment s'appelle-t-il?
MICHÈLE: Chut! C'est mon secret. Et tu es la dernière personne à qui je veuille confier un secret.
NICOLE: Merci! . . . C'est le moins que je puisse dire.

Situation

Michèle doit faire une confidence à Nicole, sa meilleure amie. Elle est folle de joie que Nicole soit là, qu'elle la comprenne et qu'elle sache qu'elle aime ce beau garçon. Elle l'a rencontré il y a environ quinze jours. Il est exigeant. Il exige que Michèle lui téléphone tous les jours et il veut qu'ils se marient au printemps. Nicole est surprise que Michèle veuille se marier si rapidement. Nicole a envie que Michèle lui confie son nom. N'est-elle pas sa meilleure amie? Mais . . . chut! Les secrets sont les secrets et moins on en dit, mieux c'est.

VOCABULAIRE FONDAMENTAL

envie f. wish, desire, longing; envy
environ about
exigeant exacting, hard to please, overparticular
mieux better, best
rapidement rapidly, fast

Questionnaire

Répondez aux questions suivantes:

A.   Questions sur les textes *(Bande 14)*

1. Que dit Michèle à Nicole?
2. Pourquoi Nicole est-elle heureuse?
3. Pourquoi Michèle est-elle folle de joie?
4. Pourquoi Nicole est-elle si contente?
5. Que souhaite-elle?
6. Comment est le garçon en question?
7. Quand Michèle a-t-elle rencontré ce bel oiseau rare?
8. Se voient-ils souvent?
9. Est-ce le premier homme que Michèle aime?
10. Est-ce qu'il lui téléphone tous les jours?

11. Que veut-il?
12. De quoi Nicole est-elle surprise?
13. Comment Michèle aime-t-elle ce beau garçon?
14. Comment s'appelle-t-il? Que répond Michèle?

B. Questions générales

1. Êtes-vous amoureux ou amoureuse?
2. Comment s'appelle-t-elle (il) sans indiscrétion?
3. Comment est-elle (il)?
4. Quand avez-vous l'intention de vous marier?
5. Qui est Belmondo? Louis Jourdan? Charles Aznavour?
6. Qui est votre meilleur(e) ami(e)?

Dialogue

Demandez à un(e) étudiant(e):

1. à qui elle (il) fait ses confidences.
2. si elle (s'il) est amoureuse (amoureux).
3. si ça marche.
4. qui est son acteur (actrice) préféré(e).
5. ce qu'elle (il) a l'intention de faire plus tard.
6. si, à son avis *(opinion)*, le mariage doit être retardé à cause des études ou d'une carrière.

II. EXPRESSIONS A RETENIR

à cause de	on account of, because of
à son avis	in his (her) opinion
au printemps	in the spring
avoir envie de	to desire
avoir envie de faire quelque chose	to feel like doing something; to want to do something
confier un secret à quelqu'un	to tell (confide) a secret to someone
en question	in question
être amoureux (amoureuse) de quelqu'un	to be in love with (enamored of) someone
être fou (folle) de joie	to be overjoyed, to be wild with delight, to be crazy with joy
être retardé	to be put off; to be delayed; to be deferred
faire une confidence à quelqu'un	to tell a secret to someone, take someone into one's confidence

le plus souvent possible	as often as possible
par contre	on the other hand, by contrast
quinze jours	two weeks
se marier avec quelqu'un	to marry someone; to get married
se rendre compte de	to realize

III. PRONONCIATION *(Bande 14)*

[ɲ] as in **campagne** [kɑ̃paɲ], **signe** [siɲ].

Répétez:

a**gn**eau [aɲo]	li**gn**e [liɲ]
bai**gn**er [bɛɲe]	monta**gn**e [mɔ̃taɲ]
bour**gu**i**gn**on [buʀgiɲɔ̃]	pei**gn**er [pɛɲe]
colo**gn**e [kɔlɔɲ]	sai**gn**ant [sɛɲɑ̃]
espa**gn**ol [ɛspaɲɔl]	soi**gn**er [swaɲe]

IV. GRAMMAIRE ET EXERCICES

65. Comparaison des adjectifs et des adverbes (Comparison of Adjectives and Adverbs)

(a) Comparative

>Paul a **une plus grosse température que** Nicole.
>Il fait **moins chaud** aujourd'hui **qu'**hier.
>Ce garçon est **aussi beau que** son père.
>Cette recette n'est pas **aussi (si) bonne que** l'autre.
>Vous allez au théâtre **plus (moins, aussi) souvent que** moi.
>Elle ne nage pas **aussi (si) bien que** son amie.

>The comparative of an adjective or adverb is formed by placing **plus** *(more)*, **moins** *(less)*, **aussi** *(as)* — or optional **si** *(so)* in a negative comparison — before the adjective or adverb and **que** *(than, as)* after it.

>*Note:*

>(1) Before an infinitive, **que de** is equivalent to *than:*

>>Il est plus agréable de faire la grasse matinée **que de se lever** tôt.
>>Il est plus difficile de skier **que de patiner** *(skate)*.

>(2) Before a number or an expression of quantity, **plus de** *(more than)* or **moins de** *(less than)* is used:

>>Nous nous connaissons depuis **plus de deux ans.**
>>Il y a **moins de six mois** que je suis ici.

EXERCICE A

Formez des phrases complètes avec les mots indiqués, en effectuant les changements nécessaires:

MODÈLE: / amie / Caroline / être / intelligent / amie / Isabelle.   (plus)
L'amie de Caroline est plus intelligente que l'amie d'Isabelle.

1. / cours / Robert / être / difficile / cours / Antoine.   (aussi)
2. / valises / Jeannette / être / léger / valises / Marie.   (plus)
3. / travail / Jean / être / fastidieux / travail / Michel.   (moins)
4. / chambre / Nicole / sembler / petit / chambre / Josette.   (aussi)
5. Elles / aller / passer / trois / semaines / Paris.   (plus)
6. / parents / ces garçons / ne . . . pas être / jeune / parents / ces enfants.   (si)
7. Ils / y rester / cinq mois.   (moins)
8. / timbres / André / être / beau / timbres / Paul.   (plus)
9. Mme Sauvin / parler / anglais / bien / sa / fille.   (aussi)
10. / fiancé / Michèle / ne . . . pas être / riche / fiancé / Jacqueline.   (si)
11. / robes / Brigitte / être / élégant / robes / Monique.   (moins)
12. / mère / Françoise / être / charmant / mère / Virginie.   (aussi)

EXERCICE B   *(Bande 14)*

Répondez aux questions suivantes selon les modèles:

MODÈLES: Robert est studieux. Mais est-il aussi studieux que Paul?
Non, il n'est pas si studieux que Paul. Il est moins studieux.

1. Cette route est bonne. Mais est-elle aussi bonne que l'autre?
2. Il fait chaud aujourd'hui. Mais fait-il aussi chaud aujourd'hui qu'hier?
3. Le pain italien est croustillant. Mais est-il aussi croustillant que le pain français?
4. Cette robe-ci me va bien. Mais me va-t-elle aussi bien que cette robe-là?
5. Dijon est grand. Mais est-il aussi grand que Paris?
6. Tu vas souvent au cinéma. Mais vas-tu au cinéma aussi souvent que Michèle?
7. L'anglais est difficile. Mais est-il aussi difficile que l'allemand?
8. Vos fils sont exigeants. Mais sont-ils aussi exigeants que vos filles?
9. Monique est jolie. Mais est-elle aussi jolie que sa mère?

EXERCICE C

Complétez les phrases suivantes avec les équivalents français des mots indiqués:

1. Ces fleurs sont *(more beautiful than)* les roses que vous avez achetées.
2. Elle a marché *(as rapidly as)* lui.
3. Mon journal est beaucoup *(less complete than)* le vôtre.
4. Cette robe coûte *(more than)* vingt-cinq dollars.

5. Mon appartement n'est pas *(as large as)* votre appartement.
6. Il est plus facile de faire ceci *(than to do)* cela.
7. Je l'aime aujourd'hui *(more than)* hier et bien *(less than)* demain.
8. Ses parents sont-ils *(as rich as)* ses grands-parents?
9. Nous avons travaillé *(less than)* trois heures.
10. Cette brochure est *(more instructive than)* les autres.
11. Vous n'apprenez pas *(as quickly as)* elle.
12. La France est beaucoup *(smaller than)* les États-Unis.

(b) Superlative

C'est **le timbre le plus rare** de sa collection.
Paris est peut-être **la plus belle ville** du monde.
Ces exercices sont **les plus difficiles** de la leçon.
Nicole est **la moins exigeante** de ses amies.
Ce sont **les pièces les moins importantes** de Corneille.
Paul y va **le plus souvent.**
Il m'a écrit **le plus cordialement** de tous.
Elle nous écoute **le moins attentivement** de toutes les jeunes filles.

The superlative of an adjective is formed by placing the proper form of the definite article before the comparative. In the superlative of adverbs, the definite article is always **le**. After a superlative, **de** is equivalent to *in* or *of*.

Note:

(1) Comparatives and superlatives retain their normal positions. If a superlative follows a noun modified by a definite article, both the noun and adjective take the definite article:

une plus belle chambre
la plus belle chambre

But

un étudiant plus intelligent
l'étudiant le plus intelligent

(2) After a possessive, the definite article is omitted if the adjective precedes the noun:

ma plus belle robe
sa plus chère amie

But

notre édition la plus complète
son poème le plus intéressant

(c) Irregular comparison

The following are compared irregularly:

ADJECTIF:	**bon** (*f.* **bonne**)	**meilleur(e)**	**le meilleur** (**la meilleure**)
	good	*better*	*best*
ADVERBES:	**bien**	**mieux**	**le mieux**
	well	*better*	*best*
	beaucoup	**plus**	**le plus**
	much	*more*	*most*
	mal	**plus mal (pis)**	**le plus mal (le pis)**
	badly, poorly	*worse*	*worst*
	peu	**moins**	**le moins**
	little, few	*less, fewer*	*least, fewest*

EXERCICE D *(Bande 14)*

Répétez les phrases suivantes en mettant les adjectifs au superlatif:

MODÈLE: C'est une belle avenue.
          C'est la plus belle avenue.

1. C'est une petite ville.
2. C'est un homme riche.
3. C'est une vieille université.
4. Ce sont des hôtels modernes.
5. C'est un bon vin.
6. C'est une perspective étonnante.
7. C'est un grand poète.
8. Ce sont des cours difficiles.
9. C'est une longue route.
10. C'est un train rapide.
11. C'est un bel arbre.
12. C'est une histoire intéressante.
13. Ce sont de jolis cadeaux.
14. C'est un gros immeuble.
15. Ce sont des oiseaux rares.
16. C'est une robe élégante.

EXERCICE E

Complétez les phrases suivantes en mettant **bon** *ou* **bien** *au comparatif:*

1. Ce journal est bon, mais l'autre est _____.
2. Nicole comprend bien l'anglais, mais sa mère le comprend _____.
3. Votre idée est bonne, mais son idée est _____.

4. Ils travaillent bien, mais Paul travaille _____.
5. Les vins de Provence sont bons, mais les vins de Bourgogne sont _____.
6. Il connaît bien ces jeunes filles, mais vous les connaissez _____.
7. Le jambon est bon aux États-Unis, mais il est _____ en France.
8. Paulette parle bien le français, mais son père le parle _____.
9. Vos recettes sont bonnes, mais ses recettes sont _____.
10. Cette robe te va bien, mais l'autre te va _____.
11. Les hôtels sont bons dans ce quartier, mais ils sont _____ en ville.
12. Jacqueline patine bien, mais Pierre patine _____.
13. Monique est une bonne amie, mais Madeleine est une _____ amie.
14. Nous mangeons bien chez nous, mais nous mangeons _____ chez nos parents.
15. Les Italiennes sont de bonnes cuisinières, mais les Françaises sont de _____ cuisinières.

66. Verbe irrégulier «devoir» (Irregular Verb «devoir» "to owe; must")

PRÉSENT DE L'INDICATIF

je dois	nous devons
tu dois	vous devez
il (elle) doit	ils (elles) doivent

IMPARFAIT	FUTUR	PASSÉ COMPOSÉ
je devais	je devrai	j' ai dû
tu devais	tu devras	tu as dû
il (elle) devait	il (elle) devra	il (elle) a dû
etc.	etc.	etc.

EXERCICE F

Répétez les phrases suivantes en employant les pronoms indiqués:

1. Combien elle vous doit? (nous)
2. Je dois te faire une confidence. (elle)
3. Est-ce que tu devras tout recommencer? (ils)
4. Quand devait-elle partir? (tu)
5. Il a dû retarder son mariage à cause de ses études. (je)
6. Nous ne devons pas nous disputer. (elles)
7. Elle devait lui téléphoner hier. (nous)
8. Ils ont dû le faire. (vous)
9. Vous ne devez pas me parler comme cela. (tu)
10. Nous devrons étudier pour nos examens. (il)

67. Emplois du verbe «devoir» (Uses of «devoir»)

(a) Combien je vous **dois** pour les billets?
Tu me **devras** cinq dollars.

When not followed by an infinitive, **devoir** means *to owe*.

(b) When followed by an infinitive, **devoir** has various meanings, depending on tense and context:

1. Je **dois** faire mes provisions pour le week-end.
   I must (have to) do my (food) shopping for the weekend.
   Nous **devrons** nous dépêcher si nous ne voulons pas être en retard.
   We'll have to hurry if we don't want to be late.
   Elle **a dû** apporter sa montre chez le bijoutier pour la faire réparer.
   She had to bring her watch to the jeweler's to have it repaired.

   Devoir is used to express necessity.

2. Nicole n'est pas chez elle; elle **doit** être à l'université.
   Nicole is not at home; she must be (probably is) at the university.
   Il faisait chaud hier; ils **ont dû** aller se baigner.
   It was hot yesterday; they must have gone (probably went) bathing.

   Devoir is used to express probability.

3. Il **doit** partir ce soir.
   He is to (is supposed to) leave tonight.
   Elles **devaient** arriver hier.
   They were to (were supposed to) arrive yesterday.

   Devoir is used to express expectation.

4. On **doit** toujours avoir de la patience.
   One should (must) always have patience.
   Quand on fait une promesse, on **doit** la tenir.
   When one makes a promise, one should (must) keep it.

   Devoir is used to express duty or obligation.

EXERCICE G   (Bande 14)

Répétez les phrases suivantes en employant la forme convenable de **devoir**:

MODÈLE: Il **est obligé de** se lever très tôt.
          Il **doit** se lever très tôt.

1. Je suis obligé de lui écrire une autre lettre.
2. Elle a été obligée de recopier sa composition.
3. Tu seras obligé de le faire plus tard.

4. Elles sont obligées de rester chez elles ce soir.
5. Le médecin a été obligé de me faire une ordonnance.
6. Vous serez obligé de mettre votre code postal sur l'enveloppe.
7. Nous sommes obligées d'aider notre mère à faire la vaisselle.
8. Il sera obligé de ranger ses affaires.
9. As-tu été obligé de lui en parler?
10. Êtes-vous obligé de partir immédiatement?
11. Je serai obligé de lui confier mon secret.
12. Elles ont été obligées de prendre l'avion.
13. Il est obligé de lui téléphoner tous les jours.
14. Nous serons obligés de réserver nos places.
15. Ont-ils été obligés de modifier leur projet?

EXERCICE H

Refaites les phrases suivantes selon le modèle:

MODÈLE: Le facteur **a probablement livré** le courrier.
          Le facteur **a dû livrer** le courrier.

1. Elles ont probablement passé le week-end chez leurs amies.
2. Il a probablement été invité à la soirée.
3. Vous êtes probablement resté chez vous ces deux jours-là.
4. Nicole a probablement trouvé ce qu'elle cherchait.
5. Ils se sont probablement mariés l'année dernière.
6. Tu lui as probablement communiqué une de tes recettes préférées.
7. Nous avons probablement fait sa connaissance.
8. Je vous ai probablement donné un mauvais numéro.
9. Elle est probablement partie hier.
10. Ils sont probablement sortis ensemble.
11. Tu les as probablement rencontrés à l'université.
12. Vous avez probablement ajouté vos propres ingrédients.
13. Paul a probablement pris les billets.
14. Elles sont probablement arrivées à l'heure.

EXERCICE I

*Complétez les phrases suivantes en employant le verbe **devoir** dans ses différents sens:*

1. (owe me)   Ils _____ deux cents francs.
2. (has to)   Elle _____ faire ses provisions pour la semaine.
3. (must be)   Michel n'est pas chez lui. Il _____ à l'université.
4. (are supposed to) Ils _____ aller au cinéma demain.
5. (will have to)   Nos amis nous attendent. Nous _____ partir tout de suite.

6. (must have)   Il faisait beau ce matin. Toute la famille _____ faire une promenade dans la forêt.
7. (was supposed to)   Elle _____ venir me voir hier soir.
8. (must)   Tu _____ penser aussi à ton avenir.
9. (had to)   Nicole ne se sentait pas bien. Elle _____ rester chez elle.
10. (are probably)   Nous ne les voyons pas. Elles _____ absentes.
11. (is to)   Paul _____ me téléphoner aujourd'hui.
12. (should)   On _____ toujours avoir de la patience.
13. (had to)   Je _____ étudier pour mes examens.
14. (must not)   Nous _____ nous disputer.

68. Présent du subjonctif (Present Subjunctive)

(a) To form the present subjunctive of all regular and most irregular verbs, add the subjunctive endings to the stem of the third person plural of the present indicative:

PRÉSENT DE L'INDICATIF   PRÉSENT DU SUBJONCTIF

ils **parlent**
(que) je parle   nous parlions
tu parles   vous parliez
il (elle) parle   ils (elles) parlent

ils **finissent**
(que) je finisse   nous finissions
tu finisses   vous finissiez
il (elle) finisse   ils (elles) finissent

ils **vendent**
(que) je vende   nous vendions
tu vendes   vous vendiez
il (elle) vende   ils (elles) vendent

(b) The present subjunctive of **avoir** and **être**:

j' aie   je sois
tu aies   tu sois
il (elle) ait   il (elle) soit
nous ayons   nous soyons
vous ayez   vous soyez
ils (elles) aient   ils (elles) soient

(c) Irregular subjunctives

aller: aille, ailles, aille, allions, alliez, aillent
croire: croie, croies, croie, croyions, croyiez, croient
devoir: doive, doives, doive, devions, deviez, doivent
écrire: écrive, écrives, écrive, écrivions, écriviez, écrivent

faire:	fasse, fasses, fasse, fassions, fassiez, fassent
mettre:	mette, mettes, mette, mettions, mettiez, mettent
pouvoir:	puisse, puisses, puisse, puissions, puissiez, puissent
venir:	vienne, viennes, vienne, venions, veniez, viennent
vouloir:	veuille, veuilles, veuille, voulions, vouliez, veuillent

Note:

(1) The present subjunctive is usually equivalent in English to a present, a future, or to *may* plus verb:

Je m'étonne que tu **veuilles** te marier si jeune.
I'm surprised that you want to get married so young.
Nicole souhaite qu'il **fasse** beau demain.
Nicole hopes that the weather will be nice tomorrow.

(2) The subjunctive mood expresses an action, an event, or a state that is uncertain, doubtful, desirable, possible, emotional, or subjective.

(3) The subjunctive is used in a subordinate clause introduced by **que** *(that)* — which is never omitted in French — and is dependent upon the verb or idea of the main clause suggesting the moods described above:

Il **faut** que je te **fasse** une confidence.
It's necessary that I take you (I must take you) into my confidence.
Il **est important** que tu te **rendes** compte de cela.
It's important (that) you realize that.
Il **se peut (Il est possible)** qu'elle vous **téléphone** ce soir.
It's possible (that) she'll phone you tonight.
Je **suis si content(e)** que tu **sois** heureuse.
I'm so pleased (glad) that you're happy.
Elle doute qu'ils **sachent** le faire.
She doubts (that) they know how to do it.

69. Emplois du subjonctif (Uses of the Subjunctive)

(a) **Marie regrette que son amie soit** malade.
Je suis heureuse que tu me fasses cette confidence.
Nous sommes si contents que vous alliez mieux.
Elle s'étonne qu'il ne lui téléphone pas encore.
Nicole est surprise que Michèle veuille se marier si rapidement.
C'est dommage que vous ne puissiez pas rester plus longtemps.
J'ai peur qu'il n'y ait plus de places.[1]

---

1. After verbs of fearing used affirmatively, the subjunctive verb in the **que** clause may be preceded by **ne** (without negative value):

   J'ai peur que vous (ne) soyez en retard.
   I'm afraid (that) you'll be late.

The subjunctive is used after expressions of emotion (sorrow, joy, surprise, pity, fear, anger, and so on).

(b) Je ne veux pas que tu me parles comme cela.
Ma mère désire que je l'aide à préparer le repas.
Nous souhaitons qu'il fasse beau demain.
Nicole a envie que Michèle lui confie son nom.
Elle exige qu'il lui téléphone tous les jours.
Nos parents ne permettent pas que nous sortions le soir.
Le médecin ordonne qu'elle reste au lit pendant vingt-quatre heures.
Le professeur défend que nous fumions (smoke) en classe.

The subjunctive is used after verbs of will or volition (wishing, desiring, permitting, commanding, prohibiting, and so on).[1]

(c) C'est la plus belle chose qui puisse t'arriver.
C'est le cours le plus difficile que nous suivions.
C'est peut-être la meilleure recette qu'il y ait dans ce livre de cuisine.
Tu es la dernière personne à qui je veuille confier un secret.
C'est le seul homme qui me comprenne.

The subjunctive is used after a superlative or an adjective of superlative force (such as **dernier, premier, seul**) implying doubt in the statement.

Note: If the superlative expresses a fact, the indicative is used. **C'est la seule lettre que j'ai écrite hier.**

EXERCICE J *(Bande 14)*

Répétez chacune des phrases suivantes en employant l'expression indiquée:

MODÈLE: Vous allez mieux. (Je suis content)
  Je suis content que vous alliez mieux.

1. Ils ne peuvent pas venir.   (C'est dommage)
2. Vous ne vous rendez pas compte de cela.   (Il est regrettable)
3. Il ne lui écrit pas.   (Elle s'étonne)
4. Tu me fais cette confidence.   (Je suis heureux)
5. Vous aurez le temps d'y aller.   (Nous sommes contents)
6. Ses amies passeront le week-end chez elle.   (Michèle est folle de joie)

---

1. The subjunctive is often avoided after some verbs in this group in favor of an infinitive construction:

   Nos parents ne nous permettent pas de sortir le soir.
   Le médecin lui ordonne de rester au lit pendant vingt-quatre heures.
   Le professeur nous défend de fumer en classe.

QUATORZIÈME LEÇON

7. Elle veut se marier au printemps.   (Nous sommes surpris)
8. Tu arrives souvent en retard.   (Il est dommage)
9. Il ne reviendra pas tout de suite.   (J'ai bien peur)
10. Le mariage doit être retardé.   (Nous regrettons)
11. Tu sais faire la cuisine.   (Ils sont étonnés)
12. Son fiancé est si exigeant.   (Elle déteste)

EXERCICE K   *(Bande 14)*

Refaites les phrases suivantes selon le modèle:

MODÈLE: Vous partirez immédiatement. / Je veux.
          Je veux que vous partiez immédiatement.

1. Tout le monde s'amusera bien. / Nous souhaitons.
2. Elle mettra sa nouvelle robe. / Sa mère désire.
3. Vous venez dîner chez nous ce soir. / Nous sommes contents.
4. Les étudiants vont au laboratoire. / Le professeur exige.
5. Il ne me téléphone pas encore. / Je m'étonne.
6. Nous sortons le soir. / Mes parents ne permettent pas.
7. Je lui confierai mon secret. / Elle a envie.
8. Elles ne voudront pas y aller. / J'ai peur.
9. Nous nous voyons souvent. / Nicole veut.
10. Tu feras cela. / Ils défendent.
11. Il ne me permettra pas de vous aider. / Il est regrettable.
12. Vous ne lui écrivez jamais. / Je suis surpris.

EXERCICE L

Refaites les phrases suivantes selon le modèle (attention aux verbes!):

MODÈLE: On peut suivre ces cours. Ce sont les plus difficiles
          Ce sont les cours les plus difficiles qu'on puisse suivre.

1. Nous connaissons cette jeune fille. C'est la plus jolie
2. Nous pouvons choisir ce moment pour le faire. C'est le meilleur
3. Il ne comprend pas cette leçon. C'est peut-être la seule
4. Ils ont du travail à faire. C'est le plus fastidieux
5. Je veux lire ce journal. C'est le dernier
6. Elle aime ce garçon. C'est le seul
7. Il nous raconte une histoire. C'est souvent la plus amusante
8. Vous pouvez prendre cette route. C'est la plus directe
9. Il donne son avis. C'est probablement le plus raisonnable
10. Elle achète des robes. Ce sont toujours les plus élégantes

V. COMPOSITION

A. *Dites, puis écrivez en français:*

1. Paul, you're my best friend; I have to confide a secret to you. I want you to know that I'm in love.
2. I'm so happy, Michel, that you're taking me into your confidence. It's marvelous; it's the most beautiful thing that can happen to you.
3. How overjoyed I am that you understand me and that you know that I am very happy.
4. Who is this young lady? When and where did you meet her?
5. I met her at Nicole's house a little more than two months ago. She's the nicest girl I know. She's a little taller than Nicole and she's as pretty as a flower.
6. She's the only girl I love.
7. I'm so pleased that you are in love. I hope it works out. Do you see each other often?
8. We see one another as often as possible but she insists that I phone her every day. We want to get married in the spring.
9. You must not get married so young. You still have to finish your studies. I'm afraid (that) you're not thinking of your future, of your career.
10. I'm surprised that you're talking to me like that, Paul. Don't you realize that I love this girl very much and that I want us to get married as soon as possible?
11. I'm sorry that we're arguing, Michel. You're the last person with whom **(avec qui)** I want to argue.

B. *Confidences pour confidences*

Écrivez un dialogue entre deux garçons ou deux jeunes filles qui se livrent à des confidences. Efforcez-vous de suivre le plan suivant:

1. Comment est-elle? Comment est-il? (physiquement et moralement).
2. Comment se sont-ils rencontrés? Où? Quand? Dans quelles circonstances?
3. S'agit-il d'un amour-passion, ou d'un amour-admiration?

En conclusion vous parlerez de leurs projets d'avenir.

VI. DICTÉE

A tirer de la quatorzième situation.

Projet de voyage

QUINZIÈME LEÇON

I. PRÉSENTATION

Conversation *(Bande 15)*

(Michel et Paul sont chez Nicole. La conversation bat son plein. . .)

PAUL: Qu'est-ce que vous craignez?

NICOLE: Nous craignons qu'il ne pleuve ce week-end.

PAUL: Et alors? De quoi avez-vous peur? Il se peut qu'il neige aussi.

(Michel est un gentil garçon . . . seulement, de temps en temps, il se prend pour le spécialiste de la Météo à l'O.R.T.F.[1] Faut-il que nous l'écoutions . . .?)

MICHEL: Écoutez-moi . . . Il est probable qu'il ne neigera pas. Il ne fait pas assez froid. D'un autre côté, il n'est pas certain qu'il ne pleuve pas. Il est vrai qu'aujourd'hui il fait beau mais il n'est pas évident que nous ayons le même temps vendredi. Personnellement, je ne pense pas qu'il faille remettre un projet de voyage . . . uniquement à cause du temps.

1. l'Office de la Radiodiffusion-Télévision française.

Paul:	Ouf! Merci!
Nicole:	Michel, il importe que nous nous mettions d'accord. Il faut que nous nous dépêchions.
Michel:	Je ne crois pas que Paul puisse conduire. Il a un permis de conduire américain.
Paul:	Il vaut mieux que je garde l'argent. C'est d'accord?
Michel:	D'accord. Nicole. . . ? Penses-tu que ton père puisse te prêter sa [Peugeot] 604?
Nicole:	Oui. Je crois que je pourrai l'avoir pour le week-end.
Michel:	Bon! Il est temps que nous fassions le point.
Paul:	Nicole. . .Il est clair que c'est vous qui conduirez et quand vous serez fatiguée, vous passerez le volant à Michel.
Michel:	Si vous n'avez pas peur que je conduise.
Paul:	Vous avez la carte et le guide Michelin?
Michel:	Oui. . .Regardez. . .Après 6 kilomètres, il est important que nous quittions l'autoroute A6 pour prendre à droite la route nationale. Attention. . .dans le village, il y a des sens interdits. Nous tournerons à droite, puis à gauche, puis encore à gauche. . .
Nicole:	Entendu. . .Alors, rendez-vous chez moi, vendredi, à trois heures de l'après-midi.

Situation

En France, on peut voir des auto-stoppeurs au bord de toutes les grandes routes. La plupart des routiers s'arrêtent. Il faut que vous soyez prudent(e). Il est recommandé de ne pas voyager seul(e), surtout la nuit. Les stations-service, les passages à niveau, les sorties des villes et les postes à péage sur les autoroutes sont les meilleurs endroits pour «lever le pouce». Il est essentiel que vous sachiez la différence entre une autoroute, une route nationale, une route départementale et le chemin vicinal qui relie les petits villages. Les bornes kilométriques sont rouges et blanches pour les routes nationales et jaunes et blanches pour les routes départementales. Attention, dans les villes et les villages, les véhicules venant de la droite ont toujours la priorité, sauf s'il y a un stop.

VOCABULAIRE FONDAMENTAL

auto-stop *m.* hitchhiking
auto-stoppeur *m.*, **auto-stoppeuse** *f.* hitchhiker
bord *m.* edge, side, shore
borne kilométrique *f.* kilometer stone
chemin vicinal *m.* village or local road
conduire to drive, do the driving
endroit *m.* place, spot

grande route *f.* highway
jaune yellow
la plupart de *(+ def. art. + pl. noun)* most, greater part, majority
niveau *m.* level
nuit *f.* night
passage *m.* passage, crossing, thoroughfare; **passage à niveau** *m.* grade crossing, railroad crossing, level crossing
poste *m.* post, station; **poste à péage** *m.* toll station, toll booth
pouce *m.* thumb; big toe
priorité *f.* priority, right of way
recommandé recommended, advised
relier to connect, link, join
route départementale *f.* departmental road, secondary road
routier *m.* truck driver
sortie *f.* exit
station-service *f.* service station, gasoline station
stop *m.* stop, stop light
surtout above all, especially
véhicule *m.* vehicle
voyager to travel

Questionnaire

Répondez aux questions suivantes:

A. Questions sur les textes *(Bandes 15)*

1. Où se trouvent Michel et Paul?
2. Comment est la conversation?
3. Que craignent Nicole et Michel?
4. Se peut-il qu'il neige aussi?
5. Pour qui Michel se prend-il de temps en temps?
6. Pourquoi est-il probable qu'il ne neigera pas?
7. Est-il certain qu'il ne pleuvra pas?
8. Est-il évident qu'ils auront le même temps vendredi?
9. Michel pense-t-il personnellement qu'il faille remettre le projet de voyage?
10. Michel pense-t-il que Paul puisse conduire? Pourquoi ou pourquoi pas?
11. Que vaut-il mieux que Paul fasse?
12. Nicole pense-t-elle que son père puisse lui prêter sa 604?
13. Qui conduira?
14. Quelles instructions Michel donne-t-il à Nicole?

B. Questions générales

1. Quel temps fait-il aujourd'hui?
2. Est-il évident que vous aurez le même temps demain?
3. Aimez-vous faire de l'auto-stop? Pourquoi?

4. Quels sont les meilleurs endroits pour «lever le pouce» en France? Et aux États-Unis?
5. Quelle différence y a-t-il entre une autoroute, une route départementale et un chemin vicinal?
6. Comment sont les bornes kilométriques des routes nationales?
7. Comment sont les bornes kilométriques des routes départementales?
8. Qu'est-ce que la priorité à droite?

Dialogue

Demandez à un(e) étudiant(e):

1. s'il (si elle) a un projet de voyage pour le week-end.
2. quelle est la marque de sa voiture.
3. quand il (elle) a eu son permis de conduire.
4. s'il (si elle) fait souvent de l'auto-stop.
5. pourquoi on peut voir beaucoup d'auto-stoppeurs en France au bord de toutes les grandes routes.
6. si les postes à péage sont les meilleurs endroits pour faire de l'auto-stop aux États-Unis. Pourquoi ou pourquoi pas.

II. EXPRESSIONS A RETENIR

au bord de	at the edge of, by the side of
avoir la priorité	to have the right of way
battre son plein	to be in full swing
de temps en temps	from time to time
d'un autre côté	on the other hand
être d'accord	to agree, be in agreement with
être fatigué(e)	to be tired
faire de l'auto-stop	to hitchhike
faire le point	to take one's bearings, to fix one's position
il fait froid	it's cold *(of weather)*
lever le pouce	to hitchhike
passer le volant à quelqu'un	to hand the (steering) wheel over to someone, let someone drive
prendre quelqu'un pour	to take (think) someone to be
se mettre d'accord (avec quelqu'un)	to come to an agreement (with someone), come to an understanding (with someone)
tourner à droite; tourner à gauche	to turn (to the) right; to turn (to the) left
valoir mieux *(impersonal verb)*	to be better

III. PRONONCIATION

[R] as in **bonjour, cigarette, garder, être, lettre** is produced by making the back of the tongue almost touch the back of the soft palate, causing a point of friction as air is forced through.

Répétez:

alors [alɔR]
car [kaR]
heure [œR]

hiver [ivɛR]
jour [ʒuR]
voir [vwaR]

[R] between vowels is pronounced with the vowel that follows.

Répétez:

appareil [apa/Rɛj]
bureau [by/Ro]
carafe [ka/Raf]
courrier [ku/Rje]
environ [ãvi/Rɔ̃]

général [ʒene/Ral]
marier [ma/Rje]
Paris [pa/Ri]
restaurant [Rɛstɔ/Rã]

[R] before a consonant is pronounced with that consonant. The preceding syllable is kept open.

Répétez:

carte [ka·Rt]
certainement [sɛ·Rtɛnmã]
fermer [fɛ·Rme]
jardin [ʒa·Rdɛ̃]

journaux [ʒu·Rno]
merci [mɛ·Rsi]
personne [pɛ·Rson]
porte [pɔ·Rt]

[R] after a consonant is pronounced closely with that consonant.

Répétez:

compris [kɔ̃pRi]
droite [dRwat]
français [fRãsɛ]
grand [gRã]

kilomètre [kilomɛtR]
près [pRɛ]
timbre [tɛ̃bR]
train [tRɛ̃]

IV. GRAMMAIRE ET EXERCICES

70. Emplois du subjonctif (Uses of the Subjunctive—continued)

(a) Expressions of doubt and uncertainty

Je doute que nous ayons le temps d'y aller.
Il se peut qu'il neige aussi.
Il est possible qu'ils veuillent se marier au printemps.

The subjunctive is used after expressions of doubt or uncertainty.

Note:
(1) The verbs **croire, penser, espérer** usually imply uncertainty when used negatively or interrogatively, and normally require the subjunctive in the subordinate clause:

Crois-tu que ton père puisse te prêter sa voiture?
Je ne pense pas qu'elle ait son permis de conduire.
Espérez-vous qu'ils viennent avec nous?[1]

But

Je crois qu'il pourra l'avoir pour le week-end.
Il pense qu'elle ne sait pas faire la cuisine.
Nous espérons qu'il prendra les billets.[2]

(2) Impersonal expressions like **il est certain, il est clair, il est évident, il est probable, il est sûr, il est vrai** may indicate uncertainty in the negative or interrogative and require the subjunctive. In the affirmative, these expressions indicate certainty or probability and are used with the indicative:

Il n'est pas certain qu'il ne pleuve pas.
Il n'est pas évident que nous ayons le même temps vendredi.
Est-il sûr qu'ils arrivent ce soir?
Est-il vrai que tu sois amoreux?

But

Il est probable qu'il ne neigera pas.
Il est vrai qu'aujourd'hui il fait beau.
Il est clair que c'est vous qui conduirez.

EXERCICE A *(Bande 15)*

Répétez chacune des phrases suivantes en employant l'expression indiquée:

MODÈLES: Michel ira tout seul.   (Je crois)
           Je crois que Michel ira tout seul.

           Il me téléphonera ce soir.   (Pensez-vous?)
           Pensez-vous qu'il me téléphone ce soir?

---

1. The purpose of a subordinate **que** clause is to introduce a change of person. When there is no change of person, an infinitive construction is usually preferred. Compare:

   (Change of person)   **Croyez-vous que je puisse** le faire?
                           Do you think I can do it?

   (No change of person)   **Je ne crois pas pouvoir** le faire.
                           I don't think I can do it.

2. In a negative question, these verbs imply an affirmation and are followed by the indicative:
Ne croyez-vous pas qu'il invitera Paul?

1. Ils se mettront d'accord.   (Croyez-vous?)
2. Vous resterez pour la fête.   (Elles espèrent)
3. Elles viendront nous voir.   (Nous ne pensons pas)
4. Il fera beau demain.   (N'espérez-vous pas?)
5. Paul pourra conduire.   (Je ne crois pas)
6. Ton père te prêtera sa voiture.   (Penses-tu?)
7. Cette visite sera intéressante.   (Elle espère)
8. Tu sais ce que tu fais.   (Nous ne croyons pas)
9. Elle nous écrira.   (Ne pensez-vous pas?)
10. Il nous accompagnera.   (Penses-tu?)
11. Ils arriveront à l'heure.   (Ne crois-tu pas?)
12. Nous voudrons y aller.   (Elles ne pensent pas)
13. Elles le lui donneront.   (Il espère)
14. Elle reviendra la semaine prochaine.   (Pensez-vous?)
15. Je l'aurai pour le week-end.   (Je crois)

EXERCICE B *(Bande 15)*

Répétez les phrases suivantes en employant les expressions indiquées:

MODÈLES: Ils partiront demain.   (Il est certain)
           Il est certain qu'ils partiront demain.

           Il ne pleuvra pas.   (Il n'est pas certain)
           Il n'est pas certain qu'il ne pleuve pas.

1. Vous pouvez nous accompagner.   (Il n'est pas sûr)
2. Il ne neigera pas ce soir.   (Il est probable)
3. Ils resteront le week-end.   (Est-il certain?)
4. C'est vous qui conduirez.   (Il est clair.)
5. Nicole ira en France cette année.   (Il est possible)
6. Tu ne sais pas comment commencer ta lettre.   (Il est évident)
7. Elles se feront examiner par un médecin.   (Il se peut)
8. Les Françaises sont de bonnes cuisinières.   (Est-il vrai?)
9. Elles voudront aller au cinéma.   (Il est certain)
10. Elle viendra dîner chez nous ce soir.   (Il est fort possible)
11. Tu peux le faire facilement.   (N'est-il pas vrai?)
12. Ils remettront leur voyage à cause du temps.   (Se peut-il?)
13. Vous ne croyez pas ce qu'il dit.   (Il est évident)
14. Nous aurons le même temps vendredi.   (Il n'est pas certain)
15. Tu choisiras les cours qui te plaisent.   (N'est-il pas vrai?)

EXERCICE C   *(Bande 15)*

Refaites les phrases suivantes en mettant les verbes soit à l'indicatif soit au subjonctif:

MODÈLES: Il va suivre ce cours.   (Il est certain)
           Il est certain qu'il va suivre ce cours.

Elles ne sortiront pas ce soir.   (Il se peut)
Il se peut qu'elles ne sortent pas ce soir.

1. Ça lui fera plaisir.   (Est-il certain?)
2. Elles rentreront à l'heure.   (Je doute)
3. Ce monsieur veut bien nous aider.   (Il est clair)
4. Je les trouverai dans ce magasin.   (Pensez-vous?)
5. Ce sont les nouveaux timbres.   (Je crois)
6. Les premiers trains partent à 5 heures 30.   (Est-il vrai?)
7. Ils seront prudents.   (Nous espérons)
8. Elle pourra vous dire l'heure de son arrivée.   (Il se peut)
9. Nous n'avons plus beaucoup de temps.   (Il est évident)
10. Il neigera aujourd'hui.   (Je ne pense pas)
11. Elle me louera son appartement.   (Il est probable)
12. Elles resteront chez elles ces deux jours-là.   (Il n'est pas sûr)
13. Ils prendront le même avion.   (Il est possible)
14. Il changera d'avis.   (Ne croyez-vous pas?)
15. Nous passerons nos vacances en France.   (Il n'est pas certain)
16. Ce train s'arrêtera à toutes les stations.   (J'espère)

(b) Impersonal expressions of necessity, importance, desirability

Il faut que nous nous dépêchions.
Il est nécessaire que tu m'écoutes attentivement.
Il est juste qu'elle prenne ses vacances avant les autres.
Il importe qu'ils se mettent d'accord.
Il est important que vous quittiez cette route.
Il est indispensable que nous fassions cela.
Il est recommandé qu'elles aillent au laboratoire.
Il vaut mieux que je garde l'argent.

The subjunctive is used after impersonal expressions of necessity, importance, or desirability such as **il faut, il est nécessaire, il est juste, il est bon, il est important, il est indispensable, il importe, il est recommandé, il est essentiel, il est temps, il vaut mieux, il suffit,** and others.[1]

---

1. Such impersonal expressions plus subjunctive give a particular and personal quality to the dependent clause; to express a more general quality after such expressions, an infinitive construction is used. Compare:

Il faut que je révise mes cours.   **Il est important que je révise** mes cours.
I must review my courses.   *It's important (that I) for me to review my courses.*
Il faut réviser ses cours.   **Il est important de réviser** ses cours.
One must review one's courses.   *It's important to review one's courses.*

Note that after expressions other than **il faut,** the infinitive is preceded by **de.**

EXERCICE D *(Bande 15)*

Refaites les phrases suivantes selon le modèle, en employant les expressions indiquées:

MODÈLE: Tu choisis la meilleure route.   (Il faut)
          Il faut que tu choisisses la meilleure route.

1. Il ne fume pas trop.   (Il est bon)
2. Nous faisons le point.   (Il est temps)
3. Elles viendront me voir demain.   (Il est essentiel)
4. Elle ne voyagera pas seule la nuit.   (Il est recommandé)
5. J'irai chercher les billets.   (Il faut)
6. Vous payez au début de chaque mois.   (Il est indispensable)
7. Ils seront là à six heures.   (Il suffit)
8. Il met son code postal sur l'enveloppe.   (Il importe)
9. Tu garderas l'argent.   (Il vaut mieux)
10. Vous connaissez les meilleurs endroits pour faire du stop.   (Il est important)
11. Je m'arrêterai à une station-service.   (Il est nécessaire)
12. Elles prennent leurs vacances avant les autres.   (Il est juste)

EXERCICE E

Refaites les phrases suivantes selon les modèles en mettant les verbes soit au subjonctif soit à l'infinitif:

MODÈLES: Elle tient toujours sa promesse.   (Il est bon)
          Il est bon qu'elle tienne toujours sa promesse.

          On sera là avant sept heures.   (Il suffit)
          Il suffit d'être là avant sept heures.

1. Je trouverai le temps de faire tout cela.   (Il est indispensable)
2. On révisera ses cours avant les examens.   (Il est important)
3. Tu passera me prendre à huit heures.   (Il vaut mieux)
4. On lui écrit fréquemment.   (Il est nécessaire)
5. Nous partirons tout de suite.   (Il est essentiel)
6. On dit toujours la vérité.   (Il est bon)
7. Ils viendront le plus tôt possible.   (Il importe)
8. On mange pour vivre.   (Il faut)
9. Vous vous mettez à travailler.   (Il est temps)
10. On lit le journal pour savoir ce qui se joue au cinéma.   (Il est recommandé)
11. Elle prendra ses vacances avant les autres.   (Il est juste)

EXERCICE F *(Bande 15)*

Refaites les phrases suivantes selon le modèle:

MODÈLE: Vous saurez le faire.   (Il est important)
         Il est important que vous sachiez le faire.

1. Vous ne sortez plus avec ce garçon. (Il vaut mieux)
2. Il fera tout son possible pour venir. (Je souhaite)
3. J'apprendrai à danser. (Elle est contente)
4. Elle est vraiment heureuse. (Nous ne croyons pas)
5. Il lui reste encore des chambres à louer. (Il est possible)
6. Tu réviseras tes leçons. (Il est bon)
7. Nous pourrons nous baigner. (Pensez-vous?)
8. Ils ne voudront pas y aller. (C'est dommage)
9. Elle m'écrira tous les quinze jours. (Je veux)
10. Il partira sans lui dire au revoir. (Elle doute.)
11. Vous attendrez jusqu'à demain. (Il faut.)
12. J'achèterai le guide Michelin. (Il est nécessaire)
13. Elles viendront avec nous. (Est-il vrai?)
14. Il aura quelque chose d'important à dire. (Il se peut.)
15. Tu ne parles pas français à la maison. (Je m'étonne.)
16. Vous lui payez ses billets. (Il est juste.)
17. Il n'y a plus de bonnes places. (Elle a peur.)

71. Verbe irrégulier «craindre» (Irregular Verb «craindre» "to fear")

PRÉSENT DE L'INDICATIF

> je crains   nous craignons
> tu crains   vous craignez
> il (elle) craint   ils (elles) craignent

PRÉSENT DU SUBJONCTIF

> je craigne   nous craignions
> tu craignes   vous craigniez
> il (elle) craigne ils (elles) craignent

IMPARFAIT   PASSE COMPOSÉ

> je craignais   j'ai craint
> tu craignais   tu as craint
> il (elle) craignait   il (elle) a craint
> etc.   etc.

FUTUR   IMPÉRATIF

> je craindrai   crains
> tu craindras   craignez
> il (elle) craindra craignons
> etc.

EXERCICE G

Répétez les phrases suivantes en employant les pronoms indiqués:

1. Que craint-il donc?   (elles)
2. Ils craignaient d'arriver en retard.   (nous)
3. Il faut que tu ne craignes rien.   (vous)
4. Craindra-t-il de le faire?   (tu)
5. Cet examen sera difficile, nous le craignons fort.   (je)
6. Qu'est-ce que tu as craint?   (vous)
7. Je craignais pour ma vie.   (elle)
8. Craindrez-vous de voir cela?   (ils)
9. Ils ne craignent rien du tout.   (nous)
10. Pouvez-vous me dire ce qu'elle a craint?   (elles)
11. Il se peut qu'elles craignent de vous déranger.   (il)

V. COMPOSITION

A. *Dites, puis écrivez en français:*

1. Listen to me, Paul. What are you afraid of?
2. I'm afraid it will snow this weekend and that it will be necessary for us to postpone our trip.
3. I doubt that it will snow; it isn't cold enough. On the other hand, it isn't certain that it won't rain.
4. I don't believe we'll postpone our trip because of the weather.
5. It's time (that) we talk about the trip. It's important that we come to an agreement.
6. Nicole? Do you think your father can lend you his car for the weekend?
7. It's possible (that) he'll lend it to me.
8. It's clear that you will do the driving, and it's better that you keep the money.
9. It's absolutely necessary that we have a good map and that we know exactly which road we must take.
10. It's recommended that we do not travel at night and that we do not stop for hitchhikers.
11. We must be prudent. It is essential that we choose a road on which **(laquelle)** there will be many service-stations and few toll booths.
12. It is also good that you understand, Nicole, that the cars coming from the right always have the right of way.
13. If we all agree, we'll meet at my house, Friday at 2 P.M.

B. *Vous allez faire une promenade en voiture avec un(e) de vos ami(e)s. Écrivez une composition en vous efforçant de suivre le plan suivant. Vous pouvez parler de:*

1. l'endroit où vous allez aller;
2. ce que vous voyez le long de la route;
3. des endroits où vous vous arrêtez (poste d'essence, restaurant, villes).

En conclusion, vos impressions de voyage.

VI. DICTÉE

A tirer de la quinzième situation.

Le Printemps

TREIZIÈME LECTURE

Charles d'Orléans (1391–1465), poète de sang royal, était le neveu du roi Charles VI. Fait prisonnier au cours de la fameuse bataille d'Azincourt, il a trouvé pendant vingt-cinq ans d'assez douce captivité une occupation dans la poésie.

Son œuvre comprend des centaines de poésies légères à forme fixe: rondeaux, ballades, chansons etc. «Le printemps» est un rondeau dans lequel Charles d'Orléans chante le retour du printemps. Dans le rondeau, les deux premiers vers du premier quatrain servent de refrain au second quatrain, et le premier vers seul sert de refrain au troisième quatrain.

Le rondeau est un petit poème, en général de treize vers. Chaque vers contient huit syllabes. Les treize vers sont écrits sur deux rimes: l'une masculine — *eau*, l'autre féminine — *uie*. Les rimes de la première strophe sont «embrassées»: a,b,b,a; les rimes de la deuxième strophe sont «croisées»: a,b,a,b; celles de la dernière strophe sont, elles aussi, «embrassées»: a,b,b,a.

1 **sang** blood
le neveu nephew

2 **Charles VI:** dit «le Bien-Aimé»; roi de France de 1380 à 1422
8 **le quatrain:** strophe de quatre vers

DEUX CENT TRENTE-HUIT

LE PRINTEMPS

Le temps a laissé son manteau
De vent, de froidure et de pluie,

Et s'est vêtu de broderie,
De soleil luisant, clair et beau.

Il n'y a bête, ni oiseau,
Qu'en son jargon ne chante ou crie:
«Le temps a laissé son manteau
De vent, de froidure et de pluie.»

Rivière, fontaine et ruisseau
Portent en livrée jolie,
Gouttes d'argent d'orfèvrerie,
Chacun s'habille de nouveau.

Le temps a laissé son manteau.

Charles d'Orléans

Questionnaire

1. Quelle sorte de poème est-ce?
2. Combien a-t-il de strophes?
3. Combien de vers y a-t-il dans chaque strophe?
4. Quelle est la disposition des rimes dans chaque strophe?
5. Comment appelle-t-on les rimes de la première strophe?
6. Comment appelle-t-on les rimes de la deuxième strophe? Et celles de la dernière strophe?
7. Comment appelle-t-on une strophe de quatre vers?
8. Où se retrouvent les deux premiers vers du premier quatrain?
9. Qu'est-ce qui forme le manteau du temps en hiver?
10. Que font les bêtes et les oiseaux à l'approche du printemps?
11. Comment les rivières, les fontaines et les ruisseaux célèbrent-ils l'arrivée du printemps?
12. Comment le temps est-il représenté dans ce rondeau?
13. Quel est son palais?
14. Quels sont ses serviteurs?
15. Qui était Charles d'Orléans?
16. Pendant combien d'années a-t-il été en captivité?
17. Que comprend son œuvre?

15 **le manteau** mantle
16 **froidure: froid** cold
17 **s'est vêtu de broderie** has donned embroidery
18 **luisant** shining
20 **qu'en son jargon: qui** en son jargon
23 **ruisseau:** très petite rivière
24 **en livrée jolie:** comme ornement de joie
25 **gouttes d'argent d'orfèvrerie** drops of silver jewelry
26 **s'habille de nouveau:** met un vêtement (garment) **nouveau**

«S'il fait beau, toute la famille ira faire une promenade...»

LA FAMILLE FRANÇAISE

«Après le déjeuner,
  Nicole se coupera
  une robe...»

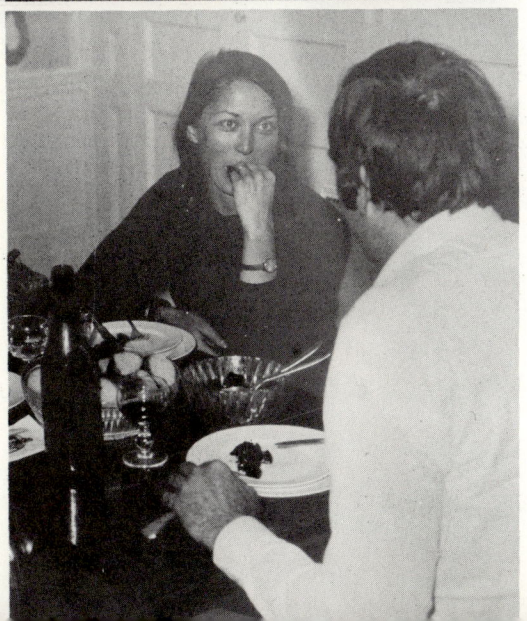

«Le soir, le répas est très léger.»

TROISIÈME RÉVISION

I. EXERCICES DE RÉEMPLOI

A. *Répétez les phrases suivantes en remplaçant le présent de l'indicatif soit par l'imparfait soit par le passé composé:*

1. Avant de prendre le métro, je regarde le plan qui se trouve sur le quai.
2. Nicole me téléphone ce matin et elle me dit qu'elle est malade.
3. J'arrive en retard parce que je n'ai pas de montre.
4. Nous restons à la maison parce que nous avons du travail.
5. Elles font une promenade car il fait chaud.
6. Je prends de l'aspirine parce que j'ai mal à la tête.
7. Chaque fois qu'elle voyage, elle m'écrit toujours de longues lettres.
8. Je vais déjeuner parce qu'il est midi.

B. *Transformez les phrases suivantes en mettant les adjectifs indiqués à la forme adverbiale:*

1. Ce film est étonnant. (absolu)
2. Votre cuisine est délicieuse. (vrai)
3. Je parle français. (courant)
4. Nous avons du travail. (énorme)
5. Elle est malade. (grave)
6. Il s'est marié avec elle. (final)

EXERCICES DE RÉEMPLOI

7. Il était midi quand elle m'a téléphoné.   (exact)
8. Nous passions notre temps à discuter.   (général)
9. Les amis de Nicole sont riches.   (fantastique)
10. Venez! Le dîner est servi.   (immédiat)

C. *Transformez les phrases suivantes en remplaçant le présent de l'indicatif par le futur:*

MODÈLE: Je me lève à huit heures.
          Je me lèverai à huit heures.

1. Je prends une douche tous les soirs.
2. Le matin, elle fait la grasse matinée.
3. A quelle heure vous levez-vous?
4. Quand j'ai le temps, je range mon appartement.
5. Dès qu'il est midi je vais déjeuner.
6. Que faites-vous après votre cours?
7. Où mangeons-nous ce soir?
8. Nous pouvons parler de ce que nous faisons.
9. Ils regardent une pièce tout en faisant leurs devoirs.
10. Elle va faire ses courses dans l'après-midi.

D. *Construisez des phrases en employant des comparatifs d'infériorité et d'égalité (attention aux adjectifs et aux adverbes irréguliers):*

MODÈLES: Je suis plus grand que Michel.
           Je suis moins grand que Michel.
           Je suis aussi grand que Michel.

1. Il fait plus chaud aujourd'hui qu'hier.
2. Je suis plus heureuse cette année que l'an passé.
3. Il est plus riche que moi.
4. Mon gâteau est meilleur que le dernier.
5. Mes notes sont pires ce mois-ci que le mois dernier.
6. Je vais mieux aujourd'hui que la semaine passée.
7. Cette route est meilleure que l'autre.
8. Les filles sont plus studieuses que les garçons.
9. Je parle mieux le français que ma mère.
10. Elle est plus gentille que son amie.

E. *Transformez les phrases suivantes en employant les éléments indiqués:*

MODÈLES: Je crois que tu peux le faire.   (Je doute)
           Je doute que tu puisses le faire.

           Je suis obligé de partir.   (Il se peut)
           Il se peut que je sois obligé de partir.

1. Il est probable qu'il viendra.   (Il est possible)
2. Il est sûr qu'il partira immédiatement.   (Il n'est pas sûr)
3. Il est certain qu'il neigera demain.   (Il est possible)
4. Je veux être ingénieur.   (Mes parents veulent)
5. Elle sait la vérité.   (Je préfère)
6. Nous faisons des courses.   (Il faut)
7. Il faut attendre.   (Il se peut)
8. Elle viendra chez moi ce soir.   (Je suis heureux)
9. Elles s'en vont tout de suite.   (Je regrette)
10. Il m'aime si fort.   (Je suis contente)
11. Nous irons en vacances cet été.   (Je voudrais)
12. Elle a de bonnes notes.   (Il est furieux)
13. J'espère qu'il fera beau demain.   (Je souhaite)
14. Je suis très malade.   (Le docteur a peur)
15. Elle ne lui écrit jamais.   (Je suis surpris)

F. *Répétez les phrases suivantes en employant les pronoms indiqués:*

1. A quelle heure te lèves-tu?
   (vous, elle, ils, elles)
2. Que craignez-vous?
   (je, elles, nous, il)
3. Il faut que je me dépêche.
   (nous, elle, vous, tu)
4. Je dois partir tout de suite.
   (elle, tu, ils, vous)
5. Elle a dû partir pour le week-end.
   (tu, nous, il, je)
6. Je crois pouvoir le faire.
   (elles, vous, il, nous)
7. Nous écrivons des lettres tous les soirs.
   (il, je, elles, tu)
8. Que je puisse le faire, personne n'en doute.
   (elles, vous, il, nous)
9. Elle sait ce qu'elle veut.
   (je, vous, ils, tu)
10. Il faut que je fasse attention à ce que j'écris.
    (nous, elle, vous, ils)
11. Il est indispensable que vous ayez son avis.
    (ils, je, nous, tu)
12. Elle vient de téléphoner à ses parents.
    (vous, nous, il, je)

II. CONTRÔLE DES ACQUISITIONS

A. Des sketches

Passage rapide — d'abord du présent à l'imparfait, ensuite du futur au subjonctif. Construisez des phrases selon les modèles et répondez affirmativement à chacune des phrases construites:

MODÈLES: Tu fais tes devoirs?
Oui, je fais mes devoirs.

Tu faisais tes devoirs?
Oui, je faisais mes devoirs.

Tu feras tes devoirs?
Oui, il faut que je fasse mes devoirs.

1. Elle lui écrit?
2. Vous vous en allez?
3. Elles viennent déjeuner?
4. Tu le crois?
5. Nous pouvons y aller?
6. Ils veulent le faire?
7. Nous sommes sages (*good*)?
8. Il mange toujours autant?
9. On commence par le début?
10. J'ai de la chance?

B. *Mettez le passage suivant au futur en commençant par* **Demain, c'est dimanche.** *. . . Répétez ensuite le même texte à l'imparfait en commençant par* **C'était dimanche.** *. . . Vous relirez finalement le texte en employant, au début de chaque phrase, les expressions impersonnelles suivantes dans l'ordre indiqué:*

C'est dimanche, il se peut que . . . / Il est probable que . . . / Il faudra que . . . / Il est certain que . . . / Il n'est pas impossible que . . . / Le soir, il faudra que . . . / Ensuite, il est certain que . . . / Il est possible que . . .

C'est dimanche. Nicole est chez ses parents. Elle fait la grasse matinée. Son père lave sa voiture pendant que sa mère prépare le déjeuner. Le repas de midi terminé, Nicole se coupe une robe et elle lit les magazines qu'elle ne peut pas lire pendant la semaine. L'après-midi, toute la famille fait une promenade. Le soir, Nicole prépare un bon petit dîner. Ensuite, elle aide sa mère à faire la vaisselle et à l'essuyer. Elle regarde un peu de télévision et elle se couche très tôt.

C. Exercice dialogué

Formez des phrases complètes avec les mots indiqués en effectuant les changements nécessaires:

MODÈLE: Depuis combien de temps / être / vous en France?
Depuis combien de temps êtes-vous en France?

NICOLE: Vous / connaître / Michel depuis longtemps?
PAUL: Oui, depuis plus / deux ans.
NICOLE: Où vous / se rencontrer / ?
PAUL: A / États-Unis.
NICOLE: Vous vous / connaître / donc depuis longtemps?
PAUL: Oui, nous / suivre / cours / ensemble / à / université.
NICOLE: Que / faire / vous?
PAUL: Je / être / étudiant.
NICOLE: Vous / aimer / votre séjour à / États-Unis.
PAUL: Oui, / énorme / .
NICOLE: Paul, je / croire / que / falloir / que / nous dépêcher / .
PAUL: Pourquoi?
NICOLE: Il se peut / pleuvoir / !
PAUL: Ah, oui? Vous / croire / ?
NICOLE: Si vous / ne pas avoir peur que / je / conduire / , je, prendre / volant / .
PAUL: Je / ne pas avoir peur que / vous / conduire / . Vous / avoir raison / . Je / croire / que / pleuvoir / .
NICOLE: Vous / me / téléphoner / ce soir?
PAUL: Oui, si vous / vouloir / .
NICOLE: De toute façon, / nous / manger / ensemble demain?
PAUL: Oui, Nous / faire / cela.

D. Expression écrite

Écrivez en français:

One does not always find good recipes in cookbooks. The French are excellent cooks. You know why? They know how to shop. They know how to select garlic, shallots, leeks, cabbages, meat, and fish. On Sundays the French eat better than during the week. What do they do on Sundays? In the morning they might stay in bed late. They will get up between 10 and 11. The mother gets up earlier for she has to prepare lunch. In the afternoon they might take a walk in the woods; or the father will wash his car while the mother cuts out a dress (pattern) for herself. In the evening they will eat a good dinner and they will watch a little television. They will go to bed early because they will have to get up early in the morning.

L'Opéra

« L'amateur de théâtre sait qu'à Paris il a l'embarras du choix. »

LA VIE DES SPECTACLES

«Est-ce que vous aimeriez aller voir un film ce soir?»

«Demain soir, je vous invite à dîner. . .»

Une Interview

SEIZIÈME LEÇON

I. PRÉSENTATION

Conversation *(Bande 16)*

(Dans sa loge, Johnny, le grand chanteur de rock, répond aux questions de Nicole, la journaliste des étudiants de l'École des Beaux-Arts.)

NICOLE: Composez-vous toutes vos chansons?

JOHNNY: La plupart. . . .sauf «Dis-lui», que vous connaissez.

NICOLE: Pourquoi écrivez-vous vos chansons sur des thèmes tels que l'amour, la solitude et la séparation?

JOHNNY: Je connais mon public. C'est ce qui plaît, en France comme à l'étranger.

NICOLE: On dit que vous ne voulez pas vous marier avant que vous n'ayez fait votre service militaire. . .bien qu'on vous ait photographié très souvent avec une jolie blonde.

JOHNNY: C'est vrai. . .à moins que, entre-temps, je ne fasse la connaissance de la femme idéale. . .

NICOLE: Prenez votre guitare afin que je puisse prendre une photo. . . Voilà, merci.

(Où que ce soit, tout le monde connaît la gentillesse légendaire de Johnny. Qui que ce soit peut lui demander quoi que ce soit.)

NICOLE: Quels sont vos projets?
JOHNNY: Eh bien! Dans huit jours, quoique je sois très pris, je vais enregistrer un disque à Woodstock. Ensuite, je présenterai mon nouveau trente-trois tours en France.
NICOLE: Je ne doute pas qu'il y ait des trucs terribles dans votre nouveau disque car il n'y a personne qui connaisse mieux les jeunes que vous.
JOHNNY: Vous êtes gentille, mademoiselle. Je vous adresserai mon disque avec une dédicace. Il se peut qu'on vous le passe dix fois par jour sur France-Inter et Europe N° I.[1]

Situation

En France, le jazz a toujours ses connaisseurs bien qu'il y ait moins de «fanas» (fanatiques) pour le jazz que pour le Pop ou le rock. Plusieurs guitares, une contrebasse et une batterie . . . et vous avez un groupe de rock! Une bonne «sono» (sonorisation) est cependant essentielle: pour cela, il faut que vous ayez de bons micros, de bons «amplis» (amplificateurs) et d'excellents haut-parleurs.

Les «tubes»? Ce sont les airs du moment qui ont le plus de succès. Que ce soit à la maison, à la radio, ou dans une discothèque, on passe les disques des vedettes, des idoles de la jeunesse. On enregistre les airs sur magnétophone ou sur mini-cassette. Où que ce soit, dans les discothèques ou dans une petite soirée organisée par les jeunes et qu'ils appellent une «boum», on peut danser le rock, le jerk et surtout le slow. Le troisième âge garde encore sa préférence pour la valse et le tango.

Dis-lui

Dis-lui, fais ça pour moi, dis-lui
Que le jour sans elle me semble moins lent.
Dis-lui, quitte à mentir, dis-lui
Que je réalise qu'elle avait raison.

Dis-lui, qu'à nouveau j'aime vivre
Que je ne suis plus seul, déjà
Qu'elle n'est plus rien pour moi.
Dis-lui, oh, oh, oh! . . .
Dis-lui, oh, oh, oh! . . .
Dis-lui n'importe quoi.

---

1. *stations de radio parmi les plus écoutées*

SEIZIÈME LEÇON

Dis-lui, fais ça pour moi, dis-lui
Que j'ai bien fini, oui, d'être malheureux.
Dis-lui que j'aime une autre fille, dis-lui
Tout ce que tu voudras, mais il faut qu'elle te croie.

Dis-lui, que plus jamais, dis-lui,
Je ne pense à elle, quand tu la verras.
Dis-lui, oh, oh, oh! . . .
Dis-lui, oh, oh, oh! . . .
Dis-lui n'importe quoi.

N'oublie pas, dis-lui, oh, oh, oh! . . .
           dis-lui, oh, oh, oh! . . .
           dis-lui.

M. Jourdan / M. Albert
(Adaptation en anglais: Feelings)

VOCABULAIRE FONDAMENTAL

ampli (amplificateur) *m.* amplifier
batterie *f.* percussion instruments
boum *f.* party
cependant however
connaisseur *m.* expert, connoisseur, good judge (of)
contrebasse *f.* bass fiddle, double bass
danser to dance
fana (fanatique) *m.* enthusiast, devotee, fan, fanatic
haut-parleur *m.* loudspeaker
jeunesse *f.* youth, young people
magnétophone *m.* tape recorder
micro (microphone) *m.* mike, microphone
mini-cassette *f.* (mini)cassette
organisé organized, arranged
plusieurs several
slow *m.* fox trot
sono (sonorisation) *f.* sound effects, sound (recording), sound track
tube *m.* top tune (song), hit

Questionnaire

Répondez aux questions suivantes:

A. Questions sur les textes *(Bande 16)*

    1. Qui est Johnny?
    2. Où se trouve-t-il?
    3. Que fait-il?

4. Est-ce que Johnny compose toutes ses chansons?
5. Sur quels thèmes écrit-il ses chansons?
6. Que dit-on à propos de ses projets de mariage?
7. Pourquoi Nicole lui demande-t-elle de prendre sa guitare?
8. Pourquoi la gentillesse de Johnny est-elle légendaire?
9. Quels sont ses projets?
10. Qu'est-ce que Johnny va offrir à Nicole?

B. Questions générales

1. Aimez-vous le rock? Justifiez votre réponse, qu'elle soit positive ou négative.
2. Quels sont vos chanteurs et vos chanteuses de rock préférés?
3. Sur quels thèmes les chanteurs de rock américains écrivent-ils leurs chansons?
4. Jouez-vous de la guitare? Si non, de quel instrument jouez-vous?
5. Préférez-vous le rock au jazz? Justifiez votre réponse.
6. Quels sont vos disques préférés?

Dialogue

Demandez à un(e) étudiant(e):

1. si elle (s'il) aime chanter. Quelles sont ses chansons préférées.
2. quelle est sa chanteuse préférée. Pourquoi.
3. de nommer les différents instruments d'un ensemble de rock.
4. quel est le public du rock aux États-Unis.
5. quels sont ses 33 tours préférés.
6. ce qu'est un tube.
7. ce qu'est une boum.
8. quelles sont ses danses préférées.
9. quelles danses préfère le troisième âge.

II. EXPRESSIONS A RETENIR

à l'étranger	abroad
à la maison	at home
à la radio	on the radio
avoir du succès	to have success, be successful, be (turn out) a success
composer une chanson	to compose a song
enregistrer un disque	to record, make a recording
entre-temps	meanwhile
être très pris	to be very busy, be very much taken up

faire son service militaire — to do one's military service
jouer de — to play *(a musical instrument)*
huit jours — a week
interviewer quelqu'un — to interview someone
où que ce soit — no matter where, wherever it may be
passer un disque — to put on (play) a record
prendre une photo — to take (snap) a picture
que ce soit — be it, whether it be
qui que ce soit — whomever it may be
quoi que ce soit — whatever it may be
tout le monde — everyone, everybody
un trente-trois tours — a 33 RPM record
une chanson (pièce) à succès — a hit (song or play)

III. PRONONCIATION

[p] as in **poser, appelle**, and [t] as in **temps, tante, thème** are pronounced, unlike English **p** and **t**, without a release of breath.

Répétez:

pain [pɛ̃]
partir [paRtiR]
pas [pɑ]
patin [patɛ̃]
penser [pɑ̃se]
père [pɛR]
perspective [pɛRspɛktiv]
pièce [pjɛs]
pierre [pjɛR]
pile [pil]

plaire [plɛR]
plusieurs [plyzjœR]
porte [pɔRt]
poste [pɔst]
pourquoi [puRkwa]
promenade [pRɔmnad]
public [pyblik]
puis [pɥi]
réponse [Repɔ̃s]
sport [spɔR]

Répétez:

discothèque [diskɔtɛk]
état [eta]
été [ete]
guitare [gitaR]
matinée [matine]
photo [fɔto]
tabac [taba]
table [tabl]
tango [tɑ̃go]
tel [tɛl]

tendre [tɑ̃dR]
terrible [tɛRibl]
théâtre [teɑtR]
timbre [tɛ̃bR]
tomate [tɔmat]
toujours [tuʒuR]
tour [tuR]
tout [tu]
truc [tRyk]
tube [tyb]

IV. GRAMMAIRE ET EXERCICES

72. Emplois du subjonctif (Uses of the Subjunctive — continued)

(a) Je cherche un disque qui **ait** toutes mes chansons préférées.
Il me faut un ami à qui je **puisse** me confier.
Est-ce que vous connaissez une jeune fille qui **sache** bien l'allemand?

Il n'y a personne qui **connaisse** mieux les jeunes que vous.
There's no one who knows (the) young people better than you.
Il n'y a rien qui lui **fasse** plus plaisir que cela.
There's nothing that pleases him more than that.

The subjunctive is used when a characteristic is desired but not yet obtained or when it is speculative. Compare:

Je connais une jeune fille qui sait bien l'allemand. [There is no doubt about it.]

(b) Prenez votre guitare **afin que je puisse** prendre une photo.
Quoique je sois très pris, je vais enregistrer un nouveau disque.
Je le ferai **pourvu que vous m'aidiez.**
Avant que vous (n')[1] **alliez** en France, nous vous donnerons une soirée.
Nous serons à l'heure **bien que le train ait** dix minutes de retard.
A moins qu'il (ne)[1] **fasse** beau, elles ne sortiront pas.
Elles lui achèteront un cadeau **sans qu'elle le sache.**
Je resterai ici **jusqu'à ce qu'il vienne.**

The subjunctive is used after certain conjunctions implying uncertainty or doubt. The most important of these are:

avant que[1]	*before*	**jusqu'à ce que**	*until*
à moins que[1]	*unless*	**sans que**	*without*
bien que, quoique	*although*	**pourvu que**	*provided that*
pour que, afin que	*in order that, so that*	**de peur que**[1], **de crainte que**[1]	*for fear that*

The subjunctive is also used after certain conjunctions of concession or restriction: **qui que** *(whoever, no matter who)*, **quoi que** *(whatever, no matter what)*, **où que** *(wherever, no matter where)*:

Qui que ce soit, faites-le entrer.
Whomever it may be, let him enter.

---

1. These conjunctions may take **ne** (without negative value) before the subjunctive.

SEIZIÈME LEÇON

Quoi que vous entendiez, ne le répétez pas.
No matter what you hear, don't repeat it.
Où qu'il aille, il y a toujours des journalistes qui veulent l'interviewer.
Wherever he goes, there are always reporters who want to interview him.

EXERCICE A

Transformez les phrases suivantes en employant les conjonctions indiquées:

MODÈLE: Prenez votre guitare. Je pourrai prendre une photo.   (afin que)
          Prenez votre guitare afin que je puisse prendre une photo.

1. Elle lui écrira. Il lui donnera son adresse.   (pourvu que)
2. Nous quitterons ce pays. Il y aura un coup d'État.   (de peur que)
3. Il n'est pas heureux. Il est riche.   (bien que)
4. Je vous y emmènerai. Vous rentrerez aux États-Unis.   (avant que)
5. Je ne commencerai rien. Tu me le diras.   (sans que)
6. Ils réserveront une table. Nous serons tous ensemble.   (pour que)
7. Il restera chez lui. Vous viendrez le voir.   (afin que)
8. Elle ne l'achètera pas. Ça coûte trop cher.   (de crainte que)
9. Elles ne nous accompagneront pas. Vous insistez.   (à moins que)
10. Je lui téléphonerai. Il me répondra.   (jusqu'à ce que)
11. Parlez plus lentement. Elle vous comprendra.   (pour que)
12. Il voudrait bien y aller. Tu lui indiques où c'est.   (pourvu que)
13. Je me lèverai tout de suite. Nous pourrons partir à l'heure.   (afin que)
14. On dit qu'il ne se mariera pas. Il fait la connaissance de la femme idéale.
    (à moins que)

EXERCICE B   *(Bande 16)*

Transformez les phrases suivantes en remplaçant **si** *par les conjonctions indiquées:*

MODÈLE: Elle vous les apportera demain **si elle a le temps.**   (pourvu que)
          Elle vous les apportera demain **pourvu qu'elle ait le temps.**

1. Nous vous donnerons une soirée si vous allez en France.   (avant que)
2. Je t'attendrai ici si tu viens me chercher.   (jusqu'à ce que)
3. Il restera chez lui si vous pouvez le rejoindre.   (afin que)
4. Ils viendront avec nous s'il y a de la place.   (pourvu que)
5. Elles ne remettront pas leur voyage si Nicole ne veut pas aller avec elles.
   (bien que)
6. Elle n'achètera pas la robe si son fiancé ne l'aime pas.   (de crainte que)
7. Je chanterai une chanson si tu joues de la guitare.   (pourvu que)
8. Elles ne sortiront pas s'il fait froid.   (de peur que)
9. Nous pourrons passer sur le quai si le train est là.   (avant que)
10. Je le ferai si vous m'aidez.   (sans que)
11. Elle me téléphonera ce soir si elle change d'avis.   (à moins que)

EXERCICE C

Complétez les phrases suivantes en mettant l'infinitif au présent du subjonctif:

1. Qui que ce _____ (être), dites-lui d'entrer.
2. Ils seront en retard à moins qu'ils ne _____ (se dépêcher).
3. Quoi que vous _____ (faire), faites-le bien.
4. Elle arrive toujours à l'heure bien qu'elle _____ (se lever) tard.
5. Il n'y a personne qui _____ (voyager) plus que lui.
6. Demandez-le-lui avant qu'il ne _____ (venir).
7. Où qu'il _____ (aller), il y a toujours quelqu'un qui veut l'interviewer.
8. Nous le ferons sans qu'elle le _____ (savoir).
9. Je vous les achèterai pourvu que vous ne les _____ (avoir) pas déjà.
10. Connaissez-vous une jeune fille qui _____ (parler) bien le français?
11. Il me faut quelqu'un à qui je _____ (pouvoir) me confier.
12. Restons ici jusqu'à ce qu'ils _____ (partir).

73. Passé du subjonctif (Past Subjunctive)

(a) Forms

(que) j' aie parlé
tu aies parlé
il (elle) ait parlé
nous ayons parlé
vous ayez parlé
ils (elles) aient parlé

(que) je sois allé(e)
tu sois allé(e)
il (elle) soit allé(e)
nous soyons allé(e)s
vous soyez allé(e), allé(e)s
ils (elles) soient allé(e)s

The past subjunctive consists of the present subjunctive of **avoir** or **être** plus the past participle of the main verb.

Note: The past subjunctive is usually equivalent in English to a past tense, or to *might, would, may have,* etc. plus verb.

(b) Uses

Je suis si content que vous **ayez organisé** cette petite soirée.
Croyez-vous qu'il **ait composé** toutes ses chansons?
Il est bon qu'elles n'**aient** pas **voyagé** seules.
Elle s'étonne qu'il ne lui **ait** pas **téléphoné**.

Nous regrettons que vous n'**ayez** pas encore **présenté** votre nouveau trente-trois tours en France.

Michèle ne veut pas se marier avant que son fiancé n'**ait fait** son service militaire.

Il se peut que Nicole **soit** déjà **sortie**.
C'est dommage que tu ne **sois** pas **venu** plus tôt.
Elle doutait qu'ils y **soient allés**.

The past subjunctive, which is generally used like the present subjunctive, expresses an action that has already taken place.

EXERCICE D

Répétez les phrases suivantes en mettant les verbes au passé du subjonctif:

MODÈLE: J'ai peur qu'il n'arrive en retard.
         J'ai peur qu'il ne soit arrivé en retard.

1. Nous sommes contents que vous passiez la soirée avec nous.
2. Il est fort possible qu'il vous adresse son nouveau trente-trois tours.
3. C'est dommage qu'elles se disputent.
4. Il vaut mieux que tu n'y ailles pas.
5. Je ne pense pas qu'ils puissent nommer les différents instruments.
6. Elle doute que tu veuilles l'emmener au concert.
7. Il importe que nous nous mettions d'accord avant de partir.
8. Croyez-vous qu'elles rentrent à l'heure?
9. Je suis surpris que vous ne lui écriviez pas.
10. Quoiqu'il soit très pris, il a enregistré un nouveau disque.
11. Nous regrettons qu'elles ne viennent pas plus tôt.
12. Êtes-vous sûr qu'elle prenne une photo du groupe?

EXERCICE E *(Bande 16)*

Refaites les phrases suivantes en employant les expressions indiquées:

MODÈLES: Il a enregistré les airs sur magnétophone.   (Il est probable)
          Il est probable qu'il a enregistré les airs sur magnétophone.

          Elles se sont déjà écrit.   (Il est possible)
          Il est possible qu'elles se soient déjà écrit.

1. Nous n'avons pas eu le temps de tout voir.   (Il est évident)
2. Il n'a pas pu l'avoir pour le week-end.   (J'ai bien peur)
3. Je l'ai mis dans ce paquet.   (Il est probable)
4. On ne vous a pas donné de meilleures places.   (Nous regrettons)
5. Ils ont déjà passé tous leurs examens.   (Je suis sûr)
6. Tu n'as pas changé d'avis.   (C'est dommage)

7. Elle a fini la lettre qu'elle a commencée hier.   (Ne croyez-vous pas?)
8. Il ne les a pas imités.   (Il est bon)
9. Nous sommes déjà venus par ici.   (Il est certain)
10. Ils se sont connus à l'université.   (Je crois)
11. Elles sont sorties en ville.   (Il est possible)
12. Le courrier est arrivé.   (Pensez-vous?)
13. Ils ne m'ont pas cru.   (Il est clair)
14. On l'a souvent photographié avec une jolie blonde.   (Est-il vrai?)

EXERCICE F

Refaites les phrases suivantes selon le modèle:

MODÈLE: Elle a suivi ce cours. C'est le plus difficile.
          C'est le cours le plus difficile qu'elle ait suivi.

1. Ils ont fait ce travail. C'est le plus fastidieux.
2. Tu as acheté ces cartes. Ce sont les plus belles.
3. Il a donné son avis. C'est probablement le plus raisonnable.
4. Nous avons rencontré cet homme. C'est le plus gentil.
5. Elle nous a montré des robes. Ce sont les plus élégantes.
6. J'ai visité cette province. C'est la plus vieille.
7. Vous m'avez envoyé ce livre. C'est le plus instructif.
8. Elle a aimé ce garçon. C'est le seul.
9. Il a écrit cette pièce. C'est la plus célèbre.
10. Nous avons pris cette route. C'est la plus longue.
11. On a choisi ce moment pour le faire. C'est le meilleur.
12. Il nous a raconté une histoire. C'est peut-être la plus intéressante.
13. J'ai voulu parler à cette personne. C'est la dernière.

74. Concordance des temps du subjonctif (Sequence of Tenses for the Subjunctive)

Modern everyday usage restricts subjunctive clauses to the present or past subjunctives.[1] The following sequences of tenses occur:

(a) When the action expressed by the dependent verb is simultaneous with the action of the main verb or future to the action of the main verb, the present subjunctive is used:

Elle doute qu'ils viennent.
She doubts (that) they are coming.
She doubts (that) they will come.

---

1. The imperfect and pluperfect subjunctives are primarily literary tenses. They are discussed in the Appendix (Sections 122 and 123) and listed in the Verb Conjugations.

Elle doutait qu'ils viennent.
She doubted (that) they were coming.
She doubted (that) they would come.

(b) When the action expressed by the dependent verb has been completed at the time of the main verb, the past subjunctive is used:

Elle doute qu'ils soient venus.
She doubts (that) they've come.
Elle doutait qu'ils soient venus.
She doubted (that) they had come.

Je regrette qu'il ait été malade.
I'm sorry (that) he has been ill.
Je regrettais qu'il ait été malade.
I was sorry (that) he had been ill.

EXERCICE G   *(Bande 16)*

Refaites les phrases suivantes en mettant les verbes au présent du subjonctif, puis au passé:

MODÈLES: Elle gardera l'argent.   (Il vaut mieux)
   Il vaut mieux qu'elle garde l'argent.
   Il vaut mieux qu'elle ait gardé l'argent.

1. Il ne fera pas suivre son courrier.   (Elle craint)
2. Vous vous arrêterez à une station-service.   (Il est bon)
3. Elle mettra sa lettre à la poste.   (Il doute)
4. Tu ne pourras pas y aller.   (Je regrette)
5. Il commencera ce projet.   (Nous sommes vraiment contents)
6. Je lui vendrai ma voiture.   (Elle est folle de joie)
7. Elles lui écriront toutes les semaines.   (Pensez-vous?)
8. Nous partirons ensemble.   (Il est important)
9. Tu ne descendras pas à cet hôtel.   (C'est dommage)
10. Ils ne réviseront pas leurs cours.   (Il est regrettable)
11. Elle choisira les spécialités de la maison.   (Il se peut)
12. Tout le monde s'amusera bien.   (Nous souhaitons)
13. Ils voudront inviter Nicole.   (Je ne crois pas)
14. On passera la prendre.   (Elle est heureuse)
15. Il me permettra de le faire.   (Il est temps)
16. Vous n'admirerez pas sa nouvelle robe.   (Elle s'étonne)

75. Verbe irrégulier «connaître» (Irregular Verb «connaître» "to be acquainted with")

PRÉSENT DE L'INDICATIF

> je connais nous connaissons
> tu connais vous connaissez
> il (elle) connaît ils (elles) connaissent

PRÉSENT DU SUBJONCTIF

(que) je connaisse nous connaissions
tu connaisses vous connaissiez
il (elle) connaisse ils (elles) connaissent

IMPARFAIT   PASSÉ COMPOSÉ
> je connaissais   j' ai connu
> tu connaissais   tu as connu
> il (elle) connaissait il (elle) a connu
etc.   etc.

FUTUR   IMPÉRATIF
> je connaîtrai   connais
> tu connaîtras   connaissez
> il (elle) connaîtra connaissons
etc.

Note: Do not confuse **connaître** with **savoir**: **connaître** means *to know a person, to be acquainted with a specific place or thing*; **connaître** is never used before an infinitive; **savoir** means *to know a fact, a situation, but not a person;* also *to know how, to know something thoroughly*:

> **De quel instrument savez-vous jouer?**
> **Je ne sais pas à quelle heure commence le concert.**
> **Sais-tu danser le rock?**
>
> **Connaissez-vous Michel depuis longtemps?**
> **Il connaît bien les jeunes.**
> **Je ne connais pas du tout cette route.**

EXERCICE H
Répétez les phrases suivantes en employant les pronoms indiqués:

1. Je connais bien mon public.   (il)
2. Depuis combien de temps connaissais-tu Paul?   (vous)
3. Où l'a-t-elle connu?   (ils)
4. Quand il connaîtra Nicole, il la trouvera charmante.   (elles)

5. Il se peut que vous connaissiez cette chanson. (tu)
6. Elle connaît une bonne petite auberge où on mange bien. (nous)
7. Ils les connaissaient depuis longtemps. (je)
8. Nous l'avons connu à l'université. (il)
9. C'est un endroit qu'ils ne connaîtront pas. (elle)
10. Je doute qu'il la connaisse. (elles)

V. COMPOSITION

A. *Dites, puis écrivez en français:*

1. I doubt that there is a better rock singer than Johnny.
2. I don't know anyone who can sing like him.
3. Everyone knows his legendary kindness. Anyone can ask him anything.
4. Wherever he goes, there are always reporters who want to interview him.
5. They constantly ask him what his marriage plans are, and they also want him to take his guitar so that they can snap a picture.
6. Johnny has always said that he does not want to get married before he has done his military service.
7. Although he has been photographed frequently with pretty women, he still has not found his ideal woman.
8. And, no matter what one may think, he will not get married unless he is really in love.
9. In all of Johnny's records there are terrific gimmicks. There is no one who knows (the) young people better than he.
10. He knows his public and there's nothing that pleases him more than to compose songs which have all the themes that they want to hear: love, solitude, and separation.
11. His records are played everywhere: at home, on the radio, or in discothèques.
12. Although they are very busy, Johnny and his group make many recordings and introduce new 33RPM's in the United States and abroad.

B. *Vous interviewez pour votre journal un(e) artiste de passage, une vedette de la chanson. Écrivez un dialogue en vous efforçant de suivre le plan indiqué. Vous pourrez poser les questions suivantes, à savoir:*

1. Si elle (s'il) compose elle-même (lui-même) ses propres chansons?
2. Quels sont ses thèmes préférés?
3. Comment elle (il) a débuté dans la chanson?

4. Quel est son public préféré? Pourquoi? Où a-t-elle (il) rencontré ses plus grands succès?
5. Quelques questions indiscrètes. Sa vie privée: est-elle seule (est-il seul)? Ses projets d'avenir.

En conclusion, vos impressions personnelles. Êtes-vous enthousiasmé(e), plus que jamais ou au contraire déçu(e) (*disappointed*)?

VI. DICTÉE

A tirer de la seizième situation.

Qui aime la France aime Paris

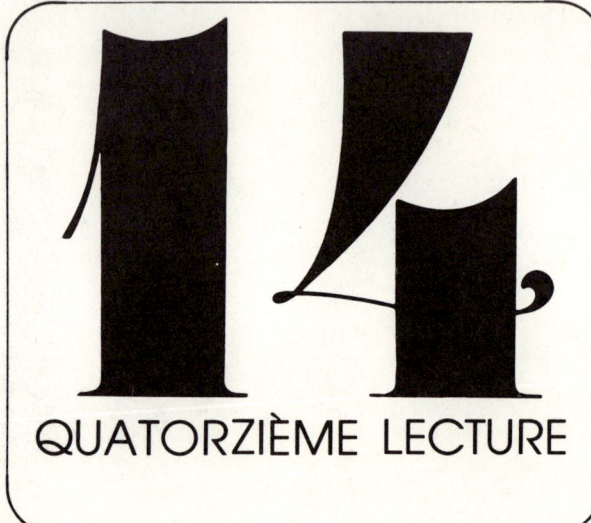

QUATORZIÈME LECTURE

Qui aime la France aime Paris. Qui ne connaît Paris ignore la France. Pourquoi? Parce que Paris, c'est la France.

Paris est une capitale naturelle, œuvre lente des siècles et de l'histoire, née des entrailles de la nation. Mais, si la France a fait Paris, Paris a bien aidé aussi la France à se faire. Il a pensé et agi, il a combattu, il a souffert pour elle.

Quand je dis: «Paris résume la France», j'entends énoncer un fait, un fait matériel qu'on peut traduire en chiffres. J'aurais pu dire autrement: «La population de la capitale est composée d'éléments originaires de toutes les parties de la France.» Ou encore: «Paris est fait de la province.» C'est la même chose.

1 **ignore:** ne connaît pas
4 **les entrailles** f.   viscera; *here figurative* heart
5 **souffert** (participe passé du verbe **souffrir**) suffered
6 **résume**   sums up
   j'entends: je veux, je veux dire
7 **les chiffres** m.: nombres
   autrement: d'une autre façon

QUI AIME LA FRANCE AIME PARIS

Ah! Vous ne saviez pas cela, vous, peut-être, qu'il n'y a pour ainsi dire pas de Parisiens à Paris? J'entends Parisiens de race, de père en fils, depuis un couple de siècles, par exemple. J'imagine que vous soyez planté en faction sur la place de la Concorde, au pied de l'Obélisque, arrêtant tous les passants pour les forcer à décliner leur origine, combien en trouveriez-vous de ces Parisiens-là? Un sur sept? ou sur dix? ou moins encore? Nous nous rencontrons sur le trottoir, travailleurs, commerçants, artistes, hommes de science ou hommes de lettres: «D'où êtes-vous? —Moi, je suis de Marseille. —Et moi, de Lille. —Et moi, de Montpellier. —Et moi, de Saint-Malo.» Français du Nord et du Midi, en se serrant la main, se regardent au visage et se reconnaissent frères.

On vient de sa province avec des préjugés d'enfance, de vieilles idées des vieux siècles, qui traînent encore par là, je ne sais comment. Paris, en arrivant, vous fait respirer l'air du temps — je veux dire des idées modernes — vous fait un homme de votre époque et de votre pays. On vient Picard ou Berrichon; on vient Rennais ou Nîmois: Paris vous fait Français et patriote.

Extrait de «Notre capitale» par Charles Delon
Morceaux choisis, V. Bouillot: Librairie Hachette, Paris

Questionnaire

1. Quelle est la capitale de la France?
2. Qui aime la France aime Paris. Pourquoi?
3. Quelle sorte de capitale est Paris? Pourquoi?
4. Pourquoi Paris a-t-il bien aidé la France à se faire?
5. Qu'est-ce que l'auteur entend énoncer quand il dit: «Paris résume la France?»
6. De quoi la population de la capitale est-elle composée?
7. Autrement dit, de quoi Paris est-il fait?

12 **vous soyez planté en faction** you are standing and watching
 la place de la Concorde (une des plus belles places de Paris. Au centre de cette place se trouve l'Obélisque de Louxor apporté d'Égypte en 1836.)
13 **au pied de** at the foot of
 arrêtant stopping
 le passant passer-by
14 **décliner**: faire connaître
17 **Marseille** (grand port de commerce sur la Méditerranée)
 Lille (ville industrielle et universitaire dans le nord de la France)
18 **Montpellier** (ville universitaire dans le Midi de la France)
 Saint-Malo (port breton)
 en se serrant la main while shaking hands
20 **les préjugés** *m.* prejudices
 l'enfance *f.* childhood
21 **traînent**: persistent, demeurent
23 **Picard**: de Picardie (province dans le nord de la France)
 Berrichon: du Berry (province dans le centre de la France)
24 **Rennais**: de Rennes (ville principale de la Bretagne, située dans l'ouest de la France)
 Nîmois: de Nîmes (ancienne ville romaine dans le Midi)

8. Qu'est-ce qu'un Parisien de race, selon l'auteur?
9. Si vous étiez planté(e) en faction sur la place de la Concorde, combien de vrais Parisiens trouveriez-vous parmi les passants?
10. Quelles sortes de personnes se rencontrent sur un trottoir parisien?
11. Quelle question l'auteur leur pose-t-il?
12. D'où sont ces personnes?
13. Où se trouve Marseille? Et Lille?
14. Où est Montpellier? Et Saint-Malo?
15. Quand on vient de sa province, qu'apporte-t-on avec soi à Paris?
16. Qu'est-ce que Paris vous fait respirer en arrivant?
17. Qu'est-ce que Paris fait de vous?
18. Qu'est-ce qu'un Picard? Un Berrichon? Un Rennais? Et un Nîmois?
19. Qu'est-ce que Paris fait des Picards, des Berrichons, des Rennais ou des Nîmois?

A la gare

DIX-SEPTIÈME LEÇON

I. PRÉSENTATION

Conversation   *(Bande 17)*

PAUL: Le train pour Amsterdam est-il direct?

L'HÔTESSE: Oui, monsieur. Vous prenez le Paris–Bruxelles–Amsterdam qui est un rapide avec supplément.

PAUL: Faut-il louer ses places d'avance?

L'HÔTESSE: La plupart du temps oui. . .mais, comme il n'y a pas beaucoup de voyageurs, vous n'aurez pas de grandes difficultés. . .Tenez, monsieur. . .Faites la queue devant ce guichet, il y a moins de monde. Prenez votre supplément, vous n'aurez rien à payer pour la réservation.

(Au guichet.)

PAUL: Un aller et retour pour Amsterdam s'il vous plaît.

L'EMPLOYÉ: C'est le T.E.E.,[1] l'«Étoile du Nord», que vous voulez. . . . Il n'y a que des premières classes. Il n'y a pas de seconde.

---

1. T.E.E. = Trans-Europ-Express

PAUL: Il n'y a pas de seconde?
L'EMPLOYÉ: Non, il n'y en a pas.
PAUL: D'accord... Donnez-moi un billet de première. Combien de temps met-il?
L'EMPLOYÉ: Un peu plus de cinq heures.

(Paul attend sur le quai... Des jeunes filles et des jeunes gens bavardent.)

«Tu es déjà allée à Amsterdam?» dit l'un. «Oui, j'y suis déjà allée plusieurs fois... J'en reviens», dit un autre... «et moi j'y retourne...»

(Soudain...aux haut-parleurs.)

«Attention, attention! A la voie numéro cinq...le train rapide à destination de Bruxelles...Amsterdam... va partir. Nous vous invitons à monter en voiture...»

Situation

En France les chemins de fer sont nationalisés. C'est la S.N.C.F., la Société Nationale des Chemins de fer français qui administre les réseaux de voies ferrées. Dans chaque gare, il y a un bureau de renseignements, un buffet (avec menu touristique qui comprend souvent des spécialités régionales), des kiosques (où on peut acheter des tas de livres et de journaux, des paquets de cigarettes), une consigne (où on peut laisser ses bagages en toute sécurité), des salles d'attente et des toilettes. Il y a trois sortes de trains: les rapides, les express (qui s'arrêtent dans les grandes gares) et les omnibus qui s'arrêtent partout. Les T.E.E. sont les trains les plus rapides. Ils ne comportent que des première classe, avec un supplément à payer. Les plus célèbres sont l'«Étoile du Nord» (Paris–Bruxelles–Amsterdam), le «Cisalpin» (Paris–Lausanne–Milan), le «Parsifal» (Paris–Liège–Cologne–Dortmund–Hambourg) et le «Talgo» (Genève–Avignon–Perpignan–Barcelone).

VOCABULAIRE FONDAMENTAL

administrer to administer, manage, direct
attente *f.* wait, waiting; **salle d'attente** *f.* waiting room
bagage *m.* baggage, luggage
buffet *m.* railway restaurant, buffet, refreshment table
bureau de renseignements *m.* information bureau (office)
célèbre famous, well-known
chemin de fer *m.* railroad, railway
cisalpin(e) Cisalpine, on the Roman side of the Alps
comporter to comprise, include

consigne *f.* baggage room, checkroom
omnibus *m.* bus; local train
régional (*pl.* **régionaux**) regional, local
renseignements *m. pl.* information
réseau *m.* network, system
sécurité *f.* security, safety
société *f.* society, company
tas *m.* heap, pile
toilette *f.* lavatory, toilet
voie ferrée *f.* railroad, railway

Questionnaire

Répondez aux questions suivantes:

A. Questions sur les textes *(Bande 17)*

1. Quel train Paul va-t-il prendre?
2. Quelle sorte de train est-ce?
3. Faut-il louer ses places d'avance?
4. Où Paul fait-il la queue?
5. Que demande Paul à l'employé de la S.N.C.F.?
6. Quel T.E.E. Paul va-t-il prendre?
7. Combien de classes y a-t-il dans ce train?
8. Combien de temps ce train met-il pour aller de Paris à Amsterdam?
9. Quelles conversations Paul écoute-t-il? Pouvez-vous les répéter?
10. Soudain, qu'entend-on aux haut-parleurs?

B. Questions générales

1. Qui administre les réseaux de voies ferrées en France?
2. Qu'y a-t-il dans chaque gare en France?
3. Que peut-on acheter dans les kiosques des gares?
4. Qu'est-ce que la consigne?
5. Combien y a-t-il de sortes de trains en France?
6. Quelle différence y a-t-il entre un express et un omnibus?
7. Comment s'appellent les trains les plus rapides en Europe?
8. Quels sont les plus célèbres T.E.E.?

Dialogue

Demandez à un(e) étudiant(e):

1. s'il (si elle) aime prendre le train. Pourquoi?
2. où il (elle) prend ses billets.
3. si les chemins de fer américains sont nationalisés.
4. quel rapide il (elle) peut prendre pour aller de Paris à Milan.
5. comment s'appelle le Paris-Liège-Cologne-Dortmund-Hambourg.

6. quel est son moyen (*means*) de transport préféré. Pourquoi?
7. si les transports publics sont bien développés aux États-Unis. Pourquoi ou pourquoi pas?

II. EXPRESSIONS A RETENIR

à destination de	bound for
avoir de la difficulté (des difficultés) à faire quelque chose	to have difficulty (trouble) in doing something
combien de temps met-il?	how long does it take?
d'avance	beforehand, in advance
en toute sécurité	safely
en voiture!	all aboard! take your seats!
faire la queue	to stand in line
louer une place d'avance	to reserve (book) a seat
manquer (rater) son train	to miss one's train
monter dans le train	to get on the train
monter en voiture	to get aboard, to get into (board) a car
un aller et retour	a round-trip ticket
un aller simple	a one-way ticket
un train direct	a direct train, a through train, a through express

III. PRONONCIATION

[k] as in **accord, comme, qui, expression, kiosque.**

Répétez:

ave**c** [avɛk]	côté [kote]
ar**c** [aʀk]	coude [kud]
camembert [kamãbɛʀ]	coup [ku]
car [kaʀ]	craindre [kʀɛ̃dʀ]
carte [kaʀt]	donc [dɔ̃k]
cause [koz]	disque [disk]
clair [klɛʀ]	encore [ãkɔʀ]
classe [klɑs]	excuser [ɛkskyze]
clé [kle]	express [ɛkspʀɛs]
comment [kɔmã]	extérieur [ɛksteʀjœʀ]
composer [kɔ̃poze]	kilomètre [kilɔmɛtʀ]
conduire [kɔ̃dɥiʀ]	paquet [pakɛ]
corps [kɔʀ]	quai [ke]

quand [kã]
que [kə]
quel [kɛl]
quoi [kwa]

sec [sɛk]
succès [syksɛ]
truc [tʀyk]
vacances [vakɑ̃s]

Note: **c** before **a,o,u,** before a consonant, or final is pronounced [k].
c before **e,i** is pronounced [s]: France [fʀɑ̃s], ici [isi].
ç is pronounced [s]: garçon [gaʀsɔ̃].

IV. GRAMMAIRE ET EXERCICES

76. Omission de l'article défini devant un nom au sens partitif (Omission of Definite Article before a Partitive Noun)

(a) Following a negative verb

Il n'y a pas **de train** sur cette voie.
La météo n'annonce pas **de neige.**
N'allez-vous pas prendre **d'essence?**
Le facteur n'a pas **de lettres** pour vous.
Elle ne prend jamais **de bière.**
Il n'y a plus **de rapides** à cette heure.

The definite article is omitted when the partitive noun follows a negative verb.

Note:

(1) After **ne. . .que** (*only*), **de** + definite article must be used:

Je n'ai que **des journaux** du soir.
Elle n'a acheté que **de la viande.**

(2) After **ni** of **ne. . .ni. . .ni** (*neither. . .nor*), both **de** and the article are omitted:

Je ne vends **ni cigarettes ni tabac.**
Il n'y a **ni express ni rapide** sur cette ligne.

(b) Before a plural noun preceded by an adjective

Vous n'aurez pas **de grandes difficultés.**
Les Françaises sont **de bonnes cuisinières.**
Il faut que vous ayez **d'excellents haut-parleurs.**
Ce sont **de nouveaux timbres.**
Il y a **de vieux immeubles** dans ce quartier.
Elle a acheté **de belles cartes.**

Nous faisons souvent **de longues promenades.**
J'ai remarqué **de jolies robes** dans ce magasin.

The definite article is omitted when a plural partitive noun is preceded by an adjective.

Note:

(1) If an adjective precedes a singular noun, **de** + definite article is generally preferred: Ils font **du bon travail.**

(2) If a plural adjective and the noun it precedes form a single concept or expression, **de** + definite article is used:

des jeunes filles	*(some) girls*
des petits pois	*(some) peas*
des petits pains	*(some) rolls*

(c) After nouns and adverbs of quantity

une baguette de pain	*a loaf of bread*
un bloc de papier à lettres	*a pad of writing paper*
une boîte d'allumettes	*a box of matches*
une bouteille de bière	*a bottle of beer*
une carafe de vin	*a decanter of wine*
une douzaine d'œufs	*a dozen eggs*
un kilo de viande	*a kilo of meat*
un litre de lait	*a liter of milk*
une livre de beurre	*a pound of butter*
un paquet d'enveloppes	*a package of envelopes*
une pincée de sel	*a pinch of salt*
une tasse de café	*a cup of coffee*
une tranche de jambon	*a slice of ham*
un tube de dentifrice	*a tube of toothpaste*
un tas de livres	*a pile of books*
un verre d'eau	*a glass of water*
combien de lignes?	*how many lines?*
assez d'argent	*enough money*
autant de travail	*as much work*
beaucoup de voyageurs	*many travelers*
tant de choses	*so many things*
trop de voitures	*too many automobiles*
(un) peu de tabac	*(a) little tobacco*

The definite article is omitted after nouns or adverbs of quantity.

Note: **bien** (*much, many*) and **la plupart** (*most*) are followed by **de** + definite article:

bien des routes
la plupart des routiers

EXERCICE A (Bande 17)

Répondez négativement aux questions suivantes:

MODÈLE: As-tu du travail à faire ce soir?
          Non, je n'ai pas de travail à faire ce soir.

1. Y a-t-il des voyageurs sur le quai?
2. Aimez-vous faire de l'auto-stop?
3. A-t-il acheté de la crème à raser?
4. Vous a-t-elle donné du papier à lettres?
5. Ont-ils pris des billets de première?
6. Veux-tu de la pâtisserie comme dessert?
7. Vend-on du tabac dans ce magasin?
8. A-t-elle mis de l'eau sur la table?
9. Prenez-vous du café après le dîner?
10. Ont-elles de la patience?
11. As-tu demandé des renseignements à cet homme?
12. Vous a-t-il prêté de l'argent?
13. Avez-vous offert de la bière à vos amis?
14. Faut-il louer des places d'avance?

EXERCICE B

Répétez les phrases suivantes en mettant les noms et les adjectifs au pluriel:

MODÈLE: Il y a un autre train qui est plus rapide.
          Il y a d'autres trains qui sont plus rapides.

1. Ils ont fait cela après un grand effort.
2. Il y a un nouveau magasin à deux rues d'ici.
3. Avez-vous encore une bonne place pour l'express?
4. Elle m'a récité un beau poème.
5. Il me reste une petite chambre avec lavabo.
6. C'est une jolie jeune fille.
7. As-tu trouvé une vieille édition?
8. Il faut que vous ayez un excellent micro.
9. Nous faisons souvent une longue promenade ensemble.
10. Elle m'a montré une belle robe.
11. Il m'a présenté à une jeune étudiante française.

12. Ils venaient souvent pour une courte visite.
13. Nous avons rencontré un vieil ami en France.
14. Il a laissé une grosse valise à la consigne.
15. Ils ont pris une mauvaise route.

77. y, en

(a) Tu es déjà allée **à Amsterdam?** — Oui, j'**y** suis déjà allée plusieurs fois.
Répond-il **à votre question?** — Oui, il **y** répond.
Sont-ils arrivés **en France?** — Oui, il **y** sont arrivés.
Font-elles la queue **devant ce guichet?** — Oui, elles **y** font la queue.
Est-elle montée **dans la voiture?** — Oui, elle **y** est montée.
Passons **sur le quai.** — Oui, passons-**y**.

The adverbial pronoun **y** stands for a prepositional phrase referring to places or things *already mentioned*. Such a phrase may be introduced by the preposition **à, en, dans, devant, sur,** or others, but not by **de**; **y** (like personal object pronouns) always stands before the verb, except in the affirmative imperative.

(b) Reviens-tu **de Bruxelles?** — Oui, j'**en** reviens.
A-t-elle parlé **de son voyage?** — Oui, elle **en** a parlé.
Ont-ils acheté **des magazines?** — Non, ils n'**en** ont pas acheté.
Avez-vous **des cigarettes?** — Non, je n'**en** ai pas.
Nous n'avons pas pris **de journaux.** — Nous n'**en** avons pas pris.
Cherchez **des allumettes.** — Cherchez-**en**.

The adverbial pronoun **en** stands for a phrase introduced by **de** and generally refers to places or things *already mentioned;* **en** is usually equivalent to *some, any, of it, of them, from there,* and always stands before the verb, except in the affirmative imperative.[1]

Note: **en** replaces a previously mentioned noun that is omitted after an expression of quantity or a number:

Voudriez-vous aussi **des enveloppes?** — Oui, j'**en** voudrais une douzaine.
Est-ce que nous avons assez **d'essence?** — Oui, nous **en** avons assez.
A-t-elle encore **des chambres à louer?** — Oui, elle **en** a deux.

---

1. In a general partitive sense, **en** may refer to people, but a personal object pronoun is usually preferred for specific references:

As-tu **des amis?** — Oui, j'**en** ai.
But
Parles-tu **de Michel?** — Oui, je parle **de lui**.

(c) Je m'**y** suis arrêté.
Elle l'**y** met.
Ils les **y** ont cherchés.
Il va nous **y** attendre.

Elles m'**en** ont apporté.
Je vous **en** ai déjà montré.
Elle ne lui **en** a pas vendu.
Il vient de nous **en** donner.

But

Mettez-les-**y**.
Vendez-lui-**en**.
Montrons-leur-**en**.

When **y** or **en** occurs together with a personal object pronoun, the word order before a conjugated verb or an infinitive is as follows:

me		le								
te		la		lui						
se	BEFORE	la	BEFORE		BEFORE	**y**	BEFORE	**en**	BEFORE	VERB;
nous		les		leur						
vous										

In the affirmative imperative, the word order is as follows:

VERB — DIRECT OBJECT — INDIRECT OBJECT — **y** — **en**.

Note:

(1) **moi** and **toi** when followed by **y** or **en** become **m'** and **t'**, respectively:
Attendez-**m'y**.
Apportez-**m'en**.

(2) In the negative imperative, **y** and **en** stand before the conjugated verb:
Ne les **y** mettez pas.
Ne lui **en** vendez pas.
Ne leur **en** montrons pas.

EXERCICE C

Transformez les phrases suivantes selon le modèle:

MODÈLE: Elle veut du lait. Elle en veut un litre.
  Elle veut un litre de lait.

1. Elle achète de la viande. Elle en achète un kilo.
2. Il y a des auto-stoppeurs sur le bord de toutes les grandes routes. Il y en a beaucoup.
3. Je voudrais des œufs. J'en voudrais une douzaine.
4. Vous avez des enveloppes. Vous en avez assez.
5. Il nous a apporté du vin. Il nous en a apporté une bouteille.
6. Elle a ajouté de la crème fraîche. Elle en a ajouté un peu.
7. Nous lui avons envoyé des fleurs. Nous lui en avons envoyé un bouquet.
8. Il y a déjà des voyageurs sur le quai. Il y en a déjà tant.
9. Je viens de lui offrir du café. Je viens de lui en offrir une tasse.
10. Donnez-moi donc des cigarettes américaines. Donnez-m'en donc un paquet.
11. Nous avons du travail. Nous en avons trop.
12. Il me vend du pain. Il m'en vend une baguette.
13. Je vais prendre du jambon. Je vais en prendre deux tranches.

EXERCICE D *(Bande 17)*

Répondez affirmativement aux questions suivantes en employant **y** *ou* **en**:

MODÈLES: Sont-elles déjà allées **au supermarché?**
  Oui, elles **y** sont déjà allées.

  As-tu acheté **du pain?**
  Oui, j'**en** ai acheté.

1. Avez-vous encore des journaux du soir?
2. Sont-ils restés longtemps à Genève?
3. Est-elle sortie de sa chambre?
4. Les as-tu mis dans le même paquet?
5. Revenez-vous du théâtre?
6. Allons-nous les attendre près de la consigne?
7. A-t-elle fait beaucoup d'achats?
8. L'as-tu laissé sur la table?
9. A-t-il pris des photos?
10. Répondent-ils toujours à vos lettres?
11. Voudriez-vous aussi un kilo de viande?
12. Passeront-ils leurs vacances en Europe?
13. As-tu assez d'essence?

14. Sont-elles entrées dans le magasin?
15. Est-il revenu de Barcelone?
16. Pourrons-nous passer sur le quai?

EXERCICE E (Bande 17)

Répétez les phrases suivantes en remplaçant les noms par des pronoms personnels, par **y** *ou par* **en:**

MODÈLE: Elle offre **du café à Paul.**
          Elle **lui en** offre.

1. Nous avons écrit des lettres à nos amis.
2. Elle a mis ses provisions dans le filet.
3. Le facteur n'a pas apporté de courrier à Nicole.
4. Je rencontrerai Michel à l'université.
5. Nous avons pris des cigarettes au bureau de tabac.
6. Je voudrais te montrer des photos.
7. Il a garé sa voiture devant la maison.
8. Elle nous a loué des chambres.
9. Il emmènera sa femme au concert.
10. Je viens de lui donner de l'argent.
11. Elle va mettre des fleurs dans le vase.
12. Ils ont laissé leurs valises à la consigne.
13. Nous avons demandé des renseignements à l'employé.
14. Le charcutier m'a vendu du jambon.

EXERCICE F

Répondez aux questions suivantes selon le modèle en remplaçant les noms par **y** *ou par* **en:**

MODÈLE: Je **vous** donne **du dessert?**
          Oui, donnez-**m'en.**
          Non, ne **m'en** donnez pas.

1. Je vous apporte du vin rosé?
2. Je les cherche dans une épicerie?
3. Je leur écris des lettres?
4. Je la laisse au garage?
5. Je lui envoie du parfum?
6. Je les attends devant ce guichet?
7. Je t'achète des crevettes?
8. Je le mets dans un sachet?
9. Je leur offre des gâteaux?
10. Je vous montre des robes?

11. Je la gare près du feu rouge?
12. Je te commande des escargots?
13. Je vous retrouve à la gare?
14. Je lui demande de la pâtisserie?

78. Pronoms relatifs (Relative Pronouns)

(a) qui

J'ai deux neveux **qui** collectionnent les timbres.
Voilà le facteur **qui** nous apporte le courrier.
C'est la Société Nationale des Chemins de fer français **qui** administre les réseaux de voies ferrées.
Vous prenez le Paris–Bruxelles–Amsterdam **qui** est un rapide avec supplément.

qui *(who, which, that)* is used as the subject of a verb in a relative clause and may refer to persons or things.

(b) que

1. L'ami **que** nous cherchons vient d'arriver.
   Le chanteur de rock **que** Nicole a interviewé s'appelle Johnny.
   C'est l'«Étoile du Nord» **que** vous voulez?
   Où as-tu mis le journal **que** j'ai acheté?

   que *(whom, which, that)* is used as the direct object of a verb in a relative clause and may refer to persons or things.

2. Avez-vous fini **la lettre que** vous avez **commencée**?
   Voilà **les disques qu'**il m'a **vendus**.
   Ce sont **les collections de printemps que** nous avons **admirées** hier.
   Aimes-tu **la guitare qu'**elle t'a **donnée**?

   The past participle of a verb conjugated with **avoir** agrees with the relative object pronoun **que** referring back to a feminine or plural noun in the main clause.

   Note:
   (1) **que** becomes **qu'** before a word beginning with a vowel or mute **h**; **qui** is invariable.
   (2) **que** may not be omitted in French (as *whom, which,* or *that* may be in English).

EXERCICE G   *(Bande 17)*

Refaites les phrases suivantes selon le modèle:

MODÈLE: Sa mère est née à Paris.
         C'est sa mère qui est née à Paris.

1. Josette est d'origine française.
2. M. Sauvin m'a beaucoup parlé de vous.
3. Nicole vient d'arriver.
4. La petite chambre n'a pas de salle de bains.
5. Paul va passer un an en France.
6. Michèle avait si peur d'être en retard.
7. Pierre m'a donné un coup de téléphone.
8. Ces cartes sont en couleur.
9. Sa voiture ne marche pas bien.
10. Robert m'a accompagné à la poste.
11. Ces montres ne sont pas bien réglées.

EXERCICE H (Bande 17)

Refaites les phrases suivantes selon le modèle:

MODÈLE: Elle a acheté une robe.
          Où est la robe qu'elle a achetée?

1. Nous avons réservé une table.
2. Ils ont rencontré des amis.
3. Il a écrit une lettre.
4. Elle nous a recommandé ces produits.
5. Ils ont trouvé une édition rare.
6. Elle lui a loué une chambre.
7. Nous avons acheté des cigarettes.
8. Il vous a prêté sa voiture.
9. Ils vous ont remis leurs compositions.
10. Tu as choisi du beau papier.
11. Il lui a donné une clé.

EXERCICE I

Refaites les phrases suivantes selon les modèles en employant les pronoms relatifs **qui** *ou* **que:**

MODÈLES: Les jeunes gens bavardent gaiement.
           Voilà les jeunes gens qui bavardent gaiement.

           Il m'a montré sa voiture.
           Voilà la voiture qu'il m'a montrée.

1. Le train va partir immédiatement.
2. Il a composé une belle chanson.
3. Ce bracelet me plaît beaucoup.
4. Elles ont loué leurs places d'avance.
5. L'hôtesse nous a donné des renseignements.

6. Vous avez acheté des enveloppes.
7. La jeune Française parle bien l'anglais.
8. Elle va envoyer la lettre par avion.
9. Les nouveaux timbres viennent de sortir.
10. Ils m'ont apporté de beaux cadeaux.
11. Ce menu touristique comprend des spécialités régionales.
12. J'ai trouvé un stylo.

79. Verbe irrégulier «prendre» (Irregular Verb «prendre» "to take")

PRÉSENT DE L'INDICATIF

je prends	nous prenons
tu prends	vous prenez
il (elle) prend	ils (elles) prennent

PRÉSENT DU SUBJONCTIF

(que) je prenne	nous prenions
tu prennes	vous preniez
il (elle) prenne	ils (elles) prennent

IMPARFAIT   PASSÉ COMPOSÉ

je prenais	j' ai pris
tu prenais	tu as pris
il (elle) prenait	il (elle) a pris
etc.	etc.

FUTUR   IMPÉRATIF

je prendrai	prends
tu prendras	prenez
il (elle) prendra	prenons
etc.	

Note: The following verbs are conjugated like **prendre: apprendre** *(to learn);* **comprendre** *(to understand):* **entreprendre** *(to undertake);* **reprendre** *(to take back, resume);* **surprendre** *(to surprise).*

EXERCICE J

Répétez les phrases suivantes en employant les pronoms indiqués:

1. Il prend toujours un apéritif avant de dîner. (je)
2. Preniez-vous vos repas à l'université? (tu)
3. J'apprendrai les nouveaux mots de la leçon. (elle)

4. Il est important qu'il prenne le train à huit heures.   (ils)
5. Nous prendrons l'avion pour aller de Paris à Rome.   (elles)
6. Qu'a-t-elle pris pour revenir en France?   (ils)
7. Si vous prenez votre supplément vous n'aurez rien à payer pour la réservation.   (tu)
8. Elles ne comprenaient rien aux mathématiques.   (il)
9. Il vaut mieux que je prenne un aller et retour.   (nous)
10. Elle apprend beaucoup de vocabulaire en classe.   (ils)
11. Elles ont pris quelque chose de simple.   (nous)
12. Il faut que tu comprennes cela.   (vous)
13. Nous en prenions souvent au bureau de tabac.   (je)
14. Il prendra le chemin le plus court.   (ils)
15. Nous l'avons finalement compris.   (tu)

V. COMPOSITION

A. *Dites, puis écrivez en français:*

1. What train does one take to go to Amsterdam?
2. You take the Paris–Brussels–Amsterdam train, which is a through express. There are good seats on that train.
3. Aren't there (any) other trains (that) I can take to go there?
4. No, there are neither limited expresses nor local trains at this time. There are only direct trains.
5. Is it necessary for me to reserve my seat in advance?
6. Most of the time, yes, but not today.
7. Stand in line in front of that ticket window. You will get your ticket there.
8. I'll take a round-trip ticket for Amsterdam, please.
9. Is it the Trans-Europ-Express, the North Star, that you want? There are only first-class seats. There aren't any more second-class (ones).
10. Will you take a first-class ticket, sir? — Yes, give me one, please.
11. How long does it take to get there? — A little more than five hours.
12. Your train leaves from track 5. There's still a lot of time.
13. Bring any luggage that you do not wish to carry to the baggage room. You can leave it there safely.
14. If you haven't bought any newspapers or magazines, you can get some at the newsstands. They also sell cigarettes and fine books there.
15. Thank you, I'll get some there before getting on the train.

B. *Décrivez un départ en voyage en vous inspirant du plan suivant:*

1. Où allez-vous et pourquoi partez-vous (vacances, fête de famille, voyage d'affaires. . .)?

2. Les préparatifs: bagages et adieux à votre famille ou à vos amis.
  3. On vous conduit à la gare. Vous disposez de très peu de temps pour prendre votre billet de train. Que faites-vous? Que dites-vous?
  4. Imaginez le dernier épisode. Vous manquez votre train? ou bien vous arrivez juste à temps pour le départ.

VI. DICTÉE

A tirer de la dix-septième situation.

La Salle à manger

15 QUINZIÈME LECTURE

Francis Jammes est un poète «paysan». Poète tout court. Tout est bon chez Jammes: le pain, la viande, les poires mûres. . .les petites âmes. Tout est dit avec les mots, les phrases de tous les jours. Ceux qui accusent Jammes de puérilité ont perdu le don le plus précieux qui fait les poètes: le don d'enfance, le don d'émerveillement.

Il y a une armoire à peine luisante
qui a entendu les voix de mes grand-tantes,
qui a entendu la voix de mon grand-père,
qui a entendu la voix de mon père.
A ces souvenirs l'armoire est fidèle.

1 **le paysan**   peasant, farmer
  tout court   only that, nothing more
3 **ceux**   those
4 **le don**   gift, talent
5 **émerveillement** *m.*   wonder
6 **l'armoire** *f.*   cupboard, wardrobe
  à peine   scarcely, hardly
  luisant   shiny, glossy
10 **fidèle**   faithful, loyal

On a tort de croire qu'elle ne sait que se taire,
car je cause avec elle.

Il y a aussi un coucou en bois.
Je ne sais pourquoi il n'a plus de voix.
Je ne veux pas le lui demander. 15
Peut-être bien qu'elle est cassée,
la voix qui était dans son ressort,
tout bonnement comme celle des morts.

Il y a aussi un vieux buffet
qui sent la cire, la confiture, 20
la viande, le pain et les poires mûres.
C'est un serviteur fidèle qui sait
qu'il ne doit rien nous voler.

Il est venu chez moi bien des hommes et des femmes
qui n'ont pas cru à ces petites âmes. 25
Et je souris que l'on me pense seul vivant
quand un visiteur me dit en entrant:
Comment allez-vous, Monsieur Jammes?

Francis Jammes: De l'Angélus de l'aube à l'Angélus du soir (1898)
(By permission of Mercure de France)

Questionnaire

1. Qui est Francis Jammes?
2. Comment est sa poésie?
3. Comment s'exprime-t-il dans ses poésies?
4. De quoi certains ont accusé Francis Jammes? Pourquoi?
5. Quel est ce don si précieux qui fait les poètes?
6. Dans quel recueil figure «La Salle à manger»?

11 **on a tort** we are wrong
   se taire to be quiet, be still
12 **car** for
   cause chat
13 **le bois** wood
16 **cassée** broken
17 **le ressort** spring
18 **tout bonnement** just as
   celle the one
20 **sent** smells

20 **la cire** wax
   la confiture jam
21 **les poires** f. pears
   mûres ripe
22 **le serviteur** servant
23 **rien** nothing
   voler steal, rob
24 **bien des** many
26 **souris** smile
   vivant alive

LA SALLE À MANGER

7. Qu'y a-t-il dans la salle à manger?
8. Quelles voix cette armoire a entendues?
9. A quoi l'armoire est-elle fidèle?
10. Qu'y a-t-il aussi dans la salle à manger?
11. Pourquoi le coucou n'a-t-il plus de voix?
12. Quel est l'autre meuble de la salle à manger?
13. Que sent ce vieux buffet? Pourquoi?
14. A qui le poète compare-t-il le vieux buffet?
15. Pourquoi, dans l'esprit, dans le cœur du poète ces objets ont-ils une âme?
16. Éprouvez-vous les mêmes sentiments que le poète à l'égard de certains objets qui vous sont familiers? Pourquoi?
17. Jammes a une façon toute particulière de redire «Objets inanimés, avez-vous donc une âme»? Développez ce thème de discussion.

Au spectacle

DIX-HUITIÈME LEÇON

I. PRÉSENTATION

Conversation   *(Bande 18)*

Michel: Que feriez-vous sans moi, Paul? A quoi pensez-vous?
Paul: Je me demandais comment un étranger pourrait savoir ce qui se joue à Paris, sans chercher midi à quatorze heures.
Michel: Si j'étais à votre place, mon cher Paul, je consulterais les colonnes Morris ou j'achèterais la «Semaine de Paris», qui renseigne sur tout ce qui touche à la vie des spectacles. . .
Paul: Concerts, cinémas, conférences. . . ?
Michel: Oui. Hier soir, je suis allé voir jouer «Les Femmes savantes» au Français.
Paul: Qu'appelez-vous le Français?
Michel: La Comédie-Française. Je ne saurais trop vous recommander d'aller voir cette pièce.
Paul: Je l'ai déjà vue en Amérique. J'ai même été le premier à crier «encore» à la fin de la pièce.
Michel: Quoi? «Encore»? C'est «bis, bis» qu'il faut crier.

Questionnaire

Répondez aux questions suivantes:

A. Questions sur les textes *(Bande 18)*

1. Qu'est-ce que Paul se demandait?
2. Que ferait Michel s'il était à la place de Paul?
3. Qu'est-ce que Michel est allé voir hier soir?
4. Qu'appelle-t-on le Français?
5. Qu'est-ce que Michel recommande à Paul?
6. Est-ce que Paul a déjà vu cette pièce?
7. Qu'est-ce que Paul a crié à la fin de la pièce?
8. Que devait-il crier?
9. Pourquoi Michel n'accepte-t-il pas l'invitation de Paul?
10. Si Paul téléphonait à Nicole, accepterait-elle son invitation?
11. Quand est-ce que Paul appellera Nicole?
12. Pourquoi Michel est-il navré?
13. Quel autre renseignement Paul demande-t-il à Michel?
14. Que donne-t-on à l'ouvreuse comme pourboire au théâtre comme au cinéma?
15. Que font les ouvreuses dans les cinémas et les théâtres?

B. Questions générales

1. Quelles sortes de pièces peut-on voir à Paris sur les Grands Boulevards, sur la Rive Gauche ou à Pigalle?
2. Où peut-on louer ou réserver ses places?
3. A quelle heure le rideau se lève-t-il en général dans les théâtres français?
4. Que font les théâtres une fois par semaine?
5. Aimez-vous aller au théâtre? Pourquoi?
6. Préférez-vous le théâtre au cinéma? Pourquoi?
7. Combien coûtent les différentes places de théâtre aux États-Unis?
8. Quelle(s) pièce(s) avez-vous vue(s) récemment?

Dialogue

Demandez à un(e) étudiant(e):

1. quelle sorte de spectacle elle (il) préfère.
2. si elle (s'il) va souvent au théâtre.
3. quelle est la pièce qui a le plus de succès en ce moment.
4. si elle (s'il) a déjà vu une représentation de la Comédie-Française.
5. de nommer les pièces françaises qu'elle (il) a déjà lues en anglais.

6. quel est son auteur préféré.
7. qui a écrit les «Femmes Savantes».
8. quel(le) est son acteur (actrice) préféré(e).

II. EXPRESSIONS A RETENIR

appeler quelqu'un(e) au téléphone	to give someone a ring (phone call), telephone someone
avoir l'embarras du choix	to have (too) much to choose from
à votre place	in your place, if I were you
ça alors!	well then! oh my gosh! how about that!
changer d'avis	to change one's mind
chercher midi à quatorze heures	to look (search) high and low
être navré	to be dreadfully sorry
le rideau se lève	the curtain goes up, curtain time is
ne vous en faites pas	don't worry
penser à	to think about (of)
réserver (louer) ses places	to reserve one's seats (theater)
réserver une place à quelqu'un	to reserve a seat for someone
toucher à	to touch upon, to concern

III. PRONONCIATION

[s] as in **sortir, passer, histoire; ceci, français; conversation.**

Répétez:

savoir [savwaʀ]
sec [sɛk]
situation [sitɥasjɔ̃]
sorte [sɔʀt]
assez [ase]
aussi [osi]
boisson [bwasɔ̃]
passage [pɑsaʒ]
discothèque [diskɔtɛk]
escalier [ɛskalje]
scène [sɛn]
cette [sɛt]
décider [deside]
principaux [pʀɛ̃sipo]

ça [sa]
façon [fasɔ̃]
garçon [gaʀsɔ̃]
glaçon [glasɔ̃]
destination [dɛstinɑsjɔ̃]
historique [istɔʀik]
poste [pɔst]
station [stɑsjɔ̃]
disque [disk]
frisquet [fʀiskɛ]
kiosque [kjɔsk]
omnibus [ɔmnibys]
sens [sɑ̃s]

[z] as in zéro, maison, nous‿avons.

Répétez:

zone [zon]
disait [dizɛ]
mademoiselle [madmwazɛl]
maison [mɛzɔ̃]
chose [ʃoz]
deuxième [døzjɛm]

douzième [duzjɛm]
ils‿ont [ilzɔ̃]
vous‿avez [vuzave]
dix‿enfants [dizɑ̃fɑ̃]
six‿étudiants [sizetydjɑ̃]
six‿hommes [sizɔm]

Note: [z] is the sound of initial **z** in a syllable; of **s** or **x** between vowels; of **s** or **x** before a linked vowel sound. In most other combinations, **s** is pronounced [s]. Note also such words as **maximum** [maksimɔm], **taxi** [taksi].

IV. GRAMMAIRE ET EXERCICES

80. Conditionnel (Conditional)

parler

je	parler**ais**	*I would speak*
tu	parler**ais**	
il (elle)	parler**ait**	
nous	parler**ions**	
vous	parler**iez**	
ils (elles)	parler**aient**	

finir

je	finir**ais**	*I would finish*
tu	finir**ais**	
il (elle)	finir**ait**	
nous	finir**ions**	
vous	finir**iez**	
ils (elles)	finir**aient**	

vendre

je	vendr**ais**	*I would sell*
tu	vendr**ais**	
il (elle)	vendr**ait**	
nous	vendr**ions**	
vous	vendr**iez**	
ils (elles)	vendr**aient**	

Note: Conditional endings are identical with imperfect endings but are added to the infinitive to form the conditional. Infinitives ending in **e** drop **e** before conditional endings.

Irregular conditionals (note that the stems are identical with those of the future):

INFINITIF	FUTUR	CONDITIONNEL
aller	j'irai	j'irais, tu irais, etc.
avoir	j'aurai	j'aurais, tu aurais, etc.
devoir	je devrai	je devrais, tu devrais, etc.
être	je serai	je serais, tu serais, etc.
faire	je ferai	je ferais, tu ferais, etc.
pouvoir	je pourrai	je pourrais, tu pourrais, etc.
venir	je viendrai	je viendrais, tu viendrais, etc.
vouloir	je voudrai	je voudrais, tu voudrais, etc.

EXERCICE A   *(Bande 18)*

Répondez aux questions suivantes selon le modèle:

MODÈLE: Est-ce que nous irons au concert demain?
           Oui, je vous ai dit que nous irions au concert demain.

1. Est-ce qu'elle sera contente de me voir?
2. Est-ce qu'il le fera tout de suite?
3. Est-ce que tu l'appelleras ce soir au téléphone?
4. Est-ce que je pourrai prendre une photo?
5. Est-ce qu'elles arriveront juste à temps?
6. Est-ce que vous resterez chez vous ces deux jours-là?
7. Est-ce qu'elle le laissera partir?
8. Est-ce que nous louerons nos places d'avance?
9. Est-ce que tu prendras les billets?
10. Est-ce que j'aurai le temps de tout voir?
11. Est-ce que vous viendrez me chercher?
12. Est-ce qu'elles préféreront prendre l'avion?
13. Est-ce que cela vous surprendra?
14. Est-ce que tu apporteras des disques pour la soirée?

81. Emplois du conditionnel (Uses of the Conditional)

(a) Il m'a écrit qu'il **arriverait** demain.
    Elle ne me le **vendrait** pas à ce prix-là.
    Ils **préféreraient** vraiment sortir avec nous deux.
    Je ne vous **laisserais** pas partir sans voir cela.

The conditional is used generally as in English.

Note:

(1) *Would*, in the sense of *used to*, implying habitual past action, is expressed by the imperfect (see Section 54,b): Elle **venait** me voir chaque semaine.

(2) *Should* in the sense of *ought to*, implying duty or obligation, is expressed by the conditional of **devoir**:

Tu **devrais** obéir à la loi.
You ought to (should) obey the law.

(b) Si je n'**avais** pas tant de travail, j'**accepterais** volontiers.
Que **feriez**-vous si vous **étiez** à ma place?
Si tu **téléphonais** à Nicole, elle **serait** très contente d'y aller.

The conditional is used in the result clause of a conditional sentence; the **si**-clause is in the imperfect.

Note: The conditional form is not used in French after **si** in the sense of conditional *if*; it may be used after **si** meaning *if* in the sense of *whether*. Such usage corresponds closely to English:

Je me demandais s'il **neigerait** aujourd'hui.
I was wondering if (whether) it would snow today.
Il ne savait pas s'il **pourrait** se baigner.
He did not know if (whether) he would be able to go bathing. [1]

(c) Je ne **voudrais** pas vous décevoir.
I wouldn't like to disappoint you.
Est-ce que vous **aimeriez** aller voir un film?
Would you like to go see a movie?
Pourrions-nous rester ici ce soir?
Could we remain here tonight?

The conditional is used in place of the present to make a statement or question more polite.

EXERCICE B (Bande 18)

Changez chacune des phrases suivantes en employant l'expression indiquée:

MODÈLE: Elle arrivera ce soir.   (Elle m'a écrit)
         Elle m'a écrit qu'elle **arriverait** ce soir.

---

[1] The conditional is used after **quand même, quand bien même** (*even if*) and **au cas où** (*in case*):

Quand bien même je **serais** très riche, je ne l'achèterais pas.
Au cas où vous **changeriez** d'avis, nous pourrions nous retrouver quelque part.

1. Elle reviendra tout de suite.   (Elle a annoncé)
2. Il prendra la même chose.   (Il a répondu)
3. Tu ne perdras pas de temps.   (Tu m'as promis)
4. Ils ne voudront pas nous décevoir.   (Ils ont répété)
5. Vous viendrez nous voir.   (Nous croyions)
6. Il ne changera pas d'avis.   (Il a affirmé)
7. Nous pourrons y aller en métro.   (Elle nous a expliqué)
8. Elles répondront à nos lettres.   (Elles ont indiqué)
9. Il se dépêchera d'y aller.   (Il était évident)
10. Nicole nous rencontrera à la gare.   (Je pensais)
11. Ils réserveront leurs places au théâtre.   (Ils ont dit)
12. Tu tiendras ta promesse.   (Elle espérait)
13. Vous manquerez votre train.   (J'étais sûre)

EXERCICE C   (Bande 18)

Répétez les phrases suivantes en remplaçant le présent et le futur par l'imparfait et le conditionnel:

MODÈLE: Si j'**ai** le temps, je **rangerai** mon appartement.
          Si j'**avais** le temps, je **rangerais** mon appartement.

1. Si tu téléphones à Nicole, elle acceptera ton invitation.
2. Si l'on rejoue ce film, nous irons le voir.
3. Si vous voulez y aller, je vous accompagnerai.
4. S'il prend l'express, il arrivera juste à temps.
5. Si elle le sait, elle me le dira.
6. Si vous ne sortez pas ce soir, je viendrai vous voir.
7. Si elles nous les demandent, nous les leur donnerons.
8. S'il vend sa maison, il en achètera une autre.
9. Si nous n'avons rien à faire, nous serons contents d'y aller.
10. Si tu m'aides, je finirai plus vite.
11. Si vous venez de bonne heure, nous pourrons faire une promenade.
12. Si le train est là, elles passeront sur le quai.
13. Si elle nous donne son adresse, nous lui écrirons.
14. S'il neige, je resterai chez moi.
15. S'ils trouvent un bel appartement, ils le loueront.

EXERCICE D   (Bande 18)

Transformez les phrases suivantes selon le modèle:

MODÈLE: Il m'invitait. J'acceptais volontiers.
          S'il m'invitait, j'accepterais volontiers.

1. Elle me donnait ses provisions. Je les mettais dans un filet.
2. Nous rentrions tard. Nous prenions un taxi.

3. Tu revenais immédiatement. Je t'attendais.
4. Elles voulaient me parler. Elles me téléphonaient.
5. Il était malade. Il consultait un médecin.
6. Vous preniez ce chemin. Vous y arriviez très tôt.
7. Elle avait la grippe. Elle restait au lit.
8. Ils venaient avec nous. Ils s'amusaient bien.
9. Nicole connaissait son adresse. Elle lui écrivait.
10. Il faisait chaud. Nous allions nous baigner.
11. J'allais à la poste. J'achetais des timbres.
12. Tu parlais lentement. Il pouvait te comprendre.
13. Il me la demandait. Je la lui apportais.
14. Il neigeait beaucoup. Nous remettions notre voyage.
15. Ils ne sortaient pas. Ils regardaient la télévision.

EXERCICE E

Répondez aux questions suivantes:

1. Où vous arrêteriez-vous si vous vouliez prendre de l'essence?
2. Qu'achèteriez-vous si vous alliez dans un bureau de tabac?
3. Que prendriez-vous si vous aviez mal à la tête?
4. Qu'offririez-vous à votre ami s'il venait vous voir?
5. Que répondriez-vous si on vous invitait à aller au théâtre?
6. Que commanderiez-vous si vous dîniez dans un restaurant?
7. Où iriez-vous si vous vouliez acheter des timbres?
8. Quels pays visiteriez-vous si vous voyagiez en Europe?

82. Verbes en «-er» avec un «e» muet («-er» Verbs with Mute «e» in Stem)

(a) Verbs in **-er** with mute **e** in the stem change mute **e** to **è** whenever the following syllable contains a mute **e**:

lever *to raise*

PRÉSENT DE L'INDICATIF	PRÉSENT DU SUBJONCTIF	FUTUR	CONDITIONNEL
je **lève**	je **lève**	je **lèverai**	je **lèverais**
tu **lèves**	tu **lèves**	tu **lèveras**	tu **lèverais**
il **lève**	il **lève**	il **lèvera**	il **lèverait**
nous levons	nous levions	nous **lèverons**	nous **lèverions**
vous levez	vous leviez	vous **lèverez**	vous **lèveriez**
ils **lèvent**	ils **lèvent**	ils **lèveront**	ils **lèveraient**

(b) Most verbs ending in **-eler** and **-eter** double **l** or **t** before a syllable with mute **e**:[1]

appeler *to call*

PRÉSENT DE L'IND.:	**j'appelle, tu appelles, il appelle,** nous appelons, vous appelez, **ils appellent**
PRÉSENT DU SUBJ.:	**j'appelle, tu appelles, il appelle,** nous appelions, vous appeliez, **ils appellent**
FUTUR:	**j'appellerai, tu appelleras, il appellera,** etc.
CONDITIONNEL:	**j'appellerais, tu appellerais, il appellerait,** etc.

jeter *to throw*

PRÉSENT DE L'IND.:	**je jette, tu jettes, il jette,** nous jetons, vous jetez, **ils jettent**
PRÉSENT DU SUBJ.:	**je jette, tu jettes, il jette,** nous jetions, vous jetiez, **ils jettent**
FUTUR:	**je jetterai, tu jetteras, il jettera,** etc.
CONDITIONNEL:	**je jetterais, tu jetterais, il jetterait,** etc.

(c) **-er** verbs with **é** in the last syllable of the stem **(préférer)** change **é** to **è** in the first, second, third persons singular and the third person plural of the present indicative and of the present subjunctive. No change occurs in the future or the conditional:

| PRÉSENT DE L'IND.: | je **préfère, tu préfères, il préfère,** nous préférons, vous préférez, **ils préfèrent** |
| PRÉSENT DU SUBJ.: | je **préfère, tu préfères, il préfère,** nous préférions, vous préfériez, **ils préfèrent** |

But

| FUTUR: | je préférerai, tu préféreras, il préférera, etc. |
| CONDITIONNEL: | je préférerais, tu préférerais, il préférerait, etc. |

EXERCICE F

Changez les phrases suivantes en employant les pronoms indiqués:

1. Comment vous appelez-vous? (tu)
2. Je préférerais vraiment sortir avec vous deux. (nous)
3. Il faut que tu l'achètes immédiatement. (je)
4. Nous nous promenions souvent ensemble. (ils)
5. Il nous répète constamment la même chose. (elles)

---

[1] A few verbs in **-eler** and **-eter** follow the pattern of **lever** and change **e** to **è**; **acheter** *(to buy)*: **j'achète**; **geler** *(to freeze)*: **il gèle**.

6. Je vous y emmènerai plus tard.   (il)
7. Vous jetez tous les vieux journaux?   (elle)
8. Elles ont dit qu'elles se lèveraient tôt.   (il)
9. Nous espérons qu'il ne pleuvra pas.   (je)
10. Célébrait-on cette fête en France?   (tu)
11. Je me rappellerai cette soirée avec plaisir.   (nous)
12. Ils mènent une vie honnête.   (elle)
13. Il se peut qu'il rejette votre suggestion.   (ils)

83. Verbe irrégulier «savoir» (Irregular Verb «savoir» "to know [how]")

PRÉSENT DE L'INDICATIF		PRÉSENT DU SUBJONCTIF	
je sais	nous savons	(que) je sache	nous sachions
tu sais	vous savez	tu saches	vous sachiez
il (elle) sait	ils (elles) savent	il (elle) sache	ils (elles) sachent

IMPARFAIT	PASSÉ COMPOSÉ	IMPÉRATIF
je savais	j' ai su	sache
tu savais	tu as su	sachez
il (elle) savait	il (elle) a su	sachons
etc.	etc.	

FUTUR	CONDITIONNEL
je saurai	je saurais
tu sauras	tu saurais
il (elle) saura	il (elle) saurait
etc.	etc.

EXERCICE G

Répétez les phrases suivantes en employant les pronoms indiqués:

1. Savez-vous ce qui se joue?   (tu)
2. Je ne savais rien de cette histoire.   (ils)
3. Dès qu'il le saura, il vous téléphonera.   (nous)
4. Sauriez-vous le faire à ma place?   (elles)
5. Quand ont-elles su cela?   (vous)
6. Il est important que tu saches le faire.   (il)
7. Nous savons ce que c'est.   (elle)
8. Elle ne savait pas si elle pourrait y aller.   (nous)
9. Je saurai bien de quoi il s'agit.   (ils)
10. Saurais-tu ce qui est arrivé?   (il)

V. COMPOSITION

A. *Dites, puis écrivez en français:*

1. What would you do if you were in my place?
2. Nicole asked me whether I could go for a walk with her this afternoon.
3. If I wasn't so busy, I would accept gladly.
4. I didn't know I'd have so much work to do.
5. Even if I were to begin now, I wouldn't finish in time.
6. I wouldn't like to disappoint her, but I'd really prefer to stay at home.
7. If you explained (**expliquer**) that to her, I know she would understand.
8. In case she didn't believe you, you could always tell her you've changed your mind and that you'd be glad to go with her.
9. I hope you're right. I'll give her a ring. I don't know what I'd do without you.
10. I don't have a newspaper. Will you buy me one when you go out? I'd like to see what's playing at the movies tonight.

B. *Décrivez une sortie au théâtre en vous inspirant du plan suivant:*

1. Vous décidez d'aller au théâtre. Vous consultez les programmes (dans quel journal? dans quelle revue?). Quelle pièce irez-vous voir?
2. Le départ. Comment y allez-vous? (en voiture, en taxi, en métro, à pied). Où est située la salle? Vous prenez vos billets. Où voulez-vous être placé(e)s?
3. Faites un résumé de la pièce (tragédie, comédie, l'intrigue, les personnages principaux, le dénouement).

En conclusion, vous direz pourquoi vous avez ou n'avez pas aimé cette pièce.

VI. DICTÉE

A tirer de la dix-huitième situation.

La France et ses Musées

16 SEIZIÈME LECTURE

Le système français des musées distingue les musées nationaux, au nombre de 31 qui appartiennent à l'État, les musées classés, qui appartiennent à des collectivités locales (départements, villes, associations) mais qui sont dirigés par un agent de l'État (31 également), et les musées contrôlés, au nombre de 848, sur lesquels l'État n'exerce qu'un contrôle.

Le plus célèbre des musées nationaux est le Louvre. Ancienne demeure des rois de France, siège des Académies, le Louvre devient musée pendant la Révolution, en 1793. Le musée abrite de nombreuses collections réparties en six départements. A vocation universelle et encyclopédique, il évoque toutes les civilisations et des millénaires d'histoire: 6 000 peintures, 2 250 sculptures, 90 000

1 **le musée** museum
2 **appartiennent** belong to
  l'État *m*. the State
  classés public museums on which the State exerts its control
7 **la siège** seat
8 **abrite** shelters
  réparties distributed
9 **évoque** retraces

DEUX CENT QUATRE-VINGT-DIX-HUIT

dessins, 46 000 gravures, 80 000 pièces d'antiquités orientales, 35 000 pièces d'antiquités égyptiennes, 35 000 pièces d'antiquités grecques et romaines.

Le Louvre dispose, en outre, d'un laboratoire doté des appareils les plus perfectionnés pour l'expertise et la restauration des œuvres d'art, à la disposition des chercheurs et des savants du monde entier. Créé en 1826 par le génial savant Champollion, le Département des Antiquités égyptiennes est aujourd'hui le plus important du monde dans ce domaine.

Les autres musées nationaux sont, soit d'anciennes résidences royales ou impériales (Versailles, la Malmaison, Compiègne, Fontainebleau, Pau), soit des musées spécialisés dans un aspect de l'art et de la civilisation d'une époque ou d'une région: Cluny pour l'art médiéval, Guimet pour l'art oriental, Saint-Germain pour les antiquités gallo-romaines, le musée des arts africains et océaniens, le musée des arts et traditions populaires, le musée de céramique de Sèvres, le musée Rodin, le musée d'Art Moderne, le musée Chagall, le musée du Jeu de Paume (les impressionnistes), etc.

Si Paris détient la plupart de ces prestigieux musées, certaines villes de province offrent aussi d'intéressantes collections: Lyon, Lille, Nantes, Dijon, Montpellier, Grenoble, Toulouse, Strasbourg, Nancy, Rouen, sans compter les «spécialités locales»: Grünewald à Colmar, Boudin au Havre, Toulouse-Lautrec à Albi, etc. Le nombre croissant des découvertes archéologiques, l'effort accompli en faveur des collections médiévales de province, l'essor des recherches d'ethnographie et d'histoire régionales, le développement des parcs naturels régionaux sont autant de facteurs d'augmentation des richesses culturelles exposées et provoquent parfois la création de nouveaux musées (cinq entre 1961 et 1970, neuf projetés de 1971 à 1980). Parallèlement à la recherche scientifique et muséographique qui se traduit par la création d'ateliers de restauration, par

13 **en outre** moreover
   appareils *m.* instruments
14 **la restauration** restoration
16 **Champollion** (1790–1832), Orientaliste célèbre et le premier à déchiffrer les hiéroglyphes égyptiens dès 1822
19 **Versailles** situé à 23 km. au sud-ouest de Paris
   la Malmaison résidence de Joséphine après son divorce avec Napoléon Ier
   Compiègne château construit en grande partie sous Louis XV et embelli sous Napoléon Ier
   Fontainebleau château construit pour François Ier au XVIe siècle
   Pau château qui date des XIVe et XVIe siècles
21 **Cluny** célèbre musée parisien du XVe siècle

21 **Guimet** célèbre musée fondé par le savant français Émile Guimet (1836–1918), il abrite de remarquables collections du Japon, de la Chine et des Indes
   Saint-German (Saint-Germain-en-Laye) situé à l'ouest de Paris, le château date du XVIe siècle
26 **détient** owns
29 **Grünewald** (1465?–1528), peintre allemand
   Boudin (1824–1898), paysagiste, un des précurseurs de l'impressionnisme
   Toulouse-Lautrec (1864–1901), dessinateur de talent, peintre des scènes de music-hall
30 **croissant** growing
31 **l'essor** *m.* development
36 **atelier** *m.* workshop

l'amélioration de la présentation des collections (particulièrement réussie au musée de Saint-Germain-en-Laye), par l'organisation d'expositions temporaires, on notera l'effort accompli pour l'accueil du public et l'animation culturelle (création de services éducatifs, liaisons avec les écoles, etc.).

Enfin, une évocation des musées français ne saurait passer sous silence les musées à caractère scientifique et technique: Museum national d'Histoire naturelle, Palais de la Découverte, Musée national des Techniques, Musée de l'Homme, et les nombreux musées scientifiques de province.

Les Musées nationaux organisent chaque année de grandes expositions: parmi celles qui ont eu le plus de succès, citons: les trésors des églises de France, Vermeer, Picasso, Toutankhamon, les trésors de l'Iran, de l'Inde, de l'art mexicain, d'Israël, du Guatemala, l'Europe gothique, Ingres, Matisse, Chagall, Rouault. . .

La Documentation Française, Paris, 1972
pp. 200–202

Questionnaire

1. Quelles sont les trois sortes de musées que distingue le système français des musées?
2. Combien y a-t-il de musées nationaux?
3. Qu'est-ce qu'un musée classé?
4. Combien y a-t-il de musées classés en France?
5. Que sont les musées contrôlés?
6. Quel est le plus célèbre des musées nationaux?
7. Que contient le musée du Louvre?
8. Que trouve-t-on dans le laboratoire du Louvre?
9. Quel est le département le plus important du monde?
10. Quels sont les autres musées nationaux les plus célèbres? Nommez-les et dites quelques mots sur chacun d'eux.
11. Quels sont les musées de province les plus célèbres pour leurs «spécialités locales»?
12. Quels sont les principaux facteurs d'augmentation des richesses culturelles exposées?
13. Dans quel sens va se traduire l'effort accompli pour l'accueil du public et l'animation culturelle?
14. Quels sont les musées scientifiques et techniques les plus importants?
15. Quelles sont les expositions qui ont eu le plus de succès?

39 **accueil** *m.* welcome
Vermeer (1632–1675), peintre de paysages et d'intérieurs hollandais
47 **Picasso** (1891–1973), peintre espagnol
Toutankhamon pharaon de la XVIII° dynastie (1350–1342 avant J.C.)
48 **Ingres** (1780–1867), élève de David et le champion du classicisme

48 **Matisse** (1869–1954), un des chefs du fauvisme
Chagall (1887–), d'origine russe, ses peintures expriment, d'une façon souvent fantastique, l'âme et le folklore juifs
49 **Rouault** (1871–1958), un des représentants de l'expressionnisme fauve

Quel temps fait-il?

19 DIX-NEUVIÈME LEÇON

I. PRÉSENTATION

Conversation   *(Bande 19)*

NICOLE: Tu as le journal? Tu me lis cette page dans laquelle se trouvent les prévisions de la météo?

MICHÈLE: Pour aujourd'hui ou pour demain?

NICOLE: Pour aujourd'hui! Voyons. . . lisons ensemble. . . «temps couvert avec averses éparses. . .»

MICHÈLE: Regarde ce ciel! Quelle belle journée! Il fait clair! Il fait beau! Il fait du soleil!

NICOLE: Comme il ne fait pas froid. . ., tu crois que je devrais mettre cette petite robe?

MICHÈLE: Pourquoi pas! Tu comptes sortir cet après-midi?

NICOLE: Oui, avec le fils d'un de mes profs auquel j'ai promis d'aller au cinéma.

PAUL: Est-ce que vous aimeriez aller voir un film ce soir?
MICHEL: Si je n'avais pas tant de travail, j'accepterais volontiers et je serais très content d'y aller avec vous.
PAUL: Au cas où vous changeriez d'avis, peut-être pourrions-nous nous retrouver quelque part.
MICHEL: Non, je vous en prie. Je ne voudrais pas vous décevoir. Une autre fois. Mais si vous téléphoniez à Nicole, elle ne serait que trop heureuse d'accepter.
PAUL: Entendu, je l'appellerai ce soir au téléphone.
MICHEL: Je suis navré, Paul. Je préférerais vraiment sortir avec vous deux.
PAUL: Ne vous en faites pas. Oh! Un autre renseignement, Michel: combien donnez-vous à l'ouvreuse?
MICHEL: Comme pourboire? 10 à 15 pour-cent, au théâtre comme au cinéma.
PAUL: Ça alors! Il faut toujours donner un pourboire en France. Que font-elles exactement, ces ouvreuses?
MICHEL: Elles vous conduisent à une place que vous pourriez trouver vous-même très facilement.

Situation

L'amateur de théâtre sait qu'à Paris il a l'embarras du choix. Sur les Grands Boulevards, sur la Rive Gauche ou à Pigalle, on peut voir les pièces du théâtre de boulevard, des comédies, des pièces d'avant-garde ou des one-man shows. On loue ou on réserve ses places au théâtre ou dans une agence. Le rideau se lève en général à 21 heures, parfois à 20 heures 30. Le prix des places est moins élevé aux deuxième et troisième balcons, au poulailler, qu'au premier balcon ou à l'orchestre. Un jour par semaine, les théâtres sont fermés: ils font relâche.

VOCABULAIRE FONDAMENTAL

agence *f.* agency
amateur *m.* devotee, lover (of something), one who is fond (of something)
balcon *m.* balcony
boulevard *m.*: **les Grands Boulevards (voir carte de Paris)**
élevé high (*of prices*), raised, lofty
embarras *m.* embarrassment, bother, difficulty, trouble
fermé closed, shut
poulailler *m.* top balcony, top gallery, peanut gallery
quartier *m.* quarter, district, section
relâche *m.* no performance (*theater*), closed; respite, relaxation
représentation *f.* performance
rideau *m.* (*pl.* **rideaux**) curtain
rive *f.* bank, shore; **la Rive Gauche: Montparnasse et le Quartier Latin**

MICHÈLE: A quelle heure est ton rendez-vous?
NICOLE: Dans une heure. C'est un garçon bien. . .tu sais. . .pour qui j'ai beaucoup d'affection.
MICHÈLE: Mais, ma chère, les garçons avec qui tu sors sont des amis. . . Je les connais. . . .
NICOLE: Dis. . .Je mets ce gilet bleu-pâle avec cette robe-ci ou je prends cet imper?
MICHÈLE: Prends ton imperméable. Ce n'est pas encore l'été. Nous ne sommes qu'au printemps et tu sais ce qu'on dit: «En avril, ne te découvre pas d'un fil, en mai, fais comme il te plaît.»
NICOLE: Je ne crois pas à ces histoires-là!

Situation

La France a un climat doux et tempéré, le plus tempéré de l'Europe. Il ne fait très froid que vers l'est et sur les montagnes. Il neige sur les régions froides mais à l'ouest et au sud la neige est rare. Il pleut beaucoup sur les régions de l'Atlantique. Le crachin est cette petite pluie très fine apportée par le vent de la mer. Parfois le vent souffle. La bise est ce vent sec et froid qui vient du nord-est. Le mistral souffle très fort dans la vallée du Rhône. Il souffle du nord au sud. Quant à la tramontane, c'est le vent du nord-ouest qui balaie toute la région de Perpignan.

VOCABULAIRE FONDAMENTAL

balayer to sweep
bise f. dry and cold northeast wind
climat m. climate
crachin m. drizzle
doux (douce) mild, soft, sweet, pleasant
est m. east
fin fine, thin, delicate
fort strong, strongly
mer f. sea
mistral m. mistral (cold northeast wind blowing from the Alps down the Rhone Valley)
montagne f. mountain
neige f. snow
nord-est m. northeast
nord-ouest m. northwest
ouest m. west
souffler to blow
sud m. south
tempéré temperate, moderate
tramontane f. tramontane (northwest wind which sweeps the Perpignan region)
vallée f. valley
vent m. wind
vers towards; about

Questionnaire

Répondez aux questions suivantes:

A. Questions sur les textes *(Bande 19)*

1. A qui Nicole parle-t-elle?
2. Où se trouvent les prévisions de la météo?
3. Qu'annonce la météo?
4. Quel temps fait-il?
5. Comment Nicole va-t-elle s'habiller pour sortir?
6. Avec qui Nicole va-t-elle sortir?
7. Qu'a-t-elle promis au jeune homme?
8. A quelle heure est son rendez-vous?
9. Est-ce un garçon bien?
10. Comment sont les garçons avec qui Nicole sort?
11. Nicole va-t-elle mettre un petit gilet ou prendre son imper?
12. Pourquoi Michèle lui recommande-t-elle de mettre son imperméable?
13. Que dit-on à propos du mois d'avril?
14. Nicole croit-elle à ce dicton *(saying)*?

B. Questions générales

1. Quelle sorte de climat a la France?
2. Où fait-il très froid?
3. Est-ce qu'il neige à l'ouest et au sud?
4. Où pleut-il?
5. Qu'est-ce que le crachin?
6. Qu'est-ce que la bise?
7. Où souffle le mistral?
8. Qu'est-ce que la tramontane?

Dialogue

Demandez à un(e) étudiant(e):

1. s'il (si elle) lit souvent le journal.
2. la partie du journal qu'il (elle) préfère.
3. quel temps il fait dans sa région.
4. s'il neige souvent là où il (elle) habite.
5. quelle saison il (elle) préfère. Pourquoi?
6. les noms des différents vents qui soufflent en France.

II. EXPRESSIONS A RETENIR

à l'est; à l'ouest	in (to) the east; in (to) the west
au nord; au sud	in (to) the north; in (to) the south

avoir de l'affection pour quelqu'un	to have an affection for someone, care about someone, be fond of someone
c'est un garçon bien	he's a fine young man
compter faire quelque chose	to expect to do something
des averses éparses	scattered showers
faire comme il te (vous) plaît	to do as you please, to do as you like
les prévisions de la météo	weather report, weather forecast
parler de la pluie et du beau temps	to chat about this and that, talk of nothing in particular
promettre à quelqu'un de faire quelque chose	to promise someone to do something
quant à	as for
temps couvert	cloudy weather, overcast (weather)

III. PRONONCIATION

[l] as in **facile, ville, postal** is never rolled in French as in English. It is produced by lightly and quickly placing the tip of the tongue against the ridge of the upper front teeth. Preceding vowels, [l] has its full value.

Répétez:

aller [ale]
balayer [balɛje]
ciel [sjɛl]
clair [klɛʀ]
clé [kle]
climat [klima]
colonne [kɔlɔn]
consulter [kɔ̃sylte]
fil [fil]
filet [filɛ]
film [film]
gilet [ʒilɛ]
glaçon [glasɔ̃]
journal [ʒuʀnal]
lire [liʀ]
litre [litʀ]

loge [lɔʒ]
mal [mal]
mille [mil]
oncle [ɔ̃kl]
place [plas]
placard [plakaʀ]
plaire [plɛʀ]
pluie [plɥi]
salle [sal]
spectacle [spɛktakl]
tel [tɛl]
téléphone [telefɔn]
vaisselle [vɛsɛl]
vallée [vale]
village [vilaʒ]
volant [vɔlɑ̃]

IV. GRAMMAIRE ET EXERCICES

84. Pronoms relatifs (Relative Pronouns — continued)

(a) **qui** as object of a preposition

> Tu es **la dernière personne à qui** je veuille confier un secret.
> Voilà **la jeune fille avec qui** je vais sortir ce soir.
> C'est **un garçon pour qui** j'ai beaucoup d'affection.

Qui *(whom)* is used as the object of a preposition when the antecedent is a person.

(b) **lequel, lesquels; laquelle, lesquelles**

> Tu me lis **cette page dans laquelle** se trouvent les prévisions de la météo?
> Est-ce **le guichet devant lequel** il faut faire la queue?
> Voici **les cartes sur lesquelles** elle a écrit son adresse.

Lequel, lesquels; laquelle, lesquelles *(which)* are used as objects of a preposition when the antecedent is a thing.

Note:

(1) **Lequel, lesquels,** and **lesquelles** contract with the prepositions **à** and **de** as follows: **auquel, auxquels, auxquelles; duquel, desquels, desquelles.**

(2) **Lequel (lesquels, etc.),** because they clearly indicate the gender and number of the antecedent, are used instead of **qui** and **que** to avoid ambiguity:

> **Le fils de Mme Sauvin auquel** nous parlions . . . .
> *Mrs. Sauvin's son, to whom we were speaking* . . . .

Auquel refers to **fils**; **à qui** might have referred to **fils** or to **Mme Sauvin**.

EXERCICE A   *(Bande 19)*

Transformez les phrases suivantes selon le modèle:

MODÈLE: Elle est allée au cinéma avec une amie.
          Voilà l'amie avec qui elle est allée au cinéma.

1. J'ai demandé des renseignements à cette hôtesse.
2. Nous avons acheté des gâteaux pour ces enfants.
3. Ils se sont assis près de ces jeunes filles.

4. Il a discuté le traitement avec son médecin.
5. J'ai reçu cette carte de la secrétaire.
6. Elle a loué une chambre chez Mme Duval.
7. Il a annoncé la nouvelle à ses étudiants.
8. J'ai beaucoup d'affection pour ce garçon.
9. Elles ont fait une promenade avec ces jeunes gens.
10. Nous sommes invités ce soir chez des amis.

EXERCICE B   (Bande 19)

Répondez aux questions suivantes selon le modèle:

MODÈLE: A-t-elle écrit son adresse sur cette carte?
          Non, voilà la carte sur laquelle elle a écrit son adresse.

1. Sont-elles entrées dans ce magasin?
2. Êtes-vous venu par cette route?
3. As-tu répondu à ces lettres?
4. Va-t-elle vous attendre près de cette porte?
5. Avez-vous laissé vos billets sur ce bureau?
6. Sont-ils descendus de ce train?
7. Avez-vous garé votre voiture devant cette maison?
8. A-t-il mis ses achats dans ce placard?

EXERCICE C

Transformez les phrases suivantes selon les modèles:

MODÈLES: Je vais écrire à mon oncle. Il est actuellement à Paris.
           L'oncle à qui je vais écrire est actuellement à Paris.

           J'ai participé à la discussion. Elle était très animée.
           La discussion à laquelle j'ai participé était très animée.

1. Elle travaille pour cette marchande. Elle est très gentille.
2. Nous avons répondu à leurs questions. Elles étaient bien difficiles.
3. J'ai discuté cela avec un médecin. Il est de mon avis.
4. Ils attendaient le train sur le quai. Il était plein de voyageurs.
5. Nous sommes invités chez des amis. Ils habitent dans la rue Cassette.
6. Il a réservé une table dans un restaurant. Il était près du Jardin du Luxembourg.
7. Elle fait des achats pour sa cousine. Elle est malade.
8. Je pense à une chanson. Elle est bien connue.
9. Ils sont sortis avec ces jeunes filles. Elles sont étudiantes aux Beaux-Arts.
10. Nous devions nous retrouver devant le grand magasin. Il n'était pas encore ouvert.

85. Adjectif démonstratif (Demonstrative Adjective)

ce	*this* or *that*	before a masculine singular noun beginning with a consonant: **ce garçon, ce gilet, ce train.**
cet	*this* or *that*	before a masculine singular noun beginning with a vowel or mute h: **cet acteur, cet imperméable, cet hôtel.**
cette	*this* or *that*	before any feminine singular noun: **cette page, cette robe, cette ouvreuse, cette histoire.**
ces	*these* or *those*	before any plural noun: **ces billets, ces églises, ces places, ces amis, ces hôtesses.**

The demonstrative adjective agrees in gender and number with the noun it modifies.

Note:

(1) The demonstrative adjective is repeated before each noun in a series:

> **cet homme et cette femme**
> **cette mère et ce père**
> **ces journaux et ces revues**

(2) **Ce, cet, cette** may mean either *this* or *that,* and **ces** *these* or *those.* For emphasis, contrast, or clarity, **-ci** is placed after the noun for *this* and *these,* and **-là** for *that* and *those:*

> EMPHASIS: A qui parle **cette journaliste-là?**
> CONTRAST: **Cet appartement-ci** est grand, **cet appartement-là** est petit.
> CLARITY: J'aime écouter **ces disques-ci** mais je n'aime pas mettre **ces disques-là.**

EXERCICE D   *(Bande 19)*

Changez les phrases suivantes selon le modèle en employant un adjectif démonstratif:

MODÈLE: C'est une leçon difficile.
          Cette leçon est difficile.

1. C'est un vieux quartier.
2. C'est une histoire amusante.
3. C'est un bel endroit.
4. Ce sont des robes neuves.

5. C'est un jeune médecin.
6. C'est une bonne essence.
7. C'est un étudiant studieux.
8. Ce sont des magazines intéressants.
9. C'est une gentille jeune fille.
10. C'est un beau poème.
11. C'est un homme aimable.
12. C'est une édition complète.
13. Ce sont des femmes charmantes.

EXERCICE E

Répétez les phrases suivantes en employant les mots indiqués:

1. Est-ce qu'on peut y aller ce soir?
   (matin, après-midi, week-end, semaine)
2. Je vais prendre aussi ce fromage.
   (œufs, viande, jambon, baguette de pain)
3. Où as-tu acheté ces cartes?
   (papier à lettres, enveloppes, encre, stylo)
4. Nous ne sommes pas encore allés à ce théâtre.
   (auberge, restaurant, hôtel, discothèque)
5. Qu'avez-vous demandé à ce monsieur?
   (personne, employé, jeunes filles, facteur)
6. Qui vous a donné cette recette?
   (clé, paquet, argent, timbres)
7. Attendez-vous ce train depuis longtemps?
   (voiture, taxi, avion, métro)
8. Combien avez-vous payé ce bracelet?
   (imperméable, robe, gilet, disques)

86. Adjectif interrogatif «quel» (Interrogative Adjective «quel»)

De **quel** professeur parlez-vous?
Quelle saison préférez-vous?
Quels cours suivez-vous ce semestre?
Quelles sortes de pièces peut-on voir à Paris?
Quel est le code postal de votre ville?
Quelles sont les revues que vous aimez?

The interrogative adjective **quel, quelle, quels, quelles** *(what, which)* agrees with the noun it modifies and stands either directly before the noun or before a form of **être.**

Note: **Quel, quelle, quels, quelles** may also be used in an exclamation. The singular forms then mean *what a(n)!,* the plural, *what!:* **Quelle belle journée! Quels beaux timbres!**

EXERCICE F

Formez des questions en employant des adjectifs interrogatifs:

MODÈLE: Ils ont réservé une table.
Quelle table ont-ils réservée?

1. Elles ont loué des chambres.
2. Il a du travail à faire.
3. Nous allons dîner dans une auberge.
4. Ils ont rencontré des amis au théâtre.
5. Tu fumes cette marque de cigarettes.
6. Elles préfèrent ces parfums.
7. Vous attendez le train.
8. Elle vient d'acheter une machine à laver.
9. Ils vont prendre le métro.
10. Paul a choisi ces cartes en couleur.
11. Tu voulais lui poser une question.
12. Vous voudriez visiter ces pays.
13. Il s'est arrêté à une station-service.
14. Ils aiment lire ces magazines.
15. Elle a laissé ses valises à la consigne.
16. Je suivrai un cours de littérature.

EXERCICE G

Mettez les phrases suivantes à la forme exclamative:

MODÈLE: Ce pays est beau.
Quel beau pays!

1. Cette idée est bonne.
2. Ce repas est frugal.
3. Ces voitures sont belles.
4. Ces exercices sont difficiles.
5. Ce film est mauvais.
6. Cette lecture est fastidieuse.
7. Ces cadeaux sont jolis.
8. Ces aventures sont dangereuses.
9. Cette civilisation est primitive.
10. Ce vent est sec et froid.

87. Expressions de temps (Weather Expressions)

Quel temps fait-il?	What's the weather?
Il fait beau (mauvais).	The weather is fine (bad).
Il fait bon.	It's nice, pleasant.
Il fait froid (chaud).	It's cold (hot).
Il fait du vent.	It's windy.
Il fait frais.	It's cool.
Il fait frisquet.	It's chilly.
Il fait humide.	It's humid.
Il fait du soleil.	It's sunny.
Il fait sombre.	It's dark.
Il fait doux.	It's mild.
Il fait clair.	It's clear.
Il pleut.	It's raining.
Il neige.	It's snowing.
Il gèle.	It's freezing.
Il grêle.	It's hailing.

The third person singular of the verb **faire**, with the impersonal subject **il** *(it)* is used in most expressions of weather and natural phenomena.

88. Noms des mois et des saisons de l'année (Names of Months and Seasons of the Year)

(a)
janvier	*January*	**juillet**	*July*
février	*February*	**août** [u]	*August*
mars	*March*	**septembre**	*September*
avril	*April*	**octobre**	*October*
mai	*May*	**novembre**	*November*
juin	*June*	**décembre**	*December*

The names of the months of the year are masculine and normally are not capitalized in French.

Note: There are two ways of expressing *in* before a month: **en avril** or **au mois d'avril.**

(b)
l'été	*summer*	**l'hiver**	*winter*
l'automne	*autumn*	**le printemps**	*spring*

The names of the seasons of the year are masculine and are not capitalized in French.

Note: **en** is used to express *in* before all seasons except **printemps:**

    en été   But: **au printemps**
    en automne
    en hiver

EXERCICE H

Répondez aux questions suivantes:

1. Quel temps fait-il aujourd'hui?
2. En quelle saison pleut-il beaucoup?
3. Quel temps fait-il au mois de janvier?
4. En quelle saison fait-il humide?
5. Quel temps fait-il en automne?
6. Fait-il froid ou chaud au mois de juillet?
7. Quel temps faisait-il hier?
8. Quand neige-t-il?
9. Quand portez-vous un imperméable?
10. Est-ce qu'il gèle en été?
11. En quelle saison fait-il frisquet?
12. En quel mois êtes-vous né(e)?

89. Verbe irrégulier «lire» (Irregular Verb «lire» "to read")

PRÉSENT DE L'INDICATIF   PRÉSENT DU SUBJONCTIF

    je lis   nous lisons   (que) je lise   nous lisions
    tu lis   vous lisez   tu lises   vous lisiez
il (elle) lit   ils (elles) lisent   il (elle) lise   ils (elles) lisent

IMPARFAIT   PASSÉ COMPOSÉ

    je lisais   j' ai lu
    tu lisais   tu as lu
il (elle) lisait   il (elle) a lu
etc.   etc.

FUTUR   CONDITIONNEL   IMPÉRATIF

    je lirai   je lirais   lis
    tu liras   tu lirais   lisez
il (elle) lira   il (elle) lirait   lisons
etc.   etc.

EXERCICE I

Répétez les phrases suivantes en employant les pronoms indiqués:

1. Nous lisons souvent des journaux français.   (elle)
2. Elles lisaient constamment.   (il)
3. Tu me liras cette page, non?   (vous)
4. Je n'ai pas encore lu cet article.   (nous)
5. Que liriez-vous si vous aviez le temps?   (tu)
6. Il est important qu'elle lise cela avant son départ.   (ils)
7. Il ne lit pas assez.   (vous)
8. Quand j'étais à Paris, je lisais toujours Le Figaro.   (nous)
9. N'avez-vous jamais lu cette pièce de Molière?   (elles)
10. En attendant, je lirai l'éditorial.   (elle)
11. Il m'a dit qu'il le lirait tout de suite.   (ils)

V. COMPOSITION

A. *Dites, puis écrivez en français:*

1. What a beautiful day! Look at that sky! It's magnificent.
2. Is it always so mild here?
3. No, in the summer it's hot and humid and in the winter it's cold and it snows a lot.
4. Do you think the weather will be nice tomorrow?
5. I think so. But I have a newspaper. I'll read you the page on which the weather forecast is found.
6. Let's see! It says that it will be clear and it will be sunny.
7. I'm so glad because I have a date with Paul tomorrow. He's the same young man with whom I went dancing at a discothèque last week.
8. Are you in love with that boy?
9. I don't know whether I'm in love, but he is a person for whom I have a great deal of affection.
10. What do you think? Which sweater do you prefer? Do I wear this pale-blue sweater with this dress or do I take that raincoat?
11. Take the raincoat. We are not yet in summer.
12. We're only in April and it is often cool in the evening.

B. *Écrivez une lettre dans laquelle vous raconterez le week-end (à la campagne, à la mer, à la montagne) que vous avez passé dans une des stations (resort) de votre région. Vous parlerez:*

1. du temps qu'il faisait au moment de votre départ et de votre voyage (en car, en voiture ou en train).

2. du temps qu'il a fait à votre arrivée.
3. de vos distractions pendant la journée, de ce que vous avez fait, compte tenu du temps.
4. le temps sera plus ou moins beau le lendemain. Que ferez-vous?
5. votre retour, un peu triste décidément car le temps est à l'image de votre humeur.

En conclusion, vous parlerez d'une façon générale des plaisirs et des joies qu'offre une station compte tenu, bien entendu, du temps.

VI. DICTÉE

A tirer de la dix-neuvième situation.

L'Invitation au voyage

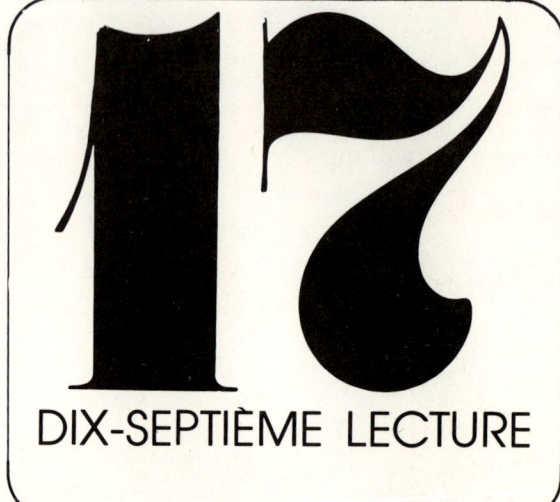

DIX-SEPTIÈME LECTURE

    L'influence de Charles Baudelaire sur la littérature française s'est accrue constamment depuis sa mort. Il est le pivot sur lequel la poésie française a tourné irrésistiblement. Il a, comme l'a dit Victor Hugo, «doté l'art d'un frisson nouveau». *L'Invitation au voyage* est un des poèmes les plus mélodieux dans lequel l'auteur résume ses aspirations essentielles.

    Mon enfant, ma sœur,
        Songe à la douceur
D'aller là-bas vivre ensemble!
        Aimer à loisir,
        Aimer et mourir

    s'est accrue   has grown
1 sœur *f.*   sister

2 songe: pense
    la douceur   rapture
4 à loisir   at leisure

Au pays qui te ressemble!
    Les soleils mouillés
    De ces ciels brouillés
Pour mon esprit ont les charmes
    Si mystérieux 10
    De tes traîtres yeux,
Brillant à travers leurs larmes.

Là, tout n'est qu'ordre et beauté,
Luxe, calme et volupté.

    Des meubles luisants, 15
    Polis par les ans,
Décoreraient notre chambre;
    Les plus rares fleurs
    Mêlant leurs odeurs
Aux vagues senteurs de l'ambre, 20
    Les riches plafonds,
    Les miroirs profonds,
La splendeur orientale,
    Tout y parlerait
    A l'âme en secret 25
Sa douce langue natale.

Là, tout n'est qu'ordre et beauté,
Luxe, calme et volupté.

    Vois sur ces canaux
    Dormir ces vaisseaux 30
Dont l'humeur est vagabonde;
    C'est pour assouvir
    Ton moindre désir
Qu'ils viennent du bout du monde.
    Les soleils couchants 35
    Revêtent les champs,
Les canaux, la ville entière,

7 **mouillés** moist
8 **brouillés** murky
11 **traîtres** treacherous
12 **larmes** *f.* tears
15 **des meubles** (*m.*) **luisants** gleaming furniture
19 **mêlant leurs odeurs** *f.* mingling their fragrance
20 **aux vagues senteurs** *f.* with the faint scent
21 **plafonds** *m.* ceilings
31 **humeur** *f.* mood
   vagabonde adventurous
32 **assouvir: satisfaire**
33 **moindre** slightest
34 **du bout du monde** from the other end of the earth
35 **couchants** setting
36 **revêtent** adorn
   champs *m.* fields

D'hyacinthe et d'or;
Le monde s'endort
Dans une chaude lumière.

Là, tout n'est qu'ordre et beauté,
Luxe, calme et volupté.

Charles Baudelaire (1821–1867): *Les Fleurs du Mal* (1857)

Questionnaire

1. Qui a écrit «*L'Invitation au Voyage*»?
2. Dans quel recueil ce poème a-t-il été publié?
3. A quelle date a-t-il été publié?
4. Combien de strophes a ce poème?
5. Par quoi sont-elles séparées?
6. Combien y a-t-il de vers dans chaque strophe?
7. Quelle est la disposition des rimes dans chaque strophe et dans le refrain?
8. A qui s'adresse l'invitation?
9. Comment le poète appelle-t-il la femme qu'il aime?
10. Pourquoi des «soleils mouillés»? Quelle indication avez-vous sur le temps qu'il fait dans ce pays?
11. Les «soleils mouillés de ces ciels brouillés» ont les même charmes que quoi?
12. Pourquoi le poète dit-il de «tes traîtres yeux»? Expliquez.
13. Dans ce pays de rêve, que trouve-t-on? Vous l'avez exprimé dans le refrain.
14. Que décrit la deuxième strophe?
15. Décrivez la chambre. Les meubles sont-ils vieux? Comment sont les plafonds?
16. Quelle impression créent en vous les trois premiers vers de la troisième strophe?
17. Qu'est-ce que le poète promet à la femme qu'il aime?
18. Décrivez les soleils couchants dans ce paradis terrestre.
19. De quel pays s'agit-il, à votre avis?

39 s'endort   falls asleep

Qu'est-ce qui vous arrive?

VINGTIÈME LEÇON

I. PRÉSENTATION

Conversation *(Bande 20)*

NICOLE: Dites-moi ce qui vous arrive, Paul!
PAUL: Je reçois à l'instant une lettre de Bretagne. Un cousin de ma mère — dont j'ai oublié le nom — m'invite dans une petite ville où je dois passer un week-end chez un de ses parents.
NICOLE: Et qu'est-ce qui vous embarrasse? La façon dont nous recevons en France?
PAUL: Non, voici ce qui m'embarrasse. Je voudrais savoir comment on nomme en français les différentes sortes de parents.
NICOLE: C'est très facile. Ceux que vous appelez vos parents, c'est votre père et votre mère. Un Français dit, papa, maman . . .
PAUL: Celle-ci est la femme du mari. Celui-là, le mari de la femme.

NICOLE: Oui . . . Et celui qui est le père du père, c'est le grand-père. La femme du grand-père, c'est la grand-mère.
PAUL: Ceux-ci ont des parents. . . Comment les appelez-vous?
NICOLE: Ceux-là, on les appelle les arrière-grands-parents.
PAUL: C'est ce que je me disais et ce à quoi je pensais.
NICOLE: Le petit-fils et la petite-fille sont les petits-enfants des grands-parents.
PAUL: Et le frère de mon père?
NICOLE: C'est votre oncle, le mari de votre tante. Vous êtes leur neveu. Votre sœur est leur nièce.
PAUL: Et leurs enfants?
NICOLE: Ce sont vos cousins et vos cousines.

Situation

La famille française repose d'abord sur le couple, uni par le mariage civil et complété dans la plupart des cas par un mariage religieux. Le père, le «chef de famille» n'a pas entièrement perdu son autorité et son prestige. La mère, surtout si elle est sans emploi, reste le centre et l'âme de la famille dont le principal souci sera de «bien élever les enfants». Les parents entretiennent avec leurs enfants des rapports très étroits. La famille française est un milieu fermé. Les Français peuvent être considérés comme les gens les plus hospitaliers du monde «pourvu que l'on ne veuille pas entrer chez eux», disait Daninos.[1]

VOCABULAIRE FONDAMENTAL

âme f. soul, heart
autorité f. authority
chef m. chief, head, leader; **chef de famille** m. head of the house (family)
compléter to complete
considérer to consider
couple m. couple, married couple (husband and wife)
écrivain m. writer
élever to raise, bring up, rear
emploi m. job, employment; use
entièrement entirely
entretenir to maintain, keep up
étroit tight, narrow, close
rapport m. relationship, relation, connection
religieux (f. **religieuse**) religious, pious
reposer to rest, be based (established) on
souci m. care, worry, concern
uni united

1. Pierre Daninos: écrivain et humoriste français.

Questionnaire

Répondez aux questions suivantes:

A. Questions sur les textes *(Bande 20)*

1. Qu'est-ce que Paul reçoit à l'instant?
2. Qui invite Paul?
3. Chez qui va-t-il passer un week-end?
4. Qu'est-ce qui embarrasse Paul?
5. Qui sont ceux que vous appelez vos parents?
6. Qui est le père et qui est la mère?
7. Qui sont les arrière-grands-parents?
8. Est-ce ce que Paul se disait et ce à quoi il pensait?
9. Qui sont les petits-enfants?
10. Comment appelez-vous le frère de votre père?
11. Comment appelez-vous la sœur de votre père ou de votre mère?
12. Qui êtes-vous par rapport à votre oncle ou à votre tante?
13. Comment appelez-vous leurs enfants?

B. Questions générales

1. Qui est le chef de famille dans la famille française?
2. Quel est le principal souci de la mère de la famille française?
3. Quels rapports les parents entretiennent-ils avec leurs enfants en France?
4. Quelle remarque Daninos fait-il à propos de l'hospitalité des Français?
5. A votre avis, les rôles du père et de la mère sont-ils distincts dans la famille américaine?
6. Est-ce que la famille américaine est un milieu fermé? Justifiez votre réponse.
7. Entretenez-vous des rapports très étroits avec votre famille?
8. D'après ce que vous savez, quelles différences y a-t-il entre la famille américaine et la famille française?

Dialogue

Demandez à un(e) étudiant(e):

1. si elle (s'il) a beaucoup de parents.
2. si elle (s'il) a encore ses grands-parents maternels et paternels. Et où ils habitent.
3. où habitent ses parents.
4. si elle (s'il) aime les grandes réunions de famille. Pourquoi ou pourquoi pas?
5. à quelles occasions elle (il) retrouve ses oncles, tantes, cousins ou cousines.
6. ce qu'elle (il) pense du mariage et du divorce et pourquoi il y a tant de divorces dans le monde.

II. EXPRESSIONS A RETENIR

à l'instant	just this instant, this very moment, right now; at once, immediately
bien élever ses enfants	to bring up (rear) one's children
entretenir des rapports étroits avec quelqu'un	to keep in close touch with someone, maintain close relationships with someone
être sans emploi	to be out of work, be unemployed
par rapport à	in relation to, with (in) regard to, with respect to, in comparison to, in proportion to
penser de	to think of, have an opinion about
perdre son autorité (prestige)	to lose one's authority (prestige)
recevoir quelqu'un	to receive (welcome) someone, receive (entertain) friends
(un) milieu fermé	a closed (closely knit) social sphere (circle)
unir quelqu'un par le (en) mariage	to unite someone in marriage, marry someone

III. PRONONCIATION

[v] as in **vert, voilà.**

Répétez:

avance [avɑ̃s]
averse [avɛʀs]
avion [avjɔ̃]
avril [avʀil]
bavarder [bavaʀde]
inviter [ɛ̃vite]
laver [lave]
neuve [nœv]
ouvrir [uvʀiʀ]
revue [ʀəvy]
rive [ʀiv]

valse [vals]
vedette [vədɛt]
venir [vəniʀ]
vent [vɑ̃]
ville [vil]
voici [vwasi]
voir [vwaʀ]
voiture [vwatyʀ]
volant [vɔlɑ̃]
votre [vɔtʀ]
voyage [vwajaʒ]

IV. GRAMMAIRE ET EXERCICES

90. Pronoms relatifs (Relative Pronouns — continued)

(a) Dont

Le cousin **dont** je vous ai parlé m'a invité à passer le week-end chez lui.
C'est une maladie **dont** tout le monde a peur.
J'ai oublié le nom de l'étudiante **dont** j'ai pris le livre.
La France est un pays **dont** le climat est doux et tempéré.

The relative pronoun **dont** (*of whom, of which, whose*) refers to both persons and things.[1]

Note:

(1) After **dont** meaning *whose*, normal word order follows: **dont** / subject / verb / object. Study the examples in (a) above.
(2) **dont** may not be preceded by a preposition. Instead, **de qui** (for persons) or **de** + a form of **lequel** (for persons or things) is used:

Voilà le directeur **à la secrétaire de qui (duquel)** j'ai donné mon adresse.
There's the director to whose secretary I gave my address.
   (literally, *There's the director to the secretary of whom I gave my address.*).
Voilà la maison **à la porte de laquelle** j'ai frappé.
There's the house at whose door I knocked.
   (literally, *There's the house at the door of which I knocked.*)

(b) où

Voici le village **où** (dans lequel) je suis né(e).
Est-ce la table **où** (sur laquelle) tu as laissé ton paquet?
Voilà la gare **où** (à laquelle) je dois aller.

Le soir **où** je voulais y aller, je suis tombé(e) malade.
The evening (when) I wanted to go there, I became ill.
Il faisait très froid le jour **où** ils sont partis.
It was very cold the day (when) they left.

The relative adverb **où** indicates "place where" (replacing **dans, sur,** or **à**+**lequel**) or "definite time when."

---

1. Note the following distinction:
   Voilà le médecin **de qui** j'ai reçu cette ordonnance.
   There's the doctor from whom I got this prescription.

(c) Ce qui, ce que, ce dont, ce à quoi

Ce qui m'embarrasse, c'est[1] cela.
What is troubling me is that.
Dites-moi **ce qui** vous arrive, Paul!
Tell me what's happening to you, Paul!
Ce qu'il fait est absurde.
What he's doing is absurd.
A-t-elle trouvé **ce qu'**elle cherchait?
Did she find what she was looking for?
Prenez **ce dont** vous avez besoin.
Take what you need.
C'est précisément **ce à quoi** nous pensions.
That's precisely what we were thinking of.

Ce qui, ce que (*what, that which*), **ce dont** (*of which, of what*), **ce à quoi** (*which, of which, of what*) are used as relative pronouns *without antecedents*. **Ce qui** is used as the subject of a verb, **ce que** as the object, **ce dont** as the object of a verb requiring **de,** and **ce à quoi** as the object of a verb requiring **à.**

EXERCICE A *(Bande 20)*

Transformez les phrases suivantes selon le modèle:

MODÈLE: C'est une gentille jeune fille. J'ai fait sa connaissance hier.
C'est une gentille jeune fille dont j'ai fait la connaissance hier.

1. C'est un beau pays. Son climat est doux et tempéré.
2. C'est un écrivain moderne. Son talent est incontestable.
3. C'est une vieille église. Ses vitraux datent du Moyen Age.
4. C'est une comédie. Son dénouement m'a beaucoup surpris.
5. C'est une grande vedette. Sa gentillesse est légendaire.
6. C'est un beau poème. On ignore son auteur.
7. C'est un chanteur de rock. Ses chansons ont eu le plus de succès.
8. C'est une bonne cuisinière. Ses recettes sont excellentes.
9. Ce sont des jeunes gens sérieux. Tu aimeras beaucoup leurs idées.
10. C'est une jeune étudiante américaine. J'ai oublié son nom.
11. C'est une voiture italienne. Son prix est très élevé.
12. C'est mon amie Monique. Ses parents sont d'origine française.

---

1. **Ce** + relative clause **(ce qui m'embarrasse),** opening a sentence, is usually "explained" by beginning the following clause with **c'est.**

EXERCICE B

Répondez aux questions suivantes selon le modèle:

MODÈLE: Êtes-vous né(e) dans cette ville?
Non, voilà la ville où je suis né(e).

1. Dois-tu passer toute la journée dans cette maison?
2. A-t-elle mis ses paquets sur cette table?
3. Avez-vous payé vos achats à cette caisse?
4. Vont-elles entrer par cette porte?
5. A-t-il son bureau dans cet immeuble?
6. Vend-on des timbres à ce guichet?
7. As-tu laissé tes livres sur ce bureau?
8. Sommes-nous descendus à cet hôtel?
9. Sont-ils partis de cet aéroport?
10. As-tu emmené tes enfants à cet endroit?
11. Chercheront-elles un appartement dans ce quartier?
12. Allez-vous vous arrêter à ce poste d'essence?

EXERCICE C *(Bande 20)*

Répondez aux questions suivantes selon les modèles:

MODÈLES: Qu'est-ce qui est tombé?
Je ne sais pas ce qui est tombé?

Qu'est-ce qu'elle a oublié d'acheter?
Je ne sais pas ce qu'elle a oublié d'acheter.

1. Qu'est-ce qui est arrivé?
2. Qu'est-ce qu'elles craignent?
3. Qu'est-ce qui vous a embarrassé?
4. Qu'est-ce que Paul faisait en Amérique?
5. Qu'est-ce qui vous a amusé le plus?
6. Qu'est-ce que nous allons faire ce soir?
7. Qu'est-ce qui l'a intéressé?
8. Qu'est-ce qu'ils voulaient nous montrer?
9. Qu'est-ce qui l'a irrité?
10. Qu'est-ce qu'il vient de recevoir?
11. Qu'est-ce qui lui plaît?
12. Qu'est-ce que le facteur lui a apporté?
13. Qu'est-ce qui se trouve le long de la route?
14. Qu'est-ce qu'ils sont allés chercher?
15. Qu'est-ce qui l'a dérangé?

EXERCICE D

Complétez les phrases suivantes en employant le pronom relatif qui convient: **dont, où, ce qui, ce que, ce dont, ce à quoi:**

MODÈLE: Dis-moi _____ tu veux.
           Dis-moi ce que tu veux.

1. Montre-moi la rue _____ tu as eu ton accident.
2. _____ me surprend, c'est qu'ils soient arrivés si tôt.
3. C'est précisément ce _____ je pensais.
4. On ne sait jamais _____ il fera.
5. C'est une maladie _____ tout le monde a peur.
6. Le soir _____ je voulais y aller, il n'y avait plus de places.
7. Voudriez-vous bien me dire _____ vous a embarrassé?
8. Avez-vous pris _____ vous avez besoin?
9. Voilà _____ il m'a rapporté de Paris.
10. Est-ce le restaurant _____ tu m'as donné l'adresse?
11. Je me rappellerai toujours le moment _____ je t'ai vu pour la première fois.
12. Nous ne pouvons pas comprendre _____ vous a fait changer d'avis.
13. Il a fait la connaissance d'une jeune fille _____ le père est professeur.

91. Pronoms démonstratifs (Demonstrative Pronouns)

celui	*this one, that one, the one, he*
celle	*this one, that one, the one, she*
ceux	*these, those, the ones, they*
celles	*these, those, the ones, they*

Forms of **celui** refer to a previously mentioned noun or pronoun. They agree in gender and number with a definite antecedent.

(a) 1. Elle a pris **son imperméable** et **celui** de sa sœur.
       Il m'a demandé **mon adresse** et **celle** du nouvel étudiant.
       Mettez **ces articles** et **ceux** de mon mari dans le même paquet.
       Lisez **ces pièces** et **celles** des écrivains classiques.

   2. Vas-tu suivre **ce cours** ou **celui** qui est donné le lundi?
      Voulez-vous louer **cette chambre-ci** ou **celle** qui est au troisième?
      Je vais relire **ces poèmes** et **ceux** que notre professeur nous a récités.
      Les meilleures recettes sont **celles** que les grand-mères se passent de bouche à oreille.

   Forms of **celui** never stand alone but are used (1) before a phrase introduced by **de, du, des,** etc. to indicate possession; (2) before a relative clause.

(b) Des deux robes que tu as choisies, **celle-ci** te va mieux que **celle-là**.
Voici des cadeaux pour vos enfants: **ceux-ci** sont pour vos fils; **ceux-là** pour vos filles.

Forms of **celui** may be followed by **-ci** or **-là** to mark a contrast or a distinction ("this one" as opposed to "that one", "these" as opposed to "those").

Note: **celui-ci, celle-ci, ceux-ci, celles-ci** may also mean *the latter;* **celui-là, celle-là,** etc., *the former:*

Paul et Pierre sont des amis: **Celui-ci** est étudiant à la Sorbonne, **celui-là** à Princeton.
Paul and Pierre are friends. The latter is a student at the Sorbonne, the former at Princeton.

EXERCICE E   (Bande 20)

Refaites les phrases suivantes selon le modèle:

MODÈLE: Où as-tu mis mon courrier et le courrier de Paul?
          Où as-tu mis mon courrier et celui de Paul?

1. Ma mère a fait mon lit et le lit de mon frère.
2. Michel a lavé sa voiture et la voiture de son père.
3. Apportez vos disques et les disques de votre ami.
4. As-tu rangé tes affaires ou les affaires de ta sœur?
5. Le climat de la France est plus tempéré que le climat de la Suisse.
6. Ma chambre et la chambre de cette dame sont au même étage.
7. Les vents de notre région sont plus froids que les vents de votre région.
8. Avez-vous descendu vos valises ou les valises de votre tante?
9. Il vaut mieux que tu gardes mon argent et l'argent de Brigitte.
10. Ma montre avance mais la montre de Philippe retarde.
11. Ses chansons et les chansons de ce groupe anglais ont eu un grand succès.
12. L'hôtesse a répondu à mes questions et aux questions de tous les autres voyageurs.

EXERCICE F

Répétez les phrases suivantes en remplaçant le nom par un pronom démonstratif:

MODÈLE: Voilà la lettre que nous avons reçue.
          Voilà celle que nous avons reçue.

1. Est-ce la table que tu as réservée?
2. Comment s'appelle le professeur qui va enseigner ce cours?
3. Les cartes que j'ai achetées sont en couleurs.
4. Quels sont les sports qui vous intéressent le plus?

5. Où est l'édition qu'il vous a montrée?
6. Elle lira les magazines qu'elle n'a pas pu lire pendant la semaine.
7. Connaissez-vous les jeunes filles qui viennent d'arriver?
8. Michel a trouvé l'adresse qu'il cherchait.
9. As-tu pris les timbres qui étaient sur mon bureau?
10. A quel étage sont les chambres qu'ils ont louées?
11. Consultez le plan de métro qui se trouve à l'extérieur de la station.
12. Ici on vend les revues qu'elle nous a indiquées.

EXERCICE G (Bande 20)

Remplacez les noms par des pronoms démonstratifs:

MODÈLE: Préférez-vous ce gilet-ci à ce gilet-là?
          Préférez-vous celui-ci à celui-là?

1. Je ne comprends ni cette leçon-ci ni cette leçon-là.
2. Cet exercice-ci est plus difficile que cet exercice-là.
3. Montrez-moi ces robes-ci et ces robes-là.
4. On vend ces timbres-ci au détail et ces timbres-là en gros.
5. Cette chambre-ci a une salle de bains et cette chambre-là un lavabo.
6. Faites la queue devant ce guichet-ci ou devant ce guichet-là.
7. Donne-moi ces livres-ci et ces livres-là.
8. Désirez-vous ces places-ci, à l'orchestre, ou ces places-là, au balcon.
9. Allez-vous voir ce film-ci ou ce film-là?
10. Parlez à ces étudiants-ci et à ces étudiants-là.
11. Envoyez ces lettres-ci par bateau et ces lettres-là par avion.
12. Quel est le prix de ce parfum-ci et de ce parfum-là?

92. Verbe irrégulier «recevoir» (Irregular Verb «recevoir» "to receive")

PRÉSENT DE L'INDICATIF

je reçois	nous recevons
tu reçois	vous recevez
il (elle) reçoit	ils (elles) reçoivent

PRÉSENT DU SUBJONCTIF

(que) je reçoive	nous recevions
tu reçoives	vous receviez
il (elle) reçoive	ils (elles) reçoivent

IMPARFAIT	PASSÉ COMPOSÉ	
je recevais	j' ai reçu	
tu recevais	tu as reçu	
il (elle) recevait	il (elle) a reçu	
etc.	etc.	
FUTUR	CONDITIONNEL	IMPÉRATIF
je recevrai	je recevrais	reçois
tu recevras	tu recevrais	recevez
il (elle) recevra	il (elle) recevrait	recevons
etc.	etc.	

Note: The following verbs are conjugated like **recevoir**: **apercevoir** *to perceive*; **concevoir** *to conceive*; **décevoir** *to deceive; to disappoint*.

EXERCICE H

Répétez les phrases suivantes en employant les pronoms indiqués:

1. Je reçois à l'instant une lettre de Bretagne. (ils)
2. Elle recevait toujours une carte de Paul à Noël. (je)
3. As-tu reçu beaucoup de cadeaux pour ton anniversaire? (vous)
4. S'il étudiait un peu plus, il recevrait de meilleures notes. (elles)
5. Vous me décevrez si vous le faites. (tu)
6. Il faut que je le reçoive demain. (elle)
7. Ce qui l'embarrasse, c'est la façon dont nous recevons en France. (on)
8. Voilà le projet qu'ils ont conçu. (il)
9. Il recevait souvent des amis chez lui. (nous)
10. Qu'est-ce que vous apercevez là-bas? (tu)

V. COMPOSITION

A. *Dites, puis écrivez en français:*

1. Where is the letter you spoke to me about? The one you received from your cousin in France?
2. Is it this one or that one?
3. It's that one; the one which is on my desk.
4. My cousin has invited me to spend my vacation in a little town in Brittany whose name I have forgotten.
5. His house is near the one where my mother used to live.
6. Well then, what's troubling you? The way (in which) you'll be received?
7. No, what's troubling me is that I don't know how the different kinds of relatives are named in French.

8. Don't worry, that's easy! I have a book I can lend you in which you'll find all the information you'll need.
9. Do you see those two men over there, those who are chatting with my parents?
10. I see them, but I don't think I know them.
11. What you've just said is not true. They are my uncles, my father's brothers. You met them at my parents' house the night when the weather was so bad.
12. Of course! I don't know what I was thinking of. I even drove the one (who is) on the left to the station that night.

B. *Décrivez le week-end passé à la campagne chez un(e) de vos parent(e)s.*

1. Vous avez reçu une lettre vous invitant à passer le week-end prochain chez un(e) parent(e) éloigné(e) du côté de votre mère. Quel est le lien de parenté? Quels vêtements choisissez-vous pour le week-end? Quels cadeaux apportez-vous?
2. Vous arrivez chez ce (cette) parent(e). Tout le monde est là, amis et d'autres parents. Que font-ils? Que disent-ils?
3. Pendant deux jours, on mange, on boit à votre santé. Vous décrivez les principaux repas et les conversations que vous avez avec ce (cette) parent(e), d'autres parents et ami(e)s.

Le dimanche après-midi, vous prenez le chemin du retour. Tout le monde se sépare. En conclusion, vous parlerez des joies que vous avez eues et aussi des regrets éprouvés.

VI. DICTÉE

A tirer de la vingtième situation.

Familiale

18
DIX-HUITIÈME LECTURE

Jacques Prévert (1900–1977) a participé autour de 1930 au surréalisme. Depuis la libération, le poète a tenu le rôle d'enchanteur d'un public populaire et sentimental. Dans «Paroles» (1945), il exerce son humour sur la société et le conformisme moral. Ses poèmes sont à dire ou à chanter car ils ont tous le charme et la chaleur de l'invention orale.

La mère fait du tricot
Le fils fait la guerre
Elle trouve ça tout naturel la mère
Et le père qu'est-ce qu'il fait le père?
Il fait des affaires
Sa femme fait du tricot
Son fils la guerre
Lui des affaires
Il trouve ça tout naturel le père

familiale: qui concerne la famille
chaleur *f.* heat, warmth
1 **fait du tricot** knits
2 **fait la guerre:** va à la guerre
5 **il fait des affaires** he is doing business

Et le fils et le fils
Qu'est-ce qu'il trouve le fils?
Il ne trouve absolument rien le fils
Le fils sa mère fait du tricot son père des affaires lui la guerre
Quand il aura fini la guerre
Il fera des affaires avec son père
La guerre continue la mère continue elle tricote
Le père continue il fait des affaires
Le fils est tué il ne continue plus
Le père et la mère vont au cimetière
Ils trouvent ça tout naturel le père et la mère
La vie continue la vie avec tricot la guerre les affaires
Les affaires la guerre le tricot la guerre
Les affaires les affaires et les affaires
La vie avec le cimetière.

Jacques Prévert: Extrait de *Paroles*
(© Éditions Gallimard)

Questionnaire

1. Qui a écrit ce poème?
2. Dans quel recueil ce poème a-t-il paru? En quelle année?
3. Combien y a-t-il de vers dans ce poème?
4. Les vers de ce poème riment-ils?
5. Combien y a-t-il de personnages dans ce poème? Qui sont-ils?
6. Que fait la mère?
7. Que fait le fils?
8. Et le père qu'est-ce qu'il fait?
9. La mère trouve-t-elle ça naturel?
10. Et le fils, qu'est-ce qu'il trouve?
11. Quand il aura fini la guerre, que fera-t-il? Avec qui?
12. La guerre continue. Que fait la mère? Le père? Et le fils?
13. Quand le fils est tué où vont le père et la mère?
14. Comment trouvent-ils ça le père et la mère?
15. Comment la vie continue-t-elle?
16. A quel temps sont les actions décrites?
17. Quels mots dominent dans ce poème? Quel rapport existe-t-il, à votre avis, entre ces mots?
18. Quel vers marque la fin du poème? Que pensez-vous de l'alliance de ces deux mots? Que soulignent-ils?
19. Quelle est la morale mise en relief dans ce poème?
20. Y voyez-vous un rapport avec le titre même du poème?

18 tué killed

«Paris est gris et froid l'hiver...»

LES QUATRE SAISONS DE PARIS

«...trop chaud l'été...»

« . . .mais son charme est indescriptible au printemps et à l'automne. »

« . . .le ciel est bleu-clair
et les feuilles des arbres
sont jaunes, rouges et brunes. »

QUATRIÈME RÉVISION

I. EXERCICES DE RÉEMPLOI

A. *Transformez les phrases suivantes en employant les éléments indiqués:*

MODÈLES: Je le ferai si vous m'aidez.   (pourvu que)
Je le ferai pourvu que vous m'aidiez.

Mettez-vous au piano, comme cela je prendrai votre photo. (afin que)
Mettez-vous au piano afin que je prenne votre photo.

1. Je parle distinctement, comme cela elle me comprend.   (pour que)
2. Elle lui a acheté un cadeau. Le savait-il?   (sans que)
3. Nous resterons ici. . . si tu viens.   (jusqu'à ce que)
4. Johnny ne se mariera pas même s'il fait la connaissance de la femme idéale.   (à moins que)
5. Elles ne sont pas heureuses et elles sont cependant riches!   (bien que)
6. J'irai demain soir au concert s'il y a encore des places.   (pourvu que)
7. J'hésite à le lui dire et cependant nous sommes de bons amis. (quoique)
8. Nous ne sommes pas allés dans ce restaurant. . . c'était trop cher.   (de crainte que)

B. *Répondez aux questions suivantes en employant les négations indiquées:*

MODÈLE: Veux-tu du pain? (ne. . . pas)
Non, je ne veux pas de pain.

1. Prenez-vous de la bière à table? (ne. . .jamais)
2. Vous reste-t-il des premières classes? (ne. . .plus)
3. La météo annonce-t-elle de la neige? (ne. . .pas)
4. Vendez-vous des cigarettes et du tabac? (ne. . .ni. . .ni)
5. Avez-vous de la patience? (ne. . .pas)
6. Facteur, avez-vous du courrier pour moi? (ne. . .pas encore)
7. Y a-t-il un express ou un rapide sur cette ligne? (ne. . .ni. . .ni)
8. Avez-vous encore des robes en soldes? (ne. . .plus)

C. *Répondez affirmativement aux questions suivantes en remplaçant les noms par des pronoms personnels, par* **y** *ou par* **en:**

1. As-tu écouté les prévisions de la météo?
2. Aime-t-elle ce garçon?
3. Connais-tu les garçons avec qui elle sort?
4. As-tu acheté des cigarettes?
5. Es-tu déjà allé à Paris?
6. Avez-vous du pain?
7. Et ces bonbons? Elle les a mis dans un sachet?
8. Vous avez prêté votre voiture à vos amis?
9. Tu téléphoneras ce soir à Nicole?
10. Vous me donnez votre numéro de téléphone?
11. Tu reviens de Paris?
12. Tu as vu tes amies au concert?

D. *Transformez les phrases suivantes en remplaçant le présent et le futur par l'imparfait et le conditionnel:*

MODÈLE: Si tu me le dis, je te croirai.
Si tu me le disais, je te croirais.

1. Si je gagne assez d'argent cet été, je m'achèterai une voiture.
2. Si vous voulez aller au cinéma, je vous accompagnerai.
3. Si elles nous invitent, nous accepterons immédiatement.
4. Si tu te dépêches, tu arriveras à l'heure.
5. Si vous changez d'avis, il vous téléphonera.
6. Si je suis libre, j'irai te voir.
7. Si tu l'aimes, tu l'épouseras.
8. S'il conduit moins vite, il n'aura pas d'accident.
9. S'il neige, nous pourrons faire du ski.
10. Si tu m'écris, je répondrai à tes lettres.

QUATRIÈME RÉVISION

E. *Mettez les phrases suivantes au présent de l'indicatif:*

1. Nous mangions très souvent chez elle.
2. Je me demandais ce qu'elles faisaient.
3. Il me dérangeait constamment.
4. Elle m'appelait toujours quand il ne fallait pas.
5. Je n'y songeais même pas!
6. A quelle heure vous leviez-vous?
7. Nous espérions bien vous rencontrer un jour ou l'autre.
8. Préférais-tu le cinéma au théâtre?

F. *Répétez les phrases suivantes en employant les pronoms indiqués:*

1. Est-ce que tu lis le journal tous les jours?
   (nous, je, ils)
2. Je reçois de ses nouvelles chaque semaine.
   (elle, vous, ils)
3. Elle sait ce qu'elle dit.
   (je, tu, on)
4. Connais-tu le pays où fleurit l'oranger?
   (il, nous, elles)
5. Je prends mon petit déjeuner à 7 heures.
   (vous, ils, tu)
6. Si tu la connaissais, tu saurais pourquoi je l'aime.
   (il, vous, elles)

II. CONTRÔLE DES ACQUISITIONS

A. Des sketches

Passage rapide — d'abord du présent de l'indicatif au présent du subjonctif, ensuite du présent du subjonctif au passé du subjonctif. Construisez des phrases selon les modèles:

MODÈLES: Peut-il le faire?   (je doute)
           Je doute qu'il puisse le faire.
           Oui, je doute qu'il ait pu le faire.

1. Sont-ils là?   (nous sommes heureux)
2. Est-ce que j'ai raison?   (il est possible)
3. Sort-elle avec lui?   (j'ai peur)
4. Le sait-il?   (il se peut)
5. L'aime-t-il beaucoup?   (elle ne pense pas)
6. Elles prennent le métro?   (croyez-vous)
7. Elle reçoit ma lettre aujourd'hui?   (je crains)
8. Comprend-il cela?   (je suis surprise)

B. *Complétez les phrases suivantes en employant des pronoms relatifs:*

1. J'ai deux neveux _____ collectionnent les timbres depuis des années. Aussi mettent-ils de côté toutes les enveloppes _____ leur apporte le facteur.
2. En France, c'est la Société Nationale des Chemins de fer français _____ administre les réseaux de voies ferrées. Voici le guichet devant _____ il faut que tu fasses la queue et voilà la jeune fille avec _____ tu voyageras.
3. Te souviens-tu du fils de Mme Sauvin _____ nous parlions? C'est un garçon sur _____ on peut compter et pour _____ j'ai beaucoup d'affection. Voilà les cartes sur _____ j'ai écrit les différentes adresses _____ je t'ai parlé.
4. Voici le petit village _____ je suis née. C'est un de mes oncles _____ habite dans la maison _____ j'ai passé les plus belles années de ma vie. Cet oncle _____ je t'ai parlé bien des fois, et _____ avait pour moi une grande tendresse, est en train de mourir de cancer. C'est une maladie _____ tout le monde a peur.
5. Voilà la maison à la porte de _____ j'ai frappé le soir _____ il faisait une telle tempête.
6. A présent, tu as trouvé tout _____ tu cherchais et tout _____ tu avais besoin. Dis-moi _____ t'embarrasse. Je te dirai _____ je pense.

C. Exercice dialogué

Formez des phrases complètes avec les mots indiqués en effectuant les changements nécessaires:

MODÈLE: Hier soir, nous / aller / au théâtre / mais demain / je / aller / au cinéma.

Hier soir, nous sommes allés au théâtre mais demain j'irai au cinéma.

NICOLE: Que / compter / tu / faire / ce / été?
MICHÈLE: Je / aller / certainement en Bretagne.
NICOLE: Où / aller / tu?
MICHÈLE: Dans / un / petit / ville sur la côte.
NICOLE: Il y / faire / bon / le / été?
MICHÈLE: Oui, le / climat / y / être / doux / et tempéré.
NICOLE: Mais / il / y avoir / beaucoup / crachin?
MICHÈLE: Oui, mais, ce / petit / pluie / apporter / par / le / vent / de la mer n'est pas désagréable.
NICOLE: Chez / qui / rester / tu?
MICHÈLE: Chez un / cousin / de / mon père.
NICOLE: Tu / aller bien t'amuser.

MICHÈLE: Je / croire / que oui.
NICOLE: Qu'est-ce que / on / faire / ce soir?
MICHÈLE: Si nous / aller / à / cinéma?
NICOLE: Est-ce que / tu / voir / déjà / «Argent de poche?»
MICHÈLE: Non, pas encore. Pourquoi?
NICOLE: Est-ce que / être / bon film?
MICHÈLE: Moi, / le / voir / la semaine / dernier / mais je vouloir bien / le revoir avec toi.
NICOLE: A quel / heure / vouloir / tu que / on / y aller?
MICHÈLE: A / huit / heure /.
NICOLE: Qu'est-ce que / tu / mettre?
MICHÈLE: Je / mettre / un / petit / gilet / bleu / pâle avec / ce / petit / robe.
NICOLE: Et toi?
MICHÈLE: Moi / je / rester / comme / je / être.

D. Expression écrite

Écrivez en français:

The French love to dance. If the young like pop or rock, senior citizens prefer waltzes and tangos, but both age groups like the hits. Whether it be at home, on the radio, or in a disco, one can listen to the records and hits of the stars. Several guitars, a good bass and drums and you have a good rock group. French students love to go to parties, especially after a week of having studied hard. Despite **(malgré)** the difference in age, the young respect the singers and popular tunes that their grandparents liked and that the old uncle in any family will sing after a good meal.

FÊTES FRANÇAISES

«Pour ces fêtes de printemps, on voit tous les Français sur les routes.»

«Le Quatorze Juillet. . .c'est le jour de la Fête Nationale.»

Que disent les jeunes de l'avenir?

VINGT ET UNIÈME LEÇON

I. PRÉSENTATION

Conversation *(Bande 21)*

NICOLE:	Christian, pourquoi n'avez-vous pas poursuivi vos études?
CHRISTIAN:	Mes parents n'avaient pas assez d'argent. Je n'ai jamais été très fort à l'école. Alors, je suis devenu mécanicien dans une usine dans l'Est de la France. Ceci dit, j'aime mon boulot et comme je n'ai guère d'ambition, je suis heureux.
NICOLE:	Et vous Jacqueline, ça vous plaît d'être infirmière?

JACQUELINE:	Oui. Énormément! Je suis dans un hôpital près du Havre. J'ai cinq semaines de vacances que je passe soit en Afrique, au Maroc, en Tunisie, soit en Italie.
NICOLE:	Et Jean-Claude, vous me dites que vous revenez des États-Unis?
JEAN-CLAUDE:	C'est exact. J'ai fait un stage aux États-Unis, à la Nouvelle-Orléans, dans une firme américaine.
NICOLE:	De quelle école sortez-vous?
JEAN-CLAUDE:	J'ai fait H.E.C.[1] Mon père me disait toujours: «Mon fils, tu reprendras mon usine.» A cela, je dis: «Finie la méthode de papa, le rêve de papa.» Je ne veux travailler ni avec papa ni pour quelqu'un d'autre.
NICOLE:	Et Marie-France, vous m'avez dit que vous étiez vendeuse?
MARIE-FRANCE:	Oui, je suis vendeuse dans un grand magasin et le soir je suis des cours dans un Centre de Formation continue.
NICOLE:	Qu'est-ce qui caractérise, à votre avis, les jeunes de votre époque?
MARIE-FRANCE:	Ils ne croient plus autant aux discours. Ils demandent des responsabilités.
JEAN-CLAUDE:	Et . . . ni la famille, ni le lycée, ni l'université ne nous en donne assez. En Amérique, c'est différent. On travaille dans le concret.

Situation

En France, comme partout ailleurs dans le monde, les jeunes sont conscients d'appartenir à un groupe séparé. Ce sont les origines sociales, le milieu et la nature des études ou du travail qui, en général, expliquent des attitudes différentes dans les domaines les plus variés. Les enquêtes révèlent que ce sont souvent les enfants de la classe possédante qui adoptent les positions les plus extrémistes: le gauchisme et l'ultra-nationalisme. La plupart des jeunes cependant travaillent dans le réel, dans le concret. Ils sont réalistes et ils sont prêts à tous les changements.

VOCABULAIRE FONDAMENTAL

adopter to adopt, espouse
ailleurs elsewhere, somewhere else
appartenir to belong
changement m. change, alteration
classe possédante f. wealthy class

---

1. H.E.C. = Hautes Études Commerciales

conscient (de) conscious (of), fully aware (of)
enquête f. inquiry, investigation, study; poll, survey
expliquer to explain
gauchisme m. radical left, extreme left
nature f. nature, kind, sort
prêt ready
réaliste m. or f. realist; adj. realistic
réel m. reality
révéler to reveal, disclose
séparé separate, distinct
varié varied, diversified

Questionnaire

Répondez aux questions suivantes:

A. Questions sur les textes *(Bande 21)*

1. Qui est-ce que Nicole interviewe?
2. Pourquoi Christian n'a-t-il pas poursuivi ses études?
3. Pourquoi est-il devenu mécanicien?
4. Où est-il mécanicien?
5. Que fait Jacqueline?
6. Où est-elle infirmière?
7. Où passe-t-elle ses cinq semaines de vacances?
8. De quel pays Jean-Claude revient-il?
9. Où a-t-il fait un stage?
10. De quelle école sort-il?
11. Pour qui veut-il travailler?
12. Que fait Marie-France?
13. Où suit-elle des cours le soir?
14. Qu'est-ce qui caractérise les jeunes selon Marie-France et Jean-Claude?

B. Questions générales

1. De quoi les jeunes sont-ils conscients en France ou ailleurs?
2. Qu'est-ce qui explique des attitudes différentes des jeunes en politique, par exemple?
3. Que révèlent les enquêtes?
4. Croyez-vous que le milieu, la nature des études puissent expliquer le comportement *(behavior)* futur d'un individu?
5. Quelle est la proportion d'étudiants qui s'intéressent à la politique aux États-Unis?
6. Que pensez-vous de l'avenir et de ses problèmes?
7. Êtes-vous optimiste ou pessimiste de nature? Justifiez votre réponse.

Dialogue

Demandez à un(e) étudiant(e):

1. ce qu'il (elle) voudrait faire plus tard.
2. si l'origine sociale, le milieu déterminent entièrement l'avenir d'un(e) étudiant(e) aux États-Unis.
3. ce qui est, à son avis, la source des inégalités sociales.
4. ce que c'est que le gauchisme et l'ultra-nationalisme.
5. s'il (si elle) s'intéresse à la politique. Pourquoi ou pourquoi pas?

II. EXPRESSIONS A RETENIR

avoir l'ambition de faire quelque chose	to have (the) ambition to do something
avoir. . .semaines de vacances	to have . . . . weeks of vacation
ça vous plaît?	does it please you? do you like? are you happy?
ceci dit	all told, this said
c'est exact	it's quite true, that's exact, that's right
devenir mécanicien (médecin, infirmière, etc.)	to become a mechanic (doctor, nurse, etc.)
être conscient de quelque chose	to be aware of something, be conscious of something
être fort à l'école	to be good in (at) school
être prêt(e) à	to be ready to (for)
faire son stage	to go through one's training (probationary) period, be a trainee
partout ailleurs	everywhere else, anywhere else
passer les vacances	to spend the vacation
plaire à quelqu'un	to please someone
poursuivre ses études	to continue (pursue) one's studies
quelqu'un d'autre	someone else, anyone else
reprendre	to take over (continue to run)
s'intéresser à	to be interested in
suivre un cours	to take a course
travailler dans le réel (le concret)	to deal with reality (the concrete)
travailler pour (avec) quelqu'un	to work for (with) someone

III. GRAMMAIRE ET EXERCICES

93. Pronoms démonstratifs «ceci, cela, ça» (Demonstrative Pronouns «ceci, cela, ça»)

Ceci se trouve partout.
Cela (Ça) ne m'amuse pas du tout.
Il va envoyer **ceci** par avion.
Est-ce que **cela** coûte cher?
Que pensez-vous de **ceci**?
Je vous mets tout **cela** dans un sachet?
Il vaut mieux que tu gardes **ceci**.
Elle ne veut pas qu'il lui parle comme **cela**.
Cela (Ça) va sans dire.
Ça c'est une excellente idée!

Ceci *(this)* and **cela** *(that)* refer to something indicated or pointed out but not named and to ideas or statements. **Cela** is often replaced by the shorter **ça**.

EXERCICE A

Dites, puis écrivez en français:

1. Give me this but keep that.
2. This is easier to do than that.
3. I bought that for my father and this for my mother.
4. We like this as much as that.
5. Don't lose this; put it with the other things.
6. Take that and bring it to her.
7. I have already seen this. Can you show me that, please?
8. Answer this immediately. It is more important than that.
9. He has done that for me.
10. What do you think of this?
11. That goes without saying.
12. Why do you say that? You know it isn't true.

94. Négations (Negatives)

(a) Common negative expressions[1]

ne. . .aucun (nul)	no, not any
ne. . .guère	scarcely, hardly
ne. . .jamais	never
ne. . .ni. . .ni (ni. . .ni. . .ne)	neither . . . nor

1. Review section 76 (a) for the omission of the definite article after negative expressions.

ne...pas (du tout)	*not (at all)*
ne...personne	*nobody, no one*
ne...plus	*no more, no longer*
ne...que	*only*
ne...rien (du tout)	*nothing (at all) not anything*

(b) Position of negative expressions

1. Il **ne** s'intéresse **pas du tout** à la politique.
   Nicole **ne** sera **que** trop heureuse d'accepter votre invitation.
   Tu **n'**as **rien** à craindre.
   Les jeunes **ne** croient **plus** autant aux discours.
   Ils **ne** le finiront **jamais** à temps.

   Negative expressions are composed of two parts, one of which is always **ne**. In simple tenses, **ne** precedes the verb or any personal pronoun objects. The other part of the negative immediately follows the verb.

   Note:

   (1) With **ne...ni...ni, ne** precedes the verb and **ni...ni** precede each of the elements negated:

   Elle **n'**avait **ni** le temps **ni** le désir.
   Je **ne** parlerai **ni** de politique **ni** de religion.[1]

   (2) No matter what the position of **ni...ni** in a sentence, **ne** always precedes the verb. With **ni...ni...ne,** the verb agreement (singular or plural) depends on whether each element is to be stressed separately or as a unit:

   Ni son père ni sa mère ne pourra (ou **ne pourront**) partir demain.
   Ni cette chemise ni cette cravate ne sont à lui.

2. Christian **n'**a **pas** poursuivi ses études.
   Je **n'**ai **jamais** été très fort à l'école.
   Elle **ne** m'a **rien** dit.
   Ils **n'**y sont **plus** allés.

---

1. A partitive article in an affirmative sentence is omitted after **ni...ni**:

   Je prendrai **du vin** et **de la bière**.
   Je ne prendrai **ni vin ni bière**.

In compound tenses, **ne** precedes the auxiliary (**avoir, être**), and the second negative word precedes the past participle. Note, however, that **personne, que, aucun (nul)**, and **ni. . .ni** follow the past participle:

Je **n'**ai vu **personne** dans les rues.
Il **n'**a lu **qu'**une pièce de cet auteur.
Nous **n'**avons acheté **ni** cigarettes **ni** tabac.

But

Ni ma mère ni ma sœur n'a reçu de lettres.

3. Il m'a dit de **ne pas** venir.
   Je lui ai promis de **ne jamais** dire cela.
   Ils les ont priés de **ne plus** le faire.

   Two parts of a negative usually stand together before an infinitive.

4. **Rien ne** me fait plus de plaisir que de vous voir si heureux.
   Personne n'est allé au concert avec lui.

   Rien and **personne** may be used as the subject of the verb. **Ne** precedes the verb as usual.

5. Qu'est-ce qui est tombé? — **Rien**, rien du tout.
   Qui vous a dit que j'étais ici? — **Personne.**
   As-tu jamais[1] vu une représentation de la Comédie Française? — **Jamais.**

   When a negative is used without a verb, **ne** is omitted.

6. Je **ne** peux **plus rien** y faire.
   Il **ne** me dit **jamais rien.**
   Elle **ne** voit **plus personne.**
   Nous **ne** l'avons **plus jamais** revu.

   Plus, jamais, rien, personne may be used in combinations of two or more negatives. Their relative position is as follows: **plus + jamais + rien + personne.**

EXERCICE B (Bande 21)

Répondez aux questions suivantes en employant les expressions indiquées:

MODÈLE: Est-ce que vous avez du courrier pour moi? (ne. . .pas)
Non, je n'ai pas de courrier pour vous.

---

1. **Jamais** meaning *ever* is used without **ne**: As-tu **jamais** fait de l'auto-stop?

1. Est-ce que vous vous intéressez à la politique? (ne...pas du tout)
2. Est-ce qu'on peut compter sur lui? (ne...jamais)
3. Est-ce qu'il vous reste encore des examens à passer? (ne...plus)
4. Est-ce que quelqu'un a téléphoné? (Personne...ne)
5. Est-ce qu'ils sont attentifs? (ne...guère)
6. Est-ce qu'elles ont quelque chose à craindre? (ne...rien)
7. Est-ce que tu prendras du café ou du thé? (ne...ni...ni)
8. Est-ce que la météo annonce de la neige? (ne...pas)
9. Est-ce que quelque chose vous a irrité? (Rien...ne)
10. Est-ce qu'il y avait quelqu'un dans la chambre? (ne...personne)
11. Est-ce que cette chemise et cette cravate sont à lui? (ni...ni...ne)
12. Est-ce qu'on emploie actuellement ce mot? (ne...plus)
13. Est-ce qu'ils demandent des responsabilités? (ne...jamais)
14. Est-ce que tu aimes parler de politique et de religion? (ne...ni...ni)

EXERCICE C *(Bande 21)*

Répétez les phrases suivantes en remplaçant le présent de l'indicatif par le passé composé:

MODÈLE: Elle ne met pas la lettre à la poste.
  Elle n'a pas mis la lettre à la poste.

1. On n'annonce rien aux haut-parleurs.
2. Elles ne m'écrivent jamais de longues lettres.
3. Cela ne m'étonne pas du tout.
4. Nous ne rencontrons personne dans les rues.
5. Il ne travaille ni avec son père ni pour quelqu'un d'autre.
6. Ils ne croient plus autant aux discours.
7. Rien ne m'embarrasse plus que cela.
8. Elle ne parle jamais sans réfléchir.
9. Nous ne le voyons guère.
10. Ils ne sont pas prêts à tous les changements.
11. Vous ne me dites jamais rien.
12. Personne n'écoute plus attentivement que lui.
13. Il ne compose que des chansons d'amour.
14. On ne mentionne plus cette affaire.
15. Je n'y vais plus jamais.

EXERCICE D *(Bande 21)*

Transformez les phrases suivantes en mettant l'infinitif à la forme négative:

MODÈLE: Il vaut mieux y aller.
  Il vaut mieux ne pas y aller.

1. Je préfère sortir avec elle.
2. Elle a décidé d'accepter votre invitation.

3. Il m'a conseillé de le faire.
4. Vous m'aviez demandé de vous téléphoner ce soir.
5. Ils lui ont dit de prendre cette route.
6. Nous les avons priés de partir.
7. Elle nous a écrit de lui louer une chambre.
8. Tu m'avais promis de lui communiquer mes impressions.
9. Elles aimaient mieux suivre ce cours.
10. J'ai essayé de lui mentionner cela.
11. Il est préférable d'adopter ce plan.
12. Dites à Paul de descendre à la prochaine station.

95. Prépositions précédant les noms géographiques (Prepositions with Geographical Terms)

(a) Nicole est née **à Bruxelles.**
Je vais passer un an **à Paris.**
Tu es déjà allé(e) **à Amsterdam?**
Ce train va **de Genève à Barcelone.**
Un de mes oncles revient **de Rome.**

Before the names of cities, **à** is the French equivalent for *in, to, at,* and **de** for *from.*

Note: Cities with a definite article as part of their name retain the definite article after **à** or **de** (contracted where necessary): **le Havre: au Havre, du Havre; la Nouvelle Orléans: à la Nouvelle Orléans, de la Nouvelle Orléans.**

(b) Que faisiez-vous **en Amérique?**
J'ai cinq semaines de vacances que je passe **en Europe.**
Depuis combien de temps êtes-vous **en France?**
Où vous êtes-vous connus, **en Italie** ou **en Suisse?**
Nous sommes allés en voiture **de Bretagne en Provence.**
Elles viennent d'arriver **d'Afrique.**
Je reçois à l'instant une lettre **d'Angleterre.**

Before the names of feminine geographical divisions,[1] **en** is the French equivalent for *in, to, at* and **de** for *from.*

(c) J'ai fait un stage **aux États-Unis** dans une firme américaine.
As-tu jamais été **au Mexique?**
Je l'ai rencontré **au Canada.**
Elle m'a envoyé une carte **du Brésil.**

---

1. Names of continents, countries, provinces ending in mute **e** are feminine, except **Mexique.**

Before the names of masculine countries, **à** + definite article is the French equivalent for *in, to, at* and **de** + definite article for *from*.

Note: The most important masculine countries are: **le Brésil, le Canada, le Danemark, les États-Unis, le Maroc, le Japon, le Mexique, le Pérou, le Portugal.**

(d) Combien de temps vont-ils rester **dans l'Amérique centrale?**
Ces sports sont très populaires **dans l'Ouest des États-Unis.**
Ils demeurent **dans la France méridionale** *(southern).*
Le café vient **de l'Amérique du Sud.**

Before the names of geographical divisions modified by an adjective or adjectival phrase, **dans** + definite article is usually the French equivalent for *in, to, at* and **de** + definite article for *from.* [1]

EXERCICE E
Répétez les phrases suivantes en employant les noms indiqués:

1. Elle est allée plusieurs fois à Paris.
   (Europe, Rome, Amérique du Sud)
2. Ils sont actuellement en Italie.
   (Brésil, Provence, la Nouvelle Orléans)
3. L'été dernier ils ont passé un mois en Suisse.
   (Mexique, Afrique du Nord, Amsterdam)
4. Depuis combien de temps sont-elles à Bruxelles?
   (Angleterre, Canada, Genève)
5. Que faisais-tu en Amérique)
   (États-Unis, Londres, Asie)
6. Cette lettre vient de New York.
   (Hollande, Danemark, Amérique centrale, Bretagne)
7. Quand revient-il de France?
   (Barcelone, Japon, Normandie)
8. Au cours de nos voyages, nous sommes allés de Madrid à Lisbonne.
   (Naples. . .Florence, Maroc. . .Portugal, Amérique du Nord. . .France méridionale)

96. Verbe irrégulier «dire» (Irregular Verb «dire» "to say, to tell")

PRÉSENT DE L'INDICATIF		PRÉSENT DU SUBJONCTIF	
je dis	nous disons	(que) je dise	nous disions
tu dis	vous dites	tu dises	vous disiez
il (elle) dit	ils (elles) disent	il (elle) dise	ils (elles) disent

---

[1]. **En** and **de** without the article are also used: **en Amérique du Nord; d'Amérique du Nord.**

VINGT ET UNIÈME LEÇON

IMPARFAIT	PASSÉ COMPOSÉ
je disais	j' ai dit
tu disais	tu as dit
il (elle) disait	il (elle) a dit
etc.	etc.

FUTUR	CONDITIONNEL	IMPÉRATIF
je dirai	je dirais	dis
tu diras	tu dirais	dites
il (elle) dira	il (elle) dirait	disons
etc.	etc.	

EXERCICE F

Répétez les phrases suivantes en employant les pronoms indiqués:

1. Que disent-ils de l'avenir? (il)
2. Elle me disait toujours la même chose. (ils)
3. Je lui dirai de nous retrouver ici. (nous)
4. Il m'a dit qu'il n'était jamais très fort à l'école. (elles)
5. Me le dirais-tu si tu le savais? (vous)
6. Il est important que vous me disiez la vérité. (tu)
7. Ils m'ont dit qu'ils vont passer leurs vacances en Italie. (elle)
8. Nous lui disons de ne pas changer d'avis. (je)
9. Est-ce que vous lui direz tout? (tu)
10. Elles ne me diraient jamais ça. (elle)
11. En entrant, il disait toujours bonjour à tout le monde. (je)
12. Il faut que je te le dise. (nous)

IV. COMPOSITION

A. *Dites, puis écrivez en français:*

1. Tell me what's happening to you, Christian! You haven't said anything to me.
2. My parents told me yesterday that I'll no longer be able to continue my studies.
3. That doesn't surprise me at all. No one studies less than you.
4. You never want to do anything. But, don't worry, maybe they'll change their mind.
5. Nicole was telling me the same thing, but I'm hardly counting on that.
6. My parents will never do that.
7. I told this to Nicole and I shall tell it to you too! I've never been very good at school and I'll be very happy not to go there any more.

8. Since I hardly have any ambition, nothing will please me more than to become a mechanic and to work in a factory in the East of France.
9. First, I shall go to North America where I'll be a trainee in a factory in the United States, perhaps in New York.
10. After short vacations in Mexico and in Switzerland, I'll come back to France where I'll start to work.
11. I'll work neither with my father nor for my relatives.
12. When I no longer want to work as a mechanic, I'll do what so many young people do, I'll go back to school.

B. *La plupart des jeunes, en France comme aux États-Unis, sont conscients des difficultés de l'avenir. Écrivez une composition dans laquelle vous exposerez vos réflexions en vous efforçant de suivre le plan indiqué:*

1. Le choix d'une situation. Quelle est l'importance des études dans la réussite? Quelles sont les professions où il y aura le plus de débouchés *(openings)* dans l'avenir?
2. Aux États-Unis, quels métiers peut exercer une jeune fille ou un jeune homme qui ne termine pas ses études secondaires ou universitaires?
3. Quel métier envisagez-vous de faire plus tard? Quelles sont les raisons de votre choix?
4. Quels sont les métiers le plus souvent exercés par des femmes aux États-Unis? Pourquoi? Est-ce la même chose en France ou ailleurs? Pourquoi ou pourquoi pas?

En conclusion, essayez d'apporter, d'une façon très simple, vos solutions au problème de l'emploi et du chômage *(unemployment)*.

LE CHOIX D'UNE CARRIÈRE

De l'ouvrier au patron. . . quelques noms à retenir:

MASCULIN	FÉMININ	
l'avocat	l'avocate	*lawyer*
le chanteur	la chanteuse	*singer*
le coiffeur	la coiffeuse	*hair stylist*
le comptable	la comptable	*accountant*
le directeur	la directrice	*director*
l'infirmier	l'infirmière	*nurse*
l'instituteur	l'institutrice	*teacher*
l'ouvrier	l'ouvrière	*worker*
le patron	la patronne	*boss*
le secrétaire	la secrétaire	*secretary*
le technicien	la technicienne	*technician*
le vendeur	la vendeuse	*salesperson*

Certaines professions n'ont pas de féminin:

le docteur	On dit: Madame ou Mademoiselle, le docteur (Curie)	doctor
l'écrivain	On dit: Elle est écrivain.	writer
l'ingénieur		engineer
le juge		judge
le médecin		doctor, physician
le peintre		painter
le philosophe		philosopher
le pilote de course		pilot
le policier		policeman
le pompier		fireman
le professeur		professor
le sculpteur		sculptor

Certaines professions n'ont pas de masculin:

l'hôtesse de l'air	stewardess
la laborantine	lab technician
la sage-femme	midwife

V. DICTÉE

A tirer de la vingt et unième situation.

Mots croisés

DIX-NEUVIÈME LECTURE

Ces mots croisés vous permettront de penser en français, de revoir et d'enrichir votre vocabulaire tout en vous distrayant (voir les réponses à la page suivante):

Horizontalement

1. Se porte autour du cou.
8. Placée de l'autre côté.
9. Début du mot *repas*.
10. Se servir de.
11. *Mur* sans lettre au milieu.
12. Voyelles de *bien*.
13. Quatorzième lettre de l'alphabet.
14. Substance liquide formée d'oxygène et d'hydrogène.
16. Pronom personnel réfléchi.
18. Dix-huitième lettre de l'alphabet.
19. Opiniâtre, tenace.
21. Douze mois.
22. pronom personnel objet direct.

Verticalement

1. Donnera la forme.
2. Forme musicale théâtrale.
3. PU à l'envers.
4. Fait l'éloge d'une personne.
5. Aide.
6. Les trois premières lettres de l'équivalent français de l'adjectif anglais *real*.
7. Contraire de premier.
15. Une des clés en musique.
17. Conjonction de coordination.
20. Conjonction de coordination.

1 D	2 R	3 A	4 L	5 U	6 O	7 F
8 E	9 S	10 O	11 P	12 P	13 O	14 E
15 R	16 E	17 S	18 U	19 R		20 E
21 M	22 R		23 E	24 I		25 N
26 E		27 O	28 S		29 U	30 I
31 E		32 T	33 U	34 T	35 E	
36 R		37 E		38 T		39 A

En lisant « Le Figaro »

VINGT-DEUXIÈME LECON

I. PRÉSENTATION

Conversation *(Bande 22)*

Paul: Je meurs d'envie d'aller au cinéma. Qu'est-ce qu'on joue ce soir?
Michel: Un moment. . .J'ai «Le Figaro»: il y a tous les programmes à la dixième page.
Paul: Regardez s'il n'y a rien dans un des ciné-clubs. . .
Michel: Voilà, ça y est! J'y suis. On rejoue «Un homme et une femme» C'est un très bon film.
Paul: Qui est le metteur en scène?
Michel: Claude Lelouch et les principaux interprètes sont Anouk Aimée et Pierre Barouh.
Paul: Moi, je l'ai déjà vu. Et vous?

358 VINGT-DEUXIÈME LEÇON

MICHEL: Moi aussi. Il est bien difficile de trouver quelque chose d'intéressant cette semaine.
PAUL: C'est tout ce qu'il y a?
MICHEL: Non, il y a deux autres films, pas mal non plus: «Cousin, Cousine» et un western américain.
PAUL: Ce doit être un navet. Il est rare de trouver de bons westerns.
MICHEL: J'ai lu un compte rendu sur ce film. On meurt de rire du début jusqu'à la fin. Et vous connaissant, vous mourrez de rire vous aussi. Mais à vous de décider.
PAUL: D'accord, allons-y. Dites-moi, Michel...vous êtes abonné au Figaro?
MICHEL: Oui. C'est un des meilleurs quotidiens, croyez-moi.
PAUL: De quelle tendance est-ce?
MICHEL: C'est un journal de tendance modérée, un peu à droite. Il y a d'excellents éditoriaux politiques.
PAUL: Est-ce qu'il y a un feuilleton dans votre journal?
MICHEL: Oui. Tenez...C'est quelque chose sur Louis XIV. Je le lis rarement; je préfère parcourir le *Carnet du jour*.
PAUL: Qu'est-ce que c'est?
MICHEL: C'est au bas de la deuxième page: on annonce les naissances, les mariages et les deuils.
PAUL: Je vois. Il est facile de se tenir au courant de cette façon.
MICHEL: Oui...et si vous voulez trouver une situation à la rubrique «Petites annonces», il y a quantité d'offres d'emplois.

Situation

Le saviez-vous? Les Français lisent deux fois moins de journaux quotidiens que les Anglais ou les Américains. Les journaux les plus célèbres sont *Le Monde, Le Figaro, L'Aurore* et *L'Équipe*. L'intérêt pour la presse est généralement lié au niveau de vie et à la catégorie sociale. Malgré la radio et la télévision, la presse conserve son importance car si la première annonce, la deuxième montre, mais la presse, elle explique.

A côté des grands quotidiens et des grands régionaux (les journaux de province), il existe les périodiques d'information (*Paris-Match, Jours de France*) et de nombreuses autres publications: les hebdomadaires politiques (*L'Express, Le Point, Le Nouvel Observateur, Minute*), les magazines familiaux et féminins (*Modes et Travaux, Femmes d'Aujourd'hui, Elle, Marie-Claire*), les journaux de jeunes (*Salut les Copains, Mademoiselle Age Tendre*) et la ''presse du cœur'' (*Nous Deux, Confidences*).

VOCABULAIRE FONDAMENTAL

aurore *f.* dawn, daybreak
conserver to preserve, keep, retain
copain *m.* **copine** *f.* pal, chum
équipe *f.* team
exister to exist
familial (*pl.* **familiaux**) (pertaining to) family
hebdomadaire *m.* weekly newspaper; *adj.* weekly
information *f.* information, inquiry; *pl.* news
intérêt *m.* interest, concern
lié linked, bound, connected
malgré in spite of
mode *f.* fashion, vogue; *m.* mode, mood
nombreux (*f.* **nombreuse**) numerous
observateur *m.* **observatrice** *f.* observer
périodique *m.* periodical
presse *f.* press, newspaper
quotidien (*f.* **quotidienne**) daily
salut *m.* safety, salvation; salutation; greeting(s)
sud-ouest *m.* southwest
voix *f.* voice

Questionnaire

Répondez aux questions suivantes:

A. Questions sur les textes *(Bande 22)*

1. Qui meurt d'envie d'aller au cinéma?
2. Quel journal Michel consulte-t-il?
3. A quelle page se trouve tous les programmes?
4. Que rejoue-t-on ce soir?
5. Est-ce un bon film?
6. Qui est le metteur en scène?
7. Est-ce que Paul et Michel ont déjà vu ce film?
8. Y a-t-il autre chose d'intéressant?
9. Que pense Paul du western américain que l'on joue?
10. Qu'est-ce que Michel a lu au sujet de ce film?
11. Que fait-on du début jusqu'à la fin?
12. Michel est-il abonné au *Figaro*?
13. Y a-t-il un feuilleton dans ce journal?
14. Michel lit-il souvent le feuilleton qui se trouve dans *le Figaro*?
15. Que préfère-t-il parcourir?
16. Où se trouve le *Carnet du jour*?
17. Qu'est-ce qu'on annonce dans le *Carnet du jour*?
18. Que faut-il consulter si on veut trouver une situation? Pourquoi?

B. Questions générales

1. Les Français lisent-ils beaucoup de journaux quotidiens?
2. Quels sont les journaux français les plus célèbres?
3. A quoi l'intérêt pour la presse est-il généralement lié?
4. Quelle différence y a-t-il entre la radio, la télévision et la presse?
5. Quel est votre journal préféré? Pourquoi?
6. Quels sont vos périodiques préférés?

Dialogue

Demandez à un(e) étudiant(e):

1. de nommer les journaux français les plus célèbres.
2. quels sont les périodiques d'information les plus lus en France.
3. de nommer les hebdomadaires politiques les plus importants en France. Et aux États-Unis.
4. quels sont les magazines ou journaux que lisent les jeunes en France et en Amérique.
5. quels sont les magazines féminins les plus importants en France et aux États-Unis.
6. quel est son hebdomadaire ou son périodique préféré. Pourquoi?

II. EXPRESSIONS A RETENIR

ça y est!	here we are! that's it! all right! there now! O.K.!
ce doit être un navet	that must be a dud (flop)
de cette façon	in this way, in that way
deux fois	twice
du début jusqu'à la fin	from beginning to end
être abonné(e) à	to subscribe to
être lié(e) à	to be linked (connected) to, be associated with
j'y suis	I've got it, I get it
mourir d'envie de faire quelque chose	to be dying (anxious) to do something
mourir de rire	to die laughing, die of laughter
non plus	either, neither
se tenir au courant de	to keep oneself informed about
trouver une situation	to find a job

III. GRAMMAIRE ET EXERCICES

97. Pronom demonstratif neutre «ce» (Neuter Demonstrative Pronoun «ce»)

(a) **Ce (c')** is used instead of **il(s)** or **elle(s)** before forms of **être** when followed by a modified noun, a pronoun, a proper name, or a superlative:

MODIFIED NOUN[1]: **C'est un très bon film.**
C'est une perspective étonnante.
C'était un écrivain célèbre.[2]
Ce sont des périodiques que je lis rarement.

PRONOUN: **C'est moi** qui suis abonné(e) au Figaro.
C'est lui qui est sans emploi.
C'est celui de Paul.

PROPER NAME: **C'est Michel** qui s'intéresse à la politique.
C'est Nicole qui est allée dans un ciné-club?
Ce sont les Sauvin[3] qui viennent d'arriver.

SUPERLATIVE: **C'est un des meilleurs quotidiens français.**
C'est la plus belle pièce du théâtre classique.
Ce sont les hebdomadaires politiques les plus importants.

(b) **Ce (c')** is used instead of **il(s)** or **elle(s)** before forms of **être** when followed by an adjective or adverb referring to an idea, fact, statement, or question previously mentioned or implied:

Aimez-vous voyager? — Oui, **c'est agréable.**
C'est vrai ce qu'il dit.
C'est essentiellement parisien.
Ce n'est pas mal non plus.

Note: When reference is made to a *specific noun or pronoun* previously mentioned, **il(s)** or **elle(s)** is normally used:

Comment trouvez-vous **cette robe?** — **Elle** est très jolie.[4]

1. Modified or qualified by an article, adjective, phrase, or clause.
2. Unmodified nouns of nationality, profession, and religion, when used as the predicate of **être**, have the function of adjectives. When so used, such nouns are preceded by **il(s), elle(s)** plus a form of **être: il est écrivain; elle est Française; ils sont catholiques.**
3. Proper names are invariable in French.
4. In spoken French, **ce (c')** is often used for things, even in reference to a specific noun: **c'est très joli.**

Est-ce que vous cherchez **le journal?** — **Il** est sur la table.
Où sont-**ils?** — **Ils** sont à Rome.

(c) The construction **ce + être** + adjective takes **à** before an infinitive if the sentence ends with the infinitive:

C'est beau à voir.
C'est facile à faire.
C'est difficile à comprendre.

If a sentence does not end with the infinitive, impersonal **il** is used to introduce the sentence, and the infinitive is preceded by **de**:

Il est rare de trouver de bons westerns.
Il est facile de se tenir au courant de cette façon.
Il est bien difficile de trouver quelque chose d'intéressant cette semaine.[1]

Note: The construction **il + être** + adjective is also used before a clause introduced by **que: Il est vrai qu'il a peur.**[2]

EXERCICE A

Transformez les phrases suivantes selon le modèle:

MODÈLE: Ce gâteau est délicieux.
          C'est un gâteau délicieux.

1. Cette maison est très belle.
2. Ce jardin est joli.
3. Ces oiseaux sont rares.
4. Cette robe est élégante.
5. Ce château est très vieux.
6. Ces étudiantes sont studieuses.
7. Ce pain est croustillant.
8. Cette chanteuse est célèbre.
9. Ces cravates sont neuves.
10. Ce feuilleton est intéressant.
11. Cette perspective est étonnante.
12. Ce spectacle est magnifique.
13. Ces voitures sont légères.
14. Cette région est pittoresque.

---

1. In spoken French, **ce (c')** is increasingly used in this construction: **C'est bien difficile de trouver quelque chose d'intéressant.**

2. In spoken French, **ce (c')** is increasingly used in this construction: **C'est vrai qu'il a peur.**

EXERCICE B *(Bande 22)*

Répondez aux questions suivantes en employant les mots indiqués:

MODÈLE: Qui vous a dit cela? (Paul)
         C'est Paul qui m'a dit cela.

1. Qui a eu un accident? (Robert)
2. Qui est au téléphone? (Nicole)
3. Qui va nous retrouver ici? (les Sauvin)
4. Qui meurt d'envie d'aller au cinéma? (Marie)
5. Qui nous a invités? (les Girard)
6. Qui va passer le week-end chez vous? (Henri)
7. Qui cherche une situation? (Michèle)
8. Qui a acheté une nouvelle voiture? (les Charpentier)
9. Qui aime parcourir le *Carnet du jour*? (Jeannette)
10. Qui a lu un compte rendu sur le film? (Pierre)
11. Qui est d'origine française? (les Duval)
12. Qui est allé faire des achats? (Josette)
13. Qui vous a accompagné à la poste? (Monique)

EXERCICE C *(Bande 22)*

Refaites les phrases suivantes selon le modèle en mettant les adjectifs au superlatif:

MODÈLE: Le football est un sport populaire.
         C'est un des sports les plus populaires.

1. Le Havre est un port important de la France.
2. Le printemps est une belle saison de l'année.
3. Montmartre est un quartier pittoresque de Paris.
4. Boston est une vieille ville américaine.
5. *L'Avare* est une comédie célèbre de Molière.
6. *Le Figaro* est un bon quotidien français.
7. Hugo est un grand poète romantique.
8. La Loire est un long fleuve français.
9. La Renault est une voiture légère.
10. *L'Étoile du Nord* est un train rapide.

EXERCICE D *(Bande 22)*

Répondez affirmativement aux questions suivantes en employant **ce, il(s)** *ou* **elle(s)** *selon le cas:*

MODÈLES: Baudelaire est-il un grand poète français?
          Oui, c'est un grand poète français.

364 VINGT-DEUXIÈME LEÇON

Est-il difficile de se tenir au courant?
Oui, il est difficile de se tenir au courant.

Est-ce que ces robes nouvelles sont à Marie?
Oui, elles sont à Marie.

1. Claude Lelouch est-il un bon metteur en scène?
2. Est-ce que Nicole est Française?
3. Cette rue est-elle la plus étroite du quartier?
4. Est-ce que les enfants aiment les westerns.
5. Est-ce qu'il est possible de voir quelque chose d'autre?
6. Est-ce que l'allemand est difficile à apprendre?
7. Est-ce que Jacqueline est devenue infirmière?
8. *Le Monde* est-il un des meilleurs journaux?
9. Est-il facile de trouver une bonne situation?
10. Est-ce que cette voiture est à vous?

98. Pronoms personnels toniques (Disjunctive Personal Pronouns)

These pronouns are called disjunctive because they do not stand with a verb:[1]

moi	I, me	nous	we, us
toi	you	vous	you
lui	he, him, it (m.)	eux	they, them (m.)
elle	she, her, it (f.)	elles	they, them (f.)
soi	oneself, itself		

(a) Je resterai **chez moi** ces deux jours-là.
Michel m'a beaucoup parlé **de vous.**
Voudriez-vous aller au cinéma **avec nous?**
Il faut penser **à soi** dans la vie.[2]
On n'est jamais si bien que **chez soi.**[2]

The disjunctive personal pronouns are used after a preposition.

(b) **C'est moi** qui vous ai téléphoné hier soir.
C'est lui qui a fait un stage aux États-Unis.
C'est vous qui viendrez me le dire.
Ce sont eux qui demandent des responsabilités.

---

1. The disjunctive pronouns are used with **même(s)** (*self*) in the emphatic forms: **moi-même, eux-mêmes.**
2. **Soi** relates to an indefinite subject.

The disjunctive personal pronouns are used after **ce** plus a form of **être**, often in situations where the subject is to be stressed.[1]

Note: **C'est** is used before **moi, toi, lui, elle, nous, vous; ce sont,** before **eux, elles.**

(c) Vous y allez plus souvent **que moi.**
Qui a fait cela? — **Elle.**
Qui lit toujours les petites annonces? — **Lui.**

The disjunctive personal pronouns are used after **que** in comparisons and when the verb is not expressed.

(d) **Moi**, je l'ai déjà vu.
Lui préfère voir l'autre film.
Je lui ai parlé, à **elle**.

The disjunctive personal pronouns are used to stress the subject[2] or object of a sentence or to clarify the object.

(e) **Lui et moi, nous** ne croyons plus autant aux discours.
Nicole et lui ont l'intention de se marier au printemps.
Elles et lui ont fait une longue promenade ensemble.
Nous les voyions, **lui et elle**, tous les dimanches.

The disjunctive personal pronouns are used in compound subjects or objects. If one of the disjunctive pronouns is **moi**, the subject pronoun **nous** is used to summarize the compound (first example).

(f) **Moi non plus**, je n'ai jamais été très fort à l'école.
Lui seul pouvait penser à cela.

The disjunctive personal pronouns are used when a modifier separates the pronoun from the verb.

(g) Cette voiture est **à lui**, oui?
Est-ce que ce journal **est à vous**? — Non, il est **à eux**.
Cette montre est-elle **à toi** ou à Monique? — Elle est **à moi**.

The disjunctive personal pronouns are used after **être + à** to indicate ownership.

---

1. French normally cannot stress, as in English, by merely raising the voice.
2. When stressed, **il** is usually replaced by the disjunctive pronoun **lui; ils** is replaced by **eux**.

VINGT-DEUXIÈME LEÇON

EXERCICE E

Remplacez le sujet par **c'est** *ou* **ce sont** *et un pronom tonique:*

MODÈLE: La vendeuse m'a recommandé cela.
          C'est elle qui m'a recommandé cela.

1. Nicole va nous préparer un bon petit dîner.
2. Tu prendras les baguettes de pain avant de partir.
3. Nous vous y emmènerons plus tard.
4. Jean-Pierre est le meilleur en sciences.
5. Je l'appellerai ce soir au téléphone.
6. Christian et Michèle sont allés dans une discothèque.
7. Vous achèterez le vin.
8. Marie et son amie l'ont déjà vu.
9. Ma mère m'a donné cette recette.
10. Vous me conduirez à la gare?
11. Je dois te faire une confidence.
12. Paul a manqué son train.
13. Tu es sans emploi?
14. Nous apporterons les pâtisseries.
15. Julie et sa sœur m'aideront à le faire.

EXERCICE F *(Bande 22)*

Répondez aux questions suivantes en remplaçant les noms par des pronoms toniques:

MODÈLE: Avez-vous passé la soirée chez les Martin?
          Oui, j'ai passé la soirée chez eux.

1. As-tu fait des achats pour ta mère?
2. Est-elle revenue en France sans son mari?
3. Ont-ils dansé avec ces jeunes filles?
4. Est-ce qu'on se retrouve chez Paul?
5. Parle-t-elle souvent de ses amies?
6. Sont-ils rentrés avant leurs parents?
7. Est-ce qu'il a confiance en Nicole?
8. Voudriez-vous vous asseoir près de Pierre?
9. Penses-tu quelquefois à ton oncle?
10. Sont-ils debout derrière Marie-France?
11. Êtes-vous invitée chez les Vannier?
12. Vous a-t-il présenté à ses cousines?

EXERCICE G *(Bande 22)*

Répondez aux questions suivantes en employant des pronoms toniques:

MODÈLE: Êtes-vous allée au cinéma avec Robert?
          Oui, lui et moi, nous sommes allés au cinéma.

1. As-tu fait une longue promenade avec tes amies?
2. Viendront-elles à la soirée avec Jacques?
3. Jouaient-ils souvent au football avec Michel?
4. Iras-tu au concert avec Monique?
5. Partira-t-elle en vacances avec ses parents?
6. Pourriez-vous venir avec votre frère?
7. A-t-il dîné dans une auberge avec Laure?
8. As-tu décidé d'aller à la mer avec tes sœurs?
9. A-t-elle déjà pris le café avec Paul?
10. Voudriez-vous aller au théâtre avec les Girard?

99. Adjectifs numéraux ordinaux (Ordinal Numbers)

1st	**premier, première**		18th	**dix-huitième**
2nd	**second(e), deuxième**		19th	**dix-neuvième**
3rd	**troisième**		20th	**vingtième**
4th	**quatrième**		21st	**vingt et unième**
5th	**cinquième**		22nd	**vingt-deuxième**
6th	**sixième**		30th	**trentième**
7th	**septième**		31st	**trente et unième**
8th	**huitième**		40th	**quarantième**
9th	**neuvième**		50th	**cinquantième**
10th	**dixième**		60th	**soixantième**
11th	**onzième**		70th	**soixante-dixième**
12th	**douzième**		71st	**soixante et onzième**
13th	**treizième**		80th	**quatre-vingtième**
14th	**quatorzième**		81st	**quatre-vingt-unième**
15th	**quinzième**		90th	**quatre-vingt-dixième**
16th	**seizième**		100th	**centième**
17th	**dix-septième**		101st	**cent unième**

Note:

(1) **Premier** means *first* only. In compound numbers (twenty-first, thirty-first), **unième** is used.
(2) **Second(e)** is used in a series of two. In a series of more than two and in compounds, **deuxième** is used.
(3) Ordinal numbers in French are generally used as in English (except in dates and titles).

100. Fractions (Fractions)

³/₅ trois cinquièmes   ⁴/₇ quatre septièmes   ⁵/₈ cinq huitièmes

Fractions are formed as in English: the numerator is a cardinal number, the denominator an ordinal. Note these exceptional forms:

1/2	**un demi**	2/3	**deux tiers**
1/3	**un tiers**	3/4	**trois quarts**
1/4	**un quart**		

Note: **demi** is invariable when it precedes the noun it modifies and is linked to it by a hyphen. When used after a noun, it agrees with the noun in gender:

un demi-siècle	*a half-century*
une demi-heure	*half an hour*
une heure et demie	*an hour and a half; one-thirty*

101. Dates; Noms de souverains (Dates; Titles of Rulers)

(a) Cardinal numbers are used in French to indicate dates and numerical titles of rulers. The only exception is **premier**:

C'est aujourd'hui le premier mai (le 1ᵉʳ mai).   *Today is May 1st.*
le cinq avril (le 5 avril).
le quatre juillet (le 4 juillet).
le quinze décembre (le 15 décembre).
le douze février (le 12 février).

(b)
Napoléon Iᵉʳ	(Napoléon premier)	*Napoleon the First*
Henri IV	(Henri quatre)	*Henry the Fourth*
Louis XIV	(Louis quatorze)	*Louis the Fourteenth*
Charles VII	(Charles sept)	*Charles the Seventh*

Note: In dates, the English words "of" and "on" have no equivalent in French: **le quatorze juillet**   *on the 14th of July*

EXERCICE H

Répondez aux questions suivantes:

1. Quelle est la date de notre fête nationale?
2. Combien font un demi et un quart?
3. Nommez deux grands rois de France.
4. En quel siècle sommes-nous maintenant?
5. Quand votre mère est-elle née?
6. Quel est le premier (le cinquième, le huitième) mois de l'année?
7. Quel est le premier jour de la semaine en France? Et aux États-Unis?

8. Quel est le dernier jour de la semaine en France? Et aux États-Unis?
9. Nommez l'empereur français qui est mort à Sainte-Hélène.
10. Quel jour sommes-nous aujourd'hui?
11. A quelle page du *Figaro* y a-t-il tous les programmes?
12. Quelle est la date de votre anniversaire?

102. Verbe irrégulier «mourir» (Irregular verb «mourir» "to die")

PRÉSENT DE L'INDICATIF   PRÉSENT DU SUBJONCTIF

    je meurs   nous mourons   (que) je meure   nous mourions
    tu meurs   vous mourez   tu meures   vous mouriez
il (elle) meurt ils (elles) meurent   il (elle) meure ils (elles) meurent

IMPARFAIT   PASSÉ COMPOSÉ

    je mourais   je suis mort(e)
    tu mourais   tu es mort(e)
il (elle) mourait il (elle) est mort(e)
etc.   etc.

FUTUR   CONDITIONNEL   IMPÉRATIF

    je mourrai   je mourrais   meurs
    tu mourras   tu mourrais   mourez
il (elle) mourra il (elle) mourrait mourons
etc.   etc.

EXERCICE I

Répétez les phrases suivantes en employant les pronoms indiqués:

1. Je meurs d'envie d'aller au cinéma. (nous)
2. Si vous ne mangez pas bientôt, vous mourrez de faim. (tu)
3. Il faisait si chaud qu'elle mourait de soif. (elles)
4. Nous en sommes morts de peur. (elle)
5. Elles mourraient de chagrin de savoir cela. (il)
6. Te connaissant, il se peut que tu en meures de rire, toi aussi. (vous)
7. Il est né à Paris, mais il est mort à New York. (ils)
8. Sachez que vous mourrez tous un jour ou l'autre. (nous)

IV. COMPOSITION

A. *Dites, puis écrivez en français:*

1. Would you like to come to the movies with us, Paul?
2. Nicole and I are going to see *A Man and a Woman*. We read a review of that film and we're dying to see it.

VINGT-DEUXIÈME LEÇON

3. I've already seen it. It's a fine film. They say it's one of the best by Claude Lelouch.
4. That's true. It's excellent, and he's a very good director.
5. It's very difficult to find good films today.
6. Did you read the article in the *Figaro* on Louis XIV, the French king of the seventeenth century?
7. No, but Nicole told me she read it. She's the one who subscribes to that newspaper. She said that it's the best article that she has ever read.
8. I too found it very interesting.
9. They announce in today's paper that they're going to begin a new serial story on November 12.
10. I hope it will be as good as the last one. It's rare to find something so well written.
11. If you're still looking for a job, there are a lot of job offers under the heading "Classified Advertisements."
12. They're on the tenth and eleventh pages.

B. *Écrivez une composition dans laquelle vous parlerez de vos lectures et de vos distractions en général. Vous vous inspirerez du plan suivant:*

1. Vos devoirs *(homework)* sont terminés. Que faites-vous? Vous lisez le journal, un livre, une revue. . . Soudain, un coup de téléphone: votre meilleur(e) ami(e) vous invite à l'accompagner au cinéma. Vous ne pouvez pas résister, le film est si beau. Tout le monde en parle.
2. Vous allez donc au cinéma. Où? Est-ce loin? Votre conversation en cours de route.
3. Le spectacle commence. Vos réactions. Êtes-vous déçu(e)? Pourquoi? Comment sont les acteurs? Comment jouent-ils?
4. Vous rentrez chez vous, pensif (pensive). Demain il faut travailler. Il est temps d'aller dormir.
   En conclusion, donnez vos impressions sur le film que vous venez de voir.

V. DICTÉE

A tirer de la vingt-deuxième situation.

Plaisirs des sens

VINGTIÈME LECTURE

Raymond Devos, né en 1922, est un artiste de variétés. Sur scène, il dit d'une voix oppressée des monologues qu'il écrit lui-même et qui relatent toute l'absurdité de malentendus de conversation, de certaines situations quotidiennes en général.

Il faut dire que le problème de la circulation. . . ça ne s'arrange pas! Récemment, j'étais dans ma voiture. . .
J'arrive sur une place. . .
Je prends le sens giratoire. . .
Emporté par le mouvement, je fais un tour pour rien.
Je me dis: Ressaisissons-nous! Je vais prendre la première à droite.

    le malentendu misunderstanding
1 **la circulation (mouvement circulaire)** traffic
    s'arranger to improve

4 **giratoire** one way circular traffic
6 **ressaisissons-nous** let's pull ourselves together, let's not push the panic button

TROIS CENT SOIXANTE ET ONZE

Je vais pour prendre la première à droite: Sens interdit!
Je me dis: C'était à prévoir. . . Je vais prendre la deuxième!
Je vais pour prendre la deuxième: Sens interdit!
Je me dis: Bon! Je vais prendre la troisième.
Je vais pour prendre la troisième: Sens interdit!
Là, je me dis: "Ils exagèrent! Tant pis, je vais prendre la quatrième.
Je vais pour prendre la quatrième; Sens interdit!
Je me dis: Tiens?
Je refais un tour pour vérifier.
Quatre rues, quatre sens interdits!
J'appelle l'agent.
Je lui dis: Monsieur l'agent! Il n'y a que quatre rues et elles sont toutes les quatre en sens interdit!
Il me dit: Je sais. C'est une erreur.
Je lui dis: Alors. . . pour sortir?
Il me dit: Vous ne pouvez pas!
Je lui dis: Qu'est-ce que je vais faire?
Il me dit: Tournez avec les autres!
Je lui dis: ! ! Ils tournent depuis combien de temps?
Il me dit: Il y en a, ça fait plus d'un mois.
Je lui dis: ! ! Ils ne disent rien?
Il me dit: Que voulez-vous qu'ils disent? Ils ont l'essence. . . ils sont contents!
Je lui dis: Il n'y en a pas qui cherchent à s'évader?
Il me dit: Si! Mais ils sont tout de suite repris.
Je lui dis: Par qui?
Il me dit: Par la police. . . qui fait sa ronde. . . mais dans l'autre sens.
Je lui dis: Ça peut durer longtemps!
Il me dit: Jusqu'à ce qu'on supprime les sens.
Je lui dis: ! ! Si on supprime l'essence. . . il faudra remettre les bons.
Il me dit: Il n'y a plus de bons sens. . . uniques ou interdits! Allez, filez!
. . . Et tâchez de filer droit, sans ça, je vous aurai au tournant!
Alors, j'ai tourné. . . j'ai tourné. . .
A un moment, je roulais à côté d'un laitier. . .
Je lui dis: Dis-moi, laitier. . . ton lait va tourner?

7 **sens interdit!** (*literally,* direction forbidden) wrong way!
12 **tant pis** too bad, so much the worse
14 **tiens?** now what? what's going on?
35 **le bon** coupon, ration stamp
36 **bons sens** good sense, common sense
  filer to take off, go away
37 **tâcher** to try
  filer droit to go straight ahead, to behave
  sans ça otherwise
  je vous aurai au tournant I'll get you next time around, I'll get you yet
40 **ton lait va tourner** your milk will go around, your milk will get sour

Il me dit: T'en fais pas! Je fais mon beurre!

Ah, je me dis, celui-là, il a le moral!

Je lui dis: Dis-moi? Qu'est-ce que c'est que cette voiture noire là, qui ralentit tout?

Il me dit: C'est le corbillard. . . il tourne depuis quinze jours!

Je lui dis: Et la voiture blanche là, qui nous double tout le temps?

Il me dit: Ça, c'est l'ambulance!. . . Priorité!

Je lui dis: Il y a quelqu'un dedans?

Il me dit: Il y avait quelqu'un, oui!

Je lui dis: Où est-il maintenant?

Il me dit: Dans le corbillard!

Je me suis arrêté. . . j'ai appelé l'agent. . .

Je lui dis: Monsieur l'agent! Je vous prie de m'excuser mais. . . j'ai un malaise. . .

Il me dit: Si vous êtes malade, montez dans l'ambulance!

Raymond Devos: Ça n'a pas de sens
(© Éditions Denoël)

Questionnaire

1. Quel est le sujet de ce monologue?
2. Combien y a-t-il de personnages dans cette histoire?
3. Montrez les étapes de la progression du récit jusqu'à la réplique finale.
4. Relevez les divers types d'effets comiques. Essayez de les classer.
5. Que représente le pronom *ils*?
6. Quel est le rôle des phrases: «Je lui dis, il me dit»? Qui parle de la sorte?
7. Quelle est l'étymologie du mot *circulation*? Que pensez-vous de l'emploi de ce mot au début du monologue?
8. Quelles sortes de reproches les piétons et les conducteurs se font-ils en France? Et aux États-Unis?

---

41 je fais mon beurre I make my butter, I earn my living (I bring home the bacon)

45 le corbillard hearse

46 doubler to overtake

Bon Anniversaire!

VINGT-TROISIÈME
LEÇON

I. PRÉSENTATION

Conversation *(Bande 23)*

MICHEL ET PAUL: Bon anniversaire, Nicole! Bon anniversaire!
NICOLE: Quoi! Qu'est-ce que c'est? Quel anniversaire? Mon anniversaire à moi? Ça alors, je dois dire. . .je n'y songeais même pas!
MICHEL: Vous voyez. . .si nous n'avions pas été là, personne ne vous aurait souhaité votre anniversaire!
PAUL: Tenez, voici mon cadeau. Ouvrez-le!
MICHEL: Et voilà le mien.
NICOLE: Voyons, il ne fallait pas!. . .C'est de la folie! Lequel j'ouvre d'abord?

PAUL: Mon paquet est facile à ouvrir. . .ouvrons-le ensemble, il suffit de tirer sur le ruban.
NICOLE: Oh, Paul! Un flacon de parfum de chez Dior! Vous avez dû vous ruiner pour moi . . .
PAUL: Non, c'est un tout petit rien! Il vous plaît?
NICOLE: Et comment! J'adore *Miss Dior*. Si j'ouvrais le vôtre maintenant, Michel.
MICHEL: Vous ne devinerez jamais ce que c'est. . .
NICOLE: Un foulard de chez Hermès! J'aurais dû m'en douter vous connaissant!. . .Il est absolument splendide! Venez que je vous donne une bise à tous les deux. . .Merci mille fois! Vous m'avez gâtée!
MICHEL: Ce n'est pas fini! La fête continue. . .Que faites-vous ce soir, Nicole?
NICOLE: Rien de spécial. Je comptais me laver la tête. Pourquoi?
MICHEL: J'ai une idée. Si nous allions chez Philippe? Il donne une surprise-partie. On y va? Il nous a invités.
PAUL: Au fond, oui. J'avais pensé que nous pourrions aller au théâtre, mais votre idée est meilleure que la mienne.
NICOLE: C'est pour quelle heure?
MICHEL: On passera vous prendre à neuf heures pile.

Situation

Dans toutes les familles, il est de tradition de célébrer les anniversaires et les fêtes. Tout le monde apporte son cadeau à celle ou à celui dont on célèbre l'anniversaire de la naissance. Le parrain et la marraine sont parfois là. Comme la France est un pays catholique, au moment du baptême on donne à l'enfant le prénom d'un saint ou d'une sainte dont on célébrera la fête selon le calendrier. La Saint-Pierre est le 29 juin; la Saint-Michel, le 29 septembre; la Saint-Valentin, le 14 février: c'est aussi la fête de tous les amoureux. Consultez le calendrier et vous saurez le jour de votre fête. Il y a aussi des fêtes très particulières: le dernier dimanche de mai, c'est la Fête des mères et le troisième dimanche de juin, la Fête des pères.

VOCABULAIRE FONDAMENTAL

baptême *m.* baptism, christening
calendrier *m.* calendar
marraine *f.* godmother, sponsor (at baptism)
parrain *m.* godfather, sponsor (at baptism or confirmation)
prénom *m.* first name
tradition: de tradition traditional

Questionnaire

Répondez aux questions suivantes:

A. Questions sur les textes *(Bande 23)*

1. A qui Michel et Paul souhaitent-ils un bon anniversaire?
2. Est-ce que Nicole songeait à son anniversaire?
3. Si Michel et Paul n'avaient pas été là, est-ce qu'on lui aurait souhaité son anniversaire?
4. Que dit Paul en offrant son cadeau à Nicole?
5. Que dit Michel?
6. Pourquoi le paquet de Paul est-il facile à ouvrir?
7. Que contient le paquet de Paul?
8. Est-ce que le cadeau de Paul plaît à Nicole? Pourquoi?
9. Qu'est-ce que Michel a offert à Nicole?
10. Comment Nicole trouve-t-elle son foulard?
11. Que va-t-elle leur donner à tous les deux?
12. Qu'est-ce que Nicole comptait faire ce soir?
13. Qu'est-ce que Philippe donne ce soir?
14. Où Paul pensait-il aller avec Michel et Nicole?
15. Que pense Paul de l'idée de Michel?
16. A quelle heure Michel et Paul passeront-ils prendre Nicole?

B. Questions générales

1. Quelles sont les fêtes que l'on célèbre en famille?
2. Avez-vous un parrain et une marraine? Si oui, comment s'appellent-ils?
3. Quand est la Saint-Valentin? De qui est-ce la fête?
4. Quand est votre anniversaire?
5. Quel est le jour de votre fête?
6. Quand célèbre-t-on la Fête des mères en France?
7. Quand célèbre-t-on la Fête des pères?

Dialogue

Demandez à un(e) étudiant(e):

1. la date de son anniversaire.
2. quel âge il (elle) a.
3. ce que ses parents ou ses amis font pour son anniversaire.
4. ce qu'il (elle) reçoit généralement pour son anniversaire.
5. ce qu'il (elle) aimerait recevoir cette année pour son anniversaire.
6. ce qu'il (elle) compte offrir pour l'anniversaire de son (sa) meilleur(e) ami(e).
7. s'il (si elle) aime aller à des surprise-parties. Pourquoi?
8. quelles danses il (elle) préfère.

II. EXPRESSIONS A RETENIR

à neuf heures pile	at nine o'clock on the dot
au fond	when you get down to it, really, after all
célébrer l'anniversaire (la fête) de quelqu'un	to celebrate someone's birthday (name day)
c'est un tout petit rien	it's a trifle
donner une bise à quelqu'un	to give someone a little kiss on the cheek
passer prendre quelqu'un	to pass by to pick up someone
se laver la tête	to wash one's hair
souhaiter l'anniversaire à quelqu'un	to wish someone a happy birthday

III. GRAMMAIRE ET EXERCICES

103. Plus-que-parfait (Pluperfect)

(a) Forms

>   j' avais parlé   *I had spoken*
>   tu avais parlé
>   il (elle) avait parlé
>   nous avions parlé
>   vous aviez parlé
> ils (elles) avaient parlé

>   j' étais allé(e)   *I had gone*
>   tu étais allé(e)
>   il (elle) était allé(e)
>   nous étions allé(e)s
>   vous étiez allé(e), allé(e)s
> ils (elles) étaient allé(e)s

The pluperfect consists of the imperfect of **avoir** or **être** plus past participle of the main verb.

(b) Uses

> J'**avais pensé** que nous pourrions aller au théâtre.
> Paul lui **avait donné** un flacon de parfum.
> Il n'**avait** même pas **songé** à cela.
> Nicole **était venue** me souhaiter mon anniversaire.
> Tu **étais** déjà **sorti** quand je t'ai téléphoné.

The French pluperfect is equivalent to the English pluperfect. It is used to express what *had happened* (an action or state in the past which took place before another past action).

Note:

(1) Verbs requiring the auxiliary **être** in the **passé composé** also require **être** in the pluperfect and other compound tenses.
(2) In idiomatic expressions indicating *how long something had been going on,* an English pluperfect is equivalent to a French imperfect (see Section 55 b): Mes parents **habitaient** cet immeuble depuis vingt ans.

EXERCICE A   (Bande 23)

Refaites les phrases suivantes selon le modèle:

MODÈLE: Je lis le magazine que tu m'as acheté.
          J'ai lu le magazine que tu m'avais acheté.

1. Il dit qu'il l'a déjà vu.
2. Elle prétend qu'elle ne s'est pas du tout amusée.
3. Nous montrons les photos que nous avons prises.
4. Ils affirment qu'ils ne l'ont pas fait.
5. Je lui explique que je ne suis pas sorti ce jour-là.
6. Elle annonce qu'elle a eu un accident.
7. Comment sais-tu qu'il a déménagé?
8. Ils se dépêchent d'aller à l'endroit que tu leur as indiqué.
9. Il répète qu'il a oublié de me le dire.
10. Elle répond qu'elle a garé sa voiture devant l'hôtel.

104. Conditionnel passé (Past Conditional)

j'	aurais parlé	*I would have spoken*
tu	aurais parlé	
il (elle)	aurait parlé	
nous	aurions parlé	
vous	auriez parlé	
ils (elles)	auraient parlé	

je	serais allé(e)	*I would have gone*
tu	serais allé(e)	
il (elle)	serait allé(e)	
nous	serions allé(e)s	
vous	seriez allé(e), allé(e)s	
ils (elles)	seraient allé(e)s	

The past conditional consists of the conditional of **avoir** or **être** plus past participle of the main verb.

105. Emplois du conditionnel passé (Uses of the Past Conditional)

(a) Nous **aurions préféré** ne pas sortir ce soir.
Vous n'**auriez** jamais **deviné** ce que c'était.
J'**aurais dû** m'en douter vous connaissant!
Elle m'a dit que de toute façon elle **serait venue** avec nous.

The past conditional is generally used as in English.

(b) Si nous n'**avions** pas **été** là, personne ne vous **aurait souhaité** votre anniversaire.
Qu'**aurais**-tu **fait** si tu **avais été** à ma place?
Si elle s'**était levée** plus tôt, elle **serait arrivée** à l'heure.
Si je n'**avais** pas **eu** tant de travail, j'**aurais accepté** volontiers.

The past conditional is used in the result clause of a conditional sentence; the **si** (if)-clause is in the pluperfect.

Note: The past conditional is also used in a clause beginning with **si** meaning *whether:*

Il ne sait pas s'il **aurait réussi.**
He does not know whether he would have succeeded.

EXERCICE B

Mettez les phrases suivantes au conditionnel passé:

MODÈLE: Je serais très content(e) de vous accompagner.
J'aurais été très content(e) de vous accompagner.

1. Je ne voudrais pas vous décevoir.
2. Que feriez-vous sans moi, Paul?
3. Tu devrais lui en parler.
4. Il ne me le vendrait pas à ce prix-là.
5. Nous ne vous laisserions pas partir sans voir cela.
6. Elle n'aurait jamais le courage de le faire.
7. A votre place, je n'irais pas.
8. Ils ne pourraient pas agir autrement.
9. Elles ne sortiraient pas sans me téléphoner.
10. Je préférerais rester chez moi ce soir.
11. Sauriez-vous le réparer?
12. Il aimerait recevoir beaucoup de cadeaux pour son anniversaire.

EXERCICE C

Changez les phrases suivantes en remplaçant l'imparfait et le conditionnel par le plus-que-parfait et le conditionnel passé:

MODÈLE: Si elle me le disait, je le croirais.
          Si elle me l'avait dit, je l'aurais cru.

1. Si elle me le demandait, je l'apporterais.
2. S'il neigeait, nous remettrions notre voyage.
3. Si vous consultiez les programmes, vous sauriez ce qui se joue.
4. Si tu faisais attention, tu ferais moins de fautes.
5. Si nous ne sortions pas, nous regarderions un peu de télévision.
6. S'ils étudiaient, ils réussiraient à leurs examens.
7. Si j'étais riche, j'achèterais un château.
8. Si elle le savait, elle me le dirait.
9. Si vous veniez plus tôt, nous pourrions faire une promenade.
10. S'il me donnait son adresse, je lui écrirais.
11. S'ils voulaient trouver une situation, ils liraient les petites annonces.
12. Si nous avions plus d'argent, nous partirions en voyage.
13. Si vous m'aidiez, je finirais plus vite.
14. S'il faisait chaud, nous irions nous baigner.
15. Si tu téléphonais à Nicole, elle accepterait volontiers votre invitation.

EXERCICE D   *(Bande 23)*

Transformez les phrases suivantes selon le modèle:

MODÈLE: Il avait fait mauvais. Je n'étais pas sorti.
          S'il avait fait mauvais, je ne serais pas sorti.

1. Elles avaient voulu me parler. Elles m'avaient téléphoné.
2. Il avait plu. J'avais mis mon imperméable.
3. Tu avais été prêt. Nous étions partis immédiatement.
4. Ils étaient venus avec nous. Ils s'étaient bien amusés.
5. Vous ne m'aviez pas dit ce que c'était. Je ne l'avais jamais deviné.
6. Elle s'était dépêchée. Elle était arrivée à l'heure.
7. Nous étions rentrés tard. Nous avions pris un taxi.
8. Elles les avaient vus. Elles leur avaient tout raconté.
9. Tu avais changé d'avis. Nous avions pu voyager ensemble.
10. Il s'était arrêté à un poste d'essence. Il avait fait le plein.
11. Elle était restée chez elle. J'étais allé la voir.
12. Vous y étiez allé hier. On vous avait donné de meilleures places.

106. Pronom possessif (Possessive Pronoun)

(a)

SINGULIER	PLURIEL	
le mien la mienne	les miens les miennes	*mine*
le tien la tienne	les tiens les tiennes	*yours*
le sien la sienne	les siens les siennes	*his, hers, its*
le nôtre la nôtre	les nôtres	*ours*
le vôtre la vôtre	les vôtres	*yours*
le leur la leur	les leurs	*theirs*

Note:

(1) The definite articles **le** and **les** combine with **à** and **de**: **au mien, aux siens, du sien, des miennes.**

(2) The definite article is part of the pronoun and may not be omitted.

(b) **Votre idée** est meilleure que **la mienne.**
Mon paquet est plus facile à ouvrir que **le vôtre.**
Je vais apporter **mes robes** et **les tiennes** à nettoyer.
Nous avons appelé **nos parents** et ils ont téléphoné **aux leurs.**

The possessive pronoun, like the possessive adjective, agrees in gender and number with what is possessed.[1]

EXERCICE E *(Bande 23)*

Répondez aux questions suivantes selon le modèle:

MODÈLE: J'ai terminé mes études.   (Et Claude?)
          Il a terminé les siennes.

---

1. After the verb **être,** possession is normally expressed by **à** plus disjunctive pronoun:

   Est-ce que ce stylo est **à vous?**
   Cette voiture est à lui.

   The possessive pronoun after the verb **être** emphasizes distinction of ownership:

   Cette radio-ci est **la sienne.** *This radio is his* [not anyone else's].

1. Vous avez rempli votre carte.   (Et Jean-Pierre?)
2. Il étudiera pour son examen.   (Et nous?)
3. Nous sommes allées faire nos provisions.   (Et elles?)
4. Ils ont monté leurs bagages.   (Et toi?)
5. Tu m'as présenté à ton frère.   (Et Nicole?)
6. Il ira en vacances avec ses amis.   (Et nous?)
7. Elle a écrit sa composition.   (Et vous?)
8. Je lui ai parlé de mes cours.   (Et eux?)
9. Tu as fini tous tes devoirs.   (Et lui?)
10. Elles obéissent à leurs professeurs.   (Et nous?)
11. Il a mis son imperméable.   (Et vous?)
12. J'ai téléphoné à ma mère.   (Et elle?)
13. Nous sommes contents de notre appartement.   (Et Marie?)
14. Paul a sa clé.   (Et toi?)
15. Je leur ai indiqué mes impressions.   (Et Brigitte?)

EXERCICE F

Répétez les phrases suivantes en remplaçant le nom par le pronom possessif:

MODÈLE: Je n'ai pas encore étudié mes leçons.
             Je n'ai pas encore étudié les miennes.

1. Elle a oublié son stylo chez elle.
2. J'ai l'intention de faire ma licence à Paris.
3. Où mettras-tu tes provisions?
4. Avez-vous vendu votre maison?
5. Elles ont envoyé presque toutes leurs lettres par avion.
6. Nous avons préparé nos exercices.
7. Mon paquet est très facile à ouvrir.
8. Il m'a donné son adresse et je lui ai donné mon adresse.
9. Comment préfères-tu ta viande?
10. Leurs cours sont plus difficiles que nos cours.
11. Voudriez-vous goûter mes gâteaux?
12. Il faut que tu ailles chercher ton billet.
13. Nicole ne songeait même pas à son anniversaire.
14. Que pensez-vous de mes photos?

107. Verbe irrégulier «ouvrir» (Irregular Verb «ouvrir» "to open")

PRÉSENT DE L'INDICATIF

j' ouvre   nous ouvrons
tu ouvres   vous ouvrez
il (elle) ouvre   ils (elles) ouvrent

PRÉSENT DU SUBJONCTIF

(que) j' ouvre   nous ouvrions
      tu ouvres   vous ouvriez
      il (elle) ouvre   ils (elles) ouvrent

IMPARFAIT   PASSÉ COMPOSÉ

   j' ouvrais   j' ai ouvert
   tu ouvrais   tu as ouvert
   il (elle) ouvrait   il (elle) a ouvert
   etc.   etc.

FUTUR   CONDITIONNEL   IMPÉRATIF

   j' ouvrirai   j' ouvrirais   ouvre
   tu ouvriras   tu ouvrirais   ouvrez
   il (elle) ouvrira   il (elle) ouvrirait ouvrons
   etc.   etc.

The following verbs are conjugated like **ouvrir: couvrir** *to cover;* **découvrir** *to discover, uncover;* **offrir** *to offer;* **souffrir** *to suffer.*

EXERCICE G

Répétez les phrases suivantes en employant les pronoms indiqués:

1. Lequel ouvre-t-elle d'abord? (ils)
2. Ne soyez pas impatient, j'ouvrirai aussi le vôtre. (il)
3. S'il avait reçu le paquet, il l'aurait ouvert. (elles)
4. Est-ce que vous souffrez beaucoup? (tu)
5. J'offrais souvent de la reconduire chez elle. (ils)
6. A moins que tu ne l'ouvres, tu ne devineras jamais ce que c'est. (vous)
7. Aussitôt qu'elles découvriront l'erreur, elles la corrigeront. (elle)
8. S'il faisait froid, je n'ouvrirais pas les fenêtres. (nous)
9. Nous n'avons pas ouvert un seul livre. (je)
10. Je m'étonne qu'ils ne vous aient pas offert de cadeau pour votre anniversaire. (il)

IV. COMPOSITION

A. *Dites, puis écrivez en français:*

1. If you had told us that you were studying for your examinations, we would not have disturbed (**déranger**) you.
2. We wanted to wish you a happy birthday and (to) give you our gifts.
3. I must say that if you hadn't come, I would not even have thought of it.

4. I'm so glad we came, Michel. You see, if we hadn't been here, no one would have wished her a happy birthday.
5. We had thought that you would have liked to celebrate your birthday with us.
6. I would have been very happy to celebrate it with you, but you should have asked me sooner.
7. Had I known, I would have begun to study yesterday.
8. Paul is also studying for his examinations. His are oral. Are yours oral, too?
9. Mine are written but I'm sure they're going to be difficult.
10. Don't worry, yours will probably be easy.
11. Here is my gift. And there's mine. Let's open them!
12. Which one do I open first, his or yours?
13. Mine, it's easier to open. You'll never guess what it is.
14. Paul has sent you this gift. He had hoped that he could have brought it to you.

B. *Décrivez, sous forme de composition, la soirée ou surprise-partie organisée à l'occasion de l'anniversaire de votre meilleur(e) ami(e).*

1. Vous avez été invité(e) à la soirée (ou surprise-partie) donnée à l'occasion de l'anniversaire de votre ami(e). Quel jour est-ce? Quels vêtements choisissez-vous? Quels cadeaux apportez-vous?
2. Vous arrivez chez votre ami(e): tout le monde est là, parents et amis. Que font-ils? Que disent-ils? Vous offrez votre cadeau. Quels sont les cadeaux déjà reçus par votre ami(e)?
3. Dans un coin de la pièce il y a une table. C'est le buffet. Que mangez-vous? Que buvez-vous?
4. On tire le tapis *(They roll up the rug)*. On pousse les chaises et les tables. On apporte le pick-up *(record player)*. On danse. Avec qui dansez-vous? Que dansez-vous?

A minuit, tout le monde se sépare. En conclusion, vous pouvez parler des joies que vous avez éprouvées et aussi de vos regrets.

V. DICTÉE

A tirer de la vingt-troisième situation.

« Il n'y a que la prose ou les vers »

VINGT ET UNIÈME LECTURE

«Le Bourgeois gentilhomme» (1670) est une comédie-ballet en trois actes et en prose écrite par Molière (1622–1673), en collaboration avec Lulli pour la musique. L'intrigue est bâtie sur le thème satirique du bourgeois enrichi qui veut jouer à «l'homme de qualité» et qui se ridiculise.

    Monsieur Jourdain: . . .Il faut que je vous fasse une confidence. Je suis amoureux d'une personne de grande qualité, et je souhaiterais que vous m'aidassiez à lui écrire quelque chose dans un petit billet que je veux laisser tomber à ses pieds.

2 que vous m'aidassiez: que vous m'aidiez   3 billet: note

Maître de Philosophie: Fort bien.

Monsieur Jourdain: Cela sera galant, oui.

Maître de Philosophie: Sans doute. Sont-ce des vers que vous lui voulez écrire?

Monsieur Jourdain: Non, non, point de vers.

Maître de Philosophie: Vous ne voulez que de la prose?

Monsieur Jourdain: Non, je ne veux ni prose ni vers.

Maître de Philosophie: Il faut bien que ce soit l'un ou l'autre.

Monsieur Jourdain: Pourquoi?

Maître de Philosophie: Par la raison, Monsieur, qu'il n'y a pour s'exprimer que la prose ou les vers.

Monsieur Jourdain: Il n'y a que la prose ou les vers?

Maître de Philosophie: Non, Monsieur: tout ce qui n'est point prose est vers; et tout ce qui n'est point vers est prose.

Monsieur Jourdain: Et comme l'on parle, qu'est-ce que c'est donc que cela?

Maître de Philosophie: De la prose.

Monsieur Jourdain: Quoi? Quand je dis: «Nicole, apportez-moi mes pantoufles et me donnez mon bonnet de nuit», c'est de la prose?

Maître de Philosophie: Oui, Monsieur.

Monsieur Jourdain: Par ma foi! il y a plus de quarante ans que je dis de la prose sans que j'en susse rien, et je vous suis le plus obligé du monde de m'avoir appris cela. Je voudrais donc lui mettre dans un billet: Belle marquise, vos beaux yeux me font mourir d'amour; mais je voudrais que cela fût mis d'une manière galante, que cela fût tourné gentiment.

Maître de Philosophie: Mettre que les feux de ses yeux réduisent votre cœur en cendres; que vous souffrez nuit et jour pour elle les violences d'un. . .

Monsieur Jourdain: Non, non, non, je ne veux point tout cela; je ne veux que ce que je vous ai dit: Belle marquise, vos beaux yeux me font mourir d'amour.

Maître de Philosophie: Il faut bien étendre un peu la chose.

Monsieur Jourdain: Non, vous dis-je, je ne veux que ces seules paroles-là dans le billet; mais tournées à la mode, bien arrangées comme il faut. Je vous prie de me dire un peu, pour voir, les diverses manières dont on les peut mettre?

Maître de Philosophie: On les peut mettre premièrement comme vous avez dit: Belle marquise, vos beaux yeux me font mourir d'amour. Ou bien: D'amour mourir me font, belle marquise, vos beaux yeux. Ou bien: Vos yeux beaux

---

7 que vous lui voulez écrire: que vous voulez lui écrire
22 pantoufles *f.* slippers
   bonnet de nuit *m.* night cap
25 sans que je n'en susse rien: sans que je n'en sache rien
27 je voudrais que cela fût mis: je voudrais que cela soit mis
28 que cela fût tourné
30 cendres *f.* ashes
33 étendre to add on
37 on les peut mettre: on peut les mettre

d'amour me font, belle marquise, mourir. Ou bien: Mourir vos beaux yeux, belle marquise, d'amour me font. Ou bien: Me font vos beaux yeux mourir, belle marquise, d'amour.

Monsieur Jourdain: Mais de toutes ces façons-là, laquelle est la meilleure?

Maître de Philosophie: Celle que vous avez dite: Belle marquise, vos beaux yeux me font mourir d'amour.

Monsieur Jourdain: Cependant, je n'ai point étudié, et j'ai fait cela tout du premier coup. Je vous remercie de tout mon cœur, et vous prie de venir demain matin de bonne heure.

Molière: Le Bourgeois gentilhomme, Acte II, Scène IV

Questionnaire

1. A qui s'adresse Monsieur Jourdain?
2. De qui est-il amoureux?
3. Que demande-t-il au Maître de Philosophie?
4. Monsieur Jourdain veut-il écrire des vers ou de la prose à la marquise?
5. Quelle découverte fait-il soudainement?
6. Que souhaite-t-il écrire à la belle marquise?
7. Quels mots d'amour le Maître de Philosophie suggère-t-il à Monsieur Jourdain? Qu'en pense le bourgeois gentilhomme?
8. Quelles sont les diverses manières dont on peut mettre «Belle marquise, vos beaux yeux me font mourir d'amour».
9. Et de toutes ces façons-là, laquelle est la meilleure?
10. Quelle autre découverte fait finalement Monsieur Jourdain?
11. Comment exprime-t-il son contentement à l'égard du Maître de Philosophie?
12. Sur quoi repose le comique dans cette scène? Donnez des exemples précis.

46 du premier coup at the first try

Fêtes et traditions

VINGT-QUATRIÈME LEÇON

I. PRÉSENTATION

Conversation *(Bande 24)*

Paul: Quelles sont les fêtes légales qui sont célébrées en France, Nicole?
Nicole: Il y en a beaucoup. Certaines sont d'origine civile, d'autres sont religieuses. Par exemple, le Premier Janvier ou le Jour de l'An.
Paul: Que fait-on? Qu'est-ce qu'on se souhaite?
Nicole: On se souhaite une bonne et heureuse année. Des étrennes sont offertes au facteur, à la concierge. Ensuite, il y a Pâques.
Paul: Qui célèbre Pâques?
Nicole: Pâques est célébré par tous les Chrétiens. C'est une grande fête qui dure deux jours. Des œufs en chocolat sont offerts aux enfants. Ensuite il y a le Premier Mai.

1978

	Janvier	Février	Mars
Lundi	2 9 16 23 30	6 13 20 27	6 13 20 ㉗
Mardi	3 10 17 24 31	⑦ 14 21 28	7 14 21 28
Mercredi	4 11 18 25	1 ⑧ 15 22	1 8 15 22 29
Jeudi	5 12 19 26	2 9 16 23	2 9 16 23 30
Vendredi	6 13 20 27	3 10 17 24	3 10 17 24 31
Samedi	7 14 21 28	4 11 18 25	4 11 18 25
Dimanche	① 8 15 22 29	5 12 19 26	5 12 19 ㉖

	Avril	Mai	Juin
Lundi	3 10 17 24	① ⑧ ⑮ 22 29	5 12 19 26
Mardi	4 11 18 25	2 9 16 23 30	6 13 20 27
Mercredi	5 12 19 26	3 10 17 24 31	7 14 21 28
Jeudi	6 13 20 27	④ 11 18 25	1 8 15 22 29
Vendredi	7 14 21 28	5 12 19 26	2 9 16 23 30
Samedi	1 8 15 22 29	6 13 20 27	3 10 17 24
Dimanche	2 9 16 23 30	7 ⑭ 21 ㉘	4 11 ⑱ 25

	Juillet	Août	Septembre
Lundi	3 10 17 24 31	7 14 21 28	4 11 18 25
Mardi	4 11 18 25	1 8 ⑮ 22 29	5 12 19 26
Mercredi	5 12 19 26	2 9 16 23 30	6 13 20 27
Jeudi	6 13 20 27	3 10 17 24 31	7 14 21 28
Vendredi	7 ⑭ 21 28	4 11 18 25	1 8 15 22 29
Samedi	1 8 15 22 29	5 12 19 26	2 9 16 23 30
Dimanche	2 9 16 23 30	6 13 20 27	3 10 17 24

	Octobre	Novembre	Décembre
Lundi	2 9 16 23 30	6 13 20 27	4 11 18 ㉕
Mardi	3 10 17 24 31	7 14 21 28	5 12 19 26
Mercredi	4 11 18 25	① 8 15 22 29	6 13 20 27
Jeudi	5 12 19 26	2 9 16 23 30	7 14 21 28
Vendredi	6 13 20 27	3 10 17 24	1 8 15 22 29
Samedi	7 14 21 28	4 ⑪ 18 25	2 9 16 23 30
Dimanche	1 8 15 22 29	5 12 19 26	3 10 17 24 31

FÊTES LÉGALES ET MOBILES EN FRANCE

1er Janvier	Jour de l'An	15 Mai	Lundi de Pentecôte
7 Février	Mardi gras	28 Mai	Fête des Mères
8 Février	Cendres	18 Juin	Fête des Pères
26 Mars	Pâques	14 Juillet	Fête Nationale
27 Mars	Lundi de Pâques	15 Août	Assomption
1er Mai	Fête du Travail	1er Novembre	Toussaint
4 Mai	Ascension	11 Novembre	Armistice 1918
8 Mai	Victoire 1945	25 Decembre	Noël
14 Mai	Pentecôte-Fête J. d'Arc		

PAUL: Qu'est-ce qui se passe ce jour-là?
NICOLE: C'est la Fête du travail et aussi la Fête du muguet. On envoie un brin de muguet à celle ou à celui que l'on aime.
PAUL: Puis, vous avez l'Ascension, le sixième jeudi après Pâques et la Pentecôte, le septième dimanche et lundi après Pâques. . .
NICOLE: Oui. Pour ces fêtes de printemps, on voit tous les Français sur les routes. Attention aux embouteillages!
PAUL: Et le Quatorze Juillet?
NICOLE: C'est le jour de la Fête nationale. Tout le monde s'emploie à décorer ses fenêtres de drapeaux. De grands bals sont organisés après le feu d'artifice traditionnel. Et, au mois d'août, vous avez l'Assomption.
PAUL: C'est une grande fête en France?
NICOLE: Très. Tout est fermé. C'est la fête de la Vierge et toutes les Marie. En automne, vous avez la Toussaint qui est le 1er novembre. Le lendemain c'est le «Jour des Morts». Ce jour-là, nous voyons les Français fleurir de chrysanthèmes les tombes de leurs morts. Puis après le 11 novembre, anniversaire de l'Armistice, il y a Noël.
PAUL: Qui est-ce qui célèbre Noël? Et comment?
NICOLE: Tout le monde. Dans la nuit du 24 au 25, c'est la Messe de Minuit qui est suivie du Réveillon. Les enfants ont envoyé leur lettre au Père Noël et mis devant la cheminée les chaussures dans lesquelles il mettra ses cadeaux pendant la nuit.

Situation

En France, les fêtes légales sont des jours fériés: ce sont des jours chômés. On ne travaille pas. S'ils tombent un mardi ou un vendredi, on ne travaille pas non plus. On dit qu'on «fait le pont» quand ces jours chômés tombent un lundi ou un samedi. Le week-end commence toujours le samedi à midi.

A côté des fêtes familiales et des fêtes légales, il y a aussi les fêtes de village et les fêtes foraines: on les appelle des foires. Chaque ville, chaque village a son jour de fête, sa foire. Ce jour-là, des manèges s'installent sur la place du village ou de la ville, ou sur le Champ de Foire. Il se peut qu'un cirque offre son spectacle. La Foire de Paris a toujours lieu au cours de la première quinzaine de mai. Il y a aussi de grandes fêtes populaires, telle que la Foire du Trône qui dure deux mois, à partir du Dimanche des Rameaux, le premier dimanche avant Pâques, et qui se tient au Bois de Vincennes.

VOCABULAIRE FONDAMENTAL
au cours de during
avoir lieu to take place
Champ de Foire m. fairground

chômé nonworking
durer to last
foire *f.* fair, carnival
forain fun, outlandish
manège *m.* ride, merry-go-round

Questionnaire

Répondez aux questions suivantes:

A. Questions sur les textes *(Bande 24)*

1. Quelles sont les fêtes légales qui sont célébrées en France?
2. Qu'est-ce qu'on se souhaite le Jour de l'An?
3. Qu'est-ce qui est offert au facteur et à la concierge?
4. Qui célèbre Pâques?
5. Combien de temps dure Pâques?
6. Qu'est-ce qui est offert aux enfants?
7. Qu'est-ce que le Premier Mai?
8. A qui envoie-t-on un brin de muguet?
9. Quelles sont les deux grandes fêtes de printemps?
10. Qu'est-ce que le Quatorze Juillet?
11. A quoi s'emploient tous les Français?
12. Qu'est-ce qui est organisé ce jour-là?
13. Quelle est la grande fête de l'été?
14. Que font les Français pour la Toussaint et le Jour des Morts?
15. Qu'est-ce que le 11 novembre?
16. Comment célèbre-t-on Noël en France?

B. Questions générales:

1. Qu'est-ce qu'un jour férié?
2. Que signifie l'expression «faire le pont»?
3. Que se passe-t-il le jour de la fête d'un village ou d'une ville?
4. Quand a lieu la Foire de Paris?
5. Où se tient la Foire du Trône?
6. Quelles sont les grandes fêtes légales américaines?
7. Existe-t-il des foires aux États-Unis? Nommez-en quelques-unes.
8. Quelle est votre fête préférée?

Dialogue

Demandez à un(e) étudiant(e):

1. ce qu'est un jour chômé.
2. ce qui se passe quand un jour chômé tombe un lundi ou un samedi.
3. quand commence le week-end en France.

4. quand commence le week-end aux États-Unis.
5. si elle (s'il) aime les fêtes foraines. Pourquoi ou pourquoi pas?
6. si elle (s'il) aime aller au cirque.
7. de nommer quelques-uns des grands cirques de réputation mondiale.
8. de nommer les fêtes religieuses les plus importantes en Amérique.
9. quelles sont les principales fêtes légales américaines.
10. quelle est celle que vous préférez. Pourquoi?

II. EXPRESSIONS A RETENIR

attention aux embouteillages!	watch out for traffic jams! watch out for bottlenecks!
faire le pont	to have a long weekend (three or four days)
offrir un cadeau (des étrennes) à quelqu'un	to give (offer) someone a gift (New Year's presents)
par exemple	for example, for instance
qu'est-ce qui se passe?	what's happening? what's going on?
souhaiter une bonne et heureuse année à quelqu'un	to wish someone a happy New Year

III. GRAMMAIRE ET EXERCICES

108. Voix passive (Passive Voice)

A verb is in the passive voice when the subject, instead of performing the action, receives the action of the verb:

ACTIVE: **La municipalité organise** un bal.
PASSIVE: **Un bal est organisé** par la municipalité.

The passive in French consists of a form of **être** plus past participle. The past participle agrees in gender and number with the subject. The agent (doer of the action) is usually introduced by **par**:

Les étrennes sont offertes par les parents.
The New Year's gifts are offered by parents.
Les fêtes légales sont-elles célébrées par tout le monde?
Are the legal holidays celebrated by everyone?
Ce poème a été écrit par Francis Jammes.
This poem was written by Francis Jammes.

Note:

(1) **De** is preferred before the agent when the verb expresses a mental, emotional, or habitual relationship:

Cet homme est aimé de tous.
That man is loved by all.
Elle est estimée de tous ses amis.
She is esteemed by all her friends.
Elles étaient accompagnées de leurs parents.
They were accompanied by their parents.

(2) French tends to avoid the passive in favor of an active construction, especially when the agent is not expressed. **On** plus active verb or a reflexive construction is usually substituted for the passive:

On envoie un brin de muguet à celle que l'on aime.
A sprig of lily of the valley is sent to the one you love.
Ici **on parle** français.
French is spoken here.
On organise des bals sur toutes les places publiques.
Balls are [organised] held on all the public squares.
Cela ne se dit pas en anglais.
That isn't said in English.
Ces produits se vendent partout.
These products are sold everywhere.

EXERCICE A

Mettez les phrases suivantes à la voix passive:

MODÈLES: Michel a écrit cette lettre.
Cette lettre a été écrite par Michel.

Tout le monde aime Nicole.
Nicole est aimée de tout le monde.

1. Tous les chrétiens célèbrent Pâques.
2. Les municipalités organisent des bals.
3. La concierge a invité Michèle.
4. Toutes ses amies l'admirent.
5. Philippe a emmené Jacqueline au théâtre.
6. Olivier a fait cette leçon.
7. Mes amis réserveront des places.
8. Les enfants ont offert des étrennes au facteur.
9. Les Français fleurissent toujours les tombes de leurs morts.
10. Le réveillon suit la Messe de Minuit.

EXERCICE B (Bande 24)

Mettez les phrases suivantes à la voix active:

MODÈLE: Le réveillon sera servi à minuit.
          On servira le réveillon à minuit.

1. Le poème a été lu en classe.
2. Cette pièce sera offerte la semaine prochaine.
3. Des étrennes étaient toujours offertes aux enfants.
4. Des œufs en chocolat sont donnés à Pâques.
5. Un brin de muguet est envoyé à celui ou à celle que l'on aime.
6. De grands bals sont organisés après les feux d'artifice.
7. En France les magasins sont fermés entre midi et quatorze heures.
8. Les chaussures sont mises devant la cheminée.
9. L'éducation sera mise à la portée de tous.
10. Elle avait été invitée à une grande soirée.

EXERCICE C (Bande 24)

Transformez les phrases suivantes selon le modèle:

MODÈLE: On ne dit pas cela en français.
          Cela ne se dit pas en français.

1. On ne voit cela qu'en France.
2. On ne fait jamais cela.
3. On ne dit cela qu'en anglais.
4. On prononce les voyelles de cette façon.
5. On boit du vin rouge avec la viande rouge.
6. On prend du vin blanc sec avec le poisson.
7. On trouve les meilleurs parfums en France.
8. On peut préparer ce repas en peu de temps.

109. Pronoms interrogatifs (Interrogative Pronouns)

(a) **Qui? (Qui est-ce qui?**[1]**)** and **Qu'est-ce qui?**

1. **Qui (Qui est-ce qui)** célèbre Noël?
   Qui (Qui est-ce qui) est l'auteur?
   Qui (Qui est-ce qui) a souhaité la bonne année à Nicole?
   Qui (Qui est-ce qui) a reçu un bouquet de fleurs?

   Qui? or **Qui est-ce qui?** *(Who?)* is used as the subject of a verb and refers to persons.

---

1. The long forms of interrogative pronouns are more emphatic than the short forms.

Note: The interrogative subject pronoun **qui?** remains masculine singular whether it refers to a singular or plural noun of either gender. The verb that follows is always in the third person singular (except for forms of **être** plus plural predicate noun or pronoun). In compound tenses, the past participle is always masculine singular:

Elles dansaient quand nous sommes arrivés.
Qui dansait quand nous sommes arrivés?

Les jeunes gens ont donné un brin de muguet aux jeunes filles.
Qui a donné un brin de muguet aux jeunes filles?

But

Qui sont ces jeunes gens?

2. **Qu'est-ce qui** est arrivé?
Qu'est-ce qui se passé?
Qu'est-ce qui vous effraie?
Qu'est-ce qui vous ennuie?

Qu'est-ce qui? *(What?)* is used as the subject of a verb and refers to things.

Note: **Qu'est-ce qui?** has no corresponding short form. It is the only subject form referring to things.

(b) Qui? (Qui est-ce que?) and **Que? (Qu'est-ce que?)**

1. **Qui** voyez-vous?
Qui est-ce que vous voyez?

Qui aimes-tu?
Qui est-ce que tu aimes?

Qui a-t-elle vu au bal?
Qui est-ce qu'elle a vu au bal?

Qui appelez-vous?
Qui est-ce que vous appelez?

Qui? or **Qui est-ce que?** *(Whom?)* is used as the object of a verb and refers to persons.[1]

2. **Que** faites-vous?
Qu'est-ce que vous faites?

---

1. Note that there is no inversion of verb and subject after long forms of interrogative object pronouns.

396 VINGT-QUATRIÈME LEÇON

Que portait-elle?
Qu'est-ce qu'elle portait?

Que se souhaite-t-on?
Qu'est-ce qu'on se souhaite?

Qu'as-tu vu?
Qu'est-ce que tu as vu?

Que? or **Qu'est-ce que?**[1] *(What?)* is used as the object of a verb and refers to things.

EXERCICE D

Posez des questions dont les phrases suivantes seront les réponses. Employez d'abord **Qui?***, puis* **Qui est-ce qui?***:*

MODÈLE: Tous les chrétiens célèbrent Pâques.
  Qui célèbre Pâques?
  Qui est-ce qui célèbre Pâques?

1. Tout le monde s'emploie à décorer ses fenêtres.
2. Les petits ont envoyé leur lettre au Père Noël.
3. Les enfants souhaitent la bonne année à leurs parents.
4. Nicole joue du piano.
5. Paul préfère faire la cuisine.
6. Francis Jammes aimait beaucoup les choses simples.
7. Les forains ont installé des manèges sur la place du village.
8. Les amoureux s'offrent des brins de muguet.
9. Les Français ne travaillent pas le week-end.
10. Les étudiants ont fait le pont.

EXERCICE E

Posez des questions en employant d'abord **Que?***, puis* **Qu'est-ce que?***. Les phrases de l'exercice D ci-dessus sont les réponses:*

MODÈLE: Tous les chrétiens célèbrent Pâques.
  Que célèbrent tous les chrétiens?
  Qu'est-ce que tous les chrétiens célèbrent?

---

1. The compound interrogative **qu'est-ce que c'est que?** (or its shorter form **qu'est-ce que?**) means *what is?* and asks for a definition or an explanation:

   Qu'est-ce que c'est qu'une foire? What is a "foire"?
   Qu'est-ce qu'un manège? What is a "manège"?

EXERCICE F *(Bande 24)*
Employez d'abord **Qui?**, *puis* **Qui est-ce que?**:

MODÈLES: Il aime Nicole.
  Qui aime-t-il?
  Qui est-ce qu'il aime?

1. Elle adore Paul.
2. Ils craignent les fantômes.
3. Nous devrions inviter Michèle.
4. Il a emmené sa jolie amie au jardin zoologique.
5. Elle est allée voir son dentiste.
6. Tu as aimé les amies de Chantal.
7. Elle a accompagné sa mère chez l'épicier.
8. Nous connaissons les Vichard depuis des années.
9. Il aide toujours sa grand-mère financièrement.
10. Elle a embrassé ses parents avant de les quitter.

EXERCICE G *(Bande 24)*
Posez des questions en employant **Qu'est-ce qui?**:

MODÈLE: Rien n'est arrivé.
  Qu'est-ce qui est arrivé.

1. Ceci m'ennuie énormément.
2. Ça m'inquiète assez.
3. Mes études de français m'intéressent beaucoup.
4. Ce spectacle est terrifiant.
5. Votre train vient de partir.
6. *Le Monde* est un excellent journal.
7. L'approche des examens finals m'effraie toujours.
8. Cette nouvelle m'a fait pleurer.
9. Cela n'a pas d'importance.
10. Ce médicament m'a fait plus de mal que de bien.

110. Verbes en «-yer» (Verbs Ending in «-yer»)

Verbs ending in **-yer** change **y** to **i** before mute **e**:

PRÉSENT DE L'INDICATIF   PRÉSENT DU SUBJONCTIF

payer *to pay*

je **paie**	(que) je **paie**
tu **paies**	tu **paies**
il, elle **paie**	il, elle **paie**
nous payons	nous payions
vous payez	vous payiez
ils, elles **paient**	ils, elles **paient**

VINGT-QUATRIÈME LEÇON

FUTUR	CONDITIONNEL
je **paierai**	je **paierais**
tu **paieras**	tu **paierais**
il, elle **paiera**	il, elle **paierait**
nous **paierons**	nous **paierions**
vous **paierez**	vous **paieriez**
ils, elles **paieront**	ils, elles **paieraient**

employer *to employ, use*

PRÉSENT DE L'INDICATIF	PRÉSENT DU SUBJONCTIF
j' **emploie**	(que) j' **emploie**
tu **emploies**	tu **emploies**
il, elle **emploie**	il, elle **emploie**
nous employons	nous employions
vous employez	vous employiez
ils, elles **emploient**	ils, elles **emploient**

FUTUR	CONDITIONNEL
j' **emploierai**	j' **emploierais**
tu **emploieras**	tu **emploierais**
il, elle **emploiera**	il, elle **emploierait**
nous **emploierons**	nous **emploierions**
vous **emploierez**	vous **emploieriez**
ils, elles **emploieront**	ils, elles **emploieraient**

Note: The verb **envoyer** *(to send)* also has an irregular stem for the future and conditional: **j'enverrai; j'enverrais.**

essuyer *to wipe; to dry*

PRÉSENT DE L'INDICATIF	PRÉSENT DU SUBJONCTIF
j' **essuie**	(que) j' **essuie**
tu **essuies**	tu **essuies**
il, elle **essuie**	il, elle **essuie**
nous essuyons	nous essuyions
vous essuyez	vous essuyiez
ils, elles **essuient**	ils, elles **essuient**

FUTUR	CONDITIONNEL
j' **essuierai**	j' **essuierais**
tu **essuieras**	tu **essuierais**
il, elle **essuiera**	il, elle **essuierait**
nous **essuierons**	nous **essuierions**
vous **essuierez**	vous **essuieriez**
ils, elles **essuieront**	ils, elles **essuieraient**

EXERCICE H

Répétez les phrases suivantes en remplaçant le passé composé par le futur:

MODÈLE: Ça m'**a ennuyé** de ne pas vous voir.
Ça m'**ennuiera** de ne pas vous voir.

1. J'ai essayé de le faire.
2. Elle a employé votre produit.
3. Vous l'avez effrayée avec votre histoire.
4. Il a nettoyé ma voiture.
5. C'est lui qui a essuyé la vaisselle.
6. Quel courage! Hélas, il l'a payé de sa vie.
7. Nous te l'avons envoyé par avion.
8. Je sais que ça t'a ennuyé, mais je t'ai envoyé cet article que j'ai payé trois fois rien.

111. Verbe irrégulier «voir» (Irregular Verb «voir» "to see")

PRÉSENT DE L'INDICATIF   PRÉSENT DU SUBJONCTIF

je **vois**	nous **voyons**	(que) je **voie**	nous **voyions**
tu **vois**	vous **voyez**	tu **voies**	vous **voyiez**
il (elle) **voit**	ils (elles) **voient**	il (elle) **voie**	ils (elles) **voient**

IMPARFAIT   PASSÉ COMPOSÉ

je **voyais**	j' **ai vu**
tu **voyais**	tu **as vu**
il (elle) **voyait**	il (elle) **a vu**
etc.	etc.

FUTUR   CONDITIONNEL   IMPÉRATIF

je **verrai**	je **verrais**	**vois**
tu **verras**	tu **verrais**	**voyez**
il (elle) **verra**	il (elle) **verrait**	**voyons**
etc.	etc.	

EXERCICE I

Répétez les phrases suivantes en employant les pronoms indiqués:

1. Qu'est-ce que tu vois là-bas?
   (elle, vous, ils)
2. Je ne les ai jamais vues.
   (ils, on, nous)
3. Ils se voyaient chaque semaine.
   (nous, vous, on)
4. Je verrai ce que je peux faire.
   (tu, nous, ils)
5. Si je portais des lunettes, je verrais mieux.
   (elle, vous, elles)
6. Ne voyez-vous pas où je veux en venir?
   (tu, il, ils)
7. Où en as-tu déjà vu?
   (elle, nous, ils)
8. Il faut que tu voies ce film.
   (il, vous, elles)

IV. COMPOSITION

A. *Dites, puis écrivez en français:*

1. What legal holidays are celebrated in the United States?
2. Are there more or less than in France?
3. Certain are of civil origin, others are religious.
4. The five most important religious holy days commemorated in France are Christmas, Easter, Pentecost, the Assumption, and All Saints Day.
5. On the night of the 24th of December, the birth of Christ is celebrated.
6. Christians attend Midnight Mass, which is usually followed by Midnight Supper.
7. The night before, children send letters to Santa Claus and place their little shoes in front of the fireplace in order to receive gifts during the night.
8. Easter is a very important holiday, which lasts two days. It is one of the most joyful and glorious religious holy days for all Christians.
9. The sixth Thursday after Easter is Ascencion Day and Pentecost is the seventh Sunday and Monday after Easter.
10. On the 15th of August, Catholics celebrate the feast of the Virgin, whom they so affectionately call "Our Lady." This is the reason why all the French cathedrals are named after her.

11. In autumn, when the leaves fall from the trees, one can see the French laying chrysanthemums on the graves of their dead: it is the first of November, All Saints Day, followed by All Souls Day.

B. *Après avoir fait les recherches nécessaires, établissez la liste des fêtes légales, religieuses, familiales et foraines (les principales) célébrées en France:*
   1. Vous établirez cette liste en suivant un ordre chronologique strict.
   2. Dans chaque cas, vous vous efforcerez d'apporter le plus de détails possible.
   3. Notez les différences dans la façon dont certaines de ces fêtes sont célébrées aux États-Unis par votre famille, vous-même ou vos amis.

   En conclusion, vous indiquerez votre préférence pour telle ou telle fête, qu'elle soit légale, religieuse ou familiale, en essayant de justifier les raisons de votre choix.

V. DICTÉE

A tirer de la vingt-quatrième situation.

Qu'est-ce qu'un Français?

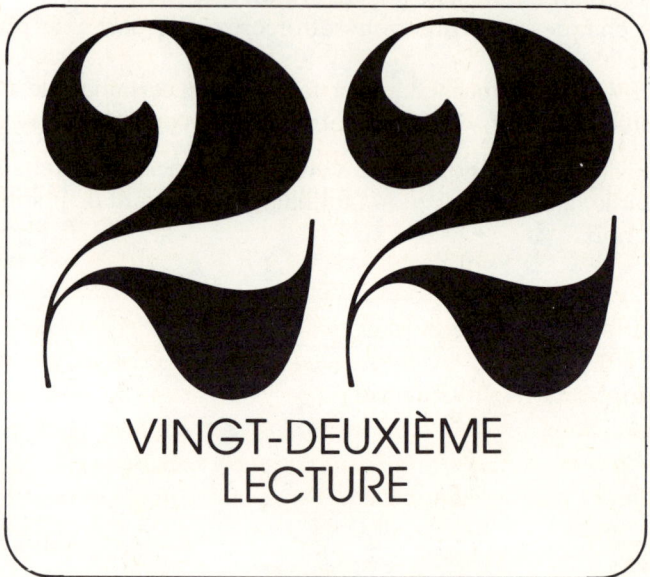

VINGT-DEUXIÈME LECTURE

Je me suis souvent demandé ce que mon ami trouverait s'il ouvrait un Français.

By Jove! . . . Comment définir un Français?

La rituelle définition du Français qui mange du pain, ne connaît pas la géographie et porte la Légion d'honneur n'est pas tout à fait inexacte (quoique la Légion d'honneur, lorsqu'on s'approche de très près, ne soit parfois que le Ouissam Alaouite).

Mais elle est insuffisante.

Je suis effrayé à la pensée que si mon ami ouvrait un Français, il tomberait saisi de vertige, dans un abîme de contradictions.

1 **mon ami** (il s'agit d'un chirurgien [surgeon] français)
5 **Légion d'honneur** (ordre national français, institué en 1802 par Bonaparte, en recompense de services militaires et civils)
7 **le Ouissam Alaouite** (ordre militaire marocain)
9 **effrayé** frightened
10 **un abîme** abyss

Vraiment. . . Comment définir ces gens qui passent leurs dimanches à se proclamer républicains et leur semaine à adorer la Reine d'Angleterre, qui se disent modestes, mais parlent toujours de détenir le flambeau de la civilisation, qui font du bon sens un de leurs principaux articles d'exportation, mais en conservent si peu chez eux qu'ils renversent leur gouvernement à peine debout, qui placent la France dans leur cœur, mais leurs fortunes à l'étranger. . . , qui détestent que l'on critique leurs travers, mais ne cessent de les dénigrer eux-mêmes, qui se disent amoureux des lignes, mais nourrissent une affectueuse inclination pour la tour Eiffel, qui admirent chez les Anglais l'ignorance du «système D», mais se croiraient ridicules s'ils déclaraient au fisc le montant exact de leurs revenus. . . , qui s'en réfèrent complaisamment à leur Histoire, mais ne veulent surtout plus d'histoires, qui détestent franchir une frontière sans passer un petit quelque chose, mais répugnent à «n'être pas en règle», qui tiennent avant tout à s'affirmer comme des gens «auxquels on ne la fait pas», mais s'empressent d'élire un député pourvu qu'il leur promette la lune, qui disent: «En avril, ne te découvre pas d'un fil», mais arrêtent tout chauffage le 31 mars. . . , enfin qui sont sous le charme lorsqu'un de leurs grands hommes leur parle de leur *grandeur,* de leur *grande* mission civilisatrice, de leur *grand* pays, de leurs *grandes* traditions, mais dont le rêve est de se retirer, après une bonne *petite* vie, dans un *petit* coin tranquille, sur un *petit* bout de terre à eux, avec une *petite* femme qui, se contentant de *petites* robes pas chères, leur mitonnera de bons *petits* plats et saura à l'occasion recevoir gentiment les amis pour faire une *petite* belote?

Extrait de Pierre Daninos: *Les Carnets du Major Thompson*
(By permission of Librairie Hachette, Paris)

Questionnaire

1. Quelle est la définition rituelle des Français?
2. Qu'est-ce que la Légion d'honneur?
3. Avec quelle autre décoration peut-on la confondre?
4. Cette définition des Français est-elle suffisante?

13 **détenir** to have possession of
le flambeau: la torche
15 **renversent** overthrow
à peine debout just newly established
16 **à l'étranger** abroad
17 **le travers** oddity
dénigrer to disparage
20 **le système D** (expression familière qui désigne l'art de se débrouiller: to get out of difficulties by using one's brains)
le fisc Internal Revenue

23 **répugnent:** ont de la répugnance à
n'être pas en règle not to have one's affairs in order
tiennent avant tout are above all anxious
25 **élire** to elect
le député: membre du Parlement
la lune moon
30 **le bout de terre** piece of land
31 **mitonner** to simmer, stew
33 **la belote** (jeu de cartes très populaire en France)

5. Comment les Français passent-ils leurs dimanches? Et leur semaine?
6. Quelles sont les autres contradictions des Français?
7. Où les Français placent-ils la France? Et leurs fortunes?
8. Qu'est-ce que les Français admirent chez les Anglais?
9. Comment les Français se croiraient-ils s'ils déclaraient au fisc le montant exact de leurs revenus?
10. Que font tous les Français lorsqu'ils franchissent une frontière?
11. Les Français tiennent avant tout à s'affirmer comme «des gens auxquels on ne la fait pas». Que signifie cette expression?
12. Que signifie l'expression: «En avril, ne te découvre pas d'un fil»?
13. Que disent-ils lorsqu'il s'agit du mois de mai?

Départ de Charles-de-Gaulle

VINGT-CINQUIÈME LEÇON

I. PRÉSENTATION

Conversation   *(Bande 25)*

(A l'agence de voyages.)

L'EMPLOYÉ: Un aller et retour pour New York?
PAUL: Non, un aller simple, s'il vous plaît.
L'EMPLOYÉ: Quelle classe? Économique ou première?
PAUL: Économique.
L'EMPLOYÉ: Quand partirez-vous?
PAUL: Le 18 juillet. Est-ce que vous pourrez me faire avoir une bonne place?
L'EMPLOYÉ: Ce sera difficile. Nous sommes en été. Regardez le plan de l'avion. Lequel de ces fauteuils voudriez-vous?

PAUL: Tâchez de me donner une place près d'un hublot.
L'EMPLOYÉ: Le billet vous sera adressé d'ici quelques jours. La carte d'embarquement vous sera délivrée à l'aéroport Charles-de-Gaulle.
PAUL: Très bien. Avez-vous des étiquettes pour mes valises?
L'EMPLOYÉ: Oui, dans quoi voulez-vous que je vous les mette?
PAUL: Donnez-les-moi comme ça . . . ça ira.
L'EMPLOYÉ: A quoi pensez-vous? Avez-vous oublié quelque chose?
PAUL: Oui. Pour mes bagages? . . . A qui dois-je m'adresser? Où est-ce que je les fais enregistrer?
L'EMPLOYÉ: Faites-les enregistrer à Paris à un des terminaux. Vous avez un car Air France qui part direction Roissy — Charles-de-Gaulle, toutes les quinze–vingt minutes.
PAUL: C'est parfait.

(A l'Aéroport Charles-de-Gaulle à Roissy.)

LE DOUANIER: Vous avez quelque chose à déclarer?
PAUL: Non, je n'ai que des affaires personnelles et quelques souvenirs.
LE DOUANIER: Ouvrez-moi tout de même cette valise.
PAUL: Laquelle?
LE DOUANIER: La plus petite . . . Bon, ça va. Vous avez votre passeport? Passez! Au suivant!

(Aux haut-parleurs)

Les voyageurs à destination de New York — Vol 0707 — Départ quatorze heures. . . Satellite N° 18. . .[1]

(Dans l'avion.)

L'HÔTESSE: Bonjour, Mesdames et Messieurs. La Compagnie Air France, le Commandant Magnin et son équipage sont heureux de vous accueillir à bord du Château de Chenonceaux. Nous allons décoller dans quelques instants. Veuillez attacher vos ceintures et éteindre vos cigarettes. L'appareil volera à une altitude de 7000 mètres. L'atterrissage est prévu pour 16 heures à New York, à l'Aéroport Kennedy.

Situation

Il y a de nombreux aéroports en France. Les plus importants sont Marignane pour Marseille, La Californie pour Nice, Bron pour Lyon, Mérignac pour Bor-

---

1. Gate 18.

deaux, Blagnac pour Toulouse . . . mais Paris a trois aéroports: Le Bourget, à 10 km au nord; Orly, à 12 km au sud et Charles-de-Gaulle, à Roissy, à 25 km au nord. Ces aéroports sont reliés (*linked*) à la capitale par des autoroutes. Des cars Air France font la navette entre les aéroports et les deux principaux terminaux de Maillet et des Invalides. Il y a deux liaisons directes interaéroports: Charles-de-Gaulle—Orly et Charles-de-Gaulle—Le Bourget. Le Concorde décolle et atterrit à Roissy. C'est un des avions les plus rapides. Il transporte 128 passagers de Paris aux États-Unis en 3 heures et demie.

Questionnaire

Répondez aux questions suivantes:

A. Questions sur les textes (*Bande 25*)
1. Où se trouve Paul?
2. A qui parle-t-il?
3. Quel billet prend-il?
4. En quelle classe?
5. Quand partira-t-il?
6. L'employé pourra-t-il lui faire avoir une bonne place?
7. Pourquoi est-ce que ce sera difficile?
8. Quand son billet lui sera-t-il adressé?
9. Où sa carte d'embarquement lui sera-t-elle délivrée?
10. Pourquoi Paul a-t-il besoin d'étiquettes?
11. Où Paul doit-il faire enregistrer ses bagages?
12. Quelle est la première question que pose le douanier à Paul?
13. Est-ce que Paul a quelque chose à déclarer?
14. Comment l'hôtesse de l'air souhaite-t-elle la bienvenue aux passagers? Que leur dit-elle?
15. A quelle altitude l'appareil va-t-il voler?

B. Questions générales

1. Y a-t-il de nombreux aéroports en France? Nommez-en quelques-uns.
2. Combien y a-t-il d'aéroports à Paris? Nommez-les et situez-les.
3. Comment ces aéroports sont-ils reliés à la capitale?
4. Quels sont les deux principaux terminaux?
5. Qu'est-ce que c'est que le Concorde?

Dialogue

Demandez à un(e) étudiant(e):

1. s'il (si elle) est déjà monté(e) en avion. Si oui, quand.
2. s'il (si elle) préfère l'avion au bateau. Pourquoi?

3. quels sont les avantages des voyages en avion.
4. quels sont les avantages des voyages en bateau.
5. quels sont les principaux moyens (*means*) de transport modernes.
6. combien de temps il faut pour aller de New York à Paris en avion. En Concorde. Et en bateau.
7. Comment s'appellent les trois grands aéroports de Paris.
8. ce que les passagers doivent faire avant que l'avion ne décolle.
9. quels voyages il (elle) aimerait faire.

II. EXPRESSIONS A RETENIR

à bord	on board
attacher sa ceinture	to fasten one's seatbelt
au suivant!	next!
d'ici quelques jours	in (within) a few days
d'une part, . . . d'autre part, . . .	on the one hand, . . . on the other hand, . . .
faire enregistrer ses bagages	to have one's baggage checked
faire la navette	to commute
passer à la douane	to pass (through) customs inspection
souhaiter la bienvenue à quelqu'un	to bid someone welcome, welcome someone

III. GRAMMAIRE ET EXERCICES

112. Pronoms interrogatifs (Interrogative Pronouns — continued)

(a) Interrogative pronouns with prepositions.
1. **A qui** dois-je m'adresser?
   Avec qui êtes-vous allé à l'agence de voyages?
   Chez qui sommes-nous invités?
   Pour qui a-t-il fait cela?

   Qui? (*whom?*) is used as the object of a preposition referring to persons.

Note: The equivalent of *whose?* is **à qui?, de qui?** The former denotes ownership and the latter relationship or authorship:

   A qui est ce stylo à bille (*ball-point pen*)?
   De qui est-il le frère?
   De qui est cette pièce?
   Whose play is this? (By whom is this play?)

2. **Dans quoi** veux-tu que je les mette?
   A quoi pensez vous?
   De quoi parlent-ils?
   Contre quoi s'est-il fait mal?

   Quoi? (*what?*) is used as the object of a preposition referring to things.

(b) Lequel (lesquels, laquelle, lesquelles)?

Lequel de ces deux poètes est le plus célèbre?
Laquelle des places est près d'un hublot?
Lesquelles des valises vous-a-t-il fait ouvrir?
Avec lesquels de leurs amis sont-ils partis?

Lequel (lesquels, laquelle, lesquelles)? *which?, which one[s]?*) distinguish between two or more persons or things. They agree in gender and number with the noun to which they refer and are used as subject or direct object of a verb and after prepositions.

> *Note:* **Lequel?, Lesquels?, lesquelles?** contract with the prepositions **à** and **de**: **auquel?, auxquels?, auxquelles?; duquel?, desquels?, desquelles?**:
>
> **Auquel** de ces quotidiens êtes-vous abonné?

EXERCICE A   *(Bande 25)*

A partir des réponses suivantes, construisez des questions en employant des pronoms interrogatifs se rapportant à des personnes:

MODÈLE: Réponse: Elle parle à Michèle.
          Questions: Elle parle à qui?
                     A qui parle-t-elle?

1. Elle s'était mise derrière lui.
2. Tu penses à Nicole.
3. Je travaille avec lui.
4. Il est parti avec elle.
5. J'ai fait ce gâteau pour lui.
6. Ils l'ont retrouvée chez elle.
7. Elle ne peut pas vivre sans lui.
8. Elle est toujours contre lui.
9. Tu peux compter sur moi.
10. J'ai reçu une lettre de ma grand-mère.
11. Elle était assise à côté de Jean.
12. Cette voiture est à moi.

13. Il s'est fait arrêter par la police.
14. Elle est la sœur de Jacqueline.
15. Nous avons reçu une carte d'eux.

EXERCICE B *(Bande 25)*
Posez des questions en employant des pronoms interrogatifs se rapportant à des choses:

MODÈLE: Réponse: Je pense à ce que je ferai demain.
              Questions: Tu penses à quoi?
                           A quoi penses-tu?

1. Je fais ma pâtisserie avec de la farine naturelle.
2. Elle a marché sur la queue du chat.
3. Il s'était caché derrière l'armoire.
4. Elle a peur du noir.
5. Elle avait dessiné un cœur sur mon cahier.
6. J'ai besoin d'étiquettes.
7. Ils ont mis tous leurs cadeaux dans leurs valises.
8. Il a commencé par le début.
9. Ensuite il est allé jusqu'à la fin.
10. On ne peut pas vivre sans argent.
11. Sa maison est à côté de la gare.
12. On peut manger ses frites avec ses doigts.
13. Je consacre la plupart de mon temps à mes études.

EXERCICE C
Construisez des questions en employant des pronoms interrogatifs de formes composées:

MODÈLES: Réponse: Elle écrit à sa mère et . . . à sa grand-mère.
              Questions: A laquelle écrit-elle?
                           Auxquelles écrit-elle?

              Réponse: Je t'enverrai les disques de Joe Dassin . . . et ceux de Mireille Mathieu.
              Question: Lesquels m'enverras-tu?

1. Je te parle de ton oncle de Paris et . . . de celui de Marseille.
2. Il demandera le journal du matin et . . . ceux de la veille.
3. Elle pensait à l'homme qu'elle venait de rencontrer et . . . à celui qu'elle avait quitté.
4. Il se souvenait de son expédition en Afrique et . . . de ses aventures en Europe.
5. Il a embrassé Nicole et . . . ensuite Jacqueline et Michèle.
6. Je suis abonnée à cette revue et . . . à ces magazines.
7. Je préfère être à côté de cette dame ou . . . à côté de ces jeunes filles.
8. J'aime Jean-Pierre et . . . aussi Jean-Louis et Jean-Luc.

EXERCICE D (Bande 25)

Transformez les phrases suivantes en employant des pronoms interrogatifs composés:

MODÈLE: Quel livre voulez-vous?
          Lequel voulez-vous?

1. De quels journaux s'agit-il?
2. A quelles questions avez-vous répondu?
3. Quels poètes préférez-vous?
4. Quel avion vas-tu prendre?
5. De quel auteur parles-tu?
6. A quelle revue es-tu abonné?
7. Quelle voiture avez-vous achetée?
8. Sur quelles preuves repose ton argumentation?
9. De quelles œuvres as-tu besoin?
10. Quels bagages allez-vous faire enregistrer?

113. Verbe factitif (Causative «faire»)

(a) Elle me **fait prendre** un verre d'eau.
Je **ferai livrer** vos provisions.
Il m'**a fait monter** sur une échelle (*ladder*).
Nous **avons fait enregistrer** les bagages. Nous les **avons fait**[1] enregistrer.

When followed by an infinitive, **faire** is causative — that is, the subject of the verb causes an action to be done by someone else. This construction is equivalent to "have something done, have (make) somebody do something."

Note:

(1) **Faire** and the infinitive form a thought unit and are never separated from one another.

(2) All noun objects follow the infinitive; pronoun objects precede **faire**:

Je **vous ferai envoyer votre billet** dans quelques jours.
I shall have your ticket sent to you in a few days.

(3) When there are two objects, the object of the infinitive is direct, and the object of **faire** is indirect:

Je fais écrire **la lettre à Paul.**[2] Je **la lui** fais écrire.
I'm having Paul write the letter. I'm having him write it.

---

1. The past participle of causative **faire** is invariable — that is, it does not agree with the preceding direct object.

2. This example could also mean: *I'm having someone write the letter to Paul.* To avoid ambiguity, à is replaced by **par** to specify that the object of **faire** performs the action:

Je fais écrire la lettre **par Paul.** Je la fais écrire **par lui.**

412 VINGT-CINQUIÈME LEÇON

    (b) Faites-**les** enregistrer.   *Have them checked.*
          Faisons-**la-lui** répéter.   *Let's make him repeat it.*

    But

          Ne **les** faites pas enregistrer.   *Don't have them checked.*
          Ne **la lui** faisons pas répéter.   *Let's not make him repeat it.*

    In the affirmative imperative, the pronoun objects follow **faire**.

EXERCICE E   *(Bande 25)*

Transformez les phrases suivantes en employant le verbe **faire**:

MODÈLE: Je vous enverrai votre billet.
                Je vous ferai envoyer votre billet.

1. Elle m'a écrit de longues lettres.
2. Je lui ai pris un billet pour le train de 13 heures.
3. Ma grand-mère m'a abonné à une excellente revue.
4. Quel poème vous a-t-il récité?
5. Il a envoyé sa lettre par avion.
6. Nous avons réservé deux chambres dans le plus bel hôtel.
7. Répare donc ta voiture!
8. Nettoyez-lui sa chambre!
9. Sur quelle valise as-tu mis les étiquettes?
10. Elle te préparera un bon petit déjeuner.

EXERCICE F   *(Bande 25)*

Remplacez les noms par des pronoms personnels, par **y** *ou par* **en**:

MODÈLE: J'ai fait écrire cette lettre à Michel.
                Je la lui ai fait écrire.

1. Elle a fait goûter ses crêpes à Jacqueline.
2. Faites réciter cette belle poésie à Bruno.
3. J'ai fait enregistrer mes bagages à Paris.
4. Elle a fait lire cet article à Jean-Pierre.
5. Il a fait sortir son passeport à Monique.
6. Nous avons fait faire d'excellents ramequins à Michèle.
7. Le professeur faisait toujours lire ses compositions à Chantal.
8. Il a fait conduire sa mère à l'hôpital.
9. Ne faites pas attendre vos amis.
10. Il avait fait jouer son morceau préféré à Nicole.

114. Verbe irrégulier «partir» (Irregular Verb «partir» "to leave")

PRÉSENT DE L'INDICATIF		PRÉSENT DU SUBJONCTIF	
je pars	nous partons	(que) je parte	nous partions
tu pars	vous partez	tu partes	vous partiez
il (elle) part	ils (elles) partent	il (elle) parte	ils (elles) partent

IMPARFAIT	PASSÉ COMPOSÉ
je partais	je suis parti(e)
tu partais	tu es parti(e)
il (elle) partait	il (elle) est parti(e)
etc.	etc.

FUTUR	CONDITIONNEL	IMPÉRATIF
je partirai	je partirais	pars
tu partiras	tu partirais	partez
il (elle) partira	il (elle) partirait	partons
etc.	etc.	

Note: **dormir** *(to sleep)*, **servir** *(to serve)*, and **sortir** *(to go out, leave)* are conjugated like **partir**; **dormir** and **servir** form compound tenses with **avoir**.

EXERCICE G
Répétez les phrases suivantes en employant les pronoms indiqués:

1. Quand pars-tu?
   (on, elle, vous)
2. Elle dormait depuis des heures.
   (je, nous, ils)
3. Il est grand temps que nous partions.
   (tu, ils, je)
4. S'il ne faisait pas si froid, je sortirais.
   (il, nous, elles)
5. As-tu bien dormi?
   (vous, elle, ils)
6. A quelle heure sors-tu?
   (il, vous, elles)
7. Je dors mes douze heures par jour.
   (il, nous, vous)
8. Tu sers à quoi?
   (elle, vous, ils)
9. Je me suis servi de ta voiture.
   (il, nous, elles)
10. Elle lui a servi de père et de mère.
    (je, on, vous)

IV. COMPOSITION

A. *Dites, puis écrivez en français:*

1. Whose tags are these? — They're mine. The employee at the travel agency gave them to me for my luggage.
2. On which of the suitcases do you want me to put them? — Put them on the smaller one.
3. I'm lucky. I have a very good seat near a window in (the) economy class.
4. I'll have to have my luggage checked in Paris at one of the terminals or at the airport.
5. With whom are you leaving? I'm leaving with Michel from Roissy on July 18.
6. We don't have to pass through customs inspection before boarding the plane, but upon arrival at Kennedy Airport, the customs officer will make us open all our suitcases.
7. Don't worry! If you have nothing to declare, he will not make you open them.
8. Once aboard the plane, the hostess will welcome you and she'll have you fasten your seatbelt before the takeoff.

B. *Décrivez un départ en voyage en vous inspirant du plan suivant:*

1. Où avez-vous l'intention d'aller? Pour quelles raisons? (raison familiale, études, plaisir, vacances. . .).
2. Le moyen de transport (avion, bateau, train, car).
3. Les préparatifs. A l'agence de voyages (réservation de votre place, formalités à effectuer). Les bagages. Les adieux à votre famille et à vos ami(e)s.
4. On vous conduit à la gare ou à l'aéroport. La circulation est intense. Il y a un embouteillage (*traffic jam*). Vous avez peur de manquer votre avion (ou votre train, bateau, car). Vos réactions.
5. Enfin, vous voici arrivé(e). Les dernières formalités à accomplir.
6. Vous imaginerez le dernier épisode. Supposez que vous manquiez votre départ. Dans un cas comme dans l'autre, quelles seront vos réactions.

V. DICTÉE

A tirer de la vingt-cinquième situation.

Les Origines du peuple français

VINGT-TROISIÈME LECTURE

Le caractère unique de la psychologie française provient justement de cette diversité, que les siècles ont fini par fondre en une nouvelle unité. Il s'agit du reste d'un ensemble contradictoire, orienté à la fois vers l'Orient et l'Occident, vers le passé et vers l'avenir, vers la tradition et vers le progrès. Pas de pays plus hardi dans ses conceptions, pas de pays plus routinier dans ses habitudes: avec la France, selon le point de vue, il y a toujours quelque chose à critiquer, mais aussi toujours quelque chose à admirer.

1 **provient:** vient
2 **fondre**   to melt
   il s'agit de   it is a question of
   du reste   besides, moreover
3 **à la fois:** en même temps
5 **hardi:** audacieux
6 **selon:** suivant

Il n'est pas plus simple de nous situer ethniquement. Il n'y a pas de race française, à tel point que l'expression, quand on l'emploie, ne signifie rien. Il y a des Germains dans le Nord, des Celtes (ou si l'on veut des Alpins) dans le plateau central et dans l'Ouest, des Méditerranéens dans le Sud. Nous sommes, comme le disait Seignobos, une race de métis, mais on sait qu'une sélection trop stricte ne développe pas l'intelligence et que tous les mélanges ne donnent pas de mauvais résultats. Le peuple français paraît s'être plutôt enrichi de ces apports variés: nous devons aux Latins notre lucidité intellectuelle, notre don d'expression; aux Celtes notre esprit artistique, notre individualisme poussé à l'occasion jusqu'à l'anarchie; aux Germains ce que nous avons de génie organisateur et constructif.

Mais ces différents caractères se sont fondus dans une synthèse à laquelle d'autres peuples, les Allemands par exemple, n'ont jamais réussi à procéder. L'unité nationale à laquelle nous sommes parvenus n'est pas fondée sur la race. Les origines ethniques peuvent être distinctes, mais à la différence de l'Angleterre ou de l'Allemagne, il n'est aucune des races qui ait dominé les autres: tous les Français, qu'ils se rattachent au tronc germain, alpin ou méditerranéen, se considèrent comme étant Français au même degré, sans aucune inégalité résultant du sang qui coule dans leurs veines. . . . L'unité nationale provient bien davantage de l'adaptation séculaire au sol, au climat, d'une tradition historique ayant suscité et consolidé soit un genre de vie, soit une culture. C'est social plus que politique, la force de la nation n'étant pas dans l'État, mais dans la famille et surtout l'individu. En France, le civisme est médiocre, mais le ciment social a une solidité de roc.

André Siegfried: Extrait de *L'Ame des Peuples*
(By permission of Librairie Hachette)

Questionnaire

1. De quoi provient le caractère unique de la psychologie française?
2. De quelle sorte d'ensemble s'agit-il du reste?
3. Est-il simple de situer les Français ethniquement?
4. Que trouve-t-on dans le Nord?
5. Et dans le plateau central et dans l'Ouest?

9 **à tel point** so much so
12 **Seignobos, Charles:** historien français (1854–1942)
   métis half-breed
14 **paraître:** sembler
   l'apport *m.*: ce qui a été apporté   influence, contribution
15 **le don:** le talent, l'aptitude
21 **parvenir:** réussir, atteindre
24 **qu'ils se rattachent** whether they attach themselves to
   le tronc trunk, parent stock
26 **le sang** blood
28 **susciter** to suscitate, raise up
30 **le civisme** sense of civic responsibility

6. Où se trouvent les Méditerranéens?
7. Que sont les Français selon Seignobos?
8. Qu'est-ce que les Français doivent aux Latins?
9. Que doivent-ils aux Celtes?
10. Que doivent-ils aux Germains?
11. En quoi ces différents caractères se sont-ils fondus?
12. Est-ce que l'unité nationale à laquelle sont parvenus les Français est fondée sur la race?
13. Les Français d'origine germanique se considèrent-ils supérieurs, par exemple, aux Français d'origine celtique ou méditerranéenne?
14. De quoi provient bien davantage l'unité nationale?
15. En quoi réside la force de la nation française?
16. Comment est le civisme en France?

TRANSPORTS EN COMUN

«Les omnibus...s'arrêtent partout.»

«Il y a des plans de métro à l'éxterieur des stations, à l'interieur et sur les quais.»

«Départ de Charles-de-Gaulle»

«Aéroport d'Orly, à 12 km au sud (de Paris)»

CINQUIÈME RÉVISION

I. EXERCICES DE RÉEMPLOI

A. *Transformez les phrases suivantes en employant les noms de pays, de continents ou de villes indiqués:*

1. Depuis combien de temps êtes-vous aux États-Unis?
   (France, Mexique, Amérique du Nord, Paris)
2. Cet été, nous irons certainement au Canada.
   (Allemagne, Rome, Europe, Montréal)
3. Quand comptes-tu rentrer de New York?
   (La Nouvelle-Orléans, Brésil, Le Havre, Égypte)
4. L'an passé, je suis allé de France en Allemagne.
   (Canada . . . États-Unis; Amérique du Nord . . . Amérique du Sud;
   (Afrique . . . Asie)
5. Elle a passé ses vacances de Noël en Suisse.
   (Rome, Japon, Sénégal, Porto-Rico)

B. *Répondez aux questions suivantes en employant les négations indiquées:*

MODÈLE: Avez-vous fait des études? (ne . . . pas)
         Non, je n'ai pas fait d'études.

1. Il te reste de l'argent? (ne . . . plus)
2. Quelque chose vous a effrayé? (rien . . . ne)

3. Quelqu'un est venu? (personne . . . ne)
4. Vous prenez du café ou du thé? (ne . . . ni . . . ni)
5. Jacqueline et Nicole sont-elles venues vous voir? (ni . . . ni . . . ne)
6. A-t-on annoncé de la pluie ou de la neige? (ne . . . rien)
7. Qui avez-vous vu au cinéma? (ne . . . personne)
8. Ont-elles aimé le film? (ne . . . pas du tout)

C. *Répondez affirmativement aux questions suivantes en remplaçant les noms par des pronoms toniques:*

MODÈLE: C'est Jacqueline qui a fêté son anniversaire?
         Oui, c'est elle qui a fêté son anniversaire.

1. Christian, il est mécanicien dans une usine?
2. Et Marie-France, elle est vendeuse dans un grand magasin?
3. Alors, Michel et toi, vous avez décidé d'aller au cinéma?
4. Vous êtes donc partis sans Jean-Claude et Brigitte?
5. Ce sont tes parents qui te l'ont dit?
6. C'est ta mère qui te l'a offert?
7. Tu vas aller danser avec Nicole et Chantal?
8. Madeleine et Jacques sont-ils rentrés tard?

D. *Transformez les phrases suivantes en remplaçant l'imparfait et le conditionnel par le plus-que-parfait et le conditionnel passé:*

MODÈLE: Si j'étais riche, j'achèterais une maison.
         Si j'avais été riche, j'aurais acheté une maison.

1. S'il y avait un bon film, j'irais au cinéma.
2. Si tu te dépêchais, tu serais à l'heure.
3. Si elle changeait d'avis, elle me téléphonerait.
4. S'il travaillait plus, il serait le premier.
5. Si nous mangions moins, nous serions moins gros.
6. S'ils conduisaient moins vite, ils auraient moins d'accidents.
7. S'il neigeait, on ferait du ski.
8. S'il pleuvait, je resterais chez moi.

E. *Répondez affirmativement en employant, selon le cas, le pronom démonstratif neutre* **ce** *ou les pronoms personnels.* **il(s)** *ou* **elle(s)**:

1. Le Figaro est-il un des meilleurs quotidiens?
2. Est-elle Américaine?
3. Est-ce le plus beau poème que vous connaissiez?
4. Est-il bon de savoir parler plusieurs langues?
5. Est-ce que ce sont ses affaires?
6. Est-il possible de lui téléphoner?

422 CINQUIÈME REVISION

7. Ce livre est-il à vous?
8. Nicole est-elle étudiante?
9. Sont-elles les meilleures de la classe?
10. Jacques Prévert était-il un grand poète?

F. *Répondez aux questions suivantes:*

1. Quand est la Fête nationale des Français?
2. Quelle est la date de votre anniversaire?
3. Qui était le Roi Soleil?
4. A quelle époque Louis XIV a-t-il régné?
5. Qui est mort à Sainte-Hélène?
6. Quels sont les plus grands rois de France?
7. Combien font un demi et un tiers?
8. Quel jour sommes-nous aujourd'hui?

G. *Répétez les phrases suivantes en employant les pronoms indiqués:*

1. Si je la vois, je lui dirai bien des choses de ta part.
   (nous, tu, ils, vous)
2. Je meurs d'envie de le connaître.
   (elle, on, vous, il)
3. Si elle était partie en vacances, elle l'aurait dit, non?
   (je, tu, ils, nous)
4. Lui, au moins, il dit ce qu'il pense!
   (nous, vous, elles, je)
5. Quand il fait froid, je n'ouvre pas ma fenêtre.
   (tu, nous, on, ils)
6. S'il avait su cela, il en serait mort de peur.
   (vous, je, elle, nous)
7. A quelle heure pars-tu en ville?
   (elle, nous, on, ils)
8. Je vois que ça l'ennuie mais je lui envoie toujours une rose pour son anniversaire.
   (tu, nous, on, elles)

II. CONTRÔLE DES ACQUISITIONS

A. *Passage rapide de la voix active à la voix passive. Construisez des phrases selon le modèle:*

MODÈLE: On avait oublié Nicole.
Nicole avait été oubliée.

1. On ne connaîtra pas le résultat des examens.
2. Mon père avait souvent joué ce morceau de musique.
3. J'ai fixé mon voyage au 15 juin.
4. Pendant la Seconde Guerre mondiale, les Allemands occupaient la moitié de la France.
5. On a transporté mon amie à l'hôpital.
6. Tous les étudiants aimaient ce professeur.
7. Francis Jammes a écrit ce poème.
8. On ne connaît pas la fin de l'histoire.

B. *Posez des questions, dont les phrases suivantes seront les réponses, en employant des pronoms interrogatifs:*

1. J'ai vu Nicole au cinéma hier soir.
2. Elle a peur de son examen de mathématiques.
3. Je n'ai rien de spécial à vous dire.
4. Il pensait constamment à elle.
5. Cet impromptu est de Chopin.
6. Je pense à ce que je vais faire cet été.
7. Cette valise est à moi.
8. Je suis abonnée à un de ces quotidiens.
9. Elle parlait des voyages qu'elle avait faits en Afrique.
10. Je suis allé à l'agence de voyages avec Michèle.
11. J'écrivais très souvent à mes amis quand j'étais jeune.
12. Ce soir nous sommes invités chez les Sauvin.
13. De ces deux écrivains, celui-ci est le plus célèbre.
14. Cette pièce est de Molière.
15. Il m'avait fait ouvrir deux de mes valises.

C. Exercice dialogué

Formez des phrases complètes avec les mots indiqués en effectuant les changements nécessaires et complétez les trous:

MODÈLE: Si je / avoir su, / je / aller / au théâtre.
Si j'avais su, je serais allé au théâtre.

PAUL: Y / avoir / nombreux aéroports en France?
NICOLE: Oui, les plus / importants / être / _____ / pour Nice, _____ pour Lyon, _____ pour Bordeaux et _____ pour Marseille.
PAUL: Quel / être / aéroports / de Paris?
NICOLE: _____, / à 10 km. / nord; _____, à 12 km. / sud / et _____, à Roissy / à 25 km. au nord.
PAUL: Comment / être relié / aéroports / à la capitale?
NICOLE: Par / autoroutes / . Et / cars Air France / faire la navette / entre / aéroports / et / deux / principal / terminal.

PAUL: Y / avoir / liaisons / entre / aéroports / ?
NICOLE: Oui, / y avoir / deux / liaison / direct / interaéroports: _____ _____ et _____.
PAUL: Où / décoller / et atterrir / _____?
NICOLE: A _____.
PAUL: Combien / passager / ce / avion / pouvoir / transporter?
NICOLE: 128 / passager / .
PAUL: En / combien / temps?
NICOLE: En / trois / heures / demi / .

D. Expression écrite

Écrivez en français:

Holidays and Traditions in France

There are many legal holidays. Some are religious, others are of civil origin. For example, New Year's Day, which is celebrated on the first of January. On that day, we wish each other a good and happy year. All the legal holidays are nonworking days. If they fall on a Tuesday or Friday, one does not work on Monday or Saturday either. The weekend always starts on Saturday at 12 noon. Besides family feast days, there are also village fairs. Each city and village has its own feast-day fair. Carnival rides are installed on the village square, or a circus will present a spectacle on the village fairground. Certain fairs are famous: the first two weeks of May, the Paris Fair is held. The Fair of the Throne begins on Palm Sunday and lasts two months. It takes place at the Bois de Vincennes. But the Feasts dear to the heart of any Frenchman are Christmas, Easter, All Saints Day, the eleventh of November, which is the anniversary of Armistice Day. For workers and lovers, there are Labor Day (or May Day) and Valentine's Day.

LES FRANÇAIS

«Le caractère unique de la psychologie française provient justement de cette diversité que les siècles ont fini par fondre en une nouvelle unité.»

Appendice

115. Expressions de temps (Expressions of Time)

aujourd'hui	*today*
demain	*tomorrow*
après-demain	*the day after tomorrow*
hier	*yesterday*
avant-hier	*the day before yesterday*
dans trois jours	*in three days*
il y a trois jours	*three days ago*
dans huit jours	*in a week*
d'aujourd'hui en huit	*a week from today*
d'aujourd'hui en quinze	*two weeks from today*
il y a huit jours	*a week ago*
la semaine prochaine	*next week*
ce jour-là	*that day*
le lendemain	*the next day; the day after*
le surlendemain	*two days after*
la veille	*the day before*
l'avant-veille	*two days before*
trois jours après (plus tard)	*three days later*
trois jours avant	*three days before*
huit jours après (plus tard)	*a week later*
huit jours avant	*a week before*
la semaine suivante (d'après)	*the week after; the following week*
la semaine dernière	*last week*
l'année prochaine	*next year*
l'année dernière	*last year*
la semaine précédente (d'avant)	*the week before*
l'année suivante	*the following year*
l'année précédente	*the year before*

Do not confuse **en** and **dans** in expressions of time. **En** means *during, within the space of*. **Dans** means *at the end of*:

En trois jours nous pouvons lire plusieurs livres.
Dans trois jours nous partirons.

116. Votre taille (Sizes)

(a) Ladies (Dames)

(1) Coats and Dresses (Manteaux et robes)
American:	8	10	12	14	16	18	20
French:	38	40	42	44	46	48	50

(2) Shoes and Slippers (Chaussures et chaussons)
American:	4	5	6	7	8	9
French:	35	36	37	38	39	40

(3) Blouses, Sweaters, and Slips (Corsages, chandails et combinaisons)
American:	32	34	36	38	40	42
French:	38	40	42	44	46	48

(b) Gentlemen (Messieurs)

(1) Coats and Suits (Pardessus et complets)
American:	36	38	40	42	44	46
French:	46	48	51	54	56	59

(2) Shoes and Slippers (Chaussures et pantoufles)
American:	8	8½	9½	10	10½
French:	41	42	43	44	45

(3) Shirts (Chemises)
American:	14½	15	15½	16	16½
French:	37	38	39	40	41

117. Poids et mesures (Weights and Measures)

1 centimètre	.39 inch (less than half an inch)
1 mètre	39.37 inches (about 1 yard, 3 inches)
1 kilomètre (1 000 mètres)	.62 mile (about ⅝ of a mile)
1 gramme	.035 ounce
100 grammes	3.52 ounces
500 grammes (une livre)	17.63 ounces (about 1.1 pounds)
1 000 grammes (un kilo)	35.27 ounces (about 2.2 pounds)
1 litre	1.06 quarts

118. Comment élargir votre vocabulaire (Building Vocabulary)

	FRENCH ENDINGS		ENGLISH ENDINGS
ade	la ball**ade**	*ade*	ball*ade*
	la casc**ade**		casc*ade*
	la déc**ade**		dec*ade*
	la faç**ade**		fac*ade*

	la limon**ade**		lemon*ade*
	la par**ade**		par*ade*
	la promen**ade**		promen*ade*
	la sérén**ade**		seren*ade*
age	l'**âge** (*m.*)	age	*age*
	les bag**ages**		bagg*age*
	la c**age**		c*age*
	le cour**age**		cour*age*
	le gar**age**		gar*age*
	l'hérit**age** (*m.*)		herit*age*
	le mari**age**		marri*age*
	le mess**age**		mess*age*
	la p**age**		p*age*
	le personn**age**		person*age*
	le rav**age**		rav*age*
	le vill**age**		vill*age*
	le vis**age**		vis*age*
aire	arbitr**aire**	ary	arbitr*ary*
	auxili**aire**		auxili*ary*
	hérédit**aire**		heredit*ary*
	mercen**aire**		mercen*ary*
	le not**aire**		not*ary*
	ordin**aire**		ordin*ary*
	prim**aire**		prim*ary*
	le sal**aire**		sal*ary*
	le vocabul**aire**		vocabul*ary*
al	le can**al** (*pl.* -aux)	al	can*al*
	commerci**al**		commerci*al*
	continent**al**		continent*al*
	fat**al**		fat*al*
	génér**al**		gener*al*
	l'hôpit**al** (*m.*)		hospit*al*
	idé**al**		ide*al*
	immor**al**		immor*al*
	le mét**al**		met*al*
	municip**al**		municip*al*
	pén**al**		pen*al*
	provinci**al**		provinci*al*
	sentiment**al**		sentiment*al*
	vit**al**		vit*al*
amme	le diagr**amme**	am	diagr*am*
	l'épigr**amme** (*m.*)		epigr*am*
	le gr**amme**		gr*am*
	le kilogr**amme**		kilogr*am*
	le progr**amme**		progr*am*
	le télégr**amme**		telegr*am*

ant	l'assist**ant** (m.)	ant	assist*ant*
	le descend**ant**		descend*ant*
	l'éléph**ant** (m.)		eleph*ant*
	ignor**ant**		ignor*ant*
	poign**ant**		poign*ant*
	prépondér**ant**		preponder*ant*
at	le certific**at**	ate	certific*ate*
	le chocol**at**		chocol*ate*
	le clim**at**		clim*ate*
	le déb**at**		deb*ate*
	le sén**at**		sen*ate*
ble	le câ**ble**	ble	ca*ble*
	capa**ble**		capa*ble*
	délecta**ble**		delecta*ble*
	favora**ble**		favora*ble*
	formida**ble**		formida*ble*
	éligi**ble**		eligi*ble*
	impossi**ble**		impossi*ble*
	indestructi**ble**		indestructi*ble*
	possi**ble**		possi*ble*
ce	l'adolescen**ce** (f.)	ce	adolescen*ce*
	la cohéren**ce**		coheren*ce*
	la conscien**ce**		conscien*ce*
	l'élégan**ce** (f.)		elegan*ce*
	l'expérien**ce** (f.)		experien*ce*
	la grâ**ce**		gra*ce*
	la justi**ce**		justi*ce*
	la niè**ce**		nie*ce*
	la poli**ce**		poli*ce*
	la scien**ce**		scien*ce*
	la véhémen**ce**		vehemen*ce*
	la violen**ce**		violen*ce*
e	l'algèbr**e** (f.)	a	algebr*a*
	l'anémi**e** (f.)		anemi*a*
	l'antenn**e** (f.)		antenn*a*
	l'arèn**e** (f.)		aren*a*
	l'arôm**e** (m.)		arom*a*
	l'azalé**e** (m.)		azale*a*
	la banan**e**		banan*a*
	le dilemm**e**		dilemm*a*
	le diplôm**e**		diplom*a*
	le dram**e**		dram*a*
	l'énigm**e** (f.)		enigm*a*
	l'idé**e** (f.)		ide*a*
	la lav**e**		lav*a*
	le mélodram**e**		melodram*a*

	la nausée		nausea
	l'orchestre (m.)		orchestra
	la pneumonie		pneumonia
	la vanille		vanilla
	le zèbre		zebra
el	annuel (f. annuelle)	al	annual
	confidentiel		confidential
	essentiel		essential
	habituel		habitual
	individuel		individual
	intellectuel		intellectual
	officiel		official
	réel		real
	superficiel		superficial
	usuel		usual
ent	absent	ent	absent
	l'accident (m.)		accident
	l'amusement (m.)		amusement
	le client		client
	compétent		competent
	différent		different
	éloquent		eloquent
	excellent		excellent
	fréquent		frequent
	intelligent		intelligent
	patient		patient
	le président		president
	urgent		urgent
eur	le collaborateur	or	collaborator
	le décorateur		decorator
	le directeur		director
	le professeur		professor
	le sénateur		senator
	le vendeur		vendor
	le visiteur		visitor
ide	candide	id(e)	candid
	humide		humid
	liquide		liquid
	rapide		rapid
	solide		solid
	splendide		splendid
	le suicide		suicide
ie	l'agonie (f.)	y	agony
	l'archéologie (f.)		archeology
	l'astronomie (f.)		astronomy

	la batter**ie**		batter*y*
	la bibliograph**ie**		bibliograph*y*
	la biolog**ie**		biolog*y*
	la chronolog**ie**		chronolog*y*
	l'économ**ie** *(f.)*		econom*y*
	la galer**ie**		galler*y*
	la géograph**ie**		geograph*y*
	l'industr**ie** *(f.)*		industr*y*
	la loter**ie**		lotter*y*
	la météorolog**ie**		meteorolog*y*
	la philosoph**ie**		philosoph*y*
	la physiolog**ie**		physiolog*y*
	la psycholog**ie**		psycholog*y*
	la sociolog**ie**		sociolog*y*
	la sympath**ie**		sympath*y*
	la tragéd**ie**		traged*y*
ien	algér**ien** *(f.* algér**ienne)**	*ian*	Alger*ian*
	boliv**ien**		Boliv*ian*
	le coméd**ien**		comed*ian*
	(f. la coméd**ienne)**		
	l'électric**ien** *(m.)*		electric*ian*
	le mathématic**ien**		mathematic*ian*
	le music**ien**		music*ian*
	l'optic**ien** *(m.)*		optic*ian*
ine	la cuis**ine**	*ine*	cuis*ine*
	la discipl**ine**		discipl*ine*
	la gabard**ine**		gabard*ine*
	la mach**ine**		mach*ine*
	la margar**ine**		margar*ine*
	la m**ine**		m*ine*
	la quin**ine**		quin*ine*
	la rout**ine**		rout*ine*
	la vasel**ine**		vasel*ine*
isme	l'antagon**isme** *(m.)*	*ism*	antagon*ism*
	le commun**isme**		commun*ism*
	l'impressionn**isme** *(m.)*		impression*ism*
	le journal**isme**		journal*ism*
	le national**isme**		national*ism*
	l'organ**isme** *(m.)*		organ*ism*
	le réal**isme**		real*ism*
	le symbol**isme**		symbol*ism*
iste	l'art**iste** *(m.* or *f.)*	*ist*	art*ist*
	le capital**iste**		capital*ist*
	le pian**iste**		pian*ist*
	le spécial**iste**		special*ist*
	le tour**iste**		tour*ist*

oire	l'hist**oire** *(f.)*	o*ry*	hist*ory*
	le laborat**oire**		laborat*ory*
	la mém**oire**		mem*ory*
	le territ**oire**		territ*ory*
té	la beau**té**	*ty*	beau*ty*
	la chari**té**		chari*ty*
	la curiosi**té**		curiosi*ty*
	l'électrici**té** *(f.)*		electrici*ty*
	l'extrémi**té** *(f.)*		extremi*ty*
	la fidéli**té**		fideli*ty*
	la générosi**té**		generosi*ty*
	l'humidi**té** *(f.)*		humidi*ty*
	l'immensi**té** *(f.)*		immensi*ty*
	la minori**té**		minori*ty*
	la quanti**té**		quanti*ty*
tion	l'atten**tion** *(f.)*	*tion*	atten*tion*
	l'admira**tion** *(f.)*		admira*tion*
	l'administra**tion** *(f.)*		administra*tion*
	l'institu**tion** *(f.)*		institu*tion*
	la manifesta**tion**		manifesta*tion*
	la modéra**tion**		modera*tion*
	la présenta**tion**		presenta*tion*
	la proclama**tion**		proclama*tion*
	la réfrigéra**tion**		refrigera*tion*
	la transforma**tion**		transforma*tion*
ude	l'altit**ude** *(f.)*	*ude*	altit*ude*
	l'attit**ude** *(f.)*		attit*ude*
	la gratit**ude**		gratit*ude*
	la latit**ude**		latit*ude*
	la longit**ude**		longit*ude*
	la vicissit**ude**		vicissit*ude*
um	l'alb**um** *(m.)*	*um*	alb*um*
	le gérani**um**		gerani*um*
	le linolé**um**		linole*um*
	le magnési**um**		magnesi*um*
	l'opi**um** *(m.)*		opi*um*
	le planétari**um**		planetari*um*
	le radi**um**		radi*um*
	le sér**um**		ser*um*
	l'urani**um** *(m.)*		urani*um*
ure	l'agricult**ure** *(f.)*	*ure*	agricult*ure*
	l'architect**ure** *(f.)*		architect*ure*
	la broch**ure**		broch*ure*
	la créat**ure**		creat*ure*
	la cult**ure**		cult*ure*

la fract**ure**	fract*ure*
la littérat**ure**	literat*ure*
la manufact**ure**	manufact*ure*
la nat**ure**	nat*ure*
la sculpt**ure**	sculpt*ure*
la struct**ure**	struct*ure*
la températ**ure**	temperat*ure*

119. Passé simple (Simple Past)

(a) Regular verbs

INFINITIF	PASSÉ SIMPLE	
parl~~er~~	je parl**ai** tu parl**as** il parl**a** nous parl**âmes** vous parl**âtes** ils parl**èrent**	*I spoke*
fin*ir*	je fin**is** tu fin**is** il fin**it** nous fin**îmes** vous fin**îtes** ils fin**irent**	*I finished*
vend~~re~~	je vend**is** tu vend**is** il vend**it** nous vend**îmes** vous vend**îtes** ils vend**irent**	*I sold*

(b) Irregular forms

asseoir:	assis, assis, assit, assîmes, assîtes, assirent
avoir:	eus, eus, eut, eûmes, eûtes, eurent
boire:	bus, bus, but, bûmes, bûtes, burent
conduire:	conduisis, conduisis, conduisit, conduisîmes, conduisîtes, conduisirent
connaître:	connus, connus, connut, connûmes, connûtes, connurent
conquérir:	conquis, conquis, conquit, conquîmes, conquîtes, conquirent
courir:	courus, courus, courut, courûmes, courûtes, coururent
craindre:	craignis, craignis, craignit, craignîmes, craignîtes, craignirent
croire:	crus, crus, crut, crûmes, crûtes, crurent
devoir:	dus, dus, dut, dûmes, dûtes, durent
dire:	dis, dis, dit, dîmes, dîtes, dirent
écrire:	écrivis, écrivis, écrivit, écrivîmes, écrivîtes, écrivirent

être:	fus, fus, fut, fûmes, fûtes, furent
faire:	fis, fis, fit, fîmes, fîtes, firent
falloir:	il fallut
lire:	lus, lus, lut, lûmes, lûtes, lurent
mettre:	mis, mis, mit, mîmes, mîtes, mirent
mourir:	mourus, mourus, mourut, mourûmes, mourûtes, moururent
naître:	naquis, naquis, naquit, naquîmes, naquîtes, naquirent
plaire:	plus, plus, plut, plûmes, plûtes, plurent
pleuvoir:	il plut
pouvoir:	pus, pus, put, pûmes, pûtes, purent
prendre:	pris, pris, prit, prîmes, prîtes, prirent
recevoir:	reçus, reçus, reçut, reçûmes, reçûtes, reçurent
rire:	ris, ris, rit, rîmes, rîtes, rirent
savoir:	sus, sus, sut, sûmes, sûtes, surent
vaincre:	vainquis, vainquis, vainquit, vainquîmes, vainquîtes, vainquirent
valoir:	valus, valus, valut, valûmes, valûtes, valurent
venir:	vins, vins, vint, vînmes, vîntes, vinrent
vivre:	vécus, vécus, vécut, vécûmes, vécûtes, vécurent
voir:	vis, vis, vit, vîmes, vîtes, virent
vouloir:	voulus, voulus, voulut, voulûmes, voulûtes, voulurent

(c) Mme Forestier **alla** vers son armoire à glace, **prit** un large coffret, **l'apporta, l'ouvrit,** et **dit** à Mme Loisel: «Choisis, ma chère.»

Mrs. Forestier went to her closet, took out a large jewel box, brought it in, opened it, and said to Mrs. Loisel: "Choose, my dear."

The simple past denotes an action or state entirely completed in the past. It is the narrative or historical past used in literary style, but not in conversation. The compound past replaces the simple past in conversation.

120. Passé antérieur (Past Anterior)

The past anterior consists of the simple past of **avoir** or **être** plus past participle:

j'**eus** parlé	*I had spoken*
tu **eus** parlé	
il **eut** parlé	
nous **eûmes** parlé	
vous **eûtes** parlé	
ils **eurent** parlé	

je **fus** allé(e)	*I had gone*
tu **fus** allé(e)	
il **fut** allé	
nous **fûmes** allé(e)s	
vous **fûtes** allé(s), allée(s)	
ils **furent** allés	

The past anterior is found in literary writings and not normally in conversation:

Dès qu'il m'**eut aperçu,** il descendit.
As soon as he had noticed me, he came down.

In conversation, the past anterior is replaced by the pluperfect or the double compound past.[1] Compare:

PLUS-QUE-PARFAIT: Après qu'il m'**avait aperçu,** il est descendu.
(Sometime) After he had noticed me he came down.

PASSÉ SURCOMPOSÉ: Après qu'il m'**a eu aperçu,** il est descendu.
(Immediately) After he had noticed me, he came down.

121. Futur antérieur (Future Perfect)

(a) The future perfect consists of the future of **avoir** or **être** plus past participle:

j'**aurai parlé**   *I will have spoken*
tu **auras parlé**
il **aura parlé**
nous **aurons parlé**
vous **aurez parlé**
ils **auront parlé**

je **serai allé(e)**   *I will have gone*
tu **seras allé(e)**
il **sera allé**
nous **serons allé(e)s**
vous **serez allé(s), allée(s)**
ils **seront allés**

(b) Elle **aura écrit** la lettre avant de sortir.
Je **serai parti** avant son arrivée.
Il est huit heures, il lui en **aura** déjà **parlé.**
It's eight o'clock; he probably has already spoken to her about it.

The future perfect is used, as in English, to indicate an action that will have been completed before another action begins; also to express probability or conjecture in the past (last example).

(c) Quand je l'**aurai acheté,** je vous l'enverrai.
Aussitôt qu'elle l'**aura vue,** elle lui dira de nous rejoindre ici.
Dès que vous **serez arrivé,** fermez la porte.

The future perfect is used in French after such conjunctions of time as **quand, lorsque** (*when*), **aussitôt que, dès que** (*as soon as*), to express an action that will have taken place before another future action takes place.

---

[1]The **passé surcomposé** consists of the **passé composé** of **avoir** or **être** plus past participle and expresses an action completed immediately before an action in the **passé composé.**

122. Imparfait du subjonctif (Imperfect Subjunctive)

(a) The imperfect subjunctive is formed by dropping the last letter of the first person singular of the simple past and adding the endings:

PASSÉ SIMPLE	IMPARFAIT DU SUBJONCTIF
je parla~~i~~	parlasse, parlasses, parlât, parlassions, parlassiez, parlassent
je fini~~s~~	finisse, finisses, finît, finissions, finissiez, finissent
je vendi~~s~~	vendisse, vendisses, vendît, vendissions, vendissiez, vendissent
j'eu~~s~~	eusse, eusses, eût, eussions, eussiez, eussent
je fu~~s~~	fusse, fusses, fût, fussions, fussiez, fussent

(b) Elle doutait qu'il **vînt**.
She doubted he was coming.
She doubted he would come.

The imperfect subjunctive occurs primarily in literary and formal writing. In conversation, the present subjunctive is used instead, although some third-person imperfect subjunctive forms are occasionally heard:

Il a absolument douté qu'elle **fût** malade.
He doubted absolutely that she was ill.

123. Plus-que-parfait du subjonctif (Pluperfect Subjunctive)

(a) The pluperfect subjunctive consists of the imperfect subjunctive of **avoir** or **être** plus past participle:

j'**eusse** parlé
tu **eusses** parlé
il **eût** parlé
nous **eussions** parlé
vous **eussiez** parlé
ils **eussent** parlé

je **fusse** allé(e)
tu **fusses** allé(e)
il **fût** allé
nous **fussions** allé(e)s
vous **fussiez** allé(s), allée(s)
ils **fussent** allés

(b) Elle doutait qu'il **fût venu**.
She doubted he had come.

The pluperfect subjunctive, like the imperfect subjunctive, occurs primarily in literary and formal writings. It expresses an action that had been completed before the action of the verb in the main clause. In conversation, the past subjunctive is used instead.

124. Expressions idiomatiques au subjonctif (Idiomatic Expressions in the Subjunctive)

A Dieu ne plaise!	God forbid!
Advienne que pourra!	Come what may!
Autant que je sache!	As far as I know!
Dieu vous bénisse!	God bless you!
Soit!	So be it!
Vive la France!	Long live France!
Pas que je sache!	Not that I know (of)!

125. Verbes qui sont suivis d'un infinitif sans préposition ou de la préposition «à» ou «de» devant un infinitif (Verbs Requiring no Preposition or the Preposition «à» or «de» Before a Dependent Infinitive)

(a) The following verbs require no preposition to introduce a dependent infinitive:

aimer	to like
aimer mieux	to prefer
aller	to go
assurer	to assure
avoir beau	to be in vain
courir	to run
croire	to believe
désirer	to desire
devoir	to have to, must
écouter	to listen (to)
entendre	to hear
envoyer	to send
espérer	to hope
faillir	to be on the point of
faire	to make, do
falloir	to be necessary
laisser	to leave, allow, let
mener	to lead, bring
mettre	to put, set
monter	to go (come) up
oser	to dare
paraître	to appear, seem
penser	to think, expect
pouvoir	to be able, can
préférer	to prefer
prétendre	to claim
se rappeler	to remember, recall
reconnaître	to recognize
regarder	to look at
rentrer	to go home, come back

retourner	to return, go back
revenir	to come back
savoir	to know (how)
sembler	to seem
sentir	to feel
souhaiter	to wish
supposer	to suppose
se trouver	to be
valoir mieux	to be better
venir	to come
voir	to see
voler	to fly
vouloir	to want, wish

(b) The following verbs require the preposition **à** to introduce a dependent infinitive:

aider à	to help
amener à	to bring
s'amuser à	to amuse oneself in, have a good time
apprendre à	to learn
arriver à	to succeed in
aspirer à	to aspire
s'attendre à	to expect
avoir à	to have to
chercher à	to seek, try
commencer à	to begin
se consacrer à	to devote oneself
condamner à	to sentence, condemn
conduire à	to lead
consentir à	to consent
continuer à	to continue
décider à	to persuade
se décider à	to make up one's mind, decide
demander à	to ask (permission)
encourager à	to encourage
engager à	to urge
enseigner à	to teach
forcer à	to force
habituer à	to accustom
hésiter à	to hesitate
s'intéresser à	to be interested in
inviter à	to invite
se mettre à	to begin
obliger à	to oblige
parvenir à	to succeed in
passer (du temps) à	to spend (time) in
se plaire à	to delight in

pousser à	to urge
recommencer à	to begin again
renoncer à	to give up
se résoudre à	to make up one's mind, resolve
réussir à	to succeed in
servir à	to serve
songer à	to think (dream) of
suffire à	to suffice
tendre à	to tend
tarder à	to delay in
tenir à	to be anxious, insist upon
travailler à	to work

(c) The following verbs require the preposition **de** to introduce a dependent infinitive:

accuser de	to accuse of
achever de	to finish
admirer de	to admire for
s'apercevoir de	to notice
s'arrêter de	to stop
s'aviser de	to take it into one's mind
avoir peur de	to be afraid
cesser de	to cease
charger de	to charge with
choisir de	to choose
commander de	to order
conseiller de	to advise
se contenter de	to be satisfied with
convaincre de	to convince
convenir de	to agree
craindre de	to fear
crier de	to shout
décider de	to decide
défendre de	to forbid
demander de	to ask (someone) to
se dépêcher de	to hurry
dire de	to tell
se douter de	to suspect
écrire de	to write
s'efforcer de	to strive
empêcher de	to prevent from
entreprendre de	to undertake
essayer de	to try
s'étonner de	to be surprised (astonished)
éviter de	to avoid
s'excuser de	to apologize for
faire bien de	to do well

se fatiguer de	to be tired
finir de	to finish
forcer de	to force
se garder de	to take care not to
gêner de	to embarrass
se hâter de	to hasten
s'impatienter de	to be impatient
inspirer de	to inspire
interdire de	to forbid
jouir de	to enjoy
manquer de	to come near
menacer de	to threaten
mériter de	to deserve
se moquer de	to make fun of
mourir de	to die of
négliger de	to neglect
être obligé de	to be obliged to
obtenir de	to obtain (the right)
s'occuper de	to take charge of
offrir de	to offer
ordonner de	to order
oublier de	to forget
parler de	to talk (speak) of
se passer de	to do (go) without
permettre de	to permit
persuader de	to persuade
plaindre de	to pity for
se plaindre de	to complain of
prier de	to beg, ask
promettre de	to promise
proposer de	to propose
punir de	to punish for
refuser de	to refuse
regretter de	to regret
remercier de	to thank for
reprocher de	to reproach with
résoudre de	to resolve
rire de	to laugh at
risquer de	to risk
souffrir de	to suffer from
se souvenir de	to remember
tâcher de	to try
venir de	to have just

Conjugaisons des verbes

The following tables list the forms of French verbs of highest frequency. The verbs **avoir** (pages 445–445) and **être** (pages 450–451) function as auxiliary verbs in compound tenses.

The following verbs serve as models for regular conjugations:
verbs ending in **-er:**   **parler** (pages 454–455)
verbs ending in **-ir:**   **finir** (pages 450–451)
verbs ending in **-re:**   **vendre** (pages 460–461)

All other verbs listed have irregular forms throughout their conjugations.

CONJUGAISONS DES VERBES

INFINITIF, PARTICIPES			LES TEMPS SIMPLES			
					SUBJONCTIF	
	PRÉSENT	IMPARFAIT	FUTUR	CONDITIONNEL	PRÉSENT	IMPARFAIT
aller	vais	allais	irai	irais	aille	allasse
to go	vas	allais	iras	irais	ailles	allasses
	va	allait	ira	irait	aille	allât
	allons	allions	irons	irions	allions	allassions
allant	allez	alliez	irez	iriez	alliez	allassiez
allé	vont	allaient	iront	iraient	aillent	allassent

Like **aller**: **s'en aller** *to go away*

asseoir	assieds	asseyais	assiérai	assiérais	asseye	assisse
(s'asseoir)	assieds	asseyais	assiéras	assiérais	asseyes	assisses
to sit	assied	asseyait	assiéra	assiérait	asseye	assît
	asseyons	asseyions	assiérons	assiérions	asseyions	assissions
asseyant	asseyez	asseyiez	assiérez	assiériez	asseyiez	assissiez
assis	asseyent	asseyaient	assiéront	assiéraient	asseyent	assissent
asseoir	assois	assoyais	assoirai	assoirais	assoie	
(alternate)	assois	assoyais	assoiras	assoirais	assoies	
	assoit	assoyait	assoira	assoirait	assoie	
assoyant	assoyons	assoyions	assoirons	assoirions	assoyions	
	assoyez	assoyiez	assoirez	assoiriez	assoyiez	
	assoyent	assoyaient	assoiront	assoiraient	assoient	

avoir	ai	avais	aurai	aurais	aie	eusse
to have	as	avais	auras	aurais	aies	eusses
	a	avait	aura	aurait	ait	eût
	avons	avions	aurons	aurions	ayons	eussions
ayant	avez	aviez	aurez	auriez	ayez	eussiez
eu	ont	avaient	auront	auraient	aient	eussent

battre	bats	battais	battrai	battrais	batte	battisse
to beat	bats	battais	battras	battrais	battes	battisses
	bat	battait	battra	battrait	batte	battît
battant	battons	battions	battrons	battrions	battions	battissions
battu	battez	battiez	battrez	battriez	battiez	battissiez
	battent	battaient	battront	battraient	battent	battissent

Like **battre**: **abattre** *to fell, beat down*; **combattre** *to fight*

boire	bois	buvais	boirai	boirais	boive	busse
to drink	bois	buvais	boiras	boirais	boives	busses
	boit	buvait	boira	boirait	boive	bût
buvant	buvons	buvions	boirons	boirions	buvions	bussions
bu	buvez	buviez	boirez	boiriez	buviez	bussiez
	boivent	buvaient	boiront	boiraient	boivent	bussent

CONJUGAISONS DES VERBES

LES TEMPS COMPOSÉS		LES TEMPS LITTÉRAIRES	
		PASSÉ SIMPLE	PASSÉ ANTÉRIEUR
Passé composé:	je suis allé	allai	fus allé
Futur antérieur:	je serai allé	allas	fus allé
Conditionnel passé:	je serais allé	alla	fut allé
Plus-que-parfait:	j'étais allé	allâmes	fûmes allés
Passé surcomposé:	j'ai été allé	allâtes	fûtes allés
Subjonctif passé:	je sois allé	allèrent	furent allés
Subjonctif plus-que-parfait:	je fusse allé		
Passé composé:	je me suis assis	assis	fus assis
Futur antérieur:	je me serai assis	assis	fus assis
Conditionnel passé:	je me serais assis	assit	fut assis
Plus-que-parfait:	je m'étais assis	assîmes	fûmes assis
Passé surcomposé:	——————	assîtes	fûtes assis
Subjonctif passé:	je me sois assis	assirent	furent assis
Subjonctif plus-que-parfait:	je me fusse assis		
Passé composé:	j'ai eu	eus	eus eu
Futur antérieur:	j'aurai eu	eus	eus eu
Conditionnel passé:	j'aurais eu	eut	eut eu
Plus-que-parfait:	j'avais eu	eûmes	eûmes eu
Passé surcomposé:	j'ai eu eu	eûtes	eûtes eu
Subjonctif passé:	j'aie eu	eurent	eurent eu
Subjonctif plus-que-parfait:	j'eusse eu		
Passé composé:	j'ai battu	battis	eus battu
Futur antérieur:	j'aurai battu	battis	eus battu
Conditionnel passé:	j'aurais battu	battit	eut battu
Plus-que-parfait:	j'avais battu	battîmes	eûmes battu
Passé surcomposé:	j'ai eu battu	battîtes	eûtes battu
Subjonctif passé:	j'aie battu	battirent	eurent battu
Subjonctif plus-que-parfait:	j'eusse battu		
Passé composé:	j'ai bu	bus	eus bu
Futur antérieur:	j'aurai bu	bus	eus bu
Conditionnel passé:	j'aurais bu	but	eut bu
Plus-que-parfait:	j'avais bu	bûmes	eûmes bu
Passé surcomposé:	j'ai eu bu	bûtes	eûtes bu
Subjonctif passé:	j'aie bu	burent	eurent bu
Subjonctif plus-que-parfait:	j'eusse bu		

CONJUGAISONS DES VERBES

INFINITIF, PARTICIPES			LES TEMPS SIMPLES			
					SUBJONCTIF	
	PRÉSENT	IMPARFAIT	FUTUR	CONDITIONNEL	PRÉSENT	IMPARFAIT
conduire	conduis	conduisais	conduirai	conduirais	conduise	conduisisse
to drive	conduis	conduisais	conduiras	conduirais	conduises	conduisisses
	conduit	conduisait	conduira	conduirait	conduise	conduisît
conduisant	conduisons	conduisions	conduirons	conduirions	conduisions	conduisissions
conduit	conduisez	conduisiez	conduirez	conduiriez	conduisiez	conduisissiez
	conduisent	conduisaient	conduiront	conduiraient	conduisent	conduisissent

Like **conduire: construire** *to construct, build;* **cuire** *to cook;* **détruire** *to destroy;* **produire** *to produce;* **traduire** *to translate*

connaître	connais	connaissais	connaîtrai	connaîtrais	connaisse	connusse
to know	connais	connaissais	connaîtras	connaîtrais	connaisses	connusses
	connaît	connaissait	connaîtra	connaîtrait	connaisse	connût
connaissant	connaissons	connaissions	connaîtrons	connaîtrions	connaissions	connussions
connu	connaissez	connaissiez	connaîtrez	connaîtriez	connaissiez	connussiez
	connaissent	connaissaient	connaîtront	connaîtraient	connaissent	connussent

Like **connaître: apparaître** *to appear;* **disparaître** *to disappear;* **paraître** *to seem;* **reconnaître** *to recognize*

conquérir	conquiers	conquérais	conquerrai	conquerrais	conquière	conquisse
to conquer	conquiers	conquérais	conquerras	conquerrais	conquières	conquisses
	conquiert	conquérait	conquerra	conquerrait	conquière	conquît
conquérant	conquérons	conquérions	conquerrons	conquerrions	conquérions	conquissions
conquis	conquérez	conquériez	conquerrez	conquerriez	conquériez	conquissiez
	conquièrent	conquéraient	conquérront	conquerraient	conquièrent	conquissent

Like **conquérir: acquérir** *to acquire*

courir	cours	courais	courrai	courrais	coure	courusse
to run	cours	courais	courras	courrais	coures	courusses
	court	courait	courra	courrait	coure	courût
courant	courons	courions	courrons	courrions	courions	courussions
couru	courez	couriez	courrez	courriez	couriez	courussiez
	courent	couraient	courront	courraient	courent	courussent

Like **courir: accourir** *to hasten;* **discourir** *to discourse;* **parcourir** *to go over;* **secourir** *to help*

craindre	crains	craignais	craindrai	craindrais	craigne	craignisse
to fear	crains	craignais	craindras	craindrais	craignes	craignisses
	craint	craignait	craindra	craindrait	craigne	craignît
craignant	craignons	craignions	craindrons	craindrions	craignions	craignissions
craint	craignez	craigniez	craindrez	craindriez	craigniez	craignissiez
	craignent	craignaient	craindront	craindraient	craignent	craignissent

Like **craindre: contraindre** *to compel;* **joindre** *to join;* **plaindre** *to pity;* **se plaindre** *to complain;* **rejoindre** *to rejoin, meet, overtake*

LES TEMPS COMPOSÉS		LES TEMPS LITTÉRAIRES	
		PASSÉ SIMPLE	PASSÉ ANTÉRIEUR
Passé composé:	j'ai conduit	conduisis	eus conduit
Futur antérieur:	j'aurai conduit	conduisis	eus conduit
Conditionnel passé:	j'aurais conduit	conduisit	eut conduit
Plus-que-parfait:	j'avais conduit	conduisîmes	eûmes conduit
Passé surcomposé:	j'ai eu conduit	conduisîtes	eûtes conduit
Subjonctif passé:	j'aie conduit	conduisirent	eurent conduit
Subjonctif plus-que-parfait:	j'eusse conduit		
Passé composé:	j'ai connu	connus	eus connu
Futur antérieur:	j'aurai connu	connus	eus connu
Conditionnel passé:	j'aurais connu	connut	eut connu
Plus-que-parfait:	j'avais connu	connûmes	eûmes connu
Passé surcomposé:	j'ai eu connu	connûtes	eûtes connu
Subjonctif passé:	j'aie connu	connurent	eurent connu
Subjonctif plus-que-parfait:	j'eusse connu		
Passé composé:	j'ai conquis	conquis	eus conquis
Futur antérieur:	j'aurai conquis	conquis	eus conquis
Conditionnel passé:	j'aurais conquis	conquit	eut conquis
Plus-que-parfait:	j'avais conquis	conquîmes	eûmes conquis
Passé surcomposé:	j'ai eu conquis	conquîtes	eûtes conquis
Subjonctif passé:	j'aie conquis	conquirent	eurent conquis
Subjonctif plus-que-parfait;	j'eusse conquis		
Passé composé:	j'ai couru	courus	eus couru
Futur antérieur:	j'aurai couru	courus	eus couru
Conditionnel passé:	j'aurais couru	courut	eut couru
Plus-que-parfait:	j'avais couru	courûmes	eûmes couru
Passé surcomposé:	j'ai eu couru	courûtes	eûtes couru
Subjonctif passé:	j'aie couru	coururent	eurent couru
Subjonctif plus-que-parfait:	j'eusse couru		
Passé composé:	j'ai craint	craignis	eus craint
Futur antérieur:	j'aurai craint	craignis	eus craint
Conditionnel passé:	j'aurais craint	craignit	eut craint
Plus-que-parfait:	j'avais craint	craignîmes	eûmes craint
Passé surcomposé:	j'ai eu craint	craignîtes	eûtes craint
Subjonctif passé:	j'aie craint	craignirent	eurent craint
Subjonctif plus-que-parfait:	j'eusse craint		

CONJUGAISONS DES VERBES

INFINITIF, PARTICIPES			LES TEMPS SIMPLES			
					SUBJONCTIF	
	PRÉSENT	IMPARFAIT	FUTUR	CONDITIONNEL	PRÉSENT	IMPARFAIT
croire	crois	croyais	croirai	croirais	croie	crusse
to believe	crois	croyais	croiras	croirais	croies	crusses
	croit	croyait	croira	croirait	croie	crût
croyant	croyons	croyions	croirons	croirions	croyions	crussions
cru	croyez	croyiez	croirez	croiriez	croyiez	crussiez
	croient	croyaient	croiront	croiraient	croient	crussent
devoir	dois	devais	devrai	devrais	doive	dusse
to owe,	dois	devais	devras	devrais	doives	dusses
have to	doit	devait	devra	devrait	doive	dût
devant	devons	devions	devrons	devrions	devions	dussions
dû, due	devez	deviez	devrez	devriez	deviez	dussiez
	doivent	devaient	devront	devraient	doivent	dussent
dire	dis	disais	dirai	dirais	dise	disse
to say, tell	dis	disais	diras	dirais	dises	disses
	dit	disait	dira	dirait	dise	dît
	disons	disions	dirons	dirions	disions	dissions
disant	dites	disiez	direz	diriez	disiez	dissiez
dit	disent	disaient	diront	diraient	disent	dissent

Like **dire**: **redire** *to say again*. The following are like **dire** except that they have the regular **-ez** ending in the second plural present indicative and imperative: **contredire** *to contradict;* **interdire** *to prohibit;* **médire** *to slander;* **prédire** *to predict*

écrire	écris	écrivais	écrirai	écrirais	écrive	écrivisse
to write	écris	écrivais	écriras	écrirais	écrives	écrivisses
	écrit	écrivait	écrira	écrirait	écrive	écrivît
écrivant	écrivons	écrivions	écrirons	écririons	écrivions	écrivissions
écrit	écrivez	écriviez	écrirez	écririez	écriviez	écrivissiez
	écrivent	écrivaient	écriront	écriraient	écrivent	écrivissent

Like **écrire**: **décrire** *to describe;* **inscrire** *to inscribe, enroll, register;* **prescrire** *to prescribe;* **proscrire** *to proscribe;* **souscrire** *to subscribe*

envoyer	envoie	envoyais	enverrai	enverrais	envoie	envoyasse
to send	envoies	envoyais	enverras	enverrais	envoies	envoyasses
	envoie	envoyait	enverra	enverrait	envoie	envoyât
envoyant	envoyons	envoyions	enverrons	enverrions	envoyions	envoyassions
envoyé	envoyez	envoyiez	enverrez	enverriez	envoyiez	envoyassiez
	envoient	envoyaient	enverront	enverraient	envoient	envoyassent

Like **envoyer**: **renvoyer** *to send back, send away*

CONJUGAISONS DES VERBES

LES TEMPS COMPOSÉS		LES TEMPS LITTÉRAIRES	
		PASSÉ SIMPLE	PASSÉ ANTÉRIEUR
Passé composé:	j'ai cru	crus	eus cru
Futur antérieur:	j'aurai cru	crus	eus cru
Conditionnel passé:	j'aurais cru	crut	eut cru
Plus-que-parfait:	j'avais cru	crûmes	eûmes cru
Passé surcomposé:	j'ai eu cru	crûtes	eûtes cru
Subjonctif passé:	j'aie cru	crurent	eurent cru
Subjonctif plus-que-parfait:	j'eusse cru		
Passé composé:	j'ai dû	dus	eus dû
Futur antérieur:	j'aurai dû	dus	eus dû
Conditionnel passé:	j'aurais dû	dut	eut dû
Plus-que-parfait:	j'avais dû	dûmes	eûmes dû
Passé surcomposé:	j'ai eu dû	dûtes	eûtes dû
Subjonctif passé:	j'aie dû	durent	eurent dû
Subjonctif plus-que-parfait:	j'eusse dû		
Passé composé:	j'ai dit	dis	eus dit
Futur antérieur:	j'aurai dit	dis	eus dit
Conditionnel passé:	j'aurais dit	dit	eut dit
Plus-que-parfait:	j'avais dit	dîmes	eûmes dit
Passé surcomposé:	j'ai eu dit	dîtes	eûtes dit
Subjonctif passé:	j'aie dit	dirent	eurent dit
Subjonctif plus-que-parfait:	j'eusse dit		
Passé composé:	j'ai écrit	écrivis	eus écrit
Futur antérieur:	j'aurai écrit	écrivis	eus écrit
Conditionnel passé:	j'aurais écrit	écrivit	eut écrit
Plus-que-parfait:	j'avais écrit	écrivîmes	eûmes écrit
Passé surcomposé:	j'ai eu écrit	écrivîtes	eûtes écrit
Subjonctif passé:	j'aie écrit	écrivirent	eurent écrit
Subjonctif plus-que-parfait:	j'eusse écrit		
Passé composé:	j'ai envoyé	envoyai	eus envoyé
Futur antérieur:	j'aurai envoyé	envoyas	eus envoyé
Conditionnel passé:	j'aurais envoyé	envoya	eut envoyé
Plus-que-parfait:	j'avais envoyé	envoyâmes	eûmes envoyé
Passé surcomposé:	j'ai eu envoyé	envoyâtes	eûtes envoyé
Subjonctif passé:	j'aie envoyé	envoyèrent	eurent envoyé
Subjonctif plus-que-parfait:	j'eusse envoyé		

CONJUGAISONS DES VERBES

INFINITIF, PARTICIPES			LES TEMPS SIMPLES		SUBJONCTIF	
	PRÉSENT	IMPARFAIT	FUTUR	CONDITIONNEL	PRÉSENT	IMPARFAIT
essayer	essaie	essayais	essaierai	essaierais	essaie	essayasse
to try	essaies	essayais	essaieras	essaierais	essaies	essayasses
	essaie	essayait	essaiera	essaierait	essaie	essayât
essayant	essayons	essayions	essaierons	essaierions	essayions	essayassions
essayé	essayez	essayiez	essaierez	essaieriez	essayiez	essayassiez
	essaient	essayaient	essaieront	essaieraient	essaient	essayassent
essayer	essaye	essayais	essayerai	essayerais	essaye	essayasse
(alternate	essayes	essayais	essayeras	essayerais	essayes	essayasses
forms)	essaye	essayait	essayera	essayerait	essaye	essayât
	essayons	essayions	essayerons	essayerions	essayions	essayassions
	essayez	essayiez	essayerez	essayeriez	essayiez	essayassiez
	essayent	essayaient	essayeront	essayeraient	essayent	essayassent
être	suis	étais	serai	serais	sois	fusse
to be	es	étais	seras	serais	sois	fusses
	est	était	sera	serait	soit	fût
étant	sommes	étions	serons	serions	soyons	fussions
été	êtes	étiez	serez	seriez	soyez	fussiez
	sont	étaient	seront	seraient	soient	fussent
faire	fais	faisais	ferai	ferais	fasse	fisse
to do, make	fais	faisais	feras	ferais	fasses	fisses
	fait	faisait	fera	ferait	fasse	fît
	faisons	faisions	ferons	ferions	fassions	fissions
faisant	faites	faisiez	ferez	feriez	fassiez	fissiez
fait	font	faisaient	feront	feraient	fassent	fissent

Like **faire**: **contrefaire** *to imitate*; **défaire** *to undo*; **satisfaire** *to satisfy*

falloir	il faut	fallait	faudra	faudrait	faille	fallut
to be necessary						
finir	finis	finissais	finirai	finirais	finisse	finisse
to finish	finis	finissais	finiras	finirais	finisses	finisses
	finit	finissait	finira	finirait	finisse	finît
finissant	finissons	finissions	finirons	finirions	finissions	finissions
fini	finissez	finissiez	finirez	finiriez	finissiez	finissiez
	finissent	finissaient	finiront	finiraient	finissent	finissent

LES TEMPS COMPOSÉS		LES TEMPS LITTÉRAIRES	
		PASSÉ SIMPLE	PASSÉ ANTÉRIEUR
Passé composé:	j'ai essayé	essayai	eus essayé
Futur antérieur:	j'aurai essayé	essayas	eus essayé
Conditionnel passé:	j'aurais essayé	essaya	eut essayé
Plus-que-parfait:	j'avais essayé	essayâmes	eûmes essayé
Passé surcomposé:	j'ai eu essayé	essayâtes	eûtes essayé
Subjonctif passé:	j'aie essayé	essayèrent	eurent essayé
Subjonctif plus-que-parfait:	j'eusse essayé		

Passé composé:	j'ai été	fus	eus été
Futur antérieur:	j'aurai été	fus	eus été
Conditionnel passé:	j'aurais été	fut	eut été
Plus-que-parfait:	j'avais été	fûmes	eûmes été
Passé surcomposé:	j'ai eu été	fûtes	eûtes été
Subjonctif passé:	j'aie été	furent	eurent été
Subjonctif plus-que-parfait:	j'eusse été		
Passé composé:	j'ai fait	fis	eus fait
Futur antérieur:	j'aurai fait	fis	eus fait
Conditionnel passé:	j'aurais fait	fit	eut fait
Plus-que-parfait:	j'avais fait	fîmes	eûmes fait
Passé surcomposé:	j'ai eu fait	fîtes	eûtes fait
Subjonctif passé:	j'aie fait	firent	eurent fait
Subjonctif plus-que-parfait:	j'eusse fait		
Passé composé:	il a fallu	fallut	eut fallu

Passé composé:	j'ai fini	finis	eus fini
Futur antérieur:	j'aurai fini	finis	eus fini
Conditionnel passé:	j'aurais fini	finit	eut fini
Plus-que-parfait:	j'avais fini	finîmes	eûmes fini
Passé surcomposé:	j'ai eu fini	finîtes	eûtes fini
Subjonctif passé:	j'aie fini	finirent	eurent fini
Subjonctif plus-que-parfait:	j'eusse fini		

INFINITIF, PARTICIPES			LES TEMPS SIMPLES			
					SUBJONCTIF	
	PRÉSENT	IMPARFAIT	FUTUR	CONDITIONNEL	PRÉSENT	IMPARFAIT
fuir	fuis	fuyais	fuirai	fuirais	fuie	fuisse
to flee	fuis	fuyais	fuiras	fuirais	fuies	fuisses
	fuit	fuyait	fuira	fuirait	fuie	fuît
fuyant	fuyons	fuyions	fuirons	fuirions	fuyions	fuissions
fui	fuyez	fuyiez	fuirez	fuiriez	fuyiez	fuissiez
	fuient	fuyaient	fuiront	fuiraient	fuient	fuissent

Like **fuir**: **s'enfuir** *to escape, flee, run away*

lire	lis	lisais	lirai	lirais	lise	lusse
to read	lis	lisais	liras	lirais	lises	lusses
	lit	lisait	lira	lirait	lise	lût
lisant	lisons	lisions	lirons	lirions	lisions	lussions
lu	lisez	lisiez	lirez	liriez	lisiez	lussiez
	lisent	lisaient	liront	liraient	lisent	lussent

Like **lire**: **élire** *to elect*

mettre	mets	mettais	mettrai	mettrais	mette	misse
to put	mets	mettais	mettras	mettrais	mettes	misses
	met	mettait	mettra	mettrait	mette	mît
mettant	mettons	mettions	mettrons	mettrions	mettions	missions
mis	mettez	mettiez	mettrez	mettriez	mettiez	missiez
	mettent	mettaient	mettront	mettraient	mettent	missent

Like **mettre**: **admettre** *to admit*; **commettre** *to commit*; **compromettre** *to compromise*; **omettre** *to omit*; **permettre** *to permit*; **promettre** *to promise*; **remettre** *to put back, hand in*; **se mettre à** *to begin*; **soumettre** *to submit*; **transmettre** *to transmit*

mourir	meurs	mourais	mourrai	mourrais	meure	mourusse
to die	meurs	mourais	mourras	mourrais	meures	mourusses
	meurt	mourait	mourra	mourrait	meure	mourût
mourant	mourons	mourions	mourrons	mourrions	mourions	mourussions
mort	mourez	mouriez	mourrez	mourriez	mouriez	mourussiez
	meurent	mouraient	mourront	mourraient	meurent	mourussent

naître	nais	naissais	naîtrai	naîtrais	naisse	naquisse
to be born	nais	naissais	naîtras	naîtrais	naisses	naquisses
	naît	naissait	naîtra	naîtrait	naisse	naquît
naissant	naissons	naissions	naîtrons	naîtrions	naissions	naquissions
né	naissez	naissiez	naîtrez	naîtriez	naissiez	naquissiez
	naissent	naissaient	naîtront	naîtraient	naissent	naquissent

Like **naître**: **renaître** *to be reborn*

CONJUGAISONS DES VERBES

LES TEMPS COMPOSÉS		LES TEMPS LITTÉRAIRES	
		PASSÉ SIMPLE	PASSÉ ANTÉRIEUR
Passé composé:	j'ai fui	fuis	eus fui
Futur antérieur:	j'aurai fui	fuis	eus fui
Conditionnel passé:	j'aurais fui	fuit	eut fui
Plus-que-parfait:	j'avais fui	fuîmes	eûmes fui
Passé surcomposé:	j'ai eu fui	fuîtes	eûtes fui
Subjonctif passé:	j'aie fui	fuirent	eurent fui
Subjonctif plus-que-parfait:	j'eusse fui		
Passé composé:	j'ai lu	lus	eus lu
Futur antérieur:	j'aurai lu	lus	eus lu
Conditionnel passé:	j'aurais lu	lut	eut lu
Plus-que-parfait:	j'avais lu	lûmes	eûmes lu
Passé surcomposé:	j'ai eu lu	lûtes	eûtes lu
Subjonctif passé:	j'aie lu	lurent	eurent lu
Subjonctif plus-que-parfait:	j'eusse lu		
Passé composé:	j'ai mis	mis	eus mis
Futur antérieur:	j'aurai mis	mis	eus mis
Conditionnel passé:	j'aurais mis	mit	eut mis
Plus-que-parfait:	j'avais mis	mîmes	eûmes mis
Passé surcomposé:	j'ai eu mis	mîtes	eûtes mis
Subjonctif passé:	j'aie mis	mirent	eurent mis
Subjonctif plus-que-parfait:	j'eusse mis		
Passé composé:	je suis mort	mourus	fus mort
Futur antérieur:	je serai mort	mourus	fus mort
Conditionnel passé:	je serais mort	mourut	fut mort
Plus-que-parfait:	j'étais mort	mourûmes	fûmes morts
Passé surcomposé:	j'ai été mort	mourûtes	fûtes morts
Subjonctif passé:	je sois mort	moururent	furent morts
Subjonctif plus-que-parfait:	je fusse mort		
Passé composé:	je suis né	naquis	fus né
Futur antérieur:	je serai né	naquis	fus né
Conditionnel passé:	je serais né	naquit	fut né
Plus-que-parfait:	j'étais né	naquîmes	fûmes nés
Passé surcomposé:	j'ai été né	naquîtes	fûtes nés
Subjonctif passé:	je sois né	naquirent	furent nés
Subjonctif plus-que-parfait:	je fusse né		

QUATRE CENT CINQUANTE-TROIS

CONJUGAISONS DES VERBES

INFINITIF, PARTICIPES			LES TEMPS SIMPLES			
					SUBJONCTIF	
	PRÉSENT	IMPARFAIT	FUTUR	CONDITIONNEL	PRÉSENT	IMPARFAIT
ouvrir	ouvre	ouvrais	ouvrirai	ouvrirais	ouvre	ouvrisse
to open	ouvres	ouvrais	ouvriras	ouvrirais	ouvres	ouvrisses
	ouvre	ouvrait	ouvrira	ouvrirait	ouvre	ouvrît
ouvrant	ouvrons	ouvrions	ouvrirons	ouvririons	ouvrions	ouvrissions
ouvert	ouvrez	ouvriez	ouvrirez	ouvririez	ouvriez	ouvrissiez
	ouvrent	ouvraient	ouvriront	ouvriraient	ouvrent	ouvrissent

Like **ouvrir: couvrir** *to cover;* **découvrir** *to discover, uncover;* **entrouvrir** *to open slightly;* **offrir** *to offer;* **souffrir** *to suffer*

parler	parle	parlais	parlerai	parlerais	parle	parlasse
to speak	parles	parlais	parleras	parlerais	parles	parlasses
	parle	parlait	parlera	parlerait	parle	parlât
parlant	parlons	parlions	parlerons	parlerions	parlions	parlassions
parlé	parlez	parliez	parlerez	parleriez	parliez	parlassiez
	parlent	parlaient	parleront	parleraient	parlent	parlassent

partir	pars	partais	partirai	partirais	parte	partisse
to leave,	pars	partais	partiras	partirais	partes	partisses
go away	part	partait	partira	partirait	parte	partît
partant	partons	partions	partirons	partirions	partions	partissions
parti	partez	partiez	partirez	partiriez	partiez	partissiez
	partent	partaient	partiront	partiraient	partent	partissent

Like **partir: dormir** *to sleep;* **sentir** *to feel, smell;* **servir** *to serve;* **se servir de** *to use;* **sortir** *to go out.*
Note: **dormir, sentir, servir** are conjugated with **avoir.**

peindre	peins	peignais	peindrai	peindrais	peigne	peignisse
to paint	peins	peignais	peindras	peindrais	peignes	peignisses
	peint	peignait	peindra	peindrait	peigne	peignît
peignant	peignons	peignions	peindrons	peindrions	peignions	peignissions
peint	peignez	peigniez	peindrez	peindriez	peigniez	peignissiez
	peignent	peignaient	peindront	peindraient	peignent	peignissent

Like **peindre: asteindre** *to compel;* **atteindre** *to attain, reach;* **dépeindre** *to depict;* **éteindre** *to extinguish;* **restreindre** *to restrain;* **teindre** *to dye*

plaire	plais	plaisais	plairai	plairais	plaise	plusse
to please	plais	plaisais	plairas	plairais	plaises	plusses
	plaît	plaisait	plaira	plairait	plaise	plût
plaisant	plaisons	plaisions	plairons	plairions	plaisions	plussions
plu	plaisez	plaisiez	plairez	plairiez	plaisiez	plussiez
	plaisent	plaisaient	plairont	plairaient	plaisent	plussent

Like **plaire: déplaire** *to displease.* Also **taire** *to say nothing about;* **se taire** *to be silent,* except that the third person singular present indicative is written without the circumflex accent.

CONJUGAISONS DES VERBES

	LES TEMPS COMPOSÉS	LES TEMPS LITTÉRAIRES	
		PASSÉ SIMPLE	PASSÉ ANTÉRIEUR
Passé composé:	j'ai ouvert	ouvris	eus ouvert
Futur antérieur:	j'aurai ouvert	ouvris	eus ouvert
Conditionnel passé:	j'aurais ouvert	ouvrit	eut ouvert
Plus-que-parfait:	j'avais ouvert	ouvrîmes	eûmes ouvert
Passé surcomposé:	j'ai eu ouvert	ouvrîtes	eûtes ouvert
Subjonctif passé:	j'aie ouvert	ouvrirent	eurent ouvert
Subjonctif plus-que-parfait:	j'eusse ouvert		
Passé composé:	j'ai parlé	parlai	eus parlé
Futur antérieur:	j'aurai parlé	parlas	eus parlé
Conditionnel passé:	j'aurais parlé	parla	eut parlé
Plus-que-parfait:	j'avais parlé	parlâmes	eûmes parlé
Passé surcomposé:	j'ai eu parlé	parlâtes	eûtes parlé
Subjonctif passé:	j'aie parlé	parlèrent	eurent parlé
Subjonctif plus-que-parfait:	j'eusse parlé		
Passé composé:	je suis parti	partis	fus parti
Futur antérieur:	je serai parti	partis	fus parti
Conditionnel passé:	je serais parti	partit	fut parti
Plus-que-parfait:	j'étais parti	partîmes	fûmes partis
Passé surcomposé:	j'ai été parti	partîtes	fûtes partis
Subjonctif passé:	je sois parti	partirent	furent partis
Subjonctif plus-que-parfait:	je fusse parti		
Passé composé:	j'ai peint	peignis	eus peint
Futur antérieur:	j'aurai peint	peignis	eus peint
Conditionnel passé:	j'aurais peint	peignit	eut peint
Plus-que-parfait:	j'avais peint	peignîmes	eûmes peint
Passé surcomposé:	j'ai eu peint	peignîtes	eûtes peint
Subjonctif passé:	j'aie peint	peignirent	eurent peint
Subjonctif plus-que-parfait:	j'eusse peint		
Passé composé:	j'ai plu	plus	eus plu
Futur antérieur:	j'aurai plu	plus	eus plu
Conditionnel passé:	j'aurais plu	plut	eut plu
Plus-que-parfait:	j'avais plu	plûmes	eûmes plu
Passé surcomposé:	j'ai eu plu	plûtes	eûtes plu
Subjonctif passé:	j'aie plu	plurent	eurent plu
Subjonctif plus-que-parfait:	j'eusse plu		

CONJUGAISONS DES VERBES

INFINITIF, PARTICIPES	LES TEMPS SIMPLES					
					SUBJONCTIF	
	PRÉSENT	IMPARFAIT	FUTUR	CONDITIONNEL	PRÉSENT	IMPARFAIT
pleuvoir *to rain* **pleuvant** **plu**	il pleut	pleuvait	pleuvra	pleuvrait	pleuve	plût
pouvoir *to be able* **pouvant** **pu**	peux peux peut pouvons pouvez peuvent	pouvais pouvais pouvait pouvions pouviez pouvaient	pourrai pourras pourra pourrons pourrez pourront	pourrais pourrais pourrait pourrions pourriez pourraient	puisse puisses puisse puissions puissiez puissent	pusse pusses pût pussions pussiez pussent
prendre *to take* **prenant** **pris**	prends prends prend prenons prenez prennent	prenais prenais prenait prenions preniez prenaient	prendrai prendras prendra prendrons prendrez prendront	prendrais prendrais prendrait prendrions prendriez prendraient	prenne prennes prenne prenions preniez prennent	prisse prisses prît prissions prissiez prissent

Like **prendre**: **apprendre** *to learn*; **comprendre** *to understand*; **entreprendre** *to undertake*; **reprendre** *to take back, resume*; **surprendre** *to surprise*

recevoir *to receive* **recevant** **reçu**	reçois reçois reçoit recevons recevez reçoivent	recevais recevais recevait recevions receviez recevaient	recevrai recevras recevra recevrons recevrez recevront	recevrais recevrais recevrait recevrions recevriez recevraient	reçoive reçoives reçoive recevions receviez reçoivent	reçusse reçusses reçût reçussions reçussiez reçussent

Like **recevoir**: **apercevoir** *to perceive*; **concevoir** *to conceive*; **décevoir** *to deceive*

rire *to laugh* **riant** **ri**	ris ris rit rions riez rient	riais riais riait riions riiez riaient	rirai riras rira rirons rirez riront	rirais rirais rirait ririons ririez riraient	rie ries rie riions riiez rient	risse risses rît rissions rissiez rissent

Like **rire**: **sourire** *to smile*

savoir *to know, know how to* **sachant** **su**	sais sais sait savons savez savent	savais savais savait savions saviez savaient	saurai sauras saura saurons saurez sauront	saurais saurais saurait saurions sauriez sauraient	sache saches sache sachions sachiez sachent	susse susses sût sussions sussiez sussent

CONJUGAISONS DES VERBES

LES TEMPS COMPOSÉS		LES TEMPS LITTÉRAIRES	
		PASSÉ SIMPLE	PASSÉ ANTÉRIEUR
Passé composé:	il a plu	plut	eut plu
Futur antérieur:	il aura plu		
Conditionnel passé:	il aurait plu		
Plus-que-parfait:	il avait plu		
Passé composé:	j'ai pu	pus	eus pu
Futur antérieur:	j'aurai pu	pus	eus pu
Conditionnel passé:	j'aurais pu	put	eut pu
Plus-que-parfait:	j'avais pu	pûmes	eûmes pu
Passé surcomposé:	j'ai eu pu	pûtes	eûtes pu
Subjonctif passé:	j'aie pu	purent	eurent pu
Subjonctif plus-que-parfait:	j'eusse pu		
Passé composé:	j'ai pris	pris	eus pris
Futur antérieur:	j'aurai pris	pris	eus pris
Conditionnel passé:	j'aurais pris	prit	eut pris
Plus-que-parfait:	j'avais pris	prîmes	eûmes pris
Passé surcomposé:	j'ai eu pris	prîtes	eûtes pris
Subjonctif passé:	j'aie pris	prirent	eurent pris
Subjonctif plus-que-parfait:	j'eusse pris		
Passé composé:	j'ai reçu	reçus	eus reçu
Futur antérieur:	j'aurai reçu	reçus	eus reçu
Conditionnel passé:	j'aurais reçu	reçut	eut reçu
Plus-que-parfait:	j'avais reçu	reçûmes	eûmes reçu
Passé surcomposé:	j'ai eu reçu	reçûtes	eûtes reçu
Subjonctif passé:	j'aie reçu	reçurent	eurent reçu
Subjonctif plus-que-parfait:	j'eusse reçu		
Passé composé:	j'ai ri	ris	eus ri
Futur antérieur:	j'aurai ri	ris	eus ri
Conditionnel passé:	j'aurais ri	rit	eut ri
Plus-que-parfait:	j'avais ri	rîmes	eûmes ri
Passé surcomposé:	j'ai eu ri	rîtes	eûtes ri
Subjonctif passé:	j'aie ri	rirent	eurent ri
Subjonctif plus-que-parfait:	j'eusse ri		
Passé composé:	j'ai su	sus	eus su
Futur antérieur:	j'aurai su	sus	eus su
Conditionnel passé:	j'aurais su	sut	eut su
Plus-que-parfait:	j'avais su	sûmes	eûmes su
Passé surcomposé:	j'ai eu su	sûtes	eûtes su
Subjonctif passé:	j'aie su	surent	eurent su
Subjonctif plus-que-parfait:	j'eusse su		

CONJUGAISONS DES VERBES

INFINITIF, PARTICIPES			LES TEMPS SIMPLES			
					SUBJONCTIF	
	PRÉSENT	IMPARFAIT	FUTUR	CONDITIONNEL	PRÉSENT	IMPARFAIT
sortir	sors	sortais	sortirai	sortirais	sorte	sortisse
to go out	sors	sortais	sortiras	sortirais	sortes	sortisses
	sort	sortait	sortira	sortirait	sorte	sortît
sortant	sortons	sortions	sortirons	sortirions	sortions	sortissions
sorti	sortez	sortiez	sortirez	sortiriez	sortiez	sortissiez
	sortent	sortaient	sortiront	sortiraient	sortent	sortissent
suivre	suis	suivais	suivrai	suivrais	suive	suivisse
to follow	suis	suivais	suivras	suivrais	suives	suivisses
	suit	suivait	suivra	suivrait	suive	suivît
suivant	suivons	suivions	suivrons	suivrions	suivions	suivissions
suivi	suivez	suiviez	suivrez	suivriez	suiviez	suivissiez
	suivent	suivaient	suivront	suivraient	suivent	suivissent

Like **suivre**: **poursuivre** *to pursue*

tenir	tiens	tenais	tiendrai	tiendrais	tienne	tinsse
to hold	tiens	tenais	tiendras	tiendrais	tiennes	tinsses
	tient	tenait	tiendra	tiendrait	tienne	tînt
tenant	tenons	tenions	tiendrons	tiendrions	tenions	tinssions
tenu	tenez	teniez	tiendrez	tiendriez	teniez	tinssiez
	tiennent	tenaient	tiendront	tiendraient	tiennent	tinssent

Like **tenir**: **appartenir** *to belong*; **contenir** *to contain*; **détenir** *to detain*; **entretenir** *to keep in good condition*; **maintenir** *to maintain*; **obtenir** *to obtain*; **retenir** *to retain, hold back*; **soutenir** *to sustain, uphold*

vaincre	vaincs	vainquais	vaincrai	vaincrais	vainque	vainquisse
to conquer	vaincs	vainquais	vaincras	vaincrais	vainques	vainquisses
	vainc	vainquait	vaincra	vaincrait	vainque	vainquît
vainquant	vainquons	vainquions	vaincrons	vaincrions	vainquions	vainquissions
vaincu	vainquez	vainquiez	vaincrez	vaincriez	vainquiez	vainquissiez
	vainquent	vainquaient	vaincront	vaincraient	vainquent	vainquissent

Like **vaincre**: **convaincre** *to convince*

valoir	vaux	valais	vaudrai	vaudrais	vaille	valusse
to be worth	vaux	valais	vaudras	vaudrais	vailles	valusses
	vaut	valait	vaudra	vaudrait	vaille	valût
valant	valons	valions	vaudrons	vaudrions	valions	valussions
valu	valez	valiez	vaudrez	vaudriez	valiez	valussiez
	valent	valaient	vaudront	vaudraient	vaillent	valussent

CONJUGAISONS DES VERBES

LES TEMPS COMPOSÉS		LES TEMPS LITTÉRARIES	
		PASSÉ SIMPLE	PASSÉ ANTÉRIEUR
Passé composé:	je suis sorti	sortis	fus sorti
Futur antérieur:	je serai sorti	sortis	fus sorti
Conditionnel passé:	je serais sorti	sortit	fut sorti
Plus-que-parfait:	j'étais sorti	sortîmes	fûmes sortis
Passé surcomposé:	j'ai été sorti	sortîtes	fûtes sortis
Subjonctif passé:	je sois sorti	sortirent	furent sortis
Subjonctif plus-que-parfait:	je fusse sorti		
Passé composé:	j'ai suivi	suivis	eus suivi
Futur antérieur:	j'aurai suivi	suivis	eus suivi
Conditionnel passé:	j'aurais suivi	suivit	eut suivi
Plus-que-parfait:	j'avais suivi	suivîmes	eûmes suivi
Passé surcomposé:	j'ai eu suivi	suivîtes	eûtes suivi
Subjonctif passé:	j'aie suivi	suivirent	eurent suivi
Subjonctif plus-que-parfait:	j'eusse suivi		
Passé composé:	j'ai tenu	tins	eus tenu
Futur antérieur:	j'aurai tenu	tins	eus tenu
Conditionnel passé:	j'aurais tenu	tint	eut tenu
Plus-que-parfait:	j'avais tenu	tînmes	eûmes tenu
Passé surcomposé:	j'ai eu tenu	tîntes	eûtes tenu
Subjonctif passé:	j'aie tenu	tinrent	eurent tenu
Subjonctif plus-que-parfait:	j'eusse tenu		
Passé composé:	j'ai vaincu	vainquis	eus vaincu
Futur antérieur:	j'aurai vaincu	vainquis	eus vaincu
Conditionnel passé:	j'aurais vaincu	vainquit	eut vaincu
Plus-que-parfait:	j'avais vaincu	vainquîmes	eûmes vaincu
Passé surcomposé:	j'ai eu vaincu	vainquîtes	eûtes vaincu
Subjonctif passé:	j'aie vaincu	vainquirent	eurent vaincu
Subjonctif plus-que-parfait:	j'eusse vaincu		
Passé composé:	j'ai valu	valus	eus valu
Futur antérieur:	j'aurai valu	valus	eus valu
Conditionnel passé:	j'aurais valu	valut	eut valu
Plus-que-parfait:	j'avais valu	valûmes	eûmes valu
Passé surcomposé:	j'ai eu valu	valûtes	eûtes valu
Subjonctif passé:	j'aie valu	valurent	eurent valu
Subjonctif plus-que-parfait:	j'eusse valu		

CONJUGAISONS DES VERBES

INFINITIF, PARTICIPES	LES TEMPS SIMPLES					
					SUBJONCTIF	
	PRÉSENT	IMPARFAIT	FUTUR	CONDITIONNEL	PRÉSENT	IMPARFAIT
vendre	vends	vendais	vendrai	vendrais	vende	vendisse
to sell	vends	vendais	vendras	vendrais	vendes	vendisses
	vend	vendait	vendra	vendrait	vende	vendît
vendant	vendons	vendions	vendrons	vendrions	vendions	vendissions
vendu	vendez	vendiez	vendrez	vendriez	vendiez	vendissiez
	vendent	vendaient	vendront	vendraient	vendent	vendissent
venir	viens	venais	viendrai	viendrais	vienne	vinsse
to come	viens	venais	viendras	viendrais	viennes	vinsses
	vient	venait	viendra	viendrait	vienne	vînt
venant	venons	venions	viendrons	viendrions	venions	vinssions
venu	venez	veniez	viendrez	viendriez	veniez	vinssiez
	viennent	venaient	viendront	viendraient	viennent	vinssent

Like **venir**: **convenir** *to agree, suit*; **devenir** *to become*; **intervenir** *to intervene*; **parvenir** *to attain, succeed*; **prévenir** *to warn*; **revenir** *to come back*; **se souvenir de** *to remember*

vivre	vis	vivais	vivrai	vivrais	vive	vécusse
to live	vis	vivais	vivras	vivrais	vives	vécusses
	vit	vivait	vivra	vivrait	vive	vécût
vivant	vivons	vivions	vivrons	vivrions	vivions	vécussions
vécu	vivez	viviez	vivrez	vivriez	viviez	vécussiez
	vivent	vivaient	vivront	vivraient	vivent	vécussent
voir	vois	voyais	verrai	verrais	voie	visse
to see	vois	voyais	verras	verrais	voies	visses
	voit	voyait	verra	verrait	voie	vît
voyant	voyons	voyions	verrons	verrions	voyions	vissions
vu	voyez	voyiez	verrez	verriez	voyiez	vissiez
	voient	voyaient	verront	verraient	voient	vissent

Like **voir**: **entrevoir** *to catch sight of*; **prévoir** *to foresee*; **pourvoir** *to provide*; **revoir** *to see again*

vouloir	veux	voulais	voudrai	voudrais	veuille	voulusse
to want,	veux	voulais	voudras	voudrais	veuilles	voulusses
wish	veut	voulait	voudra	voudrait	veuille	voulût
	voulons	voulions	voudrons	voudrions	voulions	voulussions
voulant	voulez	vouliez	voudrez	voudriez	vouliez	voulussiez
voulu	veulent	voulaient	voudront	voudraient	veuillent	voulussent

CONJUGAISONS DES VERBES

LES TEMPS COMPOSÉS		LES TEMPS LITTÉRAIRES	
		PASSÉ SIMPLE	PASSÉ ANTÉRIEUR
Passé composé:	j'ai vendu	vendis	eus vendu
Futur antérieur:	j'aurai vendu	vendis	eus vendu
Conditionnel passé:	j'aurais vendu	vendit	eut vendu
Plus-que-parfait:	j'avais vendu	vendîmes	eûmes vendu
Passé surcomposé:	j'ai eu vendu	vendîtes	eûtes vendu
Subjonctif passé:	j'aie vendu	vendirent	eurent vendu
Subjonctif plus-que-parfait:	j'eusse vendu		
Passé composé:	je suis venu	vins	fus venu
Futur antérieur:	je serai venu	vins	fus venu
Conditionnel passé:	je serais venu	vint	fut venu
Plus-que-parfait:	j'étais venu	vînmes	fûmes venus
Passé surcomposé:	j'ai été venu	vîntes	fûtes venus
Subjonctif passé:	je sois venu	vinrent	furent venus
Subjonctif plus-que-parfait:	je fusse venu		
Passé composé:	j'ai vécu	vécus	eus vécu
Futur antérieur:	j'aurai vécu	vécus	eus vécu
Conditionnel passé:	j'aurais vécu	vécut	eut vécu
Plus-que-parfait:	j'avais vécu	vécûmes	eûmes vécu
Passé surcomposé:	j'ai eu vécu	vécûtes	eûtes vécu
Subjonctif passé:	j'aie vécu	vécurent	eurent vécu
Subjonctif plus-que-parfait:	j'eusse vécu		
Passé composé:	j'ai vu	vis	eus vu
Futur antérieur:	j'aurai vu	vis	eus vu
Conditionnel passé:	j'aurais vu	vit	eut vu
Plus-que-parfait:	j'avais vu	vîmes	eûmes vu
Passé surcomposé:	j'ai eu vu	vîtes	eûtes vu
Subjonctif passé:	j'aie vu	virent	eurent vu
Subjonctif plus-que-parfait:	j'eusse vu		
Passé composé:	j'ai voulu	voulus	eus voulu
Futur antérieur:	j'aurai voulu	voulus	eus voulu
Conditionnel passé:	j'aurais voulu	voulut	eut voulu
Plus-que-parfait:	j'avais voulu	voulûmes	eûmes voulu
Passé surcomposé:	j'ai eu voulu	voulûtes	eûtes voulu
Subjonctif passé:	j'aie voulu	voulurent	eurent voulu
Subjonctif plus-que-parfait:	j'eusse voulu		

Supplément

CONVERSATIONS IN ENGLISH

Conversation 1

NICOLE: Good morning (sir).
PAUL: Good morning (miss).
NICOLE: My name is Nicole. And you, what is your name?
PAUL: My name is Paul. How are you, Nicole?
NICOLE: Very well, Paul. And you?
PAUL: Not bad, thank you. Are you a student?
NICOLE: Yes. I'm a student at the School of Fine Arts. And you?
PAUL: I'm at the School of Liberal Arts.
NICOLE: Where (is) that?
PAUL: In Paris—at the Sorbonne.
NICOLE: How are the courses?
PAUL: The courses and the professors are excellent.
NICOLE: By the way, do you have my address, Paul?
PAUL: No, Nicole.
NICOLE: I live on Cassette Street . . . near the Luxembourg Gardens. And you, Paul?
PAUL: I'm (staying) at a hotel for the moment.
NICOLE: I'm in a hurry. Shall we meet tomorrow? At the same time?
PAUL: Agreed. I'll see you tomorrow. Good-by, Nicole.
NICOLE: See you, Paul.

Conversation 2

PAUL: Mrs. Sauvin?
MRS. SAUVIN: Yes, sir. What can I do for you?
PAUL: Good afternoon, madam. I was sent by (the) CROUS . . .
MRS. SAUVIN: Oh yes! You're looking for a room? Come in, please.
PAUL: I'm going to spend a year in Paris.
MRS. SAUVIN: Yes. Well! . . . I have a room on the second floor and another on the fourth.
PAUL: Is there a bathroom?
MRS. SAUVIN: No, there is no bathroom. Come, follow me . . . Look out for the step . . .

(A key turns in the lock . . . the door squeaks . . . it's the room on the second floor)

PAUL:	Hum! . . . Not bad! Where's the washbasin?
MRS. SAUVIN:	Here's the washbasin . . . and you have three large closets and a beautiful desk.
PAUL:	It's perfect. How much is it a month?
MRS. SAUVIN:	Three hundred francs. You pay at the beginning of each month.
PAUL:	Fine. Can I move (in) tomorrow?
MRS. SAUVIN:	Of course! . . . whenever you wish.
PAUL:	Thank you very much. I'll see you tomorrow . . . good-by, madam.
MRS. SAUVIN:	Good-by, sir.

Conversation 3

MICHEL:	Hello, Élysée 10-15?
MRS. SAUVIN:	Yes (I'm listening) . . . who's calling?
MICHEL:	Michel . . . I'm a friend of Paul's, your new student.
MRS. SAUVIN:	One moment, please. I think he's in his room.

(Mrs. Sauvin knocks at the door.)

	Paul! Someone is on the phone . . . it's for you.
PAUL:	Thank you (madam). I'll come right away.
MICHEL:	Hello, Paul?
PAUL:	Yes, Michel. How are you this morning?
MICHEL:	Fine. By the way . . . are you satisfied with your room?
PAUL:	Very. I have a small room, but it's very nice. It's in an old house.
MICHEL:	Ah! . . . [Tell me] Say, what do you plan to do tomorrow night?
PAUL:	Nothing special. Why?
MICHEL:	Do you like snails?
PAUL:	I love snails . . .
MICHEL:	Good . . . well, tomorrow night, [I invite you to] you'll be my guest at dinner at a good little inn with Jackie, a young American student.
PAUL:	That's [an excellent] a great idea. Thank you. But . . . does your friend speak French?
MICHEL:	Yes, she speaks French very well and Spanish, too.
PAUL:	See you tomorrow then and thanks for your phone call.

Conversation 4

MICHEL:	Where's our table, please?
WAITER:	This way, madam, gentlemen. Here's your table, near the fireplace.
MICHEL:	It's perfect, thank you. A (little) [aperitif] drink before dinner?
PAUL:	That's an idea. What do you want, Jackie?
JACKIE:	A Byrrh on the rocks. And you, Michel?
MICHEL:	As usual, my Dubonnet straight.
PAUL:	I'll have the same, with potato chips.

Waiter:	And for dinner? Do you wish to order (your meal) right away?
Michel:	Yes. The dinner or à la carte, Paul?
Paul:	The dinner, I guess. Everything looks delicious!
Michel:	Fine. Do you like snails, Jackie?
Jackie:	Not too much. But since there isn't a choice, I obey the law: when in France, do as the French do.
Michel:	And after that? Would you like chicken or leg of lamb?
Jackie:	Leg of lamb with string beans.
Michel:	The same (for me), but rare. And you, Paul?
Paul:	The specialty of the house, beef Burgundy.
Waiter:	It's tasty. And [as a beverage] what will you have to drink? It's included in the dinner.
Michel:	Well . . . a decanter of red wine and one of white wine, dry.
Waiter:	What's your choice for dessert? Fruit or pastry?
Michel:	Fruit, please, with three filtered coffees.

Conversation 5

Paul:	Hello, Mailman! What time is it?
Mailman:	Ten to three . . . No, three o'clock. Time is [time] money.
Paul:	Do you have any mail for me?
Mailman:	(Just) a moment, I'm getting off my motorbike . . .

(The mailman gets off his motorbike, parks his Solex near the traffic light, opens his mailbag and looks . . .)

Mailman:	Are you expecting news from home?
Paul:	Oh yes! I am expecting a letter from my parents . . .
Mailman:	By the way, what time is it in America at this moment?
Paul:	Three P.M. in France . . . It's 9 A.M. in America.
Mailman:	That's a difference of six hours . . .
Paul:	Yes, exactly.
Mailman:	Good, let's see . . . Well! I don't have a letter for you. But I have four letters for your landlady . . .
Paul:	Oh! What beautiful stamps!
Mailman:	They're the new stamps which have just come out.
Paul:	They're really beautiful.
Mailman:	Do you collect stamps?
Paul:	No, but I have two little nephews who collect French stamps.

Conversation 6

(At the bakery.)

Baker:	How are you, [miss] young lady? Nice day, isn't it?
Nicole:	Yes indeed, splendid . . . except in Latin America, where, according to the newspapers, there's a new military coup d'état (by generals).

BAKER:	Again? Bah. . . ! That's life, one must be a philosopher. What would you like? Some bread? Some crescent rolls. . . ?
NICOLE:	A long loaf of bread, well [cooked] baked, please.

(At the pork store.)

BUTCHER:	Four slices of boiled ham for [miss] the young lady . . . There they are. [And with that] Anything else?
NICOLE:	That's all.

(At the dairy.)

DAIRY CLERK:	Is anyone [serving] helping you, sir? . . . Camembert, Muenster or Roquefort . . . We have special prices.
PAUL:	I'd like half a liter of milk and a Camembert, not too ripe. Your cheeses look so good . . .
DAIRY CLERK:	Sir . . . you're in the [country] right place: France is the country of cheeses. Here's a small Camembert (just) the way you like it. There (it is) . . . [touch] feel it . . . Is it too ripe?
PAUL:	No, it's perfect. I'll take it.
DAIRY CLERK:	Do you have a [net] shopping bag for your [provisions] things? Hand it over, we'll put them in (it) for you.
PAUL:	[I] Thank you.

(At the newsstand.)

PAUL:	Do you have the final edition of *Le Monde*?
NEWS VENDOR:	There it is in front of you . . .
PAUL:	Thank you, madam.

Conversation 7

(Nicole and Paul are at the Opéra (subway) stop. The platform gate has just closed. They are at the end of the train station).

NICOLE:	Whew! Come, Paul . . . Let's get in this car.
PAUL:	But I just bought some first-class tickets and we're in second (class).
NICOLE:	We don't have time to go to the middle of the train.

(Careful! The doors close automatically. The train is pulling away. Two lovers: she looks at him. He looks at her. Let's be indiscreet . . . let's listen in on their conversation!)

HE:	Do you love me?
SHE:	Yes, I love you . . . Do you like my dress? It's new, you know. . . ! I just bought it . . .
HE:	Oh yes? It looks good on you . . . I like it a lot.
SHE:	Are you happy?
HE:	Yes, because you're happy and I find you very beautiful.
SHE:	Be a honey . . . carry my books!
HE:	Sure, give them (to me) . . . I'll carry them.

She:	You'll call me tonight?
He:	Yes, I'll call you after work.
She:	Kiss me, my darling . . . I'm getting off here.
He:	No, get off at the next stop. . . . !

Conversation 8

(At the jewelry shop.)

Nicole:	Have you repaired my watch, Sir?
Jeweler:	Yes, I've adjusted it, for sometimes it runs fast and sometimes it runs slow.

(At the book and stationery store.)

Book Dealer:	Have you found what you [wish] are looking for?
Paul:	Yes, [I've taken from you] I'm taking a package of white envelopes, a [pad of letter paper] writing tablet and some blue-ink refills for my pen.
Book Dealer:	Shall I put everything in a bag?
Paul:	Yes, if you wish. Do you have the latest *Lucky Luke*?
Book Dealer:	No, but [go to] try the bookstore on the [public] square.

(At the notions and sundries store.)

Saleslady:	Which laundry soap [have you selected] are you taking, Miss?
Nicole:	A [package] box of Paic. Give me also two 9-volt batteries for my transistor (radio) and a small bar of Palmolive (soap).

(At the pharmacy.)

Paul:	I'd like some aspirin (tablets), a tooth brush, not too hard, some shaving cream for dry skin and a tube of toothpaste.
Pharmacist:	Here (they are), sir, I [have put in] am giving you a sample of *Eau Sauvage* [from the house of] by Dior.

Conversation 9

Doctor:	How are things, [Miss] Nicole?
Nicole:	I'm out of sorts today.
Doctor:	Where does it hurt?
Nicole:	[A little] Everywhere. I have a headache . . . I have a stomachache and a backache.
Doctor:	Would you undress (please). Keep your bra (on). Did you take your temperature?
Nicole:	I took it this morning. I have 38,2 (100.8 Fahrenheit).
Doctor:	It's not a [large] high temperature but you do have a fever just the same.

(The doctor listens to her heart and lungs with his stethoscope, then he takes Nicole's pulse.)

Doctor: Now I want to look at your throat. Open your mouth. [Do] Say aah . . .
Nicole: Aah . . . aah . . . ! Atchoum! Atchoum!
Doctor: God bless you! You have quite a sore throat.
Nicole: I wanted to go [bathing] swimming the day before yesterday.
Doctor: What an idea! [What a] Such a lack of prudence with a flu epidemic such as we have [at this moment] right now. [Someone gave it to you.] You caught it from someone!
Nicole: Is it serious? Don't tell me . . .
Doctor: No, it's not serious. Stay in bed for twenty-four hours. I'm going to give you a prescription. Go to the druggist and [give it to him] have him fill it.

Conversation 10

Nicole: Did you finish the letter you began yesterday?
Paul: No. It's my first letter in French and maybe the last. I don't know how to begin and how to end . . .
Nicole: Let's sit down and write. If you're writing to your parents or to relatives you begin by (writing):

(My) Dear Dad; (My) Dear Mom;
(My) Dear Uncle; (My) Dear Aunt;
(My) Dear Grandmother; (My) Dear Grandfather;

and you finish [by] with:

I kiss you affectionately, or
I kiss you both affectionately.

Paul: And to (acquaintances) friends that [one] we don't know very well?
Nicole: [One] We begin with:

Sir; Madam; Miss.

When you get to the [end] closing of the letter, you write:
Sincerely yours.

Paul: And to a pal? We write to each other every week . . .
Nicole: If you've known each other for a long time:

Dear John or My dear Jacqueline;

And you [finish by] close with:

[Amicably; With all my friendship.] Best regards.

Girls generally kiss each other and write:

[I kiss you very affectionately.] Love and kisses.

Conversation 11

NICOLE: Whew! It's so hot today and I was so afraid of being late.
PAUL: Not at all. Hello, Nicole.
NICOLE: Paul, let me introduce my friend Michèle [to you].
PAUL: Hello [Miss] Michèle. I'm delighted to meet you.
MICHÈLE: Pleased to meet you. Nicole has told me a lot about you. While we walk, we can chat.
PAUL: What shall we do?
NICOLE: How about taking a walk [to] through the Tuileries Gardens?
PAUL: Why not! [With pleasure] Gladly.
MICHÈLE: Tell me about yourself, Paul. How long have you been in France?
PAUL: For two months.
MICHÈLE: What did you do in America?
PAUL: I was a student at the university.
MICHÈLE: And how did you meet Nicole?
PAUL: Thanks to Michel.
MICHÈLE: Where did you meet?
PAUL: We met at the university. He was doing a Master's in English and we used to play football together.
MICHÈLE: You've known each other for a long time then?
PAUL: Yes, for more than two years.
MICHÈLE: Look. Here's the Arc du Carrousel. From here, you can see the Place de la Concorde and the (avenue of the) Champs-Élysées with the Arc de Triomphe de l'Étoile in the distance.
NICOLE: What an amazing view!

Conversation 12

NICOLE: Paul. . . ? Do you want to help me prepare the meal?
PAUL: Of course, (my dear) Nicole. What do you think? [Evidently] Obviously that I don't know how to cook?
NICOLE: [But] No. Not at all. For today's menu: as an hors-d'oeuvre, (some) ramekins; then, filet of sole with parsley potatoes; a [lettuce] salad and for dessert, chocolate mousse. Does that suit you?
PAUL: Absolutely.

(Nicole opens her little book of recipes and reads:)
RAMEKINS

Utensils: a bowl
                To stir, use a wooden spoon.
                4 ramekins (little oven-proof containers or cup-custard molds)
Ingredients: 3 fresh eggs
                3 tablespoons of grated Gruyère
                4 tablespoons of [fresh cream] sour cream.

SUPPLÉMENT

                    a pinch of salt
                    a [hazel nut] dot of margarine at the bottom of each ramekin
        Cooking time: 25 minutes in a hot oven

NICOLE: Listen [to me] attentively. Put the three eggs, yolks and whites, in a bowl with a pinch of salt. Add three [good] heaping spoonfuls of grated Gruyère and four spoonfuls of sour cream.

PAUL: I mix it all (up) vigorously?

NICOLE: Exactly. It's an old recipe that the (good) grandmothers pass on [from mouth to ear] by word of mouth. One can add his own ingredients: shrimp, lobster, small pieces of red or green peppers . . . minced ham, etc. . . . Each to his or her own taste.

PAUL: I think that, thanks to your good recipes, I'm going to become a good cook.

NICOLE: It's a recipe that's not expensive but that [assures] guarantees a sure victory.

Conversation 13

NICOLE: In general, on Sundays I stay in bed late.

PAUL: And tomorrow? It's Sunday. What will you do?

NICOLE: I'll stay in bed late.

PAUL: At what time will you get up?

NICOLE: I'll get up at 11 o'clock.

PAUL: And then?

NICOLE: I'll listen to the radio . . . I'll take [my] a shower. . . . I'll tend to my beauty care. . . .

PAUL: And then? I'm curious. . . .

NICOLE: If I have time, I'll straighten up my (small) apartment. I'll make my bed, I'll begin to put my things away, I'll get dressed.

PAUL: And after?

NICOLE: As soon as it's noon, I'll go to church.

PAUL: May I ask [you] what you'll do after mass?

NICOLE: Of course! I'll go to the pastry shop to buy some crescent rolls and a cake.

PAUL: Where will you eat?

NICOLE: If I have work (to do), I'll stay home and (I'll) eat (at home). But usually, we eat at my friend Michèle's house with her parents.

PAUL: And (in) the afternoon?

NICOLE: If it rains, we'll go to the movies or to a concert.

PAUL: And at night?

NICOLE: I'll prepare a good little dinner for myself. . . . Oh! (something) simple. . . ! I don't eat much at night. I [pay attention to] watch my figure!

PAUL: And in the evening?

NICOLE: I'll watch a play and the [televised newspaper] news! But why all these questions, Paul?
PAUL: Can we go out together next Sunday?
NICOLE: Why not? You can always call me during the week. We'll be able to talk about what we'll do.
PAUL: Agreed!

Conversation 14

MICHÈLE: Nicole, I have to tell you a secret . . . I'm in love. . . .
NICOLE: I'm glad that you're taking me into your confidence. I'm your best friend. It's marvelous! It's the most beautiful thing that could happen to you!
MICHÈLE: How overjoyed I am that you're here, that you understand me, that you know how I feel about . . .
NICOLE: I'm so pleased that you're happy. I hope it works. [How is he?] What does he look like?
MICHÈLE: He's tall, a little taller than Belmondo, as handsome as Louis Jourdan, [less] not as rich as Charles Aznavour . . .
NICOLE: When did you meet this beautiful rare [bird] creature?
MICHÈLE: A little more than two weeks ago . . .
NICOLE: Do you see each other often?
MICHÈLE: As often as possible. He's the first, the only, the one man I love! I'm surprised he isn't calling me yet . . .
NICOLE: Does he call you every day?
MICHÈLE: No, but, on the other hand, he insists that I call him every day . . . He wants us to get married in the spring. [Do you realize?] How about that?!
NICOLE: I'm surprised that you want to get married so young. And your studies? And your future? And your career?
MICHÈLE: I don't want you to talk to me like that, Nicole. I love him, . . . today more than yesterday and much less than tomorrow . . .
NICOLE: We mustn't argue [with each other]. What's his name?
MICHÈLE: Shsh! It's my secret. And you're the last person in whom I wish to confide.
NICOLE: Thanks a lot! . . . it's the least I can say.

Conversation 15

(Michel and Paul are at Nicole's house. The conversation is in full swing . . .)

PAUL: What are you afraid of?
NICOLE: We're afraid it will rain this weekend.
PAUL: So? . . . What are you afraid of? It might snow, too.

(Michel is a nice boy . . . only, from time to time, he thinks he's the weatherman at O.R.T.F. Should we listen to him. . . ?)

MICHEL: Listen to me . . . It probably won't snow. It isn't cold enough. On the other hand, it's not certain that it won't rain. It's true that today the weather is fine, but it's not clear that we'll have the same weather on Friday. Personally, I don't think (that) we have to postpone our travel plans . . . just on account of the weather. . .
PAUL: Whew! Thank you!
NICOLE: Michel, it's important that we come to an agreement. We must hurry.
MICHEL: I don't think that Paul can drive. He has an American driver's license.
PAUL: I'd better keep the money. Is it O.K.?
MICHEL: O.K. Nicole. . . ? Do you think your father can lend you his [Peugeot] 604?
NICOLE: Yes. I think (that) I'll be able to have it for the weekend.
MICHEL: Good! It's time to take our bearings.
PAUL: Nicole . . . It's clear that you'll (have to) drive and when you are tired, (you'll) let Michel drive.
MICHEL: If you're not afraid to let me drive.
PAUL: Do you have the map and the Michelin guide?
MICHEL: Yes . . . Look . . . After 6 kilometers, it's important that we take a right turn off Thruway A6 in order to take the National Highway. Careful . . . there are no access streets in the village. We'll turn right, then left, then left again . . .
NICOLE: O.K. . . . We'll meet at my house, Friday at 3 p.m.

Conversation 16

(In his dressing room, Johnny, the great rock singer, answers the questions of Nicole, the students' reporter from the School of Fine Arts.)

NICOLE: Do you compose all your songs?
JOHNNY: The greater part. . . . except [*Tell Her*] *Feelings* which you know.
NICOLE: Why do you write songs on themes like love, solitude, and separation?
JOHNNY: I know my public. That's what they like in France and abroad.
NICOLE: They say that you do not want to get married before having done your military service, though they have very often photographed you with a pretty blond.
JOHNNY: That's true . . . unless, meanwhile, I meet the ideal woman. . . .
NICOLE: Take your guitar so that I can take a picture . . . There, thank you.

(No matter where, everyone knows the legendary kindness of Johnny. Anyone can ask him anything.)

NICOLE: What are your plans?
JOHNNY: Well! In a week, though I'll be very busy, I'm going to record in Woodstock. Then, I'll introduce my new 33RPM in France.
NICOLE: I don't doubt that there are some terrific gimmicks in your new record, for no one knows young people better than you.

472 SUPPLÉMENT

JOHNNY: You're nice. I'll send you my record with an autograph. They might play it ten times a day on France-Inter and Europe No. I.

Conversation 17

PAUL: Is the train for Amsterdam direct?
HOSTESS: Yes, sir. You take the Paris-Brussels-Amsterdam, which is a through express for an additional charge.
PAUL: Is it necessary to reserve one's seat in advance?
HOSTESS: Most of the time, yes . . . but, since there aren't many passengers, you won't have much trouble . . . Here, sir . . . Get on line in front of this booth, there are fewer people. If you pay the additional charge, you won't have to pay anything (extra) for the reservation.

(At the booth.)

PAUL: Round trip to Amsterdam, please?
EMPLOYEE: Is it the T.E.E., the North Star, that you wish? . . . There are only first-class seats left. There are no more second-class (ones).
PAUL: No more second class?
EMPLOYEE: No, there aren't any.
PAUL: All right . . . Give me a first-class ticket. How long does it take?
EMPLOYEE: A little more than five hours.

(Paul is waiting on the platform . . . Some young ladies and men are chatting away.)

"Have you already been to Amsterdam. . . ?" says one. "Yes, I've already gone there several times . . . I've just come back (from there)," says another . . . "and as for me, I'm going back . . ."

(Suddenly . . . on the loudspeakers.)

"Attention, attention! The nonstop express bound for Brussels-Amsterdam leaving on Track 5. All aboard . . ."

Conversation 18

MICHEL: What would you do without me, Paul? What were you thinking about?
PAUL: I was wondering how a stranger could know what's playing in Paris, without looking high and low.
MICHEL: If I were in your place, Paul, I'd look at the Morris pillars, or I'd buy the *Week in Paris*, which gives information about everything concerning the entertainment world. . . .
PAUL: Concerts, movies, lectures. . . ?
MICHEL: Yes. Last night, I went to see a performance of *Les Femmes Savantes* at the Français.

PAUL:	What do you mean by the Français?
MICHEL:	The Comédie-Française. I highly recommend that you go (to) see that play.
PAUL:	I've already seen it in America. I was even the first to shout "encore" at the end of the play.
MICHEL:	What? "Encore"? It's "bis, bis" that you should shout.
PAUL:	Would you like to (go to) see a movie tonight?
MICHEL:	If I didn't have so much work, I'd accept gladly and I'd be very happy to go with you.
PAUL:	In case you change your mind, maybe we could meet somewhere.
MICHEL:	No, please. I wouldn't like to disappoint you. Another time. But if you phoned Nicole, she'd be only too happy to accept.
PAUL:	O.K. I'll give her a ring tonight.
MICHEL:	I'm dreadfully sorry, Paul. I really would prefer to go out with the two of you.
PAUL:	Don't worry. Oh! Another bit of information, Michel: how much do you give the usherette?
MICHEL:	As a tip? 10 to 15%, at the theater as well as at the movies.
PAUL:	How about that! You always have to give a tip in France. What do these usherettes do exactly?
MICHEL:	They escort you to a seat you could very easily find by yourself.

Conversation 19

NICOLE:	You have the newspaper? Read me the page on which the weather forecast is found.
MICHÈLE:	For today or tomorrow?
NICOLE:	For today! Let's see . . . let's read (it) together . . . "cloudy weather with scattered showers . . ."
MICHÈLE:	Look at that sky! What a beautiful day! It's clear! It's beautiful! It's sunny!
NICOLE:	Since it's not cold . . . do you think I should wear this little dress?
MICHÈLE:	Why not! Are you thinking of going out this afternoon?
NICOLE:	Yes, with the son of one of my professors to whom I promised to go to the movies.
MICHÈLE:	What time is your date?
NICOLE:	In an hour. He's a fine boy . . . you know . . . that I really care about.
MICHÈLE:	But, dear, the young men you go out with are friends . . . I know them . . .
NICOLE:	Say . . . Should I wear this pale blue sweater with this dress or take that raincoat?
MICHÈLE:	Take your raincoat. It isn't summer yet . . . We're only in spring and you know what they say: Till April's dead, change not a thread. [Cast not a clout, till May is out.]
NICOLE:	I don't believe those tales.

Conversation 20

NICOLE: Tell me what's happening to you, Paul!
PAUL: I've just this instant received a letter from Brittany. A cousin of my mother's—whose name I've forgotten—is inviting me to a little town, where I am to spend the weekend at one of his relatives.
NICOLE: And what's troubling you? The way we receive (friends) in France?
PAUL: No, here's what's troubling me. I'd like to know how you name the different kinds of relatives in French.
NICOLE: It's very easy. Those you call your parents, are your father and mother. A Frenchman says, "papa, maman . . ."
PAUL: The latter is the husband's wife, the former is the wife's husband.
NICOLE: Yes . . . And the one who is the father's father, is the grandfather. The grandfather's wife is the grandmother.
PAUL: These have parents (too). . . . What do you call them?
NICOLE: Those are called great-grandparents.
PAUL: That's what I was saying to myself and what I was thinking.
NICOLE: The grandson and the granddaughter are the grandparents' grandchildren.
PAUL: And my father's brother?
NICOLE: He's your uncle, your aunt's husband. You're their nephew. Your sister is their niece.
PAUL: And their children?
NICOLE: They're your cousins.

Conversation 21

NICOLE: Christian, why haven't you continued your studies?
CHRISTIAN: My parents didn't have enough money. I've never been very good at school. So, I became a mechanic in a factory in the East of France. All told, I like my work, and since I hardly have any ambition, I'm happy.
NICOLE: And you Jacqueline, are you happy being a nurse?
JACQUELINE: Yes. Enormously! I'm in a hospital near Le Havre. I have five weeks of vacation that I'm spending either in Africa, Morocco, Tunisia, or Italy.
NICOLE: And Jean-Claude, you say that you've just come back from the United States?
JEAN-CLAUDE: That's right. I was a trainee in an American firm in the United States, in New Orleans.
NICOLE: Which school (did) you come out of?
JEAN-CLAUDE: I went to H.E.C. My father would always say: "My son, you will take over my factory." To that, I say: "I'm through with Dad's ways, Dad's dream." I want to work neither with Dad nor for anyone else.
NICOLE: And Marie-France, you told me you were a salesclerk?

MARIE-FRANCE:	Yes, I'm a salesclerk in a department store and at night I'm taking courses at the Center for Continuing Education.
NICOLE:	In your opinion, what distinguishes the young people of your generation?
MARIE-FRANCE:	They no longer believe as much in speeches. They're asking for responsibilities.
JEAN-CLAUDE:	And . . . neither the family, nor the high school, nor the university gives us enough of them. In America, it's different. You deal with concrete matters.

Conversation 22

PAUL:	I'm dying to go to the movies. What's playing tonight?
MICHEL:	Just a moment . . . I have Le Figaro: All the programs are on page ten.
PAUL:	See if there's anything at one of the cinema clubs . . .
MICHEL:	There it is. Here we are! I've got it. They're rerunning *A Man and a Woman*. It's a very good film.
PAUL:	Who's the director?
MICHEL:	Claude Lelouch and the stars are Anouk Aimée and Pierre Barouh.
PAUL:	I've already seen it. And you?
MICHEL:	Me too. It's pretty hard to find something interesting this week.
PAUL:	Is that all there is?
MICHEL:	No. There are two other films, not bad either: *Cousin, Cousine* and an American western.
PAUL:	That must be a dud. It's rare to find good westerns.
MICHEL:	I read a review of that film. You die laughing from beginning to end. Knowing you, you'll die laughing, too. But it's up to you to decide.
PAUL:	Okay, let's go. Tell me, Michel . . . do you subscribe to Le Figaro?
MICHEL:	Yes. It's one of the best daily newspapers, believe me.
PAUL:	What leaning does it have?
MICHEL:	It's a newspaper of moderate bent, a little to the right. It has excellent political editorials.
PAUL:	Is there a serial story in your newspaper?
MICHEL:	Yes. Look here . . . It's something on Louis XIV. I rarely read it; I prefer to glance through the *Carnet du jour*.
PAUL:	What's that?
MICHEL:	It's at the bottom of the second page: births, marriages and deaths are announced there.
PAUL:	I see. It's easy to keep informed that way.
MICHEL:	Yes . . . and if you want to find a job, there are a lot of job offers under the heading *Classified Advertisements*.

Conversation 23

MICHEL AND PAUL:	Happy birthday, Nicole! Happy birthday!
NICOLE:	. What! What do you mean? What birthday? My birthday?

	How do you like that! I must say . . . I wasn't even thinking about it!
MICHEL:	You see . . . if we hadn't been here, no one would've wished you a happy birthday!
PAUL:	Here, here's my gift. Open it!
MICHEL:	And there's mine.
NICOLE:	For goodness sake, you shouldn't have! . . . You're crazy! Which one do I open first?
PAUL:	My package is easy to open . . . let's open it together, you simply pull the ribbon.
NICOLE:	Oh, Paul! a bottle of perfume from Dior's! You must have spent a fortune (for me) . . .
PAUL:	No, it's a trifle! Do you like it?
NICOLE:	And how! I adore *Miss Dior*. [If] Suppose I open yours now, Michel!
MICHEL:	You'll never guess what it is . . .
NICOLE:	A silk scarf from Hermès! I should have suspected it, knowing you . . . It's absolutely gorgeous! Come here, let me give both of you a little kiss . . . Thank you very much! You're spoiling me.
MICHEL:	That's not all! The celebration continues . . . What are you doing tonight, Nicole?
NICOLE:	Nothing special. I intended to wash my hair. Why?
MICHEL:	I have an idea. How about going to Philip's house? He's giving a party. Shall we go there? He has invited us.
PAUL:	When you get right down to it, why not? I had thought that we could go to the theater, but your idea is better than mine.
NICOLE:	What time does it begin?
MICHEL:	We'll pass by to pick you up at nine o'clock on the dot.

Conversation 24

PAUL:	What legal holidays are celebrated in France, Nicole?
NICOLE:	There are many. Some are of civil origin, others are religious. For example, the First of January or New Year's day.
PAUL:	What does one do? What do you wish each other?
NICOLE:	We wish each other a good and happy year. Presents are given to the mailman, the landlady . . . Then, there's Easter.
PAUL:	Who celebrates Easter?
NICOLE:	Easter is celebrated by all Christians. It's a big holiday, which lasts two days. Chocolate eggs are given to the children. Afterwards there's the First of May.
PAUL:	What happens on that day?
NICOLE:	It's Labor Day and also the Lily of the Valley Festival. You send a stalk of lily of the valley to the one you love.

PAUL:	Next, you have Ascension (Day), the Sixth Thursday after Easter, and Pentecost, the Seventh Sunday and Monday after Easter . . .
NICOLE:	Yes. For those spring holidays, you see every Frenchman on the highway. Watch out for traffic jams.
PAUL:	And the Fourteenth of July (Bastille Day)?
NICOLE:	It's the national holiday. Everyone busies himself (by) decorating his windows with flags. Large balls are organized after the traditional fireworks. And, in August, you have (the) Assumption.
PAUL:	Is that a big holiday in France?
NICOLE:	Very. Everything's closed. It's the Feast of the Virgin and all the Marys. In autumn, you have All Saints Day, the First of November. The following day is All Souls Day. On that day, you see the French laying chrysanthemums on the graves of their dead. Then after November 11th, Armistice Day (Veterans' Day), there's Christmas.
PAUL:	Who celebrates Christmas? And how?
NICOLE:	Everyone. On the night of the 24th to the 25th, it's Midnight Mass which is followed by Midnight Supper. The children have sent their letter(s) to Father Christmas (Santa Claus) and have placed their shoes, in which he will put his gifts during the night, in front of the fireplace.

Conversation 25

(At the travel agency.)

EMPLOYEE:	A round-trip ticket for New York?
PAUL:	No, one way, please.
EMPLOYEE:	What class? Economy or first?
PAUL:	Economy.
EMPLOYEE:	When will you leave?
PAUL:	July 18. Could you let me have a good seat?
EMPLOYEE:	It will be difficult. It's summer. Look at the (seating) plan of the plane. Which of these seats would you like?
PAUL:	Try to give me a seat near a window.
EMPLOYEE:	The ticket will be sent to you in a few days. The boarding pass will be given to you at Charles-de-Gaulle airport.
PAUL:	Fine. Do you have some tags for my suitcases?
EMPLOYEE:	Yes, what do you want me to put them in?
PAUL:	Give them to me like that . . . that'll be O.K.
EMPLOYEE:	What are you thinking about? Did you forget something?
PAUL:	Yes. About my baggage? . . . To whom do I go? Where do I have them checked?
EMPLOYEE:	Have them checked in Paris at one of the Terminals. There's an Air France coach leaving for Roissy-Charles-de-Gaulle every fifteen-twenty minutes.
PAUL:	Fine.

(At Charles-de-Gaulle airport in Roissy.)

CUSTOMS OFFICER: Do you have anything to declare?
PAUL: No, I have only personal things and a few souvenirs.
CUSTOMS OFFICER: Open that suitcase anyhow.
PAUL: Which one?
CUSTOMS OFFICER: The smallest one . . . all right, it's O.K. Do you have your passport? You may go through! Next!

(Over the loudspeaker.)

Travelers bound for New York—Flight 0707—leaving at 2 P.M. . . . Gate No. 18.

(On the plane.)

HOSTESS: Good afternoon, ladies and gentlemen. Air France, Commander Magnin, and his crew are happy to welcome you aboard the Château de Chenonceaux. We're going to take off in a few moments. Please fasten your seatbelts and put out your cigarettes. The aircraft will fly at an altitude of 7000 meters. We expect to land at Kennedy Airport in New York at 4 P.M.

Vocabulaires

ABRÉVIATIONS

adj.	adjective	*part.*	participle
adv.	adverb	*past part.*	past participle
cond.	conditional	*pl.*	plural
conj.	conjunction	*prep.*	preposition
def. art.	definite article	*pres. part.*	present participle
f.	feminine	*pron.*	pronoun
inf.	infinitive	*rel. pron.*	relative pronoun
interr. pron.	interrogative pronoun	*sing.*	singular
m.	masculine	*subj.*	subjunctive

FRANÇAIS — ANGLAIS

à to, at, in
abandonner to abandon, give up, forsake, renounce
abattre to fell, beat down; **s'abattre** to burst *(of a storm)*, pounce upon, fall, crash down, swoop down
abîme *m.* abyss, chasm
abonné *m.*, **abonnée** *f.* subscriber *(to newspapers, periodicals, etc.);* **être abonné(e) à** to subscribe to
abord: d'abord first, at first, first of all
abriter to shelter, shield
absolu absolute
absolument absolutely
abstrait abstract
absurde absurd, nonsensical
absurdité *f.* absurdity, nonsense, preposterousness
abuser to take advantage of
accéder to have access (to)
accepter to accept; **je vous prie d'accepter l'expression de mes sentiments distingués** sincerely yours, yours truly, very truly yours
accident *m.* accident
accommoder to accomodate, adapt; to get ready, prepare, cook, dress *(food)*
accompagner to accompany, go with
accomplir to fulfill, perform, carry out, accomplish
accord *m.* agreement; **d'accord!** sure! agreed! fine! O.K.! **être d'accord** to agree, be in agreement with; **se mettre d'accord (avec quelqu'un)** to come to an agreement (with someone), come to an understanding (with someone)
accourir to hasten, run to
accrocher to hook, hang on a hook
accru increased, augumented, grown
accueillir to greet, welcome
accuser to accuse
achat *m.* purchase; **faire des achats** to go shopping, do some shopping, make some purchases
acheter to buy; **acheter au détail** to buy retail; **acheter en gros** to buy wholesale *(in bulk)*
achever to finish
acquérir to acquire
acquisition *f.* acquisition, acquiring, attainment
acte *m.* act
acteur *m.* actor
actif, active active
activement actively
actrice *f.* actress
actuellement now, at the present time
additionner to add
adieu *m.* farewell, parting, leave-taking
adjectif *m.* adjective
admettre to admit
administrer to administer, manage, direct
admiration *f.* admiration
admirer to admire
adopter to adopt, espouse
adorer to adore
adresse *f.* address
adresser to address, direct, send; **adresser une lettre (un paquet) à quelqu'un** to address (send, direct) a letter (a package) to someone; **s'adresser** to speak, address oneself
advenir to occur, happen, befall; **advienne que pourra!** come what may!
adverbe *m.* adverb
aéroport *m.* airport
affaire *f.* affair, business, matter; things, belongings; **faire des affaires avec quelqu'un** to do business with someone; **ranger ses affaires** to put one's things away, put one's things back in place
affection *f.* affection, love, fondness; **avoir de l'affection pour quelqu'un** to have an affection for someone, care about someone, be fond of someone
affectueusement affectionately; **je t'embrasse bien affectueusement** I kiss you very affectionately, love and kisses
affirmatif, affirmative affirmative
affirmativement affirmatively
affirmer to affirm, assert, declare; **s'affirmer** to assert oneself
afin: afin de (+ *inf.*) in order that (to), so that; **afin que** (+ *subj.*) in order that, so that
Afrique *f.* Africa
âge *m.* age, epoch, era, generation; **quel âge ont-ils?** how old are they?
agence *f.* agency; **agence de voyages** *f.* travel agency
agent *m.* agent; **agent de police** *m.* policeman
agir to act; **s'agir de** to be a question of, deal with
agneau *m.* lamb
agréable pleasant, nice; pleasing, attractive
agricole agricultural
aide *f.* help, relief, assistance
aider to help
aigu acute, pointed
ail *m.* garlic
aile *f.* wing
ailleurs elsewhere, somewhere else; **d'ailleurs** however, besides, moreover; **partout ailleurs** everywhere else, anywhere else
aimable kind, amiable, obliging
aimer to like, love; **aimer mieux** to prefer; **qui aime** he who loves
ainsi thus, so; **pour ainsi dire** so to speak, as it were
air *m.* look, air; tune, melody; **avoir l'air** to look, seem, appear

ajouter to add
Allemagne f. Germany
allemand m. German (language)
Allemand m. German
aller to go; to be (health); to be becoming (clothes); to fit; **aller à pied** to go on foot; **aller chercher** to go for, go and get; **aller et retour** m. round-trip (ticket); **aller simple** m. one-way (ticket); **ça vous va?** does that suit you? **comment allez-vous?** how are you?; **comment ça va?** how are you? how are things? how goes it?; **comment vous appelez-vous?** what's your name?; **s'en aller** to go away
allô hello
allumette f. match
alors then, well then, in that case; **ça alors!** well then! oh my gosh! how about that!
almanach m. almanac
alternance f. alternating, alternation
altitude f. altitude
amateur m. devotee, lover (of something), one who is fond (of something)
ambassade f. embassy
ambition f. ambition, great desire; **avoir l'ambition de faire quelque chose** to have (the) ambition to do something
ambre m. amber
âme f. soul; **état d'âme** state of mind
amener to bring, lead
Américain m., **Américaine** f. American
américain adj. American
Amérique f. America; **Amérique centrale** f. Central America; **Amérique du Nord** f. North America; **Amérique du Sud** f. South America; **Amérique latine** f. Latin America
ami m. friend
amical (pl. **amicaux**) amicable, friendly
amicalement amicably
amie f. friend
amitié f. friendship, affection; **avec toute mon amitié** with all my love (friendship), best regards
amour m. love
amoureux m., **amoureuse** f. sweetheart, lover
amoureux, amoureuse adj. loving, in love, smitten, enamored; **être amoureux (amoureuse) de quelqu'un** to be in love with (enamored of) someone
ampli (amplificateur) m. amplifier
amusant amusing
amuser to amuse; **s'amuser** to enjoy oneself, have a good time, amuse oneself
an m. year; **Jour de l'An** New Year's day; **par an** a year, per year
ancien, ancienne ancient, old, past, former
âne m. donkey
angine f. (quinsy) sore throat, angina
anglais m. English (language)
Anglais m. Englishman; **Anglaise** f. Englishwoman

Angleterre f. England
animé(e) animated, spirited, lively
animer to animate, give life to, arouse, excite
année f. year; **dans quelques années** in a few years; **l'année précédente** the year before; **souhaiter une bonne et heureuse année à quelqu'un** to wish someone a happy New Year
anniversaire m. birthday, anniversary; **anniversaire de l'Armistice** m. Armistice Day, Veterans' Day; **célébrer l'anniversaire de quelqu'un** to celebrate someone's birthday; **souhaiter l'anniversaire à quelqu'un** to wish someone a happy birthday
annonce f. announcement, notice; **petites annonces** f.pl. classified advertisements
annoncer to announce, notify, forecast, report
annuel, annuelle annual, yearly
août m. August
apercevoir to notice, perceive; **s'apercevoir de** to notice
apéritif m. appetizer, aperitif
apparaître to appear
appareil m. appliance, apparatus; camera; aircraft; **qui est à l'appareil?** who's calling? who's speaking?
appartement m. apartment; **un appartement à louer** an apartment for rent
appartenance f. belonging
appartenir to belong
appeler to call; **appeler quelqu'un au téléphone** to give someone a ring (a phone call), telephone someone; **s'appeler** to be called, be named, call oneself
appendice m. appendage, appendix, addition
apport m. what is brought in, influence, contribution
apporter to bring
apprécié(e) appreciated, esteemed, valued
apprendre to learn, teach
apprentissage m. apprenticeship; **faire son apprentissage** to serve (do) one's apprenticeship
approche f. approach, drawing near
approcher to approach, draw near
après after; **après-demain** the day after tomorrow; **d'après** according to, after, from, following; **la semaine d'après** the week after, the following week
après-midi m. or f. afternoon; **de l'après-midi** in the afternoon, P.M.
aptitude f. aptitude
aquarium m. aquarium
arbre m. tree
arc m. arch, arc
argent m. money; silver
argumentation f. argumentation, reasoning
armistice m. Armistice; **anniversaire de l'Armistice** m. Armistice Day, Veterans' Day
armoire f. wardrobe, cupboard; **armoire à glace** f. (mirrored) wardrobe

aromate *m.* (an) aromatic
arranger to arrange, put in order, settle; **s'arranger** to improve; to be settled (arranged); to make arrangements; to manage
arrêter to stop; arrest; **s'arrêter** to stop
arrière-grands-parents *m.pl.* great-grandparents
arrivée *f.* arrival
arriver to arrive; to happen; **arriver à** to succeed in
arrondissement *m.* arrondissement *(the largest administrative division of a French department. Each arrondissement is divided into cantons)*
art *m.* art
article *m.* article, commodity; **articles ménagers** *m.* household items (articles), hardwares
artiste *m. or f.* artist, performer
artistique artistic
Ascension *f.* Ascension (Day)
Asie *f.* Asia
aspirer to aspire
aspirine *f.* aspirin
assemblé(e) assembled, called together, gathered
asseoir to seat; **s'asseoir** to sit down
assez enough, rather, quite, sufficiently
assiette *f.* plate, dish; **ne pas être dans son assiette** to be out of sorts, not to be up to the mark; not to be oneself
assis(e) seated, sitting
assister to assist, help, succor; **assister à** to attend, be present at
Assomption *f.* Assumption *(of the Holy Virgin)*
assouvir to satisfy
assurément assuredly, surely, undoubtedly, certainly
assurer to assure, guarantee
astreindre to compel
Atlantique *m.* Atlantic (ocean)
attacher to fasten, attach, tie; **attacher sa ceinture** to fasten one's seatbelt
atteindre to attain, reach
attendre to wait, wait for, expect; **s'attendre à** to expect to
attente *f.* wait, waiting; **salle d'attente** *f.* waiting room
attentif, attentive attentive
attention! careful! look out! attention!; **attention aux embouteillages!** watch out for traffic jams! watch out for bottlenecks!; **faire attention à** to pay attention to, be careful of; **faire attention à sa ligne** to watch one's figure
attentivement attentively
atterrir to land
atterrissage *m.* landing
attitude *f.* attitude
auberge *f.* inn, tavern
aucun none, **ne . . . aucun** no, not any
audacieux, audacieuse audacious, bold, daring
au-dessous de below
au-dessus above

aujourd'hui today; **d'aujourd'hui en huit (en quinze)** a week (two weeks) from today
aurore *f.* dawn, daybreak
aussi also, too, so, therefore; **aussi . . . que** as . . . as
aussitôt immediately; **aussitôt que** as soon as
autant as many, as much; **autant que je sache!** as far as I know!
auteur *m.* author
autobiographique autobiographical
autobus *m.* bus
automatique automatic
automne *m.* autumn; **en automne** in autumn, in the fall
autorité *f.* authority; **perdre son autorité** to lose one's authority
autoroute *f.* superhighway, turnpike, thruway, speedway
auto-stop *m.* hitchhiking; **faire de l'auto-stop** to hitchhike
auto-stoppeur *m.*, **auto-stoppeuse** *f.* hitchhiker
autour de around
autre other, another; **d'un autre côté** on the other hand; **d'une part, . . . d'autre part, . . .** on the one hand, . . . on the other hand, . . .; **de l'autre côté** on the other hand, on the other side; **les uns les autres** to one another; **quelqu'un d'autre** someone else, anyone else
autrement otherwise, else, in another manner; **autrement dit** in other words
avance *f.* advance, lead; **d'avance** beforehand, in advance; **louer une place d'avance** to reserve (book) a seat; **votre montre a dix minutes d'avance** your watch is ten minutes fast; **votre montre est en avance de dix minutes** your watch is ten minutes fast
avancer to run fast *(watch)*; to advance, move forward; **la montre avance** the watch is (runs) fast; **votre montre avance de dix minutes** your watch is ten minutes fast
avant before; **avant de** (+ *inf.*) before; **avant que** (+ *subj.*) before; **avant-hier** the day before yesterday; **avant tout** first of all, above all; **l'avant-veille** two days before
avantage *m.* advantage, benefit
avant-garde *f.* vanguard; *adj.* ultra-modern, experimental
Avare Comedy (1668) by Molière
avec with; **avec plaisir** gladly, with pleasure; **avec toute mon amitié** with all my love (friendship), best regards, **et avec cela (ça)?** and what else?
avenir *m.* future
aventure *f.* adventure
avenue *f.* avenue
averse *f.* shower, downpour; **des averses éparses** scattered showers
avion *m.* airplane; **en avion** by plane; **monter en avion** to board (get on) a plane; **par avion** (by) airmail

avis *m.* opinion; advice; **à votre (son) avis** in your (his, her) opinion; **changer d'avis** to change one's mind
aviser to inform, apprise; **s'aviser (de)** to take it into one's mind
avoir to have; **avoir à** to have to; **avoir beau** to be in vain; **avoir besoin de** to need, have need of; **avoir de la chance** to be lucky; **avoir de l'affection pour quelqu'un** to have an affection for someone, care about someone, be fond of someone; **avoir de la difficulté (ou des difficultés) à faire quelque chose** to have difficulty (trouble) in doing something; **avoir de la fièvre, avoir de la température** to have (run) a fever (temperature); **avoir de la ligne** to have a good figure; **avoir du succès** to have success, be successful, be (turn out) a success; **avoir envie de** to desire; **avoir envie de faire quelque chose** to feel like doing something; want to do something; **avoir l'air** to look, seem, appear; **avoir l'ambition de faire quelque chose** to have (the) ambition to do something; **avoir la grippe** to have the flu (influenza); **avoir la priorité** to have the right of way; **avoir l'embarras du choix** to have (too) much to choose from; **avoir l'intention de** to have the intention of, intend to; **avoir le téléphone** to have a phone; **avoir le temps de** to have time to; **avoir lieu** to take place; **avoir mal à la tête (au ventre, au dos)** to have a headache (stomachache, backache); **avoir . . . minutes de retard** to be . . . minutes late; **avoir peur** to be afraid; **avoir raison** to be right; **avoir . . . semaines de vacances** to have . . . weeks of vacation; **avoir tort** to be wrong; **je vous aurai au tournant** I'll get you the next time around, I'll get you yet; **où avez-vous mal?** where does it hurt?; **votre montre a dix minutes de retard (d'avance)** your watch is ten minutes slow (fast)
avortement *m.* abortion
avouer to confess, avow
avril *m.* April

baba *m.* sponge cake; **baba au rhum** *m.* sponge cake steeped in rum and syrup
bagage *m. (usu. pl.)* baggage, luggage; **faire enregistrer ses bagages** to have one's baggage checked
bagarre *f.* riot, uproar, scuffle, squabble, brawl
bague *f.* ring
baguette *f.* rod, wand, stick; **baguette (de pain)** *f.* long loaf of bread, French bread
baigner to bathe; **se baigner** to bathe, go bathing, take a bath
bain *m.* bath; **salle de bains** *f.* bathroom
bal *m.* dance, ball
Balances *f.* Libra *(scales)*
balayer to sweep
balayeur *m. (street)* sweeper

balcon *m.* balcony
ballet *m.* ballet
ballon *m.* balloon; ball *(filled with air)*
banc *m.* bench
bande *f.* strip; band; stripe; **bande dessinée** *f.* comic strip
banlieusard *m.* suburbanite
banque *f.* bank
baptême *m.* baptism, christening
Barcelone *f.* Barcelona
barde *m.* bard, poet
bas, basse low, bottom, lower; **au bas de** at (on) the bottom of; **là-bas** over there, down there
bassin *m.* fountain, basin, pond
bataille *f.* battle
bateau *m.* boat
bâtir to build, erect, construct
bâton *m.* stick, staff, baton
batterie *f.* percussion instruments; battery
battre to beat, hit, strike; **battre son plein** to be in full swing
Baudelaire, Charles *French poet (1821–1867)*
bavarder to chat
bazar *m.* notions and sundries store; inexpensive department store
beau, bel, belle fine; beautiful, handsome; nice; **il fait beau** the weather is nice (fine); **parler de la pluie et du beau temps** to chat about this and that, talk of nothing in particular
beaucoup many, much, very many, very much, a lot
beauté *f.* beauty; **produits de beauté** *m.* cosmetics, beauty products
Beaux-Arts *m.pl.* Fine Arts *(school)*
Belgique *f.* Belgium
Bélier *m.* Aries *(ram)*
belote *f. a very popular card game in France*
bénir to bless; **Dieu vous bénisse!** God bless you!
bercer to rock, lull
berge *f.* bank *(of river)*, edge *(of railway track or road)*
Berrichon *m.*, **Berrichonne** *f.* native of Berry
besoin *m.* need; **avoir besoin de** to need, have need of
bête *f.* animal, beast
betterave *f.* beet
beurre *m.* butter; **faire son beurre** to make one's butter; to earn a living, bring home the bacon; to make money
bien *m.* good; blessing; well-being; property; wealth
bien well, very, quite, indeed; **bien de** (+ *def. art.*) many, much; **bien des choses à** remember me to, regards to; **bien entendu** of course; **bien que** (+ *subj.*) although; **bien sûr** surely, certainly, of course, yes indeed; **eh bien!** very well! well!; **être bien** to be comfortable; **ou bien** or else; **pas bien du tout** not well at all; **très bien** fine, very well
bientôt soon; **à bientôt** see you soon

bienvenue *f.* welcome; **souhaiter la bienvenue à quelqu'un** to bid someone welcome, welcome someone
bière *f.* beer
bijou *m.* *(pl.* **bijoux)** jewel, gem
bijouterie *f.* jewelry shop, jewelry
bijoutier *m.* jeweler
billet *m.* ticket, note, banknote, chance *(of a raffle);* **prendre un billet** to buy a ticket; **un billet de première (classe)** a first class ticket
bis encore
bise *f.* dry and cold northeast wind; kiss; **donner une bise à quelqu'un** to give someone a little kiss on the cheek
blanc, blanche white; **blanc (d'œuf)** *m.* white *(of egg)*
blanchisserie *f.* laundry
blême pale
blesser to wound, hurt
bleu blue; **bleu-pâle** pale-blue
bloc *m.* pad *(of writing paper)*
blond blond, fair
bœuf *m.* beef, ox; **bœuf bourguignon** *m.* beef Burgundy
boire to drink
bois *m.* wood, woods; **une cuillère en bois** *f.* a wooden spoon
boisson *f.* beverage, drink
boîte box, can
bol *m.* bowl
bon *m.* coupon, ration stamp
bon, bonne good; **bon sens** *m.* good sense, common sense; **de bonne heure** early; **souhaiter une bonne et heureuse année à quelqu'un** to wish someone a happy New Year
bonbon *m.* candy
bonheur *m.* happiness
bonjour good afternoon, good morning, hello
bonnement plainly, simply; **tout bonnement** just as
bonnet *m.* cap; **bonnet de nuit** *m.* night cap
bonsoir good night, good evening
bord *m.* edge, side; shore; **à bord** on board; **au bord de** at the edge of, by the side of
borne *f.* landmark; boundary, limit; **borne kilométrique** *f.* kilometer stone *(a stone set up to mark distances by kilometers along a highway or other line of travel)*
botanique botanical
bouche *f.* mouth; **se passer (quelque chose) de bouche à oreille** to pass on (something) by word of mouth
boucherie *f.* butcher shop
boucle *f.* buckle, brooch; lock of hair; **boucles d'oreilles** *f.* ear-rings
boulanger *m.* baker
boulangerie *f.* bakery
boulevard *m.* boulevard
boulot *m.* work, job
boum *f.* party
bouquet *m.* bouquet

bouquiniste *m.* bookseller, bookdealer *(of old books)*
bourdonner to buzz, hum
bourgeois *m.* middle-class man; **Le bourgeois gentilhomme** Comedy (1670) by Molière
bourgeon *m.* bud
Bourgogne *f.* Burgundy
bourguignon *adj.* Burgundian; **bœuf bourguignon** *m.* beef Burgundy
bout *m.* end, tip; **bout de terre** *m.* piece of land; **au bout de** after, at the end of; **du bout du monde** from the (other) end of the earth
bouteille *f.* bottle
bracelet *m.* bracelet
bras *m.* arm; **bras dessus bras dessous** arm in arm
brave brave; good, kind
Brésil *m.* Brazil
Bretagne *f.* Brittany *(province and ancient Celtic kingdom in northwestern France)*
breton, bretonne Breton
brillant shining, glittering, sparkling
brin *m.* sprig, stalk, shoot, bit; blade
broché embossed, brocaded; **livre broché** *m.* paperbound book, paperback
brochure *f.* brochure, pamphlet
broderie *f.* embroidery
brosse *f.* brush; **brosse à dents** *f.* tooth-brush
brosser to brush; **se brosser** to brush oneself; **se brosser les cheveux** to brush one's hair; **se brosser les dents** to brush one's teeth
brouillé jumbled, mixed, confused; *(sky)* murky
brume *f.* mist, haze
brun brown
Bruxelles *f.* Brussels
buffet *m.* railway restaurant; buffet, sideboard, refreshment table
bulle *f.* bubble, bleb
bureau *m.* *(pl.* **bureaux)** desk, office; **bureau de poste** *m.* post office; **bureau de renseignements** *m.* information bureau *(office);* **bureau de tabac** *m.* tobacco shop
but *m.* end, aim, purpose, goal

ça that; **ça alors!** well then! oh my gosh! how about that!; **ça va** it's all right, everything's fine, O.K.; **ça vous plaît?** does it please you? do you like? are you happy?; **ça vous va?** does that suit you? **ça y est!** here we are! that's it! all right! there now! O.K.!; **comment ça va?** how are you? how are things? how goes it?; **et avec cela (ça)?** and what else?; **sans ça** otherwise
cabane *f.* hut, shed, cabin
cabinet *m.* office, study, small room; **cabinet de consultation** *m.* examining room, *(doctor's)* consulting room
cacher to hide, conceal; **se cacher** to hide oneself
cadeau *m.* *(pl.* **cadeaux)** gift, present; **offrir un cadeau à quelqu'un** to give (offer) someone a gift
cadre *m.* executive

café *m.* café, coffee
cahier *m.* notebook
caisse *f.* cashier's window
calcul *m.* calculation, computation, reckoning, counting
calendrier *m.* calendar
Californie *f.* California
calme quiet, tranquil, still, calm
camarade *m. or f.* friend, chum, pal
camelot *m.* peddler
camembert *m.* Camembert *(cheese)*
camp *m.* camp; **camp retranché** *m.* entrenched camp, fortified area, fortress
campagne *f.* country; **à la campagne** in the country
camper to camp, pitch a tent
Canada *m.* Canada
canal *m.* *(pl.* **canaux)** canal
caniveau *m.* *(pl.* **caniveaux)** gutter, trough
capitale *f.* capital
car *m.* coach, *(long distance)* bus, limousine; **en car** by bus (coach)
car because, for
caractère *m.* character, feature, disposition, nature
caractériser to characterize, distinguish, describe
carafe *f.* decanter, bottle, pitcher
cardinal *(pl.* **cardinaux)** cardinal, chief, principal
carnet *m.* notebook, booklet *(of stamps, of tickets)*; **en carnets** in books *(booklets)*
Carnutes ancient people of Gaul during the time of Caesar. They occupied the region of Chartres.
carrière *f.* career
carte *f.* card, map, menu; **carte d'embarquement** *f.* boarding pass; **carte de Noël** *f.* Christmas card; **dîner à la carte** to dine à la carte; **jouer aux cartes** to play cards; **manager à la carte** to eat à la carte
cartouche *m.* scroll, cartouche; *f.* cartridge
cas *m.* case; **au cas où** in case
cassé(e) broken
casse-croûte *m.* snack *(consisting of ham, cheese or cold-cut sandwich)*
caste *f.* cast
catégorie *f.* category, class
cathédrale *f.* cathedral
catholique *m. or f.* Catholic
cause *f.* cause, grounds, case; **à cause de** on account of, because of
causer to chat, talk; to cause
ce *adj.* this, that; *pron.* it, he, she, they; **ce à quoi** which, of which, of what; **ce dont** of which, of what; **c'est pour quoi?** can I help you? what can I do for you? **ce que** what, that which; **ce qui** what, that which
ceci this; **ceci dit** all told, this said
ceinture *f.* belt; **attacher sa ceinture** to fasten one's seatbelt
cela that; **et avec cela?** and what else?

célèbre famous, well-known
célébrer to celebrate; **célébrer l'anniversaire (la fête) de quelqu'un** to celebrate someone's birthday (saint's [name] day)
célibataire *m.* bachelor, single
celle the one; **celle-ci** this one, the latter; **celle-là** that one, the former
celles the ones; **celles-ci** these, the latter; **celles-là** those, the former
Celte *m.* Celt
celtique Celtic
celui the one; **celui-ci** this one, the latter; **celui-là** that one, the former
cendre *f.* ash(es), cinder(s); **Cendres** Ash Wednesday
cent a hundred; **de cent manières** in a hundred ways
centaine about a hundred
centimètre *m.* centimeter, .39 inch *(less than half an inch)*
centre *m.* center; **au centre de** in (at) the center of; **Centre de Formation continue** Center of Continuing Education
cependant however, nevertheless
cercle *m.* circle, club
certain certain, sure
certainement certainly, surely
ces these, those
cesser to cease, stop
cet, cette this, that
ceux the ones; **ceux-ci** these, the latter; **ceux-là** those, the former
chacun each, each one; **à chacun son goût** each to his own taste, to each his own (taste)
chagrin *m.* grief, sorrow, affliction, trouble
chaîne *f.* chain
chaise *f.* chair
chaleur *f.* warmth, heat; ardor, zeal
chambre *f.* room; **une chambre à louer** a room for rent
champ *m.* field; **champ de foire** *m.* fairground
chance *f.* luck, chance; **avoir de la chance** to be lucky
chandail *m.* sweater
changement *m.* change, alteration
changer to alter, change; **changer d'avis** to change one's mind; **changer de train** to change trains
chanson *f.* song; **composer une chanson** to compose a song; **une chanson à succès** a hit *(song)*
chanter to sing
chanteur *m.* **chanteuse** *f.* singer
chaque each
charcuterie *f.* pork store, pork butcher's shop; cold cuts
charcutier *m.* pork-butcher
charger (de) to charge (with)
Charles VI *(1368–1422) King of France*
Charles VII *(1403–1461) King of France*

charmant charming
charme *m.* charm, spell, attraction, enchantment, seductiveness
Charpentier, Marc-Antoine *(1636?–1704)* French composer
charrette *f.* cart
chasser to hunt
chat *m.*, **chatte** *f.* cat
château *m. (pl.* **châteaux***)* château, palace, castle
chaud hot, warm; **il fait chaud** it's warm, it's hot *(of weather)*
chaudement warmly
chauffage *m.* heating
chausson *m.* slipper
chaussure *f.* shoe, boot; **mettre ses chaussures devant la cheminée** to put one's shoes in front of the fireplace
chef *m.* chief, head, leader; **chef de famille** *m.* head of the house (family)
chef-d'œuvre *m.* masterpiece
chemin *m.* road, way, path; **chemin de fer** *m.* railroad, railway; **chemin vicinal** *m.* village or local road
cheminée *f.* chimney, fireplace; **mettre ses souliers (ses sabots) devant la cheminée** to put one's shoes (one's wooden shoes) in front of the fireplace
chemise *f.* shirt
cher, chère dear; expensive; **coûter cher** to be expensive
chercher to look for, seek, try; **aller chercher** to go for, go and get; **chercher midi à quatorze heures** to look (search) high and low; **venir chercher** to come for
chéri *m.*, **chérie** *f.* darling, dearest
cheveux *m.pl.* hair; **se brosser les cheveux** to brush one's hair
Chèvre *f.* Capricorn *(goat)*
chez at, in, to the house (office, store) of; **chez moi** home, at my home
chiffre *m.* number, numeral
chips *m. pl.* potato chips
chirurgien *m.* surgeon
chocolat *m.* chocolate
choisir to choose, select
choix *m.* choice, selection; **avoir l'embarras du choix** to have (too) much to choose from
chômage *m.* unemployment
chômé(e) nonworking
Chopin, Frédéric *(1819–1849)* Polish pianist and composer
chose *f.* thing; **bien des choses à** remember me to, regards to; **toutes sortes de (choses)** all kinds of (things)
chou *m. (pl.* **choux***)* cabbage, kale; darling; **être un chou** to be a darling, be a honey
chrétien *m.*, **chrétienne** *f.* Christian; *adj.* **chrétien, chrétienne** Christian
chronologique chronological
chrysanthème *m.* chrysanthemum; **fleurir les tombes de chrysanthèmes** to lay chrysanthemums at the graves
chut! ssh! hush!
ciel *m. (pl.* **cieux***)* heaven, sky
cigarette *f.* cigarette
ciment *m.* ciment
cimetière *m.* cemetery
ciné-club *m.* cinema club
cinéma *m.* movies, cinema
cinq five
cinquante fifty
cinquième fifth
circonstance *f.* circumstance
circulaire circular
circulation *f.* circulation; traffic
cire *f.* wax
cirque *m.* circus
cisalpin(e) Cisalpine *(on the Roman side of the Alps)*
civil(e) civil
civilisateur, civilisatrice civilizing
civilisation *f.* civilization
civisme *m.* sense of civic responsibility
clair clear, light; **il est clair** it's clear; **il fait clair** it's clear *(of weather)*
classe *f.* class; **classe économique** *f.* economy class; **classe possédante** *f.* wealthy class; **en classe** in class; **première classe** *f.* first class; **seconde classe** second class
classer to classify, sort
classique classical
clé *f.* key
clergé *m.* clergy
climat *m.* climate
Climbié autobiographical novel (1956) by Bernard Dadié
clochard *m.* tramp
cloche *f.* bell
cocher to check off, tally
code *m.* code; **code postal** *m.* zip code
cœur *m.* heart; **de tout mon cœur** with all my heart
coffret *m.* jewel box
coin *m.* corner
collection *f.* collection
collectionner to collect; **collectionner les timbres** to collect stamps
collier *m.* necklace
colonne *f.* column, pillar; **Colonnes Morris** columns or pillars on which are posted announcements and advertisements for all sorts of entertainment; concerts, ballets, plays, movies, lectures, etc.
coloré(e) colored
combattre to fight
combien how many, how much; **combien de temps** how long; **combien de temps met-il?** how long does it take? **depuis combien de temps?** how long?

combinaison *f.* *(woman's)* slip; combination, arrangement, grouping
comédie *f.* comedy, play; **Comédie Française** *state theater in Paris*
comique *m.* comedy, humor, comic art; *adj.* comic, comical
commandant *m.* commander
commander to order
comme as, like, how; **comme d'habitude** as usual
commencer to begin, start; **commencer par** to begin with; **commencer par faire quelque chose** to begin by doing something
comment how; **comment allez-vous?** how are you?; **comment ça va?** how are you? how are things? how goes it?; **comment êtes-vous?** how are you? *(in looks)*; **comment vous appelez-vous?** what's your name?; **comment vous sentez-vous?** how do you feel?
commentaire *m.* commentary, exposition; comment
commerçant *m.* merchant, shopkeeper
commerce *m.* commerce, trade
commercial *(pl.* **commerciaux)** commercial
commettre to commit
commun common, general
communiquer to communicate, inform of, tell
compagnie *f.* company
compagnon *m.* companion
comparaison *f.* comparison
comparer to compare
complaisamment complaisantly, obligingly
complément: pronom complément *m.* object pronoun
complet *m.* *(man's)* suit
complet, complète complete*
complété completed
complètement completely
compléter to complete
comportement *m.* behavior, deportment, demeanor
comporter to comprise, include; admit of (something), call for, require
composé: passé composé compound past, past indefinite
composer to compose, dial; **composer le (un) numéro** to dial the (a) number; **composer une chanson** to compose a song
composition *f.* composition
comprendre to understand, comprise, include
comprimé *m.* tablet
compris included, understood
compromettre to compromise
compte: se rendre compte to realize; **tenir compte de** to bear in mind, take into account
compter to count, intend, expect; **compter faire quelque chose** to expect to do something; **compter sur** count on (upon), rely on
compte rendu *m.* review *(of book, film, etc.);* report, account

concierge *m. and f.* concierge, janitor, janitress, doorkeeper, caretaker, manager; combination superintendent, doorkeeper, and manager
concerner to relate to, concern, regard
concert *m.* concert
concevoir to conceive
concombre *m.* cucumber
concorde *f.* concord, agreement; **Le Concorde** *m.* The Concord *(plane)*
concret *m.* concrete; **travailler dans le concret** to deal with facts
condamner to sentence, condemn
condiment *m.* condiment, seasoning
conducteur *m.* driver, conductor
conduire to drive, do the driving; to conduct, guide, escort, lead; **permis de conduire** *m.* driver's license
confectionner to make
conférence *f.* conference, lecture
confiance *f.* confidence, reliance, trust; **avoir confiance en quelqu'un** to have confidence in someone
confidence *f.* confidence, disclosure; secret; **faire une confidence à quelqu'un(e)** to tell a secret to someone, take someone into one's confidence
confier to confide, entrust, tell in confidence; **confier un secret à quelqu'un(e)** to tell (confide) a secret to someone
confiture *f.* jam, preserves
confondre to confound, confuse, mistake
conjonction *f.* conjunction
conjugaison *f.* conjugation
conjuguer to conjugate
connaissance *f.* acquaintance, knowledge; **faire la connaissance de quelqu'un** to become acquainted with someone, meet someone, make someone's acquaintance; **très heureux (heureuse) de faire votre connaissance** how do you do, I'm happy to make your acquaintance, I'm glad to meet you
connaisseur *m.* expert, connoisseur, good judge (of)
connaître to be acquainted with, know
connu known, understood
conquérir to conquer
conquête *f.* conquest
consacrer to dedicate, devote; **se consacrer** to devote oneself
conscience *f.* conscience, consciousness, conscientiousness
conscient(e)[de], conscious (of), fully aware (of); **être conscient de quelque chose** to be fully aware of something, be conscious of something
conseiller to advise, counsel, recommend
consentir to consent
conserver to preserve, keep, retain
considéré(e) considered
considérer to consider

consigne f. baggage room, checkroom
consommateur m. consumer, drinker
constamment constantly
constant constant, steadfast
constituer to constitute, form, compose, establish
constructif, constructive constructive
construire to construct, build
consultation f. consultation, advice, (medical) appointment; **cabinet de consultation** m. examining room, (doctor's) consulting room
consulter to consult, take the advice of
contempler to contemplate, reflect, gaze on
contemporain contemporary
contenir to contain
content glad, happy, pleased; **être content de** to be pleased (satisfied) with, be pleased to, be glad to
contentement contentment, satisfaction
contenter to satisfy, please; **se contenter de** to be satisfied with
continent m. continent
continu(e) continuous; **Centre de Formation continue** Center of Continuing Education
continuer to continue
contradictoire contradictory, inconsistent, conflicting
contraindre to compel
contraire m. contrary, opposite; **au contraire** on the contrary, far from it
contre against; **par contre** on the other hand, by contrast
contrebasse f. base fiddle, double base
contredire to contradict
contrefaire to imitate
contrôle m. verification, supervision, checking, control
convaincre to convince
convenable appropriate, proper, suitable
convenablement suitably, properly, appropriately
convenir to agree, suit
conversation f. conversation
copain m., **copine** f. pal, chum
corbillard m. hearse
cordialement cordially, heartily, sincerely
corps m. body
correspondance f. correspondance; connection (between trains), transfer point, station (where one changes trains)
correspondant corresponding
correspondre to correspond
corriger to correct
corsage m. blouse, body (of a dress)
côte f. coast, shore, hill, slope; rib
côté m. side, direction; **à côté de** beside, next to; **de l'autre côté** on the other hand, on the other side; **d'un autre côté** on the other hand; **mettre de côté** to put aside, put on one (the) side, save
cou m. neck

couchant(e) setting; **soleil couchant** m. setting sun
coucher to lay down; to put to bed; **se coucher** to go to bed
coucou m. cuckoo clock, cuckoo
couler to run, flow
couleur f. color
couloir m. corridor, aisle, lobby
coup m. blow, knock, stroke; **coup d'État** m. coup d'état; **donner un coup de téléphone à quelqu'un** to phone someone; make a telephone call to someone; **du premier coup** at (on) the first try; **d'un seul coup** all at once; **un coup de téléphone** m. a telephone call
couper to cut, cut out; to intersect; **couper une robe** to cut out a dress
courage m. courage
courageux, courageuse courageous, daring
couramment fluently
courant common, current, present; **se tenir au courant de** to keep oneself informed about
courir to run
courrier m. mail; **livrer le courrier** to deliver (the) mail
cours m. course; **au cours de** during; **en cours de route** on (along) the way; **suivre un cours** to take a course
course f. race; errand; **faire des courses** to go shopping, do errands
court(e) short; **tout court** only that, nothing more
cousin m., **cousine** f. cousin
coûter to cost; **coûter cher** to be expensive
coutume f. custom, habit
couvert overcast, cloudy; covered; **temps couvert** m. cloudy weather, overcast
couvrir to cover
crachin m. drizzle
craie f. chalk
craindre to fear, be afraid of, dread
crainte f. fear, dread; **de crainte que** (+ subj.) for fear that
cravate f. necktie, tie
crayon m. pencil
créer to create
crème f. cream; **crème fraîche** f. sour cream; **crème à raser** f. shaving cream
crémerie f. dairy, creamery
crémière f. dairy clerk, dairy woman
crêpe f. pancake
creux, creuse hollow, deep
crevette f. shrimp
crier to shout, call out, cry
critiquer to criticize, find fault with
croire to believe, think
croisé(e) crossed, folded; **mots croisés** m. pl. crossword puzzle
croissant m. croissant (crescent-shaped roll)
CROUS stands for **"Centre Régional des Œuvres Universitaires et Sociales"**. *It is the financial aid, student activity and housing office on a French university campus*

FRANÇAIS-ANGLAIS

croustillant(e) crisp, crusty
crudités *f. pl.* raw vegetables
cueillir to gather, pick
cuillère *f.* spoon, scoop; **une cuillère en bois** *f.* a wooden spoon
cuillerée *f.* spoonful; **une cuillerée à soupe** *f.* a tablespoonful
cuire to cook
cuisine *f.* cooking, kitchen; **faire la cuisine** to cook; **livre de cuisine** *m.* cookbook
cuisinier *m.*, **cuisinière** *f.* cook; **être un(e) bon(ne) cuisinier (cuisinière)** to be a good cook
cuisson *f.* cooking
cuit (*from* **cuire** to cook): **bien cuit** well done, well cooked
curieux, curieuse curious, inquisitive

Dadié, Bernard *poet from the Ivory Coast (1916– . . .)*
dame *f.* lady
Danemark *m.* Denmark
dangereux, dangereuse dangerous
dans in, into, within; **dans la vie** in life; **dans quelques années** in a few years
danse *f.* dance, dancing
danser to dance
date *f.* date
dater to date
davantage more, any more, any longer
de of, from, with, than (*before numbers*)
débouché *m.* opening (*for a career or trade*)
debout standing, upright; **à peine debout** just newly established; **être debout** to be standing, be up
débrouiller to disentangle, unravel; **se débrouiller** to get out of difficulty
début *m.* beginning, début, first appearance; **au début de** at the beginning of; **du début jusqu'à la fin** from beginning to end
débuter to begin, start
deçà on this side; **deçà, delà** here, there
décembre *m.* December
décevoir to deceive, disappoint
décidément decidedly, definitely
décider (de) to decide; **décider à** to persuade to; **se décider à** to make up one's mind to
déclarer to declare, proclaim
décliner to decline; to state, give, reveal
décoller to take off
décorer to decorate, ornament, adorn
découverte *f.* discovery
découvrir to discover, uncover; **se découvrir** to uncover oneself, take off one's hat, take off some of one's clothing
décrire to describe
déçu deceived, disappointed
dedans within, in, inside
dédicace *f.* inscription, dedication, autograph
défaire to undo
défendre to forbid; to protect, defend
défini definite, defined
définir to define, determine
degré *m.* degree, extent, stage
dehors out, outside; **en dehors** outside
déjà already
déjeuner *m.* lunch; **petit déjeuner** *m.* breakfast; **prendre le petit déjeuner** to have breakfast; **préparer le déjeuner** to prepare lunch
déjeuner to lunch, have lunch
delà beyond, on the other side of; **deçà, delà** here, there
délicatement delicately, daintily, tenderly
délicieux, délicieuse delicious, delightful
délivrer to deliver, hand over, issue
demain tomorrow; **à demain** I'll see you tomorrow; **après-demain** the day after tomorrow
demander to ask, ask for, require; **se demander** to wonder
démarrer to start (*car*), start off (*train*), move, pull (away)
déménager to move
demeurer to dwell, live; remain
demi half
dénigrer to disparage, discredit
dénommé(e) designated, named
dénouement *m.* ending, outcome, conclusion
dent *f.* tooth; **brosse à dents** *f.* tooth-brush
dentifrice *m.* toothpaste
dentiste *m.* dentist
départ *m.* departure
département *m.* department
départemental (*pl.* **départementaux**) departmental
dépêcher to dispatch; **se dépêcher** to hurry
dépeindre to depict
déplaire to displease
depuis since, for (*in time expressions*), **depuis combien de temps?** how long?
député *m.* member of Parliament
déranger to bother, disturb
dernier, dernière last, latest, final
derrière behind, in back of
dès from, since; **dès que** as soon as
désagréable disagreeable, unpleasant, obnoxious, offensive
descendre (être) to go down, go downstairs, get off; **(avoir)** to take down
déshabiller to undress; **se déshabiller** to undress oneself
désigner to designate, denote
désir *m.* desire, wish
désirer to desire, wish
dessert *m.* dessert
dessin *m.* sketch, drawing, cartoon
dessiner to design, draw, sketch
dessous *adv.* below, under, beneath; *n.m.* lower part, under side; **au-dessous de** below; **bras dessus bras dessous** arm in arm
dessus *adv.* above, over; *n.m.* top, upper part, upper side; **bras dessus bras dessous** arm in arm; **ci-dessus** above

destin *m.* destiny, fate
destinataire *m. or f.* addressee, receiver
destination *f.* destination; **à destination de** bound for
détail *m.* detail; retail; **vendre (acheter) au détail** to sell (buy) retail
détendre: se détendre to relax, slacken
détenir to have possession of; to detain
déterminer to determine, fix
détester to detest, hate, abhor
détruire to destroy
deuil *m.* mourning, bereavement
deux two; **à deux rues d'ici** a couple of blocks from here; **tous (les) deux** both, both of you (of them)
deuxième second *(in series)*
devant in front of, before
développé(e) developed
développer to develop, unfold
devenir to become; **devenir mécanicien (médecin, infirmière, etc.)** to become a mechanic (doctor, nurse, etc.)
devin *m.*, **devineresse** *f.* soothsayer, deviner
deviner to guess, predict
dévisager to stare at (someone); **à dévisager chacun** rudely staring at everyone
devoir *m.* duty, exercise; *pl.* homework
devoir to owe; to have to, ought, must, etc.; **ce doit être un navet** that must be a dud (flop)
diagnostic *m.* diagnosis
dictée *f.* dictation
dicton *m.* saying, proverb
Dieu *m.* God; **Dieu vous bénisse!** God bless you!; **à Dieu ne plaise!** God forbid!
différence *f.* difference, diversity
différent different; various
difficile difficult, hard
difficulté *f.* difficulty; **avoir de la difficulté (ou des difficultés) à faire quelque chose** to have difficulty (trouble) in doing something
dimanche *m.* Sunday; **Dimanche des Rameaux** *m.* Palm Sunday
dîner *m.* dinner; **préparer le dîner** to prepare dinner
dîner to dine, have dinner; **dîner au menu (à la carte)** to have the (complete) dinner (to dine à la carte)
dire to say, tell; recite; **dites-moi!** say!; **se dire** to call oneself, be called, be said, say that one is; **vouloir dire** to mean
direct direct, straight; **un train direct** a direct train, a through train, a through express
directement directly
directeur *m.* director, manager, head
direction *f.* direction
diriger to direct; to conduct; **se diriger vers** to make one's way toward
discothèque *f.* discothèque, record library
discourir to discourse
discours *m.* speech, address, discourse

discrimination *f.* discrimination
discussion *f.* discussion, debate
discuter to discuss, debate
disparaître to disappear
disposer (de) to have at one's disposal (command)
disposition *f.* disposition, disposal
disputer to discuss, argue, dispute; **se disputer** to quarrel, dispute, argue
disque *m. (phonograph)* record; **enregistrer un disque** to record *(a record)*, make a recording *(of a record)*; **passer un disque** to put on (play) a record
dissoudre to dissolve
distinct distinct, different
distinctif, distinctive distinctive, distinguishing
distingué distinguished, eminent; elegant; **je vous prie d'accepter l'expression de mes sentiments distingués** sincerely yours, yours truly, very truly yours
distraction *f.* diversion, amusement
distraire to divert, distract; to entertain, amuse; **se distraire** to amuse oneself, find distraction
divers(e) diverse, various
diversité *f.* diversity, variety, difference
divisé(e) divided
diviser to divide
divorce *m.* divorce
divorcé *m.*, **divorcée** *f.* divorced person
dix ten
dix-huit eighteen
dix-huitième eighteenth
dixième *m.* tenth part
dixième tenth
dix-neuf nineteen
dix-neuvième nineteenth
dix-sept seventeen
dix-septième seventeenth
docteur *m.* doctor
doigt *m.* finger
domaine *m.* domain, realm, sphere
dominer to dominate, command a view (of)
dommage: c'est dommage it's a pity, it's too bad
don *m.* gift, present; aptitude, talent
donc then, therefore, hence
donner to give; **donner un coup de téléphone à quelqu'un** to phone someone, make a telephone call to someone; **donner une bise à quelqu'un** to give someone a little kiss on the cheek; **donner sur** to overlook, face, look out upon
dont whose, of whom, of which
dormir to sleep
dos *m.* back; **avoir mal au dos** to have a backache
doter to give a dowry, endow
douane *f.* customs; **passer à la douane** to pass (through) customs inspection
douanier *m.* customs officer
doubler to double; to pass *(on the road)*, go ahead, overtake

doucement softly, gently
douceur *f.* sweetness, gentleness, rapture
douche *f.* shower; **prendre une douche** to take a shower
douleur *f.* pain, suffering, sorrow
doute *m.* doubt, uncertainty; **sans doute** surely; undoubtedly, without a doubt
douter to doubt; **se douter de** to suspect
doux, douce mild, pleasant, soft, gentle, sweet; **il fait doux** it's mild *(of weather)*
douzaine *f.* dozen
douze twelve
douzième twelfth
drapeau *m. (pl.* **drapeaux***)* flag
dresser to erect, set up; **se dresser** to rise
droite *f.* right, right hand; **à droite** to the right; **tourner à droite** to turn (to the) right
druide *m.* Druid *(priest in the religion of the ancient Celts)*
dur hard, difficult
durée *f.* duration, length of time
durer to last

eau *f. (pl.* **eaux***)* water
échalote *f.* shallot, scallion
échanger to exchange
échantillon *m.* sample, specimen
échelle *f.* ladder, scale
éclair *m.* lightning
éclaircie *f.* opening, rift, break *(in clouds);* **il y a toujours des éclaircies** it always clears up
éclairer to light, illuminate
éclater to burst
école *f.* school; **à l'école** at, in or to school; **être fort à l'école** to be good in (at) school
économique economic, economical, economy
écouter to listen (to)
écraser to crush, squash, flatten
écrire to write
écrivain *m.* writer
édition *f.* edition
éditorial *m. (pl.* **éditoriaux***)* editorial, leading article
éducation *f.* education; bringing up, training
effectuer to carry out, accomplish, execute
effet *m.* effect; **en effet** in fact, indeed, yes indeed
effeuiller to strip off *(petals of flower)*
efforcer: s'efforcer to exert oneself, strive, endeavor, do one's utmost
effort *m.* effort, exertion
effrayé(e) frightened
effrayer to frighten
effroyable freightful, awful, dreadful
égal *(pl.* **égaux***)* equal
également equally, also, likewise, too
égalité *f.* equality, evenness, uniformity
égard *m.* regard, respect; **à l'égard de** with respect to
église *f.* church
Égypte *f.* Egypt

élégant *adj.* elegant, well dressed
élément *m.* element, component part
élevé high *(of prices),* raised, lofty
élever to raise, bring up, rear; **bien élever ses enfants** to bring up (rear) one's children
élire to elect
elle she, it, her
elles they, them
éloge *m.* praise; eulogy; **faire l'éloge de quelqu'un** to praise someone
éloigné(e) distant, remote, removed
embarras *m.* embarrassment; bother; difficulty, trouble; **avoir l'embarras du choix** to have (too) much to choose from
embarrasser to embarrass, trouble, perplex, puzzle; **s'embarrasser de quelque chose** to burden (hamper) oneself with something, trouble oneself about something
embouteillage *m.* traffic jam, bottleneck; **attention aux embouteillages!** watch out for traffic jams! watch out for bottlenecks!
embrasser to embrace, kiss; **je t'embrasse bien affectueusement** I kiss you very affectionately, love and kisses; **je vous embrasse tous les deux bien tendrement** I kiss you both affectionately, love and kisses to both of you; **s'embrasser** to kiss
émerveillement *m.* wonder, astonishment
emmener to take *(a person),* take away
empêcher (de) to prevent (from)
empereur *m.* emperor
emploi *m.* job, employment; use; **être sans emploi** to be out of work, be unemployed; **offres d'emploi** *f.* job offerings (offers); help-wanted ads
employé *m.* employee, clerk
employer to employ, use; **s'employer (à)** to occupy oneself with, busy oneself (with, by)
emporter to carry away
empresser: s'empresser to hasten, hurry; to be eager (to)
en in, to, of it, of them, some, any, from there; while, in, on, upon *(+ pres. part.)*
encadré frame(d)
enchanté delighted; **être enchanté(e) de** *(+ inf.)* to be delighted to *(+ inf.)*
enchanteur *m.* enchanter, charmer
encore again, still, yet; **pas encore** not yet
encourager to encourage
encre *f.* ink
endormir to put (send) to sleep; **s'endormir** to fall asleep
endroit *m.* place, spot
énergiquement energetically, vigorously
enfance *f.* childhood
enfant *m. or f.* child; **bien élever ses enfants** to bring up (rear) one's children
enfin at last, finally
enfuir: s'enfuir to escape, flee, run away
engager (à) to urge (to)
ennemi *m.* enemy, foe

ennui *m.* boredom, weariness; anxiety, trouble, worry
ennuyer to annoy, bore, bother; to worry
ennuyeux, ennuyeuse boring, tedious, dull, annoying, tiresome
énoncé *m.* statement, enunciation
énoncer to state, express, enunciate
énorme enormous
énormément enormously
enquête *f.* inquiry, investigation, study; poll, survey
enregistrement *m.* recording, registration
enregistrer to record; check, register; **enregistrer un disque** to record *(a record)*, make a recording *(of a record)*; **faire enregistrer ses bagages** to have one's baggage checked
enrichir to enrich, embellish; **s'enrichir** to enrich oneself, grow rich; thrive
enseigner to teach
ensemble *m.* whole, group, ensemble, harmonious combination
ensemble together
ensuite after, afterwards, then
entendre to hear; to mean; to understand
entendu understood; all right, very well, agreed, O.K.; **bien entendu** of course
enthousiasmer to render enthusiastic, enrapture
entier, entière entire, whole
entièrement entirely
entouré(e) surrounded, encircled, hemmed in
entrailles *f.pl.* viscera, intestines, *(fig.)* heart
entre among, between
entreprendre to undertake
entrer to enter, go in(to), come in
entre-temps meanwhile
entretenir to maintain, keep up, keep in good condition; **entretenir des rapports étroits avec quelqu'un** to keep in close touch with someone, maintain close relationships with someone
entrevoir to catch sight of
entrouvrir to open slightly
envahisseur *m.*, **envahisseuse** *f.* invader
enveloppe *f.* envelope
envers *m.* wrong side, reverse side; **à l'envers** inside out, wrongway up, in the reverse order
envie *f.* desire, wish, longing; envy; **avoir envie de** to desire; **avoir envie de faire quelque chose** to feel like doing something; to want to do something; **mourir d'envie de faire quelque chose** to be dying to do something, be anxious to do something
environ about
envisager to envisage, consider, contemplate
envoyer to send
épais, épaisse thick, dense
épars, éparse scattered, dispersed, sparse; **des averses éparses** *f.pl.* scattered showers
épice *f.* spice
épicerie *f.* grocery store
épicier *m.* grocer

épidémie *f.* epidemic
épisode *m.* episode
époque *f.* epoch, era, age, period, time
épouser to marry, wed
épreuve *f.* examination, test, trial, ordeal
éprouver to experience, feel
équipage *m.* crew
équipe *f.* team
erreur *f.* error, mistake
escalier *m.* stairs, staircase, stairway
escargot *m.* snail
espace *m.* space, interval *(of time)*
Espagne *f.* Spain
espagnol *m.* Spanish *(language)*
espérer to hope
esprit *m.* spirit, mind, wit
essayer to try; try on
essence *f.* gasoline; **poste d'essence** *m.* gas station; **prendre de l'essence** to get (some) gasoline
essentiel, essentielle essential
essentiellement essentially, above all
essoufflé(e) out of breath, winded
essuyer to wipe, wipe away, wipe up, dry
est *m.* east; **à l'est** in (to) the east
estimer to esteem; to estimate
estragon *m.* tarragon *(a plant whose aromatic leaves are used for flavoring)*
et and
établir to set up, draw up, establish
étage *m.* floor, story; **premier étage** second floor; **troisième étage** fourth floor
étape *f.* stage, halting-place, stop
état *m.* state, condition; **coup d'État** *m.* coup d'état; **de son état** by profession; **état d'âme** state of mind
États-Unis *m.pl.* United States
été *m.* summer; **en été** in (the) summer
éteindre to extinguish, put out
étendre to extend, stretch out; to add on, expand
étiquette *f.* label, tag, sticker
étoile *f.* star
étonnant surprising, astonishing
étonné surprised, astonished
étonner to astonish, surprise; **s'étonner** to be astonished, be surprised
étranger *m.*, **étrangère** *f.* foreigner, stranger; **à l'étranger** abroad
étranger, étrangère foreign
être to be; **ça y est!** here we are! that's it! all right! there now! O.K.!; **ce doit être un navet** that must be a dud (flop); **c'est un garçon bien** he's a fine young man; **c'est un tout petit rien** it's a trifle; **comment êtes-vous?** how are you? *(in looks)*; **être à** to belong to; **être abonné(e) à** to subscribe to; **être à l'heure** to be on time; **être amoureux (amoureuse) de quelqu'un(e)** to be in love with (enamored) of someone; **être au téléphone** to be on the phone; **être bien** to be comfortable; **être conscient de quelque chose**

to be fully aware of something, be conscious of something; **être content de** to be pleased (satisfied) with, be pleased to, be glad to; **être d'accord** to agree, be in agreement with; **être debout** to be standing, be up; **être enchanté(e) de** (+ *inf.*) to be delighted to (+ inf.); **être en queue** to be at the (tail) end, be in the rear; **être en règle** to be in order, have one's affairs in order; **être en retard** to be late; to be slow (*of watch*); **être en seconde (classe)** to be in (the) second class; **être en tête** to be in the front, be ahead; **être en train de** to be (doing something) just now, be engaged in, be in the act of; **être fatigué(e)** to be tired; **être fort à l'école** to be good in (at) school; **être fou (folle) de joie** to be overjoyed, be wild with delight, be crazy with joy; **être heureux (heureuse) de** to be happy (+ *inf.*); **être invité à (faire quelque chose)** to be invited to (do something); **être invité chez quelqu'un** to be invited to someone's house; **être lié(e) à** to be linked (connected) to, be associated with; **être navré(e)** to be dreadfully sorry; **être obligé(e) de** to be obliged (compelled) to; **être placé** to be seated; **être planté en faction** to be standing and watching; **être pressé** to be in a hurry; **être prêt(e) à** to be ready to (for); **être réglé(e)** to be set (*of time*); be fixed (arranged); **être retardé** to be put off, be delayed, be deferred; **être sans emploi** to be out of work, be unemployed; **être (très) pris(e)** to be (very) busy, be (very much) taken up; **être un(e) bon(ne) cuisinier (cuisinière)** to be a good cook; **être un chou** to be a darling, be a honey; **il est de tradition de** (+ *inf.*) it is traditional (+ *inf.*) **j'y suis** I've got it, I get it; **ne pas être dans son assiette** to be out of sorts, not to be up to the mark; not to be oneself; **n'est-ce pas?** isn't it? aren't we? didn't you? etc.; **soit!** so be it!; **votre montre est en avance (en retard) de dix minutes** your watch is ten minutes fast (slow)

étrenne *f.* (*usually pl.*) New Year's gift; **offrir des étrennes à quelqu'un** to give (offer) someone New Year's presents

étroit(e) tight, narrow, close; **entretenir des rapports étroits avec quelqu'un** to keep in close touch with someone, maintain close relationships with someone

étude *f.* study; **poursuivre ses études** to continue (pursue) one's studies

étudiant *m.* **étudiante** *f.* student
étudier to study
étymologie *f.* etymology
Europe *f.* Europe
eux they, them
évader: s'évader to escape, get away (out)
éveiller to awaken, rouse, excite; **s'eveiller** to awaken, wake up
évidemment evidently, obviously
évident evident
éviter to avoid

exact exact, accurate, correct; **c'est exact** it's quite true, that's exact, that's right
exactement exactly
exagérer to exaggerate
examen *m.* examination; **passer un examen** to take an examination; **réussir à un examen** to pass an examination
examiner to examine, check
excellent excellent
exclamer: s'exclamer to exclaim, cry out, protest
excuser to excuse, pardon; **s'excuser (de)** to apologize (for)
exemple *m.* example; **par exemple** for example, for instance
exercer to exert, exercise, carry on, practice
exercice *m.* exercise
exigeant exacting, hard to please, over-particular
exiger to require, insist, demand, necessitate
exister to exist
expéditeur *m.*, **expéditrice** *f.* sender, shipper
expédition *f.* expedition
expliquer to explain
exposer to expose, set forth, exhibit
express *m.* limited (*express train*), express
expression *f.* expression; **je vous prie d'accepter l'expression de mes sentiments distingués** sincerely yours, yours truly, very truly yours
exprimer to express; **s'exprimer** to express oneself
extérieur *m.* exterior, outside; **à l'extérieur** outside, on the outside, out of doors; abroad
extrait *m.* extract, excerpt, selection
extrémiste extremist, die-hard
extrémité *f.* extremity, end

facile easy
facilement easily
façon *f.* way, manner; **de cette façon** in this way, (in) that way; **de toute façon** anyway, at any rate; **d'une autre façon** (in) another way; **d'une façon générale** in a general way; **façon de vivre** *f.* manner (way) of living, way of life
facteur *m.* mailman, postman
faction *f.* watch, sentry-duty; **être planté en faction** to be standing and watching
facultatif, facultative optional, discretionary, facultative
Faculté *f.* faculty, school (*of university*); **Faculté des Lettres** *f.* School of Liberal Arts; **Fac de Lettres** *f. colloquial for* **Faculté des Lettres**
faillir + *inf.* nearly (almost) do something, be on the point of
faim *f.* hunger; **mourir de faim** to be starving, be famished
faire to make, do; **faire attention à** to pay attention to, be careful of; **faire attention à sa ligne** to watch one's figure; **faire bien de** to do well; **faire comme il te (vous) plaît** to do as you please, do as you like; **faire de l'auto-stop** to hitchhike; **faires des affaires avec quelqu'un**

to do business with someone; **faire des courses** to go shopping, do errands; **faire de son mieux** to do one's best; **faire des achats** to go shopping; make some purchases, do some shopping; **faire du patin à glace** to go ice skating, to ice skate; **faire du ski** to ski, go skiing; **faire du tricot** to knit; **faire enregistrer ses bagages** to have one's baggage checked; **faire la connaissance de quelqu'un** to become acquainted with someone, make someone's acquaintance, meet someone; **faire la cuisine** to cook; **faire la grasse matinée** to stay in bed late (all morning), sleep late, get up late; **faire la guerre** to wage war, be at war; **faire la navette** to go back and forth, commute; **faire la queue** to stand in line, get on line; **faire la vaisselle** to wash (do) the dishes; **faire l'éloge de quelqu'un** to praise someone; **faire le lit** to make the bed; **faire le plein** to fill up the (gasoline) tank; **faire le point** to take one's bearings, fix one's position; **faire le pont** to have a long weekend (three or four days); **faire plaisir à** to please, give pleasure; **faire relâche** not to give a performance, suspend a performance, close (of theater); **faire sa toilette** to wash and dress, tidy up; **faire ses provisions** to do one's marketing, do one's (food) shopping; **faire son beurre** to make one's butter; to earn a living, bring home the bacon; to make money; **faire son marché** to do one's (food) shopping, do one's marketing; **faire son service militaire** to do one's military service; **faire son stage** to go through one's training (probationary) period, be a trainee; **faire suivre** to forward, send on; **faire tout son possible** to do everything possible; **faire un tour** to take a stroll, take a trip (drive) around; **faire une confidence à quelqu'un(e)** to tell a secret to someone, take someone into one's confidence; **faire une licence** to do (take) a Master of Arts degree; **faire une ordonnance à quelqu'un** to make out a prescription for someone; **faire une promenade** to take a walk, go for a walk; **faire une promenade en voiture** to go for a drive; **il fait beau** the weather is nice (fine); **il fait chaud** it's warm, it's hot (of weather); **il fait clair** it's clear (of weather); **il fait doux** it's mild (of weather); **il fait du soleil** it's sunny; **il fait du vent** it's windy; **il fait frais** it's cool (of weather); **il fait frisquet** it's chilly (of weather); **il fait froid** it's cold (of weather); **il fait humide** it's humid; **il fait mauvais** the weather is bad; **il fait sombre** it's dark (of weather); **le temps qu'il fera** what the weather will be; **ne vous en faites pas** don't worry; **quel temps fait-il?** what's the weather?
faisceau m. (pl. **faisceaux**) bundle
fait m. act, fact, deed; **au fait** incidentally, as a matter of fact, in fact, after all, by the way; **tout à fait** entirely, quite, altogether

fait adj. ripe (of cheese); made; done
falloir to be necessary, must (impersonal)
fameux, fameuse famous
familial (pl. **familiaux**) (pertaining to) family
familier, familière familiar, intimate
famille f. family; **chef de famille** m. head of the house (family)
fana (fanatique) m. enthusiast, devotee, fan; fanatic
fantastique fantastic
fantôme m. ghost, phantom
farci(e) stuffed
farine f. flour
fastidieux, fastidieuse tedious, wearisome, irksome
fatigue f. tiredness, fatigue, weariness
fatigué(e) tired; **être fatigué(e)** to be tired
fatiguer to fatigue, tire; **se fatiguer (de)** to be tired (to)
faut: il faut it is necessary, one must
faute f. fault, error, mistake
fauteuil m. armchair, seat (of airplane)
faux, fausse false, wrong, counterfeit
féminin, féminine feminine, female
femme f. wife, woman
fenêtre f. window
fer m. iron; **chemin de fer** m. railroad, railway
férié holiday; **jour férié** holiday, general holiday
fermé(e) closed, shut
fermer to close, shut; **fermer la lumière** to switch off (turn off) the light; **se fermer** to shut, close
fermeture f. closing, shutting
fête f. holiday, celebration, feast, festival; saint's day; **célébrer la fête de quelqu'un** to celebrate someone's saint's [name] day; **fête des mères** Mothers' Day; **fête des pères** Fathers' Day; **Fête du muguet** Lily of the Valley Festival; **Fête du Travail** f. Labor Day; **fête foraine** f. fair, carnival; **fête légale** f. legal holiday, public (bank) holiday; **jour de fête** m. feast day, holiday
fêter to celebrate
feu m. fire; traffic light; **feu rouge** m. red light, traffic light (signal)
feu d'artifice m. fireworks
feuille f. leaf, sheet; **feuille morte** f. dead leaf
feuilleton m. serial story
février m. February
fiancé m. **fiancée** f. betrothed, fiance
fidèle faithful, loyal
fièvre f. fever, temperature; **avoir de la fièvre** to have (run) a fever (temperature)
figurer to figure, appear
fil m. thread, wire
filer to take off, go away, run off fast; **filer droit** to go straight ahead; to behave
filet m. net, (net) shopping bag; **filet de sole** m. filet of sole
filin m. rope

fille *f.* daughter, girl
film *m.* film
fils *m.* son
filtre *m.* filter, cup of filtered coffee
fin *f.* end; **à la fin de** at the end of; **du début jusqu'à la fin** from beginning to end
fin, fine fine, thin, delicate
final (*pl.* **finals**) final, last, ultimate
finalement finally
financièrement financially
fini(e) finished, ended, over
finir to finish; **finir par** to finish by, to end up by (with); finally; **finir par faire quelque chose** to end in (by) doing something
firme *f.* (*business*) firm
fisc *m.* Internal Revenue
fixe fixed, firm, stable
fixer to fix, determine, make (something) firm, set
flacon *m.* bottle, phial, decanter
flambeau *m.* torch
flâner to stroll
flâneur *m.*, **flâneuse** *f.* stroller, lounger, loafer, idler
fleur *f.* flower
fleurir to blossom, bloom, flourish; decorate with flowers; **fleurir les tombes de chrysanthèmes** to lay chrysanthemums at the graves
fleuriste *m. or f.* florist
fleuve *m.* river
flou(e) blurred, out of focus, hazy, unsharp, fuzzy, not quite distinct
foi *f.* faith, belief, creed; **par ma foi!** upon my word! goodness! indeed! really! to be sure! why!
foie *m.* liver
foire *f.* fair, carnival; **champ de foire** *m.* fairground
fois *f.* time; **à la fois** at the same time; **deux fois** twice; **merci mille fois** thank you very much, thanks a lot; **une fois** once
folie *f.* madness, folly; **à la folie** madly
fond *m.* bottom, back, rear; **au fond** when you get down to it, really, after all; **au fond de** at the bottom of, in the rear (back) of
fondé(e) founded
fondre to melt, dissolve
football *m.* football; **jouer au football** to play football
forain(e) fun, outlandish; foreign, itinerant; **fête foraine** *f.* fair, fun fair; **les forains** *m.pl.* showmen, strolling players, etc.
force *f.* strength, force, might
forcer to force, compel
forêt *f.* forest, wood(s)
formalité *f.* formality
formation *f.* formation, education; **Centre de Formation continue** Center of Continuing Education
forme *f.* form, shape

former to form, make up, assemble
formuler to formulate, draw up
fort strong, strongly, very, very much; **être fort à l'école** to be good in (at) school
fortune *f.* fortune, luck, wealth
fossé *m.* ditch, trench
fou, fol, folle mad, crazy, insane, foolish, silly, senseless; **être fou (folle) de joie** to be overjoyed, be wild with delight, be crazy with joy
foulard *m.* silk scarf
four *m.* oven
frais, fraîche cool, fresh; **il fait frais** it's cool (*of weather*)
franc *m.* franc (*about 20 U.S. cents*)
français *m.* French (*language*)
Français *m.* Frenchman; **Française** *f.* Frenchwoman
français *adj.* French
France *f.* France
franchir to cross; to clear (*obstacles*), jump over; pass (over)
frapper to knock, strike; **frapper à la porte** to knock (*at the door*)
fréquemment frequently
fréquent frequent
frère *m.* brother
frisquet: il fait frisquet it's chilly (*of weather*)
frisson *m.* shiver, shudder, thrill
frites *f. pl.* (*French*) fried potatoes
froid *m.* cold; **avoir froid** to be cold (*person*); **il fait froid** it's cold (*of weather*)
froid *adj.* cold
froidure *f.* coldness, cold
fromage *m.* cheese; **un fromage trop fait** too ripe a cheese
frontière *f.* frontier, border
frugal (*pl.* **frugaux**) frugal
fruit *m.* fruit
fuir to flee
fumer to smoke
furieux, furieuse furious
futur *m.* future

gagner to earn, gain, win
gai gay, merry
gaiement gayly, merrily
galant(e) gallant, pleasing, attentive to ladies, tasteful, elegant, polite
galerie *f.* gallery, balcony; **Galerie des Glaces** Hall of Mirrors
garage *m.* garage
garçon *m.* boy, waiter; **c'est un garçon bien** he's a fine young man
garder to keep, keep on (*a garment*); guard, watch over, protect, retain; **se garder de** to take care not to
gardien *m.* caretaker, guardian, watchman, doorman
gare *f.* station

garer to park, garage; **garer un vélomoteur (une voiture)** to park (garage) a motorbike (a car)
garnison f. garrison
gâteau m. (pl. **gâteaux**) cake
gâter to spoil
gauche left; **à gauche** to the left; **tourner à gauche** to turn (to the) left
gauchisme m. the radical left, the extreme left
Gaule f. Gaul
Gaulle, Charles de a general and statesman who became President of France in 1959
gaulois Gallic; **Gaulois** m.. **Gauloise** f. Gaul (people)
gaze: ça gaze? is everything O.K.?
geler to freeze; **il a gelé cette nuit** it froze last night; **il gèle** it's freezing
gêner to embarrass
général (pl. **généraux**) general; **en général** in general, generally
généralement generally, in general
généraliste m. general practitioner
Genève f. Geneva
génial full of genius
génie m. genius; spirit
genre m. class, gender, genre, kind, type; **genre de vie** way of life
gens m. or f. pl. people
gentil, gentille nice
gentilhomme m. nobleman, gentleman
gentillesse f. kindness, niceness, sweetness
gentiment nicely, prettily; gracefully
Germain m., **Germaine** f. German (native of ancient Germany)
germain, germaine adj. German
Germanique Germanic
gigot m. leg (of lamb); **gigot d'agneau** m. leg of lamb
gilet m. (cardigan) sweater, vest
giratoire one-way circular traffic; **sens giratoire** m. traffic circle
glace f. ice, ice cream, mirror
glaçon m. ice-cube; **avec des glaçons** on the rocks
gorge f. throat; **avoir mal à la gorge** to have a sore throat; **mal de gorge** m. sore throat
goût m. taste; **à chacun son goût** each to his own taste, everyone to his taste, to each his own (taste); **elle a meilleur goût** it tastes better
goûter m. snack
goûter to taste
goutte f. drop
grâce f. grace, charm, pardon; **grâce à** thanks to, owing to
grammaire f. grammar
gramme m. gram (.035 ounce)
grand large, big, great, tall; **grande route** f. highway
grand-mère f. grandmother
grand-père m. grandfather
grand-tante f. great aunt
grandeur f. greatness, grandeur

grands-parents m. pl. grandparents
gras, grasse fat, thick
grave serious
gravement seriously, gravely
grec, grecque Greek
Grèce f. Greece
grêler to hail; **il grêle** it's hailing
grincer to squeak, creak, grate
grippe f. flu, influenza; **avoir la grippe** to have the flu (influenza)
gris gray
gros m. bulk, main part; wholesale (trade); **vendre (acheter) en gros** to sell (buy) wholesale (in bulk)
gros, grosse big, large, stout, high (of temperature)
groupe m. group, party (of people)
gruyère m. Gruyère (Swiss) cheese
guère; ne . . . guère scarcely, hardly
guerre f. war; **faire la guerre** to wage war, be at war
guerrier m. warrior
gui m. mistletoe
guichet m. (ticket) window, (ticket) booth
guide m. guide; guide-book
guitare f. guitar

habiller to dress; **s'habiller** to dress oneself, get dressed
habitant m. inhabitant, resident
habitation f. dwelling, residence, abode
habiter to dwell, inhabit, live
habitude f. habit, practice; **comme d'habitude** as usual; **d'habitude** ordinarily, usually
habituer to accustom
haché(e) chopped (up), minced
harangue f. speech, harangue
hardi daring, bold
haricot m. bean; **haricots verts** stringbeans
hasard m. chance, hazard; **au hasard** at random, haphazardly
hâter to hasten, hurry; **se hâter (de)** to hasten (to)
haut high, tall
haut-parleur m. loudspeaker
hebdomadaire m. weekly newspaper; **hebdomadaire** adj. weekly
hectare m. 2.47 acres
hélas! alas!
Henri IV (1589–1610) King of France
héros m. hero
hésiter to hesitate
heure f. hour, o'clock, time; **à cette heure** now, at present; **à l'heure** on time; **à neuf heures pile** at nine o'clock on the dot; **chercher midi à quatorze heures** to look (search) high and low; **de bonne heure** early; **demi-heure** f. half an hour; **être à l'heure** to be on time; **l'heure c'est l'heure** time is money; **quelle heure est-il?** what time is it?; **une heure et demie** an hour and a half; one-thirty

heureux, heureuse glad, happy; **être heureux de** to be happy (+ *inf.*); **souhaiter une bonne et heureuse année à quelqu'un** to wish someone a happy New Year
heureusement fortunately, happily
hier yesterday; **avant-hier** the day before yesterday; **hier soir** last night
hirondelle *f.* swallow
histoire *f.* story, tale; history
historique historical
hiver *m.* winter; **en hiver** in (the) winter
Hollande *f.* Holland
homard *m.* lobster
homme *m.* man; **homme de lettres** *m.* man of letters, literary man; **homme de science** *m.* scientist
honnête honest, respectable, honorable
hôpital *m.* hospital
horizontalement horizontally
horloge *f.* clock
hors-d'œuvre *m.* hors d'oeuvre
hospitalier, hospitalière *adj.* hospital, pertaining to a hospital; hospitable
hôtel *m.* hotel
hôtelier *m.* hotel keeper
hôtesse *f.* hostess
hublot *m.* window (*of a plane*), port-hole
Hugo, Victor (1802–1885) French Romantic poet, novelist and dramatist
huit eight; **d'aujourd'hui en huit** a week from today; **huit jours** a week; **il y a huit jours** a week ago
huitième eighth
humble humble, meek, modest
humeur *f.* mood, humor, temperament
humide damp, humid, moist; **il fait humide** it's humid
humoriste *m.* humorist
humour *m.* humor
hurler to shout, howl, roar, yell
hutte *f.* hut, cabin
hyacinthe *f.* hyacinth
hydrogène *m.* hydrogen

ici here; **d'ici** from here; **d'ici quelques jours** in (within) a few days; **par ici** over here, this way
idéal (*pl.* **idéaux**) ideal
idée *f.* idea
identifier to identify
idole *f.* idol
ignorer to be ignorant of, not to know, not to be aware of
il he, it; **il y a** there is, there are; (*with expressions of time*) ago; **il y a huit jours** a week ago
image *f.* image, picture
imaginer to imagine, conceive, invent, devise
immédiat immediate
immédiatement immediately
immeuble *m.* building, apartment house, tenement, house
immobile motionless, still
impatient impatient, anxious
impatienter: s'impatienter to be impatient to
imper (imperméable) *m.* raincoat
impératif *m.* imperative
imperméable *m.* raincoat
impersonnel, impersonnelle impersonal
importance *f.* importance
important important, of consequence
importe: il importe it's important; **n'importe quoi** anything
impossible impossible
impression *f.* impression
impromptu *m.* impromptu
imprudence *f.* imprudence, rashness
inanimé(e) inanimate
incontestable indisputable, unquestionable
indéfini indefinite
indescriptible indescribable
indicatif *m.* indicative mood
indiquer to indicate, show, point out
indiscret, indiscrète indiscreet, inconsiderate
indiscrétion *f.* indiscretion, indiscreetness, indiscreet action or remark
indispensable indispensable, absolutely necessary
individu *m.* individual, person
industriel, industrielle industrial
inégalité *f.* inequality
infériorité *f.* inferiority
infirmière *f.* nurse; **devenir infirmière** to become a nurse
information *f.* information, inquiry; *pl.* news
ingénieur *m.* engineer
ingrédient *m.* ingredient
initiation *f.* initiation
innommable unnamable, vile
inquiéter to disquiet, make uneasy, alarm, worry; to disturb
inscrire to inscribe, enroll, register; **s'inscrire** to register
insister to insist
inspirer to inspire; **s'inspirer** to draw one's inspiration
installer to install, set up; **s'installer** to install oneself, get settled
instant *m.* moment, instant; **à l'instant** just this instant, this very moment, right now; at once, immediately; **pour l'instant** for the time being, for the moment
instituer to institute, establish
instructif, instructive instructive
instrument *m.* instrument
insuffisant(e) insufficient, inadequate, not equal to
intellectuellement intellectually
intelligent intelligent, clever
intense intense
intention *f.* intention; **avoir l'intention de** to have the intention of, intend to

interdire to prohibit, forbid
interdit(e) forbidden, prohibited; **sens interdit** *m.* no access ("do not enter") street, wrong way!
intéressant interesting
intéressé *m.*; **intéressée** *f.* interested party
intéresser to interest; **s'intéresser à** to be interested in
intérêt *m.* interest, concern
intérieur *m.* interior, inside, inner; **à l'intérieur** inside, on the inside, indoors
international (*pl.* **internationaux**) international
interprète *m. or f.* interpreter, actor
interrogatif, interrogative interrogative
interrogation *f.* interrogation, question, inquiry
interroger to interrogate, question
interrompu(e) interrupted
intervenir to intervene
interview *f.* interview
interviewer to interview; **interviewer quelqu'un(e)** to interview someone
intonation *f.* intonation; pitch
intrigue *f.* intrigue, plot
invention *f.* invention, inventiveness, imagination, contrivance
invitation *f.* invitation
inviter to invite; **être invité à (faire quelque chose)** to be invited to (do something); **être invité chez quelqu'un** to be invited to someone's house
irréductible irreducible
irrégulier, irrégulière irregular
irrésistiblement irresistibly
irriter to irritate, incense, anger
Italie *f.* Italy
italien *m.* Italian (*language*)
italien, italienne Italian
Ivoirien *m.* native or citizen of the Ivory Coast

jamais ever, never; **ne . . . jamais** never
jambon *m.* ham; **jambon blanc** *m.* boiled ham; **jambon haché** *m.* minced ham
Jammes, Francis *famous French writer of poems and short stories (1868-1938)*
janvier *m.* January
Japon *m.* Japan
jardin *m.* garden; **jardin botanique** *m.* botanical garden; **jardin des Tuileries** *m.* Tuileries Gardens; **jardin du Luxembourg** *m.* Luxembourg Gardens; **jardin zoologique** *m.* zoological garden(s), zoo
jargon *m.* jargon, slang, lingo
jaune yellow; **jaune (d'œuf)** *m.* yolk (of an egg)
jazz *m.* jazz
jerk *m.* jerk (*dance*)
jeter to throw
jeu *m.* (*pl.* **jeux**) game
jeudi *m.* Thursday
jeune young; **jeune fille** *f.* girl, young lady; **jeune homme** *m.* young man, youth, lad; **jeunes gens** *m. pl.* young people, young folk, young men; **les jeunes** the young people

jeunesse *f.* youth, young people
joie *f.* joy, delight, gladness; **être fou (folle) de joie** to be overjoyed, be wild with delight, be crazy with joy
joindre to join
joli pretty
jouer to play, act; **jouer à** to play (*a game, a sport*); **jouer de** to play (*a musical instrument*)
jouir to enjoy
jour *m.* day; **dans trois jours (huit jours)** in three days (a week); **de nos jours** nowadays; **d'ici quelques jours** in (within) a few days; **huit jours** a week; **il y a trois (huit) jours** three days (a week) ago; **jour de fête** *m.* feast day, holiday; **Jour de l'An** New Year's day; **jour de marché** market (marketing) day; **Jour des Morts** *m.* All Souls' Day; **jour férié** *m.* holiday, general holiday; **par jour** a day, per day; **quel jour sommes-nous?** what is the date? **quinze jours** two weeks; **tous les jours** every day
journal *m.* (*pl.* **journaux**) newspaper; **journal du soir** *m.* evening newspaper; **journal télévisé** *m.* (T.V.) news; **marchand(e) de journaux** *m. or f.* newsdealer
journaliste *m. or f.* journalist, reporter
journée *f.* day
juif, juive Jewish
juillet *m.* July
juin *m.* June
jusqu'à as far as, up to, until; **jusqu'à ce que** (+ *subj.*) until
juste just, right, fair; **il est juste** it's right
justement precisely, exactly
justifier to justify, vindicate

kilo (kilogramme) *m.* kilo, 1000 grams (*35.27 ounces - about 2.2 pounds*)
kilomètre *m.* kilometer, 0.624 mile (*about $5/8$ of a mile*)
kiosque (à journaux) *m.* newstand, newspaper stand

là there; **là-bas** over there, down there
laboratoire *m.* laboratory
lac *m.* lake
laid(e) ugly
laisser to leave (behind); let, allow; **laisser tomber** to drop
lait *m.* milk; **ton lait va tourner** your milk will go around; your milk will get sour
laitier *m.* milkman
laitue *f.* lettuce
langage *m.* language, speech
langue *f.* language; tongue
langueur *f.* languor, languidness, listlessness
larme *f.* tear
lasser to tire, exhaust; **se lasser de** to grow tired (weary), tire of
latin *m.* Latin (*language*)
lavabo *m.* washbasin

laver to wash; **machine à laver** f. washing machine; **se laver** to wash oneself, get washed; **se laver la tête** to wash one's hair

leçon f. lesson

lecture f. reading

légal (pl. **légaux**) legal, lawful; **fête légale** legal holiday; public (bank) holiday

légendaire legendary

léger, légère light

légèrement lightly, slightly

Légion d'honneur f. French national order of merit instituted by Napoleon I in 1802 as a recompense for military and civil service

légume m. vegetable

lendemain m. next day, day after

lent slow

lentement slowly

Le Nôtre, André (1613–1700) French designer of gardens and parks

lequel, laquelle, lesquels, lesquelles which, which one, who, whom

lessive f. laundry detergent; wash (clothes), laundry washed or to be washed

lettre f. letter; **adresser une lettre à quelqu'un** to address (send, direct) a letter to someone; **mettre une lettre à la poste** to mail a letter; **papier à lettres** m. stationery, letter paper, writing paper

leur, leurs their

leur: le leur, la leur, les leurs theirs

lever lift, raise; **le rideau se lève** the curtain goes up, curtain time is; **lever le pouce** to hitchhike; **se lever** to get up, rise

liaison f. linking, connection

libéral (pl. **libéraux**) liberal

libraire m. bookseller, bookdealer; **libraire d'occasion** m. second-hand bookseller

librairie f. bookstore, bookshop; **librairie-papeterie** f. book and stationery store

libre free

licence f. Master of Arts degree; **faire une licence** to do (take) a Master of Arts degree

lié(e) linked, bound, connected; **être lié(e) à** to be linked (connected) to, be associated with

lien m. bond, tie, link

lier to bind, join, fasten

lieu m. place; **avoir lieu** to take place

ligne f. line, figure (of a lady); **avoir de la ligne** to have a good figure; **faire attention à sa ligne** to watch one's figure

limité limited, circumscribed, restricted, bounded

liquide liquid

lire to read

Lisbonne f. Lisbon

liste f. list, roll

lit m. bed; **faire le lit** to make the bed; **rester au lit** to stay (remain) in bed

litre m. liter (1.06 quarts)

littérature f. literature

livre m. book; f. pound, 500 grams (17.63 ounces); **livre broché** m. paperbound book, paperback; **livre de cuisine** m. cookbook; **livre relié** m. hardcover (bound) book

livrée f. livery

livrer to deliver; **livrer le courrier** to deliver (the) mail; **se livrer à** to engage in, indulge in

livreur m. deliverer, delivery man

loge f. dressing room; box, box-seat; quarters

logé(e) lodged, put, placed

loi f. law

loin far; **au loin** in the distance; **plus loin** farther on

loisir m. leisure; **à loisir** at leisure

Londres London

long, longue long; **le long de** along

longtemps a longtime, long

longuement long, a longtime

lorsque when

loterie f. lottery

louer to rent; to praise, commend; **louer sa places** to reserve one's seat; **louer une place d'avance** to reserve (book) a seat (of train); **un appartement à louer** an apartment for rent

Louis XIV (1643–1715) King of France

loupe f. magnifying glass

Louvre: Le Louvre famous museum in Paris

loyal (pl. **loyaux**) loyal

lucidité f. lucidity, clearness

luire to shine, glitter, glisten

luisant(e) shiny, glossy, gleaming

Lulli, Jean-Baptiste (1632–1687) French composer

lumière f. light; **fermer la lumière** to switch off (turn off) the light

lundi m. Monday

lune f. moon

lunettes f.pl. (eye) glasses, spectacles

Lutèce f. Lutetia, former name of Paris

luxe m. luxury

lycée m. French secondary school, high school (supported by the State)

machine f. machine, engine; **machine à laver** f. washing machine

madame, Mme madam, Mrs.

mademoiselle, Mlle miss

magasin m. store; **grand magasin** m. department store

magazine m. (illustrated) magazine

magie f. magic

magique magic(al)

magnétophone m. tape recorder

magnifique magnificent, splendid

mai m. May

main f. hand

maintenant now

maintenir to maintain

mais but; **mais non** of course not

maison f. house, building; **à la maison** at home

maître m. master, teacher

majestueux, majestueuse majestic
mal *m.* (*pl.* **maux**) ache, pain, trouble, evil, harm; **avoir mal à la tête (au ventre, au dos)** to have a headache (stomachache, backache); **mal de gorge** *m.* sore throat; **où avez-vous mal?** where does it hurt?; **se faire mal** to hurt oneself
mal *adv.* badly, poorly; **pas mal** fine, pretty well, not bad
malade ill, sick; **tomber malade** to fall ill, get sick
maladie *f.* illness, sickness
malaise *m.* uneasiness, discomfort; **avoir un malaise** to feel faint
malentendu *m.* misunderstanding, misapprehension
malgré in spite of
malheureux, malheureuse unhappy, unfortunate, wretched
malin, maligne evil (-minded), wicked; shrewd, cunning, sly
maman *f.* mom, mama
manège *m.* ride, merry-go-round
manger to eat; **manger au menu (à la carte)** to have the (complete) dinner (to eat à la carte); **on mange bien (ici)** the food is good (here); **salle à manger** *f.* dining room
manière *f.* manner, way, sort, kind; **de cent manières** in a hundred ways
manque *m.* lack
manquer to miss, be lacking; come near; **manquer son train (avion)** to miss one's train (plane)
manteau *m.* (*pl.* **manteaux**) coat, cloak, mantle
marchand *m.*, **marchande** *f.* storekeeper, merchant, dealer, peddler, saleslady, seller; **la marchande des quatre saisons** fresh fruit and vegetable vendor; **marchande(e) de journaux** newsdealer
marchandise *f.* merchandise, commodity (commodities), goods, wares
marche *f.* step (*of stairs*), march
marché *m.* market, marketing; fair; **à meilleur marché** more cheaply; **faire son marché** to do one's (*food*) shopping, to do one's marketing; **jour de marché** *m.* market (marketing) day
marcher to walk, run; to work
mardi *m.* Tuesday
margarine *f.* margarine
marguerite *f.* daisy
mari *m.* husband
mariage *m.* marriage; **unir quelqu'un par le (en) mariage** to unite someone in marriage, marry someone
marier to marry; blend; **se marier avec quelqu'un(e)** to marry someone, get married
Maroc *m.* Morocco
marque *f.* brand, make
marquer to mark, denote, tell
marquise *f.* marchioness

marraine *f.* godmother, sponsor (at baptism)
mars *m.* March
masculin, masculine masculine, male
match *m.* match, game
maternel, maternelle maternal
mathématiques *f.pl.* mathematics
matin *m.* morning; **ce matin** this morning; **du matin** in the morning, A.M.
matinée *f.* morning; afternoon performance, matinée; **faire la grasse matinée** to stay in bed late (all morning), sleep late, get up late
mauvais bad; **il fait mauvais** the weather is bad; **mauvais numéro** wrong number
maximum *m.* maximum
mécanicien *m.* mechanic; **devenir mécanicien** to become a mechanic
médecin *m.* doctor, physician; **devenir médecin** to become a doctor
médicament *m.* medicine
médire to slander
Méditerranée *f.* Mediterranean (sea)
Méditerranéen *m.*, **Méditerranéenne** *f.* Mediterranean; *adj.* pertaining to the Mediterranean
meilleur better, best
mélange *m.* mixture, mingling, mixing
mélanger to mix, blend, mingle
mêler to mingle mix, blend
mélodieux, mélodieuse melodious, tuneful
même same, very, even, self; **quand (bien) même** even if, anyhow, in spite of all; **tout de même** anyhow, just the same, all the same
menacer to threaten
ménager, ménagère household, pertaining to the house(hold); **articles ménagers** *m.* household items (articles), housewares
mener to lead, bring
menhir *m.* menhir, standing stone, monolith
mentionner to mention, name
mentir to lie
menu *m.* complete dinner; menu, bill of fare; **au menu** on the menu; **dîner (manger) au menu** to have the (complete) dinner; **prendre le menu** to have the complete dinner
mer *f.* sea
merci thank you; **merci mille fois** thank you very much, thanks a lot
mère *f.* mother
méridional southern
mériter to deserve
merveilleux, merveilleuse wonderful, marvelous
messe *f.* Mass
messieurs *m.* gentlemen
mesure *f.* measure
météo *f.* weather report, weather bureau (*aviation slang*); **les prévisions de la météo** *f. pl.* weather report, weather forecast; **spécialiste de la Météo** *m.* weatherman, meteorologist
méthode *f.* method, system; way(s)
métier *m.* trade, occupation, profession

petits-enfants *m.pl.* grandchildren
petits pois *m.pl.* peas
peu few, little
peuple *m.* people, nation
peuplé(e) populated, peopled with
peur *f.* fear; **avoir peur** to be afraid; **de peur que** (+ *subj.*) for fear that; **mourir de peur** to be frightened to death
peut: il se peut it's possible, it may be
peut-être perhaps, maybe; **peut-être bien . . .** it could be . . .
pharmacie *f.* pharmacy, drugstore
pharmacien *m.*, **pharmacienne** *f.* pharmacist, druggist
philosophe *m.* philosopher
phonétique phonetic
photo *f.* photo; **prendre une photo** to take (snap) a picture
photographier to photograph
phrase *f.* phrase, sentence
physiquement physically
piano *m.* piano
Picard *m.* native of Picardy
Picardie *f.* Picardy
pick-up *m.* record player
pièce *f.* play; room; coin; piece; **une pièce à succès** a hit *(play)*
pied *m.* foot; **aller à pied** to go on foot; **au pied de** at the foot of
pierre *f.* stone
piéton *m.*, **piétonne** *f.* pedestrian; **rues piétonnes** streets closed to traffic
pile *f.* battery *(elec.)*
pile: à neuf heures pile at nine o'clock on the dot
pilule *f.* pill
pincée *f.* pinch
pire worse, the worst
pis worse, worst; **tant pis** too bad, so much the worse
pittoresque picturesque
pivot *m.* pivot, axis
placard *m.* closet
place *f.* place, seat, room, square; **à votre place** in your place; if I were you; **louer une place d'avance** to reserve (book) a seat *(of train)*; **réserver (louer) ses places** to reserve one's seats *(of theater)*; **réserver une place à quelqu'un(e)** to reserve a seat for someone
placé placed, situated; **être placé** to be seated
placer to place, seat
plafond *m.* ceiling
plaindre to pity; **se plaindre de** to complain
plainte *f.* complaint, lament
plaire to be pleasing, please; **à Dieu ne plaise!** God forbid! **ça vous plaît?** does it please you? do you like? are you happy?; **faire comme il te (vous) plaît?** to do as you please, do as you like; **il vous plaît?** do you like it?; **plaire à quelqu'un** to please someone; **s'il vous plaît** please, if you please; **se plaire à** to delight in

plaisir *m.* pleasure; **avec plaisir** gladly, with pleasure; **faire plaisir à** to please, give pleasure
plaît: il vous plaît? do you like it? **s'il vous plaît** please, if you please
plan *m.* map, plan, scheme; **plan de métro** *m.* subway map
planté: être planté en faction to be standing and watching
plat *m.* dish, plate, platter
plate-forme *f.* platform *(of a bus, etc.)*
plein full; **battre son plein** to be in full swing; **faire le plein** to fill up the (gasoline) tank
pleurer to cry, weep
pleuvoir to rain; **il pleut** it's raining
pluie *f.* rain; **parler de la pluie et du beau temps** to chat about this and that, talk of nothing in particular
plupart: la plupart de (+ *def. art.*) most, greater part, majority
pluriel *m.* plural
plus more; **les plus** the most; **ne . . . plus** not . . . any more, no longer, no more; **non plus** either, neither
plusieurs several
plus-que-parfait *m.* pluperfect
plutôt rather
poche *f.* pocket
poème *m.* poem
poésie *f.* poetry
poète *m.* poet
poétique poetic, poetical
poids *m.* weight
point *m.* period, point; position *(naut.)*; **à tel point** so much so; **à point** medium; **faire le point** to take one's bearings, to fix one's position; **ne . . . point** not (at all); **point de vue** *m.* point of view
poire *f.* pear
poireau *m.* leek, wart
poisson *m.* fish; **Poissons** *m.* Pisces *(fish)*
poivron *m.* pepper
poli polished, buffed, glossy, sleek; polite
police *f.* police; **agent de police** *m.* policeman
politique *f.* politics; *adj.* political
pomme *f.* apple; **pomme de terre** *f.* potato
pont *m.* bridge; **faire le pont** to have a long week end *(three or four days)*
pop *m.* pop *(music or concert)*
populaire popular
port *m.* harbor, port, wharf
porte *f.* door, gate; **frapper à la porte** to knock *(at the door)*
portée *f.* reach, range, scope; **à la portée de quelqu'un** within someone's reach
porter to carry, wear, bear; **porter un toast** to propose a toast
portier *m.* doorman
portillon *m.* small gate, platform gate, turnstile
Porto-Rico *m.* Puerto Rico
Portugal *m.* Portugal

posé(e) asked, laid, set
poser to lay, place, put; **poser une question** to ask a question
position f. position
possessif, possessive possessive
possession f. possession
possible possible; **faire tout son possible** to do everything possible; **le plus souvent possible** as often as possible; **le plus tôt possible** as soon as possible
postal (pl. **postaux**) postal; **code postal** m. zip code
poste m. post, station; **poste à péage** m. toll station, toll booth; **poste d'essence** m. gas station
poste f. post office, mail; **bureau de poste** m. post office; **mettre une lettre à la poste** to mail a letter
potage m. soup
potin m. gossip
poubelle f. trash can
pouce m. thumb, big toe; **lever le pouce** to hitchhike
poulailler m. top balcony, top gallery, peanut gallery
poulet m. chicken
pouls m. pulse; **palper (tâter) le pouls de quelqu'un** to take (feel) someone's pulse
poumon m. lung
pour for, in order to (+ inf.); **c'est pour quoi?** can I help you? what can I do for you?; **pour ainsi dire** so to speak, as it were; **pour que** (+ subj.) in order that, so that
pourboire m. gratuity, tip
pour-cent m. percentage, percent
pourquoi? why?
poursuivre to pursue, continue, go on with; follow; **poursuivre ses études** to continue (pursue) one's studies
pourvoir to provide
pourvu que (+ subj.) provided that
pousser to push, urge
pouvoir to be able, can, may; **advienne que pourra!** come what may!
pratiquer to practice, frequent; to engage in
précéder to precede
précieux, précieuse precious
précis exact, precise, sharp
précisément precisely, exactly
préciser to specify, state precisely; to pinpoint
prédire to predict
préférable preferable
préféré favorite
préférence f. preference
préférer to prefer
préjugé m. prejudice
premier, première first; **un billet de première (classe)** a first class ticket
premièrement first, firstly
prendre to take; **passer prendre quelqu'un** to pass by to pick up someone; **prendre de l'essence** to get (some) gasoline; **prendre le menu** to have the complete dinner; **prendre le petit déjeuner** to have breakfast; **prendre le volant** to take the wheel; **prendre quelque chose** to have something to eat or drink; **prendre quelqu'un pour** to take (think) someone to be; **prendre sa température** to take one's temperature; **prendre un billet** to buy a ticket; **prendre une douche** to take a shower; **prendre une photo** to take (snap) a picture
prénom m. first name
préparatif m. preparation
préparer to prepare; **préparer le déjeuner (le dîner)** to prepare lunch (dinner)
près (de) near; **de près** close, from close to, near, closely
prescrire to prescribe
présent m. present, present time; **à présent** at present, just now, now
présentation f. presentation, introduction
présenter to introduce, offer, present
président m. president
presque almost
presse f. press, newspaper; **presse du cœur** f. pulp magazines (magazines printed on rough paper, usually devoted to sensational and lurid stories, articles, etc.)
pressé: être pressé to be in a hurry
prestige m. prestige; **perdre son prestige** to lose one's prestige
prêt(e) ready; **être prêt(e) à** to be ready to (for)
prétendre to claim, pretend
prêter to lend
preuve f. proof, evidence
prévenir to warn, prevent
Prévert, Jacques French poet (1900– . . .)
prévision f. forecast; **les prévisions de la météo** f.pl. weather-report, weather forecast
prévoir to foresee
prier to ask, beg, beseech, request; to pray; **je vous prie d'accepter l'expression de mes sentiments distingués** sincerely yours, yours truly, very truly yours; **je vous en prie** please, I beg of you; you're welcome, don't mention it
primaire primary
primitif, primitive primitive
principal (pl. **principaux**) principal, main
printemps m. spring; **au printemps** in the spring
priorité f. priority, right of way; **avoir la priorité** to have the right of way
pris(e) busy, engaged, occupied; **être (très) pris(e)** to be (very) busy, be (very much) taken up
prisonnier m., **prisonnière** f. prisoner
privé private
prix m. price, prize
probable probable, likely
probablement probably
problème m. problem
procéder to proceed, initiate, originate, go about something
prochain next

proche near
produire to produce
produit *m.* product, produce; ingredient *(of a recipe)*; **produits de beauté** *m.* cosmetics, beauty products
prof. (professeur) *m.* professor
profession *f.* profession, occupation
profiter de to take advantage of
profond deep, profound
profondément profoundly, deeply
programme *m.* program
progrès *m.* progress, advancement
projet *m.* project, plan
promenade *f.* walk, drive; **faire une promenade** to take a walk; to go for a walk; **faire une promenade en voiture** to go for a drive
promener to take someone for a walk; **se promener** to go for a walk, take a walk
promeneur *m.*, **promeneuse** *f.* walker, stroller
promesse *f.* promise; **tenir sa promesse** to keep one's promise
promettre to promise; **promettre à quelqu'un de faire quelque chose** to promise someone to do something
pronom *m.* pronoun
prononcer to pronounce
proportion *f.* proportion, ratio
propos *m.* remark; **à propos de** with respect to, in connection with, about
proposer to propose, offer
propre clean; own
proscrire to proscribe
protéger to protect, defend, shield
protester to protest
Provence *f.* Provence
provenir to come, proceed
province *f.* province; country *(rural area)*
provisions *f.pl.* *(food)* provisions, *(food)* shopping; **faire ses provisions** to do one's marketing, do one's *(food)* shopping
provoquer to provoke, incite, bring on
prudent prudent, discreet
Prusse *f.* Prussia
public *m.* public
public, publique public
publication *f.* publication, publishing
publier to publish
puérilité *f.* childishness, puerility
puis next, then
punir to punish
pyjama *m.* pajamas

quai *m.* platform, quay, wharf, pier, track, street along a river
qualité *f.* quality, talent; title, rank
quand when, whenever; **quand (bien) même** even if, anyhow, in spite of all
quant à as for
quantité quantity, a lot of
quarante forty

quart *m.* quarter; **un quart d'heure** a quarter of an hour
quartier *m.* quarter, district, neighborhood, section
quatorze fourteen
quatorzième fourteenth
quatrain *m.* quatrain *(a stanza or poem of four lines usually with alternate rhymes)*
quatre four; **quatre à quatre** two by two
quatre-vingt-dix ninety
quatre-vingts eighty
quatrième fourth
que *(interr. and rel.)* what, which, that, whom; than, as; **ne . . . que** only; **que ce soit** be it, whether it be; **qui que** whoever, no matter who; **quoi que** whatever, no matter what
quel, quelle *(interr. and rel.)* what, which; **quel!** what a!
quelque some, any, a little, a few; **quelque chose** something; **quelque part** somewhere
quelquefois sometimes, now and then
quelqu'un, quelqu'une, quelques-uns, quelques-unes someone, some; **quelqu'un d'autre** someone else, anyone else
qu'est-ce que? what? what is?
qu'est-ce que c'est que? what is?
qu'est-ce qui? what?
question *f.* question, matter; **en question** in question; **poser une question** to ask a question
queue *f.* line, tail, end, rear; **être en queue** to be at the (tail) end, be in the rear; **faire la queue** to stand in line, get on line
qui *(interr. and rel.)* who, whom, which, that; **à qui** whose *(ownership)*; **de qui** whose *(authorship, relationship)*; **qui que** whoever, no matter who; **qui que ce soit** whoever it may be
qui est-ce que? whom?
qui est-ce qui? who?
quinzaine *f.* about fifteen; fortnight (two weeks)
quinze fifteen; **d'aujourd'hui en quinze** two weeks from today; **quinze jours** two weeks
quinzième fifteenth
quitte free, quit, rid; **quitte à** even if, at the risk of
quitter to leave, go away from
quoi? what?; **c'est pour quoi?** can I help you? what can I do for you?; **quoi que** whatever, no matter what; **quoi que ce soit** whatever it may be; **n'importe quoi** anything
quoique *(+ subj.)* although
quotidien *m.* daily *(newspaper)*
quotidien, quotidienne daily

race *f.* race; ancestry or descent; stock
raconter to relate, tell
radio *f.* radio, X-ray; **à la radio** on the radio
radis *m.* radish
raison *f.* reason; **avoir raison** to be right
raisonnable reasonable, sensible
ralentir to slow down

ramasser to collect, gather, pick up
rameaux: Dimanche des Rameaux *m.* Palm Sunday
ramener to bring back, take (carry) home
ramequin *m.* ramekin *(separately cooked portion of some cheese preparation or other food mixture baked in a small dish)*
rancœur *f.* rancor, bitterness
ranger to put in order, arrange, tidy (straighten) up, put (something) away; **ranger ses affaires** to put one's things away, put one's things back in place; **ranger un appartement (une chambre)** to straighten up (tidy up) an apartment (a room)
râpé(e) grated
rapide *m.* through express, non-stop train, non-stop express
rapide fast, quick, rapid
rapidement rapidly, fast
rappeler to call back, call for, remind; **se rappeler** to remember, recall
rapport *m.* relationship, relation, connection; report; **entretenir des rapports étroits avec quelqu'un** to keep in close touch with someone, maintain close relationships with someone; **par rapport à** in relation to, with (in) regard to, with respect to, in comparision to, in proportion to
rapporter to bring back, bring in; **se rapporter** to refer, relate
rare rare
rarement rarely
raser to shave; **crème à raser** *f.* shaving cream; **se raser** to shave oneself
rassis stale, settled, calm, staid, sedate; **pain rassis** *m.* stale bread
rater to miss, fail; **rater son train** to miss one's train
rattacher to link, attach, connect, bind; **se rattacher** to be attached (connected) to, to be linked (with)
rauque harsh, hoarse
rayon *m.* department *(in a store)*, shelf
réaction *f.* reaction
réaliser to realize
réaliste *m. or f.* realist; *adj.* realistic
réalité *f.* reality; **en réalité** in reality
récemment recently
récent recent
recette *f.* recipe, receipts
recevoir to receive, entertain; **recevoir quelqu'un** to receive (welcome) someone; receive (entertain) friends
recharge *f.* refill
recherche *f.* search, pursuit, research
récipient *m.* container, receptacle, vessel
récit *m.* narration, recital, account, story
réciter to recite
recommandé recommended, advised
recommander to recommend; to register
recommencer to begin again; to repeat *(a course)*

récompense *f.* reward, recompense
reconduire to drive back, take back, see home
reconnaître to recognize, identify; to claim
recopier to recopy
recouvert covered (up), covered (over)
récrire to rewrite, write over again
recueil *m.* collection
rédiger to draw up, draft, write (up), edit
redire to say again, tell again
redoutable redoutable, formidable, terrible
réduire to reduce
réel *m.* reality; **travailler dans le réel** to deal with reality
réel, réelle real, actual
réemploi *m.* re-employment
refaire to do again
réfléchir to reflect, ponder
réflexion *f.* reflection, thought
refuser to refuse
regarder to look (at), watch
régie *f.* administration, management, (public) corporation
régime *m.* regime
région *f.* region
régional (*pl.* régionaux) regional, local
règle *f.* rule; **être en règle** to be in order, have one's affairs in order
réglé(e) set *(of time),* fixed; **être réglé(e)** to be set *(of time);* be fixed (arranged)
régler to set, fix, regulate, adjust; **je règle ma montre** I set my watch
règne *m.* reign
régner to reign, rule
regret *m.* regret
regrettable regrettable
regretter to be sorry, regret
régulier, régulière regular
reine *f.* queen
rejeter to reject, set aside
rejoindre to meet; to join (again); to reunite, overtake
rejouer to replay, rerun *(a film)*
relâche *m.* no performance *(theater)*, closed; respite, relaxation; **faire relâche** not to give a performance, suspend a performance, close *(of theater)*
relater relate, state *(facts)*
relever to pick out; raise again, lift up (again)
relié(e) bound, connected, joined, linked; **livre relié** *m.* hardcover (bound) book
relier to connect, link, join
religieux, religieuse religious, pious
relire to reread
remarque *f.* remark
remarquer to notice
remercier to thank
remettre to postpone, defer, put back, hand in (over)
remplacer to replace, fill in
remplir to fill
remuer to stir, shake

renaître to be reborn
rencontre f. meeting, encounter
rencontrer to meet, encounter
rendez-vous m. appointment, date, place (time) of meeting
rendre to render, return, give back, bring back; **se rendre** to go; **se rendre compte** to realize
Rennais m. native of Rennes
renoncer to give up, abandon
renseignement m. piece (bit) of information; **bureau de renseignements** m. information bureau (office); **renseignements** m.pl. information
renseigner to inform, give information (about)
rentrer to return, (go back) home; to go in again, reenter
renverser to overthrow, turn upside down, overturn
renvoyer to send back, send away
réparer to repair, mend; **réparer une montre** to repair a watch
repas m. meal
répéter to repeat
réplique f. reply, answer
répondre to answer, reply, respond: **répondre au téléphone** to answer the phone
réponse f. answer, reply, response
reposer to rest, be based (established) on; place again
reprendre to continue, resume, take back, retake, recapture; **reprendre une usine** to take over (continue to run) a factory
représentation f. performance
représenter to represent; to perform; to give (a play)
reproche m. reproach
reprocher to reproach
républicain m., **républicaine** f. republican
république f. republic
répugnance f. repugnance, dislike, aversion
répugner to be repugnant
réputation f. reputation, fame
réputé(e) well-known
réseau m. (pl. **réseaux**) network, system
réservation f. reservation, booking (of seats)
réserver to reserve; **réserver ses places** to reserve one's seats (of theater); **réserver une place à quelqu'un(e)** to reserve a seat for someone
résidence f. residence, dwelling
résider to reside, dwell; to lie, consist
résister to resist, hold out
résoudre to resolve; **se résoudre (à)** to make up one's mind (to)
respirer to breathe
responsabilité f. responsability
ressaisir to seize again; **se ressaisir** to pull oneself together, regain possession of oneself, regain one's self control, not to push the panic button
ressembler to resemble, be like, look like
ressentir to feel, experience

ressort m. spring, energy, activity, strength
ressortir to go (come) out again, stand out
restaurant m. restaurant
reste m. rest, remainder; **du reste** besides, moreover
rester to remain, stay, to be left; **il lui reste** he (she) has left; **rester au lit** to stay (remain) in bed
restreindre to restrain
résumé m. summary; résumé
résumer to sum up
résultat m. result
retard: de retard late; **en retard** late; **avoir . . . minutes de retard** to be . . . minutes late; **être en retard** to be late; to be slow (of watch); **votre montre a dix minutes de retard** your watch is ten minutes slow; **votre montre est en retard de dix minutes** your watch is ten minutes slow
retardé: être retardé to be put off, be delayed, be deferred
retarder to delay, defer, put off; run slow (of watch); **la montre retarde** the watch is (runs) slow; **votre montre retarde de dix minutes** your watch is ten minutes slow
retenir to detain, hold back, keep, retain, reserve
retirer to withdraw, take away; **se retirer** to retire, retreat
retour m. return; **aller et retour** m. round-trip (ticket)
retourner to return, go back
retranché(e) fortified, entrenched; **camp retranché** m. entrenched camp, fortified area, fortress
retrouver to find again; to meet (again)
réuni(e) joined, reunited, assembled, gathered
réunion f. get-together, meeting, reunion
réussir (à) to succeed (in); **réussir à un examen** to pass an examination
réussite f. success
rêve m. dream
réveil m. alarm-clock
réveiller to awaken, wake
réveillon m. midnight supper (on Christmas eve)
révéler to reveal, disclose
revenir to come back
revenu m. revenue, income
rêver to dream
revêtir to clothe again, adorn
réviser to review, revise
révision f. review, revision
revivre to live again
revoir to see again, review; **au revoir** good-by
revue f. magazine, review
rez-de-chaussée m. ground-floor
Rhône m. The Rhone (a river flowing from the Alps in South Switzerland through the Lake of Geneva and SE France into the Mediterranean)
riche rich, wealthy
richesse f. wealth, riches

rideau *m.* (*pl.* **rideaux**) curtain; **le rideau se lève** the curtain goes up, curtain time is
ridicule ridiculous
ridiculiser to ridicule, make fun of
rien nothing; **c'est un tout petit rien** it's a trifle; **ne . . . rien (du tout)** nothing (at all), not anything
Rimbaud, Arthur (1854–1891) French symbolist poet
rire *m.* laughter, laughing
rire to laugh; **mourir de rire** to die laughing, die of laughter; **rire de** to laugh at
risquer to risk, run the risk of
rive *f.* bank, shore
riverain(e) *adj.* Riparian; bordering (*on rivers or woods*); possessing property situated along a forest, road, or street; riverside, wayside (*property etc.*); *n.* riverside resident; borderer
rivière *f.* river
robe *f.* dress; **couper une robe** to cut out a dress
roc *m.* rock
rock *m.* rock, rock and roll
roi *m.* king
rôle *m.* roll, part
Romain *m.*, **Romaine** *f.* a Roman
romain, romaine Roman
roman *m.* novel
romantique romantic
rompre to break
ronde *f.* round, patrol, beat; **La ronde des jours** poem by Bernard Dadié
rond-point *m.* traffic circle (*a circular plaza where several roads or streets meet*)
roquefort *m.* Roquefort (*cheese*)
rose *f.* rose
rosé pale pink, rosy; **vin rosé** *m.* light red wine
rôtir roast
rouge red
roulant(e) rolling
rouler to roll; to drive, ride; **rouler une pâte à tarte** to roll out a pie dough
route *f.* road, route, way, highway, direction; **grande route** *f.* highway; **route départementale** *f.* departmental road, secondary road; **route nationale** *f.* national highway; **en cours de route** on (along) the way
routier *m.* truck-driver
routinier, routinière routine, following a routine
royal (*pl.* **royaux**) royal
royaume *m.* kingdom
ruban *m.* ribbon, band; **tirer sur le ruban** to pull the ribbon
rubrique *f.* heading, item; **à la rubrique** under the heading
ruche *f.* beehive
rue *f.* street; **à deux rues d'ici** a couple of blocks from here; **rues piétonnes** *f.* streets closed to traffic
ruiner to ruin; **se ruiner** to ruin oneself, go to ruin
ruisseau *m.* (*pl.* **ruisseaux**) stream, brook

ruisselant streaming, dripping
rumeur *f.* clamor, murmur

sabot *m.* wooden shoe, clog; **mettre ses sabots devant la cheminée** to put one's wooden shoes in front of the fireplace
sachet *m.* (small) bag; **mettre quelque chose dans un sachet** to put something in a bag
sacoche *f.* mailbag, saddle-bag, money-bag
sacré darn, cursed; sacred, inviolable
sage good, wise
saignant rare (*of meat*)
sain, saine sound, wholesome, healthy, hale; **sain et sauf** safe and sound
saint *m.*, **sainte** *f.* saint
saisi(e) seized, struck
saison *f.* season; **la marchande des quatre saisons** fresh fruit and vegetable vendor
salade *f.* salad
salle *f.* hall, room; **salle à manger** *f.* dining room; **salle d'attente** *f.* waiting room; **salle de bains** *f.* bathroom; **Salle des Pas Perdus** *f.* main hall (*of railway station*)
salut *m.* safety; salvation; bow; greetings, cheers, salutation; see you!
samedi *m.* Saturday
sang *m.* blood
sanglier *m.* wild boar
sanglot *m.* sob
sans without (no); **sans ça** otherwise; **sans doute** surely, undoubtedly, without a doubt; **sans que** (+ *subj.*) without
sans-logis *m.* homeless (one)
santé *f.* health; **à votre santé!** (here's) to your health!, good health!
satellite *m.* satellite
satirique satirical
satisfaire to satisfy
saucisson *m.* sausage; **saucisson sec** *m.* salami
sauf except
sauvage wild, savage, untamed
savant(e) learned, well-informed, erudite, scholarly
savoir to know, know how, can; **autant que je sache!** as far as I know!; **pas que je sache!** not that I know (of)!
savoir-faire *m.* ability and skill, knack, cleverness; tact, savoir-faire
savonnette *f.* cake (bar) of soap
savoureux, savoureuse tasty
scène *f.* scene, stage
science *f.* science, knowledge
sec, sèche dry
second, seconde second
secondaire secondary
seconde *f.* second-class; **être en seconde (classe)** to be in (the) second class
secourir to help
secours *m.* help, assistance, aid; **au secours** (for) help

secret *m.* secret; **confier un secret à quelqu'un(e)** to tell (confide) a secret to someone
secret, secrète secret
secrétaire *f.* secretary
séculaire secular; century-old; time-honored
sécurité *f.* security, safety; **en toute sécurité** safely
Seignobos, Charles (1854–1942) French historian
seize sixteen
seizième sixteenth
séjour *m.* stay, sojourn
sel *m.* salt
selon according to
semaine *f.* week; **avoir . . . semaines de vacances** to have . . . weeks of vacation; **la semaine précédente (d'avant)** the week before; **la semaine suivante (d'après)** the week after, the following week; **par semaine** a week, per week
sembler to seem, appear
semestre *m.* semester
Sénégal *m.* Senegal
sens *m.* sense(s), meaning; direction; **bon sens** *m.* good sense, common sense; **sens interdit** *m.* no access ("do not enter") street; wrong way! **sens unique** *m.* one-way street
senteur *f.* scent, smell
sentiment *m.* feeling, sentiment, affection; **je vous prie d'accepter l'expression de mes sentiments distingués** sincerely yours, yours truly, very truly yours
sentir to feel, smell; **comment vous sentez-vous?** how do you feel?; **se sentir** to feel
séparation *f.* separation, parting
séparé(e) separate, distinct
séparément separately
séparer to separate, divide; **se séparer** to separate, to part (*company*)
sept seven
septembre *m.* September
septième seventh
sérieux, sérieuse serious
serrer to press, squeeze, clasp; **se serrer la main** to shake hands
serrure *f.* lock
serveuse *f.* clerk, waitress
service *m.* service, duty; **faire son service militaire** to do one's military service; **station-service** *f.* service station, gasoline station
servir to serve, wait on; **on vous sert?** is someone waiting on (serving) you? is anyone helping you?; **servir à** to be used for, be of use, be useful for, serve; **servir de** to serve as; **se servir de** to make use of, use
serviteur *m.* servant
seul alone, only, single; **d'un seul coup** all at once
seulement only, solely
si if, so, whether; yes (*in answer to a negative question*)
siècle *m.* century

sien: le sien, la sienne, les siens, les siennes his, hers, its
sieste *f.* siesta, nap
sifflet *m.* whistle
signe *m.* sign
signer to sign
signifier to signify, mean
silence *m.* silence, stillness; **rompre le silence** to break the silence
simple simple, plain; **aller simple** *m.* one-way (*ticket*)
simplicité *f.* simplicity; plainness; artlessness; silliness
singulier, singulière singular, odd, strange, queer
situation *f.* job, situation, position; status, state, condition; **trouver une situation** to find a job
situé located, situated
situer to place, situate, locate
six six
sixième sixth
sketch *m.* sketch
ski *m.* ski, skiing; **faire du ski** to ski, go skiing
skier to ski, go skiing
slow *m.* fox-trot
social (*pl.* **sociaux**) social
société *f.* society, company
sœur *f.* sister
soi oneself, itself
soif *f.* thirst; **mourir de soif** to be dying of thirst, be very thirsty
soigner to take care of, care for, look after, nurse (treat), attend to
soir *m.* evening; **ce soir** tonight; **du soir** in the evening, P.M.; **hier soir** last night; **journal du soir** *m.* evening newspaper; **le soir même** that very evening
soirée *f.* evening; evening party, soirée
soixante sixty
soixante-dix seventy
sol *m.* ground, soil
solde *m.* balance; clearance sale; (*pl.*) sales bargains, reductions; **en solde(s)** on sale
soleil *m.* sun; **il fait du soleil** it's sunny; **soleil couchant** setting sun
Solex *m.* Solex
solitude *f.* solitude, loneliness
solution *f.* solution, resolution
sombre dark, somber, gloomy; **il fait sombre** it's dark (*of weather*)
somme *m.* nap
son *m.* sound; **Son et Lumière** Sound and Light
son, sa, ses his, her, its
songer to dream, think of
sonner to strike, sound, ring
sono (sonorisation) *f.* sound effects, sound (recording), sound track
sonore sonorous, resonant, deep-toned
Sorbonne: la Sorbonne Division of Letters and Science of the University of Paris

sorte *f.* kind, manner, way; **de la sorte** that way, in this way; **de toutes sortes** all kinds of; **toutes sortes de (choses)** all kinds of (things)
sortie *f.* exit, outing
sortir (être) to go (come) out, leave; **(avoir)** to get out, take out
souci *m.* care, worry, concern
soudain sudden, suddenly, all of a sudden
soudainement suddenly, all of a sudden
souffler to blow
souffrance *f.* suffering, pain
souffrir to suffer; to endure, put up with
souhait *m.* wish, desire; **à vos souhaits** God bless you
souhaiter to wish; **souhaiter l'anniversaire à quelqu'un** to wish someone a happy birthday; **souhaiter la bienvenue à quelqu'un** to bid someone welcome, welcome someone; **souhaiter une bonne et heureuse année à quelqu'un** to wish someone a happpy New Year
souligner to underline, emphasize
soumettre to submit
source *f.* source, origin
sourire to smile
sous under
souscrire to subscribe
soutenir to sustain, uphold
soutien-gorge *m.* brassière, bra
souvenir *m.* remembrance, souvenir, memory
souvenir: se souvenir de to remember
souvent often; **le plus souvent possible** as often as possible
souverain *m.* sovereign
spécial *m.* (*pl.* **spéciaux**) special
spécialiste *m.* specialist, expert; **spécialiste de la Météo** weatherman, meteorologist
spécialité *f.* specialty
spectacle *m.* spectacle; play; sight; show; entertainment
splendeur splendor, brilliance, magnificence
splendide splendid, magnificent, gorgeous
sport *m.* sport(s), game(s)
stage *m.* training period, training course, period of probation; **faire son stage** to go through one's training (probationary) period, be a trainee
station *f.* station, (*subway*) stop, resort; **station de métro** *f.* subway station, subway stop; **station-service** *f.* service station, gasoline station
stéthoscope *m.* stethoscope
stop *m.* stop, stop-light
strict strict, severe
strophe *f.* stanza
studieux, studieuse studious
studio *m.* studio, one-room flat
stylo *m.* fountain pen; **stylo à bille** ballpoint pen
substituer to substitute
succès *m.* success; **avoir du succès** to have success, be successful, be (turn out) a success;

une chanson (pièce) à succès a hit song (or play)
sud *m.* South: **au sud** in (to) the South
sud-ouest *m.* Southwest
suffire to suffice, be sufficient, be enough
suffisant(e) sufficient, adequate, enough
suffocant choking
suggérer to suggest
suggestion *f.* suggestion
Suisse *f.* Switzerland
suite *f.* series, continuation; **tout de suite** immediately, right away
suivant following, next; according to; **au suivant!** next!
suivre to follow; **faire suivre** to forward; send on; **suivre un cours** to take a course
sujet *m.* subject, theme; **au sujet de** about
superficie *f.* surface, area
supérieur superior, upper, higher
supermarché *m.* supermarket
supplément *m.* extra (additional) charge, excess (extra) fare, supplement
supposer to suppose, imagine, assume
supprimer to suppress, abolish, do away with
sur on, upon
sûr sure; **bien sûr** surely, certainly, of course, yes indeed
sûrement surely, certainly
surhumain superhuman
surlendemain *m.* two days after
surplus *m.* surplus, remainder, excess; **au surplus** besides, moreover
surprendre to surprise
surpris(e) surprised
surprise-partie *f.* dancing party; surprise party
surtout especially, above all
susciter to suscitate, raise up
symboliser to symbolize
symboliste symbolistic
synthèse *f.* synthesis
système *m.* system, scheme; **le système D** *familiar expression for* to get out of difficulties by using one's brains

tabac *m.* tobacco; **bureau de tabac** *m.* tobacco shop
table *f.* table
tâcher (de) to try, strive
taille *f.* size; shape; waist
taire to say nothing about; **se taire** to be quiet, be still, be silent
talent *m.* talent
tango *m.* tango
tant so many, so much; **tant pis** too bad, so much the worse
tante *f.* aunt
tapis *m.* carpet, rug
taquiner to tease; plague, torment

FRANÇAIS-ANGLAIS

tard late
tarder (à) to delay (in)
tarte *f.* tart, pie, flan; **rouler une pâte à tarte** to roll out a pie dough
tartine *f.* slice of bread with butter or jam
tas *m.* heap, pile
tasse *f.* cup
tâter to feel, touch; **tâter le pouls** to feel (take) the pulse
Taureau *m.* Taurus (*bull*)
taxi *m.* taxi; **en taxi** by cab
teindre to dye
teint *m.* complexion
tel, telle such; **à tel point** so much so
télégramme *m.* telegram
téléphone *m.* telephone; **appeler quelqu'un au téléphone** to give someone a ring (phone call), telephone someone; **avoir le téléphone** to have a telephone; **donner un coup de téléphone à quelqu'un** to phone someone; make a telephone call to someone; **être au téléphone** to be on the phone; **répondre au téléphone** to answer the phone; **un coup de téléphone** a telephone call
téléphoner to telephone, phone
téléphonique telephonic; **conversation téléphonique** *f.* telephone conversation
télévisé(e) televised; **journal télévisé** *m.* (T.V.) news
télévision *f.* television
tellement so, so much
température *f.* temperature; **avoir de la température** to have (run) a fever (temperature); **prendre sa température** to take one's temperature
tempéré temperate, moderate
tempête *f.* storm
temps *m.* time; weather; tense; **à temps** on (in) time; **avoir le temps de** to have time to; **combien de temps** how long; **depuis combien de temps?** how long?; **de temps en temps** from time to time; **en même temps** at the same time; **il est temps** it is time; **le temps qu'il fera** what the weather will be; **parler de la pluie et du beau temps** to chat about this and that; talk of nothing in particular; **pendant ce temps-là** (in the) meantime, (in the) meanwhile; **perdre du temps** to waste time; **quel temps fait-il?** what's the weather); **temps couvert** *m.* cloudy weather, overcast
tenace tenacious, obstinate, stubborn
tendance *f.* tendency, leaning, inclination
tendre tender, soft; delicate
tendre (à) to tend (to)
tendrement tenderly, affectionately; **je vous embrasse tous les deux bien tendrement** I kiss you both affectionately; love and kisses to both of you
tendresse *f.* tenderness, fondness, love
tenir to hold, keep, have; **tenez! tiens!** well! why! look here! here!; **tenir à** to be anxious to, insist upon; **tenir compte de** to bear in mind, take into account; **tenir sa promesse** to keep one's promise; **se tenir** to be held, remain, stand; **se tenir au courant de** to keep oneself informed about
tenter to try
terminal *m.* (pl. **terminaux**) terminal
terminer to end, finish
terminus *m.* terminus (*of railroad*), end of the line
terrasse *f.* terrace, sidewalk (*in front of a café*)
terre *f.* earth, land; **bout de terre** *m.* piece of land
terrestre terrestrial, earthy
terrible terrific; terrible, dreadful, awful
terrifiant terrifying, awe-inspiring
tête *f.* head; **avoir mal à la tête** to have a headache; **en tête** in front, ahead; **être en tête** to be in the front, be ahead; **se laver la tête** to wash one's hair; **voiture de tête** *f.* first car, front car, head car
têtu(e) stubborn, obstinate, headstrong
texte *m.* text, subject matter, theme
thé *m.* tea
théâtral theatrical
théâtre *m.* theater
thème *m.* theme, topic, composition
thermomètre *m.* thermometer
tien: le tien, la tienne, les tiens, les tiennes yours
tiers: un tiers a third
timbre *m.* stamp; **collectionner les timbres** to collect stamps
timidement timidly, shyly
tinter to ring, toll
tirage *m.* drawing, pulling
tirer to pull, take, draw; **tirer le tapis** to roll up the rug; **tirer sur le ruban** to pull the ribbon
titre *m.* title
toast *m.* toast; **porter un toast** to propose a toast
toi you, to you, yourself
toilette *f.* lavatory, toilet; dress; **faire sa toilette** to wash and dress, tidy up
toit *m.* roof
tomate *f.* tomato
tombe *f.* grave, tomb; **fleurir les tombes de chrysanthèmes** to lay chrysanthemums at the graves
tombée *f.* fall (*of rain, night*); **tombée de la nuit** nightfall
tomber to fall; **laisser tomber** to drop; **tomber malade** to fall ill, get sick
ton, ta, tes your
tonnerre *m.* thunder
torche *f.* torch
tort *m.* wrong; **avoir tort** to be wrong
tôt early, soon; **le plus tôt possible** as soon as possible
toucher to touch; **toucher à** to touch upon, concern
toujours always, still, nevertheless

tour *m.* turn, stroll, trip; *f.* tower; **faire un tour** to take a stroll, take a trip (drive) around; **un trente-trois tours** *m.* a 33 RPM record
touristique touristic, tourist
tournant *m.* turning, bend (*of road*), street corner; **je vous aurai au tournant** I'll get you the next time around; I'll get you yet
tourner to turn, turn on, walk around; fashion, shape; **ton lait va tourner** your milk will go around, your milk will get sour; **tourner à droite** to turn (to the) right; **tourner à gauche** to turn (to the) left
Toussaint *f.* All Saints' Day
tout, toute, tous, toutes all, every, any, everything, whole; **avant tout** above all, first of all; **c'est tout** that's all; **c'est un tout petit rien** it's a trifle; **de tout mon cœur** with all my heart; **de toute façon** anyway, at any rate; **de toutes sortes** all kinds of; **en toute sécurité** safely; **pas bien du tout** not well at all; **pas du tout** not at all; **tout à fait** entirely, quite, altogether; **tout bonnement** just as; **tout court** only that, nothing more; **tout de même** anyhow, just the same, all the same; **tout de suite** immediately, right away; **tout le monde** everyone, everybody; **toutes sortes de (choses)** all kinds of (things); **tous (les) deux** both, both of you (of them); **tous les jours** every day
tracé *m.* outline, sketch, tracing
tradition *f.* tradition; **de tradition** traditional; **il est de tradition de** (+ *inf.*) it is traditional (+ *inf.*)
traditionnel, traditionnelle traditional
traduire to translate
tragédie *f.* tragedy
train *m.* train; **changer de train** to change trains; **être en train de** to be (doing something) just now, be engaged in, be in the act of; **manquer (rater) son train** to miss one's train; **monter dans le train** to get on the train; **un train direct** a direct train, a through train, a through express
traîner to drag, pull, linger
trait *m.* trait, feature; line, stroke; **trait d'union** *m.* hyphen
traité *m.* treaty; treatise, dissertation
traitement *m.* treatment
traître treacherous
tramontane *f.* tramontane (*Northwest wind which sweeps the Perpignan region*)
tranche *f.* slice
tranquille calm, quiet, still
transformer to transform, change, convert
transistor *m.* transistor (*radio*)
transmettre to transmit
transport *m.* transportation
transporter to transport, convey, carry
travail *m.* (*pl.* **travaux**) work; **Fête du Travail** *f.* Labor Day
travailler to work; **travailler dans le réel (le concret)** to deal with reality (the concrete); **travailler pour (avec) quelqu'un** to work for (with) someone
travailleur *m.* hardworking person; worker, workman, laborer
travers *m.* oddity, eccentricity; **à travers** through, across
traverser to cross
treize thirteen
treizième thirteenth
trente thirty
trente-trois tours *m.* 33 RPM record
très very; **très bien** fine, very well
tribu *f.* tribe
tricot *m.* knitting; **faire du tricot** to knit
tricoter to knit
triomphe *m.* triumph
triste sad
tristesse *f.* sadness
trois three; **dans trois jours** in three days; **il y a trois jours** three days ago
troisième third
troisième âge *m.* of senior citizen age; senior citizen(s)
tronc *m.* trunk; (family) roots
trône *m.* throne
trop too, too many, too much
trottoir *m.* sidewalk
trou *m.* gap, hole
trouver to find; to think; to like; **se trouver** to be (located); **trouver une situation** to find a job
truc *m.* trick, knack; gimmick; gadget
tube *m.* top tune (*song*), hit; tube, pipe
tuer to kill
Tunisie *f.* Tunisia
turc, turque Turkish
typiquement typically

ultra-nationalisme *m.* ultra-nationalism
un, une a, an; one
uni(e) united
unique unique, only, sole, single; **sens unique** *m.* one-way street
uniquement solely, only
unir to unite, join, link; **unir quelqu'un par le (en) mariage** to unite someone in marriage; marry someone
universitaire *adj.* university, of or belonging to the university
université *f.* university
urgence *f.* urgency, emergency
user to use, make use of
usine *f.* factory; **reprendre une usine** to take over (continue to run) a factory
ustensile *m.* utensil
utile useful
utilement usefully
utiliser to use, employ

vacances *f.pl.* vacation; **avoir . . . semaines de vacances** to have . . . weeks of vacation; **passer les vacances** to spend the vacation

vagabond vagabond, wandering, adventurous
vague *adj.* vague, faint
vaincre to conquer
vaisseau *m.* (*pl.* **vaisseaux**) ship, vessel
vaisselle *f.* dishes, plates and dishes, crockery; **faire la vaisselle** to wash (do) the dishes
valeur *f.* value, worth, merit
valise *f.* valise, suitcase
vallée *f.* valley
valoir to be worth; **valoir mieux** to be better
valse *f.* waltz
varié varied, diversified
variété *f.* variety, diversity; **variétés** *f. pl.* variety theater
vase *m.* vase
vedette *f.* star (*stage or screen*)
véhicule *m.* vehicle
veille *f.* eve, day (night) before; **avant-veille** two days before
veine *f.* vein
vélomoteur *m.* motorbike
vendeuse *f.* salesgirl, salesclerk
vendre to sell; **vendre au détail** to sell retail; **vendre en gros** to sell wholesale (in bulk)
vendredi *m.* Friday
venir to come; **venir chercher** to come for; **venir de** (+ *inf.*) to have just (done something)
vent *m.* wind; **au vent mauvais** with the ill wind; **il fait du vent** it's windy
ventre *m.* stomach, belly, abdomen; **avoir mal au ventre** to have a stomachache
verbe *m.* verb
vérifier to check, examine, inspect
véritablement really, truly
vérité *f.* truth
Verlaine, Paul (1844–1896) famous French symbolist poet
verre *m.* glass; lens; **verre grossissant** *m.* magnifying glass
vers *m.* line (*of poetry*), verse
vers towards; about
vert green
verticalement vertically
vertige *m.* dizziness, giddiness, vertigo
vertu *f.* virtue
vêtement *m.* garment; (*pl.*) clothes, clothing
vêtir to clothe, dress, put on; **se vêtir** to dress oneself, clothe oneself
veuf *m.* widower; **veuve** *f.* widow
veuillez (+ *inf.*) please, have the kindness to
viande *f.* meat
vicinal: chemin vicinal *m.* village or local road
victoire *f.* victory
vie *f.* life, lifetime; livelihood, living; **c'est la vie!** that's life!; **dans la vie** in life; **genre de vie** *m.* way of life
Vierge *f.* the Blessed Virgin
vieux, vieil, vieille old
vif, vive lively, keen; alive; vivid

vignette *f.* vignette (*a scene of a story put in relief*); engraved illustration not enclosed in definite borders; small pleasing picture or view
village *m.* village, town
ville *f.* city, town; **en ville** in town, downtown, in the city
vin *m.* wine; **vin rosé** *m.* light red wine
vinaigrette *f.* salad dressing
vingt twenty
vingt-cinquième twenty-fifth
vingt-deuxième twenty-second
vingt et unième twenty-first
vingtième twentieth
vingt-quatrième twenty-fourth
vingt-troisième twenty-third
violon *m.* violin
visage *m.* face, countenance
visite *f.* visit; **visite médicale** *f.* medical examination
visiter to visit
visiteur *m.* visitor
vite quickly, fast, rapid
vitrail *m.* (*pl.* **vitraux**) stained-glass window
vivant *m.* living person, live person; **vivants** *m.pl.* the living
vivre to live; **façon de vivre** *f.* manner (way) of living, way of life; **vive la France!** long live France!
vocabulaire *m.* vocabulary
voici here is, here are
voie *f.* track (*railroad*), road, route; **voie ferrée** *f.* railway, railroad
voilà there is, there are
voir to see
voiture *f.* car, automobile, carriage, (*railroad*) coach; **en voiture** all aboard! take your seats!; by automobile, by car; **monter en voiture** to get aboard, get into (board) a car; **voiture de tête** *f.* first car, front car, head car
voix *f.* voice
vol *m.* flight
volant *m.* steering wheel; **passer le volant à quelqu'un** to hand the (steering) wheel over to someone, let someone drive; **prendre le volant** to take the wheel
voler to fly; steal, rob
volontiers gladly, willingly
volt *m.* volt (*elec.*)
volupté *f.* voluptuousness
votre, vos your
vôtre: le vôtre, la vôtre, les vôtres yours
vouloir to wish, want; **vouloir dire** to mean
voyage *m.* trip, voyage, journey; **bon voyage!** pleasant journey!; **voyage d'affaires** *m.* business trip
voyager to travel
voyageur *m.* traveler, passenger
voyelle *f.* vowel
vrai true, real

vraiment really, truly
vue *f.* view; **point de vue** *m.* point of view
week-end *m.* weekend
western *m.* Western (*movie*)
y there, to it, in it, about it, on it, etc.

zéro *m.* zero, naught; 0° centigrade = 32° Fahrenheit
zone *f.* zone, belt
zoo *m.* zoo
zoologique zoological; **jardin zoologique** *m.* zoological garden(s), zoo

ANGLAIS — FRANÇAIS

This vocabulary includes words used in the English-to-French exercises.

a un, une
able: be able pouvoir
aboard à bord
about environ, vers; **speak (talk) about** parler de
abroad à l'étranger
absolutely absolument
accept accepter
accompany accompagner
according to selon
ache mal *m.*, douleur *f.*; **have a headache (stomachache, backache)** avoir mal à la tête (au ventre, au dos)
add ajouter
address adresse *f.*
address adressser; **address (send, direct) a letter to someone** adresser une lettre à quelqu'un
addressee destinataire *m. or f.*
adjust régler
admire admirer
advance: in advance d'avance; **reserve (book) a seat (in advance)** louer une place d'avance
advertisement annonce *f.*; **classified advertisements** petites annonces *f.pl.*
affection affection *f.*; **have an affection for someone** avoir de l'affection pour quelqu'un
affectionately affectueusement
afraid: be afraid avoir peur, craindre
after après
afternoon après-midi *m. or f.*; **in the afternoon** l'après-midi
against contre
age âge *m.*
ago il y a; **a week ago** il y a huit jours
agree être d'accord
agreed! d'accord!
agreement accord *m.*; **come to an agreement (with someone)** se mettre d'accord (avec quelqu'un)
airport aéroport *m.*
all tout, toute, tous, toutes; **not at all** pas du tout, ne . . . pas du tout; **not well at all** pas bien du tout; **that's all** c'est tout
All Saints' Day Toussaint *f.*
All Souls' Day Jour des Morts *m.*
along le long de
already déjà
also aussi
although bien que (+ *subj.*), quoique (+ *subj.*)
always toujours
A.M. du matin
ambition ambition *f.* **have (the) ambition to do something** avoir l'ambition de faire quelque chose
America Amérique *f.*; **North America** Amérique du Nord *f.*
American Américain *m.*, Américaine *f.*

American *adj.* américain
an un, une
and et
anniversary anniversaire *m.*
announce annoncer
another un autre, une autre
answer répondre
any de (+ *def. art.*), de, en; n'importe quel(le); **not any more** ne . . . plus
any more: not . . . any more ne . . . plus
anyone qui que ce soit; quelqu'un; **not . . . anyone** ne . . . personne
anything quoi que ce soit; quelque chose; **not . . . anything** ne . . . rien
apartment appartement *m.*; **an apartment for rent** un appartement à louer
aperitif apéritif *m.*
April avril *m.*
argue se disputer
armistice armistice *m.*; **Armistice Day** Armistice *m.*, anniversaire de l'Armistice *m.*
arrival arrivée *f.*
arrive arriver
art art *m.*
article article *m.*
as comme; **as . . . as** aussi . . . que; **as soon as** aussitôt que, dès que; **as many (much)** autant; **as usual** comme d'habitude
Ascension(Day) Ascension *f.*
ask demander
aspirin aspirine *f.*; **aspirin tablet** comprimé d'aspirine
Assumption Assomption *f.*
astonishing étonnant(e)
at à, chez
attend assister à
attentively attentivement
August août *m.*
aunt tante *f.*
automatic automatique
automatically automatiquement
autumn automne *m.*; **in autumn** en automne

back dos *m.*; **have a backache** avoir mal au dos; **on the way back** au retour
bad mauvais; **the weather is bad** il fait mauvais
bag: (small) bag sachet *m.*; **put (place) something in a (small) bag** mettre quelque chose dans un sachet; **shopping bag** filet *m.*
baggage bagages *m. pl.*; **baggage room** consigne *f.*; **have one's baggage checked** faire enregistrer ses bagages
bar (of soap) savonnette *f.*
bass contrebasse *f.*
bath bain *m.*; **bathroom** salle de bains *f.*; **room with bath** chambre avec salle de bains *f.*

bathing: go bathing se baigner
battery pile *f.*
be être; *(appear)* figurer; **be a trainee** faire son stage; **be afraid** avoir peur, craindre; **be (all) out of breath** être tout essoufflé(e); **be better** valoir mieux; **be found** se trouver; **be glad** être content (+ *subj.*); **be glad to** être content de (+ *inf.*); **be good in (at) school** être fort à l'école; **be happy** (+ *inf.*) être heureux(se) de; **be in a hurry** être pressé(e); **be in love** être amoureux (amoureuse); **be in love with (enamored of) someone** être amoureux (amoureuse) de quelqu'un(e); **be late** être en retard; **be lucky** avoir de la chance; **be out of sorts** ne pas être dans son assiette; **be right** avoir raison; **be (supposed to)** devoir; **be (very) busy** être (très) pris(e), être (très) occupé(e); **how are you?** comment allez-vous? **isn't he? isn't it?, etc.** n'est-ce pas?; **it's clear** *(of weather)* il fait clair; **it's cold** *(of weather)* il fait froid; **it's cool** *(of weather)* il fait frais; **it's hot** *(of weather)* il fait chaud; **it's humid** *(of weather)* il fait humide; **it's mild** *(of weather)* il fait doux; **it's sunny** il fait du soleil; **the weather is nice (fine)** il fait beau
beautiful beau, bel, belle, beaux, belles
because parce que; **because of** à cause de
become devenir; **become a mechanic** devenir mécanicien
becoming: be becoming (to) aller bien (à); **it's very becoming to you** elle te va très bien
bed lit *m.;* **go to bed** se coucher; **stay in bed late** faire la grasse matinée; **stay (remain) in bed** rester au lit
beef bœuf *m.;* **beef Burgundy** bœuf bourguignon *m.*
before *(time)* avant, avant de (+ *inf.*), avant que (+ *subj.*); *(place)* devant; **night before** veille *f.*
begin commencer, se mettre à; **begin with** commencer par
beginning début *m.;* **at the beginning of** au début de
believe croire, penser
beside à côté de; **besides** en outre, de plus, d'ailleurs, à part
best *adj.* le meilleur; *adv.* le mieux
better *adj.* meilleur; *adv.* mieux; **be better** valoir mieux
between entre
big grand; gros, grosse
birth naissance *f.*
birthday anniversaire *m.;* **celebrate someone's birthday** célébrer l'anniversaire de quelqu'un; **wish someone a happy birthday** souhaiter l'anniversaire à quelqu'un
board *(a ship)* monter à bord; *(a plane)* monter en avion
boarding pass carte d'embarquement *f.*
book livre *m.;* **bookstore** librairie *f.*
book and stationery store librairie-papeterie *f.*
bookdealer libraire *m.*

booklet carnet *m.,* livret *m.;* **in booklets** en carnets
born: be born naître
both tous (les) deux, toutes (les) deux, l'un(e) et l'autre, les deux; **both of you (of them)** tous les deux; **love and kisses to both of you** je vous embrasse tous les deux bien tendrement
boy garçon *m.*
brand marque *f.*
brand new neuf, neuve; tout neuf, toute neuve
bread pain *m.;* **a French bread** une baguette de pain *f.*
breakfast petit déjeuner *m.;* **have breakfast** prendre le petit déjeuner
breath haleine *f.,* souffle *m.;* **be (all) out of breath** être tout essoufflé(e); **out of breath** essoufflé(e)
bring *(a thing)* apporter; *(a person)* amener, emmener
Brittany Bretagne *f.*
brother frère *m.*
Brussels Bruxelles *f.*
building immeuble *m.,* bâtiment *m.,* édifice *m.*
bulk gros *m.;* **sell in bulk** vendre en gros
busy pris(e), occupé(e); **be (very) busy** être (très) pris(e), être (très) occupé(e)
but mais
butter beurre *m.*
buy acheter; **buy a ticket** prendre un billet
by de, par; en (+ *pres. part.*); **by the way** au fait, à propos

cabbage chou *m.* (*pl.* choux)
cake gâteau *m.* (*pl.* gâteaux)
call appeler; **be called** s'appeler; **call someone** *(on the phone)* téléphoner à quelqu'un, appeler quelqu'un au téléphone, donner un coup de téléphone à quelqu'un
Camembert camembert *m.*
can pouvoir
Canada Canada *m.*
car voiture *f.;* **by car** en voiture; **first class car** voiture de première classe *f.;* **second class car** voiture de seconde classe *f.*
career carrière *f.*
careful! attention!; **be careful!** attention! fais (faites) attention!
carnival ride manège *m.*
carry porter
case cas *m.;* **in case** au cas où
cashier's window caisse *f.*
castle château *m.*
cathedral cathédrale *f.*
Catholic catholique *m.* or *f.*
celebrate célébrer; **celebrate someone's birthday** célébrer l'anniversaire de quelqu'un
center centre *m.,* milieu *m.;* **Center of Continuing Education** Centre de Formation continue *m.;* **in (at) the center of** au centre de, au milieu de
century siècle *m.*

ANGLAIS-FRANÇAIS

certain certain
certainly certainement, mais oui
change changer; **change one's mind** changer d'avis; **change trains** changer de train
charming charmant
chat bavarder
check vérifier, enregistrer; **check one's luggage (baggage)** faire enregistrer ses bagages
cheese fromage m.
chicken poulet m.
child enfant m. or f.
chocolate chocolat m.
choice choix m.
choose choisir
Christ Le Christ m.
Christian chrétien m., chrétienne f.
Christmas Noël m.
chrysanthemum chrysanthème m.; **lay chrysanthemums at (on) the graves** fleurir les tombes de chrysanthèmes
cigarette cigarette f.
circus cirque m.
city ville f.
civil civil(e)
class classe f.; **a first-class ticket** un billet de première (classe) m.; **economy class** classe économique f.; **first (second) class car** voiture de première (de seconde) classe f.; **first-class seats** des première (classe) f.; **second-class seats** des seconde (classe) f.
classified advertisements petites annonces f.pl.
clean nettoyer
clear clair; **it's clear** il est clair; **it's clear** (of weather) il fait clair
close fermer
closet placard m.
closing fermeture f.
coat manteau m., pardessus m.
code code m.; **zip code** code postal m.
coffee café m.
cold froid m.; rhume m.; **it's cold** (of weather) il fait froid
collection collection f.
come venir; **come back** revenir; **come down** descendre; **come out** sortir; **come to an agreement (with someone)** se mettre d'accord (avec quelqu'un)
commemorate célébrer, commémorer
complete complet, complète; **complete dinner** menu m.; **have the complete dinner** prendre le menu
completely complètement
compose composer; **compose a song** composer une chanson
condiment condiment m.
confide confier; **confide (tell) a secret to someone** confier un secret à quelqu'un(e)
confidence confidence f.; **take someone into one's confidence** faire une confidence à quelqu'un
constantly constamment

continue continuer; (*pursue*) poursuivre; **continue one's studies** poursuivre ses études
conversation conversation f.
cook cuisinier m., cuisinière f.; **cookbook** livre de cuisine m.
cooking cuisine f.; cuisson f.
cool frais, fraîche; **it's cool** (*weather*) il fait frais
could pouvoir; **I could** je pouvais, j'ai pu, je pourrais
count compter; **count on (upon)** compter sur
country pays m.; campagne f.
course cours m.; **of course** bien sûr, bien entendu, mais oui, naturellement; **take a course** suivre un cours
cousin cousin m., cousine f.
cream crème f.; **shaving cream** crème à raser f.
crusty croustillant(e)
cup tasse f.
customs douane f.; **customs officer** douanier m.; **pass through customs inspection** passer à la douane
cut (out) couper; **cut out a dress** (*from a pattern*) couper une robe

dad papa m.
dance danser
darling chéri m., chérie f.; chou m. (colloq.); **be a darling** être un chou
date date f., rendez-vous m.
daughter fille f.
day jour m., journée f.; **every day** tous les jours
dead (*person*) mort m.
deal: a great deal beaucoup
dear cher, chère
December décembre m.
declare déclarer
delicious délicieux, délicieuse
deliver livrer
Denmark Danemark m.
department département m., rayon m.
desk bureau m. (pl. bureaux)
despite malgré
dessert dessert m.
die mourir; **be dying to do something** mourir d'envie de faire quelque chose
difference différence f.
different différent
difficult difficile
dine dîner; **dine à la carte** dîner à la carte
dinner dîner m.; **complete dinner** menu m.; **have dinner** dîner; **have the complete dinner** prendre le menu; **invite to dinner** inviter à dîner
direct direct; **a direct train** un train direct m.
director (*of movie*) metteur en scène m.
disappoint décevoir
discotheque (disco) discothèque f.; **in a discotheque (disco)** dans une discothèque
dish plat m.; **dishes** vaisselle f.; **wash (do) the dishes** faire la vaisselle
disturb déranger

do faire; **do a Master of Arts degree** faire une licence; **do one's marketing** faire ses provisions, faire son marché; **do one's military service** faire son service militaire; **doesn't he?, don't you?, don't they?, etc.** n'est-ce pas?
doctor docteur *m.*, médecin *m.*
dollar dollar *m.*
door porte *f.*; (*of vehicle*) portière *f.*
doubt douter
downtown en ville
dozen douzaine *f.*
dress robe *f.*
dress habiller; **get dressed** s'habiller
drink boisson *f.*, (*before dinner*) apéritif *m.*
drive conduire
druggist pharmacien *m.*, pharmacienne *f.*
drum tambour *m.*; **drums** (*percussion instruments*) batterie *f.*
Dubonnet Dubonnet *m.*
during pendant

each chaque
ear oreille *f.*
ear-rings boucles d'oreilles *f.*
early de bonne heure, tôt; **quite early** assez tôt
easily facilement
east est *m.*
Easter Pâques *m.*
easy facile
eat manger
economy économique; **economy class** classe économique *f.*
education éducation *f.*, enseignement *m.*, instruction *f.*; **Center of Continuing Education** Centre de Formation continue *m.*
egg œuf *m.*
eight huit
eighteen dix-huit
either *adv.* non plus
eleven onze
eleventh onzième
employee employé *m.*
end fin *f.*, extrémité *f.*, bout *m.*; **at the end (of)** à la fin(de), au bout (de); **end of the line** terminus *m.*
end finir, terminer, achever
energetically énergiquement
English (*language*) anglais *m.*
English *adj.* anglais
enjoy jouir de, aimer, goûter; **enjoy oneself** s'amuser
enough assez
enter entrer (dans)
entire entier, entière; tout, toute
envelope enveloppe *f.*
epidemic épidémie *f.*; **a flu epidemic** une épidémie de grippe
especially surtout
essential essentiel, essentielle; **it is essential** il est essentiel
Europe Europe *f.*

even même; **even if** quand même, quand bien même
evening soir *m.*, soirée *f.*; **in the evening** le soir
ever jamais
every chaque, tout; **every day** tous les jours
everyone tout le monde, tous
everywhere partout
exactly exactement
examination examen *m.*; **take an examination** passer un examen
examine examiner
example exemple *m.*; **for example** par exemple
excellent excellent
expect attendre; (*intend to*) avoir l'intention de
expensive cher, chère; **be expensive** coûter cher
explain expliquer
express: through express rapide *m.*; **limited express** express *m.*

factory usine *f.*
fair foire *f.*, fête foraine *f.*
fairground champ de foire *m.*
fall tomber
familial familial (*pl.* familiaux); **familial feast day** fête familiale *f.*
family famille *f.*
famous célèbre; fameux, fameuse
fasten attacher; **fasten one's seatbelt** attacher sa ceinture
father père *m.*
fear craindre, avoir peur
feast fête *f.*; **familial feast day** fête familiale *f.*; **feast day** jour de fête *m.*; (*village or city*) **feast day fair** fête foraine *f.*, foire *f.*
feel toucher; sentir, se sentir; **how do you feel?** comment vous sentez-vous?
fever fièvre *f.*; **have a fever** avoir de la fièvre
few peu; **a few** *adj.* quelques; *pron.* quelques-uns, quelques-unes
field champ *m.*
fifteen quinze
fifteenth quinzième
figure figure *f.*, taille *f.*, tournure *f.*; **watch one's figure** faire attention à sa ligne
film film *m.*
finally enfin, finalement
find trouver
fine beau, bel, belle, beaux, belles; fin, fine; très bien, pas mal, parfait; **that's fine** c'est parfait
fine arts beaux-arts *m. pl.*; **at the School of Fine Arts** aux Beaux-Arts
finish finir, terminer
finished fini(e)
fireplace cheminée *f.*; **to put (place) one's shoes in front of the fireplace** mettre ses chaussures devant la cheminée
first premier, première; d'abord; **first-class** première-classe *f.*
fish poisson *m.*
five cinq

floor étage *m.*; **on the fourth floor** au troisième étage; **on the same floor** au même étage; **on the second floor** au premier étage
flower fleur *f.*
flu grippe *f.*; **a flu epidemic** une épidémie de grippe; **have the flu** avoir la grippe
followed suivi(e)
for pour; (*because*) car; (*since*) depuis, il y a . . . que; (*during*) pendant
forecast prévision *f.*; **weather forecast** les prévisions de la météo *f.pl.*
forget oublier
found: be found se trouver
fountain pen stylo *m.*
four quatre
fourteenth quatorzième
franc franc *m.*
France France *f.*
French *adj.* français
French (*language*) français *m.*
French bread baguette de pain *f.*
Frenchman Français *m.*; **Frenchwoman** Française *f.*
frequently fréquemment
fresh frais, fraîche
Friday vendredi *m.*
friend ami *m.*, amie *f.*
from de; (*with cities*) de; (*with feminine singular countries*) de; (*with other countries*) de (+ *def. art.*)
front: in front of devant
fruit fruit *m.*
future avenir *m.*, futur *m.*

garden jardin *m.*; **the Luxembourg Gardens** le jardin du Luxembourg *m.*; **the Tuileries Gardens** le jardin des Tuileries *m.*
garlic ail *m.*
generally généralement, en général
gentlemen messieurs *m.*
get prendre, obtenir; arriver; **get a ticket** prendre un billet; **get back** être de retour, retourner, revenir; **get dressed** s'habiller; **get in(to)** entrer dans, monter dans; **get off** descendre; **get on** monter; **get on the train** monter dans le train; **get married** se marier; **get up** se lever
gift cadeau *m.*; **give a gift** offrir un cadeau
gimmick truc *m.*
girl (jeune) fille *f.*
give donner; **give a gift** offrir un cadeau; **give someone a ring (phone call)** appeler quelqu'un au téléphone, donner un coup de téléphone à quelqu'un
glad content, heureux; **be glad** être content (+ *subj.*); **be glad to** être content de (+ *inf.*)
gladly volontier, avec plaisir
glorious glorieux, glorieuse
go aller; **go back** retourner; **go bathing** se baigner; **go for** aller chercher; **go for a walk** faire une promenade; **go home** rentrer; **go in** entrer; **go out** sortir; **go to bed** se coucher

good bon, bonne; brave; **be good in (at) school** être fort à l'école; **good morning** bonjour; **good night** bonsoir; **have a good time** s'amuser; **it is good** il est bon; **wish someone a good and happy year** souhaiter une bonne et heureuse année à quelqu'un
good-by au revoir
grandparents grands-parents *m.pl.*
grave tombe *f.*; **lay chrysanthemums at (on) the graves** fleurir les tombes de chrysanthèmes
great grand; **a great deal** beaucoup
Greece Grèce *f.*
grocer épicier *m.*
grocery épicerie *f.*
group groupe *m.*
guarantee assurer, garantir
guess deviner
guitar guitare *f.*

ham jambon *m.*
haphazardly au hasard
happen arriver, se passer
happy heureux, heureuse; content; **be happy** (+ *inf.*) être heureux (heureuse) de; **wish someone a good and happy year** souhaiter une bonne et heureuse année à quelqu'un; **wish someone a happy birthday** souhaiter l'anniversaire à quelqu'un
hard dur, ferme; difficile
hardly ne . . . guère, à peine
have avoir; **have (run) a fever (temperature)** avoir de la fièvre, avoir de la température; **have a good time** s'amuser; **have a headache (stomachache, backache)** avoir mal à la tête (au ventre, au dos); **have an affection for someone** avoir de l'affection pour quelqu'un; **have breakfast** prendre le petit déjeuner; **have just** venir de (+ *inf.*); **have one's luggage (baggage) checked** faire enregistrer ses bagages; **have something** (*to eat or drink*) prendre quelque chose; **have (the) ambition to do something** avoir l'ambition de faire quelque chose; **have the complete dinner** prendre le menu; **have the flu (influenza)** avoir la grippe; **have time (to)** avoir le temps (de); **have to** devoir, falloir
he il, ce, lui
head tête *f.*
headache mal de tête *m.*; **have a headache** avoir mal à la tête
heading rubrique *f.*; **under the heading** à la rubrique
hear entendre
heart cœur *m.*
held: be held (*take place*) avoir lieu, se tenir
help aider
her *adj.* son, sa, ses; *pron.* la, lui, elle
here ici; **from here** d'ici; **here!** tenez!; **here is, here are** voici
high haut, élevé; (*of temperature*) gros, grosse
him le, lui

his *adj.* son, sa, ses; *pron.* le sien, la sienne, les siens, les siennes; (*after être*) à lui
hit (*song*) tube *m.*, chanson à succès *f.*
hitchhiker auto-stoppeur *m.*, auto-stoppeuse *f.*
holiday fête *f.*, jour de fête *m.*, jour férié *m.*
Holland Hollande *f.*
Holy day fête *f.*, jour de fête *m.*
home maison *f.*; **at home** à la maison, chez soi; **go home** rentrer
hope espérer
hostess hôtesse *f.*
hot chaud; **it's hot** (*weather*) il fait chaud
hotel hôtel *m.*
hour heure *f.*
house maison *f.*; **at (to) my (her, your) house** chez moi (elle, vous, toi)
household ménage *m.*; *adj.* ménager, ménagère; **household items (articles)** articles ménagers *m.*
how comment; comme; **how are you?** comment allez-vous?; **how do you feel?** comment vous sentez-vous? **how long?** depuis combien de temps?; **how long does it take?** combien de temps met-il?; **how many? how much?** combien?
however cependant
humid humide; **it's humid** (*of weather*) il fait humide
hundred cent; **in a hundred ways** de cent manières
hurry se dépêcher; **be in a hurry** être pressé(e)
hurt blesser, avoir mal à, faire mal à; **where does it hurt?** où avez-vous mal?

I je, moi
idea idée *f.*
ideal idéal, (*pl.* idéaux)
if si; **even if** quand même, quand bien même
ill malade, souffrant; **be ill** être malade
immediately tout de suite, immédiatement, à l'instant
important important; **it's important** il est important
in dans; (*with cities*) à; (*with feminine singular countries*) en; (*with other countries*) à (+ *def. art.*); **in my place** à ma place
incidentally au fait
included compris
indiscreet indiscret, indiscrète
information renseignements *m.pl.*
ingredient ingrédient *m.*
inn auberge *f.*
insist exiger, insister; **insist upon** tenir à
install installer
instructive instructif, instructive
intelligent intelligent
intend avoir l'intention de
interesting intéressant
interview interviewer
into dans

introduce présenter, introduire; **permit me to introduce my friend (to you)** permettez-moi de vous présenter mon ami(e)
invite inviter; **invite to dinner** inviter à dîner
it il, elle, ce, le, la, y, en
Italian *adj.* italien, italienne
Italy Italie *f.*
item article *m.*, détail *m.*; **household items** articles ménagers *m.*
ivory ivoire *m.*

January janvier *m.*
jeweler bijoutier *m.*
jewelry shop bijouterie *f.*
job situation *f.*; **job offers** offres d'emplois *f.*; **look for a job** chercher une situation
joyful joyeux, joyeuse
July juillet *m.*
just juste; **have just** venir de (+ *inf.*); **just the same** tout de même

keep garder, tenir, retenir
key clé, clef *f.*
kind sorte *f.*, espèce *f.*
kindness gentillesse *f.*
king roi *m.*
kiss baiser *m.*; **love and kisses to both of you** je vous embrasse tous les deux bien tendrement
kiss embrasser
know (*facts*) savoir; (*be acquainted with*) connaître; **know how** savoir

Labor Day Fête du Travail *f.*
lady dame *f.*; **Our Lady** Notre Dame; **young lady** jeune fille *f.*, demoiselle *f.*
lamb agneau *m.*; **leg of lamb** gigot d'agneau *m.*
language langue *f.*
large grand; gros, grosse
last durer
last dernier, dernière; **last month (last week)** le mois dernier (la semaine dernière)
late en retard, tard; **be late** être en retard; **stay in bed late** faire la grasse matinée
laundry blanchisserie *f.*, linge *m.*; **laundry detergent** lessive *f.*
lay mettre, placer, poser; **lay chrysanthemums at (on) the graves** fleurir les tombes de chrysanthèmes
leaf feuille *f.*
leave laisser, quitter, partir, s'en aller
leek poireau *m.*
left gauche *f.*; **on (to) the left** à gauche
leg jambe *f.*; **leg of lamb** gigot d'agneau *m.*
legal légal (*m.pl.* légaux)
legendary légendaire
lend prêter
less moins
lesson leçon *f.*
let laisser, permettre, faire (*causative*)
letter lettre *f.*

like aimer; **would you like?** voudriez-vous?; **I'd like** je voudrais
like *prep.* comme
likewise également
limited (*express*) express *m.*
line ligne *f.*; **end of the line** terminus *m.*; **stand in line** faire la queue
listen (to) écouter; **listen (in on)** écouter
literature littérature *f.*
little petit, peu
live habiter, demeurer, vivre
local (*train*) omnibus *m.*
long long, longue; **for a long time** depuis longtemps; **how long?** depuis combien de temps?; **how long does it take?** combien de temps met-il?
longer *adv.* plus longtemps; **no . . . longer** ne . . . plus
look avoir l'air; **look (at)** regarder; **look (for)** chercher; **look for a job** chercher une situation
lose perdre
lot: a lot beaucoup
love amour *m.*, affection *f.*; **love and kisses to both of you** je vous embrasse tous les deux bien tendrement
love aimer; **be in love** être amoureux (amoureuse); **be in love with (enamored of) someone** être amoureux (amoureuse) de quelqu'un(e)
lover amoureux *m.*, amoureuse *f.*
luck chance *f.*; **be lucky** avoir de la chance
luggage bagage(s) *m.pl.*; **have one's luggage checked** faire enregistrer ses bagages
lunch déjeuner *m.*; **have lunch** déjeuner; **prepare lunch** préparer le déjeuner
lung poumon *m.*

M.A. licence *f.*; **do an M.A.** faire une licence
madam madame, Mme.
magazine magazine *m.*, revue *f.*
magnificent magnifique
mail courrier *m.*, poste *f.*
mailbag sacoche *f.*
mailman facteur *m.*
make marque *f.*
make faire; **make a recording** (*of a record*) enregistrer un disque
man homme *m.*; **young man** jeune homme *m.*
many beaucoup; **how many?** combien?; **so many** tant
map plan *m.*, carte *f.*
marketing marché *m.*; **do one's marketing** faire ses provisions, faire son marché
marriage mariage *m.*
marry marier; **marry someone (get married)** se marier avec quelqu'un(e)
marvelous merveilleux, merveilleuse
Mass messe *f.*; **Midnight Mass** Messe de Minuit *f.*
match allumette *f.*

matter matière *f.*; **no matter what** quoi que (+ *subj.*)
May mai *m.*; **May Day** Premier mai *m.*
may pouvoir
maybe peut-être
me me, moi
meal repas *m.*
meat viande *f.*
mechanic mécanicien *m.*; **become a mechanic** devenir mécanicien
medicine médicament *m.*
meet (*encounter*) rencontrer; (*make the acquaintance of someone*) faire la connaissance de quelqu'un; **meet** (*again*) retrouver, rejoindre; **meet** (*by mutual agreement*) se retrouver; **shall we meet tomorrow?** rendez-vous demain?
Mexico Mexique *m.*
middle milieu *m.*, centre *m.*; **to (in) the middle of** au milieu de
midnight minuit *m.*; **Midnight Mass** Messe de Minuit *f.*; **midnight supper** (*on Christmas eve*) réveillon *m.*
might pouvoir (*cond.*)
mild doux; **it's mild** (*of weather*) il fait doux
military militaire; **do one's military service** faire son service militaire
milk lait *m.*
mind esprit *m.*, avis *m.*; **change one's mind** changer d'avis
mine le mien, la mienne, les miens, les miennes; (*after être*) à moi
minute minute *f.*
Mister monsieur, M.
mom maman *f.*
Monday lundi *m.*
money argent *m.*
month mois *m.*; **a (per) month** par mois; **last month** le mois dernier
more plus, davantage; **not any more** ne . . . plus
morning matin *m.*; **good morning** bonjour; **in the morning** le matin
most le plus; **most of** la plupart de (+ *def. art.*)
mother mère *f.*
mouth bouche *f.*; **pass on (something) by word of mouth** se passer (quelque chose) de bouche à oreille
move déménager
movies cinéma *m.*
Mrs. madame, Mme
much beaucoup; **how much?** combien?; **so much** tant; **too much** trop; **very much** beaucoup; **as much** autant
must devoir, falloir; **I must** je dois, il faut que je . . . (+ *subj.*)
my mon, ma, mes

name nom *m.*
name appeler, nommer; **they are named for** (*the stops*) on les appelle par le nom des (*stations*)

near près (*de* + *noun*)
necessary nécessaire; **it's absolutely necessary** il est indispensable; **it's necessary** il faut, il est nécessaire
need avoir besoin de
neither . . . nor ne . . . ni . . . ni, ni . . . ni . . . ne
nephew neveu *m.*
never jamais, ne . . . jamais
new nouveau, nouvel, nouvelle; neuf, neuve; **brand new** neuf, neuve; tout neuf, toute neuve
news nouvelle *f.*, nouvelles *f.pl.*
newspaper journal *m.*
newsstand kiosque (*à journaux*) *m.*
New Year's Day le jour de l'an *m.*
next *adj.* prochain; *adv.* ensuite; **the next one** le prochain *m.*, la prochaine *f.*
nice gentil, gentille; agréable; beau, bel, belle; brave
night soir *m.*, nuit *f.*; **at night** la nuit; **good night** bonsoir; **night before** veille *f.*; **tomorrow night** demain soir
no non; **no longer** ne . . . plus; **no one** personne, ne . . . personne
nonworking chômé(e); **nonworking day** jour chômé *m.*
noon midi *m.*
north nord *m.*; **North Star** l'étoile du Nord *f.*
not ne . . . pas; **not any more** ne . . . plus; **not . . . anything** ne . . . rien; **not at all** pas du tout, ne . . . pas du tout; **not well at all** pas bien du tout; **not . . . yet** (ne . . .) pas encore
nothing rien, ne . . . rien; **nothing special** rien de spécial
November novembre *m.*
now maintenant, en ce moment; **right now** en ce moment
number numéro *m.*, chiffre *m.*

obvious évident, clair; **it's obvious** il est évident, il est clair
o'clock heure *f.*
of de
offer offre *f.*; **job offers** offres d'emplois *f.*
offer offrir
office bureau *m.*
often souvent; **as often as possible** le plus souvent possible
O.K. d'accord, très bien, entendu
old vieux, vieil, vieille
on sur, en (+ *pres. part.*)
once une fois
one un, une; on; **no one** personne, ne . . . personne; **the one** celui, celle
only *adj.* seul, unique; *adv.* ne . . . que, seulement
open ouvrir
or ou
oral oral (*m.pl.* oraux)

order commander; **in order to** pour, afin de
ordinarily ordinairement, d'ordinaire
origin origine *f.*
other autre; **on the other hand** d'un autre côté, par contre
ought devoir (*cond.*)
our notre, nos
ourselves nous; nous-mêmes
out hors, dehors; **be (all) out of breath** être tout essoufflé(e); **be out of sorts** ne pas être dans son assiette; **go out** sortir
over: over there là-bas
overjoyed fou (folle) de joie; **be overjoyed** être fou (folle) de joie
owe devoir
own propre

pack paquet *m.*
package paquet *m.*, colis *m.*
page page *f.*
pale-blue bleu-pâle
palm (*of hand*) paume *f.*; (*branch*) palme *f.*; **Palm Sunday** Dimanche des Rameaux *m.*
paper papier *m.*; **newspaper** journal *m.*
paperback livre broché *m.*
parent parent *m.*
park garer
party soirée *f.*, boum *f.*
pass passer, réussir à; **pass on (something) by word of mouth** se passer (quelque chose) de bouche à oreille; **pass through customs inspection** passer à la douane
passenger passager *m.*, voyageur *m.*
pastry pâtisserie *f.*
pattern patron *m.*, modèle *m.*; **cut a pattern** couper (tailler) un patron
pay (for) payer
Pentecost Pentecôte *f.*
people monde *m.*, gens *m.pl.*; **young people** les jeunes, jeunes gens *m.pl.*, jeunesse *f.*
perfume parfum *m.*
perhaps peut-être
person personne *f.*
pharmacist pharmacien *m.*, pharmacienne *f.*
pharmacy pharmacie *f.*
phone téléphoner; **phone someone** téléphoner à quelqu'un, appeler quelqu'un au téléphone, donner un coup de téléphone à quelqu'un
photograph photographier
picture image *f.*; (*painting*) tableau *m.*, (*photo*) photo *f.*; **take (snap) a picture** prendre une photo
pint demi-litre *m.*
pity: it's a pity c'est dommage
place endroit *m.*, lieu *m.*; **in my place** à ma place; **take place** avoir lieu, se tenir
place mettre, placer; **place (put) one's shoes in front of the fireplace** mettre ses chaussures devant la cheminée; **place something in a bag** mettre quelque chose dans un sachet
plan projet *m.*

plan penser, avoir l'intention de, compter, se proposer de
plane avion *m.*
platform quai *m.*
play jouer; **play a record** passer un disque
please plaire (à), faire plaisir à; **please someone** plaire à quelqu'un, faire plaisir à quelqu'un
please s'il vous plaît
pleased content (de), heureux (de); **be pleased with** être content de
P.M. de l'après-midi, du soir
poor pauvre
pop pop *m.*
popular populaire
possible possible; **as often as possible** le plus souvent possible; **as soon as possible** le plus tôt possible; **it's possible** il est possible, il se peut
postman facteur *m.*
post office bureau de poste *m.*, poste *f.*
postpone remettre
practical pratique
prefer préférer, aimer mieux
prepare préparer, accomoder; **prepare lunch (dinner)** préparer le déjeuner (le dîner)
prescription ordonnance *f.*
present offrir, présenter, représenter
pretty joli
price prix *m.*
probably probablement
product produit *m.*
professor professeur *m.*
program programme *m.*
prudent prudent(e)
public public *m.*; *adj.* public, publique
put mettre; **put one's things away** ranger ses affaires

quality qualité *f.*
quarter quart *m.*
question question *f.*
quickly vite
quite assez

radio radio *f.*; **on the radio** à la radio; **transistor (radio)** transistor *m.*
rain pleuvoir; **it rains (it's raining)** il pleut
raincoat imperméable *m.*, imper *m.*
rapidly rapidement, vite
rare rare; (*of meat*) saignant
read lire
realize se rendre compte de
really vraiment, réellement
reason raison *f.*; **this (that) is (the reason) why** c'est pour cela que, c'est (voilà) pourquoi
receive recevoir; **receive (welcome) someone** recevoir quelqu'un
recently récemment
recipe recette *f.*
recommended recommandé; **it's recommended** il est recommandé

record disque *m.*; **play a record** passer un disque
recording enregistrement *m.*; **make a recording** (*of a record*) enregistrer un disque
red rouge
refill recharge *f.*
relative parent *m.*
religious religieux, religieuse
rent louer; **a room (an apartment) for rent** une chambre (un appartement) à louer
repair réparer; **repair a watch** réparer une montre
reply répondre
reporter journaliste *m. or f.*
reserve réserver, retenir; **reserve (book) a seat** louer une place d'avance
respect respecter, avoir du respect (de la déférence) pour
restaurant restaurant *m.*
retail détail *m.*; **sell retail** vendre au détail
return (*come back*) revenir; (*go back*) retourner; **return home** rentrer
review (*of book, film*) compte rendu *m.*
rich riche
right droit; **be right** avoir raison; **from the right** de la droite; **right away** immédiatement, tout de suite; **right now** en ce moment; **to the right** à droite
right of way priorité *f.*
ring bague *f.*; **give someone a ring (phone call)** appeler quelqu'un au téléphone, donner un coup de téléphone à quelqu'un
ripe (*of cheese*) fait
road route *f.*, chemin *m.*
roast rôtir
rock rocher *m.*; (*music*) rock *m.*; **a rock group** un groupe de rock *m.*; **on the rocks** avec des glaçons; **rock singer** chanteur de rock *m.*, chanteuse de rock *f.*
rolling roulant(e); **Rolling Stones** Pierres Roulantes *f.pl.*
room chambre *f.*, salle *f.*; **a room for rent** une chambre à louer; **a room with bath** une chambre avec salle de bains; **baggage room** consigne *f.*; **straighten (up) a room** ranger une chambre
round rond; **round-trip ticket** aller et retour *m.*
run courir; **run slow** (*watch*) retarder; **the watch runs fast** la montre avance; **the watch runs slow** la montre retarde

safely en toute sécurité
saint saint *m.*, sainte *f.*; **All Saints' Day** Toussaint *f.*
same même; **just the same** tout de même
sample échantillon *m.*
Santa Claus Père Noël *m.*
Saturday samedi *m.*
say dire; dites-moi
school école *f.*; **at, in or to school** à l'école; **at the School of Fine Arts** aux Beaux-Arts; **be good in (at) school** être fort à l'école

seat place *f.*; **first-class seats** des première (classe) *f.*; **reserve (book) a seat** louer une place d'avance; **second-class seats** des seconde (classe) *f.*
seatbelt ceinture *f.*; **fasten one's seatbelt** attacher sa ceinture
second deuxième, (*of two*) second; **on the second floor** au premier étage; **second class** seconde classe *f.*
secret secret *m.*; **tell (confide) a secret to someone** confier un secret à quelqu'un(e)
see voir; **I'll see you tomorrow** à demain
select choisir
sell vendre; **sell in bulk** vendre en gros; **sell retail** vendre au détail
send envoyer
sender expéditeur *m.*, expéditrice *f.*
senior citizen(s) troisième âge *m.*
separately séparément
separation séparation *f.*
serious grave; sérieux, sérieuse
service service *m.*; **do one's military service** faire son service militaire
service station station-service *f.*, poste d'essence *m.*
set poser, placer
seventeenth dix-septième
seventh septième
several plusieurs
shallot échalote *f.*
she elle, ce
shoe chaussure *f.*; **put (place) one's shoes in front of the fireplace** mettre ses chaussures devant la cheminée
shop boutique *f.*, magasin *m.*; **tobacco shop** bureau de tabac *m.*
shop faire des achats, faire des courses; **shop (for food)** faire son marché, faire ses provisions
shopping bag filet *m.*
short court
should (= ought) devoir (*cond.*)
show montrer
shower douche *f.*; **take a shower** prendre une douche
since depuis, puisque; (*as, seeing that*) comme
sing chanter
singer chanteur *m.*, chanteuse *f.*; **rock singer** chanteur de rock *m.*, chanteuse de rock *f.*
sir monsieur, M.
sit s'asseoir; **sit down** s'asseoir
six six
sixteen seize
sixth sixième
sky ciel *m.* (*pl.* cieux)
slice tranche *f.*
small petit
snail escargot *m.*
snap: snap a picture prendre une photo
snow neiger; **it snows** il neige
so ainsi, aussi, tellement, si; **so many, so much** tant; **so that** pour que (+ *subj.*), afin que (+ *subj.*)

soap savon *m.*; **bar of soap** savonnette *f.*
solitude solitude *f.*
some (*part.*) de (+ *def. art.*), de; (*adj.*) quelque(s); (*pron.*) en; quelques-uns, quelques-unes; certain(e)(s)
someone quelqu'un, quelqu'une
something quelque chose
song chanson *f.*; **compose a song** composer une chanson
soon bientôt, tôt; **as soon as** aussitôt que, dès que; **as soon as possible** le plus tôt possible; **sooner** plus tôt
Sorbonne Sorbonne *f.*
sore plaie *f.*; **sore throat** angine *f.*, mal de gorge *m.*
sorry: be sorry regretter
sort espèce *f.* sorte *f.*; **be out of sorts** ne pas être dans son assiette
soul âme *f.*; **All Souls' Day** Jour des Morts *m.*
Spain Espagne *f.*
Spanish (*language*) espagnol *m.*
speak parler; **speak about** parler de
special spécial (*m.pl.* spéciaux); **nothing special** rien de spécial
speciality spécialité *f.*
spectacle spectacle *m.*
spend (*time*) passer
spring printemps *m.* **in the spring** au printemps
square place *f.*; **the village square** la place du village *f.*
stamp timbre *m.*
stand être debout, rester debout, se tenir debout; **stand in line** faire la queue
star étoile *f.*; (*of stage or screen*) vedette *f.*; **North Star** l'Étoile du Nord *f.*
start commencer, se mettre à
station (*subway*) station *f.*; (*railroad*) gare *f.*
stationery papier à lettres *m.*; **stationery store** papeterie *f.*; **book and stationery store** librairie-papeterie *f.*
stay rester; **stay in bed** rester au lit; **stay in bed late** faire la grasse matinée
still encore, toujours
stomach ventre *m.*, estomac *m.* **have a stomachache** avoir mal au ventre
stone pierre *f.*; **Rolling Stones** Pierres Roulantes *f.pl.*
stop (*of train, bus*) arrêt *m.*; (*of subway*) station *f.*
stop arrêter, s'arrêter
store magasin *m.*
story histoire *f.*; **serial story** feuilleton *m.*
straighten (up) ranger; **straighten (up) an apartment (a room)** ranger un appartement (une chambre)
street rue *f.*
student étudiant *m.*, étudiante *f.*
study étude *f.*; **continue one's studies** poursuivre ses études
study étudier
subscribe (to) être abonné(e) à
subway métro *m.*
suitcase valise *f.*

summer été *m.*; **in (the) summer** en été
Sunday dimanche *m.*; **Palm Sunday** Dimanche des Rameaux *m.*
sunny: it's sunny il fait du soleil
supermarket supermarché *m.*
supper souper *m.*; **midnight supper** (*on Christmas eve*) réveillon *m.*
suppose supposer; **be supposed to** devoir
sure sûr, certain; **a sure victory** une victoire certaine
surprise surprendre, étonner; **be surprised** s'étonner, être surpris, être étonné
sweater chandail *m.*, (*cardigan*) gilet *m.*
sweetheart amoureux *m.*, amoureuse *f.*
Switzerland Suisse *f.*

table table *f.*
tablet comprimé *m.*; **aspirin tablet** comprimé d'aspirine *m.*
tag étiquette *f.*
take prendre; (*a person*) emmener; **how long does it take?** combien de temps met-il?; **take a course** suivre un cours; **take a shower** prendre une douche; **take a walk** faire une promenade; **take one's temperature** prendre sa température; **take place** avoir lieu, se tenir; **take someone into one's confidence** faire une confidence à quelqu'un(e)
take-off (*a plane*) décoller; décollage *m.*
talk parler; **talk about** parler de
tall (*of persons*) grand; (*of things*) haut
tango tango *m.*
tasty savoureux, savoureuse
television télévision *f.*
tell dire; (*relate*) raconter
temperature température *f.*; **have a temperature** avoir de la température, avoir de la fièvre; **take one's temperature** prendre sa température
ten dix
tenth dixième
terminal terminal *m.* (*pl.* terminaux)
terminus terminus *m.*
terrific terrible
than que; (*before number*) de
thank you merci
that *adj.* ce, cet, cette; *pron.* celui, celle, cela; **that one** celui (-là), celle (-là); **that's all** c'est tout
that *rel. pron.* que, qui
the le, la, l', les
their leur, leurs
them les, leur; eux, elles
theme thème *m.*
then alors, ensuite, puis; **well then?** alors?, eh bien?
there là, y; **there is, there are** il y a, voilà
these *adj.* ces; *pron.* ceux (-ci), celles (-ci)
they ils, elles; on; ce; eux, elles
thing chose *f.*; **things** affaires *f.pl.*, effets *m.pl.*; **put one's things away** ranger ses affaires

think penser, croire; **think of** (*about*) penser à, songer à; **think of** (*have an opinion about*) penser de; **think so** penser que oui
thirty-six trente-six
thirty-three R.P.M. record trente-trois tours *m.*
this *adj.* ce, cet, cette; *pron.* celui, celle, ceci; **this one** celui (-ci), celle (-ci)
those *adj.* ces; *pron.* ceux (-là), celles (-là)
three trois
throat gorge *f.*; **sore throat** angine *f.*, mal de gorge *m.*
throne trône *m.*; **Fair of the Throne** Foire du Trône *f.*
through à travers; **through express** rapide *m.*
Thursday jeudi *m.*
ticket billet *m.*; **a first-class ticket** un billet de première (classe) *m.*; **buy (get) a ticket** prendre un billet; **round-trip ticket** aller et retour *m.*; **(ticket) window** guichet *m.*
tie cravate *f.*
time fois *f.*, heure *f.*, temps *m.*, moment *m.*; **at this time** à cette heure, en ce moment; **(at) what time?** à quelle heure?; **have time (to)** avoir le temps (de); **have a good time** s'amuser; **it's time** il est temps; **on (in) time** à l'heure, à temps
to à; (*with cities*) à; (*with feminine countries*) en; (*with masculine countries*) à (+ *def. art.*)
tobacco tabac *m.*; **tobacco shop** bureau de tabac *m.*
today aujourd'hui
together ensemble
toll booth poste à péage *m.*
tomorrow demain; **I'll see you tomorrow** à demain; **shall we meet tomorrow?** rendez-vous demain?
tonight ce soir
too trop; aussi; **too much** trop
toothpaste dentifrice *m.*
town village *m.*, ville *f.*
track voie *f.*
tradition tradition *f.*
train train *m.*; **a direct train** un train direct *m.*; **change trains** changer de train; **get on the train** monter dans le train
trainee: be a trainee faire son stage
transistor (*radio*) transistor *m.*
travel voyager; **travel agency** agence de voyages *f.*
tree arbre *m.*
trip voyage *m.*; **round-trip ticket** aller et retour *m.*
trouble embarrasser; déranger, gêner
true vrai
try essayer, tâcher (de)
tube tube *m.*
Tuesday mardi *m.*
tune air *m.*
Turkish turc, turque
twelve douze
twenty-four vingt-quatre

twenty-fourth vingt-quatrième
two deux; **two weeks** quinzaine *f.*, quinze jours
uncle oncle *m.*
under sous, au dessous de; **under the heading** à la rubrique
understand comprendre
United States États-Unis *m. pl.*
university université *f.*
unless à moins que (+ *subj.*)
upon sur; (+ *pres. part.*) en; **insist upon** tenir à
us nous
use employer, utiliser, se servir de
usual: as usual comme d'habitude
usually d'habitude, d'ordinaire, ordinairement

vacation vacances *f.pl.*
Valentine's Day Saint-Valentin *f.*
vegetable légume *m.*
very *adv.* bien, très; **very many (much)** beaucoup
victory victoire *f.*; **a sure victory** une victoire certaine
view vue *f.*, perspective *f.*; **there's a nice view** on a une belle vue
village village *m.*; **village fair** fête de village *f.*, fête foraine *f.*, foire *f.*; **the village square** la place du village
Virgin Vierge *f.*

wait (for) attendre
walk promenade *f.*; **go (take) a walk** faire une promenade
waltz valse *f.*
want désirer, vouloir
wash laver, se laver; **wash oneself** se laver; **wash (do) the dishes** faire la vaisselle
washbasin lavabo *m.*
watch montre *f.*
watch regarder; **watch one's figure** faire attention à sa ligne
way façon *f.*, manière *f.*, chemin *m.*, route *f.*, côté *m.* voie *f.*; **by the way** au fait, à propos; **in a hundred ways** de cent manières; **on the way back** au retour; **this way** par ici
we nous, on
wear (*put on*) mettre; porter
weather temps *m.*; **the weather is bad** il fait mauvais; **the weather is nice (fine)** il fait beau; **weather forecast** les prévisions de la météo *f.pl.*
week semaine *f.*; **a (per) week** par semaine; **a week** huit jours, une semaine; **last week** la semaine dernière; **two weeks** quinzaine *f.*, quinze jours
weekend week-end *m.*
welcome bienvenue *f.*; **welcome someone** souhaiter la bienvenue à quelqu'un
well bien; **not well at all** pas bien du tout; **well then?** alors?, eh bien?
well-known réputé(e), bien connu(e)
what (= *that which*) ce que, ce qui
what *adj.* quel, quelle; *pron.* que, qu'est-ce que, qu'est-ce qui, quoi; **what a!** quel! quelle!

when quand, lorsque
where où; **where does it hurt?** où avez-vous mal?
wherever où que, n'importe où
whether si; **whether it be . . . or** que ce soit . . . ou
which *adj.* quel, quelle; *pron.* qui, que, lequel, laquel, lesquels, lesquelles; **which way** de quel côté
while pendant que, tandis que; en (+ *pres. part.*)
white blanc, blanche
who qui, qui est-ce qui
whole tout, toute; entier, entière
whom *interr. pron.* qui? qui est-ce que?; *rel. pron.* que, lequel, laquelle, lesquels, lesquelles; *after prep.* qui
whose *interr. pron.* à qui (*ownership*); de qui (*authorship, relationship*); *rel. pron.* dont
why pourquoi
window fenêtre *f.*; (*of plane or boat*) hublot *m.*
wine vin *m.*
winter hiver *m.*; **in the winter** en hiver
wish souhaiter, désirer, vouloir; **wish someone a good and happy year** souhaiter une bonne et heureuse année à quelqu'un; **wish someone a happy birthday** souhaiter l'anniversaire à quelqu'un(e)
with avec
without sans
woman femme *f.*
wood(s) forêt *f.*, bois *m.*
word mot *m.*, parole *f.*; **pass on (something) by word of mouth** se passer (quelque chose) de bouche à oreille
work travail *m.* (*pl.* travaux), œuvre *f.*
work travailler; marcher; **it works (out)** ça marche; **work for (with) someone** travailler pour (avec) quelqu'un
worker ouvrier *m.*, ouvrière *f.*; travailleur *m.*, travailleuse *f.*
worry ennui *m.*, souci *m.*
worry s'en faire, s'inquiéter; **don't worry** ne vous en faites pas
write écrire
written écrit

year an *m.*, année *f.*; **wish someone a good and happy year** souhaiter une bonne et heureuse année à quelqu'un
yes oui
yesterday hier
yet encore; **not . . . yet** (ne . . .) pas encore
you vous, (*familiar*) tu; te, toi
young jeune; **young man** jeune homme *m.*; **young (people)** jeunes gens *m.pl.*, jeunesse *f.*
your votre, vos; (*familiar*) ton, ta, tes
yours le vôtre, la vôtre, les vôtres; le tien, la tienne, les tiens, les tiennes; (*after être*) à vous, à toi

zip code code postal *m.*

Glossaire

Adjective: A word that modifies, describes, or limits a noun or pronoun.

Adverb: A word that modifies a verb, an adjective, or another adverb.

Antecedent: The word, phrase, or clause to which a pronoun refers.

Auxiliary Verb: A verb that helps the main verb to express an action or a state (in French, **avoir** or **être**).

Causative Verb: A verb whose subject causes the action to be done by someone else (in French, **faire**).

Clause: A group of words containing a subject and predicate. A main (independent) clause can stand alone; a subordinate (dependent) clause can function only as part of another clause.

Comparison: The change in the form of an adjective or adverb showing degrees of quality: positive (*great*), comparative (*greater*), superlative (*greatest*).

Compound Tense: A verbal phrase made up of a tense of an auxiliary verb plus the past participle of the verb being conjugated.

Conjugate: To inflect a verb, or give in order the forms of its several voices, moods, tenses, numbers, and persons.

Conjugation: The inflections or changes of form in verbs showing number, person, tense, mood, voice.

Conjunction: A word used to connect words, phrases, or clauses.

Demonstrative: Indicating or pointing out the person or thing referred to (*this, that, these, those*).

Direct Object: A noun or pronoun placed after a transitive verb to receive its action.

Disjunctive Pronoun: A pronoun separated from the verb in the sentence.

Gender: Grammatical property (masculine, feminine, neuter) of nouns or pronouns.

Imperative: The mood of the verb expressing a command or directive.

Indirect Object: Denotes the person or thing toward whom or toward which is directed the action expressed by the rest of the predicate.

Infinitive: The form of the verb that expresses the general meaning of the verb without regard to person or number.

Interrogatives: Adjectives or pronouns used to ask a question.

Intransitive Verb: A verb that does not require a direct object to complete its meaning.

Invariable: Does not change form.

Inversion: The turning around or reversing of the normal order of words and phrases in a sentence.

Mood: The form of the verb showing the speaker's attitude or feeling toward what he says.

Noun: A word used to name a person, place, thing, or quality.

Number: The characteristic form of a noun, pronoun, or verb indicating one (singular) or more than one (plural).

Object: The word, phrase, or clause which receives the action of the verb.

Participle: A form of the verb (present participle or past participle) that is used as part of a compound tense or as an adjective or adverb.

Partitive: An indefinite quantity or part of a whole, expressed through a partitive article.

Passive Voice: See **Voice**

Person: The characteristic of a verb or pronoun indicating whether the subject is the speaker (first person), the person spoken to (second person), or the person spoken of (third person).

Personal Pronouns: Pronouns that refer to the speaker, the person spoken to, or the person, place, or thing spoken of.

Possessives: Adjectives or pronouns used to show possession or ownership.

Predicate: That part of a sentence or clause consisting of the verb and any elements describing the action or state expressed by the verb.

Preposition: A word placed before a noun or pronoun to show its relation to some other word in the sentence.

Principal Parts: The forms of the verb from which other forms of the verb can be constructed.

Pronoun: A word used in place of a noun.

Reflexive Verb: A verb that denotes an action in which the subject and the recipient of the action are the same.

Relative Clause: A clause introduced by a relative pronoun.

Relative Pronoun: A pronoun which connects the dependent clause with the main clause by referring directly to a noun or pronoun in the main clause.

Simple Tense: A verb form consisting of one word.

Stem: That part of an infinitive or of a word obtained by dropping the ending.

Subjunctive: The mood which expresses wishes, doubts, necessity, obligation, or what is possible rather than certain.

Tense: The form of the verb showing the time of the action or state of being.

Transitive Verb: A verb that takes a direct object.

Verb: A word that expresses an action or a state of being.

Voice: The form of the verb indicating whether the subject acts (active) or is acted upon (passive).

Index

(NUMBERS REFER TO PAGES)

à contraction with **le, les** 10–11; with **lequel** 305 (*note* 1), 409 (*note*); with possessive pronoun 381 (*note* 1)
    denoting ownership 365, 381 (*footnote* 1), 408 (*note*)
    with names of cities 350
    with names of countries 350–351
accent 2
adjectives
    agreement 29
    comparison: reg. 214; irreg. 217
    demonstrative 307
    feminine: reg. 29; irreg. 97, 111, 124, 141
    interrogative 308–309
    position 30, 185–186
    possessive 44–45
    plural: reg. 29; irreg. 45–46, 59, 82
    superlative: reg. 216; irreg. 217
adverbs
    comparison: reg. 214; irreg. 217
    formation 182
    of quantity 272–273
    position 182–183
    pronominal, *see* **en, y**
    superlative: reg. 216; irreg. 217
agent in passive 392–393
agreement
    of adjectives 29
    of past participle 109–110, 136, 140, 278
aller, present indicative 83
articles, *see* definite, indefinite article
aussitôt que, with future 195
auxiliary verbs
    conjugations 11, 21, 444–445, 450–451
    verbs with **avoir** 107–108
    verbs with **être** 136–137, 140
avoir, present indicative 21

beau, bel 30
beaucoup, comparison of 217
bien, comparison of 217

bon, comparison of 217

cardinal numbers 20, 46, 125–126
causative **faire** 411–412
ce (pronoun) before **être** 361–362
ceci, cela 346
celui, celle, ceux, celles 324
    with **-ci** and **-là** 325
ce que, ce qui 322
-cer verbs 196–197
-ci
    added to a noun 307
    added to **celui,** etc. 325
cities, prepositions with 350
comparison, *see* adjectives and adverbs
compound past
    agreement of past participle 109–110, 136, 140, 278
    conjugated with **avoir** 107–108
    conjugated with **être** 136–137, 140
    use 108–109
conditional
    formation 290–291
    irregular 291
    in *if-* clauses 292
    uses 291–292
conjugations
    auxiliary verbs 11, 21, 444–445, 450–451
    -er 32–33, 454–455
    -ir 47, 450–451
    -re 59–60, 460–461
connaître and **savoir** 261
contraction of **à, de**
    with definite article 10–11
    with **lequel** 305 (*note* 1), 409 (*note*)
    with possessive pronoun 381 (*note* 1)
countries
    definite article with 80
    gender 350 (*footnote* 1), 351
    prepositions with 350–351
craindre 235
croire 186

dates 368
de
    after a superlative 216
    contraction with **le, les** 10–11; with **lequel** 305 (*note* 1), 409 (*note*); with possessive pronoun 381 (*note* 1)
    in negative 22
    meaning *than* before numbers 214
    with names of cities 350
    with names of countries 350–351
    without definite article in partitive 57 (*note*), 271–273
definite article
    forms and use 9
    omission before partitive noun 57 (*note*), 271–273
    omission with names of languages 28
    replacing possessive adjective 140 (*footnote*)
    with **de** + a country 350–351
    with general nouns 43
    with names of countries, continents, provinces 80–81
    with names of languages 28
    with partitive 57
demonstrative adjectives
    forms 307
    with **-ci** and **-là** 307
demonstrative pronouns, *see* **ce, ceci, celui**
depuis (combien de temps)
    with idiomatic present 171
    with idiomatic imperfect 171
dès que, with future 195
devoir, uses and meanings 218, 219
dire 351
disjunctive personal pronouns
    forms 364
    uses 364–365
dont 321
double compound past
    formation 437
    use 437

écrire 143
-eler, -eter verbs 295
en
    as preposition: before names of countries, continents, provinces 80, 350; before present participle 166
    as pronoun: use and position 274–275
-er verbs 32–33, 454–455
être
    as auxiliary 136–137, 140, 450–451
    ce as subject of 361–362
    + adjective + **à** + infinitive 362
    + adjective + **de** + infinitive 362
    present indicative of 11
    with **à** to denote ownership 368, 381 (*footnote* 1), 408 (*note*)

faire
    conjugation of 173
    causative construction 411–412
    in weather expressions 310
fractions 367–368
future
    after **quand, lorsque,** etc. 195
    formation 192–193
    if- clauses 195
    irregular 193
    uses 194–195
future perfect
    formation 437
    uses 437

-ger verbs 197

if- clauses 195, 292, 379
il y a . . . **que,** with idiomatic present 171
il y avait . . . **que,** with idiomatic imperfect 171
imperative
    position of pronouns with 96
    reg. 95; irreg. 95
imperfect indicative
    formation 167–168
    uses 169
    with **depuis** 171
indefinite article
    forms and use 10
    omitted before predicate nouns 361 (*footnote* 2)
infinitive
    instead of subjunctive 223 (*footnote* 1), 231 (*footnote* 1), 233 (*footnote* 1)
    preceded by **à** 362, 440–441
    preceded by **de** 362, 441–442
    preceded by **faire** 411–412
    preceded by no preposition 439–440
interrogative adjective 308–309
interrogative pronouns 394–396, 408–409
-ir verbs: type **finir** 47, 450–451

jamais, meaning *ever* 348 (*footnote* 1)

-là
    added to a noun 307
    added to **celui,** etc. 325

MEMORIAL VOLUMES TO JEWISH COMMUNITIES DESTROYED IN THE HOLOCAUST

A bibliography of British Library holdings

Compiled by
Ilana Tahan
Hebraica Curator, The British Library

Introduction by
Sir Martin Gilbert

THE BRITISH LIBRARY

I dedicate this book to my dear and loving parents Bianca and Rubin Mates

First published 2004
The British Library
96 Euston Road
London NW1 2DB

Copyright © Ilana Tahan 2004

British Library Cataloguing in Publication Data
A Catalogue record for this book is available from the British Library

ISBN 0-7123-4820-4

Designed and typeset by Ilana Tahan
Printed in Great Britain by St. Edmundsbury Press, Bury St Edmunds

CONTENTS

Preface	vi
Acknowledgements	x
Introduction	xi
List of Abbreviation and Selective bibliography	xiii

Memorial Volumes:
    I Localities   1
Memorial Volumes:
    II Countries and Regions   45
Memorial Volumes:
    III Encyclopedic Volumes   51

Appendix I. Communities by Current Location	57
Appendix II. Memorial Volumes by Language of Publication	59
Appendix III. Memorial Volumes by Year of Publication	62
Appendix IV. Memorial Volumes by Country of Publication	65

Index 1. Authors, Editors and Translators of Memorial Volumes I	69
Index 2. Authors and Editors of Memorial Volumes II and III	73
Index 3. Towns and Villages	75
Index 4. Variant Spellings	82

Photographs:

Map of the Battles of the Warsaw Ghetto	xiv
Girls' school group in Piatra-Neamt, Rumania	44
Cantors from Vilnius	50
The Salus Sisters	56
The Salus Grandchildren	68
Portraits of Jews from Rumania	89

PREFACE

Variously referred to as *Sifre zikaron, Pinkasim, Megilot, Yizker bikher,* and *Yizkor books,* memorial volumes to Eastern European Jewish communities destroyed in the Holocaust first appeared before the end of the Second World War. It is estimated that between 1943 to the present day, approximately 1000 communities have been commemorated in Yizkor books, the largest collection of which is housed in the Yad Vashem Library in Jerusalem.

Usually written in Hebrew, Yiddish, and sometimes in both, memorial volumes evolved from the immeasurable sense of grief felt by Jewish Holocaust survivors when the war ended. Faced with the enormity of their loss, the survivors' most intense desire was to record for posterity the memory of their destroyed communities, and that of their relatives, friends and co-religionists whose lives were cut short by this abysmal tragedy. Considerable numbers of Yizkor books have thus been written and sponsored collectively by members of *Landsmanshaftn* organisations. These fraternal societies of Jewish immigrants and Holocaust survivors from the same towns, were formed in the post-war years in Israel, the USA, South America and other corners of the world. However, it is important to keep in mind, that memorial books in fair numbers have also been compiled by independent researchers, largely past inhabitants of the towns, who took it upon themselves to record the history of the towns' Jewish communities before and during the Holocaust. Both categories are represented in this bibliography. There is in addition a third category dedicated to Jewish victims of the Holocaust from German localities. Written in German in the past two decades, these books draw extensively on archival records, and basically provide lists of the names of victims from particular towns. Since they lack the characteristic elements identified in the former types, this group of books is therefore not represented in the bibliography.

Whether their subject is a single locality or a large settlement and its surrounding villages, memorial volumes seek essentially to record, remember and commemorate. In general, they possess a number of similar features. For example, they often provide important geographical and statistical information about a place. Many begin with an historic section, usually in the form of a detailed chronological account of a community's existence from its foundation to its destruction. In a large number, one finds copious chapters describing Jewish communal, educational and cultural life before the war, sections immortalising community and religious leaders as well as simple townsfolk, moving testimonies of fighters and partisans, and stories from survivors haunted by the memory of their loved ones and of bygone days. Memorial books frequently close with necrologies - alphabetical lists of victims from a particular town or area, sometimes accompanied by the victims' portraits. The abundance and diversity of documentary and visual material found in some of the books, is no doubt one of their most striking characteristics. Facsimiles of documents, maps drawn from memory and above all poignant photographs of towns and their Jewish folk engaged in daily activities, are just some examples that come to mind. This particular type of material does not only constitute a uniquely valuable archival and genealogical resource, but also a moving and nostalgic testimony of a vanished world frozen in time.

This bibliography represents the first ever attempt to record systematically the corpus of memorial books in the British Library, the majority of which belong to the Hebrew collection. In the collection there are currently 306 volumes dedicated largely to Eastern and Central European localities whose Jewish populations perished during the Holocaust. 290 Jewish settlements are commemorated in these books. Although this figure may look negligible, the importance and value of our own holdings is significantly reinforced by the fact that to date the estimated number of memorial book titles is around 1000.

The author wishes to point out that every book listed in this bibliography, has been carefully checked and consulted, sometimes more than once. Entries are therefore based entirely on the information found in the books themselves, and every effort has been made to transcribe the information as accurately as possible.

The bibliography has three main parts: (a) Memorial volumes (sub-divided into three sections); (b) Appendixes; (c) Indexes

The division of the memorial volumes material into three distinct sections, was initially devised by Zachary Baker in a bibliography published in 1992 (see page xiii). Mr Baker had no objection to using the same format in the present bibliography. The author is grateful to him for that.

Memorial Volumes Section I - contains bibliographic records of all 306-memorial volumes held in our collection. Entries are arranged alphabetically by name of locality. Of the total number, fewer than ten entered the collection before 1960, the largest number of items having been added within the last three decades. 242 books were published by fraternal organisations of immigrants and survivors, whereas the remaining 64, i.e. about 20% of the total, were issued by private individuals or by independent publishing houses. Examples of the latter include the book of **Szrensk,** issued at the Solomon Printing House in Jerusalem, the book of **Tirgu Mures** published by the Ghetto Fighters Publishing House and the **Borsa** volume, which was issued privately by the author in Kiryat Motzkin. Notably, most of these 64 books commemorate Hungarian and Slovakian localities, and also Hungarian-speaking localities in Rumania.

In spite of their singular nature, the author considered *Dos Amolike yidishe Varshe*... (under Warszawa). and *Toyznt yor Pinsk,* (under Pinsk) as worthy additions to the bibliography. Published in Montreal in 1966, the first work celebrates in poems, plays and tales, what used to be the largest Jewish community in Europe in the pre-war period. It contains a chronological history of the Warsaw Jewish community for the period 1414-1939 and a memorial section for Warsaw Jews who perished in the Holocaust. The second work is a detailed history of Pinsk and its Jewish community, from its foundation in the 10th century until 1940. This book was issued in New York in 1941 while the war was ravaging Europe, uncannily just months before Pinsk's entire Jewish population was liquidated. Ironically, in the foreword to the book the editor expresses the hope that Pinsk would continue to thrive, and that a new chapter would open in the city's one thousand years of existence.

In the bibliography, there are 14 communities credited with two different Yizkor books each, and one locality, **Volkovysk** with three commemorative books to its name. In about half of the cases the books were published by fraternal organisations of inhabitants from the same town, established in two different parts of the world. One example is **Ratno** with a 1954 Yiddish book from Argentina, and a 1983 Hebrew volume from Israel. Another example is **Chelm** with a book written in South Africa in 1954 and a second, marking the 40th anniversary to its destruction, published in Israel in 1980. These examples suggest that the survivors' determination to preserve the memory of their native settlements did not falter even after several decades.

The main entry for a memorial volume provides (1) current or preferred place name (in upper case, bold type), as identified in *Where Once We Walked* 2002 revised edition, the *Encyclopaedia Judaica* or other source; (2) variant spellings and variant town names of the locality (in square brackets), sorted alphabetically and separated by semi-colons; (3) geographic location by proximity to two towns or villages; (4) name of country where the locality is currently situated (in upper case, inside curly brackets); (5) title of Yizkor book in the original script; (6) a transliteration of the Hebrew or Yiddish title (according to the Library of Congress romanization scheme), or the original Roman title of the volume (in bold italics); (7) additional title/s as printed inside the book, on its cover, spine, etc. (in square brackets); (8) name of author/s, editor/s and/or other contributors; (9) place of publication, publisher (in transliterated form for Hebrew and Yiddish entries) and date of publication. English,

Spanish, or other variant names of fraternal organisations are also recorded whenever they appear in the books, and are normally preceded by the 'equal' = symbol; (10) language/s of publication; (11) pagination, material description and volume size; (12) abbreviated form of additional sources in which information about the locality can be found, with relevant variant town name/s as they appear in those sources (in round brackets); (13) shelf number. Additional bibliographic details are sometimes given in italics and can be found after the description and size data, whenever the volume forms part of a series for instance, or, after the shelf number in case an item is incomplete. The indicator [2C] added to an entry denotes that two copies of that particular title are held in the collection. The existence of duplicates is due to donations.

The author has made a point of indicating the English contents of individual volumes. In each case, the exact pagination of the respective English section, chapter, preface, etc. found in a book is provided in brackets. This information will be of particular benefit to researchers who may be unfamiliar with, or have little command of Hebrew and/or Yiddish. Additional data on the language contents in our Yizkor book holdings can be found in Appendix II of the bibliography.

Most entries contain references to sources where additional information about a community can be found. The sources quoted are: the *Encyclopaedia Judaica*, the *Shtetl Finder Gazetteer*, and Zachary Baker's Bibliography *of memorial volumes* (see page xiii)
Memorial Volumes Sections II and **III** present significant material that complements the contents of Section I. Entries are arranged alphabetically throughout. **Section II** - contains 18 works dedicated to Eastern European countries and regions with pre-war Jewish populations. The regional books in particular survey Jewish life in dozens of localities before the Holocaust. Current names of regions as identified in the *Jewish-En Yizkor database* (Web site) or in the *Times Atlas,* 1998 edition, have been used throughout. Variant place names of regions appear in square brackets. **Section III** - consists of two multi-volume encyclopaedic works charting the history of practically thousands of Jewish settlements mostly in Europe and in a number of North African countries until the Holocaust.

The four appendixes relate entirely to the material dealt with in Memorial Volumes Section I. Their main role is to gauge trends characteristic to our holdings that might apply to memorial volumes in general. For the sake of clarity, localities credited with more than one memorial book have titles specified in brackets.
Appendix I - shows the grouping of communities by their current geographical location. Preference was given to current location to enable easier identification and retrieval in modern atlases and other relevant sources. Poland, with 141 entries has the highest number of communities represented in our collection. This finding was to be expected, bearing in mind that Poland had the largest Jewish population in Europe before the Second World War (3 million Jews), most of which perished. Ukraine and Belarus with 66 and 37 communities respectively, are the next highest in line. Likewise, the Jewish communities in these countries suffered heavy losses during the Holocaust.
Appendix II – gives a breakdown by language. 153 books, i.e. 50% of our holdings were written in Hebrew, Yiddish or both. A further 78 volumes written in Hebrew and Yiddish, have additionally an English component. There are 11 books that were written solely in English, and 3 written predominantly in English. 14 multi-language books contain also English sections. It is important to note, that some of the English memorial books in the collection, are in fact translations of earlier Yiddish and Hebrew versions. The books of **Lyuboml** and **Kamenets Podolskiy** are two such examples. Another example is **Volkovysk**. One of the three Yizkor volumes dedicated to this town is in fact an English translation of three previously published Yiddish and Hebrew books.
Appendix III - provides a breakdown by year of publication. The figures show that over two thirds of our holdings were created between 1950-1980. The period 1960-1969 was apparently the 'peak' time for memorial book literature. No fewer than 121 Yizkor books were published during those years, the highest figure in any single decade. Evidently, memorial books have continued to appear even fifty years after the war, though at a much slower pace and in lesser numbers. Although, regrettably, many

of the Holocaust survivors are likely to have passed away, organisations of survivors have nevertheless, continued to be created even well into the late 1990's. A case in point is the Vatra Dornei Society, which was established in 1997 by 170 surviving members of that community, for the sole purpose of commemorating their town and its surrounding villages. The **Vatra Dornei** Yizkor book, a touching two-volume compilation, was published in 2001.

Appendix IV - shows the distribution of our holdings by country of publication. Noticeably, the majority of 256 titles appeared in Israel, where large number of immigrants and survivors settled after the war. The USA comes second with 32 volumes.

Three of the indexes appended to this bibliography draw on information found in the bibliographic entries and present it in an organised format for easier reference. Index III is based on knowledge extracted from the books themselves, and is therefore only verifiable at source.

Index I – provides an alphabetical listing of 374 authors, editors, translators, etc. that have participated in the preparation of the memorial volumes described in Section I of the bibliography. Their creators range from little-known authors to famous scholars and academics. The surname and first name of authors are followed by the name of the locality (in bold italics). It is interesting to note that 42 of the contributors have more than one book to their credit. The most prolific were David Sztockfisz, Shimon Kanc and Nachman Blumenthal who have worked on 14, 8 and 6 different Yizkor books respectively. Among the multitude of names one identifies some prominent figures, such as Jacob Shatzki, the Polish born historian and founder of the YIVO New York Section, Dov Sadan, Hebrew and Yiddish scholar and writer, the bibliographer Getzel Kressel, Moshe Carmilly-Weinberger, historian of Transylvanian Jewry, and Aryeh Tartakower, well-known sociologist and demographer, to name just a few.

Index II – gives the names of authors who contributed to the volumes comprised in Sections II & III of the bibliography. The sorting of the entries here is similar to that found in Index I.

Index III - is undoubtedly the most significant. It provides the names of 416 towns and villages traceable in the volumes dealt with in all three main Sections of the bibliography. Their source is indicated by *See under* references. Data on 316 of these localities was extracted solely from Yizkor books in Section I of the bibliography. *See* references to preferred names/spellings, and *See also under* references to second sources, are also to be found throughout. Places with memorial volumes listed in Section I, are indicated with an asterisk (*). It is hoped that this Index will assist researchers interested in little-known Jewish settlements, some of which were much too small to have a memorial book of their own.

Index IV – lists alphabetically variant names and spellings (including some Yiddish names) of the localities recorded in Memorial Volumes Section I, with *See* reference to the preferred place names.

The photographs found in this book have been thoughtfully and purposely selected for their touching and meaningful contents. All but two of these pictures have never been seen in a publication before. The map of the Warsaw Ghetto, is a tribute to the Ghetto fighters and to Warsaw, the largest Jewish community that existed in Europe before the war. The innocent victims of the Holocaust are represented in the striking pictures of the Salus sisters and the Salus grandchildren, whose extinguished lives we remember in this book. The cantors' picture conveys a fleeting moment in the life of Jewish Vilnius, once a celebrated world centre of Yiddish culture and pre-eminent site of Jewish learning. The school group and series of charming portraits are nostalgic reminders of Jewish life in Rumania before the Second World War.

It is hoped that the present bibliography will be a useful tool to all those interested in the literature of memorial volumes and the Holocaust in general. Although great care has been taken in the preparation of this book, the author realises that some errors and inconsistencies may have occurred in the course of her work. She is also aware that some omissions have been made involving some smaller settlements, and names of contributors, maps designers in particular. It is very much hoped the latter would form the topic of a future paper. The author asks for the reader's understanding that she intended to assist to the best of her ability.

ACKNOWLEDGEMENTS

Grateful acknowledgement is due first of all to Sir Martin Gilbert, OBE for giving his precious time to inspect the draft of the bibliography and for agreeing to write the introduction.

My deepest gratitude goes to the following trusts and private sponsors, whose generous financial support has facilitated the completion of this important project:

The Harry & Gertrude Landy Charitable Trust. In everlasting memory of the beloved Harry Landy
The Rayne Trust. In everlasting memory of the recently departed Lord Max Rayne
(d. October 10, 2003)
The Friends of the British Library
Mr Naim Dangoor, Chairman, The Exhilarch Foundation, London

Dr. E.G. Klepfish, London. In everlasting memory of the following young family members who perished without leaving descendants:
      Niun'ka and Liolik Vurgaft - Berditchev, 1941
      Syoma and Misha Kaplan -Dunayevci, 1941
      Riva Hasin - Odessa, 1941
      Naum and Asia Sokolovski - Ruzhen, 1941
      Ala Krasnovski - 1941
      Avraham Keilin - Novgorod Severski, 1941

Mrs. Nitza Spiro, Director, The Spiro Ark, London, a staunch friend and supporter of the Library's Hebrew Section for many years
The Council of Christian and Jews, Central London Branch
B'nai B'rith, Jerusalem Lodge, Wembley District
B'nai B'rith, Yitzhak Rabin Lodge
Bushey Jewish Interest Group
Behind The Ark, Hendon Synagogue, London
Ealing Synagogue, London
Mr M. A. Persoff, London

Special thanks are due to:
Anthony Warshaw from the Publishing Office of The British Library, for his valuable counsel and guidance in preparing the manuscript for printing.
The YIVO Institute, New York, USA, for allowing me to include the map of *The battles of the Warsaw Ghetto*
Dr. Ruth Coman, The British Library, for permitting me to include unique photographs of family members who perished in the Holocaust
Dr. Ada Rappaport-Albert, Head of the Jewish Studies Department, University College London, for her most helpful advice and comments when the project was still in its infancy

I finally wish to thank :
Dr. Menashe Tahan, for designing the *Toppled synagogues* illustration, and for his help with scanning all the private photographs included in the book
Margalit Tahan for editing assistance and Avy Tahan for technical support in critical moments

INTRODUCTION

It is an honour to be asked to write an introduction to this important bibliography of Memorial Volumes. The British Library is indeed fortunate to have such a remarkable collection, and to have entrusted the compilation to Ilana Tahan.

Along with their reputation as the 'people of the book' - that is, the Old Testament - the Jewish people have been the people - and indeed the authors - of a multitude of books in which they have recorded their history since Biblical times. When the dark night of the Holocaust descended upon Europe, the desire to record what was happening was a strong one. In every city, town and village with a Jewish population, individuals put pen to paper in a determined attempt to let the world know what was befalling their community. The great Jewish historian Simon Dubnow, shot down in the street in Riga at the age of eighty-one, cried out in Yiddish as he lay dying, 'Schreibt, und farschreibt' - 'Write, and record!'

From the moment the war ended, the survivors of several hundred communities decided to collect what evidence they could, both of the life of their community in pre-war years, and its fate during the Holocaust. Each of these volumes, known in Yiddish as Yizker Bikher (Memorial Books), is animated by the powerful instinct to 'Write, and record!'.

A majority of Memorial Books record life and fate in the towns of central and eastern Poland, and western Russia, that were the pre-war homes and communities of as many as four million of the six million Jewish victims of Nazism. The books contain a precious, unique and irreplaceable compilation of fact and memory and, in almost every case, a list of names of the men, women and children from that community who were murdered.

The contents of the Memorial Books give many glimpses of life during the Holocaust that are an integral part of the Jewish story - and the Jewish struggle to survive. The privations of the ghetto, the cruelties of deportation, the bravery and acts of resistance, the courage of individual acts of defiance, the maintenance of human dignity, the continuation of teaching and learning amid the crashing fires of hell.

The bibliography gives the language of each volume. Most are in Yiddish or Hebrew - or a mixture of both. A few contain substantial sections in Hungarian, Rumanian, Polish, Slovakian, French, Spanish and Ladino. Many of the more recent of those in Hebrew or Yiddish have short sections in English and a small number are entirely in English. Some have pre-war and wartime documents reproduced in fascimile, and many have photographs of the town, and portraits of individuals, as well as a map showing the main Jewish buildings.

An essential and valuable element in the bibliography is the listing of the variant spellings of the name of the town itself - including the Yiddish rendering - as well as a listing of the editors, the place of publication, and other publishing and bibliographic details, scrupulously compiled.

Among the distant communities are Bitola in Macedonia, Kolarovgrad in Bulgaria and Thessaloniki in Greece. The once normal, flourishing Jewish community of Oswiecim (Auschwitz town) has its memorial volume. As does Przytyk, the scene of a pre-war pogrom in 1936 in which two Jews were killed, causing alarm throughout the Jewish world. As does Markuleshty, a Jewish agricultural colony in Bessarabia - a community of Jewish farmers. As does Minsk, the 'Jewish mother city' and home of Jewish radical socialism - the Bund. As does the German city of Worms, whose Jewish community could date its origins back more than a thousand years before the Holocaust. As does Sarny, in the Volyn, one of so many towns in which are recorded acts of collective Jewish resistance against the savage occupier. One of the shortest of the memorial books, for the great Jewish community of Vilnius - the 'Jerusalem of Lithuania' - was published a mere two years after the war, a brief but intense cry of pain for a lost community of 50,000 Jews.

Merely to read the bibliography - before embarking on a single one of its volumes - is to gain a sense of the enormous variety of Jewish life before the Holocaust, and the extent of its destruction before the day of liberation came - too late to save the multitude of those whose stories are recounted within the volumes, but not too late for those who were driven forward after the war by the desire to leave a record of what had befallen a whole people - condemned to die solely because of their race, their heritage and their faith. This bibliography is itself a memorial to their lives and hopes.

Martin Gilbert

Merton College, Oxford

19 November 2002

LIST OF ABBREVIATIONS

BL	=	The British Library	NW	=	north west
cm.	=	centimetres	p.	=	page/s
comp.	=	compiler	photos.	=	photographs
ed./eds.	=	editor/editors	ports.	=	portraits
E	=	east	res.	=	research
EJ	=	Encyclopaedia Judaica	S	=	south
facsims.	=	facsimiles	SE	=	south east
ill.	=	illustrations	SFG	=	Shtetl Finder Gazeteer
illustr.	=	illustrator	SW	=	south west
introd.	=	introduction	transl.	=	translation
Mem. Vols.	=	memorial volumes	v.	=	volume/s
N	=	north	W	=	west
NE	=	north east	ZB	=	Bibliography of memorial volumes by Zachary Baker

[2 C] = British Library holds two copies of that book

SELECTIVE BIBLIOGRAPHY

Baker, Zachary. *Bibliography of Eastern European memorial (yizkor) books: with Call Numbers for six Judaica Libraries in New York.* - New York: Jewish Genealogical Society, 1992.

Bass, David. *Bibliographical list of Memorial Books published in the years 1943-1972.*
IN: Yad Vashem Studies on the Eastern European Catastrophe and Resistance, v. IX.
Jerusalem: Yad Vashem, 1973.

Cohen, Chester G. *Shtetl Finder: Jewish Communities in the 19th and early 20th centuries in the Pale of Settlement of Russia and Poland...* - Maryland: Heritage Books, 1989.

Kugelmass, Jake & Boyarin, Jonathan, eds. and transl. *From a Ruined Garden: the Memorial Books of Polish Jewry.* New York: Schocken Books, 1983.
------ *Yisker Bikher and the problem of historical veracity: an anthropological approach.*
IN: The Jews of Poland between the two World Wars (Y.Gutman & others, eds.).
Hanover: University Press of New England, 1989.

Mokotoff, Gary, Amdur Sack, Sally & Sharon, Alexander. *Where Once We Walked - revised edition: a guide to the Jewish communities destroyed in the Holocaust.*
Bergenfield, N.J.: Avotaynu, 2002.

Seltzer, Leon E. ed. *The Columbia Lippincott Gazetteer of the World.* – New York: Columbia University Press, 1962.

The Times Atlas of the World Comprehensive edition. - London: Thames Books, 1998.

Wein, Abraham. *Memorial Books as a source for research into the history of Jewish communities in Europe.* IN: Yad Vashem Studies on Eastern European Catastrophe and Resistance, v. IX.
Jerusalem: Yad Vashem, 1973.

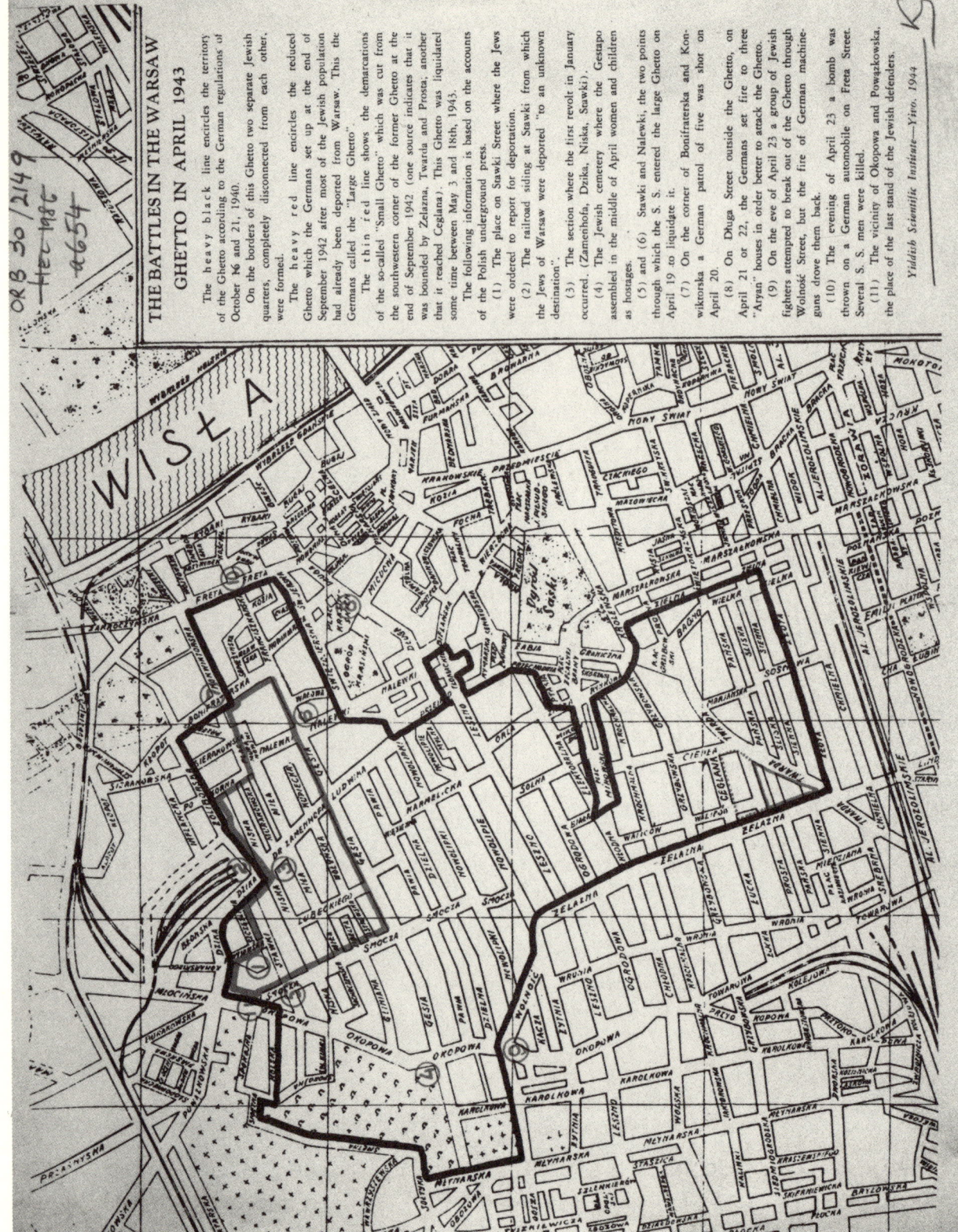

I. MEMORIAL VOLUMES
LOCALITIES

ALEKSANDRIYA [Aleksandria; Aleksandrya]
N of Rovno; NE of Lviv {UKRAINE}
פנקס הקהילה אלכסנדריא : ספר יזכור
Pinkas ha-kehilah Aleksandriya : sefer yizkor
Samuel Yizreeli, comp.; Nathan Livneh, ed.
Tel Aviv : Va'ad Yots'e Aleksandriya, 1972
=Aleksandria Committee in Israel
Hebrew
314, [4] p. : ill., ports.; 24 cm.
ZB (Aleksandria); SFG (Alexandria); EJ
BL Shelfmark : 01926.a.173

ANNOPOL [Anapol; Rachov; Rachow]
SW of Lublin; W of Krashnik {POLAND}
ראחוב/אננופול : פרקי עדות וזכרון
Rahov/Annopol : pirke 'edut ve-zikaron
[Rachov-Annopol : testimony and remembrance]
Shemuel Nitzan, comp. & ed.; Yitzhak Bin-Nun, associate ed.; David Sztockfisz, ed. and transl. (Yiddish section); Arye Brauner, ed. and transl. (English section)
[Israel]: Irgun Yots'e Rahov/Anopol veha-sevivah, 1978 = Rachov/Annopol and surroundings region Society
Hebrew, Yiddish, English section (80 p. at end)
544, 80 p. : ill., facsims., maps, ports.; 25 cm.
ZB; SFG (Anapol, Rachov)
BL Shelfmark : HEC.1986.a.3062

AUGUSTOW [Augustov; Oygstova; Yagistov]
N of Bialystok; S of Suvalki {POLAND}
ספר יזכור לקהילת אוגוסטוב והסביבה
Sefer yizkor li-kehilat Ogustov veha-sevivah
[Kehilat Ogustov; Khilat Augustow]
Yaakov Alexandroni, ed.
Tel Aviv : Hotsa'at Irgun Yots'e Augustov veha-sevivah be-Yisra'el, 1966
Hebrew, Yiddish
549 p. : ports.; 24 cm.
ZB; SFG (Augustov, Oygstova); EJ
BL Shelfmark : 01923.cc.42

BAIA MARE [Nagy Banya; Nagybanya]
SE of Satu Mare; W of Viseul de Sus {RUMANIA}
גל-עד ליהדות נאג׳-באניה, נאג׳ שומקוט,
פלשו באניה, קפולנוק מונושטור והסביבה
Gal-'ed le-yahadut Nag' Banyah, Nag' Shumkut, Felshu Banyah, Kapolnok Monoshtor veha-sevivah [Emlék Könyv Nagybánya, Nagysomkút, Felsöbánya, Kápolnok Monostor és Környéke, idóságának tragédiájaról]
Isaac Joseph Cohen, ed.
Herzlia : Irgun Yots'e Bayah-Mare be-Yisra'el, 1996
Hebrew, Hungarian
176, 415, [1] p. : ill., facsims., maps, ports.; 31 cm.
EJ
BL Shelfmark : HEC.1999.c.13

BARANOVICHI [Baranavichy; Baranovitch; Baranowicze; Baranowitz]
SW of Minsk; E of Slonim {BELARUS}
ברנוביץ : ספר זכרון
Baranovits : sefer zikaron [Baranovits]
Abraham Samuel Stein, ed.
Tel Aviv : Irgun Yots'e Baranovits be-Yisra'el, 1953
Hebrew, Yiddish
vi p., 668 col. : ill., facsims., maps, ports.; 28 cm.
ZB (Baranowicze); SFG (Baranovitch); EJ
BL Shelfmark : X.102/23

BARANOW [Baranov; Baranow Sandomierski; Barniv; Bornov]
NE of Krakow; S of Sandomierz {POLAND}
ספר-יזכור בארנוב
Sefer-yizkor Baranov [Yizkor Baranow : a memorial to the Jewish community of Baranow]
Nachman Blumenthal, ed.; Jacob D. Brand (English section)
Jerusalem : The Baranow Association; Yad Vashem, 1964
Hebrew, Yiddish, English section (xvi p. at end)
236, xvi p. : facsims., map, ports., tables; 24 cm.
ZB; SFG (Baranov, Bornov, Barniv)
BL Shelfmark : 01923.c.8

BARDEJOV [Bardiov; Bartfa; Bartfeldt]
N of Kosice; NE of Kezmarok {SLOVAKIA}
באבדן מולדתי : יד ושם לקהלה קדושה
בארדיוב צכוסלובקיה מיום הוסדה ועד
חורבנה
Be-'ovdan moladeti : yad va-shem li-kehilah kedoshah Bardeyov, Tsekhoslovakyah me-yom hivasdah ve-'ad hurbanah [Bardejov remembered a memorial to the Jewish community of Bardejov, Czechoslovakia; Le-zekher k.k. Bardeyov]
Abraham L. Grussgott
Brooklyn, N.Y. : the author, 1988

LOCALITIES

Hebrew, Yiddish, Czech, English introd. (p.181-9)
189 p. : ill., facsims., maps, ports.; 29 cm.
ZB; EJ
BL Shelfmark : HEC.1989.a.1915

BEDZIN [Bendin; Bendzin]
N of Katowice; NW of Krakow {POLAND}

פנקס בנדין

Pinkas Bendin [Pinkes Bendin : a memorial to the Jewish community of Bendin (Poland)]
Abraham Samuel Stein, ed.
Tel Aviv : Irgun Yots'e Bendin be-Yisra'el, 1959
Hebrew, Yiddish
431, [1] p. : ports. ; 31 cm.
ZB; SFG (Bendin); EJ
BL Shelfmark : 01923.cc.21

BELCHATOW [Belchatov; Belkhatov]
S of Lodz; W of Petrikov {POLAND}

בעלכאטאוו, יזכור-בוך געווידמעט דעם אנדענק פון א פארשוואונדן יידיש שטעטל אין פוילן

Belkhatov, yizker-bukh gevidmet dem ondenk fun a farshvundn Yidish shtetl in Poyln [Belchatow in memoriam]
Buenos Aires : Tsentral-Farband fun poylishe yidn in Argentine, 1951
Yiddish
511 p. : maps, ports.; 20 cm. - (*Poylishe Yidntum;* v. 80)
ZB; SFG (Belchatov); EJ
BL Shelfmark : 17104.b.5/80

BELTSY [Balti; Belzy; Bielce]
NW of Kishinev; W of Kapreshty {MOLDOVA}

ספר בלצי בסרביה : יד וזכר ליהדות בלצי

Sefer Beltsi Besarabyah : yad ve-zekher le-yahadut Beltsi [Balti Basarabia : a memorial of the Jewish community]
Yosef Mazur, Misha Fuchs, eds.
[Jerusalem] : Hotsa'at Agudat Beltsi, 1993
Hebrew, Yiddish, Rumanian
655 p. : ill., facsims., maps, music; ports.; 28 cm.
SFG (Beltz, Belz); EJ
BL Shelfmark : HEC.1995.a.242

BELZ [Beltz]
N of Lviv; E of Tomaszow Lubelski {UKRAINE}

בלז - ספר זכרון

Belz - sefer zikaron [Belz - yizker-bukh]
Yosef Rubin, ed.
Tel Aviv : Irgun Yots'e Belz veha-sevivah be-Yisra'el, 1974
Hebrew, Yiddish
559 p. : maps, ports.; 25 cm.
ZB; SFG (Beltz, Belz); EJ
BL Shelfmark : 01926.a.171

BERESTECHKO [Beresteczko; Berestetchka]
N of Brody; NE of Lviv {UKRAINE}

היתה עיירה...ספר זכרון לקהילת ברסטצ'קה, ברמליה והסביבה

Hayetah 'ayarah...sefer zikaron li-kehilat Berestetskah, Boremelyah veha-sevivah
Mendel Singer, ed.
[Haifa] : Irgun Yots'e Berestetskah be-Yisra'el, 1961
Hebrew, Yiddish
[2], 555 p. : facsims., map, ports.; 25 cm.
ZB (Beresteczko); SFG (Berestetchka); EJ
BL Shelfmark : 01923.cc.2

BEREZA [Bereza Kartuska; Beryoza; Biarosa; Breza; Brezah; Kartoz Brezah; Kartusskaya Bereza; Kartuz-Breze]
NE of Brest; S of Slonim {BELARUS}

קרטוז-ברזה : ספר זכרון ועדות לקהילה שהושמדה

Kartuz-Berezeh : sefer zikaron ve-'edut li-kehilah she-hushmedah [Kartuz-Breze : our town memorial book; Kartuz-Berezeh sefer zikaron le-'ayaratenu]
Chaim Ben-Israel and others, eds.; Moshe Tuchman (folded map)
Tel Aviv : Irgun Yots'e Kartuz-Berezah be-Erets Yisra'el, 1993
Hebrew, Yiddish, English preface (p.291-2 at end)
292 p. : ill., facsims., maps, ports.; 28 cm.
SFG (Kartoz Brezah, Breza); EJ
BL Shelfmark : HEC.1996.a.102

BERSHAD [Barsad; Berszad; Berszada]
N of Odessa; SW of Uman {UKRAINE}

ברשאד : בצל עיירה

Bershad : be-tsel 'ayarah
Nahman Huberman, comp.; Dov Sadan (introd.)
Jerusalem : Entsiklopedyah shel galuyot, 1956
Hebrew
247, [1] p. : ports.; 21 cm. - (*Sifriyat 'Ayarot;1*)
ZB; SFG; EJ
BL Shelfmark : 01923.cc.46

BIALA PODLASKA [Biala; Biala Gadol]
NE of Warsaw; S of Bialystok {POLAND}
ספר ביאלה-פודלאסקה
Sefer Byalah-Podlaskah
Moses Judah Feigenbaum, ed.
Tel Aviv : Kupat Gemilut Hesed 'al shem kehilat Byalah-Podlaskah, 1961
Hebrew, Yiddish
501, [6] p. : facsims., maps, ports.; 28 cm.
ZB; SFG (Biala); EJ
BL Shelfmark : 17112.d.22; 01923.cc.22 [2 C]

BIALA RAWSKA [Biala Katan; Biala Poshet; Biala Ravska]
E of Lodz; E of Rava {POLAND}
ספר יזכור לקדושי ביאלה-ראווסקה
Sefer yizkor li-kedoshe Byalah Ravskah
Eliyahu Fraindreich, Aryeh Yakubowicz, eds.
Tel Aviv : Yots'e Byalah Ravskah be-Yisra'el uva-tefutsot, 1972
Hebrew, Yiddish
255, [1] p. : ill., ports.; 25 cm.
ZB; SFG (Biala Ravska, Biala Poshet)
BL Shelfmark : HEC.1987.a.1484

BIALOBRZEGI [Bialabzheg; Bialobrzeg; Bialovzig; Biyalabgige; Byalabgegi; Byalibgige; Byalovzig]
NW of Radom; S of Warsaw {POLAND}
ספר זכרון לקהלת ביאלובז״יג
Sefer zikaron li-kehilat Byalovz'ig
[Memorial book of the Byalovzig community; Byalovzig]
David Abraham Mandelbaum, ed.
Tel Aviv : Va'ad ha-'ayarah Bialobz'ig, 1991
Hebrew, some Yiddish, English (short biographies of survivors)
396, [1] p. : ill., facsims., maps, ports.; 25 cm.
ZB; SFG (Bialabzheg)
BL Shelfmmark : HEC.1996.a.157

BIALYSTOK [Belostok; Bialistok]
NE of Warsaw; SW of Grodno {POLAND}
פנקס ביאליסטאק...
Pinkes Bialystok : grunt-materyaln tsu der geshikhte fun di yidn in Bialystok biz nokh der ershter velt-milkhome [Pinkos Bialystok (The chronicle of Bialystok) : basic material for the history of the Jews in Bialystok till the period after the First World War]
Abraham Samuel Herschberg; Yudel Mark, ed.
New York : Gezelshaft far geshikhte fun Bialystok, 1949-1950
Yiddish
2 v.; 24 cm.
ZB; SFG; EJ
BL Shelfmark : HEC.1988.a.612

BIECZ [Baych; Baytsh; Beicz; Beitch;]
SE of Tarnow; E of Krakow {POLAND}
ספר זכרון לקדושי עיירתנו בייטש
Sefer zikaron li-kedoshe 'ayaratenu Baitsh
[Unzer shtetl Baytsh; 'Ayaratenu Baitsh]
Pinhas Wagschal, Yehudah Leb Blum, Devora Weinfeld-Samuel, eds.
[Ramat Gan] : Irgun Yots'e Baitsh veha-sevivah be-Yisra'el, 1960
Hebrew, Yiddish
356, [4] p. : ports.; 24 cm.
ZB; SFG (Beitch)
BL Shelfmark : 01923.cc.65

BIELSK-PODLASKI [Bielsk; Bielsk-Podliask]
S of Bialystok; E of Breinsk (Bransk) {POLAND}
בילסק-פודלסקי : ספר יזכור לזכרם הקדוש של יהודי בילסק שנספו בשואה הנאצית בשנים 1939–1944
Byelsk-Podlaski : sefer yizkor le-zikhram ha-kadosh shel yehude Byelsk she-nispu ba-shoah ha-natsit ba-shanim 1939-1944
[Bielsk-Podliask : book in the holy memory of the Bielsk Podliask Jews whose lives were taken during the Holocaust between 1939 and 1944; Sefer yizkor Byelsk-Podalski]
Haim Rabin, ed.
[Tel Aviv] : Hotsa'at Irgun 'Ole Byelsk be-Yisra'el ve-Byelesker Relif be-Artsot ha-Berit, 1975
=Bielsk Immigrants' Association of Israel and the United States of America
Hebrew, Yiddish, English section (44 p. at end)
554, 44 p. : ill., facsims., ports.; 25 cm.
ZB; SFG (Bielsk); EJ (Bielsk);
BL Shelfmark : HEC.1997.a.225

BILKI [Belki; Bilka; Bilke; Bilky]
NW of Khust; E of Mukachevo {UKRAINE}
ספר זכרון לקדושי קהילת בילקה והסביבה
Sefer zikaron li-kedoshe kehilat Bilkeh veha-sevivah [Bilkeh sheli she-haytah ve-enenah; Bilkeh sheli; The Bilker memorial book]

Moshe Avital, Eliezer Schwimmer, eds.
Tel Aviv : Irgun Yots'e Bilkeh veha-sevivah be-Yisra'el uve-Artsot ha-Berit, 1998
Hebrew, Yiddish, English section (v.2, p.647-810)
2 v. (1008 p.) : ill., facsims., maps, ports.; 25 cm.
BL Shelfmark : HEC.1999.a.416

BISTRITA [Alsobudak; Besztece; Beszterce; Bistritz]
E of Dej; NE of Cluj {RUMANIA}

ביסטריץ : עיר ואם בישראל רבניה ומנהיגיה עבר מפואר והוה עצוב

Bistrits : 'ir va-'em be-Yisra'el rabaneha u-manhigeha, 'avar mefo'ar ve-hoveh 'atsuv [Bistrits]
Neta Aryeh Gafni
[Bene Brak] : Be-hasut Irgun Yots'e Bistrits Nasud veha-sevivah, [1989/1990]
Hebrew
157 p. : ill., facsims., ports.; 22 cm.
ZB; EJ
BL Shelfmark : HEC.2002.a.289

BITOLA [Bitol; Bitolia; Bitolj; Monastir]
S of Skopje; SE of Ohrid {MACEDONIA}

עיר ושמה מונסטיר

'Ir u-shemah Monastir
Uri Oren, comp.
Tel Aviv : Hotsa'at Naor, 1972
Hebrew
167, [9] p. : ill., ports.; 22 cm.
ZB (Monastir); EJ (Monastir)
BL Shelfmark : 01923.cc.93

BIVOLARI
NW of Jassy; S of Stefanesti {RUMANIA}

עיירתנו ביבולרי

'Ayaratenu Bivolari
[Oraselul nostru Bivolari]
Moscu Abramovici and others, eds.
Haifa : ha-Va'adah ha-yozemet shel Irgun Yots'e Bivolari, 1981
Hebrew, Rumanian, English foreword (2 p. at end)
160, 37 p., [2] p. of plates : ports.; 22 x 28 cm.
ZB
BL Shelfmark : 01926.a.184

BOBRKA [Boberka; Boiberik; Boiberke; Boyberik; Prachnik]
NE of Stryy; SE of Lviv {UKRAINE}

לזכר קהילת בוברקא ובנותיה

Le-Zekher kehilat Boberka u-venoteha [Boiberke Memorial Book; Sefer Boberka]
Shraga Feivel Kallay, ed.
Jerusalem : Irgun Yots'e Boberkah veha-sevivah 1964 = Association of Former Residents of Bobrka and vicinity
Hebrew, Yiddish, English (38 p. at end)
218, 38 p. : ill., facsims., ports.; 35 cm.
ZB; SFG (Boyberik, Boberka, Prachnik)
BL Shelfmark : 01923.ccc.2

BOBRUYSK [Babruisk; Bobroisk; Bobruisk]
NW of Homel; SE of Minsk {BELARUS}

באברויסק : ספר-זכרון לקהילת בוברויסק ובנותיה

Bobroisk : sefer-zikaron li-kehilat Bobruyisk u-venoteha [Bobruisk Memorial Book; Yizker-bukh far Bobruysker kehile un umgegent]
Yehudah Slutsky, ed.
Tel Aviv : Yots'e Bobruyisk bi-medinat Yisra'el uve-Artsot ha-Berit; Hotsa'at Tarbut Hinukh, 1967
Hebrew, Yiddish
2v. (871 p.).: ill., facsims., map, ports.; 28 cm.
ZB (Bobruisk); SFG (Bobroisk); EJ (Bobruisk)
BL Shelfmark : 01926.aa.1; 01923.ccc.20 [2 C]

BONYHAD
NE of Pecs; E of Kaposvar {HUNGARY}
Bony'had : a destroyed community
Leslie Blau; Randolph L. Braham (introd.)
New York : Shengold, 1994
English, Hungarian, Hebrew documents
164, [2] p. : ill., facsims., ports.; 24 cm.
EJ
BL Shelfmark : 98/08757 DSC

BORSA [Borsa Maramures; Borsha; Kolozsborsa]
SE of Viseul de Sus; E of Satu-Mare {RUMANIA}

ספר זכרון בורשה, או, עיירת-אהבים בירכתי הכרפתים

Sefer zikhron Borshah, o, 'ayarat-ahavim be-yarkete ha-Karpatim [Memorial book of Borsha, or, the beloved village by the foot of the Carpat[h]ians]
Gedaliahu Stein, comp. and ed.
Kiryat Motzkin, 1985
Hebrew
655, [1] p. : ill., maps, ports.; 31 cm.
ZB; EJ
BL Shelfmark : HEC.1986.c.78

BORSHCHEV [Borshtchev; Borstchoff; Borszczow; Bortshiv]
N of Chernovtsy; SE of Lviv {UKRAINE}
ספר בארשטשיוו
Sefer Borshtshiv [The Book of Borstchoff]
Nachman Blumenthal, ed.
Tel Aviv : Y.L. Perets for Irgun Yots'e Borshtshov, 1960
Hebrew, Yiddish
341 p. : facsims., ports.; 23 cm.
ZB (Borszczow); SFG (Borshtchev)
BL Shelfmark : 01923.c.5; 17109.a.19 [2 C]

BRANSK [Braynsk; Breinsk]
NE of Warsaw; SE of Byalistok {POLAND}
брייнסק : ספר הזכרון...
Braynsk : seyfer ha-zikorn ... [Brainsk : book of memories]
Alter Trus, Julius Cohen
New York : Braynsker relief comite, 1948
Yiddish
440, [23] p. : facsims., ports.; 24 cm.
ZB; SFG (Breinsk)
BL Shelfmark : HEC.1998.a.67

BRASLAV [Braslaw; Bratslav; Breslev; Broslov]
NW of Minsk; W of Polotsk {BELARUS}
אמש שואה ... יד לקהלות ...ברסלב, אופסה,
אוקמניץ, דובינה , זמוש, זרץ, יאיסי, יוד,
סלובודקה, פלוסי, קיסלובשצ'יזנה, רימשאן
Emesh Sho'ah... yad li-kehilot ... Braslav, Opsah, Okmenits, Dubinah, Zamosh, Zarats, Yaisi, Yod, Slobodkah, Plusi, Kislovshtsiznah, Rimshan [Darkness and desolation : in memory of the Communities of Braslaw, Dubene, Jaisi, Jod, Kislowszczizna, Okmieniec, Opsa, Plusy, Rimszan, Slobodka, Zamosz, Zaracz; Emesh Sho'ah- yad li-kehilot Braslav veha-sevivah; Emesh Sho'ah-gevidment di kehiles Braslav...]
Machnes Ariel, Rina Klinov, eds.
[Tel Aviv] : Irgun Yots'e Braslav veha-sevivah be-Yisra'el uve-Artsot ha-Berit; Bet Lohame ha-Geta'ot ve-Hotsa'at ha-Kibuts ha-Me'uhad, 1986 =Association of Braslaw and surroundings in Israel and America...
Hebrew, Yiddish, English section (p.569-636)
636, [2] p. : ill., facsims., maps, ports.; 25 cm.
ZB (Braslaw); SFG (Breslev); EJ
BL Shelfmark : HEC.1987.a.333

BREST [Brest Litovsk; Brisk; Brisk de-Lita; Brzesc nad Bugiem]
NW of Kovel; W of Kobrin {BELARUS}
בריסק-דליטא
Brisk de-Lita
Eliezer Steinman, ed.
Jerusalem : Entsiklopedyah shel galuyot, 1954
Hebrew
648 col.: ill., facsims., map, ports.; 31 cm. - *(Entsiklopedyah shel Galuyot; v.2)*
ZB (Brzesc nad Bugiem); SFG (Brest Litovsk, Brisk, Brisk D'Lita); EJ (Brest Litovsk)
BL Shelfmark : 1987.f. 13/2

BRZEZINY [Brzezin; Bzheshin; Loewenstadt]
SW of Skierniewice; E of Lodz {POLAND}
בזשעזשין יזכור-בוך
Bzshezshin yizker-bukh [Brzezin Memorial Book]
Aaron Alperin, Nahum Summer, eds.
New York : Brzeziner Book Committee,1961
Yiddish, English preface
xix, [1], 288, [2] p. : map, ports.; 29 cm.
ZB: SFG (Bezhezhin); EJ
BL Shelfmark : 17112.d.18

BRZOZOW [Berezov; Breziv; Bzo'zov]
S of Rzeszow; W of Przemysl {POLAND}
ספר זכרון קהילת ברזיב (בז'וזוב)
Sefer zikhron kehilat Breziv (Bzo'zov)
[A memorial to the Brzozow Community]
Abraham Levite, ed.
[Israel] : Yots'e Bzo`zov veha-sevivah,1984
Hebrew, Yiddish, English section (195 p. at end)
348, [16], 195 p. : ill., maps, ports.; 28 cm.
ZB; SFG (Breziv)
BL Shelfmark : 01926.aa.19

BUCHACH [Bitshutsh; Buczacz; Butchach]
SE of Lviv; W of Chortkov {UKRAINE}
ספר בוטשאטש : מצבת זכרון לקהילה קדושה
Sefer Butshatsh : matsevet zikaron li-kehilah kedoshah
Israel Cohen, ed.
Tel Aviv : 'Am 'Oved, 1956
Hebrew
302 p. : facsims., ports.; 23 cm.
ZB (Buczacz); SFG (Butchach); EJ
BL Shelfmark : 1985.bb.26

BURSHTYN [Burshtin; Bursztyn]
S of Rogatin; SE of Lviv {UKRAINE}

LOCALITIES

ספר בורשטין

Sefer Burshtin [Memorial books : Bursztyn]
Shimon Kanc, ed.
Jerusalem : Entsiklopedyah shel galuyot, 1960
Hebrew, Yiddish, English preface 2 p. at end)
426 col., [14] p. : ill., facsims., ports.; 29 cm. -
(Sifre zikaron li-kehilot ha-golah)
ZB (Bursztyn); SFG (Burshtin)
BL Shelfmark : 01923.ccc.15

BYCHAWA [Bichava; Bikhava]
S of Lublin; SW of Chelm {POLAND}

ביחאוה : ספר זכרון

Bihavah : sefer zikaron [Bychawa, a memorial to the Jewish community of Bychawa, Lubelska; Zikhron li-kehilat Biha'vah]
Ya'acov Adini, ed.
Tel Aviv : Irgun Yots'e Bihavah be-Yisra'el, 1969
Hebrew, Yiddish
636 p. : facsims., maps, ports.; 27 cm.
ZB; SFG (Bichava)
BL Shelfmark : 01923.ccc.24

CHELM [Helem; Khelem; Kholm]
NE of Izbica; E of Lublin {POLAND}

ספר הזכרון לקהילת חלם : 40 שנה לחורבנה

Sefer ha-zikaron li-kehilat Helem : 40 shanah le-hurbanah [Yizkor book in memory of Chelm; Sefer Helem]
Shimon Kanc, ed.; Mosheh Greenberg, assistant ed.
[Tel Aviv] : Irgun Yots'e Helem be-Yisra'el uve-Artsot ha-Berit, [1980/81]
Hebrew, Yiddish
828, [4] col. : ill.; 29 cm.
ZB; SFG; EJ
BL Shelfmark : 01926.aa.9

CHELM [Helem; Khelem; Kholm]
NE of Izbica; E of Lublin {POLAND}

יזכר-בוך כעלם

Yizker-bukh Khelm [Commemoration Book Chelm]
Meilech Bakalczuk-Felin, ed.
Johannesburg : Chelmer Landsmanshaft Society, 1954
Yiddish, English preface (p. i-iv at end)
v p., 732 col., 25, [iv] p. : facsims., ports.; 29 cm.
ZB; SFG; EJ
BL Shelfmark : 17112. d.21

CHERVONOARMEISK [Radevil; Radivil; Radziwillow; Rodvil]
NE of Lviv; W of Kremenets {UKRAINE}

ראדזיווילוב : ספר זכרון

Radzivilov: sefer zikaron [Radziwillow : a memorial to the Jewish community of Radziwillow, Wolyn]
Ya'acov Adini, ed.
Tel Aviv : Irgun Yots'e Radzivilov be-Yisra'el, 1966 = Radziwillow Organization in Israel
Hebrew, Yiddish
438, [16] p. : ill., facsims., map, ports.; 25 cm.
ZB & EJ (Radziwillow); SFG (Radzivilov)
BL Shelfmark : 01926.a.169

CHORTKOV [Chortkev; Chortkiv; Czortkow; Czortkow Stary]
N of Chernovtsy; SE of Lviv {UKRAINE}

ספר יזכור להנצחת קדושי קהילת צ׳ורטקוב

Sefer yizkor le-hantsahat kedoshe kehilat Ts'ortkov [Sefer Ts'ortkov; Memorial book of Czortkow]
Yeshayahu Austridan, ed.
Haifa ; Tel Aviv : Irgun Yots'e Ts'ortkov be-Yisra'el, 1967
Hebrew, Yiddish, English section (36 p. at end)
435, 36, [1] p. : facsims., map, ports.; 28 cm.
ZB (Czortkow); SFG ; EJ
BL Shelfmark : 01923.ccc.57

CHRZANOW [Chryzanow; Keshanov; Kreshanov; K'shonev]
NE of Oswiecim; W of Krakow {POLAND}

ספר כזשאנאוו : לעבן און אומקום פון היידיש שטעטל

Seyfer Kzshanov : lebn un umkum fun a yidish shtetl
Mordecai Bochner, ed.
Regensburg, 1948 [Munich, 1949, on book cover]
Yiddish
xiii, 377 p. : ports.; 20 cm.
ZB; SFG (K'shonev); EJ (Chryzanow)
BL Shelfmark : 17112.d.10

CIECHANOW [Chechinov; Tsehanov; Tshekhanov]
NW of Warsaw; SE of Mlawa {POLAND}

יזכור-בוך פון דער טשעכאנאווער יידישער קהילה

Yizker-bukh fun der Tshekhanover yidisher

kehile [Sefer yizkor li-kehilat Tsehanov]
A. Wolf Jasny, ed.
Tel Aviv : Irgun Yots'e Tsehanov be-Yisra'el, 1962
Yiddish (chiefly), Hebrew
535 p. : ill., ports.; 25 cm.
ZB; SFG (Chechinov); EJ
BL Shelfmark : 17112.d.12

CIECHANOWIEC [Chechanovitz; Ciechanoviec; Tshekhanovets]
SW of Bialystok; E of Ostrow Mazowiecki {POLAND}

ציחנוביץ מחוז ביאליסטוק : ספר עדות וזכרון

Tsihanovits mehoz Byalistok : sefer 'edut ve-zikaron [Ciechanoviec, Bialystok District : memorial and records]
Eliezer Leoni, ed.
Tel Aviv : ha-Irgunim shel Yots'e Tsihanovits be-Yisra'el uve-Artsot ha-Berit, 1964 = Ciechano-vitzer Immigrant Association in Israel and the USA
Hebrew, Yiddish, English title page and comments
936, 78 p. : facsims., ports.; 25 cm.
ZB; SFG (Chechanovitz)
BL Shelfmark : 01923.cc.27

CLUJ [Claudiopolis; Cluj Napoca; Klausenburg; Kolozsvar]
N of Turda ; SE of Satu Mare {RUMANIA}

ספר זכרון ליהדות קלוז'-קולוז'ואר

Sefer zikaron le-yahadut Kluz'-Koloz'var
[Memorial volume for the Jews of Cluj-Kolozsvar; A Kolozsvári zsidosag emlékkönyve; Claudiopolis, Kolozsva'r, Klausenburg; Kolozsvar memorial volume]
Moshe Carmilly-Weinberger, ed.
New York, 1988
Hebrew, Hungarian, English section (p.263-313)
155, 313, xi, [24] p. : ill., facsims., ports.; 27 cm.
ZB (Kolozsvar); EJ
BL Shelfmark : HEC.1991.a.1

CSENGER [Chenga; Chenger]
NE of Debrecen; W of Nagyecsed {HUNGARY}

ספר יזכור לקדושי טשענגער, פורצ'למה וסביבתה

Sefer yizkor li-kedoshe Tshenger, Ports'almah u-sevivatah [Jiskor - Könyv Csenger Porcsalma és vidéke mártir jainak Emlèkère]
Shlomo Friedmann, comp. and ed.
Tel Aviv, 1966
Hebrew, Hungarian

108, 60 p. : facsims., ports.; 25 cm.
ZB
BL Shelfmark : 01923.c.20

CZESTOCHOWA [Chenstchov; Chenstochov; Tshenstokhov]
NW of Krakow; W of Kielce {POLAND}

ספר צ'נסטוחוב

Sefer Tsenstohov
Mark Schutzman, ed. (v.2)
Jerusalem : Entsiklopedyah shel galuyot, 1967-68
Hebrew, Yiddish
2 v. : ill., facsims., map, ports.; 30 cm. - *(Sifre zikaron li-kehilot ha-golah)*
ZB; SFG (Chenstchov, Chenstochov); EJ
BL Shelfmark : 01923.ccc.12

CZYZEW [Chizeva; Chizevo; Chizheva; Czyzewo; Tshijevo; Tshizheva; Tsizev; Tzizhav]
NE of Warsaw; SW of Bialystok {POLAND}

יזכור–בוך נאך דער חרוב-געווארענער יידישער קהילה טשיזשעווע

Yizker-bukh nokh der horev-gevorener Yidisher kehileh Teshizsheve [Sefer-Zikaron Tsizev; Sefer zikaron Tsiz'ivah; Memoriel Book Tshijevo]
Shimon Kanc, ed.
Tel Aviv : Teshizshever Landmanshaftn in Yisroel un Amerike, 1961
Yiddish, Hebrew
1206 columns : ill., facsims., ports.; 28 cm.
ZB (Czyzewo); SFG (Chizheva, Tzizhav)
BL Shelfmark : HEC.2002.c.13

DABROWA BIALOSTOCKA [Dabrowa; Dombrove; Dubrowa]
SE of Augustow; W of Nowy Dwor {POLAND}

Dubrowa – Dabrowa Bialostocka : memorial to a shtetl
Michael A. Nevins
[River Vale, New Jersey] : the author, 2000, 2nd ed.
English
viii, 38 p. : ill., facsims., maps, ports.; 26 cm.
SFG (Dombrova, Dubrova)
BL Shelfmark : ORW.2002.b.39

DABROWA GORNICZA [Dabrova Gornicha; Dambrova Gurnicha; Dombrova; Dombrove Gur; Dombrowa Gornnicza]
NE of Katowice; SW of Zabkowice{POLAND}

ספר קהילת יהודי דומברבה גורניצ'ה וחורבנה

Sepher kehilat yehude Dombrovah Gornitsah

LOCALITIES

ve-hurbanah
Mendl Gelbart and editorial board
Tel Aviv : Irgun Yots'e Dombrovah Gornitsah be-Yisra'el, 1971
Hebrew, Yiddish, English preface (3 p.)
696 p. : ill., facsims., ports.; 29 cm.
ZB; SFG (Dombrova); EJ
BL Shelfmark : HEC.1999.a.372

DEBICA [Dembica; Dembits ; Dembitz]
E of Krakow; W of Rzeszow {POLAND}
ספר דמביץ
Sefer Dembits [Book of Debica]
Daniel Leibl, ed.
Tel Aviv : Irgun Yots'e Dembits be-Yisra'el, 1960
Hebrew, Yiddish
204 p. : ill., map, ports.; 28 cm.
ZB; SFG (Dembitz)
BL Shelfmark : 01926.aa.14

DEBRECEN [Debretsin; Felsöjozsa; Józsa]
N of Derecske; E of Budapest {HUNGARY}
מאה שנה ליהודי דברצן : לזכר קדושי
הקהילה וישובי הסביבה
Meah shanah li-yehude Debretsen : le-zekher kedoshe ha-kehilah ve-yishuve ha-sevivah [A Debreceni zsidók szaz éve : a mártirhalállt halt Debreceni és környékbeli zsidók emlékére; Sefer zikaron li-yehude Debretsen]
Moshe Eliyahu Gonda, ed.
[Tel Aviv] : Hotsa'at ha-Va'ad le-Hantsahat zekher yehude Debretsen, [1970]
Hungarian (chiefly), Hebrew
264, 409 p. : ill., ports.; 24 cm.
ZB; EJ
BL Shelfmark : HEC.1986.a.3061

DERECHIN [Derecin; Dereczyn; Deretchin; Dretchin]
NE of Volkovysk; NW of Slonim {BELARUS}
The Dereczin memorial book : a book of remembrance honoring the communities of Dereczin, Halinka, Kolonia-Sinaiska
[English transl. of 'Sefer Derets'in']
Yehezkel Raban, ed.;
Jacob Solomon Berger transl. to English
Mahwah, N.J. : Jacob Solomon Berger, 2000
English
x, 401 p. : map; 28 cm.
SFG (Deretchin, Dretchin)
BL Shelfmark : ORW.2000.a.1699

DERECSKE
S of Debrecen; E of Nagyleta {HUNGARY}
ספר זיכרון ליהודי דרצ׳קה וגלילותיה
Sefer zikaron li-yehude Derets'keh u-geliloteha
[Emlékkönyv Derecske és vidéke zsidósága; Ner li-kehilah kedoshah Deretskeh]
Aryeh Moskovits, comp.
Tel Aviv : Hotsa'at Irgun Yots'e Deretskeh be-Yisra'el, 1984
Hebrew, Hungarian
186, [97], 185 p. : ill., facsims., ports.; 25 cm.
ZB
BL Shelfmark : HEC.1986.a.2985

DNEPROPETROVSK [Ekaterinoslav; Jekaterinosslaw; Keterinoslav; Secheslav; Yekaterinoslav]
NE of Odessa; SE of Poltava {UKRAINE}
ספר יקאטרינוסלאב דנפרופטרובסק : הקהילה
היהודית מהיווסדה ועד היום
Sefer Yekaterinoslav-Dnepropetrovsk : ha-kehilah ha-yehudit me-hivasdah ve-'ad ha-yom
Zvi Harkavi, Yaakov Goldbourt, eds.
Jerusalem : Irgun Yots'e Yekaterinoslav-Dnepropetrovsk be-Yisra'el, 1972
Hebrew
167 p. : ill., facsims., ports.; 30 cm.
ZB (Yekaterinoslav); EJ
BL Shelfmark : 01923.ccc.67; 01926.aa.15 [2 C]

DOROHOI [Dorohoy]
NW of Jassy; E of Siret {RUMANIA}
דורות של יהדות וציונות : דורוהוי, סאוון
מיכאלן, דאראבאן, הרצה, רדאוץ-פרוט
Dorot shel yahadut ve-tsiyonut : Dorohoy, Saven, Mikhailen, Daraban, Hertsah, Radauts- Prut
[Generatii de iudaism si sionism : Dorohoi, Saveni, Mihaileni, Darabani, Herta, Radauti, Prut]
David Shelomo, comp. and ed.
Kiryat Bialik : Irgun Yots'e Dorohoi veha-sevivah, 1993-2000.
Hebrew, Rumanian
5 v. : ill., facsims., map, ports.; 28 cm
EJ
BL Shelfmark : HEC.1996.a.104 *[wanting v.1]*

DROGICHIN [Drahichyn; Drohichyn; Drohiczyn Poleski; Drohitchin]
E of Brest; W of Pinsk {BELARUS}
דראהיטשין : פינף הונדערט יאר יידיש-לעבן
Drohitshin : finf hundert yor yidish-lebn

[Memorial book Drohichyn]
Dov Ber Warshawski, comp.
Chicago : Bukh-Komitet "Drohitshin", 1958
Yiddish
viii, 424 p. : ill., facsims., maps, ports.; 28 cm
ZB (Drohiczyn Poleski); SFG (Drohitchin)
BL Shelfmark : 9100.e.11

DROHICZYN [Drohichin; Drohiczyn nad Bugiem]
N of Siedlce; SW of Bransk {POLAND}

ספר דרוהיטשין ...

Sefer Drohitshin.. [Drohichin Book; Yizker-bukh]
David Sztockfisz, ed.
Tel Aviv, 1969
Hebrew, Yiddish, English section (67 p. at end)
576, 67 p. : ports.; 25 cm.
ZB (Drohiczyn nad Bugiem); SFG (Drohitchin)
BL Shelfmark : 01923.cc.54

DUBNO [Dubna]
NE of Lviv; SW of Rovno {UKRAINE}

דובנא : ספר זכרון

Dubno : sefer zikaron [Dubno : a memorial to the Jewish community of Dubno, Wolyn]
Ya'acov Adini, ed.
Tel Aviv : Irgun Yots'e Dubno be-Yisra'el, 1966
Hebrew, Yiddish
752 col. : ill., facsims., maps, ports.; 28 cm.
ZB; SFG; EJ
BL Shelfmark : 01923.ccc.8

DUBOSSARY [Dobosari; Dobyasser; Dubosar; Dubosor]
NE of Kishinev; SE of Orgeyev {MOLDOVA}

דובוסרי : ספר זכרון

Dubosari : sefer zikaron [Dubosor : yizker-bukh]
Yosef Rubin, ed.
[Tel Aviv] : Irgun Yots'e Dubosari be-Amerikah, Argentinah ve-Yisra'el, 1965
Hebrew, Yiddish
377, [3]p : ill., maps, ports.; 25 cm.
ZB; SFG (Dubosar); EJ
BL Shelfmark : HEC.1997.a.229

DUMBRAVENY [Dombroven; Dumbraveni; Elisabethstadt]
NW of Odessa; S of Soroki {MOLDOVA}

ספר דומברובאן : נר-זכרון למושבה החקלאית
היהודית הראשונה בביסרביה

Sefer Dombroven : ner zikaron la-moshavah ha-hakla'it ha-yehudit ha-rishonah bi-Besarabyah
[Yizker-likht tsum andenk fun der ershter landvirtshaftlekher kolonie in Besarabie]
Haim Toren, ed.
Jerusalem : Irgun Yots'e Dombroven be-Yisra'el uva-tefutsot, 1974 = Dombroven Societies in Israel and the Diaspora
Hebrew, Yiddish
252, 8 p. : facsims., ports.; 21 cm.
ZB; SFG (Dombroven); EJ
BL Shelfmark : 01926.a.156

DUNAJSKA STREDA [Dunaszerdahely; Schutt Szerdahly]
NW of Komarno; SE of Bratislava {SLOVAKIA}

ספר הזכרון לקהילת דונאסרדאהלי

Sefer ha-zikaron li-kehilat Dunaserdahely
[A Dunaszerdahely Hitközség Emlékkönyve; A memorial to the Jewish community of Dunaszerdahely Dunajska Streda]
Abraham (Alfred) Engel, comp.
Israel : Va'ad Yots'e kehilat Dunaserdahely be-Yisra'el, 1975
Hebrew, Hungarian
429, 157 p. : facsims., map, ports.; 24 cm.
ZB (Dunaszerdahely); EJ
BL Shelfmark : 01926.a.84

DUNAJSKA STREDA [Dunaszerdahely; Schutt Szerdahly]
NW of Komarno; SE of Bratislava {SLOVAKIA}

קונטרס הזכרון : קהילת סערדאהעלי

Kunteres ha-zikaron : kehilat Serdaheli
[N.Y.] : Va'ad yovel kinus ha-hamishim, 1994
Hebrew
159 p. : ill., maps, photos.; 23 cm.
EJ
BL Shelfmark : HEC.1994.a.193 *[v.1 only]*

DUSETOS [Dusetai; Dusetoi; Dusjati; Dusyat]
N of Vilnius; W of Zarasai {LITHUANIA}

עיירה היתה בליטא : דוסיאט בראי הזכרונות

'Ayarah hayetah be-Lita : Dusiat bi-re'i ha-zikhronot [There was a shtetl in Lithuania : Dusiat reflected in reminiscences]
Sara Weiss-Slep, comp. and ed.
Tel Aviv : Irgun Yots'e Dusiat; Igud Yots'e Lita be-Yisra'el, 1989
Hebrew

421, [3] p. : ill., facsims., maps, ports.; 28 cm.
ZB; SFG (Dusiat)
BL Shelfmark : HEC.1996.a.103

DZIALOSZYCE [Dzialoshitse; Zaloshitz]
NE of Krakow; S of Jedrzejow {POLAND}

ספר יזכור של קהילת דזיאלושיץ והסביבה

Sefer yizkor shel kehilat Dzialoshits veha-sevivah
[Yizkor Book of the Jewish community in Dzialoszyce and surroundings]
Tel Aviv : Hamenora, 1973
Hebrew, Yiddish, English section (44 p. at end)
423, [1], 44 p. : ill., map, ports.; 25 cm.
ZB; SFG (Zaloshits); EJ
BL Shelfmark : 01923.ccc.49

FRAMPOL (Franpol)
N of Bilgoraj; S of Lublin {POLAND}

ספר פראמפאל

Sefer Frampol
David Sztockfisz, ed.
Tel Aviv : Va'ad ha-Sefer; Defus Orli, 1966
Hebrew, Yiddish
414, [2] p. : ill., facsims., map, ports.; 25 cm.
ZB; SFG
BL Shelfmark : 01923.cc.33

GABIN [Gombin]
E of Plotsk; W of Warsaw {POLAND}

גאמבין : דאס לעבן און אומקום פון א יידיש שטעטל אין פוילן

Gombin : dos lebn un umkum fun a Yidish shtetl in Poyln [Gombin : the life and destruction of a Jewish town in Poland]
Jack Zicklin, ed., Abraham Shulman, ed.
New York : Gombiner Landsmanshaft in Amerike, [1969]
Yiddish, English section (162 p. at end)
228, 162 p. : ill., map, ports.; 25 cm.
ZB; SFG (Gombin); EJ
BL Shelfmark : 17112.d.32

GARWOLIN [Garvolin]
NE of Radom; SE of Warsaw {POLAND}

גארוואלין : ספר יזכור

Garvolin : sefer yizkor [Garvolin : yizker bukh; Garwolin : a memorial to the Jewish community of Garwolin, Poland]
Moshe Saltzman, Baruch Shein, eds.
New York; Tel Aviv : Irgun Yots'e Garvolin, 1972

Hebrew, Yiddish
304 p. : ill., facsims., map, ports.; 31 cm.
ZB; SFG (Garvolin)
BL Shelfmark : 01923.ccc.45

GOLUB-DOBRZYN [Dobrzyn nad Drweca; Dobzhin; Dobzhin-Golub; Dobzin]
NW of Warsaw; SE of Gdansk {POLAND}

עיירתי : ספר זכרון לעיירות דובז׳ין-גולוב

'Ayarati : sefer zikaron la-'ayarot Dobzin-Golov
[My town : in memory of the communities Dobrzyn-Gollob]
M. Harpaz, ed.
[Holon?] : Irgun Yots'e Dobzin-Golov, 1969
Hebrew, Yiddish, English section (29 p. at end)
459, 29 p. : map, ports.; 25 cm.
ZB (Dobrzyn); SFG (Dobzhin, Dobzhin-Golub)
BL Shelfmark : 01923.cc.55

GOLUB-DOBRZYN [Dobrzyn nad Drweca; Dobzhin; Dobzhin-Golub; Dobzin]
NW of Warsaw; SE of Gdansk {POLAND}

יזכור בלעטלעך

Yizker bletlekh [Dape yizkor; Our village]
Shmuel Russak
[Tel Aviv] : Defus Davar, 1972
Yiddish (chiefly), Hebrew, English preface
90, vi p.; ill., map, ports.; 23 cm.
ZB (Dobrzyn); SFG (Dobzhin, Dobzhin-Golub)
BL Shelfmark : 17112.dd.1

GONIADZ [Goniondz; Goniondzh]
NW of Bialystok; SE of Grajewo {POLAND}

ספר יזכור גוניונדז

Sefer yizkor Gonyondz [Yizker-bukh Goniondz; Our hometown Goniondz]
Idl Ben –Meir, A.L. Fayans, eds.
Tel Aviv : Va'ade Yots'e Goniondz be-Artsot ha-Berit uve-Yisra'el, 1960 = Committee of Goniondz Asociation in USA and in Israel
Hebrew, Yiddish, English preface (xix p. at end)
808 col.,[10], xix p. : ill., maps, ports.; 25 cm.
ZB; SFG (Goniondzh)
BL Shelfmark : 01923.c.10

GORLICE [Gorlits; Gorlitse; Gorlitza]
SE of Krakow; E of Sanz {POLAND}

ספר גורליצה : הקהילה בבנינה ובחורבנה

Sefer Gorlitsah : ha-kehilah be-vinyanah uve-hurbanah

[Gorlice Book : the community at rise and fall]
Moses Jehiel Bar-On, ed.
[Tel Aviv] : Agudat Gemilut Hasadim ve-hantsahah mi-yisodam shel Yots'e Gorlitsah veha-sevivah be-Yisra'el, 1962
Hebrew, Yiddish
338, [1] p. : ill., facsims., map, ports.; 33 cm.
ZB; SFG (Gorlitza); EJ
BL Shelfmark : 01923.cc.15

GOROKHOV [Horchiv; Horchov; Horochow]
NE of Lviv; SW of Lutzk {UKRAINE}

ספר הורוכוב

Sefer Horokhov [Horchiv memorial book]
Haim Dan comp.; Yosef Kariv, ed.
Tel Aviv : Irgun Yots'e Horokhov be-Yisra'el, 1966 =Horchiv Committee in Israel
Hebrew, Yiddish, English section (79 p. at end)
375, 79 p. : ill., facsims., maps, ports.; 28 cm.
ZB (Horochow); SFG (Horchov)
BL Shelfmark : HEC.2000.a.116

GOWOROWO [Govorova; Govorovo]
NE of Warsaw; S of Ostroleka {POLAND}

גוברובה : ספר זכרון

Govorovah : sefer zikaron [Govorove : yizker-bukh; Govorovo memorial book]
Aviezer Bursztyn, Dov Kossovsky, eds.
Tel Aviv : Irgune Yots'e Govorovah be-Yisra'el, Artsot ha-Berit ve-Kanadah, 1966 = Govorover Societies in Israel, the United States of America and Canada
Hebrew, Yiddish, English foreword (xvi p. at end)
496, xvi p. : facsims., maps, ports.; 25 cm.
ZB; SFG (Govorova)
BL Shelfmark : 01923.cc.31

GRAJEWO [Grayava; Grayeve; Grayevo]
NW of Bialystok; SW of Augustow {POLAND}

גראיעווע יזכור-בוך

Grayeve yizker-bukh [Grayevo memorial book]
George Gorin, Hyman Bloom, Sol Fishbeyn, eds.
New York : Fareyniktn Grayever hilfs-komitet, 1950 =United Grayever Relief Committee
Yiddish, English section (li p. at end)
311, [37], li p. : ill., facsims., map, ports.; 23 cm.
ZB; SFG (Grayava); EJ
BL Shelfmark : HEC.2002.a.292

GRODNO [Grodne; Horodno; Hrodna]
NW of Slonim; W of Minsk {BELARUS}

גרודנה-גראדנע

Grodnah-Grodne [Grodno]
Dov Rabin, ed.
Jerusalem: Entsiklopedyah shel galuyot, 1973
Hebrew, Yiddish
744 col. : ill., facsims., ports.; 31 cm. - *(Entsiklopedyah shel Galuyot; v. 9)*
ZB; SFG; EJ
BL Shelfmark : 1987.f.13/9

GURA HUMORULUI [Gura Humora; Gurahumora]
NW of Jassy; SW of Dorohoi {RUMANIA}

גורה הומורה : עיירה בדרום בוקובינה;
קורותיה של קהילה יהודית

Gurah Humorah : 'ayarah bi-derom Bukovinah ; koroteha shel kehilah yehudit [Gura Humora : a small town in southern Bukovina ; the history of its Jewish community; Gura Humora : eine kleinstadt in der Süd Bukovina; die geschichte einer judischen gemeide; Gurah-Humorah koroteha shel kehilah yehudit]
Shraga Yeshurun, ed.
[Israel] : Hotsa'at ha-'amutah le-hnatsahat kehilat Gurah Humorah veha-sevivah, 1992
Hebrew, German, Rumanian
388, xvi p., [32]p. of plates : ill., facsims., maps, ports.; 26 cm.
SFG (Gurahumora); EJ
BL Shelfmark : HEC.1997.a.233

HORODLO [Gorodlo; Horodle]
NE of Hrubieszow; SE of Lublin {POLAND}

קהלת הורודלה : ספר זכרון לקדושי הורודלה...
ולקדושי הכפרים הסמוכים

Kehilat Horodlah : sefer zikaron li-kedoshe Horodlah veli-kedoshe ha-kefarim ha-semukhim [The community of Horodlo : memorial book...]
Yosef Haim Zawidowitch, ed.
Tel Aviv : Va'ad Yots'e Horodlah be-Yisra'el, 1959
Hebrew
260 p. : facsims., ports.; 24 cm.
ZB; SFG
BL Shelfmark : 01926.a.170

HRUBIESZOW [Hrubieshov; Hrubishov; Rubishov]
SE of Lublin; E of Zamosc {POLAND}

פנקס הרוביעשאוו

LOCALITIES

Pinkes Hrubyeshov [Pinkas Hrubishov; Pinkas Hrubieshov - memorial to a Jewish community in Poland]
Baruch Kaplinski, ed.
Tel Aviv : Irgun Yots'e Hrubieshov be-Yisra'el uve-Artsot ha-Berit, 1962 = Hrubieshov Associations in Israel and the USA
Hebrew, Yiddish, English, Polish
812 col., xviii p. : ill., maps, ports.; 33 cm.
ZB; SFG (Hrubishov, Rubishov); EJ
BL Shelfmark : 17112.d.17

ILYA [Ilia; Ilja]
N of Minsk; close to Molodechno {BELARUS}
ספר איילייה : יזכור-בוך....
Seyfer Iliye : yizker-bukh... [Kehilat Iliyah : pirke hayim ve-hashmadah; Kehilat Iliyah]
Aryeh Kopelowicz, ed.; Eliezer Shapira, Toviyah Ben-Hefetz (editoral board)
[Tel Aviv] : Igud Yots'e Iliyah be-Yisra'el, 1962
Hebrew, Yiddish
466 p. : ill., facsims., ports.; 25 cm.
ZB (Ilja); SFG (Ilia); EJ
BL Shelfmark : 01923.c.6

IVANOVO [Janovi; Janow; Janow Poleski; Yanov; Yanov Polski]
E of Brest; W of Pinsk {BELARUS}
יאנוב על-יד פינסק : ספר זיכרון
Yanov 'al-yad Pinsk : sefer zikaron [Yanow near Pinsk memorial volume]
Mordecai Nadav, ed.
Jerusalem : Irgun Yots'e Yanov 'al-yad Pinsk be-Yisra'el, 1969
Hebrew, Yiddish
xvi, 420, [3] p. : ill., facsims., ports. ; 25 cm.
ZB (Janow); SFG (Yanov; Yanov Polski); EJ
BL Shelfmark : 01923.cc.112

IVENETS [Ivanitz; Ivnits; Iwieniec]
NE of Derevna; W of Minsk; {BELARUS}
ספר איבניץ, קמין והסביבה
Sefer Ivenits, Kamin veha-sevivah
[Sefer zikhron Ivnits veha-sevivah; Yizker bukh Ivenits, Kamin un svive]
[Tel Aviv] : Iwieniec Societies in Israel and the Diaspora; Defus Arzi, 1973
Hebrew, Yiddish
484 p. : ill., maps, ports.; 25 cm.
ZB (Iwieniec); SFG (Ivanitz)
BL Shelfmark : 01923.ccc.50

IVYE [Ive; Iwie; Iwje]
N of Novogrudok; E of Lida {BELARUS}
ספר זכרון לקהילת איביה
Sefer zikaron li-kehilat Ivyeh
[Sefer zikaron likhilath Ivie, in memory of the Jewish community; Yizker-bukh nokh der horover yidisher kehile Ivye]
Moshe Kaganovich, ed.
Tel Aviv : Irgune Yots'e Ivyeh be-Yisra'el uve-Amerikah, 1968
Hebrew, Yiddish
738 p. : ill., facsims., maps, music, ports.; 25 cm.
ZB (Iwie); SFG (Ivia); EJ
BL Shelfmark : HEC.1999.a.370

JADOW [Yadov]
NE of Warsaw; NW of Wegrow {POLAND}
ספר יאדוב
Seyfer Yadov [Yadov-bukh; The Book of Jadow]
A. Wolf Jasny, ed.
Jerusalem : Entsiklopedyah shel galuyot, 1966
Yiddish, Hebrew, English summaries (xxiii p.)
472, xxiii p. : ill., facsims., map, ports.; 25 cm.
ZB; SFG (Yadov)
BL Shelfmark : 01923.cc.47

JASLO [Jaslau; Yasla; Yaslo]
S of Debica; E of Krakow {POLAND}
תולדות יהודי יאסלו ; מראשית התישבותם בתוך העיר עד ימי החורבן על ידי הנאצים...
Toldot yehude Yaslo; me-reshit hityashevutam be-tokh ha-'ir 'ad yeme ha-hurban 'al yede ha-Natsim...
Moshe Nathan Even-Hayim
Tel Aviv : Irgun Yots'e Yaslo be-Erets Yisra'el, 1953
Hebrew
360 p. : ill., map, ports.; 21 cm.
ZB; SFG (Yasla); EJ
BL Shelfmark : 1986.g.18

JONAVA [Janovo; Yanova; Yanove]
NE of Kaunas; SE of Kedainiai {LITHUANIA}
ספר ינובה להנצחת זכרם של יהודי העיירה שנחרבה בשואה
Sefer Yanovah le-hantsahat zikhram shel yehude ha-'ayarah she-nehrevah ba-Shoah
[Yanove oyf di breges fun Vilye : tsum ondenk fun di khorev-gevorene yidishe kehile in Yanove; Yizkor Book in memory of the Jewish community of Yanova]

Isaac Burstein, res.; Simeon Noy, ed.;
Larissa Bolnik, illustr.
Tel Aviv : Irgun Yots'e Yanovah be-Yisra'el, 1972
Hebrew, Yiddish, English section (35 p. at end)
xvi, 35, 429 p. : ill., facsims., map, ports.; 28 cm.
ZB; SFG (Yanova); EJ (Jonova)
BL Shelfmark : 01926.aa.17

JURBARKAS [Georgenburg; Jurburg;
Yorburg; Yurburg]
NW of Kaunas; SE of Kedainiai {LITHUANIA}
ספר הזיכרון לקהילת יורבורג-ליטא
Sefer ha-zikaron li-kehilat Yurburg-Lita
Zevulun Poran, ed.
Jerusalem : Igud Yots'e-Yurburg be-Yisra'el, 1991
Hebrew, Yiddish, English preface (p. 515-519)
524 p. [8] p. of plates : ill., facsims., ports.; 25 cm.
ZB; SFG (Yorburg); EJ
BL Shelfmark : HEC.1997.a.232

KALARASH [Calarasi; Kalaras; Tuzora]
NE of Ungeny; NW of Kishinev {MOLDOVA}
ספר קלרש להנצחת זכרם של יהודי העיירה
שנחרבה בימי השואה
*Sefer Kalarash le-hantsahat zikhram shel
yehude ha-'ayarah she-nehrevah bi-yeme
ha-Sho'ah*
[Kalarash a volume in memoriam of the Jewish
community destroyed by the Nazis during
the Second World War]
Noah Tamir and others, eds.;
Joseph Utshitel, ed. (Yiddish section)
Tel Aviv : Defus Arieli, 1966
Hebrew, Yiddish
xiv, 533 p. : ill., facsims., map, ports.; 28 cm.
ZB; SFG; EJ
BL Shelfmark : HEC.1999.a.38

KALISZ [Kalisch; Kalish; Kolish]
SE of Pleszew; W of Lodz {POLAND}
ספר קאליש
Sefer Kalish [The Kalish Book]
Zvi Arad, ed. (Israel), Joseph Arnold, ed. (USA)
Tel Aviv : Irgune Yots'e Kalish veha-sevivah
be-Yisra'el uve-Artsot ha-Berit, 1964-1968
= The Israel-American Book Committee
Hebrew, Yiddish, some Polish
2 v. : ill., facsims., maps, ports. ; 29 cm.
ZB; SFG (Kalish); EJ
BL Shelfmark : 01923.ccc.5

KALUSH [Kalusz; Kalusz Nowy]
NW of Stanislav; S of Lviv {UKRAINE}
קאלוש : חייה וחורבנה של הקהילה
Kalush : hayeha ve-hurbanah shel ha-kehilah
[Sefer Kalush; Kalusher yizker bukh; Memorial
book of Kalush]
Shabtai Unger, ed. (Hebrew section);
Moshe Ettinger, ed. (Yiddish & English sections)
Tel Aviv : Irgun Yots'e Kalush be-Yisra'el, 1980
Hebrew, Yiddish, English chapter (p.563-576)
576 p. : ill., map, ports.; 25 cm.
ZB (Kalusz, Kalish); SFG; EJ
BL Shelfmark : HEC.1986.a.2911

KALUSZYN [Kalushin]
E of Warsaw; W of Siedlce {POLAND}
ספר קאלושין : געהייליקט דער חרוב
געווארענער קהילה
*Seyfer Kalushin : geheylikt der horev gevorener
kehile* [Sefer Kalushin dedicated to the destructed
and annihilated community of Kalushin]
Aryeh Shamri, Shalom Soroka and others, eds.
Tel Aviv : Irgun Yots'e Kalushin be-Yisra'el, 1961
= Kalushiner Societies in Israel, the United States
of America, Argentina, France and other countries
Yiddish, Hebrew
545, [15] p. : facsims., map, ports.; 31 cm.
ZB; SFG (Kalushin); EJ
BL Shelfmark : 01923.cc.20

KAMEN KASHYRSKIY [Kamien Koshirsk
Kamien Koszyrski; Kamin; Kamin-Kashirski;
Kamin-Koshirsky]
NE of Kovel; NW of Rovno {UKRAINE}
ספר הזכרון לקהלת קמין-קושירסקי והסביבה
*Sefer ha-zikaron li-kehilat Kamin-Koshirski
veha-sevivah*
[Sefer Kamin-Koshirski veha-sevivah; Sefer
Kamin-Koshirski; Kamin Koshirsky Book; Kamin
Koshirsky Book : in memory of the Jewish
community]
Abraham Samuel Stein, Joseph Chrust, Abraham
Mordecai Orzhitzer, eds.
[Tel Aviv] : Irgun Yots'e Kamin-Koshirski veha-
sevivah be-Yisra'el, 1965 = Irgun Iotzei Kamin
Koshirsky
Hebrew, Yiddish
974 columns : ill., map, ports.; 29 cm.
ZB (Kamien Koszyrski) ; SFG (Kamin Kashirski)
BL Shelfmark : HEC.2002.c.14

LOCALITIES

KAMENETS PODOLSKIY [Kamianets Podilskiy; Komenitz; Komenitz-Podolsk]
NE of Chernovtsy; SE of Lviv {UKRAINE}
Kaminits-Podolsk and its environs : a memorial book of the Jewish communities in the cities of Kaminits-Podolsk, Balin, Dunivits, Zamekhov, Zhvanets, Minkovits, Smotrich, Frampol, Kupin and Kitaygorod annihilated by the Nazis in 1941
[transl. of *'Kaminits Podolsk u-sevivatah'*,1965]
Abraham Rosen, Hayim Sarig, Y. Bernstein, eds.;
Bonnie Schooler Sohn, transl. (to English)
Bergenfield, N.J. : Avotaynu Foundation, 1999
English
xiii, 234 p. : maps; 26 cm.
SGF (Komenitz, Komenitz Podolsk); EJ (Kamenets-Podolski)
BL Shelfmark : ORW.1999.a. 497

KAPRESHTY [Capresti; Kapreschty; Kapresht; Kapreshti; Kapresti; Kapreszti]
NW of Odessa; S of Soroki {MOLDOVA}
קאפרשט עיירתינו : ספר זכרון לקהילה יהודית בבסרביה
Kapresht 'ayaratenu : sefer zikaron li-kehilah yehudit bi-Besarabyah
[Kapresht our village : memorial book of the Jewish community of Kapresht Bessarabia; Libro memorable de las comunidades Judias de Kapresht - Bessarabia; Undzer shtetale Kapresht : a gedenkbukh nokh a yidisher kehile in Besarabye]
Mordecai Rishpi, Baruch Yanowitz, eds.
Haifa : Irgun Yots'e Kapresht be-Yisra'el, 1980
Hebrew, Yiddish
496, [1] p., [48] p. of plates : ill., facsims., map, ports.; 25 cm.
ZB; SFG (Kapreshti)
BL Shelfmark : HEC.2000.a.124

KATOWICE [Kattowitz; Stalinogrod]
NW of Krakow; S of Sosnowiec {POLAND}
קטוביץ : פריחתה ושקיעתה של הקהילה היהודית, ספר זכרון
Katovits : perihatah u-sheki'atah shel ha-kehilah ha-yehudit, sefer zikaron
Tsila Katriel, res., Joseph Chrust, Joseph Frankel, eds.
Tel Aviv : ha-'Amutah le-hantsahat yahadut Katovits, 1996
Hebrew
404 p. : ill., facsims., maps, ports.; 28 cm.
EJ
BL Shelfmark : HEC.1997.a.286

KEDAINIAI [Kaidan; Keidan; Keidany; Keydan; Kiejdany; Kuidany]
N of Kaunas; NW of Vilnius {LITHUANIA}
קיידאן : ספר זכרון
Keyda'n : sefer zikaron [Sefer zikaron Keyda'n; Keidan memorial book]
Joseph Chrust, ed.
Tel Aviv : Irgun Yots'e Keyda'n be-Yisra'el be-hishtatfut shel Yots'e Keyda'n bi-Derom Afrikah uve-Artsot ha-Berit, 1977 = Keidan Association in Israel with the participation of the Committees in South Africa and in the United States of America
Hebrew (chiefly), Yiddish, English section (xxxix p. at end)
313, xxxix p., [20] leaves of plates : ill., facsims., ports.; 25 cm.
ZB; SFG (Keidan); EJ
BL Shelfmark : HEC.2002.a.303

KEZMAROK [Kaisermarkt; Kasmark; Kesmark]
NE of Poprad; NW of Kosice {SLOVAKIA}
תולדות יהודי קזמארוק והסביבה
Toldot yehude Kezmarok veha-sevivah
Samuel Dov Gevaryahu-Gotesmann, comp.
Jerusalem : the author, 1992
Hebrew
311 p. : ill., facsims., map, ports.; 25 cm.
BL Shelfmark : HEC.1996.a.106

KHOROSTKOV [Chorostkov; Chorostkow; Khroskev; Koroskiv]
N of Chernovtsy; close to Husiatyn {UKRAINE}
ספר חורוסטקוב
Sefer Horostkov [Horostkov : sefer zikaron; Chorostkow Book]
David Sztockfisz, ed.
Tel Aviv : Va'ad Irgun Yots'e Horostkov be-Yisra'el, 1968
418, [2] p. : ill., facsims., ports.; 25 cm.
Hebrew, Yiddish
ZB (Chorostkow)
BL Shelfmark : HEC.2002.a.287

KHOTIN [Chotin; Chotyn; Hotin]
NE of Chernovtsy; E of Kolomyya {UKRAINE}

ספר קהילת חוטין (בסרביה)
Sefer kehilat Hotin (Besarabyah)
Yaakov Deviri, res., Solomon Shitnovitzer, ed.
Tel Aviv : Irgun Yots'e Hotin be-Yisra'el, 1974
Hebrew, Yiddish
333, [6] p. : ill., map, facsims., ports.; 28 cm.
ZB; SFG (Chotin); EJ
BL Shelfmark : 01923.ccc.42

KHUST [Chust; Hust; Huste; Huszt]
SW of Lviv; W of Chernovtsy {UKRAINE}
קהילת חוסט והסביבה : ספר זיכרון
Kehilat Hust veha-sevivah : sefer zikaron [Jewish community in Chust and its surrounding villages]
Zvi Menshel, com. and ed.; David Zayit, ed.
Rehovot : Irgun kehilat Hust veha-sevivah, 2000
=Association of Former Inhabitants of Chust and its surrounding villages
Hebrew
607, [27] p. of plates (one folded) : ill., facsims., maps, ports.; 25 cm.
EJ
BL Shelfmark : HEC.2003.a.385

KIELCE [Kelts; Keltz; Kiltz]
NE of Krakow; SW of Radom {POLAND}
ספר קילץ : תולדות קהילת קילץ מיום הווסדה ועד חורבנה
Sefer Kyelts : toldot kehilat Kyelts mi-yom hivasdah ve-'ad hurbanah
Pinhas Zitron, comp.
Tel Aviv : Irgun 'Ole Kyelts be-Yisra'el, 1957
Hebrew, Yiddish
328 p. : ill., ports.; 23 cm.
ZB; SFG (Keltz, Kiltz); EJ
BL Shelfmark : 01938.a.4

KLETSK [Kleck; Kletzk; Klezk]
S of Minsk; E of Baranovichi {BELARUS}
פנקס קלצק
Pinkas Kletsk [Pinkes Kletsk; Pinkes Klezk : a memorial to the Jewish community of Klezk]
Abraham Samuel Stein, ed.
Tel Aviv : Irgun Yots'e Kletsk be-Yisra'el, 1959
Hebrew, Yiddish
385 p. : facsims., map, ports.; 31 cm.
ZB (Kleck); SFG (Kletzk); EJ
BL Shelfmark : 17112.d.25

KOBRIN [Kobryn]
NE of Brest; W of Drogichin {BELARUS}

ספר קוברין : מגילת חיים וחורבן
Sefer Kobrin : megilat hayim ve-hurban
Bezaleel Schwartz, Israel Chaim Biletzky, eds.
Tel Aviv, 1951
Hebrew
347 p. : ill., ports.; 24 cm
ZB (Kobryn); SFG; EJ
BL Shelfmark : 01923.cc.106

KOCK [Kotsk; Kotzk]
NE of Bialobrzegi; W of Gorka {POLAND}
ספר קוצק
Sefer Kotsk [Kotsk; Sefer zikaron li-kehilat Kotsk]
Eliyahu Porath, ed.
Tel Aviv : Irgun Yots'e Kotsk be-Yisra'el, 1961
Hebrew, Yiddish
424 p. : ill., facsims., map, ports.; 25 cm.
ZB; SFG (Kotzk); EJ
BL Shelfmark : 01923.c.3

KOLAROVGRAD [Shumen; Shumla; Shumna]
SE of Ruse; W of Varna {BULGARIA}
יהודי בולגריה : קהילת שומלה
Yehude Bulgaryah : kehilat Shumlah
[The Jews of Bulgaria : the community in Shumla]
Benjamin Joseph Arditti, comp.
Tel Aviv : Va'adah tsiburit, 1968
Hebrew
179 p. : ill., facsims., ports.; 25 cm.
ZB (Shumla); EJ
BL Shelfmark : 01923.cc.74

KOLNO [Kolna; Kolne]
N of Lomza; NW of Bialystok {POLAND}
ספר זכרון לקהילת קולנה
Sefer zikaron li-kehilat Kolnah
[Kolno memorial book]
Ayzik Remba, Benjamin Halevy, eds.
Tel Aviv : Irgun Yots'e Kolnah ve-Sifriyat Po'alim, 1971
= The Kolner Organization and Sifriat Poalim
Hebrew, Yiddish, English section (70 p. at end)
680, 70 p. : ill., facsims., maps, ports.; 25 cm.
ZB; SFG (Kolna)
BL Shelfmark : 01923.cc.107

KOLO [Kohlo; Koil; Konin; Kuyl]
NE of Kalisz; NW of Lodz; {POLAND}
ספר קולו
Sefer Kolo [Finfhundert yor yidish Kolo]

Mordecai Halter, ed.
Tel Aviv : Irgune Kolo be-Yisra'el uve-Artsot ha-Berit, 1958
Hebrew, Yiddish
408, [28] p. : ill., facsims., ports.; 25 cm.
ZB; SFG (Kolo, Koil); EJ
BL Shelfmark : 17112.d.24

KOLOMYYA [Kolomai; Kolomea; Kolomey; Kolomyja]
NW of Chernovtsy; SE of Lviv {UKRAINE}

פנקס קאלאמיי : געשיכטע, זכרונות, געשטאלטן, חורבן

Pinkes Kolomey : geshikhte, zikhroynes, geshtaltn, hurbn [Pinkas Kolomey]
Shlomo Bickel, ed.
New York, 1957
Yiddish
448 p. : ports.; 24 cm.
ZB (Kolomyja); SFG (Kolomea, Kolomai)); EJ
BL Shelfmark : 17112.d.16

KOLOMYYA [Kolomai; Kolomea; Kolomey; Kolomyja]
NW of Chernovtsy; SE of Lviv [UKRAINE}

ספר זיכרון לקהילת קולומיה והסביבה

Sefer Zikaron li-kehilat Kolomeyah veha-sevivah
[Sefer ha-zikaron shel kehilat Kolomeyah veha-sevivah; Sefer Kolomeyah veha-sevivah; Sefer Kolomeyah]
Dov Noy, Mark Schutzman, eds.
[Tel Aviv] : Irgun Yots'e Kolomeyah veha-sevivah ba-'Arets uva-tefutsot, [1972]
Hebrew
395, [5] p. : ill., map, facsims., ports.; 29 cm.
ZB (Kolomyja); SFG (Kolomea, Kolomai); EJ
BL Shelfmark : 01923.ccc.37

KORELICHI [Korelicze; Korelitsh; Korelitz]
SW of Minsk; E of Novogrudok {BELARUS}

קורליץ-קארעליטש : חייה וחורבנה של קהילה יהודית

Korelits-Korelitsh : hayeha ve-hurbanah shel kehilah yehudit [Korelitsh : kyum un hurbn fun a yidisher kehile; Sefer Korelits; Hayeha ve-hurbanah shel kehilat Korelits, sefer zikaron; Korelitz : the life and destruction of a Jewish community]
Michael Walzer-Fass, ed.
Tel Aviv : Irgune Yots'e Korelits be-Yisra'el uve-Artsot ha-Berit, 1973 = Korelitz Societies in Israel and the USA
Hebrew, Yiddish, English section (61 p. at end)
357, 61, [2] p. : ill., map, ports.; 25 cm.
ZB (Korelicze); SFG (Korelitz)
BL Shelfmark : 01923.cc.103

KOSICE [Kasah; Kaschau; Kasha; Kassa]
S of Presov; E of Bratislava {SLOVAKIA}

דברי ימי קהילות קושיצה

Divre yeme kehilot Koshitsah
[The story of the Jewish community of Kosice; A Kassai zsidóság története és gallériája; 500 yor in Kasoy Koshitse]
Yehuda Schlanger, comp.; Gabriela Williams, transl. (to English); Shraga Perry, ed. (Yiddish section); Arthur Gorog, ed. (Hungarian section)
Bene Brak, 1991
Hebrew, Yiddish, Hungarian, English section (p.275-340)
92, [18], 340 p. : ill., map, ports.; 25 cm
EJ
BL Shelfmark : HEC.1996.a.105

KOSOV [Kosev; Kosiv; Kosow-Huculski; Kosuv Hutsulski]
W of Chernovtsy; SE of Lviv {UKRAINE}

ספר קוסוב (גליציה המזרחית)

Sefer Kosov (Galitsyah ha-Mizrahit)
[Yizkor Book of kehilat Kosow (Kosow Huculski)]
Getzel Kressel, ed. (Hebrew section);
Leib Oliczky, ed. (Yiddish section)
Tel Aviv : Irgun Yots'e Kosov veha-sevivah be-Yisra'el; Hotsa'at ha-Menorah, 1964
Hebrew, Yiddish
430, [1] p. : ill., facsims., map, ports.; 24 cm.
ZB (Kosow); SFG; EJ
BL Shelfmark : 01923.c.7

KOSOV [Kosev; Kosiv; Kosow-Huculski; Kosuv Hutsulski]
W of Chernovtsy; SE of Lviv {UKRAINE}

מגילת קאסאוו

Megiles Kosov [Megilat Kosow]
Yeoshua Gertner, comp.
Tel Aviv : Farlag Amkho, 1981
Yiddish (chiefly), Hebrew introd.
156 p. ; 1 port.; 21 cm.
ZB (Kosow); SFG; EJ
BL Shelfmark : 17111.c.8

KOSTOPOL [Kostopil]
NE of Rovno; S of Sarny {UKRAINE}

ספר קוסטופול : חייה ומותה של קהילה

Sefer Kostopol : hayeha u-motah shel kehilah
[Kostopol : the life and death of a community]
Aryeh Lerner, ed.
Tel Aviv : Irgun Yots'e Kostopol be-Yisra'el, 1967
Hebrew
386 p. : ill., maps, ports.; 28 cm.
ZB; SFG
BL Shelfmark : 01923.ccc.21

KOSYNO [Kaszony; Kosino; Koson]
NW of Beregovo; S of Uzhgorod {UKRAINE}

The Jews of Kaszony, Subcarpathia
Joseph Eden
New York, 1988
English, Hungarian, Hebrew summary
131 p. : ill., facsims., maps, ports.; 28 cm.
ZB
BL Shelfmark : YA.1990.b.4229

KOZIENICE [Kozenitsy; Kozhnitz; Kozieniec; Koznitz; Kozshenits]
NE of Radom; SE of Warsaw {POLAND}

ספר קאזשעניץ : צום 27 -טן יאר-טאג נאך דעם גרויזאנער חורבן פון אונדזער געוועזענער היים

Seyfer Kozshenits : tsum 27-ten yor-tog nokh dem groyzamen hurbn fun undzer gevezener heym [Sefer zikaron li-kehilat Koznits; Sefer Koznits : toldot kehilah yehudit be-Polin]
Baruch Kaplinski, ed.
Tel Aviv : Irgun 'Ole Kozenits be-Yisra'el, Belgiyah, Artsot ha-Berit, Brazil..., 1969
Yiddish, Hebrew, Polish
516 p. : facsims., map, music, ports.; 31 cm.
ZB (Kozieniec); SFG (Koznitz, Kozhnitz.); EJ
BL Shelfmark : 01923.ccc.33; HEC.1986.b.6 [2 C]

KRAKOW [Cracaw; Cracow; Krakau; Kroke]
S of Lodz; E of Katowice {POLAND}

ספר קראקא עיר ואם בישראל

Sefer Kra'ko 'ir va-'em be-Yisra'el
Arie L. Bauminger, Meir Bosak, Nathan Michael Gelber, eds.
Jerusalem : Mekhon ha-Rav Kuk be-hishtatefut Irgun Yots'e Kra'ko be-Yisra'el, 1959
Hebrew
429 p. : ill., facsims., ports.; 28 cm.
ZB; SFG; EJ (Cracow)
BL Shelfmark : 01923.cc.99

KRASNIK [Koshnik; Krashnik; Kroshnik]
SW of Lublin; E of Ostrowiec {POLAND}

ספר קראשניק

Sefer Krashnik [Sefer zikaron li-kehilat Krashnik; Krashnik memorial book]
David Sztockfisz, ed.
[Tel Aviv] : Irgun Yots'e Krashnik bi-medinat Yisra'el uva-tefutsot, 1973
Hebrew, Yiddish
673, [1] p. : ill., facsims., maps, ports.; 28 cm.
ZB; SFG (Krashnik); EJ
BL Shelfmark : 01923.ccc.47

KREMENETS [Kremeniec; Kremenits; Kremenitz; Krzemieniec]
NE of Lviv; E of Brody {UKRAINE}

פנקס קרמניץ : ספר זכרון

Pinkas Kremenits : sefer zikaron
[Pinkas Kremeniec : a memorial]
Abraham Samuel Stein, ed.
Tel Aviv : Irgun 'Ole Kremenits be-Yisra'el, 1954
Hebrew, Yiddish
453 p. : ill., facsims., maps, ports.; 25 cm.
ZB (Krzemieniec); SFG (Kremenitz); EJ
BL Shelfmark : 1985.k.15

KRYNKI [Krinek; Krinki; Krynica-Wies]
NE of Bialystok; S of Grodno {POLAND}

פנקס קרינקי

Pinkas Krynki
[Pinkas Krinki, in memory of the Jewish community]
Dov Rabin, ed.
Tel Aviv : ha-Irgunim shel Yots'e Krinki bi-medinat Yisra'el uva-tefutsot, 1970
Hebrew, Yiddish
374, [2] p. : ill., facsims., maps, ports.; 27 cm.
ZB; SFG (Krinek, Krinki); EJ
BL Shelfmark : 01923.ccc.58

KUTNO
N of Lodz; W of Warsaw {POLAND}

ספר קוטנה והסביבה....

Sefer Kutnah veha-sevivah (Lentshits, Kroshnivits, Dombrovits) [Kutno and surroundings book; Kutnah veha-sevivah]

LOCALITIES

David Sztockfisz, ed.
Tel Aviv : Irgun Yots'e Kutnah be-Yisra'el uve-huts la-'arets, 1968
Hebrew, Yiddish
591, [3] p. : ill., facsims., ports.; 35 cm.
ZB; SFG; EJ
BL Shelfmark : 01923.ccc.27

KUTY [Kitev; Kitov; Kutev]
SE of Lviv; W of Chernovtsy {UKRAINE}
קיטוב עירי : בני קוטי מספרים את ספור העיר
Kitov 'iri : bene Kuti mesaprim et sipur ha-'ir
[Kitov my hometown]
Hayim Zins, ed.
Tel Aviv : Hotsa'at "Yair", 1993
Hebrew
285 p. : ill., facsims., map, ports.; 25 cm.
SFG (Kitev, Kutev); EJ
BL Shelfmark : HEC.1996.a.107

LAKHVA [Lachva; Lachwa; Lakhwa]
N of David-Horodok; E of Pinsk {BELARUS}
ראשונים למרד : לחווא
Rishonim la-mered : Lahva [First ghetto to revolt : Lachwa]
Hayim A. Michaeli, Y. Lichtenstein, eds.
Jerusalem : Entsiklopedyah shel galuyot, 1957
Hebrew, Yiddish
500 col., [2] p. : ill., facsims., maps, ports.; 29 cm. - *(Sifre zikaron li-kehilot ha-golah)*
ZB Lachwa); SFG & EJ (Lachva)
BL Shelfmark : 01923.ccc.17

LANCUT [Lantzut; Lanzut]
E of Rzeszow; W of Jaroslaw {POLAND}
לאנצוט : חייה וחורבנה של קהילה יהודית
Lantsut : hayeha ve-hurbanah shel kehilah yehudit [Sefer Lantsut; Lanzut : the life and destruction of a Jewish community; Lancut]
Michael Walzer-Fass, Nathan Kudish, eds.
[Tel Aviv] : Irgune Yots'e Lantsut be-Yisra'el uve-Artsot ha-Berit, 1963 = Lanzut Societies in Israel and USA
Hebrew, Yiddish, English section (Lix p. at end)
465, Lix p. : ill., facsims., maps, ports.; 28 cm.
ZB; SFG (Lantzut); EJ
BL Shelfmark : 01923.cc.28

LANOVTSY [Lanovits; Lanovitz; Lanowce]
E of Lviv; S of Kremenets {UKRAINE}
לנוביץ : ספר זכרון לקדושי לנוביץ
שנספו בשואת הנאצים בשנים 1941-1942
Lanovits : sefer zikaron li-kedoshe Lanovits she-nispu be-Sho'at ha-Na'tsim ba-shanim 1941-1942 [Sefer Lanovits]
Haim Rabin, ed.
Tel Aviv : Irgun 'Ole Lanovits, 1970
Hebrew, Yiddish
440 p. : ill., maps, ports.; 25 cm.
ZB (Lanowce); SFG (Lanovitz)
BL Shelfmark : 01923.cc.109

LASK [Laski; Lusk]
SW of Lodz; E of Zdunska Wola {POLAND}
לאסק : ספר זכרון לעיר ואם בישראל ...
Lask : sefer zikaron le-'ir va-em be-Yisra'el...
[Lask : yizker-bukh un andenk fun di barimte yidishe kehile in Poyln]
Zeev Tzurnamal, ed.
Tel Aviv : Irgun Yots'e Lask be-Yisra'el, 1968
Hebrew, Yiddish, English section (165 p. at end)
737, 165 p. : ill., map, ports.; 24 cm.
ZB; SFG; EJ
BL Shelfmark : 01923.cc.73

LECZYCA [Lechicha; Lecycza; Lenchicha; Lenchitsa; Lentshits; Linshits; Lintchitz; Lintshits; Luntshits; Luntzitz]
NW of Lodz; SE of Kutno {POLAND}
ספר לינטשיץ
Sefer Lintshits [Lintshits a yizker bukh; Leczyca in memory of the Jewish community]
Isaac Yedidiah Frenkel, ed.
Tel Aviv : 'Ole Lintshits be-Yisra'el, 1953
Hebrew
224 p. : ports.; 24 cm.
ZB; SFG (Luntshitz, Luntzitz); EJ
BL Shelfmark : 1986.g.19

LEZAJSK [Lizhensk; Lyzhansk]
NE of Jaroslaw; S of Lublin {POLAND}
ליז'נסק : ספר זכרון לקדושי ליז'נסק
שנספו בשואת הנאצים
Liz'ansk :sefer zikaron li-kedoshe Liz'ansk she-nispu be-Sho'at ha-Na'tsim [Yizker bukh fun di Lizshensker kedoyshim un zeyer kehile]
Haim Rabin, ed.
[Tel Aviv] : Irgun 'Ole Lizansk be-Yisra'el, [1970]
Hebrew, Yiddish
495, [1] p. : ill., facsims., map, ports.; 25 cm.
ZB; SFG (Lizhensk); EJ
BL Shelfmark : 01923.cc.108

LIDA
NE of Grodno; W of Minsk {BELARUS}
ספר לידא
Sefer Lida' [Sepher Lida : the Book of Lida]
Alexander Manor, Isaac Ganusovitch,
Aba Lando, eds.
Tel Aviv : Irgun Yots'e Lida' be-Yisra'el, 1970
Hebrew, Yiddish, English section (xvii p. at end)
438, xvii p. : ill., facsims., maps, ports.; 31 cm.
ZB; SFG; EJ
BL Shelfmark : 01923.ccc.35

LIEPAJA [Liban; Libau; Liboi; Libova]
S of Pavilosta; SW of Riga {LATVIA}
Jews in Liepaja, Latvia 1941-1945 : a memorial book
Edward Anders and Juris Dubrovskis
Burlingame [Ca.] : Anders Press, 2001
English, Russian preface
xi, 199 p. : ill., tables; 29 cm.
SFG (Libau, Liboya, Libova); EJ
BL Shelfmark : ORW.2001.b.32

LIPKANY [Lipcani; Lipkan; Lipkani]
NW of Soroki; SW of Briceny {MOLDOVA}
קהילת ליפקני : ספר זכרון
Kehilat Lipkani : sefer zikaron
Moshe Zilberman-Silon, Yaakov Berger-Tamir, eds.
Tel Aviv : Irgun Yots'e Lipkani be-Yisra'el, 1963
Hebrew, Yiddish
407 p. : ill., facsims., map, ports.; 29 cm.
ZB; SFG (Lipkan); EJ
BL Shelfmark : 01923.cc.13

LIPNISHKI [Lipnishky; Lipnishok; Lipnishuk; Lipniszki]
NE of Lida; NW of Ivye {BELARUS}
ספר זכרון של קהילת ליפנישוק
Sefer zikaron shel kehilat Lipnishok
[Yizker bukh nokh der farnikhteter yidisher kehile Lipnishok]
Avner Levin, ed.
Tel Aviv : Irgun Yots'e Lipnishok be-Yisra'el, 1968
Hebrew, Yiddish
206 p. : ill., map, ports.; 25 cm.
ZB (Lipniszki); SFG (Lipnishuk)
BL Shelfmark : 01923.cc.76

LOKACHI [Lakatch; Lokacze; Lokatch]
NE of Lviv; SE of Vladimir Volynskiy {UKRAINE}
ספר יזכור לקהילת לוקץ (פולין)
Sefer yizkor li-kehilat Lokats (Polin)
[Gedenk bukh far di shtetl Lokatsh; Lokatch (Poland) memorial book]
Eliezer Verba, comp.; Shimon Matlofsky, ed.
Jerusalem, 1993
Hebrew, Yiddish
98, [32] p. : ill., map, ports.; 24 cm.
SFG (Lokatchi)
BL Shelfmark : HEC.1993.a.804

LOMAZY [Lomaz]
S of Biala Podlaska; E of Lukow {POLAND}
ספר לומאז : עיירה בחייה ובכליונה
Sefer Loma'z : 'ayarah be-hayeha uve-khilyonah
[The Lomaz book (Podlasie) : a memorial to the Jewish community of Lomaz; Sefer Loma'z (Podalshyah)]
Simcha Appelbaum; Yitzhak Alperowitz, ed.
Tel Aviv : Irgune Lomaz be-Yisra'el uve-'Artsot ha-Berit, 1994
Hebrew, Yiddish, English section (70 p. at end)
266, 70 p : ill., maps, ports.; 25 cm
SFG (Lomza)
BL Shelfmark : HEC.1998.a.502

LOMZA [Lomze; Lomzha; Lomzhe]
NE of Ostroleka; W of Bialystok {POLAND}
ספר זכרון לקהילת לומזה
Sefer zikaron li-kehilat Lomzah
[Lomze, a yizker bukh; Lomza, in memory of the Jewish community]
Yom-Tov Lewinsky, ed.
Tel Aviv : Irgun 'Ole Lomzah, 1952 = Olei Lomza
Hebrew
ZB; SFG (Lomzha); EJ
x, 377 p. : ill., facsims., maps, ports.; 35 cm.
BL Shelfmark : 1986.c.15

LOSICE [Loshitz; Lositsy]
W of Janow Podlaska; E of Siedlce {POLAND}
לאשיץ : לזכר אן אומגעבראכטער קהילה
Loshits : lezeykher an umgebrakhter kehile
[Losice : in memory of a Jewish community exterminated by the Nazi murderers]
Mordecai Shinar, ed.

Tel Aviv : Farband fun Loshitser Landslayt in Yisroel un in di tfutses, 1963 = Union of the remnants of the Jewish community of Losice
Yiddish, Hebrew
459, [5] p. : facsims., maps, ports.; 25 cm.
ZB; SFG (Loshitz); EJ
BL Shelfmark : 17112.d.15

LUBLIN
SE of Warsaw; W of Chelm {POLAND}

לובלין

Lublin [Lublin volume]
Nachman Blumenthal, Meir Korzen, eds.
Jerusalem : Entsiklopedyah shel galuyot, 1957
Hebrew, Yiddish, English (contents page only)
816 col.,[2] p. : ill., facsims., maps, ports.;
31 cm. – (*Entsiklopedyah shel Galuyot; v.5*)
ZB; SFG; EJ
BL Shelfmark : 1987.f.13/5

LUNINETS [Luniniec; Luninitz; Luninyets]
NE of Pinsk; SW of Slutsk {BELARUS}

יזכור קהילות לוניניץ קוז׳נהורודוק

Yizkor kehilot Luninyets/Koz'anhorodok
[Yizkor (in memoriam) communities of Luniniec/ Kozanhorodok]
Joseph Zeevi, Nahum Hinitz, Asher Plotnik, Haim Rubinraut, eds.
Tel Aviv : Irgun Yots'e Luninyets ve-Koz'anhorodok be-Yisra'el, 1952
Hebrew, Yiddish
268 p. : ill., map, ports.; 25 cm.
ZB (Luniniec); SFG (Luninitz)
BL Shelfmark : 01938.a.3

LUTSK [Luck; Lutzk]
W of Rovno; NE of Lviv {UKRAINE}

ספר לוצק

Sefer Lutsk [Sefer Lutzk]
Nachum Sharon, ed.
Tel Aviv : Irgun Yots'e Lutsk be-Yisra'el, 1961
Hebrew, Yiddish
608, [5] p. : ill., facsims., maps, ports.; 28 cm.
ZB (Luck); SFG (Lutzk); EJ
BL Shelfmark : 01923.cc.12

LVIV [Lemberg; Lvov; L'vov; Lwow]
NE of Komarno; SE of Zhovkva {UKRAINE}

לבוב

Lvov [Lwow volume]
Nathan Michael Gelber, ed.
Jerusalem : Entsiklopedyah shel galuyot, 1956
Hebrew (with German and Polish documents)
772 col. : ill., facsims., maps, , ports.;
31 cm. – (*Entsiklopedyah shel Galuyot; v.4*)
ZB (Lwow); SFG (Lviv, Lemberg); EJ
BL Shelfmark : 1987.f.13/4

LYUBOML [Libivne; Libolma; Liuboml; Luboml; Lubomla]
E of Chelm; W of Kowel {UKRAINE}
Luboml : the memorial book of a vanished shtetl
[Transl. of "Sefer yizkor li-kehilat Luboml", 1975]
Berl Kagan, ed.
Hoboken, N.J. : Ktav Publishing House, 1997
English
xx, 427 p. : ill., facsims., maps, ports.; 29 cm.
SFG; EJ
BL Shelfmark : 98/14239 DSC

MAKOW MAZOWIECKI [Makov]
N of Warsaw; SW of Ostroleka {POLAND}

ספר זכרון לקהילת מאקוב-מזוביצק

Sefer zikaron li-kehilat Makov-Mazovitsk
[Makov-Mazovitsk yizker-bukh]
Isaac Brat, ed.
Tel Aviv : Irgun Yots'e Makov-Mazovyetsk be-Yisra'el uve-Artsot ha-Berit, 1969
Hebrew, Yiddish
505, [9] p. : facsims., map, ports.; 25 cm.
ZB; SFG (Makov); EJ
BL Shelfmark : 01923.cc.80

MARGHITA [Margareten; Margaretten; Marghuta; Margita]
NW of Cluj; SW of Satu Mare {RUMANIA}

ספר יזכור לקהילת מרגרטין והסביבה

Sefer yizkor li-kehilat Margaretin veha-sevivah
[Margaretin; Emlékkönyv Marghitta és Vidéke : zsidóságának sorsa; Margitta zsidósága; Yahadut Margaretin]
Aharon Kleinmann
Jerusalem; Melbourne : Hayim Frank, 1979
Hebrew, Hungarian section
275, 200 p, [32] p. of plates : ill., facsims., map, ports.; 25 cm.
ZB (Margita); EJ
BL Shelfmark : HEC.2002.a.306

MARIJAMPOLE [Kapsukas; Mariampol; Mariampole; Mariyampol]
E of Vilnius; SW of Kaunas {LITHUANIA}
מרימפול על גדות הנהר שישופה (ליטא)
Mariyampol : 'al gedot ha-nahar Sheshupe (Lita)
[Mariyampol, Lita; Mariyampol; Mariampole, Lithuania; Marijample on the river Sheshupe (Lithuania); Mariampol, Lite]
Avraham Tory-Golub, ed.
Tel Aviv : Va'ad sefer Mariyampol, 1983
Hebrew, Yiddish, English section (74 p. at end)
245, 74 p. , [2] folded plates : ill., facsims., ports.; 28 cm.
ZB; SFG (Mariampol); EJ
BL Shelfmark : HEC.2002.a.302

MARKULESHTY [Marculesti; Markuleshti]
NE of Beltsy, S of Soroki {MOLDOVA}
מארקולשטי : יד למושבה יהודית בביסראביה
Markuleshti : yad le-moshavah yehudit be-Besarabyah [Marculeshti, a memorial for the Jewish agricultural colony in Bessarabia]
Leib Kuperstein, Meir Kotic, eds.
Tel Aviv : Irgun Yots'e Markuleshti be-Yisra'el, 1977
Hebrew, Yiddish
571, [2] p. : ill.; 25 cm.
ZB; SFG (Markuleshti); EJ (Marculesti)
BL Shelfmark : HEC.1986.a.1371

MEZHIRICHI [Mezeritch; Mezeritz Gadol; Mezhirech; Mezhiritch; Mezirechye; Mezyrycz Korecki; Miedzyrzec; Yemilchyne]
NE of Lviv, E of Rovno {UKRAINE}
מז׳יריטש גדול בבנינה ובחורבנה
Mez'iritsh gadol be-vinyanah uve-hurbanah [Mezhiritch (Wolyn) in memory of the Jewish community]
Benzion Hayim Ayalon-Baranick, ed.
Tel Aviv : Irgun 'Ole Mez'iritsh be-Yisra'el, 1955 = Irgun Olei Mezhiritch actively assisted by the Landsmanshaft in Winnipeg
Hebrew, Yiddish
442 col., [3] p. : facsims., ports.; 31 cm.
ZB; SFG (Mezeritch, Mezeritz Gadol); EJ (Mezhirech)
BL Shelfmark : 01936.e.18

MICHALOVCE [Michalowitz; Nadimihali; Nagymihaly]
N of Chop; E of Kosice {SLOVAKIA}

ספר מיכאלובצה והסביבה
Sefer Mikhalovtsah veha-sevivah [The Book of Michalovce; Michalovce és Környéke emlékkönyve]
Mordecai Ben-Zeev, ed.
[Tel Aviv] : Va'ad Yots'e Mikhalovtse be-Yisra'el, 1969 = Committee of Michalovce emigrants in Israel
Hebrew, Hungarian, English section (103 p. at end)
240, 64, 103 p. : ill., facsims., map, ports.; 25 cm.
ZB (Nagymihaly); EJ
BL Shelfmark : 01923.cc.81

MIECHOW [Miechov; Miechow Lubelski]
N of Krakow, E of Sosnoviec {POLAND}
ספר יזכור מייכוב כארשניצה וקשוינז׳
Sefer yizkor Myekhov, Karshnitsah u-Kshoinz [Seyfer yizker Myekhov, Karshnitse un Kshoynzsh; Miechov memorial book Charshnitza and Kshoynge]
Nachman Blumenthal, Aviva Ben Azar, eds.
Tel Aviv : Irgun Yots'e Myekhov Karshnitsah u-Kshoinz, 1971
Hebrew, Yiddish, English preface (4 p. at end)
314, [4] p. : ill., ports.; 24 cm.
ZB; SFG (Miechov)
BL Shelfmark : 01923.cc.100

MINSK
N of Mogilev; NE of Pinsk {BELARUS}
מינסק עיר ואם...
Minsk 'ir va-em... [Minsk Jewish mother city, memorial anthology]
David Cohen, res., Shlomo Even-Shoshan, ed.
[Tel Aviv] : Irgun Yots'e Minsk u-venoteha be-Yisra'el; Bet Lohame ha-Geta'ot ve-hotsa'at ha-Kibuts ha-Me'uhad, 1975, 1985
Hebrew
2 v. (692, [4]; 500, [4] p.) : ill., facsims., maps, ports.; 25 cm.
ZB; SFG; EJ
BL Shelfmark : 01923.ccc.51

MIR
SW of Minsk; E of Slonim {BELARUS}
ספר מיר
Sefer Mir [Memorial books : Mir]
Nachman Blumenthal, ed.
Jerusalem : Entsiklopedyah shel galuyot, 1962
Hebrew, Yiddish, English section (62 col. at end)
768, 62 col. : ill., facsims., map, ports.;

LOCALITIES

29 cm. - *(Sifre zikaron li-kehilot ha-golah)*
ZB; SFG; EJ
BL Shelfmark : 01923.ccc.14

MIZOCH [Mizach; Mizocz; Mizotch]
NE of Lviv; E of Dubno {UKRAINE}

מיזוץ : ספר זיכרון

Mizots : sefer zikaron
Asher Ben-Oni, ed.
Tel Aviv : Irgun Yots'e Mizots be-Yisra'el, 1961
Hebrew, Yiddish
293, [27] p. : ill., facsims., ports.; 25 cm.
ZB; SFG (Mizotch)
BL Shelfmark : HEC.2000.a.125

MLAWA [Mlava; Mlave]
N of Warsaw; W of Ostroleka {POLAND}

פנקס מלאווע

Pinkes Mlave
Jacob Shatzki (introd.)
New York : Velt-Farband-Mlaver yidn, 1950
Yiddish
483, 63 p. : ill., facsims., maps, ports.; 26 cm.
ZB; SFG (Mlava); EJ
BL Shelfmark : 17112.d.30

NESVIZH [Neshviz; Niasvizh; Nieswiez; Nishviz]
E of Baranovichi; SW of Minsk {BELARUS}

ספר ניסוויז׳

Sefer Nisviz' [Seyfer Nyesevizsh; Nieswiez Book]
David Sztockfisz, ed.; Shemaryahu Epstein (map)
[Tel Aviv] : Irgune Yots'e Nisviz' be-Yisra'el uva-tefutsot, [1976]
Hebrew, Yiddish
531 p. : ill., facsims., maps, ports.; 34 cm.
ZB (Nieswiez); SFG (Neshviz); EJ
BL Shelfmark : HEC.2002.c.45

NOVOGRAD-VOLYNSKIY [Novogrod Volinsk; Zvihil; Zvil; Zwiahel]
NW of Zhitomir; W of Kiev {UKRAINE}

זוויהיל (נאווארגראדוואלינסק)

Zvhil (Novogrodvolinsk)
[Novogradvolinski; Sefer Zvhil]
Azriel Uri, Mordecai Boneh, eds.
Tel Aviv : ha-Igud ha-Artsi shel Yots'e Zvhil veha-sevivah, 1962
Hebrew, Yiddish
354, [2], 232 p. : ill., maps, ports.; 25 cm.

ZB; SFG (Zvil)
BL Shelfmark : 01923.cc.57

NOVOGRUDOK [Navahrudak; Novaredok; Novohorodek; Novradok; Nowogrodek]
N of Baranovichi; SW of Minsk {BELARUS}

פנקס נאווארעדאק

Pinkes Novaredok [Pinkas Navaredok - memorial book]
Eliezer Yerushalmi and others, eds.
[Tel Aviv] : Relif Komitet 'al shem Aleksander Harkavi be-Artsot ha-Berit ve-'al -yede Irgun Yots'e Novaredok be-Yisra'el, 1963 = Alexander Harkavy Navaredker Relief Committee in USA and Navaredker Committee in Israel
Yiddish, Hebrew
419, [3] p. : ill., facsims., maps, ports.; 28 cm.
ZB (Nowogrodek); SFG (Novradok); EJ
BL Shelfmark : HEC.2000.a.117

NOWY DWOR [Novi-Dvor; Novy-Dvor; Nowy Dwor Mazowiecki]
NW of Warsaw; E of Plock {POLAND}

פנקס נובי-דבור

Pinkas Novi-Dvor [Pinkas Novy-Dvor]
Aryeh Shamri, Dov Berish First, eds.
Tel Aviv : Irgun Yots'e Novi-Dvor be-Yisra'el ve-Irgune Yots'e Novi-Dvor be-Artsot ha-Berit, Kanadah, Argentinah, Urugvai ve-Tsarfat, 1965 = Organizations of Former Novy-Dvor Jews in Israel, United States, Canada, Argentina, Uruguay and France
Hebrew, Yiddish, English summary (17 p. at end)
556, xix p. : ill., facsims., ports.; 28 cm.
ZB; SFG (Novi-Dvor); EJ (Nowy Dwor Mazowiecki)
BL Shelfmark : 01923.ccc.4

NOWY SACZ [Naysants; Neisantz; Neu Sandec; Sandz; Sanz; Tzanz; Zanz]
SE of Krakow; W of Gorlice {POLAND}

ספר סאנץ

Seyfer Sants [Sepher Sandz : The Book of the Jewish community of Nowy Sacz]
Raphael Mahler, ed.
New York; Tel Aviv : Irgun Yots'e Sants be-Nyu-York, 1970 = Sandzer Society
Yiddish (chiefly); Hebrew
886 p. : ill., facsims., map, ports.; 24 cm.
ZB; SFG (Sanz); EJ
BL Shelfmark : 01923.cc.87

OPATOW [Apt; Apta; Opatov]
NW to Sandomierz; E of Kielce {POLAND}
אפט (אופאטוב) : ספר זכרון לעיר ואם בישראל אשר היתה ואיננה עוד
Apt (Opatov) ; sefer zikaron la-'ir va-em be-Yisra'el asher hayetah ve-enenah 'od [Apt, a town which does not exist any more; Sefer Apta]
Zvi Yasheev, ed.
Tel Aviv : Yots'e Apt be-Yisra'el, Artsot ha-Berit, Kanadah, Brazil..., 1966
Hebrew, Yiddish, English section (20 p. at end)
441, [3], 20 p. : ill., facsims., map, ports.; 33 cm.
ZB; EJ
BL Shelfmark : HEC.1999.c.14

OPOCZNO [Opochno; Opotchna]
SE of Lodz; W of Radom {POLAND}
ספר אופוצ׳נה : יד ושם לקהילה שחרבה
Sefer Opots`nah : yad va-shem li-kehilah she-harvah [Toldot yehude Opotsnah]
Itzhak Alfasi, ed.
Tel Aviv : Irgun Yots'e Opotsnah veha-sevivah, 1989
Hebrew, Yiddish, English chapter (p.2-16 at end)
394, 21 p. : ill., facsims., map, ports.; 24 cm.
ZB; SFG (Opotchna); EJ
BL Shelfmark : HEC.1996.a.109

OSTROG [Ostra; Ostraha; Ostrow]
NE of Lviv; SE of Rovno {UKRAINE}
אוסטראה
Ostrah [Megilat Polin]
Judah Loeb Levin, comp. and ed.
Jerusalem; Tel Aviv : Yad Yahadut Polin, 1966
Hebrew
111 p. : ill., facsims., map, ports.; 25 cm. - (*Sidrat Kehilot Yisra'el; 1*)
ZB; SFG (Ostraha); EJ
BL Shelfmark : 01923.cc.43

OSTROG [Ostra; Ostraha; Ostrow]
NE of Lviv; SE of Rovno {UKRAINE}
פנקס אוסטראה : ספר זיכרון לקהילת אוסטראה
Pinkas Ostrah : sefer zikaron li-kehilat Ostrah [Ostrog (Wolyn) in memory of the Jewish community; Pinkes Ostrah, a yizker bukh]
Benzion Hayim Ayalon-Baranick, ed.
Tel Aviv : Irgun 'Ole Ostrah be-Yisra'el, 1960
Hebrew, Yiddish
640 col. : ill., facsims., map, ports.; 30 cm.
ZB; SFG (Ostraha); EJ
BL Shelfmark : 01923.cc.11

OSTROLEKA [Ostrolenka]
E of Mlawa; W of Bialystok {POLAND}
ספר קהילת אוסטרולנקה
Sefer kehilat Ostrolenkah [Bukh fun Ostrolenker kehile; Book of kehilat Ostrolenka; Yizkor Book of the Jewish community of Ostrolenka]
Isaac Ivri, ed.
Tel Aviv : Irgun Yots'e Ostrolenkah be-Yisra'el, 1963
Hebrew, Yiddish
579, [1] p. : ill., facsims., map, ports.; 28 cm.
ZB; SFG (Ostrolenka); EJ
BL Shelfmark : 01923.cc.9

OSTROW-MAZOWIECKA [Ostrov; Ostrova; Ostrov Lomzinsky; Ostrow Mazowiecki]
NE of Warsaw; SW of Bialystok {POLAND}
אוסטרוב מאזובייצק
Ostrov Mazovyetsk
Judah Loeb Levin, comp. and ed.
Jerusalem; Tel Aviv : Yad Yahadut Polin, 1966
Hebrew
164 p. : ill., ports.; 25 cm. – (*Sidrat kehilot Yisrael; 2*)
ZB; SFG (Ostrov); EJ
BL Shelfmark : 01923.cc.44

OSTROW-MAZOWIECKA [Ostrov; Ostrova; Ostrov-Lomzinsky; Ostrow Mazowiecki]
NE of Warsaw; SW of Bialystok {POLAND}
ספר-הזכרון לקהלת אוסטרוב-מזוביצק
Sefer ha-zikaron li-kehilat Ostrov-Mazovyetsk [Yizker-bukh fun der yidisher kehile in Ostrov-Mazovyetsk]
Aryeh Margalit, ed-in -chief; Abba Gordin, ed. (Hebrew section); Mendl Gelbart, ed. (Yiddish section)
Tel Aviv : Irgun 'Ole Ostrov-Mazovyetsk be-Yisra'el, 1960 = Ostrover Landsmanshaft in Amerike
Hebrew, Yiddish
653, [2] p. : ill., facsims., map, ports.; 25 cm.
ZB; SFG (Ostrov); EJ
BL Shelfmark : 17112.d.14

OSWIECIM [Auschwitz; Oshpetzin; Oshpitsin; Oshvitsin; Oshvitzin; Oshvyentsim; Ospinzi]
W of Krakow; SE of Katowice {POLAND}

ספר אושפיצין : אשוויינצ׳ים - אושוויץ
Sefer Oshpitsin : Oshviyentsim-Oshvits
[Oswiecim – Auschwitz : memorial book]
Hayim Wolnerman, Aviezer Bursztyn,
Meir Shimon Geshuri, eds.
Jerusalem : Irgun Yots'e Oshpitsin be-Yisra'el,
1977 = Irgun Yotzey Oswiecim, Israel
Hebrew (chiefly), Yiddish, English title page
622, [3] p. [32] p. of plates : ill., facsims., maps,
ports.; 24 cm.
ZB; SFG (Auschwitz); EJ (Auschwitz)
BL Shelfmark : HEC.2002.a.307

OTWOCK [Oshvotsk; Otovosk; Otvock; Otvosk; Ushvotsk]
SE and close to Warsaw {POLAND}

יזכר-בוך צו פאראייביקן דעם אנדענק פון די
חורב-געוואטרענע יידישע קהילות אטוואצק,
קארטשעוו

Yizker-bukh tsu fareybikn dem andek fun di horev-gevorene yidishe kehiles Otvotsk, Kartshev
[Sefer Otvotsk, Kartse'v; Sefer zikaron Otvotsk, Kartse'v; Yizkor book in memory of Otvozk and Kartshev]
Shimon Kanc, ed.
Tel Aviv : Irgun Yots'e Otvotsk be-Yisra'el, 1968 = Irgun Yotz'e Otvozk-Kartshev
Yiddish (chiefly), Hebrew
1088 col. : ill., facsims., map, ports.; 29 cm.
ZB; SFG (Otvosk); EJ
BL Shelfmark : HEC.2002.c.11

OZERNYANY [Jezierzany; Ozereiiany; Oziran; Uziran; Yezerzani]
S of Chortkov; SE of Lviv {UKRAINE}

ספר אוזיראן והסביבה

Sefer Ozyeran veha-sevivah
[Memorial book Jezierzany and surroundings]
Mordecai Anshel Tenenblatt, ed.
Jerusalem : Entsiklopedyah shel galuyot, 1959
Hebrew (chiefly), Yiddish
498, [2] col. : ill., map, ports.; 29 cm. - *(Sifre zikaron li-kehilot ha-golah)*
ZB; SFG (Uziran)
BL Shelfmark : 01923.ccc.18

OZORKOW [Ozarkov; Ozorkov]
N of Lodz; S of Kutno {POLAND}

אוזרקוב

Ozarkov [Megilat Polin]
Judah Loeb Levin, comp.
Jerusalem; Tel Aviv : Yad Yahadut Polin, 1967
Hebrew
128 p. : facsims., ports.; 25 cm. –
(Sidrat Kehilot Yisra'el; 3)
ZB; SFG (Ozorkov); EJ
BL Shelfmark : 01923.cc.45

PABIANICE [Pabnitz; Pabyanitse]
SW of Lodz; close to Zdunska Wola {POLAND}

ספר פביאניץ יזכור-בוך פון דער
פארפייניקטער קהילה

Seyfer Pabyanits : yizker-bukh fun der farpaynikter kehile
A. Wolf Jasny, ed.
Tel Aviv : Irgun Yots'e Pabyanits be-Yisra'el, 1956
Yiddish
419, [4] p. : ill., facsims., map, ports.; 25 cm.
ZB; SFG (Pabnitz); EJ
BL Shelfmark : 17112.d.2; 17112.d.29 [2 C]

PAKS [Pax an der Donau]
NE of Bonyhad; S of Budapest {HUNGARY}

מזכרת פאקש : דברי ימי הקהלה הקדושה
מיום הוסדה עד חורבנה

Mazkeret Paks : divre yeme ha-kehilah ha-kedoshah mi-yom hivasdah 'ad hurbanah
Simhah Bunam David Sofer, ed.
Jerusalem, 1962- [1972/73]
Hebrew
158 p. : ill., facsims.; 23 cm.
ZB; EJ
BL Shelfmark : 01923.cc.1 *[v.1 only : 1720-1886; wanting v.2-3]*

PIASKI [Peski; Piesk; Mosty]
N of Volkovysk; SE of Grodno {BELARUS}

פיעסק ומוסט ספר יזכור

Pyesk u-Most sefer yizkor [Pyesk un Most yizker-bukh; Piesk and Most a memorial book; Sefer yizkor Pyesk u-Most]
Judah Borowski and others, eds.
[Tel Aviv] : Irgun Yots'e Pyesk u-Most be-Yisra'el uva-tefutsot, 1975 = Piesk and Most Societies
Hebrew, Yiddish, English section (52 p. at end)
588, [86], 52 p. : ill., facsims., maps, ports.; 29 cm.
ZB; SFG (Piesk)
BL Shelfmark : 01926.aa.8

PINCZOW [Pinchev; Pinchov; Pintchew; Pintchov]

NE of Krakow; S of Kielce {POLAND}

ספר זכרון לקהילת פינצ׳ב

Sefer-zikaron li-kehilat Pints'ev
[In Pintshev togt shoyn nisht ; A book of memory of the Jewish community of Pinczow; Seifer Zycaron lekehilath Pintchew]
Mordecai Shinar, ed.; Asher Bar Tana, ed. and transl. (Hebrew section)
Tel Aviv : Irgun Yots'e Pintsev be-Yisra'el uva-tefutsot, 1970 = Union of the Remnants of the Jewish community of Pinczow
Hebrew, Yiddish (chiefly)
490 p. : ill., map, ports.; 25 cm.
ZB; SFG (Pintchov); EJ
BL Shelfmark : 17112.d.6

PINSK
SW of Minsk; E of Brest {BELARUS}

פינסק : ספר עדות וזכרון לקהילת פינסק-קארלין

Pinsk : sefer 'edut ve-zikaron li-kehilat Pinsk-Karlin [Pinsk]
Wolf Zeev Rabinowitsch, ed. (v.1-2);
Nahman Tamir, ed. (v.3)
Tel Aviv; Haifa : Irgun Yots'e Pinsk-Karlin bi-medinat Yisra'el, 1966-1977 = Association of the Jews of Pinsk in Israel
Hebrew, Yiddish, English sections (v.1, pt.1, 112 p. at end; v.1, pt.2, 146 p. at end)
3 v. : ill., facsims., maps, ports., tables; 28 cm.
ZB; SFG; EJ
BL Shelfmark : 01923.ccc.40

PINSK
SW of Minsk; E of Brest {BELARUS}

טויזנט יאר פינסק...

Toyznt yor Pinsk...
Benzion Hoffman, ed.
New York : Pinsker Brentsh 210, Arbeter Ring 1941
Yiddish
xv, 500 p. : ill., facsims., maps, ports.; 29 cm.
ZB; SFG; EJ
BL Shelfmark : 17111.c.13

PIOTRKOW TRYBUNALSKI [Petrikov; Piotrkow]
S of Lodz; close to Belchatow {POLAND}

פיוטרקוב טריבונלסקי והסביבה : ספר זכרון...

Pyotrkov Tribunalski veha-sevivah : sefer zikaron [Pyotrkov Tribunalski un umgegent : yizker-bukh; Pyotrkov Tribunalksi sefer ha-yizkor]
Yaacov Maltz, Naphtali Lau-Lavie, eds.
[Tel Aviv] : Va'ad Ma'arekhet shel ha-sefer she-leyad Irgun Yots'e Pyotrkov be-Yisra'el, [1965]
Hebrew, Yiddish
1192 col. : ill., facsims., maps, ports.; 34 cm.
ZB; SFG (Petrikov); EJ (Piotrkow)
BL Shelfmark : 01923.ccc.7

PLOCK [Plotsk; Plotzk]
NW of Warsaw; S to Bielsk {POLAND}

פלוצק : תולדות קהילה עתיקת-יומין בפולין

Plotsk : toldot kehilah 'atikat-yomin be-Folin
[Plotzk : a history of an ancient Jewish community in Poland]
Eliyahu Eisenberg, ed.
Tel Aviv : Hotsa'at ha-Menorah; ha-Va'ad ha-'Olami le-hotsa'at Sefer Zikaron li-kehilat Plotsk [ve]Irgun Yots'e Plotsk be-Yisra'el, 1967 = World Committee for the Plotzk memorial book [and] Plotzker Association in Israel
Hebrew, Yiddish, English section (96 p. at end)
684, 96 p. : ill., facsims., maps, ports.; 31 cm.
ZB; SFG (Plotzk); EJ
BL Shelfmark : 01923.ccc.10

PLOCK [Plotsk; Plotzk]
NW of Warsaw; S and close to Bielsk {POLAND}

יידן אין פלאצק

Yidn in Plotsk [Jews in Plotzk]
Sol Greenspan, comp.
New York, 1960
Yiddish
325, [3] p. : ports.; 24 cm.
ZB; SFG (Plotzk); EJ
BL Shelfmark : 17112.d.4

PRUSZKOW [Prushkov]
NE of Grodzisk; SW of Warsaw {POLAND}

ספר פרושקוב, נדז׳ין והסביבה

Sefer Prushkov, Nadz'in veha-sevivah
[Sefer Pruszkow]
David Brodski, ed.
[Tel Aviv] : Irgun Yots'e Prushkov be-Yisra'el, 1966
Hebrew, Yiddish
334 p. : ill., facsims., map, ports.; 25 cm.
ZB; SFG (Prushkov)
BL Shelfmark : 01926.a.172

LOCALITIES

PRZASNYSZ [Praschnitz; Prashnitz; Prasnysz; Proshnitz]
N of Warsaw; SE of Mlawa {POLAND}
ספר זכרון, קהילת פרושניץ
Sefer zikaron, kehilat Proshnits [Yizker-bukh Proshnits; Memorial book to the community of Proshnitz]
Shlomo Bachrach, ed.
[Tel Aviv] : Irgun Yots'e Proshnits be-Yisra'el, 1974 = Proshnitz Landsmanshaft in Israel
Hebrew, Yiddish, English introd. (p.259-273)
273, [1] p. : ill., facsims., ports.; 28 cm.
ZB; SFG (Prashnitz)
BL Shelfmark : 01923.ccc.36

PRZEDECZ [Pesheysh; Pshaych; Pshayts; Pshech; Pshedech; Pshedesh; Pshedetz]
NW of Lodz; close to Wloclawek {POLAND}
ספר יזכור לקדושי עיר פשיטש : קורבנות השואה
Sefer yizkor li-kedoshe 'ir Pashyatsh : korbenot ha-Shoah [Peshedts sefer yizkor; Przedecz memorial book]
Moshe Bilavski and others, eds.
Tel Aviv : Irgun Yots'e 'ir Peshedts ba-arets uva-tefutsot, 1974
Hebrew, Yiddish
400 p. : ill., facsims., map, ports.; 25 cm.
ZB
BL Shelfmark : HEC.2000.a.120

PRZEMYSL [Premishla; Prezhemisel; Pshemishel; Pshemishl]
S of Jaroslaw; E of Nowy Sacz {POLAND}
ספר פשמישל
Sefer Pshemishel [Przemysl memorial book; Seyfer Pshemishl]
Arie Menczer, ed.; David Sztockfisz (Yiddish ed.)
[Tel Aviv] : Irgun Yots'e Pshemishl be-Yisra'el, 1964
Hebrew, Yiddish
xvi, 552 p. : ill., facsims., maps, ports.; 25 cm.
ZB; SFG (Pshemishel); EJ
BL Shelfmark : 01923.c.9

PRZYTYK [Pshitik; Pshitkhl]
S of Warsaw; close to Radom {POLAND}
ספר פשיטיק : מצבת-זכרון לקהילה יהודית...
Sefer Pshitik : matsevet-zikaron li-kehilah yehudit ...[A matseyve far a yidisher kehileh; Pshitik : a memorial to the Jewish community of Pshitik; Yizker-bukh "Seyfer Pshitik"; Sefer zikaron Pshitik]
David Szstockfisz, ed.; Mendel Honig (English foreword)
Tel Aviv : Yots'e Pshitik be-Yisra'el, Tsarfat ve-Artsot ha-Berit, 1973 = Irgun Yozei Pshitik in Israel and with the help of Pshitik landslait in the United States of America and others over the world
Hebrew, Yiddish, English foreword (3 p.)
7, 461 p. : ill., facsims., ports.; 25 cm
ZB; SFG (Pshitik); EJ
BL Shelfmark : HEC.2002.a.308

PULTUSK [Poltosk; Pultosk]
N of Warsaw; SE of Ciechanow {POLAND}
פולטוסק : ספר זכרון
Pultusk : sefer zikaron [Pultusk Sefer Zicaron]
Isaac Ivri, ed.
Tel Aviv : Irgun Yots'e Pultusk be-Yisra'el, 1971
Hebrew, Yiddish
15, 683 p. : ill., facsims., map, ports.; 28 cm.
ZB; SFG (Pultosk); EJ
BL Shelfmark : 01923.ccc.53

RACIAZ [Racionz; Ratziondzh; Rotshonz]
NW of Warsaw; SE of Sierpc {POLAND}
גלעד לקהילת רציונז׳
Gal'ed li-kehilat Ratsyonz [Gal-Ed, memorial book to the community of Racionz]
Ephraim Zoref, ed.
Tel Aviv : Hotsa'at ha-Irgun shel 'Ole Ratsyonz 1965
Hebrew, Yiddish, English section (47 p.at end)
446, [4], 47 p. : facsims., ports.; 25 cm.
ZB; SFG (Ratziondzh)
BL Shelfmark : 01926.a.168

RADEKHOV [Radechov; Radehiv; Radehov; Radziechow]
SE of Sokal; NW of Brody {UKRAINE}
ספר זכרון לקהילות ראדיחוב, לופאטין, ויטקוב נובי, חולויוב, טופורוב, סטניסלבטשיק סטרמילטש, שטרוויץ, והכפרים אובין, בארילוב, וליצה-ויגודה, סקרילוב, זאוויטש, מיקאלאיוב, דמיטרוב, סינקוב ועוד
Sefer zikaron li-kehilot Radihov, Lopatin, Vitkov Novi, Holoyov, Toporov, Stanislavtshik, Staromiletsh, Shtrovits, veha-kefarim Ovin, Barilov, Volitsah-Vigodah, Skrilov, Zavitsh,

LOCALITIES

Mikolayov, Demitrov, Sinkov ve-'od
Getzel Kressel, ed.
Tel Aviv : Irgun Yots'e ha-yishuvim dele-'ayil be-Yisra'el uve-huts la-arets, 1976
Hebrew, Yiddish
666 p. : ill., facsims., maps, ports.; 25 cm.
ZB; SFG (Radzichov)
BL Shelfmark : 01926.a.174

RADOM [Rodem]
NW of Lublin; S of Warsaw {POLAND}

ראדום

Radom [Radom : a memorial to the Jewish community of Radom (Poland)]
Abraham Samuel Stein, ed.
[Tel Aviv] : Hotsa'at Irgune Yots'e Radom be-Yisra'el uva-tefutsot, 1961 = Irgun Yotzei Radom in Israel and United Radomer Relief for US & Canada
Hebrew
346, Lxxviii, [16] p. : ports.; 31 cm.
ZB; SFG; EJ
BL Shelfmark : 01923.cc.16

RADOM [Rodem]
NW of Lublin; S of Warsaw {POLAND}

ספר ראדאם

Seyfer Radom [Radom]
Isaac Perlow, ed.
Tel Aviv : Irgune Yots'e Radom be-Yisra'el uva-tefutsot, 1961
Yiddish
451, [23] p. : ill., ports.; 32 cm.
ZB; SFG; EJ
BL Shelfmark : 17112.d.5

RADOMSKO [Naya Radomsk; Nowo Radomsko; Radomsk]
S of Lodz; W of Kielce {POLAND}

ספר-יזכור לקהילת ראדומסק והסביבה

Sefer-yizkor li-kehilat Radomsk veha-sevivah
Leiber Losh, ed.
Tel Aviv : Irgun Yots'e Radomsk be-Yisra'el be-shituf 'im ha-Irgunim shel Nyu-York ve-Los Ang`eles ve-shel Argentinah, 1967
Hebrew, Yiddish
603, [1] p. : ill., facsims., maps, ports.; 32 cm.
ZB; SFG (Radomsk); EJ
BL Shelfmark : 01923.ccc.28

RADOMYSL WIELKI [Radomishel; Radomishl; Radomishla; Radomishle]
NE of Tarnow; E of Krakow {POLAND}

רדומישל רבתי והסביבה : ספר זכרון

Radomishel Rabati veha-sevivah : sefer zikaron
[Groys Radomishl un svive : yizker-bukh; Radomysl Wielki and neighbourhood memorial book]
Hillel Harshoshanim ed. (Hebrew section); Isaac Turkow-Grudberg, ed. (Yiddish section)
Tel Aviv : Irgun Yots'e Radomishl veha-sevivah be-Yisra'el, 1971 = Committee of the Townsmen of Radomysl and area in Israel
Hebrew, Yiddish, English section (p. iv-liii)
1065 col., liii p. : ill., facsims., map, ports.; 31 cm.
ZB; SFG (Radomishel)
BL Shelfmark : 01923.ccc.55

RADOSHKOVICHI [Radoshkovitz; Radoshkowitz; Radoszkowice]
NW of Minsk; E of Volozhin {BELARUS}

רדושקוביץ : ספר זכרון

Radoshkovits : sefer zikaron
[Radoshkowitz : a memorial to the Jewish community]
Marcus Rabinson, Israel Rubin, Bezaleel Isaacsohn, eds.
[Tel Aviv] : Irgun Yots'e Radoshkovits be-Yisra'el, 1953
Hebrew
222, [1] p. : ports.; 23 cm.
ZB; SFG (Radoshkovitz); EJ
BL Shelfmark : 1986.g.20

RATNO [Ratne; Rotno]
NE of Lviv; N and close to Kovel {UKRAINE}

רטנה : ספורה של קהילה יהודית שהושמדה

Ratnah : sipurah shel kehilah yehudit she-hushmedah
Nahman Tamir, ed.
Tel Aviv : Irgun Yots'e Ratnah be-Yisra'el, 1983
Hebrew
331 p. : ill., facsims., map, ports.; 25 cm.
ZB; SFG (Rotno)
BL Shelfmark : HEC.1986.a. 3124;
   HEC.1996.a.108 [2 C]

RATNO [Ratne; Rotno]
NE of Lviv; N and close to Kovel {UKRAINE}

יזכור-בוך ראטנע : דאס לעבן און דער אומקום
פון א יידישע שטעטל אין וואלין

LOCALITIES

Yizker-bukh Ratne : dos lebn un der umkum fun a yidishe shtetl in Volin [Ratne : libro en homenaje a nuestros hermanos masacrados per la barbarie Nazi en nuestro pueblo natal]
Jacobo Botoshansky, Itzhak Yanasowicz, eds.
Buenos Aires : Ratner Landslayit farraynen in Argentine un Nord-Amerike, 1954 = Sociedad Residentes de Ratne y alrededores en la Argentina
Yiddish
806, [3] p. : ports.; 28 cm.
ZB; SFG (Rotno)
BL Shelfmark : 17112.d.19

RAVA RUSSKAYA [Rava; Rava Ruska; Rawa-Ruska]
NW of Lviv; SW of Belz {UKRAINE}

ספר זכרון לקהילת ראווא־רוסקה והסביבה

Sefer zikaron li-kehilat Ravah-Ruskah veha-sevivah [Yizker-bukh Rava-Ruska un umgebung; Rawa-Ruska : memorial book]
Abraham Mordecai Ringel, Joseph Zvi Rubin, eds.
Tel Aviv : Irgun Yots'e Ravah-Ruskah veha-sevivah be-Yisra'el, 1973 = Rawa Ruska Organization in Israel
Hebrew, Yiddish, English foreword (1 p. at end)
468, [2] p. : ill., facsims., maps, ports.; 31 cm.
ZB; SFG (Rava)
BL Shelfmark : 01923.ccc.54

REMBERTOW [Rembertov]
E of Warsaw {POLAND}

ספר זכרון לקהילות רמברטוב, אוקוניב, מילוסנה

Sefer zikaron li-kehilot Rembertov, Okuniv, Milosnah [Yizker-bukh tsum fareybikn dem andenk fun di horev-gevorene idishe kehiles Rembertov, Okunyev, Milosne; Yizkor-Book in memory of Rembertov, Okuniev, Milosna; Sefer zikaron Rembertov]
Shimon Kanc, Shlomoh Shidlovski, eds.
Tel Aviv : Irgun Yots'e Rembertov, Okuniv u-Mislonah be-Yisra'el, Artsot ha-Berit…,1974
Hebrew, Yiddish
465, [2] p. : ill., map, ports.; 24 cm.
ZB; SFG (Rembertov)
BL Shelfmark : HEC.2002.a.293

RIETEVAS [Ritavas; Riteva; Riteve; Ritova]
NW of Kaunas; E of Memel {LITHUANIA}
A Yizkor Book to Riteve a Jewish shtetl in Lithuania
Alter Levite; Dina Porat and Roni Stauber, rev.ed.
Cape Town : Kaplan-Kushlick Foundation, 2000
English
207 p. : ill., maps, photos, ports.; 26 cm.
SFG (Riteva)
BL Shelfmark : ORW.2001.a.127

ROGATIN [Rohatin; Rohatyn; Rotin]
N of Burshtyn; SE of Lviv {UKRAINE}

קהילת רוהאטין והסביבה : עיר בחייה ובכליונה

Kehilat Rohatin veha-sevivah : 'ir be-hayeha uve-khilyonah [The Rohatyn Jewish community : a town that perished; Rohatin veha-sevivah]
Mordecai Amitai, chief ed., David Sztockfisz, ed. (Yiddish section), Shemuel Beeri, ed. (English section)
[Tel Aviv] : Irgun Yots'e Rohatin be-Yisra'el, 1962 = Rohatyn Association of Israel
Hebrew, Yiddish, English section (62 p.at end)
362, [13], 62 p. : ill., facsims., ports.; 24 cm.
ZB; SFG (Rohatin); EJ
BL Shelfmark : 01923.c.4

ROKISKIS [Rakishik; Rakishok; Rokishuk]
NE of Vilnius; E of Siauliai {LITHUANIA}

יזכור־בוך פון ראקישאק און אומגעגנט

Yizker-bukh fun Rakishok un umgegnt [Yizkor Book of Rakishok and environs]
Meilech Bakalczuk-Felin, ed.
Johannesburg : Rakisher Landsmanshaft in Yohanesburg, Dorem Afrike, 1952
Yiddish, English preface (p.iii-iv) and contents pages (p.v-vi)
626, vi, p. : ill., facsims., ports.; 26 cm.
ZB; SFG (Rokishuk); EJ
BL Shelfmark : 17112.d.28; 4515.ff.23 [2 C]

ROVNO [Rivne; Rovne; Rowne; Rowno]
NE of Lviv; E of Zhitomir {UKRAINE}

רובנה : ספר זכרון

Rovnah : sefer zikaron [Rowno : a memorial to the Jewish community of Rowno, Wolyn]
Aryeh Avatihi, ed.
[Tel Aviv] : Hotsa'at "Yalkut Volin"; Irgun Yots'e Rovnah be-Yisra'el, 1956
Hebrew
591, [1] p. : ill., map, ports.; 24 cm.
ZB; SFG; EJ
BL Shelfmark : 1985.bb.11

ROZWADOW [Rozvadov]
NW of Jaroslaw; SW of Lublin {POLAND}
ספר יזכור רוזוואדוב והסביבה
Sefer yizkor Rozvadov veha-sevivah [Rozwadow memorial book; Seyfer yizkor Rozvadov un umgegnt]
Nachman Blumenthal, ed.; Eliezer Reich (English section)
Jerusalem : Yad Vashem; Irgun Yots'e Rozvadov be-Yisra'el, 1968
Hebrew, Yiddish, English section (xix p. at end)
349, xix p. : ill., ports.; 31 cm.
ZB; SFG (Rozvadov); EJ
BL Shelfmark : 01923.ccc.59

RUBEZHEVICHI [Rubeziewicz; Rubiezewicze; Rubiz'evits; Rubizhevitch]
SW of Minsk; W of Koidanov {BELARUS}
ספר רוביזביץ, דרבנה והסביבה
Sefer Rubizevits, Derevnah veha-sevivah [Rubiezewicze and surroundings Book; Yizker-bukh : Robizshevitsh, Derevne un sviveh; Sefer zikaron Rubizevits, Derevnah veha-sevivah]
David Sztockfisz, ed.
Tel Aviv : Defus "Arzi", 1968
Hebrew, Yiddish
422, [1] p. : ill., facsims., maps, ports.; 24 cm.
ZB; SFG (Rubizhevitch)
BL Shelfmark : 01923.cc.78

RUSCOVA [Riskeve; Riskive; Ruskova; Visóoroszi]
N of Viseul de Sus; SE of Sight {RUMANIA}
ספר לזכרון קדושי רוסקובה וזובלס מחוז מרמרוש
Sefer le-zikhron kedoshe Ruskovah ve-Zoblas mehoz Marmarosh [Kedoshe Ruskovah]
Y.Z. Moskowitz, ed.
Tel Aviv : Irgun Yots'e Kehilot Ruskovah ve-Zoblas be-Yisra'el uva-tefutsot, 1969
Hebrew, Yiddish
128 p. : ill., facsims., ports.; 25 cm.
ZB
BL Shelfmark : 01923.cc.77

RUZHANY [Rozana; Rozhanoy; Rozhinoy]
NW of Pinsk; S of Volkovysk {BELARUS}
רוז׳ינוי : ספר זכרון לקהילת רוז׳ינוי והסביבה
Roz'inoi : sefer zikaron li-kehilat Roz'inoi veha-sevivah [Rozana : a memorial to the Jewish community; Rozshinoy : a yizker bukh nokh der umgekumener Rozshinayer kehile]
Meir Segev, comp.and ed.
[Tel Aviv] : Irgun Yots'e Roz'inoi be-Yisra'el, 1957
Hebrew, Yiddish
232 p. : ill., map, ports.; 25 cm.
ZB; SFG; EJ
BL Shelfmark : 01923.cc.49

RYPIN [Ripin]
NW of Warsaw; W of Szrensk {POLAND}
ספר ריפין
Sefer Ripin
[Ripin : a memorial to the Jewish community of Ripin, Poland; Memorial book Rypin; Sefer Ripin le-hantsahat ha-kehilah]
Shimon Kanc, ed.
Tel Aviv : Irgun Yots'e Ripin be-Yisra'el, uva-tefutsot, 1962
Hebrew, Yiddish, English section (50 p. at end)
942 col., [6], 51, [2] p. : ill., facsims., map, ports.; 29 cm.
ZB; SFG (Ripin); EJ
BL Shelfmark : 01923.cc.19

RZESZOW [Raysha; Reisha; Risha; Zhezhov]
E of Krakow; W of Jaroslaw {POLAND}
קהילת רישא : ספר זכרון
Kehilat Resha : sefer zikaron [Rzeszow Jews : memorial book; Resha seyfer zikorn; Sefer kehilat Resha]
Moshe Yaari-Wald, ed.
Tel Aviv : Irgune vene Reisha be-Yisra'el uve-Artsot ha-Berit, 1967 = Rzeszower Societies in Israel and USA
Hebrew, Yiddish, English section (142 p. at end)
620, [2], 142 p. : ill., facsims., map, ports.; 30 cm.
ZB; SFG (Reisha); EJ
BL Shelfmark : 01923.ccc.30

SAHY [Ipolyság; Ipolyszög; Ipoysag]
NE of Komarno; E of Bratislava {SLOVAKIA}
נר תמיד לזכר יהדות איפוישאג והסביבה
Ner tamid le-zekher yahadut Ipoishag veha-sevivah [Örökmécses : Sahy-Ipoolyság és környéke]
A. Ascher, Y. Gidron, eds.
Naharyah, 1994
Hebrew, Hungarian
146, 212 p. : ill., facsims., maps, ports.; 25 cm.
BL Shelfmark : HEC.1994.a.238

SANDOMIERZ [Sandomir; Tsoyzmir; Tsuzmir; Tzoyzmir]
SW of Lublin; close to Staszow {POLAND}
עת אזכרה : ספר קהילת צויזמיר (סאנדומייז׳)
'Et ezkerah : sefer kehilat Tsoizmir (Sandomyez')
[Eth Ezkera, whenever I remember : memorial book of the Jewish community in Tzoyzmir (Sandomierz)]
Eva Feldenkreiz-Grinbal, comp. & ed.; Levi Dror, Joseph Rav, eds.
Tel Aviv : Irgun Yots'e Tsoizmir be-Yisra'el [ve]Moreshet, Bet 'Edut 'al shem Mordekhai Anilevits, 1993
Hebrew, Yiddish, English preface (p.539-586)
586 p. : ill., facsims., maps, ports.; 25 cm.
EJ
BL Shelfmark : HEC.1999.a.369

SANOK [Sanuk; Sonik]
SW of Przemysl; E of Nowy Sacz {POLAND}
סאנוק : ספר זכרון לקהילת סאנוק והסביבה
Sanok : sefer zikaron li-kehilat Sanok veha-sevivah [Sanok]
Elazar Sharvit, ed.
[Jerusalem] : Irgun Yots'e Sanok veha-sevivah be-Yisra'el, [1970]
Hebrew, Yiddish
12, 686 p. : ill., facsims., ports. ; 25 cm.
ZB; SFG (Sanuk); EJ
BL Shelfmark : 01923.c.19

SARNY [Sarni]
N of Rovno; NW of Kiev [UKRAINE}
ספר יזכור לקהילת סארני
Sefer yizkor li-kehilat Sarni
Yosef Kariv, ed.
Jerusalem : Yad Vashem ; Tel Aviv : Irgun Yots'e Sarni veha-sevivah be-Yisra'el, 1961
Hebrew, Yiddish
508, [32] p. : ill., facsims., map, ports. ; 28 cm.
ZB; SFG (Sarni); EJ
BL Shelfmark : 01923.cc.6

SECOVCE [Gálszécs; Sechovits]
E of Kosice; W of Michalovce {SLOVAKIA}
לתולדותיה של הקהילה היהודית בסצ׳ובצה...
Le-toldoteha shel ha-kehilah ha-yehudit be-Sets'ovtseh (Sečovce)
Emmanuel Elimelech Frieder
[Nethanyah?] : Va'ad Yots'e Sets'ovtsah be-Yisra'el, 1991

Hebrew (chiefly), with chapters in Hungarian, Slovakian, English article (p.144-147)
237 p. : ill., facsims., ports.; 22 cm.
BL Shelfmark : HEC.2000.a.579

SHPOLA [Spola]
S of Kiev; SW of Cherkassy {UKRAINE}
שפולה : מסכת חיי יהודים בעיירה
Shpolah : masekhet haye yehudim be-'ayarah
David ben Solomon Cohen, comp.
[Haifa] : Irgun Yots'e Shpolah be-Yisra'el, 1965
Hebrew
307, [5] p. : ill., ports.; 24 cm.
ZB; SFG; EJ
BL Shelfmark : 01923.cc.84

SHUMSKOYE [Shomsk; Shumsk; Szumsk]
W of Sudlikow; S of Rovno {UKRAINE}
שומסק : ספר זכרון לקדושי שומסק שנספו בשואת הנאצים בשנת 1942
Shumsk : sefer zikaron li-kedoshe Shumsk she-nispu be-shoat ha-Natsim bi-shenat 1942
Haim Rabin, ed.
[Tel Aviv] : [Irgun 'Ole Shumsk], [c.1968]
Hebrew, Yiddish
477 p. : ill., facsims., map, ports.; 25 cm.
ZB; SFG (Shomsk)
BL Shelfmark : 01923.ccc.46

SIEDLCE [Shedlets; Shedlitz]
NE of Lublin; E of Warsaw {POLAND}
ספר יזכור לקהלת שדלץ לשנת ארבע עשרה לחורבנה
Sefer yizkor li-kehilat Shedlets li-shenat arba' 'esreh le-hurbanah [Siedlce : libro recordatorio in memoriam de los judios masacrados en nuestra ciudad natal en su 14 aniversario; Shedletser yizker-bukh]
A.Wolf Jasny, ed.
Buenos Aires : ha-Irgunim shel Yots'e Shedlets be-Yisra'el uve-Argentinah, 1956
= Sociedad residentes de Siedlce en la Republica Argentina
Yiddish (chiefly), Hebrew
xvi, 813, [1] p. : ill., map, ports.; 23 cm.
ZB; SFG (Shedlitz); EJ
BL Shelfmark : 9103.ee.18

SIEMIATYCZE [Semiatych; Semyatitcha]
NE of Siedlce; S of Bialystok {POLAND}
קהילת סמיאטיץ

Kehilat Semyatits
[The community of Semiatych; Kehilas Siemiatitsh]
Eliezer Tash (Tur-Shalom), ed.
Tel Aviv : Irgun Yots'e Semyatits be-Yisra'el
ve-Artsot ha-Berit, 1965
Hebrew, Yiddish, English preface (xiii pp. at end)
449, xiii p. : ill., facsims., map, ports.; 28 cm.
ZB; SFG (Semyatitcha); EJ
BL Shelfmark : 01923.ccc.3

SIERPC [Serpec; Sheps; Shepsk; Sherpts; Sherptz]
N of Plock; NW of Warsaw {POLAND}

קהלת שרפץ : ספר זכרון

Kehilat Sherpts : sefer zikaron
Ephraim Talmi, ed.
Tel Aviv : ha-Irgunim shel Yots'e Sherpts be-Yisra'el uve-huts la-arets, 1959
Hebrew, Yiddish
11, 603 p. : ill., facsims., map, ports.; 28 cm.
ZB; SFG (Sheps); EJ
BL Shelfmark : 01923.cc.18

SKALA-PODOLSKAYA [Skal; Skala; Skala Podilska]
NE of Chernovtsy; SE of Lemberg {UKRAINE}

ספר סקאלה

Sefer Skala [Skala]
Max Weidenfeld and others, eds.
New York; Tel Aviv : Irgun Yots'e Skalah, 1978
Hebrew, Yiddish, English section (98 p. at end)
261, 98 p. : ill., facsims., maps, ports.; 23 cm.
ZB (Skala); SFG (Skal, Skala)
BL Shelfmark : HEC.2002.a.290

SKARZYSKO-KAMIENNA [Kamienna; Skarzhisk; Skarzysko]
N of Krakow; SE of Radom {POLAND}

זכור : [יד לקהילת קדושי סקארז׳יסקו קאמיינה]

Zakhor :[Yad le-kehilat kedoshe Skarzysko Kamyenah]
Yerahmiel Shiar, Levi Dror, eds.
Tel Aviv : Irgun Yots'e Skarzysko Kamyenah, 1997
Hebrew
205 p. : ill., facsims., map, ports.; 23 cm.
SFG (Skarzhisk); EJ
BL Shelfmark : HEC.1998.a. 546

SKIERNIEWICE [Skernievitz; Skiernivitz]
NE of Lodz; SW of Warsaw {POLAND}

ספר סקערניעוויץ לזכר דער פארטיליקטער קהילה קדושה

Seyfer Skernevits : lizeykher der fartilikter kehile kdoyshe [Sefer Skernievitz]
Isaac Perlow, ed.
Tel Aviv : Irgun Yots'e Skernevits be-Yisra'el, 1955
Yiddish
772 p. : ill., facsims., ports.; 25 cm.
ZB; SFG (Skiernivitz); EJ
BL Shelfmark : 17112.d.27

SLONIM
SE of Grodno; W of Baranovichi {BELARUS}

פנקס סלונים

Pinkas Slonim [Pinkes Slonim]
Kalman Lichtenstein, ed.
[Tel Aviv] : Irgun Yots'e Slonim be-Yisra'el,1962-1979
Hebrew, Yiddish
4 v. : ill., facsims., maps, ports.; 31 cm.
ZB; EJ
BL Shelfmark : 01923.ccc.19 *[wanting v. 4]*

SOCHACZEW [Sochatchev; Sokhachev]
E of Kutno; W of Warsaw {POLAND}

פנקס סאכאטשעוו

Pinkes Sokhatshev
Abraham Samuel Stein, Gabriel Weissman, eds.
Tel Aviv : Irgun Yots'e Sokhtsov be-Yisra'el, 1962
Yiddish (chiefly), Hebrew
843 p. : ill, facsims., map, ports.; 25cm.
ZB; SFG (Sochatchev); EJ
BL Shelfmark : 17112.d.8

SOKAL [Skol]
N of Lviv; S of Vladimir Volynskiy {UKRAINE}

ספר סוקל, טרטקוב, ורנזי, סטויינוב והסביבה

Sefer Sokal, Tartakov, Varenzi, Stoyanov veha-sevivah [Le-zekher Sokal, Tartakov...; Sokal Memory Book]
Abraham Chomet, ed.
[Tel Aviv] : Irgun Yots'e Sokol veha-sevivah, 1968
Hebrew, Yiddish (chiefly)
576, [4] p. : ill., facsims., map, ports.; 25 cm.
ZB; SFG (Skol); EJ
BL Shelfmark : HEC.2000.a.123

SOKIRYANY [Secureni Targ; Sekiryani; Sekureni Targ; Sekureny; Sekurian; Sikuran; Sokorone]

NE of Chernovtsy; W of Mohilev {UKRAINE}

סקוריאן (ביסרביה) בבנינה ובחורבנה

Sekuryan (Besarabyah) be-vinyanah uve-hurbanah [Sekuryan be-vinyanah uve-hurbanah]
Zeev Igeret, ed.
[Tel Aviv] : Va'ad ha-Irgun shel Yots'e Sekuryan, [1953/4]
Hebrew
260 p. : ill. ports.; 24 cm.
ZB (Sekiryani); SFG (Sekurian, Sikurian); EJ (Sekiryany)
BL Shelfmark : HEC.2002.a.305

SOKOLKA [Sokolke]
NE of Bialystok; W of Kolno {POLAND}

ספר סוקולקה

Sefer Sokolkah [Sokolka; Dos bukh fun Sokolke]
Editorial board comprising : Esther Mishkinsky, David Yardeni and others
Jerusalem : Entsiklopedyah shel galuyot, 1968
Hebrew, Yiddish, English preface (2 p. at end)
768 col., [8] p. : ill., facsims., map, ports.; 29 cm. - *(Sifre zikaron li-kehilot ha-golah)*
ZB; SFG; EJ
BL Shelfmark : 01923.ccc.13

SOKOLOVKA [Justyngrod; Sokolievka; Sokolivka; Sokolowka; Yustigrod; Yustingrad]
NW of Uman; S of Kiev {UKRAINE}
Sokolievka/Justingrad : a century of struggle and suffering in a Ukrainian shtetl, as recounted by survivors to its scattered descendants
[Yustingrad - Sokelevkah 'ayarah she-nehrevah]
Leo and Diana F. Miller, eds.
New York : Loewenthal Press, 1983
English, Hebrew (p. 91-202)
202 p. : facsims., maps, ports.; 23 cm.
ZB (Yustingrad); SFG (Sokolvka, Sokolivka)
BL Shelfmark : YA.1987.b.3418

SOKOLOW-PODLASKI [Sokolov; Sokolow; Sokolow-Podlaska]
N of Siedlce; E of Warsaw {POLAND}

ספר הזכרון סאקאלאוו-פאדליאסק

Sefer ha-zikaron Sokolov-Podlyask
Mendl Gelbart, ed.
Tel Aviv : Irgun Yots'e Sokolov-Podlyask be-Yisra'el, 1962
Hebrew, Yiddish
758, [56] p. : ill., facsims., map, ports.; 24 cm.

ZB (Sokolow); SFG (Sokolov); EJ
BL Shelfmark : 01923.c.12

SOKOLY [Sokole; Sokoly Nowosiolki]
SW of Bialystok; E of Zambrow {POLAND}

ספר זכרון לקדושי סוקולי

Sefer zikaron li-kedoshe Sokoli [Sokoler yizker-bukh]
Moshe Grossman, ed.
Tel Aviv, 1962
Yiddish
625 p. : ill., facsims., ports.; 25 cm.
ZB; SFG
BL Shelfmark : 01923.c.11

SOSNOVOYE [Ljudwipol; Ludvipol; Ludwipol; Slishtch Gadol]
NE of Rovno; NW of Zhitomir {UKRAINE}

ספר זכרון לקהילת לודביפול (סלישט גדול)

Sefer zikaron li-kehilat Ludvipol (Slitsh gadol)
[Ludvipol (Wolyn) in memory of the Jewish community]
Nahum Ayalon, ed.
Tel Aviv : Irgun Yots'e Ludvipol be-Yisra'el uva-tefutsot, 1965 = Ludvipol Relief Society of Israel actively assisted by the 'Landsmanshafts' in the Americas
Hebrew, Yiddish
335 p. : ill., map, ports.; 30 cm.
ZB; SFG (Ludvipol)
BL Shelfmark : 01923.cc.30

SOSNOWIEC [Sosnovets; Sosnovitz]
NW of Krakow; close to Katowice {POLAND}

ספר סוסנוביץ והסביבה בזאגלמביה

Sefer Sosnovits veha-sevivah be-Zaglembyah
[Sefer Sosnovits un Zaglembier umgegnt]
Meir Shimon Geshuri, ed.
Tel Aviv : Irgun Yots'e Sosnovits veha-seviva be-Yisra'el, 1973-1974
Hebrew, Yiddish
2 v. (743; 440 p.) : ill., maps, ports.; 28 cm.
ZB; SFG (Sosnovitz); EJ
BL Shelfmark : 01923.ccc.56

STARAYA RAFALOVKA [Rafalivka; Rafalivke; Rafalovka; Rafalowka]
NE of Lviv; W of Sarny {UKRAINE}

נר תמיד לזכר העיירות רפלובקה הישנה,
רפלובקה החדשה, אוליזרקה, ז'לוצק והסביבה

Ner tamid le-zekher ha-'ayarot Rafalovkah ha-yeshanah, Rafalovkah ha-hadashah, Olizarkah, Zalutsk veha-sevivah
[Sefer zikaron le-zekher ha-'ayarot...; Sefer zikaron la-'ayarot]
Pinhas and Malkah Hagin, eds.
Tel Aviv : Irgun Yots'e Rafalovkah ha-yeshanah..., 1996
Hebrew, Yiddish
18, 530, [6] p. : facsims., maps, ports.; 25 cm.
SFG (Rafalovka)
BL Shelfmark : HEC.1998.a.541

STASZOW [Stashev; Stashuv]
NE of Krakow; SE of Kielce {POLAND}
ספר סטאשוב
Sefer Stashov [Sefer Staszow; The Staszow Book]
Elhanan Ehrlich, ed.
Tel Aviv : Irgun Yots'e Stashov be-Yisra'el be-'ezratam shel Irgune Yots'e Stashov ba-tefutsot, 1962
Hebrew, Yiddish, English section (L p. at end)
690, L, p. : ill., map, ports.; 26 cm.
ZB; SFG (Stashev); EJ
BL Shelfmark : 01923.c.2; X.100/3192 [2 C]

STAVISHCHE [Stavishcha; Stavisht; Stawiszcze]
N of Uman; S of Kiev {UKRAINE}
סטאווישטש
Stavishtsh [Stavisht; Stavishts'eh]
Aharon Weissman, ed.
Tel Aviv; New York : Agudat Yots'e Stavishtseh be-Artsot ha-Berit, 1961 = Stavisht Society
Yiddish (chiefly), Hebrew (some articles)
252 col., [2] p. : ports.; 28 cm.
ZB (Stavische); SFG (Stavishcha)
BL Shelfmark : 17112.d.20

STAWISKI [Stavisk; Staviski]
N of Lomza; W of Bialystok {POLAND}
סטביסק ספר זכרון
Stavisk sefer zikaron [Stavisk yizker-bukh; Stavisk yizkor book]
Yosef Rubin, ed.
[Tel Aviv] : Irgun Stavisk be-Yisra'el, 1973
Hebrew, Yiddish, English preface (v p. at end)
379, [3], v, p. : ill., facsims., map, ports.; 25 cm.
ZB; SFG (Stavisk)
BL Shelfmark : 01923.cc.105

STOLBTSY [Shtoptsi; Steibtz; Steybts; Stolbtzi; Stolpce; Stowbtsy; Stoybts]
NW of Slutsk; SW of Minsk {BELARUS}
ספר זכרון סטויבץ-סווהז'נא והעיירות הסמוכות רובעזעוויץ, דערעוונא, נאליבק
Sefer zikaron Stoibts-Sverz'na veha-'ayarot ha-semukhot, Rubezevits, Derevna, Nalibak
[Memorial volume of Steibtz-Swerznie and the neighbouring villages Rubeziewicz, Derewno, Nalybok; Sefer Stoibts-Sverz'na]
Nahum Hinitz, ed.
[Tel Aviv] : Irgun Yots'e Stoibts be-Yisra'el, 1964
Hebrew, Yiddish, English (xxiii pp. at end)
537, xxiii p., : ill., facsims., maps, ports.; 28 cm.
ZB (Stolpce); SFG (Stoibtz); EJ
BL Shelfmark : 01923.ccc.26

STRIMTURA [Stramtura; Strimtera; Strimtere; Szurdok]
NW of Viseul de Sus; SE of Sighet {RUMANIA}
אגדות סטרימטרה : ספורה של קהילה יהודית מראשיתה ועד אחריתה
Agadot Strimterah : sipurah shel kehilah yehudit me-reshitah ve-'ad aharitah
Shaya Avni, comp.
[Tel Aviv] : Reshafim, 1985
Hebrew
270 p.; 22 cm.
ZB
BL Shelfmark : HEC.1986.a.3361

STROPKOV [Sztropko]
NE of Kosice; SE of Bardejov {SLOVAKIA}
Between Galicia and Hungary : the Jews of Stropkov [Ben Galitsyah le-Hungaryah : yehude Stropkov]
Melody Amsel, David Admoni, transl. (to Hebrew)
Bergenfield [N.J] : Avotaynu, 2002
English, Hebrew section (86 p. at end)
204, 86 p., 40 p. of plates : ill., facsims., maps, ports.; 26 cm.
BL Shelfmark : ORW.2002.b.130

STRYY [Stria; Stry; Stryj; Stryje]
NW of Stanislav; S of Lviv {UKRAINE}
ספר סטרי
Sefer Stri [Seifer Stryj; Yizkor book of the Jewish community of Stryj]
Nathan Kudish, Shimon Rosenberg, Avigdor Rothfeld, eds.; Alfred Valdman (map)

LOCALITIES

Tel Aviv : Y.L. Perets & Irgun Yots'e Stri
be-Yisra'el, 1962
Hebrew, Yiddish, English section (68 p. at end)
260, [10], 68 p.: ill., map, ports.; 28 cm.
ZB; SFG (Stry); EJ (Stry)
BL Shelfmark : 01923.cc.23

STRZYZOW [Schizuv; Strisev; Strizev]
SW of Rzeszow; E of Krakow {POLAND}
ספר סטריזוב והסביבה
Sefer Strizov veha-sevivah
Itzhak Berglass, Shelomoh Yahalomi, eds.
[Tel Aviv] : Irgun Yots'e Strizov be-Yisra'el uva-
tefutsot, [1969/70]
Hebrew, Yiddish
480, [1] p. : ill., facsims., maps, ports.; 34 cm.
ZB; SFG (Strizev)
BL Shelfmark : 01923.ccc.29

SUCHOWOLA [Sucha Wola; Suchavola; Suchovola]
N of Bialystok; NE to Goniandz {POLAND}
ספר סוחובולה
Sefer Suhovolah [Dos bukh fun Sokhovolye; Suchovola]
Hana Steinberg and others, eds.
Jerusalem : Entsiklopedyah shel galuyot, 1957
Hebrew, Yiddish, English preface (2 p. at end)
616 col., [2] p. : ill., facsims., maps, ports.;
29 cm. - (*Sifre zikaron li-kehilot ha-golah*)
ZB; SFG (Suchavola)
BL Shelfmark : 01923.ccc.16

SUWALKI [Suvalk; Suvalki]
NW of Bialystok; E of Olecko {POLAND}
ספר קהילת סובאלק ובנותיה : בקלורובה,
וויז'אן, סייני, פונסק, פיליפובה, פשרושלה,
ראצק
Sefer kehilat Suvalk u-venoteha : Baklorovah, Viza'n, Saini, Punsk, Filipovah, Psheroshlah, Ratsk [Jewish community book Suwalk and vicinity : Baklerove, Filipove, Krasnopole, Psheroshle, Punsk, Ratzk, Vizhan, Yelineve; Jewish community book of Suwalk]
Yehudah Elroi; Joseph Chrust, eds.
Tel Aviv : Hotsa'at Ya'ir 'al shem Avraham
Shtern, 1989
Hebrew, English section (59 p. at end)
446, 59 p. : ill., facsims., maps, ports.; 28 cm.
ZB; SFG (Suvalk); EJ
BL Shelfmark : HEC.2000.a.118

SZEKESFEHERVAR [Stuhlweissenburg]
NW of Paks; SW of Budapest {HUNGARY}
זכור : ספר זכרון לקהילות סקשפהרוור
והסביבה
Zekhor : sefer zikaron li-kehilot Sekeshfehervar veha-sevivah [Zekhor yehude Sekeshfehervar; Emlékezz, Székesfehérvár és köryéke Zsidósága; Remember : the Jews of Székesfehérvár and its environs]
Eliezer Even, Benjamin Ravid, eds.
Jerusalem, 1997
Hebrew, Hungarian, English section (p.71-131)
247, 131 p. : ill., facsims., maps, ports.; 24 cm.
EJ
BL Shelfmark : HEC.1998.a.612

SZRENSK [Sherensk; Shrensk; Shrentsk; Szransk]
NW of Warsaw; SW of Mlawa {POLAND}
קהילת שרנסק והסביבה : ספר זכרון
Kehilat Shrensk veha-sevivah : sefer zikaron
[The Jewish community of Szrensk and the vicinity : a memorial volume; The Szrensk martyrs]
Joseph Zvi Rimon, ed.; I.M. Lask, transl.
Jerusalem : Defus Solomon, 1960
Hebrew, Yiddish, English section (70 p. at end)
518, 70 p. : ill., facsims., map, ports.; 25 cm.
ZB (Szransk); SFG (Sherensk)
BL Shelfmark : 01926.a.116

SZYDLOWIEC [Shidlovets; Shidlovitz; Shidlovtse; Shidlovtza; Shidlovyets; Zhidlovetza]
W of Lublin; SW of Radom {POLAND}
Memorial book Szydlowiec [Szydlowiec memorial book; Shidlovtser yizker bukh]
Berl Kagan, ed.; Max Rosenfeld ,transl. (from Yiddish)
New York : Shidlowtzer Benevolent Association, 1989
English
349 p., [43] p. of plates : ill., map, ports.; 24 cm.
ZB; SFG (Zhidlovetza); EJ
BL Shelfmark : ORW.2001.a.64

TARNOBRZEG [Dikow; Dzhikev; Dzikow; Tarnob'zheg]
NE of Krakow; S of Sandomierz {POLAND}
קהילת טרנובז'ג-דזיקוב (גליציה המערבית)
ספר זכרון ועדות
Kehilat Tarnobzeg - Dzikov (Galitsyah ha-ma'aravit) : sefer zikaron ve-'edut [Dzieje I

likwidacj zydow m. Tarnobrzeg-Dzikow; Sefer Tarnobzeg – Dzikov; Sefer kehilat Tarnobzeg-Dzikov]
Jacob Joshua Fleischer, ed.
[Tel Aviv] : Va'ad Yots'e Tarnobz`eg-Dz`ikov be-Yisra'el, 1973
Hebrew, Yiddish
379 p. : ill., facsims., maps, ports.; 31 cm.
ZB; SFG (Dzhikev); EJ
BL Shelfmark : 01923.ccc.64

TELSIAI [Telschen; Telshi; Telz; Telzh]
NW of Kovno; W of Siauliai {LITHUANIA}
ספר טלז (ליטא) : מצבת זכרון לקהילה קדושה
Sefer Telz (Lita) : matsevet zikaron li-kehilah kedoshah [Telsiai Book]
Yitzhak Alperowitz, ed.
Tel Aviv : Irgun Yots'e Telz be-Yisra'el, 1984
Hebrew, Yiddish
505, [2] p. : ill., facsims., ports.; 28 cm.
ZB; SFG (Telz); EJ
BL Shelfmark : 01926.aa.13; HEC.1987.c.7 [2C]

TERNOPOL [Tarnopol; Ternopil]
SW of Kremenets; E of Lviv {UKRAINE}
טרנופול
Tarnopol [Tarnopol volume]
Ph. Korngruen, ed.
Jerusalem : Entsiklopedyah shel galuyot, 1955
Hebrew
440 col. : ill., facsims., ports.; 31 cm. – (Entsiklopedyah shel Galuyot; v.3)
ZB; SFG (Tarnopol) ; EJ
BL Shelfmark : 1987.f.13/3

TERNOVKA [Tarnovka; Ternivka]
S of Kiev; SW of Uman {UKRAINE}
עיירתנו טרנובקה...
'Ayaratenu Ternovkah...
G. Bar-Zvi, comp.
Tel Aviv : Hotsa'at Yots'e Ternovkah, 1978
[4th enlg. ed.]
Hebrew
157 p. : map ; 23 cm.
ZB (ed. 1972); SFG (Tarnovka)
BL Shelfmark : HEC.1986.a.4373

THESSALONIKI [Salonica; Salonika; Saloniki]
NE of Larisa; W of Stavros {GREECE}
שלוניקי, עיר ואם בישראל
Saloniki 'ir va-em be-Yisra'el [Salonique ville mère en Israel]
Jerusalem; Tel Aviv : ha-Makhon le-heker yahadut Saloniki, 1967 = Centre de recherche sur le judaïsme de Salonique
Hebrew, French chapter (xviii p. at end)
358, xviii p. : ill., map, facsims., ports.; 32 cm.
ZB (Saloniki); EJ (Salonika)
BL Shelfmark : 01923.ccc.32

THESSALONIKI [Salonica; Salonika; Saloniki]
NE of Larisa; W of Stavros {GREECE}
זכרון שלוניקי : גדולתה וחורבנה של ירושלים דבלקן
Zikhron Saloniki : gedulatah ve-hurbanah shel Yerushalayim de-Balkan [Zikhron Saloniki : grandeza I destruyicion de Yeruchalayim del Balkan]
David A. Recanati, ed.
Tel Aviv : ha-Va'ad le-hotsa'at sefer kehilat Saloniki, 1972 = El Commitato por la edition del livro sovre la communita de Salonique
Hebrew, Ladino, Spanish
2 v. : ill., facsims., map, ports.; 28 cm.
ZB (Saloniki); EJ (Salonika)
BL Shelfmark : 01923.ccc.38

TIRGU-MURES [Marosvasarhely; Neumark am Maros; Neumarkt; Targu-Mures]
S of Bistrita; SE of Cluj {RUMANIA}
פרקים בתולדות היהודים בטראנסילבניה... קורות יהודי מארושואשארהאיי והסביבה
Perakim be-toldot ha-yehudim be-Transilvanyah ... korot yehude Maroshvasharhay veha-sevivah [History of the Jews of Marosvasarhely]
Yitzhak Perri-Friedman, ed.
[Tel Aviv] : Bet Lohame ha-Getaot ve-Hotsa'at ha-Kibuts ha-Meuhad, 1977
Hebrew
311 p. : ill., facsims., map, ports.; 24 cm.
ZB; EJ (Targu-Mures)
BL Shelfmark : 01920.aa.255

TLUMACH [Talmatch; Tlomats; Tlumacz; Tolmacz; Tolmycz]
N of Kolomyya; NW of Chernovtsy {UKRAINE}
טלומץ'=טאלמיטש... ספר עדות וזכרון
Tlumats = Tolmitsh... sefer 'edut ve-zikaron [Memorial book of Tlumacz : the life and destruction of a Jewish community; Tolmitsh a

matseve oyf di hurves fun a farnikhteter yidisher kehile]
Szlomo Blond and others, eds.
[Tel Aviv] : Yots'e Tlumats be-Yisra'el, 1976
=Tlumacz Societies in Israel and the USA
Hebrew, Yiddish, English section (187 p. at end)
533, Clxxxvii p. : ill., facsims., map, ports.; 25 cm
ZB; SFG (Tlumatch); EJ (Tlumach)
BL Shelfmark : HEC.2000.a.119

TOLSTOYE [Tlusta; Tluste; Tluste Myasto; Tovste]
NW of Chernovtsy; SE of Lviv {UKRAINE}

ספר טלוסטה

Sefer Tlustah [Sefer Tluste]
Gabriel Lindenberg, ed.
Tel Aviv : Irgun Yots'e Tlusteh veha-sevivah be-Yisra'el uve-Artsot ha-Berit, 1965
Hebrew, Yiddish, English preface (1 p. at end)
289, [1] p. : ill., facsims., map, ports.; 28 cm.
ZB; SFG (Tlusta); EJ
BL Shelfmark : 01923.ccc.6

TOMASZOW-LUBELSKI [Tomashov; Tomashov Lublinski; Tomaszow]
NE of Jaroslaw; SE of Lublin {POLAND}

ספר זכרון טומשוב-לוב

Sefer zikaron Tomashov-Lub
Moshe Gordon, ed.
Jerusalem : [Va'ad Irgun Yots'e Tomashov-Lub], 1972
Hebrew
28, 549 p. : ill., ports.; 25 cm.
ZB; SFG (Tomashov); EJ
BL Shelfmark : 01923.cc.102

TOMASZOW MAZOWIECKI [Tomashov Khadash; Tomashov Pyetrikov; Tomashov Ravski; Tomashow-Mazowieck]
SE of Lodz; W of Radom {POLAND}

ספר זכרון לקהילת טומשוב-מזוביצק

Sefer zikaron li-kehilat Tomashov-Mazovyetsk
[Tomashov-Mazovyetsk yizker-bukh ; Tomashow-Mazowieck ; a memorial to the Jewish community of Tomashow-Mazowieck]
Moshe Wajsberg
[Tel Aviv] : Irgun Yots'e Tomashov-Mazovyetsk be-Yisra'el, 1969 = Tomashow Organization in Israel
Hebrew, Yiddish, English chapters (p. 14-16, 526-527), French chapter (p. 17-19)

648, [6] p. : ill., facsims., map, ports.; 30 cm.
ZB; SFG (Tomashov); EJ
BL Shelfmark : 01923.ccc.22

TUCHIN [Tuchin-Kripa; Tuczyn; Tutchin; Tutchin-Kripah; Tutchin-Krippe]
E of Rovno; close to Mezeritz {UKRAINE}

ספר זכרון לקהילות טוטשין-קריפה

Sefer zikaron li-kehilot Tutshin-Kripah
[Tutchin-Krippe (Wolyn) : in memory of the Jewish community; Sefer zikaron Tutshin-Kripah]
Benzion Hayim Ayalon-Baranick, ed.
Tel Aviv : Irgun Yots'e Tutshin-Kripah veha-sevivah be-Yisra'el..., 1967
= Tutchin and Krippe Relief Society of Israel....
Hebrew, Yiddish
384 col. : ill., map, ports.; 30 cm.
ZB; SFG (Tutchin); EJ
BL Shelfmark : 01923.ccc.9

TURKA
SW of Lviv; W of Stryy {UKRAINE}

טורקה ספר זכרון

Turkah sefer zikaron [Sefer zikaron li-kehilat Turkah 'al nahar Stri; Sefer Turkah; Sefer yizkor Turkah 'al nahar Stri veha-sevivah; Yizker-bukh funem shtetl Turka...]
Isaac Siegelman, ed.
Haifa : Va'ad Yots'e Turkah 'al nahar Stri be-Yisra'el, 1966
Hebrew, Yiddish
472 p. : ill., facsims., map, ports.; 25 cm.
ZB; SFG; EJ
BL Shelfmark : HEC.2000.a.115

TUROBIN [Torbin; Turbin]
S of Lublin; W of Zamosc {POLAND}

ספר טורבין : פנקס-זכרון

Sefer Turbin : pinkas-zikaron [Sefer Turobin (The Turobin Book) : in memory of the Jewish community; Kehilat Turbin; Turbin yizker-bukh]
Meir Shimon Geshuri, ed.
Tel Aviv : Irgun Yots'e Turbin be-Yisra'el, 1968
Hebrew, Yiddish, English introd. (1 p. at end)
397, [1] p. : ill., facsims., maps, ports.; 25 cm.
ZB; SFG (Turbin)
BL Shelfmark : 01923.cc.68

TYSMENITSA [Tismenitz; Tizmenitza; Tysmienica]
NW of Chernovtsy; SE of Lviv {UKRAINE}

טיסמעניץ : א מצבה אויף די חורבות פון א פארניכטעטער ידישער קהילה

Tismenits : a matseyve oyf di hurves fun a farnikhteter yidisher kehile [Tismenits sefer yizkor; Tysmienica a memorial book]
Szlomo Blond, ed.
Tel Aviv : Hotsa'at "Menorah", 1974
Yiddish, Hebrew
262, [2] p. : ports.; 25 cm.
ZB; SFG (Tizmenitza);   EJ
BL Shelfmark : 17112.d.33; HEC.1986.a.338
[2 C]

UGNEV [Hivnev; Hivniv; Hovniv; Uhnow; Univ; Unov]
N of Lviv; W and close to Belz {UKRAINE}

ספר זכרון לקהילת היבניב (אוהנוב) והסביבה

Sefer zikaron li-kehilat Hivniv (Uhnov) veha-sevivah [Uhnow memorial book; Sefer zikhron Hivniv]
Nathan Ortner, ed.
Tel Aviv : Irgun Yots'e Uhnov veha-sevivah be-Yisra'el, 1981 =Uhnow Organisation of Israel
Hebrew, English section (83 p. at end)
298, 83 p. : ill., facsims., map, ports.; 24 cm.
ZB (Uhnow);   SFG (Unov)
BL Shelfmark : HEC.2000.a.122

UJPEST [Neu Pest; Neupest]
NE of Budapest; S of Vac { HUNGARY}

Az Ujpesti zsidóság története [Sefer zikhronot shel k[hilat] k[odesh] Oypesht]
Laszlo Szilagyi-Windt, comp. and ed.; Menahem Miron, transl. (Hebrew section)
Tel Aviv, 1975
Hungarian, Hebrew (only 27 p.)
325, 27 p. : ports.; 24 cm.
ZB
BL Shelfmark : HEC.2000.a.121

UZHGOROD [Ungvar; Uzhhorod; Uzhorod]
N of Chop; NW of Mukachevo {UKRAINE}

אונגוואר

Ungvar [Yahadut Ungvar Uz'horod]
Yehudah Spiegel; Itzhak Alfasi, ed.
Tel Aviv : the author, 1993
Hebrew
279, 48 p. : ill., facsims., ports.; 24 cm.
EJ (Ungvar)
BL Shelfmark : HEC.1996.a.158

VALKININKAS [Olkieniki; Olknik; Valkininkai; Volknik]
SW of Vilnius; E of Alytus {LITHUANIA}

העיירה בלהבות : ספר זכרון לקהילת אולקניק פלך וילנה

ha-'Ayarah bi-lehavot : sefer zikaron li-kehilat Olkenik, pelekh Vilnah [Olkeniki in flames : a memorial book]
Shlomo Farber, ed.
Tel Aviv : Va'ad Yots'e Olkenik veha-sevivah, 1962 = Association of Former Residents of Olkeniki and surroundings
Hebrew, Yiddish, English summary (2 p.)
287, [5] p. : ill., facsims., maps, ports.; 29 cm.
ZB; SFG (Olknik)
BL Shelfmark : 01923.cc.10

VATRA DORNEI [Dorna Vatra; Dorna Watra]
NW of Jassy; NE of Bistrita {RUMANIA}

ספר הזכרון של יהודי וטרה-דורניי והסביבה בוקובינה-רומניה

Sefer ha-zikaron shel yehude Vatrah-Dorne veha-sevivah, Bukovinah-Romanyah
Yitzhak Yalon, ed.
[Israel] : 'Amutat Yots'e Vatrah-Dorne veha-sevivah, [2001]
Hebrew, Rumanian (documents)
2 v. (903 p.) : ill., maps, ports. ; 25 cm.
EJ
BL Shelfmark : HEC.2003.a.423

VIDZY [Vidz; Vidzh; Widze]
NW of Minsk; W of Polotsk {BELARUS}

ספר וידז : עיירה בחייה ובכליונה

Sefer Vidz : 'ayarah be-hayeha uve-khilyonah [Sefer Vidz; Widze memorial book]
Yitzhak Alperowitz, Gershon Winer, eds.
Tel Aviv : Irgun Yots'e Vidz be-Yisra'el, 1998 =Widze Association in Israel
Hebrew, Yiddish, English section (17 p. at end)
540, 17 p. : ill., maps, ports.; 25 cm.
SFG (Vidzh)
BL Shelfmark : HEC.2001.a.438

VILEYKA [Vileika; Wilejka]
NW of Minsk; SE of Svir {BELARUS}

ספר זכרון קהילת וילייקה המחוזית, פלך וילנה

Sefer zikaron kehilat Vileykah ha-mehozit, pelekh Vilnah [Kehilat Vileykah; Memorial book

LOCALITIES

to the community of Wileika; Memorial book of the community of Vileika]
Kalman Farber, Joseph Zeevi, eds.
Tel Aviv : Irgun Yots'e Vilaykah veha-sevivah, 1972
Hebrew, Yiddish, English section (p.322-326)
326 p. : ill., facsims., maps, ports.; 28 cm.
ZB; SFG (Vileyka)
BL Shelfmark : 01923.ccc.39

VILNIUS [Vilna; Vilnia; Wilna; Wilno]
NE of Alytus; SE of Kaunas {LITHUANIA}

בלעטער וועגן ווילנע זאמלבוך

Bleter vegn Vilne zamlbukh
Leyzer Ran, Leybl Koriski, eds.
Lodz : Farband fun Vilner yidn in Poyln, 1947
Yiddish
77, xlii, 42, [3] p. : ill., facsims., ports.; 29 cm.
ZB; SFG; EJ (Vilna)
BL Shelfmark : 17112.d.26

VITEBSK [Vitsyebsk; Witebsk]
N of Moghilev; NE of Minsk {BELARUS}

וויטבסק

Vitebsk
Baruch Karu, ed.
[Tel Aviv] : Irgun 'Ole Vitebsk veha-sevivah be-Yisra'el, 1957
Hebrew
508 col. : ill., facsims., map, ports.; 28 cm.
ZB; SFG; EJ
BL Shelfmark : 01923.cc.24

VITEBSK [Vitsyebsk; Witebsk]
N of Moghilev; NE of Minsk {BELARUS}

וויטעבסק אמאל : געשיכטע, זכרונות, חורבן

Vitebsk amol : geshikhte, zikhroynes, hurbn
Gregor Aronson, Jacob Lestschinsky, Avraham Kihn, eds.
New York : H.A. Abramson, 1956
Yiddish
644 p. : ports.; 24 cm.
ZB; EJ
BL Shelfmark : 17112.d.11

VLADIMIR VOLYNSKIY [Ladmir; Lodmer; Lodomeria; Ludmir; Vladimir Volinski; Vlodzimierz; Wlodzimierz]
W of Lutsk; N of Lviv {UKRAINE}

פנקס לודמיר : ספר-זכרון לקהילת לודמיר

Pinkas Ludmir : sefer-zikaron li-kehilat Ludmir
[Pinkas Ludmir; Pinkas Ludmir (Vladimir Volinsk); Wladimir Wolynsk : in memory of the Jewish community]
Editorial committee
Tel Aviv : Irgun Yots'e Ludmir be-Yisra'el, 1962
= Irgun Yotzei Ludmir, Israel
Hebrew, Yiddish
624 col. : ill., facsims., map, ports.; 31 cm.
ZB (Wlodzimierz); SFG (Ludmir); EJ (Vladimir Volynski)
BL Shelfmark : HEC.2002.c.12

VLADIMIRETS [Vlodimiretz; Wlodzimierzec]
N of Rovno; S of Pinsk {UKRAINE}

ספר ולאדימרץ : גלעד לזכר עירנו

Sefer Vladimerets : gal'ed le-zekher 'irenu
Aharon Meirovitz, ed.
[Tel Aviv] : Irgun Yots'e Vladimerets be-Yisra'el, [1963]
Hebrew, Yiddish, English section (p.510-514)
515, [5] p. : ill., facsims., map, ports.; 25 cm.
ZB; SFG (Vlodimiretz)
BL Shelfmark : 01923.c.13

VOLKOVYSK [Vaukavysk; Volkavisk; Wolkovisk; Wolkowysk]
SE of Grodno; W of Slonim {BELARUS}

חורבן וולקוביסק במלחמת העולם השניה...

Hurban Volkovisk be-milhemet ha-'olam ha-sheniyah....
Tel Aviv : Va'ad Yots'e Volkovisk be-Erets-Yisra'el, 1946
Hebrew
96 p. : ill., ports.; 23 cm.
ZB; SFG (Volkavisk); EJ
BL Shelfmark : 01923.cc.66

VOLKOVYSK [Vaukavysk; Volkavisk; Wolkovisk; Wolkowysk]
SE of Grodno; W of Slonim {BELARUS}

וואלקאוויסקער יזכר-בוך

Volkovisker yizker-bukh
[Wolkovisker yizkor book]
Moses Einhorn, ed.
New York, 1949
Yiddish, English section (v. 2, p. 902-990)
2 v. (990 p.) : ill., facsims., map, ports.; 24 cm.
ZB; SFG (Volkavisk); EJ
BL Shelfmark : 17112.d.31; X.100/3485 [2 C]

LOCALITIES

VOLKOVYSK [Vaukavysk; Volkavisk; Wolkovisk; Wolkowysk]
SE of Grodno; W of Slonim {BELARUS}
The Volkovysk Memorial Book : a trilogy comprised of Wolkovisker Yizkor Book – edited by Dr. Mose Einhorn, New York 1949, Hurban Volkovysk – published by the Committee of Volkovysk Emigres, Tel-Aviv 1946, Volkovysk – published by Katriel Lashowitz, Tel-Aviv 1988
[Sefer Zikaron Volkovisk; Volkovisker yizker-bukh; Volkovisk, sipurah shel kehilah yehudit-tsiyonit; Volkovisk, the story of a Jewish-zionist community]
Jacob Solomon Berger, transl. (to English)
Mahwah [New Jersey] : The Volkovysk Yizkor Book Committee, 2002
English
3 v. in 1 (480, 82, vi, 172 p.); maps; 28 cm.
SFG (Volkavisk); EJ
BL Shelfmark : ORW.2000.a.2535

VOLOZHIN [Volozhyn; Wolozin; Wolozyn]
NE of Novogrodek; W of Minsk {BELARUS}
וולוז'ין, ספרה של העיר ושל ישיבת "עץ חיים"
Voloz'in : sifrah shel ha-'ir ve-shel yeshivat "Ets Hayim" [Wolozin : the book of the city and the Etz Hayyim Yeshiva; Sefer Voloz'in]
Eliezer Leoni, ed.
Tel Aviv : Hotsa'at ha-Irgunim shel Bene Volozin bi-medinat Yisra'el uve-Artsot ha-Berit, 1970
= The Wolozhin Landsleit Associations of Israel and the United States
Hebrew, Yiddish, English section (35 p. at end)
679, 35, 47 p. : ill., facsims., map, ports.; 25 cm.
ZB; SFG; EJ
BL Shelfmark : 01923.cc.64

WADOWICE [Vadovitse; Vadovitz]
SW of Krakow; E of Kalwaria {POLAND}
ספר זכרון לקהילות ודוביצה, אנדריכוב, קלווריה, מישלניץ, סוכא
Sefer zikaron li-kehilot Vadovitsah, Andrikhov, Kalvaryah, Mishlenits, Sukha
David Jakubowicz, ed.
Givatayim, Ramat-Gan : Irgun 'Ole Vadovitsah, Andrikhov, Kalvaryah, Mishlenits, ve-Sukha be-Yisra'el be-shituf 'im Hotsa'at Masadah, 1967
Hebrew
454, [4] p. : ill., facsims., map, ports.; 25 cm.
ZB; SFG (Vadovitz)
BL Shelfmark : 01923.cc.110

WARSZAWA [Varsava; Varshau; Varshe; Warsaw; Warsawa; Warschau]
NE of Lodz; SW of Bialystok {POLAND}
דאס אמאליקע יידישע ווארשע ביז דער שוועל פון דריטן חורבן,1414-1939
Dos amolike yidishe Varshe biz der shvel fun dritn hurbn, 1414-1939 [Jewish Warsaw that was : a Yiddish literary anthology]
Melekh Ravitch, ed.
Montreal : Farband fun Varshever yidn in Motreal, 1966 = Farband of Warsaw Jews in Montreal
Yiddish
848, 56, [2] p. : facsims., maps, ports.; 24 cm.
ZB; SFG; EJ
BL Shelfmark : 17105.b.106

WARSZAWA [Varsava; Varshau; Varshe; Warsaw; Warsawa; Warschau]
NE of Lodz; SW of Bialystok {POLAND}
ווארשה
Varshah [Warsaw volume]
Itzhak Gruenbaum, ed. (pts. 1 & 2, i.e. v. 1 & 6)
Hayim Barlas, Aryeh Tartakower, Dov Sadan, eds. (pt. 3, i.e. v.12)
Jerusalem : Entsiklopedyah shel galuyot, 1953, 1959, 1973
Hebrew, Yiddish
3 v. (816, 698, 726 col.) : maps, ports.; 31 cm. - *(Entsiklopedyah shel Galuyot; v.1,6,12)*
ZB; SFG; EJ
BL Shelfmark : 1987.f.13/1; 1987.f.13/6; 1987.f.13/12

WASILKOW [Vashilkova]
NE of Bialystok; E of Tykocin {POLAND}
פנקס וואשילקאווער יזכור בוך
Pinkes Vashilkover yizker bukh...[The Wasilkower memorial book. : memories of our town Wasilkow which has been annihilated by the Nazis; Der Vashilkover yizker bukh]
Leon Mendelewicz, comp. and ed.; Mark Langsam and Bene Gothajner, transl. (from Yiddish)
Melbourne : Drukerai fun "High Speed", 1990
Yiddish, Polish, English section (152 p. at end)
339, 152 p. : ill., facsims., maps, ports.; 29 cm.
SFG (Vashilkova)
BL Shelfmark : HEC.1993.a.818; YA.1993.b.10038 [2 C]

WEGROW [Vengrov; Vengrova; Vengrove; Wengrow]

LOCALITIES

NE of Warsaw; W and close to Sokolow Podlaska
{POLAND}

קהילת ונגרוב : ספר זכרון

Kehilat Vengrov : sefer zikaron [Vengrov]
Moshe Tamari, ed.
Tel Aviv : Yots'e Vengrov be-Yisra'el be-hishtatfut Yots'e Vengrov be-Argentinah, 1961
Hebrew, Yiddish
418, [4] p. : ill., facsims., map, ports.; 28 cm.
ZB; SFG (Vengrov); EJ
BL Shelfmark : 01926.aa.12

WIELUN [Vielun; Vloyn]
NW of Czestochowa; SW of Lodz {POLAND}

ספר זכרון לקהילת וילון

Sefer zikaron li-kehilat Vyelun [Sefer zikaron Vyelun; Le-zekher kedoshe Vyelun; Yizker-bukh Vyelun; Wielun memorial book]
Mendl Gelbart, ed.
Tel Aviv : Irgun Yots'e Vilun be-Yisra'el, 1971
= Wielun Organisation in Israel and the memorial Book Committee in the USA
Hebrew, Yiddish, English section (24 p. at end)
534, [4], 24 p. : ill., facsims., map, ports.; 31 cm.
ZB; SFG (Vielun); EJ
BL Shelfmark : 01923.ccc.41

WISLOWIEC [Vislavitz; Voislavize; Wojslawice; Wojslawicze]
SE of Lublin; S and close to Chelm {POLAND}

יזכר-בוך צום פאראייביקן דעם אנדענק פון
גער חרוב-געווארענער יידישער קהילה
וואיסלאוויץ

Yizker-bukh tsum fareybikn dem ondenk fun der horev-gevorner Yidisher kehile Voyslavits
[Yizker-bukh Voyslavits; Yizkor Book in memory of Voislavize; Sefer zikaron Vislovitsah; Sefer Vislovitsah]
Shimon Kanc, ed.
Tel Aviv : Irgun Yots'e Vislovitsah be-Yisra'el, 1970
515 p. : ill., map, ports.; 25 cm.
Yiddish (chiefly), Hebrew, English (p.500-1)
ZB (Wojslawice); SFG (Vislavitz)
BL Shelfmark : HEC.2002.a.309

WLOCLAWEK [Alt Lesle; Vlatzlavek; Votslavsk; Wloklawka]
NW of Warsaw; SE of Torun {POLAND}

ולוצלבק והסביבה : ספר זכרון

Vlotslavek veha-sevivah : sefer zikaron
[Vlotslavek un umgegnt : yizker-bukh; Wloclawek and vicinity : memorial book]
Kathriel Fishel Thursh, Meir Korzen, eds.
[Tel Aviv] : Irgun Yots'e Vlotslavek veha-sevivah be-Yisr'ael uve-Artsot ha-Berit, 1967
Hebrew, Yiddish
16 p., 1032 col. : ill., facsims., map, ports.; 32 cm.
ZB; SFG (Vlatzlavek); EJ
BL Shelfmark : 01923.ccc.52

WOLBROM [Volbrom]
N of Krakow; E of Bedzin {POLAND}

וולברום עירנו : ספר-יזכור לשנת העשרים
לחורבן האיום של העיר ...

Volbrom 'irenu : sefer-yizkor li-shenat ha-'esrim le-hurban ha-'ayom shel ha-'ir ...
[Unzer shtot Volbrom : a yizker-bukh ...]
Meir Shimon Geshuri, ed.
Tel Aviv : Irgun Yots'e Volbrom be-Yisra'el, 1962
Hebrew, Yiddish
39, 576, 272, 849-909 p. : ill., facsims., maps, ports.; 25 cm.
ZB; SFG (Volbrom); EJ
BL Shelfmark : HEC.2003.a.24

WORMS
N of Speyer; S of Mainz {GERMANY}

The destruction of the Jewish community of Worms 1933-1945 : a study of the Holocaust experience in Germany
Henry R. Huttenbach
New York : Memorial Committee of Jewish Victims of Nazism from Worms, 1981
English
xv, 256 p : facsims., maps, ports.; 24 cm.
EJ
BL Shelfmark : ORW.1997.a.1

WYSZKOW [Vishkeve; Vishkov; Wishkow; Wyshkow; Wyskow]
NE of Warsaw; NW of Wegrow {POLAND}

ספר וישקוב

Sefer Vishkov [Wishkow book]
David Sztockfisz, ed.
[Tel Aviv] : Irgun Yots'e Vishkov be-Yisra'el uve-huts la-arets, [c.1964]
Hebrew, Yiddish
351, [4] p. : ill., facsims., music; ports.; 36 cm.

ZB; SFG (Vishkov); EJ
BL Shelfmark : 01923.ccc.1

WYSZOGROD [Vishegrod; Vishogrod; Vishogrud]
NW of Warsaw; SE of Plock {POLAND}

וישוגרוד : ספר זכרון לקדושי וישוגרוד שנספו בשואת הנאצים בשנת 1939-1945

Vishogrod : sefer zikaron li-kedoshe Vishogrod she-nispu be-shoat ha-Natsim bi-shenat 1939-1945 [Vishogrod : this book is dedicated to the memory of the Vishogrod martyrs who died by the hand of the Nazis and their henchmen 1939-1945 ; Vishogrod : a bukh a matseyve far di kdoyshim fun Vishogrod vos zenen umgekumen durkh di Natsis in di yorn 1939-1945; Sefer Vishogrod]
Haim Rabin, A. Felz, eds.
[Tel Aviv] : Irgun Yots'e Vishogrod be-Yisra'el, 1971
Hebrew, Yiddish, English section (48 p. at end)
315, 48 p. : ill., ports.; 33 cm.
ZB; SFG (Vishogrod); EJ
BL Shelfmark : 01923.ccc.44

YEDINTSY [Edineti; Edinita; Edinitz; Jedincy; Yedinitz; Yedinitzi]
NW of Kishinev; SE of Lipkany {MOLDOVA}

יד לידניץ : ספר זכרון ליהודי ידניץ-בסרביה

Yad le-Yedinits : sefer zikaron li-yehude Yedinits - Besarabyah [Yad le-Yedinits : andenk-bukh far di yidn fun Yedinets - Besarabye; Yad L`Yedinitz : memorial book for the Jewish community of Yedinitzi - Bessarabia]
Mordecai Reicher, Yosef Magen-Schuetz, eds.
Tel Aviv : Irgun Yots'e Yedinits be-Yisra'el, 1973
Hebrew, Yiddish
1022 col. : ill., facsims., map, ports.; 31 cm.
ZB; EJ
BL Shelfmark : 01923.ccc.43

ZABLUDOW [Zablodov; Zablodova; Zabludov; Zabludova]
SE of Bialystok; W to Michalowa {POLAND}

זאבלודאווע, יזכר-בוך

Zabludove, yizker-bukh [Zabludowo (yizkor book) in memoriam. In honor and memory of our home town Zabludowo and the victims of mass massacres of our brothers by the Nazis; Zabludowo (Izkor Buj) : in memoriam. Libro en homenaje a nuestros hermanos masacrados por la barbarie Nazi en nuestro pueblo natal]
Shmuel and Yitzhak Tsesler, Joseph Reznik, eds.
Buenos Aires : Yizker-bukh Komitet tsum tsvontsikstn yortag fun di ershte yudishe korboynes fun hurbn Zablodove yuli 1941- yuli 1961, 1961
Yiddish
507 p. : ill., facsims., maps, ports.; 28 cm.
ZB; EJ
BL Shelfmark : 17112.d.13

ZAMBROW [Zambruv; Zembrova; Zembrove; Zombrow]
NE of Warsaw; S of Lomza {POLAND)

ספר זאמברוב-זעמבראווע : זכרון לקהילת הקודש שהושמדה

Sefer Zambrov-Zembrove : zikaron li-kehilat ha-kodesh she-hushmedah [The book of Zambrov : memories of our town which has been annihilated by the Nazis and does not exist any more; Zambrov, Zembrove]
Yom-Tov Lewinsky, ed.
Tel Aviv : Hotsa'at ha-Irgunim shel Yots'e ha-'ir be-Artsot ha-Berit, Argentinah ve-Yisra'el, 1963 =Zembrover Societies in U.S.A., Argentine and Israel
Hebrew, Yiddish, English section (69 p. at end)
627, 69 p. : ill., facsims., map, ports.; 28 cm.
ZB; EJ
BL Shelfmark : 01923.cc.8

ZAMOSC [Zamoshtch; Zamostie; Zamotch]
NW of Belz; SE of Lublin {POLAND}

זמושץ׳ בגאונה ובשברה

Zamoshts bi-geonah uve-shivrah
Moshe Tamari, ed.
Tel Aviv : Va'ad 'Ole Zamoshts be-Yisra'el, 1953
Hebrew, Polish
327 p. : ill., ports.; 24 cm.
ZB; EJ
BL Shelfmark : 1985.k.13

ZARKI [Zharik; Zharki; Zhurik]
NW of Krakow; SE of Czestochowa {POLAND}

קהילת ז׳ארקי : עיירה בחייה ובכליונה

Kehilat Zarki : 'ayarah be-hayeha uve-khilyonah
Itzhak Lador, ed.
[Tel Aviv] : Irgun Yots'e Zarki be-Yisra'el, 1959
Hebrew, Yiddish
324 p. : ill., ports.; 25 cm.
ZB
BL Shelfmark : 01926.a.167

LOCALITIES

ZAWIERCIE [Zavertse; Zavirtcha; Zawierce; Zawiercia]
NW of Krakow; S of Czestochowa {POLAND}

ספר זכרון=אנדענק-בוך ק"ק זאוויערטשע והסביבה

Sefer zikaron=Andenk-bukh k"k Zaviertshe veha-sevivah [Sefer zikaron li-kedoshe Zavyertseh veha-sevivah]
S. Spivak, ed.
Tel Aviv : Irgun Yots'e Zavyertseh veha-sevivah, 1957/58
Hebrew, Yiddish
570, [47] p. : ill., map, ports.; 25 cm.
ZB (ed. 1948); EJ
BK Shelfmark : HEC.1997.a.228

ZDUNSKA-WOLA [Zdunska-Vola; Zdunskiej-Woli]
NW of Piotrkow Trybunalski; SW of Lodz {POLAND}

זדונסקה-וולה

Zedunskah-Volah [The Zdunska-wola book; Zdunska Wola]
Elhanan Ehrlich, ed.
[Tel Aviv] : Irgun Yots'e Zedunskah-Volah be-Yisra'el uve-Amerikah, 1968
Hebrew, Yiddish, English section (55 p. at end)
19, 718, [8] p. of plates, 55 p. : ill., facsims., map, ports.; 28 cm.
ZB; EJ
BL Shelfmark : 01923.ccc.23

ZELWA [Zelova; Zelva]
E to Volkovysk; W of Slonim {BELARUS}
Zelva memorial book [Sefer zikaron Zelvah]
Yerachmiel Moorstein, ed.; Jacob Solomon Berger transl. (to English)
Mahwah [NJ, USA], 1994
English (initially published in Hebrew, by Zelva Committee in Israel, 1984)
vii, 141 p.; 28 cm.
ZB
BL Shelfmark : YA.1992.b.5846

ZGIERZ [Sgierz; Zgerzh; Zgyerz]
N and close to Lodz {POLAND}

ספר זגירז' : מזכרת נצח לקהילה יהודית בפולין

Sefer Zgyerz : mazkeret netsah li-kehilah yehudit be-Polin [Seyfer Zgerzsh : tsum ondenk fun a yidisher kehile in Poyln; Zgierz : ksiega pamiatkowa; Memorial book Zgierz; Sgierz]
David Sztockfisz, ed. , Y.A. Malkieli, assistant ed.
[Tel Aviv] : Irgun Yots'e Zgyerz be-Yisra'el, 1975
Yiddish, Hebrew, some Polish
795, [3] p. : ill., facsims., ports.; 24 cm.
ZB; SFG (Zgerzh); EJ
BL Shelfmark : HEC.2002.a.304

ZHELUDOK [Zoludek]
SW of Lida; E of Grodno {BELARUS}

ספר ז'לודוק ואורלובה : גלעד לזכרון

Sefer Z'eludok ve-Orlovah : gal'ed le-zikaron [The book of Zoludek and Orlowa : a living memorial]
Aharon Meirovitz, ed.
[Tel Aviv] : [Va'ad Irgun Yots'e Zeludok be-Yisra'el uve-Artsot ha-Berit], [1970]
Hebrew, Yiddish, English preface (3 p. at end)
328, [5] p. : map, ports.; 25 cm.
ZB; SFG
BL Shelfmark : 01923.cc.58

ZHOVKVA [Nesterov; Zholkeva; Zholkva; Zhovka; Zolkiew]
N of Lviv; W of Brody {UKRAINE}

ספר ז'ולקיב : קריה נשגבה

Sefer Z'olkiv : kiryah nisgavah [Z'olkiv; Zolkiew : kiryia nizgava]
Nathan Michael Gelber, Israel Ben-Shem, contributors
Jerusalem : Entsiklopedyah shel galuyot; Irgun Yots'e Z'olkiv be-Yisra'el, 1969
Hebrew
844 col. : ill., facsims., map, ports.; 29 cm. - *(Sifre zikaron li-kehilot ha-golah)*
ZB; SFG (Zholkeva); EJ (Zholkva)
BL Shelfmark : 01923.ccc.48

ZINKOV [Z'inkov]
N of Kamenets Podolskiy; SW of Kiev {UKRAINE}

פנקס זינקוב געדענקבוך

Pinkes Zinkov gedenkbukh [Zinkover memorial book]
Samuel Eisenstadt, ed.
Tel Aviv; New York : Hotsa'at Va'ad Zinkov, 1966 = Zinkover Landsleit in the US and Israel
Yiddish, Hebrew, English chapter (16 p. at end)
239, 16 p. : ill., map, ports.; 25 cm.
ZB; SFG
BL Shelfmark : 17112.d.1

ZOFYUVKA [Sofiivka; Sofiovka; Trochenbrod; Trochinbrod; Truchenbrod Lozisht; Zofjowka]
NE of Lviv; S of Pinsk {UKRAINE}

האילן ושורשיו : ספר קורות ט״ל זופיובקה-איגנטובקה

ha-'Ilan ve-shorashav : sefer korot Ta"l Zofyovkah-'Ignatovkah [The Tree and the Roots : the history of T.L. (Sofyovka and Ignatovka)]
Yakov Vainer, Tuvyah Drori, Gad Rosenblatt, Anshel Shpilman, eds.
Givatayim : 'Agudat Bet Tal, 1988
Hebrew, Yiddish, English section (xxxv p. at end)
572, xxxv p. : ill., facsims., maps, ports.; 24 cm.
ZB (Zofiowka); SFG (Sofiovka, Trochinbrod)
BL Shelfmark : HEC.1989.a.356

ZWOLEN [Zvolin; Zwolin]
E and close to Radom; W of Lublin {POLAND}

זוואלינער יזכור בוך

Zvoliner yizker-bukh [Zvoliner yizkor bukh; Yizkor Book Zwolen]
Berl Kagan, ed.; Adah Fogel, transl. (to English)
New York : Zvoliner Landsmanshaft in Nyu-York, 1982 = NewYork Independent Zvoliner Benevolent Society
Yiddish, English section (112 p. at end)
viii, 564, 112 p. : ill., maps, ports.; 24 cm.
ZB; SFG (Zvolin); EJ
BL Shelfmark : HEC.2002.a.291

ZYCHLIN [Sychlin; Szichlin; Zhichlin]
E of Kutno; W of Warsaw {POLAND}

ספר ז׳יחלין

Sefer Z'ihlin [Seyfer Zshikhlin; Memorial Book of Zychlin]
Ami Shamir, ed. (Hebrew section); David Sztockfisz, ed. (Yiddish section)
Tel Aviv : Hotsa'at Irgun Yots'e Zihlin be-Yisra'el uve-Amerikah, 1974 = Zychliner Organisations of Israel and America
Hebrew, Yiddish, English preface (p.xiii-xiv)
xiv, 350, [4] p. : ill., facsims., ports.; 25 cm.
ZB; EJ
BL Shelfmark : 01923.cc.104

ZYRARDOW [Shiraduv; Zheredov; Zhirardov]
NE of Lodz; SW of Warsaw {POLAND}

פנקס זשיראַרדאָוו אַמשינאָוו און וויסקיט : יזכור-בוך צו דער געשיכטע פון די קהילות זשיראַרדאוו, אַמשינאָוו, וויסקיט פון זייער אויפקום ביז זייער חורבן...

Pinkes Zshirardov, Amshinov un Viskit; yizker-bukh tsu der geshikhte fun di kehiles Zshirardov, Amshinov, Viskit fun zayer oyfkum fun zayer hurbn...[Pinkes Zshirardov, Zyrardow, Amszynow y Wiskitki izkor-buj : libro en homenaje a nuestros hermanos masacrados por la barbarie Nazi en nuestros pueblos natales; Zyrardow, amszynow y Wiskitki yizkor-book : in honor and memory of our home-town Zyrardow, Amszynow and Wiskitki and the victims of mass massacres of our brothers by the Nazis]
Mordecai Wolf Bernstein, ed.
Buenos Aires : Di Landslayt-Faraynen in Amerike, Yisra'el, Frankraykh, Argentine, 1961
Yiddish
699, [4] p. : ill., facsims., ports.; 29 cm.
ZB; SFG (Zhirardov); EJ
BL Shelfmark : HEC.2002.c.10

כתב זאת זכרון בספר...
Inscribe this in a book as a reminder...
(Exodus 17:14)

Pupils and teachers from "Michel and Rebecca Juster Elementary School" in Piatra Neamt, Romania, around 1928. Headmaster: Aaron Barid.
Third row from top, fourth girl from left is Bianca Kalman, the author's mother.

II - MEMORIAL VOLUMES
COUNTRIES AND REGIONS

I.
BESSARABIA {region - MOLDOVA}

על אדמת ביסראביה : דברי מחקר, זכרונות, רשימות, תעודות ודברי ספרות לקביעת הדמות של יהדותה

'Al admat Besarabyah : divre mehkar, zikhronot, reshimot, te'udot ve-divre sifrut li-kevi'at ha-demut shel yahadutah
[Upon the land of Bessarabia : studies, memoirs, articles, documents and essays depicting its image]
K.Aaron Bertini, ed. (v.1); M.Landau, ed. (v.2); Getzel Kressel, ed. (v.3)
Tel Aviv : United Association of Former Residents of Bessarabia, 1959-1963
Hebrew
3 v. (266, 213, 298 p.); 24 cm.
BL Shelfmark : 01923.cc.3

II.
BESSARABIA {region - MOLDOVA}

ביסאראביה היהודית במערכותיה : בין שתי מלחמות העולם, 1914–1940

Bisarabyah ha-yehudit be-ma'arakhoteha ben shete milhamot ha-'olam 1914-1940
[The Jews in Bessarabia between the world wars 1914-1940]
David Vinitzky, comp.
Jerusalem; Tel Aviv : ha-Sifryah ha-Tsiyonit [and] Gevile Besarabyah, 1973
Hebrew
2 v. (719, [6] p.); 24 cm.
BL Shelfmark : 01923.cc.96

III.
BESSARABIA {region - MOLDOVA}

יהדות ביסאראביה

Yahadut Besarabyah
Editorial committee comprising : K.Aaron Bertini, Benjamin Isaac Mikhaly and Isaac Korn
Jerusalem; Tel Aviv : Hevrat Entsiklopedyah shel Galuyot, 1971
Hebrew
986 columns. : ill., facsims., maps, ports., tables; 31 cm. - *(Entsiklopedyah shel Galuyot; v.11)*
BL Shelfmark : 1987.f.13/11

IV.
BULGARIA

יהדות בולגריה

Yahadut Bulgaryah
[Bulgaria]
Albert Romano, Joseph Ben, Nissim Buko, eds
Jerusalem; Tel Aviv : Hotsa'at Entsiklopedyah shel Galuyot, 1967
Hebrew

1018 col. : ill., facsims., maps, ports.; 30 cm. - *(Entsiklopedyah shel Galuyot; v.10)*
BL Shelfmark : 1987.f.13/10

COUNTIRES AND REGIONS

Carpatho-Ruthenia *see* Zakarpatska

V.
CRIMEA {region - UKRAINE}

יהדות קרים מקדמותה ועד השואה

Yahadut Krim mi-kadmutah ve-'ad ha-Shoah
Yehezkel Keren, ed.
Jerusalem : Hotsa'at Reuven Mas, 1981
Hebrew
337 p. : ill., facsims., ports.; 22 cm.
BL Shelfmark : 01920.aa.206

VI.
GERMANY
Autumn 1939 - Yamim Noraim : memorial book for East European Jews who lived in Germany [Setav 1939]
Zeev Rebhun, comp., Nehama Stern, ed., Toby Neeman, (Eng. transl.)
English, Hebrew section (51 p. at end)
220, [9], 51 p. : ill., facsims., maps; 28 cm.
BL Shelfmark : ORW.2000.a.608

Karpatalja *see* Zakarpatska

VII.
LATVIA
The Jews in Latvia
Mendel Bobe and others, eds.
Tel Aviv : Association of Latvian and Estonian Jews in Israel, 1971
English
384 p. : ill. , map, ports.; 25 cm.
BL Shelfmark : 01923.cc.95

VIII.
LATVIA

יהדות לטביה

Yahadut Latvyah : sefer zikaron
Benjamin Eliav, Mendel Bobe, Elhanan Kramer, eds.
Tel Aviv : Igud Yotse Latvyah ve-Estonyah be-Yisra'el, 1952/1953
Hebrew
458 p., [60] p. of plates : map, ports.; 24 cm.
BL Shelfmark : HEC.1999.a.371

IX.
LITHUANIA

יהדות ליטא

Yahadut Lita
[Lithuanian Jewry]

יהודי ליטא מהמאה ה- 15 עד 1918

v.1 - *Yehude Lita meha-meah ha-15 'ad 1918*
    Nathan Goren, Leib Garfunkel and others, eds.
    Tel Aviv : 'Am Hasefer, 1959
    648 p. : ill, facsims., maps, ports.; 30 cm.

היהודים בליטא מ- 1918 עד 1941

v.2 - *ha-Yehudim be-Lita me-1918 'ad 1941*
    Raphael Hasman, Yaakov Olinsky, Mordecai Elyashiv and others, eds.
    Tel Aviv : Hotsa'at Igud Yotse Lita be-Yisra'el, 1972
    430 p. : ports.; 30 cm.

היהודים בליטא העצמאית

v.3 - *ha-Yehudim be-Lita ha-'atsmait*
    Raphael Hasman, Dov Lipec and others, eds.
    Tel Aviv : Hotsa'at ha-Agudah le-'ezrah hadadit le-Yotse Lita be-Yisra'el, 1967
    396 p. : maps, ports.; 30 cm.

השואה

v.4 - *ha-Shoah*
    Leib Garfunkel, ed.
    Tel Aviv : Hotsa'at Igud Yotse Lita be-Yisra'el, 1984
    512 p. : ill., facsims., map, ports.; 30 cm.

Hebrew
BL Shelfmark : 01923.cc.17

X.
LITHUANIA

חורבן ליטע

Hurbn Lite [The ruins of Lithuania. A chronicle of the destruction of the sacred Jewish communities of Lithuania, 1914-1945]
Ephraim Oshry, comp.
New York; Montreal , 1951
Yiddish, English preface
468 p. : ill.; 24 cm.
BL Shelfmark : 04516.d.9

XI.
MARAMURES [Marmaros] {region - UKRAINE}

ספר מארמארוש : מאה וששים קהילות קדושות ביישובן ובחורבנן

Sefer Marmarosh : meah ve-shishim kehilot kedushot be-yishuvan uve-hurbanan
[The Marmaros Book : in memory of a hundred and sixty Jewish communities]
S.Y. Gross, Yitzhak Yosef Cohen, eds.
Tel Aviv : Bet Marmarosh, 1983
Hebrew, Yiddish, English
436, [1], 58 p. : ill., facsims., map, ports.; 31 cm.
BL Shelfmark : 01926.aa.16

COUNTRIES AND REGIONS

XII.
MARAMURES [Marmaros] {region - UKRAINE}

ספר זכרון קדושים ליהודי קרפטורוס-מרמרוש

Seyfer Zikorn kedoyshim li-yehude Karpatorus-Marmoresh
Shlomo Rosman, comp.
Rehovot, 1968; Brooklyn, N.Y., 1968
Yiddish
643 p. : ports.; 25 cm.
BL Shelfmark : 17112.d.7; 17112.d.23 [2 C]

Marmaros *see* **Maramures**

Ruthenia *see* **Zakarpatska**

Subcarpathian Rus' *see* **Zakarpatska**

Subcarpathian Ruthenia *see* **Zakarpatska**

XIII.
SALAJ [Szilagy] {region - RUMANIA}

ספר יהודי סאלאז׳- סילאדי : תולדותהם, קהילותהם, משפחותהם, בנין ופריחה , חורבן וקמילה

Sefer Yehude Salaz`-Siladi : toldotehem, kehilotehem, mishpehotehem, binyan u-ferihah, hurban u-kemilah
[Salaj-Szilagy-Megye : zsidóságának emlékkönyve; Memorial book of Salaj-Szilagy Jewry]
David Giladi, ed.
Tel Aviv : Va'ad Yehude Siladi be-Yisra'el, 1989
Hebrew, Hungarian, English preface
338, 414 p. : ill., facsims., maps, ports.; 31 cm.
BL Shelfmark : HEC.1996.a.100

Sátoraljaújhely *see* **Zemplin**

XIV.
SVENCIONYS [Swieciany] {region - LITHUANIA}

ספר זכרון לעשרים ושלוש קהילות שנחרבו באזור שווינציאן

Sefer zikaron le-'esrim ve-shalosh kehilot she-nehrevu be-ezor Shvintsyan
[Yizker-bukh nokh dray-un-tsvantsik heruv gevorene yidishe kehiles in Sventsyoner gegnt;
Svintzian region yizkor book in memory of twenty three Jewish communities]
Simon Kanc, ed.
Tel Aviv : Irgun Yotse ezor Shvintsyan be-Yisra'el, 1965
Hebrew, Yiddish
1954 col. : ill., facsims., map, ports; 31 cm.
BL Shelfmark : 01923.ccc.25

Transcarpathia *see* **Zakarpatska**

Transcarpathian Ruthenia *see* **Zakarpatska**

COUNTRIES AND REGIONS

XV.
VOLHYNIA {region - UKRAINE}

ילקוט ווהלין : אוסף זכרונות ותעודות

Yalkut Vohlyn : osef zikhronot ve-te'udot
A. Avatihi, H.B. Ayalon, A. Zamir, eds.
Tel Aviv : Arkheon Vohlyn be-Erets Yisra'el, 1945-1953
Hebrew
2 v. (nos.1-8, 9-17 respectively); 24 cm.
BL Shelfmark : 1985.k.12

XVI.
ZAGLEMBIE {region - POLAND}

פנקס זאגלעמביע

Pinkes Zaglembie
[Pinkas Zaglembie : memorial book]
Joshua Rapaport, ed.
Melbourne : Zaglembier Landsmanshaft un Pinkes-Zaglembie Komitet in Melborn ;
Tel Aviv : Farlag ha-Menoyre, 1972 = Zaglembier Society and Pinkas-Zaglembier Committee Melbourne (Australia); Hamenora Publishing House, Tel Aviv
Yiddish, Hebrew, English section (82 p. at end)
613, [1], 82 p. : ill., facsims., map, ports.; 29 cm.
BL Shelfmark : 17112.d.9

XVII.
ZAKARPATSKA [Carpatho-Ruthenia; Karpatalja; Ruthenia; Subcarpathian Rus'; Subcarpathian Ruthenia; Transcarpathia; Trancarpathian Ruthenia] {region - UKRAINE}

קארפאטורוס

Karpatorus
[Karpatorus]
Yehuda Erez, ed.
Jerusalem; Tel Aviv : Hotsa'at Entsiklopedyah shel Galuyot, 1959
Hebrew
590 col. : ill., ports.; 31 cm. - (*Entsiklopedyah shel Galuyot; v.7*)
BL Shelfmark : 1987.f.13/7

Zemplen Megye *see* Zemplin

XVIII.
ZEMPLIN [Sátoraljaújhely; Zemplen Megye] {region - SLOVAKIA}
Vanished communities in Hungary : the history and tragic fate of the Jews of Ujhely and Zemplen County
[Sátoraljaújhely és Zemplén vármegye zsidóságának története; Zemplen Satoraljaujhely;
Mah tovu Uhe'lekhah Ya'akov : korot yehude mehoz Zemplen]
Meir Sas, comp., Carl Alpert (Eng. transl.)
Toronto : Memorial Book Committee = be-Hotsa'at va'ad sefer ha-zikaron yotse Uhe'l ve-Zemplen, Hungaryah, 1986
English, Hungarian, Hebrew [chapters I-XII also in Hungarian and chapters I-XI also in Hebrew]
214, 170, 141, [26] p. : ill., facsims., maps, ports.; 24 cm.
BL Shelfmark : YA.1989.b.5885

A photograph from the Yiddish journal "Di Hazonim Velt", Vilnius, Lithuania, 1933, showing a group of cantors.

III - MEMORIAL VOLUMES
ENCYCLOPEDIC VOLUMES

XIX. ערים ואמהות בישראל : מצבת קודש לקהילות ישראל שנחרבו בידי עריצים וטמאים במלחמת העולם האחרונה

'ARIM VE-IMAHOT BE-YISRAEL : *matsevet kodesh li-kehilot Yisrael she-nehrevu bi-yede 'aritsim u-temeim be-milhemet ha-'olam ha-aharonah*
Judah Loeb Maimon, ed.
Jerusalem : Mosad Harav Kook, 1946-1960.

אוסטרהא, אייזנשטדט, ברלין, וילנה, וינה, לבוב, מונקאטש

v.1 - *Ostrog, Eisenstadt, Berlin, Vilna, Vienna, Lvov [Lemberg], Mukachevo [Munkacs]*
Judah Loeb Maimon, Rephael Patai, Israel Maizel, Israel Klausner, A. Zahavi-Goldhamer, Ts. Karl, Samuel Weingarten (authors of individual localities)
Jerusalem, 1946
371 p. : ill.; 25 cm.

אלטונה, המבורג, וונדסבק, אודיסה, בודאפשט, הומל, נמירוב, קראקא

v.2 - *Altona, Hamburg, Wandsbeck, Odessa, Budapest, Gomel [Homel], Nemirov, Krakow*
Y. Wolfsberg (author of Altona, Hamburg and Vandsbek) Baruch Shohetman, Aaron First. Y.L.G. Kahanovits, Yohanan Pograbinski, Ts. Karl (authors of remaining localities)
Jerusalem, 1948
354 p. : ill.; 25 cm.

ווארשה

v.3 - *Warsaw*
David Flinker, comp.
Jerusalem, 1948
303 p. : ill.; 25 cm.

אונגוואר, וויניציה, טשרנוביץ, ניקולסבורג

v.4 - *Ungvar, Venice, Chernovtsy, Nikolsburg*
Yehudah Shpigel, A. Zahavi-Goldhamer, Moses Avigdor Shulvas, Y.Z. Kahana, authors of individual localities
Jerusalem, 1950
313 p. : ill.; 25 cm.

סטניסלאב

v.5 - *Stanislawow*
Dov Sadan and Menahem Gelerter, eds.
Jerusalem, 1952
429, [1] p. : ill.; 25 cm.

ברודי

v.6 - *Brody*
Nathan Michael Gelber
Jerusalem, 1955
437, [15] p. ; ill., map, ports.; 25 cm.

ברטיסלבה (פרשבורג)

v.7 - *Bratislava [Presburg]*
Samuel Weingarten
Jerusalem, 1960
184, [4] p. : ill., ports.; 25 cm.

Hebrew, Polish
BL Shelfmark : 1987.c.14/1-7

ENCYCLOPEDIC VOLUMES

XX.

פנקס הקהילות

PINKAS HA-KEHILOT : *entsiklopedyah shel ha-yishuvim le-min hivasdam ve-'adle-ahar shoat milhemet ha-'olam ha-sheniyah*
[Pinkas hakehillot : encyclopedia of Jewish communities]
Jerusalem : Yad Vashem, 1969- .

Note : each volume of this encyclopedia contains comprehensive lists of towns and localities in Hebrew and/or Latin characters

ALBANIA *see* **Greece**

ESTONIA *see* **Latvia**

GERMANY

פנקס הקהילות גרמניה

Pinkas ha-kehilot Germanyah

v.1 - *Bavaria*
    Baruch Zvi Ophir, ed., in collaboration with Shalom Schmiedt and Chasia Turtel Aberzhanska
    Jerusalem, 1972
    12, 683, xl p. : ill., facsims., maps, ports.; 28 cm.

v.2 - *Württenberg, Hohenzollern, Baden*
    Joseph Walk, ed., Bracha Freundlich, assistant ed.
    Jerusalem, 1986
    12, 549, [2] p. : ill., facsims., maps, ports.; 28 cm.

v.3 - *Hesse, Hesse-Nassau, Frankfurt*
    Henry Wasserman, ed.
    Jerusalem, 1992
    12, 725, [3] p. : ill., maps, ports.; 28 cm.

Hebrew, English sections
BL Shelfmark : 01923.ccc.34/2

GREECE

פנקס הקהילות יוון

Pinkas ha-kehilot Yavan [with a section on the Jews of Albania]
Bracha Rivlin, ed.
Jerusalem, 1998
Hebrew, English abstract and preface
7, [14], 453, xvii p. : ill., facsims., maps, photos.; 28 cm.
BL Shelfmark : 01923.ccc.34/9

ENCYCLOPEDIC VOLUMES

HUNGARY

Pinkas ha-kehilot Hungaryah
Theodore Lavi, Nathanel Katzburg, eds.
Jerusalem, 1976
Hebrew, Hungarian
[10], 557 p. : ill., facsims., maps, ports.; 28 cm.
BL Shelfmark : 01923.ccc.34/42a.

פנקס הקהילות הונגריה

LATVIA and ESTONIA

Pinkas ha-kehilot Latvyah ve-Estonyah
Dov Levin, ed.
Jerusalem, 1988
Hebrew
9, 396 p. : ill., maps, ports.; 28 cm.
BL Shelfmark : 01923.ccc.34/6

פנקס הקהילות לאטביה ואסטוניה

LIBYA

Pinkas ha-kehilot Luv, Tunisyah
Irit Abramski-Bligh, ed.
Jerusalem, 1997
Hebrew; English preface
12, 533, ix p., [26]p. of plates : ill., maps, photos.; 28 cm.
BL Shelfmark : 01923.ccc.34/10

פנקס הקהילות לוב, תוניסיה

LITHUANIA

Pinkas ha-kehilot Lita
Dov Levin, ed., Josef Rosin, assistant ed.
Jerusalem, 1996
Hebrew
17, 748, [3] p. : maps, ports., tables; 28 cm.
BL Shelfmark : 01923.ccc.34/8

פנקס הקהילות ליטא

THE NETHERLANDS

Pinkas ha-kehilot .Holand
Jozeph Michman, Hartog Beem, Dan Michman, comps.
Jerusalem, 1985
Hebrew
10, 434, [2] p. : ill., maps, facsims., ports.; 28 cm.
BL Shelfmark : 01923.ccc.34/5

פנקס הקהילות הולאנד

POLAND

Pinkas ha-kehilot Polin
v.1 - *The community of Lodz and its region*
    Danuta Dabrowska, Abraham Wein, eds.

פנקס הקהילות פולין

ENCYCLOPEDIC VOLUMES

    Jerusalem, 1976
    15, 285, xv p. : ill., maps; 28 cm.

v.2 - *Eastern Galicia*
    Danuta Dabrowska, Abraham Wein, Aharon Weiss, eds.
    Jerusalem, 1980
    31, 563, [3] p. : ill., facsims., maps; 28 cm.

v.3 - *Western Galicia and Silesia*
    Abraham Wein, Aharon Weiss, eds.
    Jerusalem, 1984
    23, 392, [2] p. : ill., maps; 28 cm.

v.4 - *Warsaw and its region*
    Abraham Wein, ed.
    Jerusalem, 1989
    24, 482, [1] p. : ill., facsims., maps, ports.; 28 cm.

v.5 - *Volhynia and Polesie*
    Shmuel Spector, ed.
    Jerusalem, 1990
    9, 341, [2] p. : ill., facsims., maps, ports., tables; 28 cm.

v.6 - *Poznan and Pomerania. Gdansk*
    Abraham Wein, ed., Rachel Grossbaum-Pasternak, assistant .ed.
    Jerusalem, 1999
    156, [1] p., [22] p. of plates : ill., facsims., maps, photos.; 28 cm.

v.7 - *Lublin and Kielce*
    Abraham Wein, ed.
    Jerusalem, 1999
    650 p.; 28 cm.

Hebrew, Polish
BL Shelfmark : 01923.ccc.34/3

RUMANIA

Pinkas ha-kehilot Rumanyah

פנקס הקהילות רומניה

v.1 - *Greater Romania (Moldavia and Walachia)*
    Theodore Lavi, Aviva Broshi, eds.
    Jerusalem, 1969
    224, 552 p. : ill., facsims., maps, ports.; 28 cm.

v.2 - *Transylvania, Bessarabia, Bukovina*
    Jan Ancel, Theodore Lavi, eds.
    Jerusalem, 1980
    5, 568 p. : ill., maps; 28 cm.

ENCYCLOPEDIC VOLUMES

Hebrew, Rumanian
BL Shelfmark : 01923.ccc.34

TUNISIA *see* **Lybia**

YUGOSLAVIA

פנקס הקהילות יוגוסלאוויה

Pinkas ha-kehilot Yugoslavyah
Zvi Locker, ed.
Jerusalem, 1988
Hebrew
382, [2] p. : ill., ports.; 28 cm.
BL Shelfmark : 01923.ccc.34/7

ויכתב ספר זכרון לפניו
And a book of remembrance was written before him
(Malachi 3:16)

The six daughters of Bernhard and Friederike Salus. Five of the photographs were taken in 1933, on the occasion of the 60th birthday of Hedwig Gruenhut, shown here in her youth. Clockwise from top left :

Helena Pereles. Born : 1869, Tuchomerice.
Died : 1940, Prague after having to leave her flat in Dejvice

    Hedwig Gruenhut. Born : 22 July 1873, Tuchomerice.
    Died : 28 October 1961, London

Berthe Fischer. Born : 4 November 1867, Tuchomerice. 8 July 1942, Transport AAo Olomouc to Theresienstadt, 19 October 1942, Transport BW Theresienstadt to Treblinka. Died : October 1942, Treblinka

    Ida Steiner. Born : 13 March 1870, Tuchomerice. 6 July 1942, Transport AAn Prague to
    Theresienstadt. Died : 18 February, 1943, Theresienstadt

Rosa Salus. Born : 11 January 1875, Tuchomerice. 24 October 1942, Transport CA Prague to Theresienstadt. Liberated May 1945. Died : 1946, Politz an der Elbe

    Olga Pollak. Born : 7 January 1876, Tuchomerice. 8 July 1943, Transport Dh Prague to Theresienstadt
    6 September 1943, Transport Ds Theresienstadt to Auschwitz. Died : Auschwitz

APPENDIX I - COMMUNITIES BY CURRENT LOCATION

BELARUS
Baranovichi
Bereza
Bobruysk
Braslav
Brest
Derechin
Drogichin
Grodno
Ilya
Ivanovo
Ivenets
Ivye
Kletsk
Kobrin
Korelichi
Lakhva
Lida
Lipnishki
Luninets
Minsk
Mir
Nesvizh
Novogrudok
Piaski
Pinsk (2)
Radoshkovichi
Rubezhevichi
Ruzhany
Slonim
Stolbtsy
Vidzy
Vileyka
Vitebsk (2)
Volkovysk (3)
Volozhin
Zelwa
Zheludok

BULGARIA
Kolarovgrad

GERMANY
Worms

GREECE
Thessaloniki (2)

HUNGARY
Bonyhad
Csenger
Debrecen
Derecske
Paks
Szekesfehervar
Ujpest

LATVIA
Liepaja

LITHUANIA
Dusetos
Jonava
Jurbarkas
Kedainiai
Marijampole
Rietevas
Rokiskis
Telsiai
Valkininkas
Vilnius

MACEDONIA
Bitola

MOLDOVA
Beltsy
Dubossary
Dumbraveny
Kalarash
Kapreshty
Lipkany
Markuleshty
Yedintsy

POLAND
Annopol
Augustow
Baranow
Bedzin
Belchatow
Biala Podlaska
Biala Rawska
Bialobrzegi
Bialystok
Biecz
Bielsk-Podlaski
Bransk
Brzeziny
Brzozow
Bychawa
Chelm (2)
Chrzanow
Ciechanow
Ciechanowiec
Czestochowa
Czyzew
Dabrowa
   Bialostocka
Dabrowa Gornicza
Debica
Drohiczyn
Dzialoszyce
Frampol
Gabin
Garwolin
Golub-Dobrzyn (2)
Goniadz
Gorlice
Goworowo
Grajewo
Horodlo
Hrubieszow
Jadow
Jaslo
Kalisz
Kaluszyn
Katowice
Kielce
Kock
Kolno
Kolo
Kozienice
Krakow
Krasnik
Krynki
Kutno
Lancut
Lask
Leczyca
Lezajsk
Lomazy
Lomza
Losice
Lublin
Makow Mazowiecki
Miechow
Mlawa
Nowy Dwor
Nowy Sacz
Opatow
Opoczno
Ostroleka
Ostrow-
   Mazowiecka (2)
Oswiecim
Otwock
Ozorkow
Pabianice
Pinczow
Piotrkow
   Trybunalski
Plock (2)
Pruszkow
Przasnysz
Przedecz
Przemysl
Przytyk
Pultusk
Raciaz
Radom (2)
Radomsko
Radomysl Wielki
Rembertow
Rozwadow
Rypin
Rzeszow
Sandomierz
Sanok
Siedlce
Siemiatycze
Sierpc
Skarzysko-
   Kamienna
Skierniewice
Sochaczew
Sokolka
Sokolow-Podlaski
Sokoly
Sosnowiec
Staszow
Stawiski
Strzyzow
Suchowola
Suwalki
Szrensk
Szydlowiec
Tarnobrzeg
Tomaszow-
   Lubelski

CURRENT LOCATION

Tomaszow Mazowiecki
Turobin
Wadowice
Warszawa (2)
Wasilkow
Wegrow
Wielun
Wislowiec
Wloclawek
Wolbrom
Wyszkow
Wyszogrod
Zabludow
Zambrow
Zamosc
Zarki
Zawiercie
Zdunska-Wola
Zgierz
Zwolen
Zychlin
Zyrardow

RUMANIA
Baia Mare
Bistrita
Bivolari
Borsa
Cluj
Dorohoi
Gura Humorului
Marghita
Ruscova
Strimtura
Tirgu-Mures
Vatra Dornei

SLOVAKIA
Bardejov
Dunajska Streda (2)
Kezmarok
Kosice
Michalovce
Sahy
Secovce
Stropkov

UKRAINE
Aleksandriya
Belz
Berestechko
Bershad
Bilki
Bobrka
Borshchev
Buchach
Burshtyn
Chervonoarmeisk
Chortkov
Dnepropetrovsk
Dubno
Gorokhov
Kalush
Kamen Kashyrskiy
Kamenets Podolskiy
Khorostkov
Khotin
Khust
Kolomyya (2)
Kosov (2)
Kostopol
Kosyno
Kremenets
Kuty
Lanovtsy
Lokachi
Lutsk
Lviv
Lyuboml
Mezhirichi
Mizoch
Novograd-Volynskiy
Ostrog (2)
Ozernyany
Radekhov
Ratno (2)
Rava Russkaya
Rogatin
Rovno
Sarny
Shpola
Shumskoye
Skala-Podolskaya
Sokal
Sokiryany
Sokolovka
Sosnovoye
Staraya Rafalovka
Stavishche
Stryy
Ternopol
Ternovka
Tlumach
Tolstoye
Tuchin
Turka
Tysmenitsa
Ugnev
Uzhgorod
Vladimir Volynskiy
Vladimirets
Zhovkva
Zinkov
Zofyuvka

APPENDIX II - MEMORIAL VOLUMES BY LANGUAGE OF PUBLICATION

ENGLISH
Bonyhad (Hebrew & Hungarian documents)
Dabrowa Bialostocka
Derechin
Kamenets Podolskiy
Liepaja (Russian preface)
Lyuboml
Rietevas
Szydlowiec
Volkovysk (*The Volkovysk memorial book*)
Worms
Zelwa

ENGLISH & HEBREW
Sokolovka (Hebrew section)
Stropkov (Hebrew section)

ENGLISH & HUNGARIAN
Kosyno (Hebrew summary)

HEBREW
Aleksandriya
Bershad
Bistrita
Bitola
Borsa
Brest
Buchach
Dnepropetrovsk
Dunajska Streda (*Kunteres ha-zikaron*)
Dusetos
Horodlo
Jaslo
Katowice
Kezmarok
Khust
Kobrin
Kolarovgrad
Kolomyya (*Sefer zikaron*)
Kostopol
Krakow
Kuty
Leczyca
Lomza
Lviv (with German & Polish documents)
Minsk
Ostrog (*Ostrah*)
Ostrow-Mazowiecka (*Ostrov Mazovyetsk*)
Ozorkow
Paks
Radom (*Radom*)
Radoshkovichi
Ratno (*Ratnah*)
Rovno
Shpola
Skarzysko-Kamienna
Sokiryany
Strimtura
Ternopol
Ternovka
Tirgu-Mures
Tomaszow-Lubelski
Uzhgorod
Vatra Dornei (Rumanian documents)
Vitebsk (*Vitebsk*)
Volkovysk (*Hurban Volkovisk*)
Wadowice
Zhovkva

HEBREW & ENGLISH
Suwalki (English section)
Ugnev (English section)

HEBREW & FRENCH
Thessaloniki (*Saloniki 'ir va-em...*)

HEBREW, GERMAN & RUMANIAN
Gura Humorului

HEBREW & HUNGARIAN
Baia Mare
Csenger
Debrecen (chiefly Hungarian)
Derecske
Dunajska Streda (*Sefer ha-zikaron*)
Marghita
Sahy
Ujpest (chiefly Hungarian; only 27 p. in Hebrew)

HEBREW, HUNGARIAN & ENGLISH
Cluj
Michalovce (English section)
Szekesfehervar

HEBREW, HUNGARIAN, SLOVAKIAN & ENGLISH
Secovce (English article)

HEBREW, LADINO & SPANISH
Thessaloniki (*Zikhron Saloniki*)

HEBREW & POLISH
Zamosc

HEBREW & RUMANIAN
Dorohoi

HEBREW, RUMANIAN & ENGLISH
Bivolari (English foreword)

HEBREW & YIDDISH
Augustow
Baranovichi
Bedzin
Belz
Berestechko
Biala Podlaska
Biala Rawska
Biecz
Bobruysk
Borshchev
Bychawa
Chelm (*Sefer ha-zikaron*)
Chervonoarmeisk
Ciechanow (chiefly Yiddish)
Czestochowa
Czyzew
Debica
Dubno
Dubossary
Dumbraveny
Frampol
Garwolin
Gorlice
Grodno
Ilya
Ivanovo

LANGUAGE OF PUBLICATION

Ivenets
Ivye
Kalarash
Kaluszyn
Kamen Kashyrskiy
Kapreshty
Khorostkov
Khotin
Kielce
Kletsk
Kock
Kolo
Kosov (*Sefer Kosov*)
Krasnik
Kremenets
Krynki
Kutno
Lakhva
Lanovtsy
Lezajsk
Lipkany
Lipnishki
Lokachi
Losice
Luninets
Lutsk
Makow Mazowiecki
Markuleshty
Mezhirichi
Mizoch
Nesvizh
Novograd-Volynskiy
Novogrudok
Nowy Sacz (chiefly Yiddish)
Ostrog (*Pinkas Ostrah*)
Ostroleka
Ostrow-Mazowiecka (*Sefer ha-zikaron*)
Otwock (chiefly Yiddish)
Ozernyany (chiefly Hebrew)
Pinczow (chiefly Yiddish)
Piotrkow Trybunalski
Pruszkow
Przedecz
Przemysl
Pultusk
Radekhov
Radomsko
Rembertow
Rubezhevichi

Ruscova
Ruzhany
Sanok
Sarny
Shumskoye
Siedlce (chiefly Yiddish)
Sierpc
Slonim
Sochaczew (chiefly Yiddish)
Sokal (chiefly Yiddish)
Sokolow-Podlaski
Sosnovoye
Sosnowiec
Staraya Rafalovka
Stavishche (chiefly Yiddish)
Strzyzow
Tarnobrzeg
Telsiai
Tuchin
Turka
Tysmenitsa
Vladimir Volynskiy
Warszawa (*Varshah*)
Wegrow
Wloclawek
Wolbrom
Wyszkow
Yedintsy
Zarki
Zawiercie
Zgierz (some Polish)

HEBREW, YIDDISH, CZECH & ENGLISH
Bardejov (English introduction)

HEBREW, YIDDISH & ENGLISH
Annopol (English section)
Baranow (English section)
Bereza (English preface)
Bialobrzegi (English biographies)
Bielsk-Podlaski (English section)
Bilki (English section)
Bobrka (English section)
Braslav (English section)
Brzozow (English section)
Burshtyn (English preface)

Chortkov (English section)
Ciechanowiec (English title page and comments)
Dabrowa Gornicza (English preface)
Drohiczyn (English section)
Dzialoszyce (English section)
Golub-Dobrzyn (*Ayarati*; English section)
Golub-Dobrzyn (*Yizker bletlekh*; English preface)
Goniadz (English preface)
Gorokhov (English section)
Goworowo (English foreword)
Jadow (English summaries)
Jonava (English section)
Jurbarkas (English preface)
Kalush (English chapter)
Kedainiai (English section)
Kolno (English section)
Korelichi (English section)
Lancut (English section)
Lask (English section)
Lida (English section)
Lomazy (English section)
Lublin (English contents page)
Marijampole (English section)
Miechow (English preface)
Mir (English section)
Nowy Dwor (English summary)
Opatow (English section)
Opoczno (English preface)
Oswiecim (English title page)
Piaski (English section)
Pinsk (*Pinsk sefer edut*; English sections)
Plock (*Plotsk*; English section)
Przasnysz (English introduction)
Przytyk (English foreword)
Raciaz (English section)
Radomysl Wielki (English section)
Rava-Russkaya (English foreword)
Rogatin (English section)
Rozwadow (English section)
Rypin (English section)
Rzeszow (English section)

LANGUAGE OF PUBLICATION

Sandomierz (English preface)
Siemiatycze (English preface)
Skala-Podolskaya (English section)
Sokolka (English preface)
Staszow (English section)
Stawiski (English preface)
Stolbtsy (English section)
Stryy (English section)
Suchowola (English preface)
Szrensk (English section)
Tlumach (English section)
Tolstoye (English preface)
Turobin (English introduction)
Valkininkas (English summary)
Vidzy (English section)
Vileyka (English section)
Vladimirets (English section)
Volozhin (English section)
Wielun (English section)
Wislowiec (English article)
Wyszogrod (English section)
Zambrow (English section)
Zdunska-Wola (English section)
Zheludok (English preface)
Zinkov (English chapter)
Zofyuvka (English section)
Zychlin (English preface)

HEBREW, YIDDISH, ENGLISH & FRENCH
Tomaszow Mazowiecki (English & French chapters)

HEBREW, YIDDISH, ENGLISH & HUNGARIAN
Kosice (English section)

HEBREW, YIDDISH & POLISH
Kalisz
Kozienice

HEBREW, YIDDISH, ENGLISH & POLISH
Hrubieszow

HEBREW, YIDDISH & RUMANIAN
Beltsy

YIDDISH
Belchatow
Bialystok
Bransk
Chrzanow
Drogichin
Kolomyya (*Pinkes Kolomey*)
Kosov (*Megiles Kosov*; with Hebrew introduction)
Mlawa
Pabianice
Pinsk (*Toyznt yor Pinsk*)
Plock (*Yidn in Plotsk*)
Radom (*Seyfer Radom*)
Ratno (*Yizker-bukh Ratne*)
Skierniewice
Sokoly
Vilnius
Vitebsk (*Vitebsk amol*)
Warszawa (*Dos amolike yidishe Varshe*)
Zabludow
Zyrardow

YIDDISH & ENGLISH
Brzeziny (English preface)
Chelm (*Yizker-bukh*; English preface)
Gabin (English section)
Grajewo (English section)
Rokiskis (English preface & contents pages)
Volkovysk (*Volkovisker yizker-bukh*; English section)
Wasilkow (English section: some Polish)
Zwolen (English section)

APPENDIX III - MEMORIAL VOLUMES BY YEAR OF PUBLICATION

1941
Pinsk (*Toyznt yor Pinsk*)

1946
Volkovysk (*Hurban Volkovisk*)

1947
Vilnius

1948
Bransk
Chrzanow

1949
Volkovysk (*Volkovisker yizker-bukh*)

1949-1950
Bialystok

1950
Grajewo
Mlawa

1951
Belchatow
Kobrin

1952
Lomza
Luninets
Rokiskis

1953
Baranovichi
Jaslo
Leczyca
Radoshkovichi
Warszawa
    (*Varshah*, pt.1)
Zamosc

1953-54
Sokiryany

1954
Brest

Chelm (*Yizker-bukh*)
Kremenets
Ratno (*Yizker-bukh*)

1955
Mezhirichi
Skierniewice
Ternopol

1956
Bershad
Buchach
Lviv
Pabianice
Rovno
Siedlce
Vitebsk (*Vitebsk amol*)

1957
Kielce
Kolomyya (*Pinkes Kolomey*)
Lakhva
Lublin
Ruzhany
Suchowola
Vitebsk (*Vitebsk*)

1957-8
Zawiercie

1958
Drogichin
Kolo

1959
Bedzin
Horodlo
Kletsk
Krakow
Ozernyany
Sierpc
Warszawa
    (*Varshah*, pt.2)
Zarki

1960
Biecz
Borshchev

Burshtyn
Debica
Goniadz
Ostrog (*Pinkas Ostrah*)
Ostrow-Mazowiecka
    (*Sefer ha-zikaron*)
Plock (*Yidn in Plotsk*)
Szrensk

1961
Berestechko
Biala Podlaska
Brzeziny
Czyzew
Kaluszyn
Kock
Lutsk
Mizoch
Radom (*Radom*)
Radom (*Seyfer Radom*)
Sarny
Stavishche
Wegrow
Zabludow
Zyrardow

1962
Ciechanow
Gorlice
Hrubieszow
Ilya
Mir
Novograd-Volynskiy
Paks (vol.1)
Rogatin
Rypin
Sochaczew
Sokolow-Podlaski
Sokoly
Staszow
Stryy
Valkininkas
Vladimir Volynskiy
Wolbrom

1962-1979
Slonim

1963
Lancut
Lipkany
Losice
Novogrudok
Ostroleka
Vladimirets
Zambrow

1964
Baranow
Bobrka
Ciechanowiec
Kosov (*Sefer Kosov*)
Przemysl
Stolbtsy
Wyszkow

1964-1968
Kalisz

1965
Dubossary
Kamen Kashyrskiy
Nowy Dwor
Piotrkow
    Trybunalski
Raciaz
Shpola
Siemiatycze
Sosnovoye
Tolstoye

1966
Augustow
Chervonoarmeisk
Csenger
Dubno
Frampol
Gorokhov
Goworowo
Jadow
Kalarash
Opatow
Ostrog (*Ostrah*)
Ostrow-
    Mazowiecka
(*Ostrov Mazovyetsk*)
Pruszkow

62

Turka
Warszawa *(Dos amolike...Varshe)*
Zinkov

1966-1977
Pinsk *(Pinsk sefer 'edut)*

1967
Bobruysk
Chortkov
Kostopol
Ozorkow
Plock *(Plotsk)*
Radomsko
Rzeszow
Thessaloniki *(Saloniki 'ir va-em)*
Tuchin
Wadowice
Wloclawek

1967-1968
Czestochowa

1968
Ivye
Khorostkov
Kolarovgrad
Kutno
Lask
Lipnishki
Otwock
Rozwadow
Rubezhevichi
Shumskoye
Sokal
Sokolka
Turobin
Zdunska-Wola

1969
Bychawa
Drohiczyn
Gabin
Golub-Dobrzyn *('Ayarati)*
Ivanovo
Kozienice
Makow

Mazowiecki
Michalovce
Ruscova
Tomaszow Mazowiecki
Zhovkva

1969-1970
Strzyzow

1970
Debrecen
Krynki
Lanovtsy
Lezajsk
Lida
Nowy Sacz
Pinczow
Sanok
Volozhin
Wislowiec
Zheludok

1971
Dabrowa Gornicza
Kolno
Miechow
Pultusk
Radomysl Wielki
Wielun
Wyszogrod

1972
Aleksandriya
Biala Rawska
Bitola
Dnepropetrovsk
Garwolin
Golub-Dobrzyn *(Yizker bletlekh)*
Jonava
Kolomyya *(Sefer zikaron)*
Thessaloniki *(Zikhron Saloniki)*
Tomaszow-Lubelski
Vileyka

1973
Dzialoszyce
Grodno

Ivenets
Korelichi
Krasnik
Przytyk
Rava Russkaya
Stawiski
Tarnobrzeg
Warszawa *(Varshah, pt.3)*
Yedintsy

1973-1974
Sosnowiec

1974
Belz
Dumbraveny
Khotin
Przasnysz
Przedecz
Rembertow
Tysmenitsa
Zychlin

1975
Bielsk-Podlaski
Dunajska Streda *(Sefer ha-zikaron)*
Minsk (vol.1)
Piaski
Ujpest
Zgierz

1976
Nesvizh
Radekhov
Tlumach

1977
Kedainiai
Markuleshty
Oswiecim
Tirgu-Mures

1978
Annopol
Skala-Podolskaya
Ternovka

1979
Marghita

1980
Kalush
Kapreshty

1980-81
Chelm *(Sefer ha-zikaron)*

1981
Bivolari
Kosov *(Megiles Kosov)*
Ugnev
Worms

1982
Zwolen

1983
Marijampole
Ratno *(Ratnah)*
Sokolovka

1984
Brzozow
Derecske
Telsiai

1985
Borsa
Minsk (vol.2)
Strimtura

1986
Braslav

1988
Bardejov
Cluj
Kosyno
Zofyuvka

1989
Dusetos
Opoczno
Suwalki
Szydlowiec

1989-90
Bistrita

YEAR OF PUBLICATION

1990
Wasilkow

1991
Bialobrzegi
Jurbarkas
Kosice
Secovce

1992
Gura Humorului
Kezmarok

1993
Beltsy
Bereza

Kuty
Lokachi
Sandomierz
Uzhgorod

1993-2000
Dorohoi

1994
Bonyhad
Dunajska Streda
 (*Kunteres ha-
 zikaron*)
Lomazy
Sahy
Zelwa

1996
Baia Mare
Katowice
Staraya Rafalovka

1997
Lyuboml
Skarzysko-Kamienna
Szekesfehervar

1998
Bilki
Vidzy

1999
Kamenets Podolskiy

2000
Dabrowa Bialos-
 tocka
Derechin
Khust
Rietevas

2001
Liepaja
Vatra Dornei

2002
Stropkov
Volkovysk (*The
 Volkovysk
 memorial book*)

APPENDIX IV - MEMORIAL VOLUMES BY COUNTRY OF PUBLICATION

ARGENTINA
Belchatow
Ratno (*Yizker-bukh Ratne*)
Siedlce
Zabludow
Zyrardow

AUSTRALIA
Wasilkow

CANADA
Warszawa (*Dos amolike yidishe Varshe*)

GERMANY
Chrzanow

ISRAEL
Aleksandriya
Annopol
Augustow
Baia Mare
Baranovichi
Baranow
Bedzin
Beltsy
Belz
Berestechko
Bereza
Bershad
Biala Podlaska
Biala Rawska
Bialobrzegi
Biecz
Bielsk-Podlaski
Bilki
Bistrita
Bitola
Bivolari
Bobrka
Bobruysk
Borsa
Borshchev
Braslav
Brest
Brzozow
Buchach
Burshtyn
Bychawa
Chelm (*Sefer ha-zikaron...*)
Chervonoarmeisk
Chortkov
Ciechanow
Ciechanowiec
Csenger
Czestochowa
Czyzew
Dabrowa Gornicza
Debica
Debrecen
Derecske
Dnepropetrovsk
Dorohoi
Drohiczyn
Dubno
Dubossary
Dumbraveny
Dunajska Streda (*Sefer ha-zikaron...*)
Dusetos
Dzialoszyce
Frampol
Golub-Dobrzyn (*'Ayarati.*)
Golub-Dobrzyn (*Yizker bletlekh*)
Goniadz
Gorlice
Gorokhov
Goworowo
Grodno
Gura Humorului
Horodlo
Hrubieszow
Ilya
Ivanovo
Ivenets
Ivye
Jadow
Jaslo
Jonava
Jurbarkas
Kalarash
Kalisz
Kalush
Kaluszyn
Kamen Kashyrskiy
Kapreshty
Katowice
Kedainiai
Kezmarok
Khorostkov
Khotin
Khust
Kielce
Kletsk
Kobrin
Kock
Kolarovgrad
Kolno
Kolo
Kolomyya (*Sefer zikaron.*)
Korelichi
Kosice
Kosov (*Sefer Kosov*)
Kosov (*Megiles Kosov*)
Kostopol
Kozienice
Krakow
Krasnik
Kremenets
Krynki
Kutno
Kuty
Lakhva
Lancut
Lanovtsy
Lask
Leczyca
Lezajsk
Lida
Lipkany
Lipnishki
Lokachi
Lomazy
Lomza
Losice
Lublin
Luninets
Lutsk
Lviv
Makow Mazowiecki
Marghita
Marijampole
Markuleshty
Mezhirichi
Michalovce
Miechow
Minsk
Mir
Mizoch
Nesvizh
Novograd-Volynskiy
Novogrudok

COUNTRY OF PUBLICATION

Nowy Dwor
Opatow
Opoczno
Ostrog (*Ostrah*)
Ostrog (*Pinkas Ostrah.*)
Ostroleka
Ostrow-Mazowiecka (*Ostrov Mazovyetsk*)
Ostrow-Mazowiecka (*Sefer ha-zikaron*)
Oswiecim
Otwock
Ozernyany
Ozorkow
Pabianice
Paks
Piaski
Pinczow
Pinsk (*Pinsk sefer 'edut*)
Piotrkow Trybunalski
Plock (*Plotsk*)
Pruszkow
Przasnysz
Przedecz
Przemysl
Przytyk
Pultusk
Raciaz
Radekhov
Radom (*Radom*)
Radom (*Seyfer Radom*)
Radomsko
Radomysl Wielki
Radoshkovichi
Ratno (*Ratnah.*)
Rava Russkaya
Rembertow
Rogatin
Rovno
Rozwadow
Rubezhevichi
Ruscova
Ruzhany
Rypin
Rzeszow
Sahy
Sandomierz
Sanok
Sarny
Secovce

Shpola
Shumskoye
Siemiatycze
Sierpc
Skarzysko-Kamienna
Skierniewice
Slonim
Sochaczew
Sokal
Sokiryany
Sokolka
Sokolow-Podlaski
Sokoly
Sosnovoye
Sosnowiec
Staraya Rafalovka
Staszow
Stavishche
Stawiski
Stolbtsy
Strimtura
Stryy
Strzyzow
Suchowola
Suwalki
Szekesfehervar
Szrensk
Tarnobrzeg
Telsiai
Ternopol
Ternovka
Thessaloniki (*Saloniki 'ir va-em*)
Thessaloniki (*Zikhron Saloniki*)
Tirgu-Mures
Tlumach
Tolstoye
Tomaszow-Lubelski
Tomaszow Mazowiecki
Tuchin
Turka
Turobin
Tysmenitsa
Ugnev
Ujpest
Uzhgorod
Valkininkas
Vatra Dornei
Vidzy
Vileyka

Vitebsk (*Vitebsk*)
Vladimir Volynskiy
Vladimirets
Volkovysk (*Hurban Volkovisk*)
Volozhin
Wadowice
Warszawa (*Varshah*)
Wegrow
Wielun
Wislowiec
Wloclawek
Wolbrom
Wyszkow
Wyszogrod
Yedintsy
Zambrow
Zamosc
Zarki
Zawiercie
Zdunska-Wola
Zgierz
Zheludok
Zhovkva
Zinkow
Zofyuvka
Zychlin

POLAND
Vilnius

SOUTH AFRICA
Chelm (*Yizker-bukh Khelm*)
Rietevas
Rokiskis

UNITED STATES
Bardejov
Bialystok
Bonyhad
Bransk
Brzeziny
Cluj
Dabrowa Bialostocka
Derechin
Drogichin
Dunajska Streda (*Kunteres ha-zikaron*)
Gabin
Garwolin
Grajewo

Kamenets Podolskiy
Kolomyya (*Pinkes Kolomey*)
Kosyno
Liepaja
Lyuboml
Mlawa
Nowy Sacz

Pinsk (*Toyznt yor Pinsk*)
Plock (*Yidn in Plotsk*)
Skala-Podolskaya
Sokolovka
Stropkov
Szydlowiec
Vitebsk (*Vitebsk amol*)

Volkovysk (*Volkovisker yizker-bukh*)
Volkovysk (*The Volkovysk memorial book*)
Worms
Zelwa
Zwolen

Five of the great grand-children of Bernhard and Friederike Salus.   Clockwise from top left :

Ossie Flesch. Born : 2 March 1925. 27 November 1939, Kindertransport Prague to Israel.
2003, living in Israel

    Markus Flesch. Born : 11 December 1923, Prague. 8 July 1943, Transport Dh Prague to Theresienstadt
    29 September 1944, Transport E1 Theresienstadt to Auschwitz.   Died : Auschwitz

Eli Leo Flesch. Born : 11 November 1929, Prague. 8 July 1943, Transport Dh Prague to Theresienstadt
1 October 1944, Transport Em Theresienstadt to Auschwitz.   27 October 1944, Transport Auschwitz to Dachau
Died : 9 February 1945, Dachau

    Eva Petera. Born : 16 July 1929.   2 July 1942, Transport AA1 Prague to Theresienstadt
    19 October 1944, Transport Es Theresienstadt to Auschwitz.   Died : Auschwitz

Tomas Petera. Born : 28 October 1931. 2 July 1942, Transport AA1 Prague to Theresiendstadt
19 October 1944, Transport Es Theresienstadt to Auschwitz.   Died : Auschwitz

INDEX 1 - AUTHORS, EDITORS AND TRANSLATORS OF MEMORIAL VOLUMES I

ABRAMOVICI (Moscu) *Bivolari*
ADINI (Ya'acov) *Bychawa; Chervonoarmeisk; Dubno*
ADMONI (David) *Stropkov*
ALEXANDRONI (Yaakov) *Augustow*
ALFASI (Itzhak) *Opoczno; Uzhgorod*
ALPERIN (Aaron) *Brzeziny*
ALPEROWITZ (Yitzhak) *Lomazy; Telsiai; Vidzy*
AMITAI (Mordecai) *Rogatin*
AMSEL (Melody) *Stropkov*
ANDERS (Edward) *Liepaja*
APPELBAUM (Simcha) *Lomazy*
ARAD (Zvi) *Kalisz*
ARDITTI (Benjamin Joseph) *Kolarovgrad*
ARIEL (Machnes) *Braslav*
ARNOLD (Joseph) *Kalisz*
ARONSON (Gregor) *Vitebsk* (Vitebsk amol)
ASCHER (A.) *Sahy*
AUSTRIDAN (Yeshayahu) *Chortkov*
AVATIHI (Aryeh) *Rovno*
AVITAL (Moshe) *Bilki*
AVNI (Shaya) *Strimtura*
AYALON (Nahum) *Sosnovoye*
AYALON-BARANICK (Benzion Hayim) *Mezhirichi; Ostrog* (Pinkas Ostrah); *Tuchin*

BACHRACH (Shlomo) *Przasnysz*
BAKALCZUK-FELIN (Meilech) *Chelm* (Yizker bukh*); Rokiskis*
BAR TANA (Asher) *Pinczow*
BAR-ON (Moses Jehiel) *Gorlice*
BAR-ZVI (G) *Ternovka*
BARLAS (Hayim) *Warszawa* (Varshah)
BAUMINGER (Arie L.) *Krakow*
BEERI (Shemuel) *Rogatin*
BEN AZAR (Aviva) *Miechow*
BEN-HEFETZ (Toviyah) *Ilya*
BEN-ISRAEL (Chaim) *Bereza*
BEN-MEIR (Idl) *Goniadz*
BEN-ONI (Asher) *Mizoch*
BEN-SHEM (Israel) *Zhovkva*
BEN-ZEEV (Mordecai) *Michalovce*
BERGER (Jacob Solomon) *Derechin; Volkovysk* (The Volkovysk memorial book); *Zelwa*
BERGER-TAMIR (Yaakov) *Lipkany*
BERGLASS (Itzhak) *Strzyzow*
BERNSTEIN (Y) *Kamenets Podolskiy*
BERNSTEIN (Mordecai Wolf) *Zyrardow*
BICKEL (Shlomo) *Kolomyya* (Pinkes Kolomey)
BILAVSKI (Moshe) *Przedecz*

BILETZKY (Israel Chaim) *Kobrin*
BIN-NUN (Yitzhak) *Annopol*
BLAU (Leslie) *Bonyhad*
BLOND (Szlomo) *Tlumach; Tysmenitsa*
BLOOM (Hyman) *Grajewo*
BLUM (Yehudah Leb) *Biecz*
BLUMENTHAL (Nachman) *Baranow; Borshchev; Lublin; Miechow; Mir; Rozwadow*
BOCHNER (Mordecai) *Chrzanow*
BOLNIK (Larissa) (illustr.) *Jonava*
BONEH (Mordecai) *Novograd-Volynskiy*
BOROWSKI (Judah) *Piaski*
BOSAK (Meir) *Krakow*
BOTOSHANSKY (Jacobo) *Ratno* (Yizker-bukh Ratne)
BRAHAM (Randolph L.) *Bonyhad* (introd.)
BRAND (Jacob D.) *Baranow*
BRAT (Isaac) *Makow Mazowiecki*
BRAUNER (Arye) *Annopol*
BRODSKI (David) *Pruszkow*
BURSTEIN (Isaac) (res.) *Jonava*
BURSZTYN (Aviezer) *Goworowo; Oswiecim*

CARMILLY-WEINBERGER (Moshe) *Cluj*
CHOMET (Abraham) *Sokal*
CHRUST (Joseph) *Kamen Kashyrskiy; Katowice; Kedainiai; Suwalki*
COHEN (David) *Minsk*
COHEN (David ben Solomon) *Shpola*
COHEN (Isaac Joseph) *Baia Mare*
COHEN (Israel) *Buchach*
COHEN (Julius) *Bransk*

DAN (Haim) *Gorokhov*
DEVIRI (Yaakov) *Khotin*
DROR (Levi) *Sandomierz; Skarzysko-Kamienna*
DRORI (Tuvyah) *Zofyuvka*
DUBROVSKIS (Juris) *Liepaja*

EDEN (Joseph) *Kosyno*
EHRLICH (Elhanan) *Staszow; Zdunska-Wola*
EINHORN (Moses) *Volkovysk* (Volkovisker yizker-bukh)
EISENBERG (Eliyahu) *Plock* (Plotsk toldot kehilah...)
EISENSTADT (Samuel) *Zinkov*
ELROI (Yehudah) *Suwalki*
ENGEL (Abraham Alfred) *Dunajska Streda* (Sefer ha-zikaron)
EPSTEIN (Shemaryahu) *Nesvizh* (map compiler)
ETTINGER (Moshe) *Kalush*

INDEX I

EVEN (Eliezer) *Szekesfehervar*
EVEN-HAYIM (Moshe Nathan) *Jaslo*
EVEN-SHOSHAN (Shlomo) *Minsk*

FARBER (Kalman) *Vileyka*
FARBER (Shlomo) *Valkininkas*
FAYANS (A.L.) *Goniadz*
FEIGENBAUM (Moses Judah) *Biala Podlaska*
FELDENKREIZ-GRINBAL (Eva) *Sandomierz*
FELZ (A) *Wyszogrod*
FIRST (Dov Berish) *Nowy Dwor*
FISHBEYN (Sol) *Grajewo*
FLEISCHER (Jacob Joshua) *Tarnobrzeg*
FOGEL (Adah) *Zwolen*
FRAINDREICH (Eliyahu) *Biala Rawska*
FRANKEL (Joseph) *Katowice*
FRENKEL (Isaac Yedidiah) *Leczyca*
FRIEDER (Emmanuel Elimelech) *Secovce*
FRIEDMANN (Shlomo) *Csenger*
FUCHS (Misha) *Beltsy*

GAFNI (Neta Aryeh) *Bistrita*
GANUSOVITCH (Isaac) *Lida*
GELBART (Mendl) *Dabrowa Gornicza; Ostrow-Mazowiecka* (Sefer ha-zikaron); *Sokolow-Podlaski; Wielun*
GELBER (Nathan Michael) *Krakow; Lviv; Zhovkva*
GERTNER (Yeoshua) *Kosov* (Megiles Kosov)
GESHURI (Meir Shimon) *Oswiecim; Sosnowiec; Turobin; Wolbrom*
GEVARYAHU-GOTESMANN (Samuel Dov) *Kezmarok*
GIDRON (Y) *Sahy*
GOLDBOURT (Yaakov) *Dnepropetrovsk*
GONDA (Moshe Eliyahu) *Debrecen*
GORDIN (Abba) *Ostrow-Mazowiecka* (Sefer ha-zikaron)
GORDON (Moshe) *Tomaszow-Lubelski*
GORIN (George) *Grajewo*
GOROG (Arthur) *Kosice*
GOTHAJNER (Bene) *Wasilkow*
GREENBERG (Mosheh) *Chelm* (Sefer ha-zikaron)
GREENSPAN (Sol) *Plock* (Yidn in Plotsk)
GROSSMAN (Moshe) *Sokoly*
GRUENBAUM (Itzhak) *Warszawa* (Varshah)
GRUSSGOTT (Abraham L.) *Bardejov*

HAGIN (Malkah) *Staraya Rafalovka*

HAGIN (Pinhas) *Staraya Rafalovka*
HALEVY (Benjamin) *Kolno*
HALTER (Mordecai) *Kolo*
HARKAVI (Zvi) *Dnepropetrovsk*
HARPAZ (M.) *Golub-Dobrzyn* ('Ayarati)
HARSHOSHANIM (Hillel) *Radomysl Wielki*
HERSCHBERG (Abraham Samuel) *Bialystok*
HINITZ (Nahum) *Luninets; Stolbtsy*
HOFFMAN (Benzion) *Pinsk* (Toyznt yor Pinsk)
HONIG (Mendel) (introd) *Przytyk*
HUBERMAN (Nahman) *Bershad*
HUTTENBACH (Henry R.) *Worms*

IGERET (Zeev) *Sokiryany*
ISAACSOHN (Bezaleel) *Radoshkovichi*
IVRI (Isaac) *Ostroleka; Pultusk*

JAKUBOWICZ (David) *Wadowice*
JASNY (A. Wolf) *Ciechanow; Jadow; Pabianice; Siedlce*

KAGAN (Berl) *Lyuboml; Szydlowiec; Zwolen*
KAGANOVICH (Moshe) *Ivye*
KALLAY (Shraga Feivel) *Bobrka*
KANC (Shimon) *Burshtyn; Chelm* (Sefer ha-zikaron); *Czyzew; Otwock; Rembertow; Rypin; Wislowiec*
KAPLINSKI (Baruch) *Hrubieszow; Kozienice*
KARIV (Yosef) *Gorokhov; Sarny*
KARU (Baruch) *Vitebsk* (Vitebsk)
KATRIEL (Tsila) *Katowice*
KIHN (Avraham) *Vitebsk* (Vitebsk amol)
KLEINMANN (Aharon) *Marghita*
KLINOV (Rina) *Braslav*
KOPELOWICZ (Aryeh) *Ilya*
KORISKI (Leybl) *Vilnius*
KORNGRUEN (Ph) *Ternopol*
KORZEN (Meir) *Lublin; Wloclawek*
KOSSOVSKY (Dov) *Goworowo*
KOTIC (Meir) *Markuleshty*
KRESSEL (Getzel) *Kosov* (Sefer Kosov); *Radekhov*
KUDISH (Nathan) *Lancut; Stryy*
KUPERSTEIN (Leib) *Markuleshty*

LADOR (Itzhak) *Zarki*
LANDO (Aba) *Lida*
LANGSAM (Mark) *Wasilkow*
LASK (I. M.) *Szrensk*
LAU-LAVIE (Naphtali) *Piotrkow Trybunalski*

LEIBL (Daniel) *Debica*
LEONI (Eliezer) *Ciechanowiec; Volozhin*
LERNER (Aryeh) *Kostopol*
LESTSCHINSKY (Jacob) *Vitebsk* (Vitebsk amol)
LEVIN (Avner) *Lipnishki*
LEVIN (Judah Loeb) *Ostrog* (Ostrah); *Ostrow-Mazowiecka* (Ostrov Mazovyetsk); *Ozorkow*
LEVITE (Abraham) *Brzozow*
LEVITE (Alter) *Rietevas*
LEWINSKY (Yom-Tov) *Lomza; Zambrow*
LICHTENSTEIN (Kalman) *Slonim*
LICHTENSTEIN (Y) *Lakhva*
LINDENBERG (Gabriel) *Tolstoye*
LIVNEH (Nathan) *Aleksandriya*
LOSH (Leiber) *Radomsko*

MAGEN-SCHUETZ (Yosef) *Yedintsy*
MAHLER (Raphael) *Nowy Sacz*
MALKIELI (Y.A.) *Zgierz*
MALTZ (Yaacov) *Piotrkow Trybunalski*
MANDELBAUM (David Abraham) *Bialobrzegi*
MANOR (Alexander) *Lida*
MARGALIT (Aryeh) *Ostrow-Mazowiecka* (Sefer ha-zikaron)
MARK (Yudel) *Bialystok*
MATLOFSKY (Shimon) *Lokachi*
MAZUR (Yosef) *Beltsy*
MEIROVITZ (Aharon) *Vladimirets; Zheludok*
MENCZER (Arie) *Przemysl*
MENDELEWICZ (Leon) *Wasilkow*
MENSHEL (Zvi) *Khust*
MICHAELI (Hayim A.) *Lakhva*
MILLER (Diana F.) *Sokolovka*
MILLER (Leo) *Sokolovka*
MIRON (Menahem) *Ujpest*
MISHKINSKY (Esther) *Sokolka*
MOORSTEIN (Yerachmiel) *Zelwa*
MOSKOVITS (Aryeh) *Derecske*
MOSKOWITZ (Y. Z.) *Ruscova*

NADAV (Mordecai) *Ivanovo*
NEVINS (Michael A.) *Dabrowa Bialostocka*
NITZAN (Shemuel) *Annopol*
NOY (Dov) *Kolomyya* (Sefer zikaron)
NOY (Simeon) *Jonava*

OLICZKY (Leib) *Kosov* (Sefer Kosov)
OREN (Uri) *Bitola*
ORTNER (Nathan) *Ugnev*
ORZHITZER (Abraham Mordecai) *Kamen Kashyrskiy*

PERLOW (Isaac) *Radom* (Seyfer Radom); *Skierniewice*
PERRI-FRIEDMAN (Yitzhak) *Tirgu-Mures*
PERRY (Shraga) *Kosice*
PLOTNIK (Asher) *Luninets*
PORAN (Zevulun) *Jurbarkas*
PORAT (Dina) *Rietevas*
PORATH (Eliyahu) *Kock*

RABAN (Yehezkel) *Derechin*
RABIN (Dov) *Grodno; Krynki*
RABIN (Haim) *Bielsk-Podlaski; Lanovtsy; Lezajsk; Shumskoye; Wyszogrod*
RABINOWITSCH (Wolf Zeev) *Pinsk* (Pinsk sefer 'edut)
RABINSON (Marcus) *Radoshkovichi*
RAN (Leyzer) *Vilnius*
RAV (Joseph) *Sandomierz*
RAVID (Benjamin) *Szekesfehervar*
RAVITCH (Melekh) *Warszawa* (Dos amolike yidishe Varshe)
RECANATI (David A.) *Thessaloniki* (Zikhron Saloniki)
REICH (Eliezer) *Rozwadow*
REICHER (Mordecai) *Yedintsy*
REMBA (Ayzik) *Kolno*
REZNIK (Joseph) *Zabludow*
RIMON (Joseph Zvi) *Szrensk*
RINGEL (Abraham Mordecai) *Rava Russkaya*
RISHPI (Mordecai) *Kapreshty*
ROSEN (Abraham) *Kamenets Podolskiy*
ROSENBERG (Shimon) *Stryy*
ROSENBLATT (Gad) *Zofyuvka*
ROSENFELD (Max) *Szydlowiec*
ROTHFELD (Avigdor) *Stryy*
RUBIN (Israel) *Radoshkovichi*
RUBIN (Yosef) *Belz; Dubossary; Stawiski*
RUBIN (Joseph Zvi) *Rava Russkaya*
RUBINRAUT (Haim) *Luninets*
RUSSAK (Shmuel) *Golub-Dobrzyn* (Yizker bletlekh)

SADAN (Dov) *Bershad* (introd.); *Warszawa* (Varshah)
SALTZMAN (Moshe) *Garwolin*
SARIG (Hayim) *Kamenets Podolskiy*
SCHLANGER (Yehuda) *Kosice*
SCHOOLER SOHN (Bonnie) *Kamenets Podolskiy*
SCHUTZMAN (Mark) *Czestochowa; Kolomyya* (Sefer zikaron)
SCHWARTZ (Bezaleel) *Kobrin*

INDEX 1

SCHWIMMER (Eliezer) *Bilki*
SEGEV (Meir) *Ruzhany*
SHAMIR (Ami) *Zychlin*
SHAMRI (Aryeh) *Kaluszyn; Nowy Dwor*
SHAPIRA (Eliezer) *Ilya*
SHARON (Nachum) *Lutsk*
SHARVIT (Elazar) *Sanok*
SHATZKI (Jacob) (introd) *Mlawa*
SHEIN (Baruch) *Garwolin*
SHELOMO (David) *Dorohoi*
SHIAR (Yerahmiel) *Skarzysko-Kamienna*
SHIDLOVSKI (Shlomoh) *Rembertow*
SHINAR (Mordecai) *Losice; Pinczow*
SHITNOVITZER (Solomon) *Khotin*
SHPILMAN (Anshel) *Zofyuvka*
SHULMAN (Abraham) *Gabin*
SIEGELMAN (Isaac) *Turka*
SINGER (Mendel) *Berestechko*
SLUTSKY (Yehudah) *Bobruysk*
SOFER (Simhah Bunem David) *Paks*
SOROKA (Shalom) *Kaluszyn*
SPIEGEL (Yehudah) *Uzhgorod*
SPIVAK (S) *Zawiercie*
STAUBER (Roni) *Rietevas*
STEIN (Abraham Samuel) *Baranovichi; Bedzin; Kamen Kashyrskiy; Kletsk; Kremenets; Radom* (Radom); *Sochaczew*
STEIN (Gedaliahu) *Borsa*
STEINBERG (Hana) *Suchowola*
STEINMAN (Eliezer) *Brest*
SUMMER (Nahum) *Brzeziny*
SZILAGYI-WINDT (Laszlo) *Ujpest*
SZTOCKFISZ (David) *Annopol; Drohiczyn; Frampol; Khorostkov; Krasnik; Kutno; Nesvizh; Przemysl; Przytyk; Rogatin; Rubezhevichi; Wyszkow; Zgierz; Zychlin*

TALMI (Ephraim) *Sierpc*
TAMARI (Moshe) *Wegrow; Zamosc*
TAMIR (Nahman) *Pinsk* (Pinsk sefer 'edut); *Ratno* (Ratnah...)
TAMIR (Noah) *Kalarash*
TARTAKOWER (Aryeh) *Warszawa* (Varshah)
TASH (Eliezer, also called Eliezer Tur-Shalom) *Siemiatycze*
TENENBLATT (Mordecai Anshel) *Ozernyany*
THURSH (Kathriel Fishel) *Wloclawek*
TOREN (Haim) *Dumbraveny*
TORY-GOLUB (Avraham) *Marijampole*

TRUS (Alter) *Bransk*
TSESLER (Shmuel) *Zabludow*
TSESLER (Yitzhak) *Zabludow*
TUCHMAN (Moshe) *Bereza*
TURKOW-GRUDBERG (Isaac) *Radomysl Wielki*
TZURNAMAL (Zeev) *Lask*

UNGER (Shabtai) *Kalush*
URI (Azriel) *Novograd-Volynskiy*
UTSHITEL (Joseph) *Kalarash*

VAINER (Yakov) *Zofyuvka*
VALDMAN (Alfred) *Stryy*
VERBA (Eliezer) *Lokachi*

WAGSCHAL (Pinhas) *Biecz*
WAJSBERG (Moshe) *Tomaszow Mazowiecki*
WALZER-FASS (Michael) *Korelichi; Lancut*
WARSHAWSKI (Dov Ber) *Drogichin*
WEIDENFELD (Max) *Skala-Podolskaya*
WEINFELD-SAMUEL (Devora) *Biecz*
WEISS-SLEP (Sara) *Dusetos*
WEISSMAN (Aharon) *Stavishche*
WEISSMAN (Gabriel) *Sochaczew*
WILLIAMS (Gabriela) *Kosice*
WINER (Gershon) *Vidzy*
WOLNERMAN (Hayim) *Oswiecim*

YAARI-WALD (Moshe) *Rzeszow*
YAHALOMI (Shelomoh) *Strzyzow*
YAKUBOWICZ (Aryeh) *Biala Rawska*
YALON (Yitzhak) *Vatra Dornei*
YANASOWICZ (Itzhak) *Ratno* (Yizker-bukh Ratne)
YANOWITZ (Baruch) *Kapreshty*
YARDENI (David) *Sokolka*
YASHEEV (Zvi) *Opatow*
YERUSHALMI (Eliezer) *Novogrudok*
YESHURUN (Shraga) *Gura Humorului*
YIZREELI (Samuel) *Aleksandriya*

ZAWIDOWITCH (Yosef Haim) *Horodlo*
ZAYIT (David) *Khust*
ZEEVI (Joseph) *Luninets; Vileyka*
ZICKLIN (Jack) *Gabin*
ZILBERMAN-SILON (Moshe) *Lipkany*
ZINS (Hayim) *Kuty*
ZITRON (Pinhas) *Kielce*
ZOREF (Ephraim) *Raciaz*

INDEX 2- AUTHORS AND EDITORS OF MEMORIAL VOLUMES II AND III

ABRAMSKI-BLIGH (Irit) *Pinkas ha-kehilot Luv, Tunisyah*
ALPERT (Carl) *Vanished communities in Hungary ...Jews of Ujhely and Zemplen County*
ANCEL (Jan) *Pinkas ha-kehilot Romanyah (v.2)*
AVATIHI (A) *Yalkut Vohlyn*
AYALON (H.B.) *Yalkut Vohlyn*

BEEM (Hartog) *Pinkas ha-kehilot Holand*
BEN (Joseph) *Yahadut Bulgaryah*
BERTINI (Aaron K.) *'Al admat Besarabyah (v.1); Yahadut Besarabyah*
BOBE (Mendel) *The Jews of Latvia; Yahadut Latvyah*
BROSHI (Aviva) *Pinkas ha-kehilot Romanyah (v.1)*
BUKO (Nissim) *Yahadut Bulgaryah*

COHEN (Yitzhak Yosef) *Sefer Marmarosh*

DABROWSKA (Danuta) *Pinkas ha-kehilot Polin (v.1-2)*

ELIASHIV (Mordecai) *Yahadut Lita (v.2)*
ELIAV (Benjamin) *Yahadut Latvyah*
EREZ (Yehuda) *Karpatoros*

FIRST (Aaron) *'Arim ve-imahot be-Yisra'el (v.2)*
FLINKER (David) *'Arim ve-imahot be-Yisra'el (v.3)*
FREUNDLICH (Bracha) *Pinkas ha-kehilot Germanyah (v.2)*

GARFUNKEL (Leib) *Yahadut Lita (v.1,4)*
GELBER (Nathan Michael) *'Arim ve-imahot be-Yisra'el (v.6)*
GELERTER (Menahem) *'Arim ve-imahot be-Yisra'el (v.5)*
GILADI (David) *Sefer yehude Salaz'-Siladi*
GOREN (Nathan) *Yahadut Lita (v.1)*
GROSS (S.Y) *Sefer Marmarosh*
GROSSBAUM-PASTERNAK (Rachel) *Pinkas ha-kehilot Polin (v.6)*

HASMAN (Raphael) *Yahadut Lita (v.2-3)*

KAHANA (Y.Z.) *'Arim ve-imahot be-Yisra'el (v.4)*
KAHANOVITS (Y.L.G.) *'Arim ve-imahot be-Yisra'el (v.2)*

KANC (Simon) *Sefer zikaron le-'esrim ve-shalosh kehilot...be-'ezor Shventsyan*
KARL (Ts) *'Arim ve-imahot be-Yisra'el (v.1-2)*
KATZBURG (Nathanel) *Pinkas ha-kehilot Hungaryah*
KEREN (Yehezkel) *Yahadut Krim*
KLAUSNER (Israel) *'Arim ve-imhot be-Yisra'el (v.1)*
KORN (Isaac) *Yahadut Besarabyah*
KRAMER (Elhanan) *Yahadut Latvyah*
KRESSEL (Getzel) *'Al admat Besarabyah (v.3)*

LANDAU (M) *'Al admat Besarabyah (v.2)*
LAVI (Theodore) *Pinkas ha-kehilot Hungaryah; Pinkas ha-kehilot Romanyah (v.1-2)*
LEVIN (Dov) *Pinkas ha-kehilot Latvyah ve-Estonyah; Pinkas ha-kehilot Lita*
LIPEC (Dov) *Yahadut Lita (v.3)*
LOCKER (Zvi) *Pinkas ha-kehilot Yugoslavyah*

MAIMON (Judah Loeb) *'Arim ve-imahot be-Yisra'el*
MAIZEL (Israel) *'Arim ve-imahot be-Yisra'el (v.1)*
MICHMAN (Dan) *Pinkas ha-kehilot Holand*
MICHMAN (Jozeph) *Pinkas ha-kehilot Holand*
MIKHALY (Benjamin Isaac) *Yahadut Besarabyah*

NEEMAN (Toby) *Autumn 1939*

OLINSKY (Yaaakov) *Yahadut Lita (v.2)*
OPHIR (Baruch Zvi) *Pinkas ha-kehilot Germanyah (v.1)*
OSHRY (Ephraim) *Hurbn Lite*

PATAI (Rephael) *'Arim ve-imahot be-Yisra'el (v.1)*
POGRABINSKI (Yohanan) *'Arim ve-imahot be-Yisra'el (v.2)*

RAPAPORT (Joshua) *Pinkes Zaglembie*
REBHUN (Zeev) *Autumn 1939*
RIVLIN (Bracha) *Pinkas ha-kehilot Yavan*
ROMANO (Albert) *Yahadut Bulgaryah*
ROSIN (Josef) *Pinkas ha-kehilot Lita*
ROSMAN (Shlomo) *Seyfer zikorn kedoyshim li-yehude Karpatorus- Marmarosh*

SADAN (Dov) *'Arim ve-imahot be-Yisra'el (v.5)*
SAS (Meir) *Vanished communities in Hungary ...Jews of Ujhely and Zemplen County*

INDEX 2

SCHMIEDT (Shalom) *Pinkas ha-kehilot Germanyah (v.1)*
SHOHETMAN (Baruch) *'Arim ve-imahot be-Yisra'el (v.2)*
SHPIGEL (Yehudah) *'Arim ve-imahot be-Yisra'el (v.4)*
SHULVAS (Moses Avigdor) *'Arim ve-imahot be-Yisra'el (v.4)*
SPECTOR (Shmuel) *Pinkas ha-kehilot Polin (v.5)*
STERN (Nehama) *Autumn 1939*

TURTEL ABERZHANSKA (Chasia) *Pinkas ha-kehilot Germanyah (v.1)*

VINITZKY (David) *Bisarabyah ha-yehudit*

WALK (Joseph) *Pinkas ha-kehilot Germanyah (v.2)*
WASSERMAN (Henry) *Pinkas ha-kehilot Germanyah (v.3)*
WEIN (Abraham) *Pinkas ha-kehilot Polin (v.1-4, 6-7)*
WEINGARTEN (Samuel) *'Arim ve-imahot be-Yisra'el (v.1 & 7)*
WEISS (Aharon) *Pinkas ha-kehilot Polin (v.2-3)*
WOLFSBERG (Y) *'Arim ve-imahot be-Yisra'el (v.2)*

ZAHAVI-GOLDHAMER (A) *'Arim ve-imahot be-Yisra'el (v.1 & 4)*
ZAMIR (A) *Yalkut Volhyn*

INDEX 3 - TOWNS AND VILLAGES

Aba. *See under* Szekesfehervar
Abel. *See under* Rokiskis
Abrahamovce. *See under* Kezmarok
Acas. *See under* Salaj [Mem.Vols.II]
Ákosban. *See* Acas
Alap. *See under* Szekesfehervar
Alsó-Szoporban. *See* Supurul de Jos
Alsó-Valkó. *See* Valcaul de Jos
Altona. *See under* 'Arim ve-imahot, v.2 [Mem. Vols.III]
Amshinov. *See* Amszynow
Amszynow. *See under* Zyrardow
Andrychow. *See under* Wadowice
Antalept. *See under* Rokiskis
Antonovka. *See under* Tuchin
Anushishok. *See under* Rokiskis
Aranymezö. *See* Babeni
Arinis. *See under* Salaj [Mem.Vols.II]
Ashipevits. *See* Asipovicy
Asipovicy. *See under* Bobruysk

Bábca. *See under* Salaj [Mem.Vols.II]
Babeni. *See under* Salaj [Mem.Vols.II]
Baia Sprie. *See* Felsöbánya
Bakalarzewo. *See under* Suwalki
Baklerove. *See* Bakalarzewo
Baklorovo. *See* Bakalarzewo
Balin. *See under* Kamenets Podolskiy
Balla. *See under* Salaj [Mem.Vol.II]
Balmazujvaros. *See under* Debrecen
Balyok. *See under* Marghita
Baranovka. *See under* Novograd-Volinskiy
Baromlak. *See under* Marghita
Barylov. *See under* Radekhov
Barylow. *See* Barylov
Bedzin*. *See also under* Piotrkow Trybunalski, and Zaglembie [Mem. Vols.II]
Bekecs. *See under* Zemplin [Mem. Vols.II]
Belchatow*. *See also under* Piotrkow Trybunalski
Belzshets. *See under* Rava Russkaya
Berezov. *See* Berezovo
Berezovo. *See under* Khust
Berlin. *See under* 'Arim ve-imahot, v.1 [Mem. Vols.III]
Bicske. *See under* Szekesfehervar
Bikovsk. *See* Bukowsko
Bobrek. *See under* Sosnowiec
Bodrogkeresztúr. *See under* Zemplin [Mem. Vols.II]
Boremel. *See under* Berestechko
Borowa. *See under* Radomysl Wielki
Bozaly. *See under* Marghita
Bratislava. *See under* 'Arim ve-imahot, v.7 [Mem. Vols.III]
Brezov. *See* Berezovo
Brisk Kuyanski. *See* Brzesc Kujawski
Brody. *See under* 'Arim ve-imahot, v.6 [Mem. Vols.III]
Brzesc Kujawski. *See under* Wloclawek
Brzezinki. *See* Brzeznica
Brzeznica. *See under* Radomsko
Bucium. *See under* Salaj [Mem.Vols.II]
Budapest. *See under* 'Arim ve-imahot, v.2 [Mem. Vols.III]
Bugoslavishok. *See under* Rokiskis
Bukachevtsy. *See under* Rogatin
Bukaczowce. *See* Bukachevtsy
Bukowsko. *See under* Sanok
Bukshevits. *See* Bukachevtsy
Burshtyn*. *See also under* Rogatin
Bursztyn. *See* Burshtyn
Busovce. *See under* Kezmarok

Candrea. *See under* Vatra Dornei
Carlibaba. *See under* Vatra Dornei
Cehul Silvaniei. *See under* Salaj [Mem. Vols.II]
Cerce. *See under* Kamen Kashyrskiy
Charshnitza. *See* Charsznica
Charsznica. *See under* Miechow
Chechochinek. *See* Ciechocinek
Chernovtsy. *See under* 'Arim ve-imahot, v.4 [Mem. Vols.III]
Cheshiki. *See under* Rogatin
Chodecz. *See under* Wloclawek
Cholojow. *See* Kholoyuv
Cholokhov. *See* Kholoyuv
Choteshov. *See* Chotesiv
Chotesiv. *See under* Kamen Kashyrskiy
Cicarlau. *See* Sikárlö
Ciechocinek. *See under* Wloclawek
Cigánd. *See under* Zemplin [Mem. Vols.II]
Ciulesti. *See under* Marghita
Copalnic Manastur. *See* Kápolnok Monostor
Cracow. *See* Krakow
Crasna. *See under* Salaj [Mem. Vols.II]
Cseh-Telek. *See under* Marghita
Cserese. *See under* Salaj [Mem.Vols.II]
Csujafalva. *See* Ciulesti
Curbezdi. *See under* Marghita
Czeladz. *See under* Sosnowiec
Czerbin. *See under* Ostroleka
Czermin. *See under* Radomysl Wielki
Czernowitz. *See* Chernovtsy
Czudec. *See under* Strzyzow

Dabrowa. *See under* Zaglembie [Mem. Vols.II]
Dabrowa Gornicza*. *See also under* Sosnowiec
Dandowka. *See under* Sosnowiec
Danilef. *See* Danylovo
Danylovo. *See under* Khust
Darabani. *See under* Dorohoi, v.2
Daugieliszki. *See under* Svencionys [Mem. Vols.II]
Deda. *See under* Marghita
Dekshnia-Selo. *See under* Valkininkas
Dembowa Gora. *See under* Sosnowiec
Demitrov. *See* Dmytriv
Derecske*. *See. also under* Debrecen
Derewno. *See under* Rubezhevichi and *also under* Stolbtsy
Derna. *See under* Marghita
Dizsir. *See under* Marghita
Dmytriv. *See under* Radekhov
Dmytrow. *See* Dmytriv
Dobryn. *See under* Wloclawek
Domanovo. *See under* Bobruysk
Dombrovitz. *See under* Kutno
Dorna Candrenilor. *See* Candrea
Dresca. *See under* Dorohoi, v.5
Dubene. *See* Dubinovo
Dubinovo. *See under* Braslav
Dugilishok. *See* Daugieliszki
Duksht. *See* Dukstas
Dukstas. *See under* Svencionys [Mem. Vols.II]
Dunapentele. *See under* Szekesfehervar
Dunivits. *See under* Kamenets Podolskiy
Dusetos*. *See also under* Rokiskis
Dzikevinesh. *See under* Svencionys [Mem. Vols.II]

Égerháton. *See* Arinis
Eisenstadt. *See under* 'Arim ve-imahot, v.1 [Mem. Vols.III]
Erabrany. *See under* Marghita
Ercsi-Érd. *See under* Szekesfehervar
Erdóbénye. *See under* Zemplin [Mem. Vols.II]
Erszölös. *See* Pacal
Ezerenay. *See under* Rokiskis

Fancsika. *See under* Marghita
Felsöbánya. *See under* Baia Mare
Filipova. *See* Filipow
Filipow. *See under* Suwalki
Frampol*. *See also under* Kamenets Podolskiy
Frysztak. *See under* Strzyzow

Gdansk. *See under* Pinkas ha-kehilot Polin, v.6 [Mem. Vols.III]
Gelnice. *See under* Kezmarok
Gerta. *See* Herta

Gidle. *See under* Radomsko
Glusk. *See under* Bobruysk
Gniazdy. *See under* Kezmarok
Golonog. *See under* Sosnowiec
Golub. *See under* Golub-Dobrzyn ('Ayarati)
Gomel. *See under* 'Arim ve-imahot, v.2 [Mem. Vols.III]
Görbezsd. *See* Curbezdi
Gorodnitsa. *See under* Novograd-Volynskiy
Goviken. *See under* Svencionys [Mem. Vols.II]
Gross Magendorf. *See* Nagymagyar
Gzichow. *See under* Sosnowiec

Hadad. *See* Hodod
Hagymadfalva. *See under* Marghita
Hajdunánás. *See under* Debrecen
Hajdusámson. *See under* Debrecen
Haligovce. *See under* Kezmarok
Halinka. *See under* Derechin
Hamburg. *See under* 'Arim ve-imahot, v.2 [Mem. Vols.III]
Hanesti. *See under* Dorohoi, v.4
Hanusovce. *See under* Kezmarok
Havarna. *See under* Dorohoi, v.5
Haydutsishok. *See under* Svencionys [Mem.Vols.II]
Hernádnémeti. *See under* Zemplin [Mem. Vols.II]
Herta. *See under* Dorohoi, v.2
Hidotzishok. *See* Haydutsishok
Hodod. *See under* Salaj [Mem. Vols.II]
Hoduciszki. *See*. Haydutsishok
Holojow. *See* Cholokhov
Holomnice. *See under* Kezmarok
Holynka. *See* Halinka
Homel. *See* Gomel
Horyngrod. *See* Kripa
Hrabusice. *See under* Kezmarok
Hudesti. *See under* Dorohoi, v.2
Huncovce. *See under* Kezmarok

Iacobeni. *See under* Vatra Dornei
Ignalina. *See under* Svencionys [Mem. Vols.II]
Ignoline. *See* Ignalina
Ivano-Frankovsk. *See* Stanislawow

Jabukiany. *See under* Kezmarok
Jaisi. *See under* Braslav
Jejsa. *See* Jaisi
Jenzor. *See under* Sosnowiec
Jibou. *See under* Salaj [Mem.Vols.II]
Jod. *See under* Braslav
Jody. *See* Jod

Kádasd. *See under* Salaj [Mem.Vols.II]

INDEX 3

Kadzidlo. *See under* Ostroleka
Kaltanenai. *See* Koltyniany
Kalwaria. *See under* Wadowice
Kamay. *See under* Rokiskis
Kamianka Voloska. *See under* Rava Russkaya
Kamien. *See under* Ivenets
Kamiensc. *See under* Radomsko and *also under* Piotrkow Trybunalski
Kammeny Brod. *See under* Novograd-Volynskiy
Kápolnásnyék. *See under* Szekesfehervar
Kápolnok Monostor. *See under* Baia Mare
Karczew. *See under* Otwock
Karshnitse. *See* Charsznica
Kartse'v. *See* Karczew
Katowice*. *See also under* Sosnowiec
Kazian. *See under* Svencionys [Mem. Vols.II]
Kec. *See under* Marghita
Kelence. *See under* Salaj [Mem.Vols.II]
Keresztur. *See under* Marghita
Kholoyuv. *See under* Radekhov
Kiemieliszki. *See under* Svencionys [Mem. Vols.II]
Kimilishuk. *See* Kiemieliszki
Kislowszczyzna. *See under* Braslav
Kitai-Gorod. *See* Kitayograd
Kitayograd. *See under* Kamenets Podolskiy
Kleszczow. *See under* Piotrkow Trybunalski
Klimontow. *See under* Sosnowiec
Knenitsh. *See* Knihynicze
Knihynicze. *See under* Rogatin
Kobylnik. *See under* Svencionys [Mem. Vols.II]
Kohany. *See under* Marghita
Kolonia-Sinaiska. *See under* Derechin
Koltyniany. *See under* Svencionys [Mem. Vols.II]
Konyar. *See under* Debrecen
Kopin. *See under* Kamenets Podolskiy
Korelichi*. *See also under* Novogrudok
Korond. *See under* Salaj [Mem. Vols.II]
Koshelnovo. *See under* Khust
Koshlovo. *See* Koshelnovo
Kosholi. *See* Koshelnovo
Kóvesd. *See under* Salaj [Mem.Vol.II]
Kövesegyhaz. *See* Saliste
Kowal. *See under* Wloclawek
Kozangrodek. *See under* Luninets
Kozanhorodok. *See* Kozangrodek
Koziany. *See under* Svencionys [Mem. Vols.II]
Kozlovichi. *See under* Bobruysk
Krakow*. *See also under* 'Arim ve-imahot, v.2 [Mem. Vols.III]
Krasna. *See* Crasna
Krasnopole. *See under* Suwalki
Krasznán. *See* Crasna
Kripa. *See under* Tuchin

Krompachy. *See under* Kezmarok
Krosniewiec. *See under* Kutno
Krzemienica. *See under* Volkovysk (Volkovisker yizker-bukh)
Kshoygne. *See* Ksiaz Wielki
Kshoynzh. *See* Ksiaz Wielki
Ksiaz Wielki. *See under* Miechow
Kulbasavo. *See under* Bilki
Kulikov. *See* Kulykiv
Kulykiv. *See under* Zhovkva
Kupin. *See under* Kamenets Podolskiy

Láca. *See under* Zemplin [Mem. Vols.II]
Lapichi. *See under* Bobruysk
Lask*. *See also under* Pabianice
Leczyca*. *See also under* Kutno
Legyesbénye. *See under* Zemplin [Mem. Vols.II]
Leiponi. *See under* Valkininkas
Levoca. *See under* Kezmarok
Likiveh. *See under* Bilki
Lintop. *See* Lyntupy
Lipitza Gorna. *See under* Rogatin
Lipsk. *See under* Augustow
Lishke. *See* Lucyci
Liskova. *See* Lisokovo
Lisokovo. *See under* Volkovysk (Volkovisker yizker-bukh)
Liszka. *See under* Zemplin [Mem. Vols.II]
Ljubonicy. *See under* Bobruysk
Lodz. *See under* Pinkas ha-kehilot Polin, v.1 [Mem. Vols.III]
Lopatyn. *See under* Radekhov
Lovas Berény. *See under* Szekesfehervar
Lubenichi. *See* Ljubonicy
Lubica. *See under* Kezmarok
Lubraniec. *See under* Wloclawek
Lubranitz. *See* Lubraniec
Lucyci. *See under* Kamen Kashyrskiy
Luki. *See under* Marghita
Lutcza. *See under* Strzyzow
Lviv*. *See also under* 'Arim ve-Imahot, v.1 [Mem. Vols.III]
Lyngmiany. *See under* Svencionys [Mem. Vols.II]
Lyntupy. *See under* Svencionys [Mem. Vols.II]
Lyskow. *See* Lisokovo

Maczki-Granica. *See under* Sosnowiec
Mád. *See under* Zemplin [Mem. Vols.II]
Maly Lipnik. *See under* Kezmarok
Matiasovce. *See under* Kezmarok
Megyaszó. *See under* Zemplin [Mem. Vols.II]
Meheriv. *See under* Rava Russkaya
Menhard. *See under* Kezmarok

INDEX 3

Micske. *See under* Marghita
Mihaileni. *See under* Dorohoi, v.2
Mikepércs. *See under* Debrecen
Mikolajow. *See* Mikolayuv
Mikolayuv. *See under* Radekhov
Mikulov. *See* Nikolsburg
Milosna. *See* Milosna Nowa.
Milosna Nowa. *See under* Rembertow
Milowice. *See under* Sosnowiec
Minkovits. *See under* Kamenets Podolskiy
Minkovtsy. *See* Minkovits
Miory. *See under* Svencionys [Mem. Vols.II]
Mistichev. *See under* Bilki
Modrzejow. *See under* Sosnowiec
Moligon. *See under* Svencionys [Mem. Vols.II]
Monok. *See under* Zemplin [Mem. Vols.II]
Monospetri. *See under* Marghita
Mór. *See under* Szekesfehervar
Most. *See* Mosty
Mosty. *See under* Piaski
Mszczonow. *See under* Zyrardow
Mukachevo. *See under* 'Arim ve-imahot, v.1 [Mem. Vols.III]
Munkacs. *See* Mukachevo
Mysleniec. *See under* Wadowice
Myslowice. *See under* Sosnowiec and *also under* Zaglembie [Mem. Vols.II]
Myszyniec. *See under* Ostroleka

Nadarzyn. *See under* Pruszkow
Nadzin. *See* Nadarzyn
Nagymagyar. *See under* Dunajska Streda [Sefer ha-zikaron]
Nagysikárlö. *See* Sikarlö
Nagysomkút. *See under* Baia Mare
Nalibak. *See* Naliboki
Naliboki. *See under* Stolbtsy
Nalybok. *See* Naliboki
Natzunishok. *See under* Rokiskis
Nementchin. *See* Niemenczyn
Nemirov. *See under* 'Arim ve-imahot, v. 2 [Mem. Vols.III]
Nevel. *See under* Vitebsk (Vitebsk amol)
Niebylec. *See under* Strzyzow
Niemcy. *See under* Sosnowiec
Niemenczyn. *See under* Svencionys [Mem. Vols.II]
Nieszawa. *See under* Wloclawek
Nikolsburg. *See under* 'Arim ve-imahot, v. 4 [Mem. Vols.III]
Nishava. *See* Nieszawa
Niwka. *See under* Sosnowiec
Nova-Ves. *See under* Kezmarok

Novo-Alexandrovsk. *See under* Rokiskis
Novo Vytkiv. *See under* Radekhov
Nowo Svencionys. *See under* Svencionys [Mem. Vols.II]
Nowo-Swieciany. *See* Nowo-Svencionys
Nowy Zagorz. *See under* Sanok
Nusfalau. *See under* Salaj [Mem. Vols.II]

Odessa. *See under* 'Arim ve-imahot, v.2 [Mem. Vols.III]
Okimieniec. *See under* Braslav
Okuniew. *See under* Rembertow
Olaszliszka. *See under* Zemplin [Mem. Vols.II]
Olizarka. *See under* Staraya Rafalovka
Omelno. *See under* Bobruysk
Opsa. *See under* Braslav
Orlowa. *See under* Zheludok
Osiek. *See under* Staszow
Osipovichi. *See* Asipovicy
Ostrog*. *See also under* 'Arim ve-imahot, v.1 [Mem. Vols.III]
Osy. *See under* Bilki
Ovin. *See* Uvyn

Pacal. *See under* Marghita
Panashishok. *See under* Valkininkas
Parichi. *See* Parycy
Parycy. *See under* Bobruysk
Plantsh. *See* Polaniec
Plavnica. *See under* Kezmarok
Plawno. *See under* Radomsko
Plusy. *See under* Braslav
Pnivnah. *See* Pnivne
Pnivne. *See under* Kamen Kashyrskiy
Podbrodzie. *See under* Svencionys [Mem. Vols.II]
Podkamien. *See under* Rogatin
Podolinec. *See under* Kezmarok
Polaniec. *See under* Staszow
Poligon. *See under* Svencionys [Mem. Vols.II]
Polits. *See* Polyci
Polonnoye. *See under* Novograd-Volynskiy
Polush. *See under* Svencionys [Mem. Vols.II]
Polyci. *See under* Kamen Kashyrskiy
Pomarla. *See under* Dorohoi, v.5
Pomi. *See* Remetemezö
Ponedel. *See under* Rokiskis
Ponemunok. *See under* Rokiskis
Poprad-Velca. *See under* Kezmarok
Porcsalma. *See under* Csenger
Porombka. *See under* Sosnowiec
Poroszow. *See* Porozovo
Porozovo. *See under* Volkovysk (Volkovisker yizker-bukh)

Postawy. *See under* Svencionys [Mem. Vols.II]
Postov. *See* Postawy
Pressburg. *See* Bratislava
Prut. *See under* Dorohoi, v.2
Przeclaw. *See under* Radomysl Wielki
Przedborz. *See under* Radomsko
Pshedbozh. *See* Przedborz
Psheroshle. *See under* Suwalki
Pshetslav. *See* Przeclaw
Punsk. *See under* Suwalki

Rachev. *See under* Novograd-Volynskiy
Rachov. *See under* Annopol
Radauti. *See under* Dorohoi, v.2
Radauti-Prut. *See* Radauti
Radomishl. *See under* Rozwadow
Radzanow. *See under* Szrensk
Rafalovka (New). *See under* Staraya Rafalovka
Rafalovka (Old). *See under* Staraya Rafalovka
Rakovetz. *See under* Bilki
Ratin. *See under* Salaj [Mem.Vols.II]
Rátony. *See* Ratin
Ratzk. *See under* Suwalki
Rave. *See under* Rava Russkaya
Remetemező. *See under* Baia Mare
Richwald. *See under* Kezmarok
Ricse. *See under* Zemplin [Mem. Vols.II]
Rimszan. *See* Rymszany
Rosiori. *See* Samos Wersmart
Rossosz. *See under* Lomazy
Rozprza. *See under* Radomsko and *also under* Piotrkow Trybunalski
Rubezhevichi*. *See also under* Stolbtsy
Rymszany. *See under* Braslav
Rytwiany. *See under* Staszow

Saini. *See* Sejny
Saliste. *See under* Marghita
Sammerein. *See* Somorja
Samorin. *See* Somorja
Samos Wersmart. *See under* Baia Mare
Sára Vámosújfalu. *See under* Zemplin [Mem.Vols.II]
Sárbogárd. *See under* Szekesfehervar
Sárospatak. *See under* Zemplin [Mem.Vols.II]
Saveni. *See under* Dorohoi, v.2
Scadryn. *See under* Bobruysk
Scurovyci. *See* Shchurovichi
Scytynska Volja. *See under* Kamen Kashyrskiy
Sejny. *See under* Suwalki
Selib. *See* Wsielub
Selo. *See* Dekshnia-Selo
Sen'kov. *See under* Radekhov

Sevenishok. *See under* Rokiskis
Shandorova. *See under* Khust
Shandrif. *See* Shandorova
Shaudynya. *See* Siaudine
Shchedrin. *See* Scadryn
Shchurovichi. *See under* Radekhov
Shelib. *See* Wsielub
Shtabin. *See* Sztabin
Shtruvitz. *See* Shchurovichi
Siaudine. *See under* Jurbarkas
Sienkow. *See* Sen'kov
Sikárlö. *See under* Baia Mare
Simleul Silvaniei. *See under* Salaj [Mem.Vols.II]
Siniawka. *See under* Kletsk
Skopishok. *See under* Rokiskis
Slawkow. *See under* Sosnowiec
Slobodka. *See under* Braslav
Slov-Ves. *See under* Kezmarok
Slupna. *See under* Sosnowiec
Sluzewo. *See under* Wloclawek
Smotrich. *See under* Kamenets Podolskiy
Soblas. *See under* Ruscova
Somcuta Mare. *See* Nagysomkút
Somorja. *See under* Dunajska Streda [Sefer ha-zikaron]
Sosnowiec*. *See also under* Zaglembie [Mem. Vols.II]
Sp. Podhradie. *See under* Kezmarok
Sp. Stara-Ves. *See under* Kezmarok
Sp. Vlachy. *See under* Kezmarok
Spisska-Bela. *See under* Kezmarok
Srock. *See under* Piotrkow Trybunalski
Stajetiske. *See under* Svencionys [Mem. Vols.II]
Stanislavcyk. *See under* Radekhov
Stanislawcyzk. *See* Stanislavcyk
Stanislawow. *See under* 'Arim ve-imahot, v.5 [Mem. Vols.III]
Staromiletsh. *See* Stremil'che
Stavke. *See under* Lyuboml
Stawiszyn. *See under* Kalisz
Stoaynov. *See under* Sokal
Stojaciszki. *See* Stajetiske
Stoyokishok. *See* Stajetiske
Straszky. *See under* Kezmarok
Stremil'che. *See under* Radekhov
Stremiltsh. *See* Stremil'che
Strilov. *See under* Radekhov
Strzemieszyce. *See under* Sosnowiec
Strzemlicze. *See* Stremil'che
Subat. *See under* Rokiskis
Sucha. *See under* Wadowice
Sulejow. *See under* Piotrkow Trybunalski
Sulmierzyce. *See under* Radomsko
Supurul de Jos. *See under* Salaj [Mem.Vols.II]

INDEX 3

Surduc. *See under* Salaj [Mem. Vols.II]
Sviadoshz. *See under* Rokiskis
Svislotch. *See* Svislucz
Svislucz. *See under* Volkovysk (Volkovisker yizker-bukh)
Swerznie. *See* Swierzen
Swierzen. *See under* Stolbtsy
Swislocz. *See* Svislucz
Szczurowice. *See* Shchurovichi
Szegilong. *See under* Zemplin [Mem. Vols.II]
Szeltallo. *See under* Marghita
Szeplak. *See under* Marghita
Szerencs. *See under* Zemplin [Mem. Vols.II]
Szilágy-Nagyfalu. *See* Nusfalau
Szilágy-Pirben. *See under* Salaj [Mem.Vol.II]
Szilágycsehben. *See* Cehul Silvaniei
Szilágysomlyó. *See* Simleul Silvaniei
Sztabin. *See under* Augustow
Szunyogd. *See under* Marghita
Szurdokon. *See* Surduc
Szydlow. *See under* Staszow

Taktaharkány. *See under* Zemplin [Mem. Vols.II]
Tállya. *See under* Zemplin [Mem. Vols.II]
Tarcal. *See under* Zemplin [Mem. Vols.II]
Tartakov. *See under* Sokal
Tchurcha. *See* Cerce
Teglás. *See under* Debrecen
Terebes. *See under* Marghita
Tiszaluc. *See under* Zemplin [Mem. Vols.II]
Tokaj. *See under* Zemplin [Mem. Vols.II]
Tolcsva. *See under* Zemplin [Mem. Vols.II]
Toporiv. *See* Toporov
Toporov. *See under* Radekhov
Toporow. *See* Toporov
Torun. *See under* Khust
Toti. *See under* Marghita
Tureatca. *See under* Dorohoi
Tzeikin. *See under* Svencionys [Mem. Vols.II]

Ubin. *See* Uvyn
Ubinie. *See* Uvyn
Ulitkes. *See under* Bilki
Ungar. *See* Uzhgorod
Uvin. *See* Uvyn
Uvyn. *See under* Radekhov
Uzhgorod*. *See also under* 'Arim ve-imahot, v.4 [Mem. Vols.III]
Uzlovoye. *See* Kholoyuv

Vajdácska. *See under* Zemplin [Mem. Vols.II]
Valcaul de Jos. *See under* Salaj [Mem.Vols.II]
Vamospercs. *See under* Debrecen

Varenzh. *See under* Sokal
Vármezö. *See* Bucium
Varviz. *See under* Marghita
Vedresabrany. *See under* Marghita
Velka-Lomnice. *See under* Kezmarok
Velky Mager. *See* Nagymagyar
Velky-Lipnik. *See under* Kezmarok
Venice. *See under* 'Arim ve-imahot, v.4 [Mem. Vols.III]
Verzar. *See under* Marghita
Vidzy*. *See also under* Svencionys [Mem.Vols.II]
Vienna. *See under* 'Arim ve-Imahot, v.1 [Mem. Vols.III]
Vilnius. *See* also 'Arim ve-imahot, v.1 [Mem. Vols.III]
Vitkov. *See* Novo Vytkiv
Vizhan. *See under* Suwalki
Vojbor. *See* Wolborz
Volitza Vigoda. *See* Vygoda
Volp. *See under* Volkovysk (Volkovisker yizker-bukh)
Vygoda. *See under* Radekhov

Wandsbeck. *See under* 'Arim ve-imahot, v.2 [Mem. Vols.III]
Warez. *See* Varenzh
Warszawa*. *See also under* 'Arim ve-imahot, v.3 [Mem. Vols.III]
Welka Sztinska. *See* Scytynska Volja
Widze. *See* Vidzy
Wiskikti. *See under* Zyrardow
Witkow Nowy. *See* Novo Vytkiv
Wloszczowa. *See under* Radomsko
Wojborz. *See* Wolborz
Wolborz. *See under* Piotrkow Trybunalski
Wolica-Wygoda. *See* Vygoda
Wolma. *See under* Rubezhevichi
Wolpa. *See* Volp
Wsielub. *See under* Novogrudok
Wyzgrodek. *See under* Kremenets

Yakobeny. *See* Iacobeni
Yanovichi. *See under* Vitebsk [Vitebsk amol]
Yelinive. *See under* Suwalki
Yendrikhov. *See* Andrychow
Yilnitze. *See under* Bilki
Yuzint. *See under* Rokiskis

Zagorsh. *See* Nowy Zagorz
Zagorz. *See* Nowy Zagorz
Zagorze. *See under* Sosnowiec
Zalau. *See under* Salaj [Mem.Vols.II]
Zamekhov. *See under* Kamenets Podolskiy

Zamosz. *See* Zamosze
Zamosze. *See under* Braslav
Zaracz. *See* Zaracze
Zaracze. *See under* Braslav
Zarasay. *See under* Rokiskis
Zarszyn. *See under* Sanok
Zasow. *See under* Radomysl Wielki
Zavits. *See* Zbitsa
Zawidcze. *See* Zbitsa
Zbica. *See* Zbitsa

Zbitsa. *See under* Radekhov
Zemplénagárd. *See under* Zemplin [Mem. Vols.II]
Zhvanets. *See under* Kamenets Podolskiy
Zilah. *See* Zalau
Zilahon. *See* Zalau
Zlutsk. *See under* Staraya Rafalovka
Zoblas. *See under* Ruscova
Zombkowice. *See under* Sosnowiec
Zsibon. *See* Jibou
Zurov. *See under* Rogatin

INDEX 4 – VARIANT SPELLINGS

Aleksandria. *See* Aleksandriya
Aleksandrya. *See* Aleksandriya
Alsobudak. *See* Bistrita
Alt Lesle. *See* Wloclawek
Anapol. *See* Annopol
Apt. *See* Opatow
Apta. *See* Opatow
Augustov. *See* Augustow
Auschwitz. *See* Oswiecim

Babruisk. *See* Bobruysk
Balti. *See* Beltsy
Baranavichy. *See* Baranovichi
Baranov. *See* Baranow
Baranovitch. *See* Baranovichi
Baranow Sandomierski. *See* Baranow
Baranowicze. *See* Baranovichi
Baranowitz. *See* Baranovichi
Bardiov. *See* Bardejov
Barniv. *See* Baranow
Barsad. *See* Bershad
Bartfa. *See* Bardejov
Bartfeldt. *See* Bardejov
Baych. *See* Biecz
Baytsh. *See* Biecz
Beicz. *See* Biecz
Beitch. *See* Biecz
Belchatov. *See* Belchatow
Belkhatov. *See* Belchatow
Belki. *See* Bilki
Belostok. *See* Bialystok
Beltz. *See* Belz. *See* Beltsy
Belzy. *See* Beltsy
Bendin. *See* Bedzin
Bendzin. *See* Bedzin
Beresteczko. *See* Berestechko
Berestetchka. *See* Berestechko
Bereza Kartuska. *See* Bereza
Berezov. *See* Brzozow
Berszad. *See* Bershad
Berszada. *See* Bershad
Beryoza. *See* Bereza
Besztece. *See* Bistrita
Beszterce. *See* Bistrita
Biala. *See* Biala Podlaska
Biala Gadol. *See* Biala Podlaska
Biala Katan. *See* Biala Rawska
Biala Poshet. *See* Biala Rawska
Biala Ravska. *See* Biala Rawska

Bialabzheg. *See* Bialobrzegi
Bialistok. *See* Bialystok
Bialobrzeg. *See* Bialobrzegi
Bialovzig. *See* Bialobrzegi
Biarosa. *See* Bereza
Bichava. *See* Bychawa
Bielce. *See* Beltsy
Bielsk. *See* Bielsk-Podalski
Bielsk-Podliask. *See* Bielsk-Podalski
Bikhava. *See* Bychawa
Bilka. *See* Bilki
Bilke. *See* Bilki
Bilky. *See* Bilki
Bitol. *See* Bitola
Bitolia. *See* Bitola
Bitolj. *See* Bitola
Bitshutsh. *See* Buchach
Biyalabgige. *See* Bialobrzegi
Boberka. *See* Bobrka
Bobroisk. *See* Bobruysk
Bobruisk. *See* Bobruysk
Boiberik. *See* Bobrka
Boiberke. *See* Bobrka
Borsa Maramures. *See* Borsa
Borsha. *See* Borsa
Borshtchev. *See* Borshchev
Borstchoff. *See* Borshchev
Bortshiv. *See* Borshchev
Borszczow. *See* Borshchev
Boyberik. *See* Bobrka
Braslaw. *See* Braslav
Bratslav. *See* Braslav
Breslev. *See* Braslav
Brest Litovsk. *See* Brest
Breza. *See* Bereza
Brezah. *See* Bereza
Breziv. *See* Brzozow
Brisk. *See* Brest
Brisk de-Lita. *See* Brest
Broslov. *See* Braslav
Brzesc nad Bugiem. *See* Brest
Brzezin. *See* Brzeziny
Buczacz. *See* Buchach
Burshtin. *See* Burshtyn
Bursztyn. *See* Burshtyn
Butchach. *See* Buchach
Byalabgegi. *See* Bialobrzegi
Byalibgige. *See* Bialobrzegi
Byalovzig. *See* Bialobrzegi
Bzheshin. *See* Brzeziny
Bzo'zov. *See* Brzozow

Calarasi. *See* Kalarash
Capresti. *See* Kapreshty
Chechanovitz. *See* Ciechanowiec
Chechinov. *See* Ciechanow
Chenga. *See* Csenger
Chenger. *See* Csenger
Chenstchov. *See* Czestochowa
Chenstochov. *See* Czestochowa
Chizeve. *See* Czyzew
Chizevo. *See* Czyzew
Chizheva. *See* Czyzew
Chorostkov. *See* Khorostkov
Chorostkow. *See* Khorostkov
Chortkev. *See* Chortkov
Chortkiv. *See* Chortkov
Chotin. *See* Khotin
Chotyn. *See* Khotin
Chryzanow. *See* Chrzanow
Chust. *See* Khust
Ciechanoviec. *See* Ciechanowiec
Claudiopolis. *See* Cluj
Cluj Napoca. *See* Cluj
Cracaw. *See* Krakow
Cracow. *See* Krakow
Czortkow. *See* Chortkov
Czortkow Stary. *See* Chortkov
Czyzewo. *See* Czyzew

Dabrova Gornicha. *See* Dabrowa Gornicza
Dabrowa. *See* Dabrowa Bialostocka
Dambrova Gurnicha. *See* Dabrowa Gornicza
Debretsin. *See* Debrecen
Dembica. *See* Debica
Dembits. *See* Debica
Dembitz. *See* Debica
Dereczin. *See* Derechin
Dereczyn. *See* Derechin
Deretchin. *See* Derechin
Dikow. *See* Tarnobrzeg
Dobosari. *See* Dubossary
Dobrzyn nad Drweca. *See* Golub-Dobrzyn
Dobyasser. *See* Dubossary
Dobzhin. *See* Golub-Dobrzyn
Dobzhin-Golub. *See* Golub-Dobrzyn
Dobzin. *See* Golub-Dobrzyn

Dombrova. *See* Dabrowa Gornicza
Dombrove. *See* Dabrowa Bialostocka
Dombrove Gur. *See* Dabrowa Gornicza
Dombroven. *See* Dumbraveny
Dombrowa Gornnicza. *See* Dabrowa Gornicza
Dorna Vatra. *See* Vatra Dornei
Dorna Watra. *See* Vatra Dornei
Dorohoy. *See* Dorohoi
Drahichyn. *See* Drogichin
Dretchin. *See* Derechin
Drohichin. *See* Drohiczyn
Drohichyn. *See* Drogichin
Drohiczyn nad Bugiem. *See* Drohiczyn
Drohiczyn Poleski. *See* Drogichin
Drohitchin. *See* Drogichin
Dubna. *See* Dubno
Dubosar. *See* Dubossary
Dubosor. *See* Dubossary
Dubrowa. *See* Dabrowa Bialostocka
Dumbraveni. *See* Dumbraveny
Dunaszerdahely. *See* Dunajska Streda
Dusetai. *See* Dusetos
Dusetoi. *See* Dusetos
Dusjati. *See* Dusetos
Dusyat. *See* Dusetos
Dzhikev. *See* Tarnobrzeg
Dzialoshitse. *See* Dzialoszyce
Dzikow. *See* Tarnobrzeg

Edineti. *See* Yedintsy
Edinita. *See* Yedintsy
Edinitz. *See* Yedintsy
Ekaterinoslav. *See* Dnepropetrovsk
Elisabethstadt. *See* Dumbraveny

Felsöjozsa. *See* Debrecen
Franpol. *See* Frampol

Gálszécs. *See* Secovce
Garvolin. *See* Garwolin
Georgenburg. *See* Jurbarkas
Gombin. *See* Gabin

Goniondz. *See* Goniadz
Goniondzh. *See* Goniadz
Gorlits. *See* Gorlice
Gorlitse. *See* Gorlice
Gorlitza. *See* Gorlice
Gorodlo. *See* Horodlo
Govorova. *See* Goworowo
Govorovo. *See* Goworowo
Grayava. *See* Grajewo
Grayeve. *See* Grajewo
Grayevo. *See* Grajewo
Grodne. *See* Grodno
Gura Humora. *See* Gura Humorului
Gurahumora. *See* Gura Humorului

Helem. *See* Chelm
Hivnev. *See* Ugnev
Hivniv. *See* Ugnev
Horchiv. *See* Gorokhov
Horchov. *See* Gorokhov
Horochow. *See* Gorokhov
Horodle. *See* Horodlo
Horodno. *See* Grodno
Hotin. *See* Khotin
Hovniv. *See* Ugnev
Hrodna. *See* Grodno
Hrubieshov. *See* Hrubieszow
Hrubishov. *See* Hrubieszow
Hust. *See* Khust
Huste. *See* Khust
Huszt. *See* Khust

Ilia. *See* Ilya
Ilja. *See* Ilya
Ipolyság. *See* Sahy
Ipolyszög. *See* Sahy
Ipoysag. *See* Sahy
Ivanitz. *See* Ivenets
Ive. *See* Ivye
Ivnits. *See* Ivenets
Iwie. *See* Ivye
Iwieniec. *See* Ivenets
Iwje. *See* Ivye

Janovi. *See* Ivanovo
Janovo. *See* Jonava
Janow. *See* Ivanovo
Janow Poleski. *See* Ivanovo
Jaslau. *See* Jaslo
Jedincy. *See* Yedintsy

Jekaterinosslaw. *See* Dnepropetrovsk
Jezierzany. *See* Ozernyany
Józsa. *See* Debrecen
Jurburg. *See* Jurbarkas
Justyngrod. *See* Sokolovka

Kaidan. *See* Kedainiai
Kaisermarkt. *See* Kezmarok
Kalaras. *See* Kalarash
Kalisch. *See* Kalisz
Kalish. *See* Kalisz
Kalushin. *See* Kaluszyn
Kalusz. *See* Kalush
Kalusz Nowy. *See* Kalush
Kamianets Podilskiy. *See* Kamenets Podolskiy
Kamien Koshirsk. *See* Kamen Kashyrskiy
Kamien Koszyrski. *See* Kamen Kashyrskiy
Kamienna. *See* Skarzysko-Kamienna
Kamin. *See* Kamen Kashyrskiy
Kamin-Kashirski. *See* Kamen Kashyrskiy
Kamin-Koshirsky. *See* Kamen Kashyrskiy
Kapreschty. *See* Kapreshty
Kapresht. *See* Kapreshty
Kapreshti. *See* Kapreshty
Kapresti. *See* Kapreshty
Kapreszti. *See* Kapreshty
Kapsukas. *See* Marijampole
Kartoz Brezah. *See* Bereza
Kartusskaya Bereza. *See* Bereza
Kartuz -Breze. *See* Bereza
Kasah. *See* Kosice
Kaschau. *See* Kosice
Kasha. *See* Kosice
Kasmark. *See* Kezmarok
Kassa. *See* Kosice
Kaszony. *See* Kosyno
Kattowitz. *See* Katowice
Keidan. *See* Kedainiai
Keidany. *See* Kedainiai
Kelts. *See* Kielce
Keltz. *See* Kielce
Keshanov. *See* Chrzanow
Kesmark. *See* Kezmarok
Keterinoslav. *See* Dnepropetrovsk

INDEX 4

Keydan. *See* Kedainiai
Khelem. *See* Chelm
Kholm. *See* Chelm
Khroskev. *See* Khorostkov
Kiejdany. *See* Kedainiai
Kiltz. *See* Kielce
Kitev. *See* Kuty
Kitov. *See* Kuty
Klausenburg. *See* Cluj
Kleck. *See* Kletsk
Kletzk. *See* Kletsk
Klezk. *See* Kletsk
Kobryn. *See* Kobrin
Kohlo. *See* Kolo
Koil. *See* Kolo
Kolish. *See* Kalisz
Kolna. *See* Kolno
Kolne. *See* Kolno
Kolomai. *See* Kolomyya
Kolomea. *See* Kolomyya
Kolomey. *See* Kolomyya
Kolomyja. *See* Kolomyya
Kolozsborsa. *See* Borsa
Kolozsvar. *See* Cluj
Komenitz. *See* Kamenets Podolskiy
Komenitz-Podolsk. *See* Kamenets Podolskiy
Konin. *See* Kolo
Korelicze. *See* Korelichi
Korelitsh. *See* Korelichi
Korelitz. *See* Korelichi
Koroskiv. *See* Khorostkov
Kosev. *See* Kosov
Koshnik. *See* Krasnik
Kosino. *See* Kosyno
Kosiv. *See* Kosov
Koson. *See* Kosyno
Kosow-Huculski. *See* Kosov
Kostopil. *See* Kostopol
Kosuv Hutsulski. *See* Kosov
Kotsk. *See* Kock
Kotzk. *See* Kock
Kozenitsy. *See* Kozienice
Kozhnitz. *See* Kozienice
Kozieniec. *See* Kozienice
Koznitz. *See* Kozienice
Kozshenits. *See* Kozienice
Krakau. *See* Krakow
Krashnik. *See* Krasnik
Kremeniec. *See* Kremenets
Kremenits. *See* Kremenets
Kremenitz. *See* Kremenets

Kreshanov. *See* Chrzanow
Krinek. *See* Krynki
Krinki. *See* Krynki
Kroke. *See* Krakow
Kroshnik. *See* Krasnik
Krynica-Wies. *See* Krynki
Krzemieniec. *See* Kremenets
K'shonev. *See* Chrzanow
Kuidany. *See* Kedainiai
Kutev. *See* Kuty
Kuyl. *See* Kolo

Lachva. *See* Lakhva
Lachwa. *See* Lakhva
Ladmir. *See* Vladimir Volynskiy
Lakatch. *See* Lokachi
Lakhwa. *See* Lakhva
Lanovits. *See* Lanovtsy
Lanovitz. *See* Lanovtsy
Lanowce. *See* Lanovtsy
Lantzut. *See* Lancut
Lanzut. *See* Lancut. *See* Lancut
Laski. *See* Lask
Lechicha. *See* Leczyca
Leczycza. *See* Leczyca
Lemberg. *See* Lviv
Lenchicha. *See* Leczyca
Lenchitsa. *See* Leczyca
Lentshits. *See* Leczyca
Liban. *See* Liepaja
Libau. *See* Liepaja
Libivne. *See* Lyuboml
Liboi. *See* Liepaja
Libolma. *See* Lyuboml
Libova. *See* Liepaja
Linshits. *See* Leczyca
Lintchitz. *See* Leczyca
Lintshits. *See* Leczyca
Lipcani. *See* Lipkany
Lipkan. *See* Lipkany
Lipkani. *See* Lipkany
Lipnishky. *See* Lipnishki
Lipnishok. *See* Lipnishki
Lipnishuk. *See* Lipnishki
Lipniszki. *See* Lipnishki
Liuboml. *See* Lyuboml
Lizhensk. *See* Lezajsk
Ljudwipol. *See* Sosnovoye
Lodmer. *See* Valdimir Volynskiy
Lodomeria. *See* Vladimir Volynskiy

Loewenstadt. *See* Brzeziny
Lokacze. *See* Lokachi
Lokatch. *See* Lokachi
Lomaz. *See* Lomazy
Lomze. *See* Lomza
Lomzha. *See* Lomza
Lomzhe. *See* Lomza
Loshitz. *See* Losice
Lositsy. *See* Losice
Luboml. *See* Lyuboml
Lubomla. *See* Lyuboml
Luck. *See* Lutsk
Ludmir. *See* Vladimir Volynskiy
Ludvipol. *See* Sosnovoye
Ludwipol. *See* Sosnovoye
Luniniec. *See* Luninets
Luninitz. *See* Luninets
Luninyets. *See* Luninets
Luntshits. *See* Leczyca
Luntzitz. *See* Leczyca
Lusk. *See* Lask
Lutzk. *See* Lutsk
Lvov. *See* Lviv
L'vov. *See* Lviv
Lwow. *See* Lviv
Lyzhansk. *See* Lezajsk

Makov. *See* Makow Mazowiecki
Marculesti. *See* Markuleshty
Margareten. *See* Marghita
Margaretten. *See* Marghita
Marghuta. *See* Marghita
Margita. *See* Marghita
Mariampol. *See* Marijampole
Mariampole. *See* Marijampole
Mariyampol. *See* Marijampole
Markuleshti. *See* Markuleshty
Marosvasarhely. *See* Tirgu-Mures
Mezeritch. *See* Mezhirichi
Mezeritz Gadol. *See* Mezhirichi
Mezhirech. *See* Mezhirichi
Mezhiritch. *See* Mezhirichi
Mezirechye. *See* Mezhirichi
Mezyrycz Korechi. *See* Mezhirichi
Michalowitz. *See* Michalovce
Miechov. *See* Miechow
Miechow Lubelski. *See* Miechow

Miedzyrzec. *See* Mezhirichi
Mizach. *See* Mizoch
Mizocz. *See* Mizoch
Mizotch. *See* Mizoch
Mlava. *See* Mlawa
Mlave. *See* Mlawa
Monastir. *See* Bitola
Mosty. *See* Piaski

Nadimihali. *See* Michalovce
Nagy Banya. *See* Baia Mare
Nagybanya. *See* Baia Mare
Nagymihaly. *See* Michalovce
Navahrudak. *See* Novogrudok
Naya Radomsk. *See* Radomsko
Naysants. *See* Nowy Sacz
Neisantz. *See* Nowy Sacz
Neshviz. *See* Nesvizh
Nesterov. *See* Zhovkva
Neu Pest. *See* Ujpest
Neu Sandec. *See* Nowy Sacz
Neumark am Maros. *See* Tirgu Mures
Neumarkt. *See* Tirgu Mures
Neupest. *See* Ujpest
Niasvizh. *See* Nesvizh
Nieswiez. *See* Nesvizh
Nishviz. *See* Nesvizh
Novaredok. *See* Novogrudok
Novi-Dvor. *See* Nowy Dwor
Novogrod Volinsk. *See* Novograd-Volynskiy
Novohorodek. *See* Novogrudok
Novradok. *See* Novogrudok
Novy-Dvor. *See* Nowy Dwor
Nowo Radomsko. *See* Radomsko
Nowogrodek. *See* Novogrudok
Nowy Dwor Mazowiecki. *See* Nowy Dwor

Olkieniki. *See* Valkininkas
Olknik. *See* Valkininkas
Opatov. *See* Opatow
Opochno. *See* Opoczno
Opotchna. *See* Opoczno
Oshpetzin. *See* Oswiecim
Oshpitsin. *See* Oswiecim
Oshvitsin. *See* Oswiecim
Oshvitzin. *See* Oswiecim. *See* Oswiecim
Oshvotsk. *See* Otwock
Oshvyentsim. *See* Oswiecim

Ospinzi. *See* Oswiecim
Ostra. *See* Ostrog
Ostraha. *See* Ostrog
Ostrolenka. *See* Ostroleka
Ostrov. *See* Ostrow-Mazowiecka
Ostrova. *See* Ostrow-Mazowiecka
Ostrov-Lomzinsky. *See* Ostrow-Mazowiecka
Ostrow. *See* Ostrog
Ostrow Mazowiecki. *See* Ostrow-Mazowiecka
Otovosk. *See* Otwock
Otvock. *See* Otwock
Otvosk. *See* Otwock
Oygstova. *See* Augustow
Ozarkov. *See* Ozorkow
Ozereiiany. *See* Ozernyany
Oziran. *See* Ozernyany
Ozorkov. *See* Ozorkow

Pabnitz. *See* Pabianice
Pabyanitse. *See* Pabianice
Pax an der Donau. *See* Paks
Pesheysh. *See* Przedecz
Peski. *See* Piaski
Petrikov. *See* Piotrkow Trybunalski
Piesk. *See* Piaski
Pinchev. *See* Pinczow
Pinchov. *See* Pinczow
Pintchew. *See* Pinczow
Pintchov. *See* Pinczow
Piotrkow. *See* Piotrkow Trybunalski
Plotsk. *See* Plock
Plotzk. *See* Plock
Poltosk. *See* Pultusk
Prachnik. *See* Bobrka
Praschnitz. *See* Przasnysz
Prashnitz. *See* Przasnysz
Prasnysz. *See* Przasnysz
Premishla. *See* Przemysl
Prezhemisel. *See* Przemysl
Proshnitz. *See* Przasnysz
Prushkov. *See* Pruszkow
Pshaych. *See* Przedecz
Pshayts. *See* Przedecz
Pshech. *See* Przedecz
Pshedech. *See* Przedecz
Pshedesh. *See* Przedecz
Pshedetz. *See* Przedecz

Pshemishel. *See* Przemysl
Pshemishl. *See* Przemysl
Pshitik. *See* Przytyk
Pshitkhl. *See* Przytyk
Pultosk. *See* Pultusk

Rachov. *See* Annopol
Rachow. *See* Annopol
Racionz. *See* Raciaz
Radechov. *See* Radekhov
Radehiv. *See* Radekhov
Radehov. *See* Radekhov
Radevil. *See* Chervonoarmeisk
Radivil. *See* Chervonoarmeisk
Radomishel. *See* Radomysl Wielki
Radomishl. *See* Radomysl Wielki
Radomishla. *See* Radomysl Wielki
Radomishle. *See* Radomysl Wielki
Radomsk. *See* Radomsko
Radoshkovitz. *See* Radoshkovichi
Radoshkowitz. *See* Radoshkovichi
Radoszkowice. *See* Radoshkovichi
Radziechow. *See* Radekhov
Radziwillow. *See* Chervonoarmeisk
Rafalivka. *See* Staraya Rafalovka
Rafalivke. *See* Staraya Rafalovka
Rafalovka. *See* Staraya Rafalovka
Rafalowka. *See* Staraya Rafalovka
Rakishik. *See* Rokiskis
Rakishok. *See* Rokiskis
Ratne. *See* Ratno
Ratziondzh. *See* Raciaz
Rava. *See* Rava Russkaya
Rava Ruska. *See* Rava Russkaya
Rawa-Ruska. *See* Rava Russkaya
Raysha. *See* Rzeszow
Reisha. *See* Rzeszow
Rembertov. *See* Rembertow
Ripin. *See* Rypin

Risha. *See* Rzeszow
Riskeve. *See* Ruscova
Riskive. *See* Ruscova
Ritavas. *See* Rietavas
Riteva. *See* Rietavas
Riteve. *See* Rietavas
Ritova. *See* Rietavas
Rivne. *See* Rovno
Rodem. *See* Radom
Rodvil. *See* Chervonoarmeisk
Rohatin. *See* Rogatin
Rohatyn. *See* Rogatin
Rokishuk. *See* Rokiskis
Rotin. *See* Rogatin
Rotno. *See* Ratno
Rotshonz. *See* Raciaz
Rovne. *See* Rovno
Rowne. *See* Rovno
Rowno. *See* Rovno
Rozana. *See* Ruzhany
Rozhanoy. *See* Ruzhany
Rozhinoy. *See* Ruzhany
Rozvadov. *See* Rozwadow
Rubeziewicz. *See* Rubezhevichi
Rubiezewicze. *See* Rubezhevichi
Rubishov. *See* Hrubieszow
Rubiz'evits. *See* Rubezhevichi
Rubizhevitch. *See* Rubezhevichi
Ruskova. *See* Ruscova

Salonica. *See* Thessaloniki
Salonika. *See* Thessaloniki
Saloniki. *See* Thessaloniki
Sandomir. *See* Sandomierz
Sandz. *See* Nowy Sacz
Sanuk. *See* Sanok
Sanz. *See* Nowy Sacz
Sarni. *See* Sarny
Schizuv. *See* Strzyzow
Schutt Szerdahly. *See* Dunajska Streda
Secheslav. *See* Dnepropetrovsk
Sechovits. *See* Secovce
Secureni Targ. *See* Sokiryany
Sekiryani. *See* Sokiryany
Sekureni Targ. *See* Sokiryany
Sekureny. *See* Sokiryany
Sekurian. *See* Sokiryany
Semiatych. *See* Siematycze
Semyatitcha. *See* Siemiatycze

Serpec. *See* Sierpc
Sgierz. *See* Zgierz
Shedlets. *See* Siedlce
Shedlitz. *See* Siedlce
Sheps. *See* Sierpc
Shepsk. *See* Sierpc
Sherensk. *See* Szrensk
Sherpts. *See* Sierpc
Sherptz. *See* Sierpc
Shidlovets. *See* Szydlowiec
Shidlovitz. *See* Szydlowiec
Shidlovtse. *See* Szydlowiec
Shidlovtza. *See* Szydlowiec
Shidlovyets. *See* Szydlowiec
Shiraduv. *See* Zyrardow
Shomsk. *See* Shumskoye
Shrensk. *See* Szrensk
Shrentsk. *See* Szrensk
Shtoptsi. *See* Stolbtsy
Shumen. *See* Kolarovgrad
Shumla. *See* Kolarovgrad
Shumna. *See* Kolarovgrad
Shumsk. *See* Shumskoye
Sikuran. *See* Sokiryany
Skal. *See* Skala-Podolskaya
Skala. *See* Skala-Podolskaya
Skala Podilska. *See* Skala-Podolskaya
Skarzhisk. *See* Skarzysko-Kamienna
Skarzysko. *See* Skarzysko-Kamienna
Skernievitz. *See* Skierniewice
Skiernivitz. *See* Skierniewice
Skol. *See* Sokal
Slishtch Gadol. *See* Sosnovoye
Sochatchev. *See* Sochaczew
Sofiivka. *See* Zofyuvka
Sofiovka. *See* Zofyuvka
Sokhachev. *See* Sochaczew
Sokole. *See* Sokoly
Sokolievka. *See* Sokolovka
Sokolivka. *See* Sokolovka
Sokolke. *See* Sokolka
Sokolov. *See* Sokolow-Podlaski
Sokolow. *See* Sokolow-Podlaski
Sokolowka. *See* Sokolovka
Sokolow-Podlaska. *See* Sokolow-Podlaski
Sokoly Nowosiolki. *See* Sokoly

Sokorone. *See* Sokiryany
Sonik. *See* Sanok
Sosnovets. *See* Sosnowiec
Sosnovitz. *See* Sosnowiec
Spola. *See* Shpola
Stalinograd. *See* Katowice
Stashev. *See* Staszow
Stashuv. *See* Staszow
Stavishcha. *See* Stavishche
Stavisht. *See* Stavishche
Stavisk. *See* Stawiski
Staviski. *See* Stawiski
Stawiszcze. *See* Stavishche
Steibtz. *See* Stolbtsy
Steybts. *See* Stolbtsy
Stolbtzi. *See* Stolbtsy
Stolpce. *See* Stolbtsy
Stowbtsy. *See* Stolbtsy
Stoybts. *See* Stolbtsy
Stramtura. *See* Strimtura
Stria. *See* Stryy
Strimtera. *See* Strimtura
Strimtere. *See* Strimtura
Strisev. *See* Strzyzow
Strizev. *See* Strzyzow
Stry. *See* Stryy
Stryj. *See* Stryy
Stryje. *See* Stryy
Stuhlweissenburg. *See* Szekesfehervar
Sucha Wola. *See* Suchowola
Suchavola. *See* Suchowola
Suchovola. *See* Suchowola
Suvalk. *See* Suwalki
Suvalki. *See* Suwalki
Sychlin. *See* Zychlin
Szichlin. *See* Zychlin
Szransk. *See* Szrensk
Sztropko. *See* Stropkov
Szumsk. *See* Shumskoye
Szurdok. *See* Strimtura

Talmatch. *See* Tlumach
Targu-Mures. *See* Tirgu-Mures
Tarnob'zheg. *See* Tarnobrzeg
Tarnopol. *See* Ternopol
Tarnovka. *See* Ternovka
Telschen. *See* Telsiai
Telshi. *See* Telsiai
Telz. *See* Telsiai
Telzh. *See* Telsiai
Ternivka. *See* Ternovka
Ternopil. *See* Ternopol

Tismenitz. *See* Tysmenitsa
Tizmenitza. *See* Tysmenitsa
Tlomats. *See* Tlumach
Tlumacz. *See* Tlumach
Tlusta. *See* Tolstoye
Tluste. *See* Tolstoye
Tluste Myasto. *See* Tolstoye
Tolmacz. *See* Tlumach
Tolmycz. *See* Tlumach
Tomashov. *See* Tomaszow-Lubelski
Tomashov Khadash. *See* Tomaszow Mazowiecki
Tomashov Lublinski. *See* Tomszow-Lubelski
Tomashov Pyetrikov. *See* Tomaszow Mazowiecki
Tomashov Ravski. *See* Tomaszow Mazowiecki
Tomashow-Mazowieck. *See* Tomaszow Mazowiecki
Tomaszow. *See* Tomaszow-Lubelski
Torbin. *See* Turobin
Tovste. *See* Tolstoye
Trochenbrod. *See* Zofyuvka
Trochinbrod. *See* Zofyuvka
Truchenbrod Lozisht. *See* Zofyuvka
Tsehanov. *See* Ciechanow
Tshekhanov. *See* Ciechanow
Tshekhanovets. *See* Ciechanowiec
Tshenstokhov. *See* Czestochowa
Tshijevo. *See* Czyzew
Tshizheva. *See* Czyzew
Tsizev. *See* Czyzew
Tsoyzmir. *See* Sandomierz
Tsuzmir. *See* Sandomierz
Tuchin-Kripa. *See* Tuchin
Tuczyn. *See* Tuchin
Turbin. *See* Turobin
Tutchin. *See* Tuchin
Tutchin-Kripah. *See* Tuchin
Tutchin-Krippe. *See* Tuchin
Tuzora. *See* Kalarash
Tysmienica. *See* Tysmenitsa
Tzanz. *See* Nowy Sacz
Tzizhav. *See* Czyzew
Tzoyzmir. *See* Sandomierz

Uhnow. *See* Ugnev

Ungvar. *See* Uzhgorod
Univ. *See* Ugnev
Unov. *See* Ugnev
Ushvotsk. *See* Otwock
Uzhhorod. *See* Uzhgorod
Uzhorod. *See* Uzhgorod
Uziran. *See* Ozernyany

Vadovitse. *See* Wadowice
Vadovitz. *See* Wadowice
Valkininkai. *See* Valkininkas
Varsava. *See* Warszawa
Varshau. *See* Warszawa
Varshe. *See* Warszawa
Vashilkova. *See* Wasilkow
Vaukavysk. *See* Volkovysk
Vengrov. *See* Wegrow
Vengrova. *See* Wegrow
Vengrove. *See* Wegrow
Vidz. *See* Vidzy
Vidzh. *See* Vidzy
Vielun. *See* Wielun
Vileika. *See* Vileyka
Vilna. *See* Vilnius
Vilnia. *See* Vilnius
Vishegrod. *See* Wyszogrod
Vishkeve. *See* Wyszkow
Vishkov. *See* Wyszkow
Vishogrod. *See* Wyszogrod
Vishogrud. *See* Wyszogrod
Vislavitz. *See* Wislowiec
Visooroszi. *See* Ruscova
Vitsyebsk. *See* Vitebsk
Vladimir Volinski. *See* Vladimir Volynskiy
Vlatzlavek. *See* Wloclawek
Vlodimiretz. *See* Vladimirets
Vlodzimierz. *See* Vladimir Volynskiy
Vloyn. *See* Wielun
Voislavize. *See* Wislowiec
Volbrom. *See* Wolbrom
Volkavisk. *See* Volkovysk
Volknik. *See* Valkininkas
Volozhyn. *See* Volozhin
Votslavsk. *See* Wloclawek

Warsaw. *See* Warszawa
Warsawa. *See* Warszawa
Warschau. *See* Warszawa
Wengrow. *See* Wegrow
Widze. *See* Vidzy
Wilejka. *See* Vileyka

Wilna. *See* Vilnius
Wilno. *See* Vilnius
Wishkow. *See* Wyszkow
Witebsk. *See* Vitebsk
Wlodzimierz. *See* Vladimir Volynskiy
Wlodzimierzec. *See* Vladimirets
Wloklawka. *See* Wloclawek
Wojslawice. *See* Wislowiec
Wojslawicze. *See* Wislowiec
Wolkowisk. *See* Volkovysk
Wolkowysk. *See* Volkovysk
Wolozin. *See* Volozhin
Wolozyn. *See* Volozhin
Wyshkow. *See* Wyszkow
Wyskow. *See* Wyszkow

Yadov. *See* Jadow
Yagistov. *See* Augustow
Yanov. *See* Ivanovo
Yanov Polski. *See* Ivanovo
Yanova. *See* Jonava
Yanove. *See* Jonava
Yasla. *See* Jaslo
Yaslo. *See* Jaslo
Yedinitz. *See* Yedintsy
Yedinitzi. *See* Yedintsy
Yekaterinoslav. *See* Dnepropetrovsk
Yemilchyne. *See* Mezhirichi
Yezerzani. *See* Ozernyany
Yorburg. *See* Jurbarkas
Yurburg. *See* Jurbarkas
Yustigrod. *See* Sokolovka
Yustingrad. *See* Sokolovka

Zablodov. *See* Zabludow
Zablodova. *See* Zabludow
Zabludov. *See* Zabludow
Zabludova. *See* Zabludow
Zaloshitz. *See* Dzialoszyce
Zambruv. *See* Zambrow
Zamoshtch. *See* Zamosc
Zamostie. *See* Zamosc
Zamotch. *See* Zamosc
Zanz. *See* Nowy Sacz
Zavertse. *See* Zawiercie
Zavirtcha. *See* Zawiercie
Zawerce. *See* Zawiercie
Zawiercia. *See* Zawiercie
Zdunska-Vola. *See* Zdunska-Wola

INDEX 4

Zdunskiej-Woli. *See* Zdunska-Wola
Zelova. *See* Zelwa
Zelva. *See* Zelwa
Zembrova. *See* Zambrow
Zembrove. *See* Zambrow
Zgerzh. *See* Zgierz
Zgyerz. *See* Zgierz
Zharik. *See* Zarki
Zharki. *See* Zarki
Zheredov. *See* Zyrardow

Zhezhov. *See* Rzeszow
Zhichlin. *See* Zychlin
Zhidlovetza. *See* Szydlowiec
Zhirardov. *See* Zyrardow
Zholkeva. *See* Zhovkva
Zholkva. *See* Zhovkva
Zhovka. *See* Zhovkva
Zhurik. *See* Zarki
Z'inkov. *See* Zinkov

Zofjowka. *See* Zofyuvka
Zolkiew. *See* Zhovkva
Zoludek. *See* Zheludok
Zombrow. *See* Zambrow
Zvihil. *See* Novograd-Volynskiy
Zvil. *See* Novograd-Volynskiy
Zvolin. *See* Zwolen
Zwiahel. *See* Novograd-Volynskiy
Zwolin. *See* Zwolen

לזכרון לבני ישראל עד-עולם
To the people of Israel as a memorial for all time
(Joshua 4:7)

Portraits of Rumanian Jews before World War II